LES

GRANDS ÉCRIVAINS

DE LA FRANCE

NOUVELLES ÉDITIONS

PUBLIÉES SOUS LA DIRECTION
DE M. AD. REGNIER
membre de l'Institut

SUR LES MANUSCRITS, LES COPIES LES PLUS AUTHENTIQUES
ET LES PLUS ANCIENNES IMPRESSIONS
AVEC VARIANTES, NOTES, NOTICES, PORTRAITS, ETC.

J. DE LA FONTAINE

TOME XI

LEXIQUE

DE LA LANGUE DE J. DE LA FONTAINE

TOME SECOND

PARIS
LIBRAIRIE HACHETTE ET C⁰
BOULEVARD SAINT-GERMAIN, 79

M DCCC XCIII

LES
GRANDS ÉCRIVAINS
DE LA FRANCE
NOUVELLES ÉDITIONS
PUBLIÉES SOUS LA DIRECTION
DE M. AD. REGNIER
Membre de l'Institut

ŒUVRES

DE

J. DE LA FONTAINE

TOME XI

PARIS. — IMPRIMERIE LAHURE
Rue de Fleurus, 9

OEUVRES

DE

J. DE LA FONTAINE

NOUVELLE ÉDITION
REVUE SUR LES PLUS ANCIENNES IMPRESSIONS
ET LES AUTOGRAPHES

ET AUGMENTÉE

de variantes, de notices, de notes, d'un lexique des mots
et locutions remarquables, d'un portrait, de fac-simile, etc.

PAR M. HENRI REGNIER

TOME ONZIÈME

PARIS
LIBRAIRIE HACHETTE ET Cie
BOULEVARD SAINT-GERMAIN, 79

1892

LEXIQUE

DE LA LANGUE

DE

J. DE LA FONTAINE

AVEC

UNE INTRODUCTION GRAMMATICALE

PAR M. HENRI REGNIER

TOME SECOND

PARIS
LIBRAIRIE HACHETTE ET Cie
BOULEVARD SAINT-GERMAIN, 79

1892

LEXIQUE
DE LA
LANGUE DE LA FONTAINE

L

LÀ; LÀ-BAS; LÀ-DESSUS; LÀ-HAUT :

.... Ce fut bien *là* le comble. (V, 135.)

.... Ce fut bien *là* qu'une douleur extrême
Saisit la belle. (V, 200 et note 2.)

Chacun le dit, et chacun s'en tint *là*. (V, 157.)

Quelle chose par *là* nous peut être enseignée? (I, 157; voyez III, 125.

Toute l'engeance humaine
Seroit bientôt du domaine
Des déités de *là-bas*. (II, 315.)

Des enfers.

Diogène, *là-bas*, est aussi riche qu'eux. (I, 344 et note 3.)

.... Qu'ils allassent *là-bas* exercer leur talent. (II, 91.)

Selon ces lois, descends *là-bas*. (III, 216 ; voyez IX, 21, 197)

L'ours venant *là-dessus*, on crut, etc. (I, 78.)

Malherbe *là-dessus* : « Contenter tout le monde ! » (I, 201; voyez II, 255.)

Une dispute vint : l'Amour veut qu'on assemble
Là-dessus le conseil des dieux. (III, 270.)

Un bûcheron perdit son gagne-pain :
C'est sa cognée, et, la cherchant en vain,
Ce fut pitié *là-dessus* de l'entendre. (I, 364.)

Qui ne se plaindroit *là-dessus*? (III, 291.)

Le frère étoit confus,
Et ne savoit que penser *là-dessus*. (IV, 31.)

Que si vous ne pouvez vous vaincre *là-dessus*, etc. (VII, 604.)

Jupiter est *là-haut* étourdi de leurs cris. (III, 30.)

La déesse Discorde ayant brouillé les dieux
Et fait un grand procès *là-haut* pour une pomme....: (II, 69,)

LABEUR :

Valets et bêtes de *labeur*. (I, 194.)

 Le manant avec peine et sueur
La retournoit [la terre] et faisoit son *labeur*. (V, 360; V, 363.)
Quel fruit de ce *labeur* pouvez-vous recueillir? (III, 155 et note 4.)
 Il [le bœuf] dit que du *labeur* des ans
Pour nous seuls il portoit les soins les plus pesants. (III, 8.)
 Ce premier *labeur*, ou labour,
Donne à la France Philisbourg. (VIII, 466 et note 6.)

LABORATOIRE, cabinet de toilette. (VIII, 89.)

LABORIEUX, ieuse :

Un soin *laborieux*. (VIII, 412 ; voyez IX, 28.)
.... Les commencements [de ce chemin] étoient plus aisés, mais la suite *laborieuse*. (I, 45.)

LABOUR. Voyez LABEUR.

LABOURAGE :

    Nos mains
Étoient propres aux arts ainsi qu'au *labourage*. (III, 147.)

LABOURER :

 Un bon vieillard en un couvent de filles
Autrefois fut, *labouroit* le jardin. (IV, 488.)
[Mazet] *laboure* comme un sire. (IV, 497.)

LABYRINTHE :

Vous entrerez dans un *labyrinthe* dont les routes, etc. (VIII, 209.)
[Le] verger de Cypris, *labyrinthe* des fées. (V, 554.)
 Les *labyrinthes* d'un cerveau
L'occupoient. (II, 344 et note 22.)

LACER :

La femme *fut lacée* un peu trop dru. (V, 526.)

LACET, lacets :

[De là naîtront] *lacets* pour vous attraper. (I, 82.)
 .... Dame Nature y pourvut sagement
Par deux *lacets* de pareille mesure. (V, 526 ; voyez V, 527.)

LACHEMENT :

Nous voici *lâchement* trahis. (IV, 39.)

LÂCHER :

L'autre... lui *lâche* une ruade. (I, 392.)
Il y *lâche* [dans un pré] sa bête. (II, 25.)
 Carvel, j'ai pitié de ton cas :
Tiens cette bague et ne la *lâches* (sic). (IV, 381 et note 4.)
 Lâcher ce qu'on a dans la main...
Est imprudence toute pure. (II, 408.)
Le chien qui *lâche* sa proie pour l'ombre. (II, 55.)

Ainsi, n'ayant pu faire
Qu'elle *lâchât* aux autres le morceau, etc. (V, 421.)
Notre féal, vous *lâchez* trop tôt prise. (V, 573.)
Les fils des nerfs *lâchés* font l'assoupissement. (VI, 329.)

LÂCHER LA BONDE. Voyez BONDE.

LACONIQUE :

.... Mais sur tous certain Grec renchérit et se pique
D'une élégance *laconique*. (II, 3.)

LACS, au propre et au figuré :

Il voyoit dans les *lacs* son mortel ennemi. (II, 325.)
Que le drôle à ces *lacs* se prenne en ma présence. (II, 4.)
Rongemaille (le rat eut à bon droit ce nom)
Coupe les nœuds du *lacs*. (III, 282 et note 44; voyez II, 437.)
.... Là-dessus maître Rat, plein de belle espérance,
Approche de l'écaille, allonge un peu le cou,
Se sent pris comme aux *lacs*. (II, 255.)
 Le beau premier qui sera dans vos *lacs*,
Plumez-le-moi. (V, 70.)
 .... Qu'un enfant
Des *lacs* d'un vieux routier se sauve en triomphant. (VII, 52.)
 .... Et ne pas tomber dans les *lacs*
De gens qui sèmeront l'argent et la fleurette. (IV, 41 et note 3 ; voyez
IV, 469; V, 79, 278.)
Demain un *lacs* d'hymen me donnera sa foi. (VII, 304.)
 Sur le linge ces fleurs
Formoient des *lacs* d'amour, et le chiffre des sœurs. (V, 586.)
Voyez LAS.

LAI (Frère) :

Les *lais* trouvoient encore à frire. (IV, 192 et note 2.)

LAID, LAIDE :

La nature... le fit naître difforme et *laid* de visage. (I, 30.)
Qui dit prude au contraire, il dit *laide* ou mauvaise. (V, 102 et note 4.)

LAIDEMENT :

De horions *laidement* l'accoutra. (IV, 96 et note 4.)
Violemment, outrageusement.
 Un chacun d'eux, *laidement* ajusté,
 S'en retournait sur un brancard porté. (Voltaire, tome VIII, p. 94.)
C'est ainsi que l'on dit dans le langage populaire : « Il l'a salement arrangé. »

LAISSE (À LA) ; EN LAISSE :

Amour, sous ton pouvoir mon cœur est *à la laisse*. (VII, 329.)
La cassette *en laisse* suivant. (IV, 406 et note 2.)
Un petit Amour menoit *en laisse* quatre grands dieux. (VIII, 65.)

LAISSER ; LAISSER À ; LAISSER DE ; SE LAISSER DIRE :
 L'héritage
Que nous ont *laissé* nos parents. (I, 394.)

Je vous méprise, je vous *laisse*. (VII, 205.)
Moi, que Tircis *a laissée*. (VII, 227.)
Il a pour tels et tels un soin particulier,
    Ce sont ses amis; il nous *laisse*. (III, 341.)
Prendre un peu de bon temps, toute affaire *laissée*. (VII, 55.)
        Il n'eut d'yeux que pour vous :
Il *laissa* les palais. (V, 13.)
Aussitôt qu'Ilion *sera* pris ou *laissé*,
Il verra ce que c'est de m'avoir offensé. (VII, 618 et note 5; voyez
VII, 610, 612.)
Laissez les animaux qui, fiers et pleins de rage,
Ne cherchent leur salut qu'en montrant leur courage. (VI, 245.)
Il *laisse* là le champ, le grain, et la javelle. (II, 253.)
Or le *laissons*, il n'en viendra pas faute. (V, 374 et note 1.)
Retournons aux amants que nous *avons laissés*. (IV, 35.)
Je *laisserai* beaucoup de petites choses où il fit paroître la vivacité de son esprit. (I, 35.)
        .... Ceci soit dit sans nul soupçon d'amour;
    Car c'est un mot banni de votre cour :
Laissons-le donc. (III, 278.)
Nous *laissons* nos chères compagnes. (III, 149 et note 4.)
Équipage, trésors, jeune épouse *est laissée*. (VI, 283.)
Laissons les hontes frivoles. (IX, 180.)
Ou monarques ou dieux, n'entrez chez vos amours
Qu'après *avoir laissé* vos grandeurs à la porte. (VII, 206.)
Je *laisse* à la porte ma raison et mon argent. (VII, 112.)
        Celui-ci....
Avoit laissé ses sens au fond d'une bouteille. (I, 224.)
    La *laisser* sur sa bonne foi,
    Ce n'étoit pas chose trop sûre. (V, 107 et note 1.)

LAISSER AU FILET, LAISSER SES HOUSEAUX. Voyez FILET, HOUSEAUX.
        Je *laisse* à juger
De combien de plaisirs ils payèrent leurs peines. (II, 364.)
        Je *laisse* à penser la vie
    Que firent ces deux amis. (I, 86; voyez I, 149, 390; III, 83;
IV, 72, 388, 413; V, 451; etc.)
L'eau ne *laissa* pas d'agir. (I, 31.)
Il ne *laisse* pas sous main *de* lui donner assistance. (VIII, 200.)
.... Ne *laissant* pas *de* la vendre [leur vie] bien cher. (IX, 150.)
    .... Dans le lit l'une et l'autre enfoncée
    Ne *laissa* pas *de* l'entendre fort bien. (IV, 468.)
    [Nos galants] ne *laissoient* pas *de* louer leur hôtesse
    De s'être ainsi tirée avec adresse
    De cet apprêt. (V, 74.)
.... Je m'en *suis laissé dire* beaucoup de bien. (IX, 237.)

LAIT, au figuré; VEAU DE LAIT :
C'est chez vous qu'elle a sucé ce mauvais *lait*-là. (VII, 488.)
Veaux de lait, agneaux, et brebis. (I, 330 et note 3.)

LAMBRIS :

Tous ces événements sont peints sur le *lambris*. (VI, 160; voyez VI, 162.)
Le long de ces *lambris* un doux charme est porté. (VIII, 39.)
Je ne dormirai point sous de riches *lambris*. (III, 122.)
On ne s'entretient guère
De semblables sujets dans nos vastes *lambris*. (III, 312.)
Les célestes *lambris*. (IX, 169.)

LAME, au propre et au figuré :

Aussitôt de son glaive il dépouille la *lame*. (VI, 192.)
    Sœur Agnès... n'étoit de ce lieu
    La moins sensée; au reste bonne *lame*. (V, 311 et note 5.)

LAMENTABLE :

Vous reprenez toujours votre ton *lamentable*. (VII, 159.)

LAMPAS :

Vous humectez volontiers le *lampas*. (IV, 136 et note 3.)

LAMPON, LAMPONS, refrain de vaudevilles. (IX, 72-73.)

LANCER :

Crantor d'un bras nerveux *lance* un dard à la bête. (VI, 259; voyez VI, 265.)
Il *lanceroit* la foudre. (VIII, 37.)
Sa cruelle ennemie eut soin que le Cerbère
Lui *lançât* des regards enflammés de colère. (VIII, 211.)

LANCER, terme de vénerie :

Le lièvre étoit gîté dessous un maître chou :
On le quête ; on le *lance*. (I, 279.)
Toute la meute accourt, et vient *lancer* la bête. (VI, 255.)

LANCER (SE); SE LANCER À :

    L'aventureux *se lance*,
Les yeux clos, à travers cette eau. (III, 76.)
Le sanglier] *se lance* aux épieux. (VI, 260.)
[Le sanglier] *se lançoit* parfois
Aux chiens. (VI, 263.)
Au sanglier l'une et l'autre [lice] est prête à *se lancer*. (VI, 258.)
    La lionne l'entend...,
Accourt, *se lance à* lui. (VI, 302.)

LANDE, LANDES :

[Le lièvre] leur fait [aux chiens] arpenter les *landes*. (II, 33.)

LANGAGE :

    Tout parle dans l'univers ;
    Il n'est rien qui n'ait son *langage*. (III, 168.)
En ce même *langage* Hispal lui repartit. (IV, 405.)
    Elle veut fuir, mais son amant
    L'arrête, et lui tient ce *langage*.... (VI, 208; voyez I, 63; IV, 33.)

Son nez meurtri le force à changer de *langage*. (II, 377.)
          Son unique compagnie
Consistoit aux oiseaux....
Encor ne pouvoit-il entendre leur *langage*. (V, 14.)
     D'un *langage* nouveau
J'ai fait parler le loup et répondre l'agneau. (I, 130.)
  .... Le bel art de célébrer les hommes qui vous ressemblent avec le *langage* des dieux. (VI, 220; voyez VI, 331.)
  .... Et ce n'est point *langage* du Parnasse. (IX, 164; voyez IX, 457.)
Ce divin *langage*. (VII, 175.)
Je ne pense pas qu'on pût exprimer avec le *langage* ordinaire ce que la déesse parut alors :
C'est pourquoi nous dirons en *langage* rimé
Que, etc. (VIII, 46.)
En *langage* de cour. (IX, 13.) — Le *langage* de la piété. (VIII, 307.)
     N'attendez point
Que par un *langage* ordinaire
Je vous promette de, etc. (V, 214.)
Je sais mal employer l'ordinaire *langage*
Des douceurs qu'à l'amour on donne en apanage. (VII, 602.)
     Jouons-nous tous deux des paroles ;
     Ayons deux *langages* divers. (IX, 180.)

LANGOUREUX :
     Cupidon, non pas le *langoureux*,
     Mais celui-là qui n'a fait en sa vie
     Que de bons tours, etc. (IV, 253.)

LANGUARD :
Notre voisine est *languarde* et méchante. (IV, 283 et note 3.)

LANGUE, LANGUES :
[Ésope] n'acheta que des *langues*, lesquelles il fit accommoder à toutes les sauces : l'entrée, le second, l'entremets, tout ne fut que *langues*.... Et qu'y a-t-il de meilleur que la *langue*?... C'est le lien de la vie civile, etc. (I, 38.)
Je tondis de ce pré la largeur de ma *langue*. (II, 99.)
Il veut parler : l'écorce a sa *langue* pressée. (VI, 163 et note 1.)
S'il n'eut ces mots sur la *langue*,
Il les eut dans le cœur. (IX, 174.)
Que ne sait point ourdir une *langue* traîtresse
     Par sa pernicieuse adresse! (I, 222 et note 9.)
     Dire en quels mots Alis fit sa harangue,
     Il me faudroit une *langue* de fer. (VI, 31 et note 9.)
Veuillent les Immortels, conducteurs de ma *langue*,
Que je ne dise rien qui doive être repris. (III, 146.)
Une grenouille... lui dit en sa *langue*.... (I, 309 ; voyez III, 5 ; et passim.)
En *langue* vulgaire. (IX, 370.)
Les grâces de cette *langue* que parloit le peuple prophète. (VI, 277.)
.... Une *langue* assez charmante pour mériter qu'on l'appelle la *langue* des dieux. (VI, 225.)

Le loup, en *langue* des dieux,
Parle au chien dans mes ouvrages. (II, 352; voyez III, 167.)
La *langue* des dieux et celle des hommes. (VIII, 307.)
En *langue* du Parnasse. (VIII, 38.)
.... La bergère
Pour qui l'amour étoit *langue* étrangère. (VI, 9 et note 2.)
Celui-là parle une *langue* barbare
Qui l'or en main n'explique ses desirs. (IV, 361 et note 4.)

LANGUETTE :
La valvule en la veine, au ballon la *languette*,
Geôlière peu soigneuse, etc. (VI, 333.)

LANGUEUR :
Vous mourrez de faim,
De froid, de *langueur*, de misère. (I, 275.)
La mourante *langueur*, et la froide vieillesse. (VIII, 493.)
Bientôt les pauvres gens tombèrent en *langueur*. (I, 208.)
Même j'ai vu dans mon voyage
Gens experts et savants, leur ai dit la *langueur*
Dont Votre Majesté craint à bon droit la suite. (II, 224.)
Mes *langueurs*, mon trépas. (VIII, 365.)
Mon âme, d'ennui consumée,
S'endort dans les langueurs....
(André Chénier, Élégies, III, VIII.)

LANGUIR :
Tout *languit* et tout meurt. (III, 307.)
[Son fils] eût... sans ce bois *langui* maintes journées. (VI, 350.)
.... L'autre en son transport
Languit et se consume. (VII, 168.)
On meurt d'amour, on *languit*, on soupire. (V, 465.)
.... Autant que Mars florissoit,
Amour alors *languissoit*. (VIII, 387.)
Laissez dans un repos *languissant*, inutile,
Tout le reste de l'univers. (VII, 527.)
Cette félicité *languissante*. (VIII, 157.)

LANGUISSAMMENT :
« Contentez ce mortel », dit-il [le Sommeil] *languissamment*. (VIII, 248 et note 7.)

LANSQUENET (Le jeu du) :
Jouer avec quelque page
Au *lansquenet*. (IV, 32.)
On compte au *lansquenet* le riche financier. (VII, 574; voyez VII, 569.)
A *lansquenet*
Elle avoit tout perdu. (VII, 561 et note 4.)

LANTERNE :
D'abord la dame éteignoit en sortant

Cette clarté : c'étoit le plus souvent
Une *lanterne*. (IV, 226.)

Une lanterne sourde. — C'était aussi la coutume de la cour d'Espagne. « Voici, dit la comtesse d'Aulnoy, comme il est marqué dans l'étiquette que le roi doit être lorsqu'il vient, la nuit, de sa chambre dans celle de la reine : il a ses souliers mis en pantoufles, car on ne fait point ici de mules, son manteau noir sur ses épaules, au lieu d'une robe de chambre dont personne ne se sert à Madrid ; son broquel passé dans son bras (c'est une espèce de bouclier dont je vous ai déjà parlé dans quelqu'une de mes lettres), la bouteille passée dans l'autre avec un cordon. Cette bouteille, au moins, n'est pas pour boire, elle sert à un usage tout opposé que vous devinerez. Avec tout cela, le roi a encore sa grande épée dans l'une de ses mains et la lanterne sourde dans l'autre.... » (*La cour et la ville de Madrid vers la fin du* XVIIe *siècle*, Paris, 1874, in-8°, p. 525.)

LAPER :
.... Et le drôle *eut lapé* le tout en un moment. (I, 113.)

LAPIDAIRE :
Un jour un coq détourna
Une perle qu'il donna
Au beau premier *lapidaire*. (I, 118 ; voyez I, 183.)

LAQUAIS :
Le rire... sera, dans la scène, le plaisir des *laquais* et du menu peuple. (VIII, 112.)
.... Ayant pour tout *laquais* leur ombre seulement. (II, 310 et note 8.)

LARCIN, LARCINS :
Il a fait un *larcin* de rôt ou de fromage. (I, 256.)
Larcins d'amour ne veulent longue pause. (IV, 209.)
Combien de fois le jour a vu les antres creux
Complices des *larcins* de ce couple amoureux ! (VI, 243.)

LARD ; MANGER LE LARD, au figuré :
[La galande] mangea, rongea : Dieu sait la vie,
Et le *lard* qui périt en cette occasion ! (I, 251.)
Vous n'auriez dit qu'il *eût mangé le lard*. (IV, 461 et note 3.)

LARES :
[Un rat] des *lares* paternels un jour se trouva soû. (II, 252.)
Un citoyen du Mans, chapon de son métier,
  Étoit sommé de comparaître
  Par-devant les *lares* du maître. (II, 320 et note 5.)

LARGE :
Large bec. (I, 63.) — *Larges* flancs, *large* croupe. (VIII, 480.)
Les timides troupeaux des daims aux *larges* fronts. (VI, 254 et note 4.)
  Large d'épaule, on auroit vu le sire
  Attendre nu les nonnains en ce lieu. (V, 535.)

LARGE (LE) ; AU LARGE :
.... Non pas, dit le vieillard, qui prit d'abord *le large*. (II, 26.)
Dans l'abord il se met *au large*. (I, 156.)
Il étoit *au large* dans sa bière. (V, 397.)

LARGEMENT :
On ne sauroit manquer de louer *largement*
Les dieux et leurs pareils. (I, 101.)

LARGESSE :
 Pour profiter de sa *largesse*,
  Ils demandèrent la sagesse. (II, 126; voyez VIII, 398.)

LARGEUR :
Je tondis de ce pré la *largeur* de ma langue. (II, 99.)

LARME, LARMES :
[La chambrière] fait la honteuse, et jette une ou deux *larmes*. (IV, 307.)
Les *larmes* qu'il versoit faisoient courber les fleurs. (VI, 296.)
Vous ne m'avez laissé que l'usage des *larmes*. (VIII, 367.)
.... Une belle, alors qu'elle est en *larmes*,
 En est plus belle de moitié. (VI, 80.)
 .... Et les *larmes* de l'Aurore
  Se joignent à leurs soupirs. (VII, 511.)

LARMOYER :
Qui vous fait *larmoyer*? (VII, 360.)

LARRON :
Un pâtre, à ses brebis trouvant quelque mécompte,
Voulut à toute force attraper le *larron*. (II, 4.)

LAS :
Il [le pigeon] y vole, il est pris : ce blé couvroit d'un *las*
 Les menteurs et traîtres appas. (II, 364 et note 16.)
Voyez LACS.

LAS, exclamation, hélas :
Las! quel profit? (V, 523.)
Las! ce n'est plus le siècle de nos pères. (VI, 129.)
Las! nous vivons cahin-caha. (VII, 129.)

LAS, LASSE ; LAS DE :
La raison me disoit que mes mains étoient *lasses*. (VI, 315.)
 Las de tant d'amour,
Nos amants à la fin regrettèrent la cour. (IV, 415.)
  Les mers étoient *lasses*
 De le porter. (II, 166.)

LASSER ; SE LASSER DE :
.... C'est une viande qui me *lasse*. (III, 234.)
 Colette apprit un jeu
 Qui, comme on sait, *lasse* plus qu'il n'ennuie. (IV, 209.)
On n'exterminoit pas la fièvre, on la *lassoit*. (VI, 322.)
Lasser la victoire. (VIII, 500.)
Il y avoit longtemps que le philosophe *se lassoit* d'elle. (I, 35.)

Les grenouilles *se lassant*
De l'état démocratique, etc. (I, 214.)
De travailler pour lui les membres *se lassant*.... (II, 206.)
.... Espérance trop sûre
A Clothon, quand ses mains *se lassoient de* filer. (VI, 320.)
Les dieux ne *se lassoient* point *de* lui envoyer [à Socrate] la même inspiration. (I, 11.)

LATIN, substantivement :
L'on fait souvent ce qu'un bon médecin
Ne sauroit faire avec tout son *latin*. (IV, 244.)
Il n'est point de lutin
Qui n'y perdît tout son *latin*. (V, 556 et note 4.)
.... Cicéron même y perdroit son *latin*. (VI, 49; voyez VI, 129; IX, 444, 463.)

LAURIER, LAURIERS, au propre et au figuré :
Deviens *laurier*, Daphné. (VII, 241.)
Que le vainqueur.... soit de *laurier* couronné...!
[Je] veux qu'à l'avenir on ceigne de *lauriers*
Le front de mes sujets et celui des guerriers. (VII, 242.)
.... Et s'il rendra la France en *lauriers* moins fertile. (IX, 54.)
Valenciennes étoit l'écueil de nos guerriers ;
Elle avoit arrêté le cours de nos *lauriers*. (VIII, 503.)
J'aspire à de nouveaux *lauriers*. (VII, 623 ; voyez VII, 610.)

LAVER ; SE LAVER :
L'onde tiède, on *lava* les pieds des voyageurs. (VI, 153 ; voyez I, 39.)
Ils *lavent* leurs enfants aux ruisseaux les plus froids. (VI, 325.)
Où *lave*-t-on ceux que l'on *lave* ici ? (IX, 92.)
Ces murs en durée égaux aux bâtiments
Dont Memphis voit le Nil *laver* les fondements. (V, 256.)
[Les villes] que *lave* le Danube. (III, 145.)
Mes pleurs ont *lavé* cette offense. (VII, 547.)
.... Ces pleurs bienheureux où ton cœur *s'est lavé*. (VI, 285.)

LE, LA, LES, article (voyez l'*Introduction grammaticale*) :
La maison de *la* ville et *les* meubles exquis. (I, 194.)

LE, LA, LES, pronom (voyez l'*Introduction grammaticale*) :
Et si la qualité de vierge est souhaitable,
Je *la* suis. (VI, 295 et note 1.)
La reine ! vraiment oui : je *la* suis en effet. (III, 15.)
Il fut comme accablé de ce cruel outrage,
Mais bientôt il *le* prit en homme de courage. (IV, 39.)
Au sens neutre : il prit la chose, il prit cela.
Je suis un sot de *l'*avoir si mal pris. (IV, 106.)
Et, supposé que quant à la matière
J'eusse failli, du moins pourrois-je pas
Le réparer par la forme en tout cas ? (VI, 6.)

.... Telle est l'intention de son auteur, qui *l*'a présenté à notre raison comme une matière de s'exercer, et qui *l*'a livré aux disputes des philosophes. (VIII, 339.)
Qui fut bien étonné? qu'on *le* juge. (V, 353.)
Vous entendez, Montreuil : *le* comprenez-vous bien? (VII, 582.)
Poudrez-vous les cheveux, faites-*les* frisotter. (VII, 366.)
Il vivra : de cela courez *les* assurer. (VII, 363.)

LÉANS :
    Et n'étoit bruit qu'il se trouvât *léans*
    Fille qui n'eût de quoi rendre le change. (IV, 489 et note 2.)
          L'épouse de *léans*,
A dire vrai, recevoit bien les gens. (V, 30; voyez V, 399, 401, 405, 411 ; IX, 104.)

LÉCHER :
    Certain ours montagnard, ours à demi *léché*. (II, 257 et note 2.)
    .... Bien fait de corps, mais ours quant à l'esprit :
    Amour le *lèche*, et tant qu'il le polit. (V, 185 et note 5.)
Mon opéra tout simple et n'étant, sans spectacle,
Qu'un ours qui vient de naître, et non encor *léché*. (IX, 177.)
N'a-t-il point assez *léché* l'ours? (I, 121 et note 5.)

LEÇON, LEÇONS, acceptions diverses :
    Le jeune Amour, bien qu'il ait la façon
    D'un dieu qui n'est encor qu'à sa *leçon*.... (V, 181 et note 2.)
        Ils n'apprenoient cette *leçon*
        Qu'ayant de la barbe au menton. (V, 209.)
L'un, c'étoit le marchand, savoit l'arithmétique :
« A tant par mois, dit-il, j'en donnerai *leçon*. » (III, 90.)
.... Ceci me sert de preuve et de *leçon*. (VI, 29 et note 5.)
Éraste, à qui Nérie avoit fait la *leçon*.... (V, 150.)
.... Je veux que mes fils vous fassent la *leçon*. (VII, 101.)
.... Mais Cupidon alors fait d'étranges *leçons*. (IV, 450.)
Le vertueux Anselme à la sage cervelle
Me voudroit-il donner une telle *leçon*? (V, 275.)
      Maintes dévotes oraisons,
      Et des psaumes, et des *leçons*. (II, 157 et note 7.)

LECTURE :
.... Donnez-lui ce billet, dont voici la *lecture*. (VII, 330.)

LÉGENDE, acceptions diverses :
    Les Levantins, en leur *légende*,
Disent qu'un certain rat, etc. (II, 107 et note 5.)
    Et bien souvent faisoit venir en jeu
    Saint qui ne fut jamais dans la *Légende*. (IV, 334 et note 1; voyez IV, 379, 459 ; IX, 22.)
    La Légende dorée.
    .... Tout incontinent que j'aurai
    Trouvé de mes pareils une telle *légende*
    Qu'il s'en puisse former une armée. (V, 137 et note 3.)

LÉGER, légère, emplois divers; léger de :
Les planches qu'on suspend sur un *léger* appui.... (I, 256.)
Démons, peuples *légers*, ministres de l'oracle. (VII, 231.)
Rois des peuples *légers*. (VI, 271 et note 2.)
«.... Sitôt? Êtes-vous sage ? »
Repartit l'animal *léger*. (II, 32.)
Le lièvre, comparé à la tortue.
Légère et court vêtue, elle alloit à grands pas. (II, 150; voyez VI, 264.)
Il [le Temps] fuit d'un pas *léger*. (VI, 241.)
Le dieu dont l'aile est *légère* [Mercure]. (II, 314 ; IX, 193 et note 2.)
Une beauté naïve, une taille *légère*. (VI, 17.)
Toutes saisons n'ont pas ces richesses *légères*. (VII, 511.)
Soyez-leur attentif [aux vieux écrivains], même aux choses *légères :*
Rien chez eux n'est *léger*. (VIII, 485.)
Légères amorces. (IV, 350 et note 2.)
Présent *léger*. (VI, 271.)
Et pour un fait assez *léger* peut-être
Il se sentit, etc. (IV, 141.)
Cette faute entre époux nous semblera *légère*. (VI, 294.)
Peine *légère*. (IV, 299 et note 8.)
Coup *léger*. (VI, 262.)
Je suis chose *légère*, et vole à tout sujet. (IX, 186 et note 2.)
L'inconstance d'une âme en ses plaisirs *légère*. (IX, 185.)
La folle inquiétude en ses plaisirs *légère*,
Des lieux où l'on la porte hôtesse passagère. (VIII, 370.)
Comment s'assurer qu'une âme si *légère*
Puisse ne l'être pas toujours? (VII, 522.)
On la nomme Philis ; elle est un peu *légère*. (VIII, 360.)
Les amants sont toujours de *légère* croyance. (VI, 193 et note 4.)
Légère de brochet la troupe enfin se lève. (V, 353 et note 2.)
*Léger d'*argent, et chargé de rancune. (V, 369.)

LÉGER (DE), adverbialement :
J'ai cru vos yeux trop *de léger*. (VIII, 366 et note 1.)

LÉGÈRE (À LA) :
Ses repas ne sont pas repas *à la légère*. (I, 423.)
Tu n'aurois pas *à la légère*
Descendu dans ce puits. (I, 219.)

LÉGÈREMENT :
La prieure a sur son nez des lunettes
Pour ne juger du cas *légèrement*. (V, 528.)
La gaieté de ces contes... passe *légèrement*. (IV, 14.)

LÉGION, LÉGIONS :
Le nom de Louis ne tient-il pas lieu à nos alliés de *légions* et de flottes? (VIII, 311; voyez VIII, 345.)
Il vit auprès d'un tronc des *légions* nombreuses
De fourmis. (VI, 296; voyez VIII, 205.)
Des *légions* de menteurs. (II, 353.)

LÉGITIME :

Tant de miroirs, ce sont les sottises d'autrui,
Miroirs, de nos défauts les peintres *légitimes*. (I, 93.)
    Je vous arrête à cette rime... :
    Je ne la tiens pas *légitime*. (I, 132 et note 13.)
Après l'avoir sauvé [ce trésor] d'un amour *légitime*,
Voudrois-je maintenant le perdre par un crime? (VI, 295.)

LÉGITIMER :

    Le père *avoit* longtemps devant
    Cette fille *légitimée*. (V, 111.)

LÉGUER :

.... Lui *léguant* par même moyen
Le surplus des faveurs. (IV, 444.)

LENDEMAIN :

Au *lendemain* celui-ci ne songeoit. (V, 391 et note 1.)

LENT, LENTE; LENT À :

Le bœuf vient à pas *lents*. (III, 8 et note 3.)
Avec son marcher *lent* quand [la tortue] arriveroit-elle? (III, 281 et note 39.)
    On s'étonne partout
    De voir aller en cette guise
    L'animal *lent* [la tortue] et sa maison. (III, 15.)
.... Tel ce couple attendoit le bachelier trop *lent*. (V, 588.)
    Madame tomberoit
En fièvre *lente*. (V, 308.)
    L'orateur recourut
    A ces figures violentes
Qui savent exciter les âmes les plus *lentes*. (II, 232.)
    L'escadron, dit l'histoire,
.... Ne fut petit, ni, comme l'on peut croire,
Lent à montrer de sa part le chemin. (V, 314; voyez III, 311.)

LENTEUR :

.... Ainsi ce sang chargé, repassant par le cœur,
S'embrase d'autant plus que c'est avec *lenteur*. (VI, 331.)
Elle [la tortue] se hâte avec *lenteur*. (II, 33 et note 8.)

LEQUEL, LAQUELLE, LESQUELS :

L'auteur a voulu éprouver *lequel* caractère est le plus propre pour rimer des contes. (IV, 4.)
.... L'auteur a donc tenté ces deux voies sans être encore certain *laquelle* est la bonne. (IV, 5.)
.... Afin qu'on sût *laquelle* de toutes étoit la plus savante dans la magie. (VIII, 266.)
.... Une description de Vaux, *laquelle* j'entrepris de faire, etc. (VIII, 239; voyez VIII, 244.)
En ce temps-là, le Phrygien composa ses fables, *lesquelles* il laissa au roi de Lydie. (I, 46.)

LESTE :
Une aussi *leste* infanterie. (IX, 325, variante.)
　　Point de clinquant, jupe simple et modeste,
　　Ajustement moins superbe que *leste*. (IV, 261.)

LETTRE, LETTRES, correspondance :
.... Couler dans une main le présent et la *lettre*. (VII, 35.)
Les *lettres* sont un étrange mystère. (VI, 29 et note 3.)

LETTRES CLOSES. Voyez CLOSES (LETTRES).

LETTRES DE CHANGE :
.... Avec cela bonnes *lettres de change*. (IV, 41.)

LETTRES, belles-lettres :
La république des *lettres*. (I, 2.)

LETTRÉ (homme) :
L'homme *lettré* se tut. (II, 311.)
　　En homme au dernier point *lettré*
Ragotin s'est toujours à mes regards montré. (VII, 313.)

LEUP, loup, en patois picard :
Biaux chires *leups*. (I, 332 et notes 12, 14.)

LEURRE, terme de fauconnerie, au propre et au figuré :
Son maître le rappelle [le milan], et crie, et se tourmente,
Lui présente le *leurre*, et le poing. (III, 254 et note 27.)
L'exemple est un dangereux *leurre*. (I, 180.)

LEURRER ; LEURRER DE :
　　[Un jeune homme] s'en revint à Florence,
　　Aussi *leurré* qu'aucun de par delà. (V, 27 et note 1.)
Deux siens voisins se laissèrent *leurrer*
A l'entretien libre et gai de la dame. (V, 67 et note 5.)
　　　　Prétends-tu, par ta foi,
Me *leurrer de* l'appât d'un profane langage? (III, 67 et note 20.)

LEVAIN :
La fièvre est un *levain*. (VI, 339 et note 6 ; voyez VI, 344.)
Il reste toujours un *levain* d'amour entre deux personnes qui ont été unies si étroitement. (VIII, 101.)

LEVANT (LE), l'Orient :
Vers le *Levant*, etc. (V, 382 et note 1.)

LEVÉE :
La *levée* ne nous quitta point, ou nous ne quittâmes point la *levée*: l'un vaut l'autre. C'est une chaussée qui suit les bords de la Loire, et retient cette rivière dans son lit. (IX, 244 ; voyez IX, 245, 246 et note 2.)

LEVER ; SE LEVER :
Lève tes pieds en haut, et tes cornes aussi. (I, 217.)

    Amour alors languissoit,
  Levant à peine les ailes. (VIII, 387.)
[Il] *lève* un coin du mouchoir. (I, 278.)
    La pauvre nonnain....
  Lève les yeux. (V, 418.)
    Il est très peu de lieux
Où je ne sois en droit d'oser *lever* les yeux. (VII, 287.)
Marcher tête *levée*. (V, 263 et note 5.)
L'ami *leva* cette difficulté. (VI, 132.)
La troupe enfin *se lève*. (V, 353.)
    L'univers n'eut jamais d'aurore
  Plus paresseuse à *se lever*. (V, 265; voyez VIII, 231, 259.)
  Il ne faut pas *se lever* trop matin
  Pour lui prouver que trois et deux font quatre. (IV, 297 et note 7; voyez IX, 444.)

LEVER LA PAILLE. Voyez PAILLE.

LEVÉ (AU PIED) :
    Est-il juste qu'on meure
  Au pied levé? (II, 209 et note 10.)

LÈVRE, LÈVRES :
Sous un sourcil épais il avoit l'œil caché,
Le regard de travers, nez tortu, grosse *lèvre*. (III, 145.)
    Que dirois-je....
  Des yeux aux brillantes merveilles
  Qui sont les portes du desir;
  Et surtout des *lèvres* vermeilles
  Qui sont les sources du plaisir? (VIII, 103; voyez VIII, 288.)

LIARD :
Merci de moi, chambrière d'un *liard!* (IV, 305 et note 3.)

LIBÉRAL; LIBÉRAL DE :
Le *libéral* amant qu'est Éraste! (V, 149.)
.... Quoique, pendant tout l'an, *libéral* il [l'arbre] nous donne
Ou des fleurs au printemps, ou du fruit en automne. (III, 9; VIII, 215.)
    Joconde aimoit avecque trop de zèle
Un prince *libéral* qui le favorisoit. (IV, 36 et note 1.)
    Je me souviens d'avoir damné jadis
    L'amant avare; et je ne m'en dédis;
    Si la raison des contraires est bonne,
  Le *libéral* doit être en paradis. (V, 154; voyez V, 560 et note 3.)
Sa main [de Prométhée] *du* feu divin leur fut trop *libérale*. (VI, 317.)

LIBÉRALEMENT :
    Les gens du pays des fables
    Donnent ordinairement
    Noms et titres agréables
    Assez *libéralement*. (V, 340.)

LIBERTÉ, LIBERTÉS :
 Hélas! que sert la bonne chère
 Quand on n'a pas la *liberté?* (I, 321; voyez I, 41, 42.)
 Un vainqueur, sous qui tout succombe,
Sut à ce premier joug ranger ma *liberté*. (VIII, 499.)
Liberté fit place à honteux servage. (IX, 40.)
 Elle fait si bien qu'on lui donne
 Liberté de se retirer. (I, 142.)
Caliste eut *liberté*, selon le convenant. (V, 145.)
Il commande chez l'hôte, y prend des *libertés*. (I, 279.)

LIBERTIN :
Deux petits *libertins*, qui mangeoient des cerises. (VII, 425 et note 5.)
Je ne suis pas moins ennemi que vous du faux air d'esprit que prend un *libertin*. (IX, 409 et note 3.)

LIBRAIRIE, bibliothèque :
N'admettez qu'eux en votre *librairie*. (IX, 21 et note 1.)

LIBRE :
J'étois *libre*, et vivois content et sans amour. (IX, 49.)
Il n'est plus de *libres* ardeurs. (VII, 238.)
La cadette ne vous a-t-elle point semblé un peu *libre?* (VIII, 162.)
Contes un peu *libres*. (IV, 13.)
 .... Croyant tout artifice
 Libre en amours. (VI, 9.)
Dans les premiers temps du monde il étoit *libre* à tous les mortels d'y aller puiser [à la fontaine de Jouvence]. (VIII, 195.)
 Que les champs *libres* on leur laisse [à vos appas]. (IX, 105.)

LICE, proprement place préparée pour les joutes, les tournois, les courses de bagues :
A vous donc, Polymnie : entrez en *lice* aussi. (VII, 166.)
Mars est entré le second dans la *lice*. (IX, 31.)
Le chien à son tour entre en *lice*. (V, 265.)
 Il suffiroit que tous deux, tour à tour,
 Sans dire mot, ils entrassent en *lice*. (VI, 132.)

LICE, femelle d'un chien de chasse. (I, 146; VI, 258.)

LICENCIEUX :
Ce livre est *licencieux*. (IV, 12.)

LICOL :
Faites-vous un *licol* de ma mèche. (VII, 369.)

LICOU :
 .... Le troisième osa faire
 Un *licou* pour le dromadaire. (I, 303.)
 Elle échappa, rompit le fil d'un coup
 Comme un coursier qui romproit son *licou*. (V, 529.)
  Notre désespéré....
Laisse là le *licou*, s'en retourne avec l'or. (II, 436; voyez II, 438.)

LICTEUR, LICTEURS, au figuré :
La Colère, la Jalousie, et l'Envie : monstres sortis de l'abîme, impitoyables *licteurs* qui ne marchoient point sans leurs fouets. (VIII, 190.)

LIE (Chère) :
La galande fit *chère lie*. (I, 251 et note 3; voyez II, 176 et note 11.)

LIEN, au propre et au figuré :
[Le milan] fond dessus, l'enlève [le rat], et par même moyen
    La grenouille et le *lien*. (I, 310.)
Son intérêt me porte à ce triste *lien*. (VII, 417.)
Arborer ce *lien* [du mariage]. (VII, 573.)
[Il] voulut les engager par de plus forts *liens*. (VI, 291.)
Et qu'y a-t-il de meilleur que la langue? reprit Ésope. C'est le *lien* de la vie civile. (I, 38.)

LIER, au propre et au figuré; se lier :
Le vautour s'en alloit le *lier*. (II, 364 et note 18.)
        Tandis que ce veau *lie*
Ses choux, ses aulx, ses herbes, etc. (V, 502.)
Où prendre un mot qui dise honnêtement
Ce que *lia* le père de l'enfant? (V, 525; voyez V, 527.)
        Car Nérie eut à ses gages
        Les intendants des orages,
        Et tint le Destin *lié*. (V, 116.)
Il ne sera pas dit que Monsieur le Prince me *liera* la langue, comme il a *lié* les bras à des millions d'hommes. (VIII, 317.)
Nous a-t-on pu *lier* sans savoir si la mort
M'a ravi ce mari qui m'attache à son sort? (VI, 294.)
L'âge *lioit* une amitié sincère
Entre ces gens. (III, 64.)
L'amant et lui, comme étant gens d'étude,
Avoient entre eux *lié* quelque habitude. (V, 32 et note 3.)
[La princesse] permit tout à son hôte, et pour un autrefois
Lui laissa *lier* la partie. (IV, 431 et note 2.)
Le plus libre enfin *se lie*. (VII, 210.)

LIESSE (En) :
Aux noces d'un tyran tout le peuple *en liesse*
    Noyoit son souci dans les pots. (II, 38.)
[La signora] attendoit *en liesse*
Ce qui viendroit d'une telle grossesse. (IV, 482 et note 3.)

LIEU, LIEUX; AVOIR, DONNER, TENIR, LIEU DE; AU LIEU QUE, DE; EN MON, EN SON, LIEU :

Jupiter eut un fils, qui, se sentant du *lieu*
    Dont il tiroit son origine,
    Avoit l'âme toute divine. (III, 101.)
On tient toujours du *lieu* dont on vient. (II, 394 et note 18.)
Je n'estime au don que le *lieu* dont il vient. (VII, 59; voyez VII, 77.)
Çà, çà, galons-le en enfant de bon *lieu*. (V, 370 et note 4.)

Messieurs, mon mérite et ma gloire
Sont connus en bon *lieu*. (II, 370.)
Le muletier alla sur l'heure même
En pareil *lieu* tondre ses compagnons [au front]. (IV, 233.)
Un avorton de mouche en cent *lieux* le harcelle [le lion]. (I, 156; voyez III, 43.)
Lieu peu fréquenté. (V, 254.)
     Il se va confiner
Aux *lieux* les plus cachés qu'il peut s'imaginer. (I, 92; voyez V, 467.)
Vous connoissez ces *lieux* : ils ont quelque renom. (III, 312.)
[Le lion] bannit des *lieux* de son domaine
Toute bête portant des cornes à son front. (I, 376.)
[La veuve] s'appliquoit seulement à tout moyen possible
De suivre le défunt aux noirs et tristes *lieux*. (VI, 74.)
Encor si je pouvois le suivre en ces *lieux* sombres! (VI, 269; voyez VII, 410.)
Lieux embrasés. (VIII, 212; voyez VIII, 209, 210, 215.)
Je n'ai le *lieu* ni le temps à souhait. (V, 567.)
.... Par son compagnon il [le pot de terre] fut mis en éclats,
Sans qu'il eût *lieu* de se plaindre. (I, 371.)
Nous n'avons rien d'assuré touchant la naissance d'Homère et d'Ésope... : c'est de quoi il y a *lieu* de s'étonner. (I, 28.)
Je vous voulois *donner lieu* de me plaire. (V, 203.)
Tenez-lui *lieu* de frère. (VII, 624.)
.... Peut-être y *tint*-il *lieu* d'un prince ou *d'un* héros. (III, 256.)
.... *Au lieu qu'*un rossignol, chétive créature,
Forme des sons aussi doux qu'éclatants. (I, 182.)
.... *Au lieu que* tout le mal étoit de leur côté. (I, 209.)
Il forme le dessein
De s'en aller le lendemain
Au lieu de l'écolier. (V, 453.)

A la place.

.... Le feriez-vous? mettez-vous *en mon lieu*. (V, 310.)
Il semblera d'ailleurs au lecteur que la comédie que j'ajoute ici n'est pas *en son lieu*. (VII, 145.)
Je vais, sans tarder davantage,
Lui porter un bien qu'il auroit
Quand Nicaise *en son lieu* seroit. (V, 221.)
Trop bien la dame, *en son lieu*, s'en vint faire
Tout doucement le signal nécessaire. (VI, 134.)

LIEUE :

Une *lieue* étant faite. (IV, 243.)
Je fais mainte et mainte *lieue*. (II, 193.)
.... Tel a mis mainte *lieue*
Entre eux et lui qui les sent à sa queue. (IX, 152.)
L'écornifleur étant à demi-quart de *lieue*.... (II, 474.)
Sentant son renard d'une *lieue*. (I, 378.)

LIGE DE :
Les animaux, et toute espèce *lige*
De son seul appétit. (I, 314 et note 7.)

LIGNAGE :
Ce sont enfants tous d'un *lignage*. (III, 17 et note 19.)
Tout l'humain *lignage*. (VIII, 45.)
    Fort content, parmi mon chagrin,
    D'Orus et de tout son *lignage*. (IX, 115.)
Faire honneur à son *lignage*. (IX, 197.)
On sait qu'elle est d'un très puissant *lignage*. (IX, 15; voyez VIII, 436.)

LIGNE :
Par la définition du point, de la *ligne*, de la surface, et par d'autres principes très familiers, nous parvenons à des connoissances qui mesurent enfin le ciel et la terre. (I, 17.)

LIGNE (LA), l'équateur. (IX, 410.)

LIGNÉE :
    Un père eut pour toute *lignée*
    Un fils. (II, 291 et note 4.)
Il se plaignit de se voir sans *lignée*. (V, 32.)
    Et que la *lignée*
    Ressemble à l'époux! (VII, 218.)
Mes filles, leur dit-il, vous pouvez vous vanter
    D'être pour l'humaine *lignée*
    Également à redouter. (I, 225.)

LIGUE, LIGUES :
Vive le Roi! vive la *Ligue*! (I, 143.)
    Les méchants, enflés de leurs *ligues*,
    Contre moi couroient irrités. (VIII, 395.)
Ibères et Germains, venus de toutes parts,
Voyoient entrer... l'hiver même en leurs *ligues*. (VIII, 501; voyez VIII, 309, 504.)
Une *ligue* à cent têtes. (III, 238 et note 3.)

LIGUER (SE) :
Nous nous sommes *ligués* contre cette cité. (VII, 610.)

LIMAS, limace :
Limas aux dos armés. (VIII, 294.)

LIMER :
    .... Pour les dents,
    Qu'on vous les *lime* en même temps. (I, 266.)

LIMITE :
Régler les *limites* de la poésie et de la prose, aussi bien que ceux (sic) de la conversation et des livres. (VIII, 307 et note 1.)

LINCEUL, drap :
Il ne falloit matelas ni *linceul*. (IV, 463 et note 2.)

LINGE :
.... Sur le *linge* ces fleurs
Formoient des lacs d'amours. (V, 586.)
Sur la nappe.
Le *linge* orné de fleurs fut couvert, pour tous mets,
D'un peu de lait, de fruits, et des dons de Cérès. (VI, 154.)
.... Ce qu'ils avoient de *linge* plus honnête. (V, 171.)
.... Et dans son cœur déjà se proposoit
De rehausser le *linge* de la fille. (IV, 302.)

LINOMPLE :
Les Zéphyrs avoient détourné de dessus son sein une partie du *linomple* qui le couvroit. (VIII, 286 et note 1.)
Ilz s'estoient aprestez à fendre du couteau
L'estamine linomple et la tendrette peau.
(D'Aubigné, *les Tragiques*, p. 224.)

LION :
.... La raison
C'est que je m'appelle *Lion*. (I, 76 et note 2.)
Vous savez coudre....
Peau de *lion* avec peau de renard. (IX, 146 et note 1.)

LIPPÉE :
Point de franche *lippée*. (I, 71 et note 4.)
Comparez aussi la *Légende de Pierre Faifeu*, xvi⁰ siècle (Paris, 1879, p. 33) :
Et s'accoincta de ioueurs et pippeurs,
De gaudisseurs, yurongnes, et lippeurs.

LIPPU :
Un more très *lippu*. (V, 271 ; voyez V, 275.)

LIQUEUR :
Il ne falloit pas considérer la forme du vase, mais la *liqueur* qui y étoit enfermée. (I, 44 ; voyez VI, 346; VIII, 306.)
Tout fermente, tout bout, les esprits, les *liqueurs*. (VI, 340.)

LIQUIDE :
Deux seaux alternativement
Puisoient le *liquide* élément. (III, 134.)
Du *liquide* élément les canaux et les sources. (VIII, 397.)
[Le] dieu qui préside aux *liquides* manoirs. (IV, 407; voyez III, 112, 203.)
[Le] dieu du *liquide* univers. (VIII, 293.)
Nul vaisseau ne parut sur la *liquide* plaine. (IV, 404 et note 2.)
Je donne au *liquide* cristal
Plus de cent formes différentes. (VIII, 259; VIII, 41, 247.)

LIRE :
Vous *lisez* dans les livres. (VII, 468.)
[Ses parents], gros messieurs, l'ont fait apprendre à *lire*. (III, 295.)
Si jamais vous avez des filles, laissez-les *lire*. (VIII, 154 et note 3.)

DE LA FONTAINE.

Tandis qu'à peine à tes pieds tu peux voir,
Penses-tu *lire* au-dessus de ta tête? (I, 167.)
.... Au livre du Destin les mortels peuvent *lire*. (I, 168.)

LIS, au figuré :

Sa beauté même y perdit quelque chose :
Bientôt le *lis* l'emporta sur la rose. (V, 190 et note 1.)
Rien ne manque à Vénus, ni les *lis*, ni les roses. (VI, 233 et note 4.)
Touffes de *lis*, proportion du corps,
Secrets appas, embonpoint, et peau fine. (V, 529.)
.... Et regarde ses *lis* non sans quelque pudeur. (VI, 18; voyez VII,
172 et note 2, 262; VIII, 44, 102, 193, 225, 226, 260, 286, 360; IX, 286,
418, 419; et passim.)
C'est le digne héritier des *lis*. (VIII, 466.)
Tributaire des *lis*. (VIII, 498.)
Du roi de France.

LIT; GRAND LIT; LIT DE CAMP; LIT DE JUSTICE; LIT DE ROSES;
LIT À PART :

Disant ces mots, il vous prend la commère,
Et près d'André la jeta sur le *lit*. (IV, 171; voyez V, 295.)
Laissez au *lit* l'Aurore. (IX, 167.)
La nuit vient : on le coiffe; on le met au *grand lit*. (IV, 389 et note 7.)
Chacun couché, pour la belle on mettoit
Un *lit de camp*. (IV, 208.)
Le magistrat suoit en son *lit de justice*. (I, 137 et note 4.)
Au prix du mal que le pauvre homme avoit,
Gens que l'on pend sont sur des *lits de roses*. (IV, 250.)
Le roi... faisoit *lit à part*,
Comme tous font. (IV, 225 et note 3; voyez IX, 431.)

LITIÈRE :

Demeurez donc, vous serez bien traité,
Et jusqu'au ventre en la *litière*. (I, 321 et note 11.)

LIVRE, acceptions diverses :

Il nous faut dans notre équipage....
Avoir un *livre* blanc. (IV, 40 et note 6.)
Qu'aux environs d'ici nul ne fasse un seul tour
Dont mon *livre* chargé ne l'instruise au retour. (VII, 38 et note 1.)
Mets sur ton *livre*, pâtissier;
Je n'ai pas un sou de monnoie. (VII, 137.)
J'ai votre argent à Madame rendu... :
Déchargez-en votre *livre*, de grâce. (IV, 363 et note 5.)
Rien ne m'engage à faire un *livre*. (IX, 409.)
Vous lisez dans des *livres*, et mon père y sait lire aussi. Pourquoi ne
m'a-t-on pas appris à y lire? (VII, 468; voyez VIII, 156.)
Le Sort ouvrit un *livre* à cent fermoirs. (IX, 166; voyez I, 168 et
note 4.)
Les morts de tous les temps demeureront surpris
En lisant leurs secrets aux annales d'un *livre*
Où même les pensers se trouveront écrits. (VIII, 415.)

LIVRÉE :
Socrate trouva à propos de les habiller [les fables d'Ésope] des *livrées* des Muses. (I, 10.)

LIVRER ; SE LIVRER :
Dans neuf mois d'hui je leur *livre* un enfant. (V, 59.)
Le jeune loup *fut* aux vieilles brebis
Livré d'abord. (V, 530.)
Je ne vous demande pour récompense de l'*avoir livrée* [cette esclave] que, etc. (VIII, 191.)
J'en suis d'avis ! je *livrerai* ma femme! (V, 565.)
S'aller ainsi *livrer* à deux Gascons! (VI, 131.)

LODS, redevance qu'un seigneur avait droit de prendre sur le prix d'un héritage vendu dans sa censive ou dans sa mouvance :
Lods et ventes. (IX, 313.)

LOGER, au propre et au figuré :
Son maître *étoit logé* à l'écart. (I, 41.)
Ils *sont* toujours *logés* à la troisième chambre. (II, 309.)
Elle [l'Architecture] *loge* les dieux, et moi [la Poésie] je les ai faits. (VIII, 263.)
Celui-là [le soleil] qui *loge* dans les cieux. (IX, 9.)
Sous ses ombrages verts *loge* la solitude. (VI, 228.)
L'espoir avec la jouissance
Logent chez vous en même temps. (VIII, 29.)
Si quelque pitié.... *loge* en vos cœurs.... (VIII, 191.)
.... [La personne] en qui *logeoient* tant d'appas. (IX, 334.)
N'attendez pas que je fasse l'éloge
De ce qu'en vous on trouve de parfait :
Comme il n'est point de grâce qui n'y *loge*, etc. (VI, 91 ; voyez V, 453.)
Le desir peut *loger* chez une précieuse. (II, 118.)
Et mille feux chez moi ne viendront pas *loger*! (VIII, 364.)
.... Sous sa houppelande
Logeoit le cœur d'un dangereux paillard. (IV, 460.)
Mais puisque tant d'amour *loge* dans votre sein.... (VII, 100 ; voyez VIII, 291.)
Il *logera* quelque jour dans son cœur
De rares dons une troupe infinie. (IX, 120.)
Je veux conter comme une de ces femmes....
Put en son cœur *loger* d'honnêtes flammes. (V, 186 et note 2.)
Souvent un vilain corps loge un noble courage.
(Scarron, *Jodelet ou le maître valet*, acte II, scène V.)
[Que mon cœur] n'*eût logé* que votre seule image.... (VI, 53.)
Pour prendre cœur, le vassal en sa panse
Loge un long trait. (IV, 137.)

LOGER LE DIABLE EN SA BOURSE. Voyez BOURSE, DIABLE.

LOGETTE, cahute, cabane :
Si quelqu'un vous alloit trouver enfarmées (sic) dans ma *logette*....
(VII, 446 ; voyez VII, 451, 454, 479.)

LOGIS :

Vous viendrez toutes au *logis*. (I, 257.)
Il part un soir, prie un de ses amis
De faire cette nuit les honneurs du *logis*. (IV, 431.)
Quoi qu'il en soit, l'époux ne manque pas d'aller
    Au *logis* de l'aventure. (V, 456.).
Le *logis* est propre et paré. (V, 453.)
.... Un *logis* où lui-même il n'entroit qu'en rampant. (II, 186.)
.... Chassé du paternel *logis*. (II, 185.)
Vous attendrez que votre mari revienne au *logis*. (VIII, 159.)
Préparer les *logis*, faire le compliment. (VII, 35.)

LOI, LOIS :

Homme savant en l'étude des *lois*. (IV, 331.)
Docteur en *lois*. (V, 436 et note 4.)
Depuis qu'il est des *lois*, l'homme, pour ses péchés,
Se condamne à plaider la moitié de sa vie. (III, 340.)
    .... Selon les *lois* municipales
Leur laissa tout son bien par portions égales. (I, 192 et note 3.)
    Alaciel..., de sa vie,
    Selon sa *Loi*, n'avoit bu vin. (IV, 428.)
La loi de Mahomet.
Force n'a point de *loi*. (IV, 421.)
Il se faut entr'aider : c'est la *loi* de nature. (II, 299 ; voyez III, 229.)
    .... Cette *loi*
    De reconnoissance et d'hommage. (IV, 183.)
Malgré les *lois* d'hymen j'ai gardé ce trésor. (VI, 295.)
Mes principales *lois* sont mes simples paroles. (VII, 603.)
    [La merveille] qui donne aux autres la *loi*
    Et qui dort avec le roi. (IX, 335.)

LOIN ; PLUS, LE PLUS, LOIN ; LOIN DE, QUE :

Loin les cœurs qui se sont de l'amour garantis ! (VII, 606.)
Loin, bien *loin*, les tableaux de Zeuxis et d'Apelle ! (VI, 160.)
    Rien ne pèse tant qu'un secret,
    Le porter *loin* est difficile aux dames. (II, 239.)
Il alla *plus loin*. (VIII, 309.)
Mais ce n'est rien : vous allez bien *plus loin !* (VI, 36.)
J'appelle l'un Amour, et l'autre Ambition ;
Cette dernière étend *le plus loin* son empire. (III, 47.)
    .... Je n'y comprends le sexe en général :
    Loin de cela, j'en vois peu d'avenantes. (V, 177.)
Loin de lui faire pire chère.... (IV, 58 ; voyez V, 254.)
Bien *loin que* mon pouvoir l'empêchât de finir.... (VI, 270.)

LOINTAIN :

    L'un d'eux s'ennuyant au logis
    Fut assez fou pour entreprendre
    Un voyage en *lointain* pays. (II, 361.)

LOISIR; À LOISIR; DE LOISIR :
.... Te conter en détail comment il s'est pu faire
Demanderoit peut-être un peu plus de *loisir*. (VII, 99; voyez VIII, 19, 69; IX, 261.)
.... On en donna le *loisir* à la belle. (V, 84.)
 .... Ils pourroient le matin
Tout à *loisir* dans la cave se rendre. (VI, 130.)
Je mange tout à *loisir*. (I, 87.)
.... J'entends quand vous serez d'humeur ou de *loisir*. (VII, 61.)
 Comme je vois Monseigneur votre époux
Moins de *loisir* qu'homme qui soit en France.... (IX, 9.)

LONG; AU LONG; TOUT AU LONG; LE LONG; TOUT LE LONG; DE SON LONG; TIRER EN LONG; TIRER DE LONG :
Le héron au *long* bec emmanché d'un *long* cou. (II, 111 et note 2.)
Il tendit un *long* rets. (III, 58.)
L'onde, pour la toucher, à *longs* flots s'entrepousse. (VI, 47.)
Saluer à *longs* flots le soleil de la cour. (VIII, 358.)
Quels *longs* baisers ! La gloire a bien des charmes. (VIII, 296.)
L'art est *long*, et trop courts les termes de la vie. (VI, 325.)
Quittez le *long* espoir et les vastes pensées. (III, 156 et note 7.)
 Dites-lui qu'il abrège....
— Il est *long* en effet. (VII, 95.)
Homme *long* à conter, s'il en est un en France. (IX, 175.)
Le bois vert, plein d'humeurs, est *long* à s'allumer. (VI, 331.)
Un feu *long* à s'éteindre. (II, 70.)
Surtout qu'il se souvînt de faire à l'assistance
Un discours où son art fût *au long* étendu. (II, 66.)
 Les consolateurs
De ce triste devoir *tout au long* s'acquittèrent. (III, 218.)
.... Rêvant à tels fatras souvent *le long* du jour. (IX, 24.)
Le long d'un clair ruisseau buvoit une colombe. (I, 164.)
.... Joconde là-dessus se remet en chemin,
Rêvant à son malheur *tout le long* du voyage. (IV, 28.)
  Sur le bord d'un puits très profond
  Dormoit, étendu *de son long*,
  Un enfant alors dans ses classes. (I, 400.)
Pour ne *tirer* plus *en long* cette histoire,
Il les reçut. (IV, 476.)
La colombe l'entend, part, et *tire de long*. (I, 165 et note 6.)

LONGTEMPS :
N'a pas *longtemps* de Rome revenoit, etc. (IV, 85 et note 3.)
Longtemps devant toujours il s'abstenoit,
Longtemps après il en usoit de même. (IV, 335; V, 111.)
Je vous connois de *longtemps*. (I, 137; voyez VIII, 423.)

LONGUE (À LA) :
 Mais savez-vous que votre encens
Peut, *à la longue*, nous déplaire? (V, 147.)

LONGUEUR, LONGUEURS :
La *longueur* et l'obscurité. (IV, 150.)
Cependant la *longueur* minoit nos facultés. (VI ,323 et note 1.)
>Je ne crains point la cruelle *longueur*
D'une prison. (VIII, 376.)

L'un touché des soucis, des *longueurs*, des traverses,
Qu'en apanage on voit aux procès attachés, etc. (III, 339.)
>On nous mange, on nous gruge,
On nous mine par des *longueurs*. (I, 122.)
>Patience et *longueur* de temps
Font plus que force ni que rage. (I, 163.)

LOPIN :
Point de courroux, Messieurs, mon *lopin* me suffit. (II, 245.)

LORGNER :
Notre galant vous *lorgne* une fillette. (VI, 8 et note 2.)
>.... Oui, ce beau fils, ce tourneur de prunelle,
Qui la *lorgnoit*, dit-on, et qu'elle *lorgnoit*, elle. (VII, 562.)

« Je ne m'ennuyois pas à table, car j'étois assise à côté de mon cher duc de Berry qui me faisoit rire : « Je vois, disoit-il, mon frère (le duc de Bourgogne) qui lorgne sa petite femme, mais, si je voulois, je lorgnerois bien aussi, car il y a bien longtemps que je sais lorgner : il faut regarder fixe et de côté[1]. » En disant cela, il contrefaisoit son frère si drôlement que je dus en rire. » (Correspondance de Madame, duchesse d'Orléans, traduction d'Ernest Jaeglé, Paris, 1880, in-12, tome I, p. 183.)

Mathéo tremble et *lorgne* la finance. (VI, 113.)

LORS; POUR LORS :
Vous aviez *lors* la pause un peu moins pleine. (I, 252.)
>*Lors* de faire accointance,
Turcs d'approcher, tendrons d'entrer en danse. (V, 386.)

.... *Lors* la voix : « Tu vois comme, etc. » (II, 61 ; voyez II, 408; III, 96 ; et passim.)
>On lui dit qu'au Japon
La Fortune *pour lors* distribuoit ses grâces. (II, 166.)
>.... Certain voile aux nonnes familier,
Nommé *pour lors* entre elles leur psautier. (V, 415.)
>Notre démon s'établit à Florence,
Ville *pour lors* de luxe et de dépense. (VI, 95.)

Je serois votre père *pour lors*. (VII, 468 ; voyez VII, 610.)

LOS, réputation, renommée, gloire :
>Puisse le tout, ô charmante Philis,
Aller si loin que notre *los* franchisse
La nuit des temps ! (VI, 89 et note 4.)

.... Vendôme, consentez au *los* que j'en attends. (VI, 164.)
Tous renonçoient au *los* des belles actions. (III, 193 et note 60.)

---

1. Ces paroles sont citées en français dans la lettre de la Palatine.

LOT, LOTS :
La chose ainsi réglée, on composa trois *lots*. (I, 193.)
.... Elle prend l'autre *lot*. (I, 226.)
A l'égard de nous autres hommes,
Je ferois notre *lot* infiniment plus fort. (II, 477.)

LOTIR :
Cette sœur *fut* beaucoup plus mal *lotie*. (IV, 502.)
    Je ne voudrois contre aucune de vous,
    Qui vous vantez d'*être* si bien *loties*,
    Avoir troqué de galant ni d'époux. (IV, 299 et note 6.)

LOUABLE :
.... Celle-ci cuit les sucs de qualité *louable*. (VI, 343 et note 3.)

LOUANGE :
Ce nectar que l'on sert au maître du tonnerre,
Et dont nous enivrons tous les dieux de la terre,
C'est la *louange*. (II, 458.)
La *louange* chatouille et gagne les esprits. (I, 98.)
Voici donc notre veuve écoutant la *louange*,
Poison qui de l'amour est le premier degré. (VI, 80.)
      *D'un plus grand maître que moi
      Votre *louange* est le partage. (II, 86.)
Malherbe avec Racan, parmi les chœurs des anges,
Là-haut de l'Éternel célébrant les *louanges*,
Ont emporté leur lyre. (IX, 205.)
Il ne trouva partout que médiocrité,
Louanges du désert et de la pauvreté. (III, 51 et note 28.)

LOUCHE :
Que présage à mes yeux ce teint brun, cet œil *louche*? (VII, 360.)

LOUCHET :
    .... Son *louchet* dont, pour toute (sic) ustensile,
    Pierre faisoit subsister sa famille. (V, 487 et note 1.)

LOUER ; LOUER DE ; SE LOUER ; SE LOUER DE :
Le second de nos saints choisit les hôpitaux :
Je le *loue*. (III, 340.)
[Le] premier de tous les devoirs... est de *louer* les dieux. (I, 38 ; voyez I, 101.)
On ne peut trop *louer* trois sortes de personnes :
    Les dieux, sa maîtresse, et son roi. (I, 98.)
Ne pas *louer* son siècle est parler à des sourds :
Je le *loue*. (IX, 202.)
Il [le renard] *loua* très fort la politesse. (I, 113.)
    Il [le singe] *loua* la colère,
Et la griffe du prince, et l'antre, et son odeur. (II, 131.)
L'une des nonnains la *louoit de* beauté. (V, 109.)
Elle les *louoit de* beauté et de gentillesse. (VIII, 141.)

Deux ânes qui, prenant tour à tour l'encensoir,
Se louoient tour à tour, comme c'est la manière.... (III, 126.)
.... Pour un qui *s'en louera*, dix mille s'en plaindront. (I, 269.)

LOUER, SE LOUER, prendre, se mettre, à gages :
[Messire Bon] pour fauconnier le *loua* bien et beau. (IV, 88.)
La bonne dame habille en chambrière
Le jouvenceau qui vient pour *se louer*. (IV, 302 et note 3.)

LOUEUR :
Je crois être un *loueur* modeste. (VIII, 326.)

LOUP, au propre et au figuré; TENIR LE LOUP PAR LES OREILLES :
Quiconque est *loup* agisse en *loup*. (I, 212; voyez IX, 172.)
Quitte ces bois et redevien,
Au lieu de *loup*, homme de bien. (III, 191; voyez III, 33, 232.)
.... Et, si l'on entend crier la bergère,
Ce n'est pas au *loup*. (VII, 566 et note 6.)
.... Maintenant les bergers sont *loups*. (VII, 201; voyez VII, 218.)
République de *loups*, asile de brigands. (IX, 230.)
N'aurions-nous point, sous de trompeurs habits,
Un jeune *loup* ? (V, 525.)
Le jeune *loup* fut aux vieilles brebis
Livré d'abord. (V, 530.)
L'hôtesse ayant reconnu son erreur
Tint quelque temps *le loup par les oreilles*. (IV, 217 et note 1.)

LOUP-GAROU :
J'ai vu des *loups-garous*. (VII, 358.)
.... C'est pis qu'un *loup-garou*. (VII, 474.)
Voyez le *Dialogue de la Lycanthropie ou transformation d'hommes en loups, vulgairement dits loups-garous, et si telle se peut faire*, par F. Claude Prieur (Louvain, 1596, in-8°).

LOURD :
Renvoyez, dit quelqu'un, les ânes, qui sont *lourds*. (I, 425.)
[Un personnage] *lourd* et de peu. (V, 40 et note 7.)
Le coquin, *lourd* d'ailleurs, et de très court esprit. (V, 590.)
Pierre étoit *lourd*, sans esprit. (V, 490 et note 2.)
C'est double honneur, ce semble, en une femme
Quand son mérite échauffe un esprit *lourd*. (V, 49 et note 3.)
.... Traitant d'âne
Quiconque est ignorant, d'esprit *lourd*, idiot. (III, 127.)
.... Tant que j'ai l'esprit *lourd*. (IX, 13.)
.... Près de ceux-ci ce ne sont qu'esprits *lourds*. (IX, 21.)

LOURDAUD :
Jamais un *lourdaud*, quoi qu'il fasse,
Ne sauroit passer pour galant. (I, 282.)

Oui, Messieurs, un *lourdaud*, un animal, un âne. (II, 64; voyez IV, 26, 29; V, 598.)

LOURDEMENT :
Voyant son maître en joie, il [l'âne] s'en vient *lourdement*.... (I, 284.)
.... Cyprine là? Je faille *lourdement*. (VII, 163.)

LOUVAT, louveteau :
Au bout de quelque temps que messieurs les *louvats*
Se virent loups parfaits, etc. (I, 240 et note 5.)

LOUVETEAU :
On donne des otages :
Les loups, leurs *louveteaux*, et les brebis, leurs chiens. (I, 240.)

LOUVRE, palais :
En son *Louvre* il [le lion] les invita :
Quel *Louvre!* un vrai charnier! (II, 131.)
Tout est pour eux bon gîte et bon logis
Sans regarder si c'est *Louvre* ou cabane. (V, 542 et note 2; voyez V, 271, 278.)

LOYER, salaire, récompense :
Toute peine, dit-on, est digne de *loyer*. (III, 314 et note 2.)
.... Sans considérer quel sera le *loyer*
D'une action de ce mérite. (II, 41.)
Un rustre l'abattoit : c'étoit là son *loyer*. (III, 9.)
Ceux que l'amour du gain tira de leur foyer
Perdoient d'un an de peine en un jour le *loyer*. (VI, 283.)

LUEUR :
Grand *lueur* ni grand flamme. (IV, 225.)
La *lueur* de l'acier. (VI, 293.)

LUGUBRE :
.... Me parer de l'éclat d'un *lugubre* ornement. (VII, 572.)
Force sacrificateurs portant... de longs cornets dont ils entonnoient des sons fort *lugubres*. (VIII, 53.)

LUIRE :
Sur son chapeau *luisant*, sur son rabat bien mis,
La médisance n'eût su mordre. (V, 584.)
La lune, alors *luisant*, sembloit, contre le sire,
Vouloir favoriser la dindonnière gent. (III, 298.)
Un modeste regard, et pourtant l'œil *luisant*. (II, 17.)
Combien... on voit *luire* de dards! (VIII, 487.)
Le soleil nous *luit* tous les jours...,
Sans que nous en puissions autre chose inférer
Que la nécessité de *luire* et d'éclairer. (I, 169-170.)
Il est bien temps d'ôter à mes yeux ta présence
Quand tu *luis* dans mon cœur! (VIII, 152.)

LUITER. Voyez LUTTER.

LUITON, lutin :
Notre ami, Monsieur le *luiton*,
Dit l'homme, vous perdez un peu trop tôt courage. (V, 557 et note 2.)

LUMIÈRE, au propre et au figuré :
Et le premier instant où les enfants des rois
    Ouvrent les yeux à la *lumière*
    Est celui qui vient quelquefois
    Fermer pour toujours leur paupière. (II, 207.)
.... Le pauvre garçon ne connut la *lumière*
    Qu'afin qu'il ignorât les gens. (V, 14.)
    Mon but est seulement de dire....
    Comment l'aveugle que voici
[C'est un dieu], comment, dis-je, il perdit la *lumière*. (III, 270.)
Ma fille, votre amant doit perdre la *lumière*. (VII, 269.)
Il cherche encore un coup la *lumière* des cieux. (VI, 267.)
Douce *lumière*..., qu'il est difficile de te quitter! (VIII, 129.)
Enclos de *lumière*. (IX, 165.) — Dais de *lumière*. (III, 275.)
C'est aux *lumières* nées avec vous que vous êtes redevable, etc. (VI, 277; voyez VIII, 82.)

    [La guêpe] fit enquête nouvelle, et, pour plus de *lumière*,
    Entendit une fourmilière. (I, 121.)
.... Sa furtive ardeur, par moi mise en *lumière*. (VII, 308; voyez VII, 569.)

LUMINAIRE, torches et cierges :
    A son réveil il treuve
L'attirail de la mort à l'entour de son corps,
    Un *luminaire*, un drap des morts. (I, 224.)
Si mon maître pouvoit être fait légataire
Je ferois de bon cœur les frais du luminaire.
    (Regnard, *le Légataire universel*, acte I, scène I.)

LUMINEUX :
O dieux! ô citoyens du *lumineux* empire! (VII, 238.)

LUNE, LUNES; PRENDRE LA LUNE AUX DENTS :
.... Sans observer temps ni saison,
    Lunes ni vieilles ni nouvelles. (III, 307.)
Prendre *la lune aux dents* seroit moins difficile. (V, 441 et note 1.)

LUNETIÈRE :
    Il s'en fallut bien peu
Que l'on ne vit tomber la *lunetière*. (V, 529 et note 10.)

LUNETTES :
La gouvernante, ayant mis ses *lunettes*.... (VI, 48.)
La prieure a sur son nez des *lunettes*. (V, 528; voyez V, 529.)

LUSTRALE (EAU) :
Il offroit l'*eau lustrale*. (V, 446 et note 1.)

LUSTRE, au propre et au figuré :
Deux *lustres* de rocher de ces voûtes descendent. (VIII, 41.)
On lui lia [à l'âne] les pieds, on vous le suspendit;
Puis cet homme et son fils le portent comme un *lustre*. (I, 201.)
Un million d'étoiles servoient de *lustres*. (VIII, 281.)

Pour ajouter encor quelque *lustre* à la chose.... (IX, 43 ; VIII, 308.)
Esope, au contraire, ne fut vêtu que d'un sac, et placé entre ses deux compagnons, afin de leur donner *lustre*. (I, 34.)
On peut donner du *lustre* à leurs inventions. (I, 130.)
Seule je sais donner du *lustre* à ses appas. (VIII, 254.)

Pâleur encor dont la cause étoit telle
Qu'elle donnoit du *lustre* à notre belle. (V, 201 ; voyez I, 130.)

LUSTRE, espace de cinq années :
Douze *lustres* et plus ont roulé sur ta vie :
De soixante soleils la course entresuivie, etc. (IX, 185.)

LUTH, LUTHS :
Si un *luth* jouoit tout seul, il le feroit fuir. (VIII, 21.)
.... Au son des *luths* accompagnant les voix
Des rossignols. (V, 387; voyez VIII, 58.)

LUTIN :
La vieille, craignant de laisser passer l'heure,
Couroit comme un *lutin* par toute sa demeure. (I, 383.)
.... Moins scélérat, moins chien, moins traître, moins *lutin*,
Que n'est pour nos péchés ce maudit Florentin. (VII, 406.)
Elle en dit tant que Monsieur, à la fin,
Lassé d'entendre un tel *lutin*, etc. (II, 104 ; voyez V, 362, 550.)

LUTTER, écrit *luiter* dans l'édition originale :
Tandis que cent cailloux, *luttant* à chaque bond, etc. (VI, 241 et note 1 ; voyez VI, 252 ; VII, 61.)

LUTTEUR, LUTTEURS. (I, 99.)

LUXE :
Le *luxe* et la folie enflèrent son trésor. (II, 175.)
Je ne sais d'homme nécessaire
Que celui dont le *luxe* épand beaucoup de bien. (II, 310 et note 12.)
.... Tant le *luxe* sait plaire ! (II, 413.)
Il [le sage] lit au front de ceux qu'un vain *luxe* environne, etc. (VI, 148.)

LYNX :
Lynx envers nos pareils, et taupes envers nous. (I, 79 et note 6.)

LYRE :
Vos chants sont pour l'amour, ma *lyre* est pour la gloire. (VII, 513 ; voyez IX, 205 ; et passim.)

M

MÂCHER, au propre et au figuré :
Que le galant n'avale sans *mâcher*. (IV, 135.)
Il *mâche* et foule aux pieds ceux qui sont abattus. (VI, 261.)
Il *mâchoit* de dépit quelque mot dans sa bouche. (VII, 56.)

MACHINE, acceptions diverses :
Elle avoit évité la perfide *machine*. (II, 50.)
Le miroir aux alouettes.

    Cruels humains! vous tirez de nos ailes
De quoi faire voler ces *machines* mortelles. (I, 145.)
Ce bloc enfariné ne me dit rien qui vaille...,
Je soupçonne dessous encor quelque *machine*. (I, 258.)
Pour dernière *machine*, à la fin notre époux
Proposa de l'argent. (V, 126 et note 5.)
Le monceau disparoît ainsi que par *machine*. (VIII, 206.)
Si je n'avois contre eux trouvé cette *machine*,
Ici jusques au jour ils eussent pris racine. (VII, 321.)
    Un peu d'esprit, beaucoup de bonne mine,
    Et plus encor de libéralité,
    C'est en amour une triple *machine*
    Par qui maint fort est bientôt emporté. (V, 559.)
Quand vous le considérez [Louis XIV] qui regarde sans s'étonner l'agitation de l'Europe, et les *machines* qu'elle remue pour le détourner de son entreprise, etc. (I, 5.)
    Fermes tetons, et semblables ressorts,
    Eurent bientôt fait jouer la *machine*. (V, 529 et note 7.)
L'ignorant le croit plat [le soleil] : j'épaissis sa rondeur;
Je le rends immobile et la terre chemine;
Bref je démens mes yeux en toute sa *machine*. (II, 201 et note 13.)
.... [Notre renard] s'accommode en celui qu'au haut de la *machine*
L'autre seau tenoit suspendu. (III, 134.)
[La mouche] pique l'un, pique l'autre, et pense à tout moment
    Qu'elle fait aller la *machine*. (II, 142.)
La voiture, le coche.

Comme cette *machine* [la conque de Vénus] étoit grande, le Zéphyre la poussoit un peu. (VIII, 186.)
Le puissant effort des *machines*. (VIII, 256; voyez VIII, 262, 273.)
Servant à bâtir.

Qu'en sa *machine* un dieu vienne tout ajuster. (IX, 156 et note 3; voyez IX, 170.)
Les *machines*, les musiques, les beaux habits, etc. (VIII, 76.)
.... Tous les ressorts y remuent la *machine*. (VII, 7.)
Tout obéit dans ma *machine*. (II, 471.)
    Les esprits alors en fureur
    Tâchent... d'ébranler la *machine*. (VI, 340; voyez VI, 331, 332.)
Quelles gens! ce n'est qu'une *machine*. (VII, 191; voyez VII, 97, 465.)
.... Ce système que nous appelons la *machine* des animaux. (IX, 393 et note 4.)
    Ils disent donc
    Que la bête est une *machine*. (II, 460 et note 20.)
    .... Puis, qu'un cartésien s'obstine
A traiter ce hibou de montre et de *machine!* (III, 163.)

MACHINE RONDE (LA), la terre :

.... En est-il un plus pauvre en *la machine ronde?* (I, 107 et note 5; voyez III, 350.)

  Les gens trouvoient en ce charmant pourpris
  Les meilleurs vins de *la machine ronde*. (V, 388 et note 2.)

 Hercule, lui dit-il, aide-moi. Si ton dos
  A porté *la machine ronde*,
 Ton bras peut me tirer d'ici. (II, 60 et note 8.)

MACHINEUR :

 Lui-même ouvrit ce coffre, et rendit bien surpris
  Tous les *machineurs* d'impostures. (III, 52 et note 31.)

MACHINISTE de théâtre :

Un dieu pend à la corde, et crie au *machiniste*.... (IX, 156.)

MAÇON :

.... Aussi est-ce l'ouvrage de Mars, méchant *maçon* s'il en fut jamais. (IX, 231.)

MADRÉ :

Un renard jeune encor, quoique des plus *madrés*. (III, 293 et note 2.)

MAFFLU, UE :

Grasse, *mafflue* et rebondie. (I, 252 et note 4.)

L'orthographe de nos anciennes éditions est *maflue*.

MAGASIN, MAGASINS, emplois divers :

La mémoire est corporelle... :
L'objet, lorsqu'il revient, va dans son *magasin*
  Chercher, par le même chemin,
  L'image auparavant tracée. (II, 471 et note 68.)

Les vastes *magasins* dont le sérail abonde,
Magasins enrichis des dépouilles du monde. (IX, 275.)

   Leur emplette....
Alla tout emballée au fond des *magasins*
 Qui du Tartare sont voisins. (III, 221.)

La cruelle moitié du monstre de Libye
Traîne en ses *magasins* leurs deux corps. (VI, 303.)

La vaisselle d'argent, les cuvettes, les brocs,
 Les *magasins* de malvoisie. (I, 194.)

Ouvre tes *magasins*. (VII, 190.)

C'est à Prométhée qu'est donné cet ordre par Jupiter : Ouvre tes ateliers de sculpteur.

 Je puise encore en un vieux *magasin*,
 Vieux, des plus vieux, où Nouvelles nouvelles
 Sont jusqu'à cent. (IV, 278.)

[Le Songe] choisit pour cela tout ce qu'il y avoit de plus beau dans ses *magasins*. (VIII, 247.)

.... Là, des biens et des maux les légères idées....
Formoient des *magasins* de peine ou de plaisir. (VIII, 248.)

Je suis trompé si son sein
N'en est un plein *magasin* [de lis]. (IX, 418.)
Mais vos trois fils ont chacun deux beaux yeux,
Deux *magasins* de lumière et de flamme. (IX, 119.)

MAGE, magicien :
Des *mages* aussitôt consultant la science.... (VI, 190 et note 1.)
Je ne suis sorcier ni *mage*. (VIII, 436; voyez VIII, 242, 254, 256.)

MAGICIEN :
Les Orestes et les OEdipes, tristes fantômes qu'a évoqués le poète *magicien*. (VIII, 117; voyez VIII, 97.)

MAGIE :
Parlez au diable, employez la *magie*,
Vous ne détournerez nul être de sa fin. (II, 397.)
.... Afin qu'on sût laquelle de toutes étoit la plus savante dans la *magie*. (VIII, 266.)
Mon art plein de *magie*. (VIII, 254.)

MAGIQUE :
D'un *magique* ornement ton front s'est revêtu. (VII, 236.)

MAGISTER :
D'un certain *magister* le rat tenoit ces choses. (II, 254; voyez I, 116.)

MAGISTRAT :
D'un *magistrat* ignorant
C'est la robe qu'on salue. (I, 409 et note 8.)
Le *magistrat* pourroit le rechercher
Sur le soupçon d'une mort si soudaine. (V, 41; voyez I, 39, 40, 44, 208; V, 246.)

MAGISTRATURE :
Vous raillez, c'est chose par trop sûre :
Regardez la vieillesse et la *magistrature*. (V, 273 et note 2.)

MAGNANIME :
Du *magnanime* Henri qu'il contemple la vie. (VIII, 358.)

MAGNIFICENCE, MAGNIFICENCES :
Par ce trait de *magnificence*
Le prince à ses sujets étaloit sa puissance. (II, 131.)
Vive la *magnificence*
Qui ne coûte qu'à planter ! (IX, 224.)
.... Ni par amour, ni par *magnificence*. (V, 162.)
Faites état que la *magnificence*
De ce repas ne consista qu'en l'eau. (V, 472.)
Leurs cloîtrières Excellences
Aimoient fort ces *magnificences*. (V, 587.)
.... C'étoient là ses *magnificences*. (III, 52.)

MAGNIFIQUE :
Magnifique en habits, noble en ses actions. (VII, 424; voyez V, 560, 564, 572, etc.)

MAGNIFIQUEMENT :
Vous parlez *magnifiquement*
De cinq ou six contes d'enfant. (I, 130.)

MAGOT :
Notre *magot* prit pour ce coup
Le nom d'un port pour un nom d'homme. (I, 293 et note 14.)
Le *magot*
A grand besoin de bonne rhétorique. (V, 560 et note 2.)
Je vis remuer le petit Bouvillon
Qui parut à mes yeux d'aussi belle structure
Que mon *magot* étoit de laide regardure. (VII, 393; voyez VII, 447.)

MAI, l'arbre de mai :
Voici le *mai;* rangez-vous, place, place!
Beau, grand, droit, vert, il vient ombrager cette place. (VII, 575; VII, 564 et note 4, 566.)

Voyez aussi le *Dictionnaire historique de la ville de Paris et de ses environs*, Paris, 1779, in-8°, tome III, p. 464; et Dulaure, *Histoire de Paris*, tome III, p. 123, 144-145.

MAIGRE :
Vous êtes *maigre* entrée, il faut *maigre* sortir. (I, 252 et note 6.)

MAIGREMENT :
Le seul espoir restoit pour tout potage,
Nous en vivions, encor bien *maigrement*. (IX, 15.)

MAILLE, nœud :
Une *maille* rongée emporta tout l'ouvrage. (I, 163.)

MAILLE, pièce de monnaie, au propre et au figuré :
Il n'aura pas la *maille* avant que se coucher. (VIII, 483.)
Il n'aura « double ne liard », comme dit du Fail (tome I, p. 231).

De nouveauté dans mon fait il n'est *maille*. (IV, 130 et note 1.)

MAILLÉ :
.... Là se trouvoient tendrons en abondance,
Plus que *maillés*, et beaux par excellence. (V, 385 et note 3.)

MAIN, MAINS, emplois divers; DONNER LES MAINS ; FAIRE SA MAIN ; FAIRE MAIN BASSE :
Les nouvelles en vers..., quoique d'un style bien différent, sont toutefois d'une même *main*. (IV, 4.)

.... Comme maître Vincent, dont la plume élégante
Donnoit à son encens un goût exquis et fin,
Que n'avoit pas celui qui partoit d'autre *main*. (VII, 166.)

.... Nouvelles nouvelles
Sont jusqu'à cent, bien déduites et belles
Pour la plupart, et de très bonne *main*. (IV, 279 et note 2.)

[Le monument de Louis XI].... m'a semblé d'assez bonne *main*. (IX, 239.)
Mains brillantes. (IX, 162.) — *Mains* divines. (IX, 165.) — *Mains* savantes. (VIII, 253.)
Je fais cas de l'une et l'autre *main*. (IX, 369.)
Quelque ennemi secret vient d'imiter sa *main*. (VII, 519 et note 3.)
Son écriture.

 S'insinuer, en fait de chambrière,
C'est proprement couler sa *main* au sein. (IV, 281.)
Lui voulant mettre la *main* au sein, etc. (VII, 87 ; voyez VII, 89.)
Puis il lui met la *main* sur le teton. (V, 295.)
Mais que veut cette *main* qui s'en vient brusquement...? (VII, 158.)
Quoi! défendre les yeux! c'est être trop sévère :
Passe encor pour les *mains*. (V, 148.)
Il s'offrit à lui donner la *main*. (VI, 22 et note 6.)
Je vous rends cette *main* que vous m'avez donnée. (VI, 294.)
.... Du démon vous serez le partage.
— Je l'étois sans ressource en vous donnant la *main*. (VII, 435.)
Approche et tends la *main :* celle-ci t'est donnée
Comme gage assuré d'un fidèle hyménée. (VII, 628.)
Et la dernière *main* que met à sa beauté
 Une femme allant en conquête,
Est un ajustement des mouches emprunté. (I, 273.)
 Et puis l'heure dernière
Au malheur des mortels met la dernière *main*. (VIII, 479.)
Il m'en tombe assez [de femmes] entre les *mains*. (IV, 345.)
Dès que le sire avoit donzelle en *main*, etc. (V, 66.)
Ayez toujours en *main* quelque amitié nouvelle. (VII, 57.)
Tout est en votre *main*. (VII, 624.)
Mes jours sont en tes *mains*. (III, 5.)
Il ne laisse pas sous *main* de lui donner assistance. (VIII, 200.)
 Sous la *main* lui tombe une beauté
Dont un prélat se seroit contenté. (IV, 274.)
 Vous en tenez, s'il tombe sous sa *main*
Belle qui soit quelque peu simple et neuve. (IV, 459.)
 Je revois les lapins,
Plus gais qu'auparavant, revenir sous mes *mains*. (III, 82.)
 Il n'étoit point d'asiles
 Où l'avarice des Romains
Ne pénétrât alors, et ne portât les *mains*. (III, 145.)
 Mais le mari, qui se doutoit du tour,
 Rompoit les chiens, ne manquant au retour
D'imposer *mains* sur madame Féronde. (V, 395 et note 1.)
Du reste ayant d'oreille autant que sur ma *main*. (III, 44.)
C'est celui qui pour nous sans cesse ouvre les *mains;*
C'est Phébus Apollon. (VI, 317.)
Ôter le pain de la *main*. (VIII, 189.)
A pleine *main* l'on les a laissé prendre [les tetons]. (IV, 288.)
A pleines *mains* il vous jetoit l'argent. (V, 154 ; voyez V, 257.)
Il faut battre des *mains*, on doit chanter son sort. (VII, 570.)
 Ce général n'a guère son pareil,

Bon pour la *main*, et bon pour le conseil. (IX, 211 et note 3.)

Comparez aussi Salluste, *Jugurtha*, chapitre VII : *Et prælio strenuus erat et bonus consilio*.

En un combat de *main à main*. (VI, 209 et note 3.)

Cet avis fut approuvé de chacune ;
On l'applaudit, il court de *main en main*. (V, 312.)

En moins d'un tour de *main* cela s'accomplissoit. (V, 552 et note 1.)

Mains de rocher [d'un Triton, d'une Sirène]. (VIII, 33.)

Il la prêcha, mais si bien et si beau
Qu'elle *donna les mains* par pénitence. (V, 47 et note 1.)

Le philosophe fut obligé de *donner les mains*. (I, 44 ; voyez IX, 93.)

Échevins, prévôt des marchands,
Tout *fait sa main*. (II, 246 et note 18 ; voyez II, 433.)

[Tu] n'as quitté le jeu que *ta main étant faite*. (IV, 33 et note 1.)

Psyché cependant *faisoit sa main*. (VIII, 203.)

.... Les guetta, les prit, *fit main basse*. (III, 228.)

Mains, serres :

Après que le milan, manifeste voleur,
Eut répandu l'alarme en tout le voisinage...,
Un rossignol tomba dans ses *mains*. (II, 449 et note 2 ; voyez II, 50.)

Main-forte :

Il sort pourtant et va querir *main-forte*. (IV, 168.)

Main de justice. (IX, 239.)

MAINT, mainte, maints :

Maint vieux chat. (III, 228.)

Il vaudroit beaucoup mieux qu'avec *maint* vers du temps
De messire Honoré l'histoire fût brûlée. (IX, 22.)

Maint d'entre vous souvent juge au hasard. (IV, 130.)

[Notre souffleur] brise... *maint* toit qui n'en peut mais, fait périr *maint* bateau. (II, 10 ; voyez II, 136 ; III, 289 ; VIII, 205.)

Il les auroit fait tous voler jusqu'au dernier [les ducats]
Dans le gouffre enrichi par *maint* et *maint* naufrage ;
Dieu veuille préserver *maint* et *maint* financier
Qui n'en fait pas meilleur usage. (III, 205 ; voyez VI, 29, 92.)

Vous verrez *mainte* république,
Maint royaume, *maint* peuple. (III, 14.)

Mainte veuve... fait la déchevelée. (VI, 69.)

Donnez *mainte* leçon que j'ai sans doute omise. (III, 169.)

On lui donna *mainte* et *mainte* remise. (VI, 94 et note 8.)

J'ai *maints* chapitres vus
Qui pour néant se sont ainsi tenus. (I, 135.)

Les bergers de leur peau se faisoient *maints* habits. (I, 240 ; voyez I, 467 ; III, 353 ; IV, 101 ; etc.)

MAINTENIR ; se maintenir :

.... Ceci peut s'appliquer à la grandeur royale... :
Elle fait subsister l'artisan de ses peines,

Enrichit le marchand, gagé le magistrat,
Maintient le laboureur. (I, 208.)
Maintiendrai-je un parti qui me laisse outrager? (VII, 620.)
Nous verrons quels projets *maintiendront* son crédit. (IX, 54.)
Je le *maintiens* [ce fait] prodige. (III, 162.)
Longtemps entre nos coqs le combat *se maintint*. (II, 170.)
Il veut à toute force être au nombre des sots;
Il *se maintient* cocu, du moins de la pensée,
    S'il ne l'est en chair et en os. (V, 92 et note 4.)
Filles, *maintenez-vous*. (IV, 449 et note 5.)
Callinicé.... *s'étoit maintenue* jusqu'à soixante ans bien avec les Grâces, et encore mieux avec les Plaisirs. (III, 187.)

MAINTIEN :
    On vit tant d'assurance
    En ses discours et dans tout son *maintien*, etc. (II, 304.)
        Avec doux *maintien*
[Il] l'huissier dit: « Ouvrez. » (IX, 5.)
La dame étoit de gracieux *maintien*. (IV, 86 et note 5.)
    Près de la dame étoit une personne,
    Une suivante, ainsi qu'elle mignonne,
    De même taille et de pareil *maintien*. (VI, 127.)

MAIRE (Juge). (I, 292 et note 9.)

MAIS, conjonction :
Qu'est-ce là? lui dit-il. — Rien. — Quoi? rien? — Peu de chose. — *Mais* encor? (I, 73.)
    Je laisse à penser si ce gîte
Étoit sûr; *mais* où mieux? Jean Lapin s'y blottit. (I, 149 et note 1.)
    .... *Mais* quoi? si l'amour n'assaisonne
    Les plaisirs que l'hymen nous donne.... (II, 432.)
Le pâtre dit : « Amis, vous parlez bien, *mais* quoi ? » (III, 90.)
    .... *Mais* quoi? les malvivants
    Seront toujours. (IV, 242.)
Mais d'où vient, etc. (III, 133 et note 1.)

MAIS, adverbialement; N'EN POUVOIR MAIS :
Le malheureux lion se déchire lui-même...,
Bat l'air qui *n'en peut mais*.... (I, 157 et note 11.)
Maint toit qui *n'en peut mais*. (II, 10 et note 10; voyez IV, 169 et note 5; V, 164.)
Puis-je mais si un dieu me voit? (VIII, 174.)

MAISON, MAISONS, emplois divers :
Quelle *maison* pour lui! l'on y tournoit à peine
    « Plût au ciel que de vrais amis
Telle qu'elle est, dit-il, elle pût être pleine ! » (I, 334.)
Même précaution nuisit au poète Eschyle :
    Quelque devin le menaça, dit-on,
    De la chute d'une *maison*. (II, 294 et note 22.)

.... Et là mainte tortue, apportant sa *maison*,
Allonge en vain le col pour sortir de prison. (VIII, 122 et note 5.)

On s'étonne partout
De voir aller en cette guise
L'animal lent et sa *maison*. (III, 15; II, 34; III, 282.)

Voyez Porte-Maison.

[Le lion] assuré qu'à ce son
Les moins intimidés fuiroient de leur *maison*, etc. (I, 189.)

Quoi, dit l'abbesse, un homme dans ce lieu!
Un tel scandale en la *maison* de Dieu! (V, 417 et note 4.)

Les *maisons* de bouteille. (I, 193 et note 10.)
La *maison* de la ville. (I, 194.)
Par opposition à la maison des champs.

En ma *maison* des champs je trouve un goût exquis. (VII, 66; voyez I, 31; IV, 362 et note 5; V, 574; VI, 34; VII, 393; VIII, 148, 166; etc.)
.... Diane y avoit un temple dont elle faisoit une de ses *maisons* de plaisir. (VIII, 177.)

Se faut-il, à vingt ans, enfermer dans la bière?
Nous aurons tout loisir d'habiter ces *maisons*. (VI, 78.)

D'elle [de cette dame] descendent ceux de la Prudoterie,
Antique et célèbre *maison*. (VI, 68.)

Réparer l'honneur de sa *maison*. (VII, 612 et note 6.)

Maisons (Petites-) :
J'aurai beau protester, mon dire et mes raisons
Iront aux *Petites-Maisons*. (I, 377 et note 6.)

MAÎTRE, maîtresse, acceptions diverses :
[Le follet] aimoit le *maître* et la *maîtresse*. (II, 123.)
Notre ennemi, c'est notre *maître*. (II, 26.)
.... Ce sont, dit-il, leurs lois qui m'ont de ce logis
Rendu *maître* et seigneur. (II, 187.)
Maîtres de l'univers, dieux puissants. (VII, 526.)
Je chanterai la guerre
Que firent les Titans au *maître* du tonnerre. (I, 398; voyez II, 458.)
.... Le *maître* de ces lieux en ordonne autrement. (III, 40.)

Faites-vous apprenti galand :
Vous n'y serez pas sitôt *maître*. (V, 226 et note 3.)

Je ne sais qui fut son *maître* :
Que ce soit qui ce peut être,
Vous êtes tous trois les miens.

J'oubliois *maître* François dont je me dis encore le disciple, aussi bien que celui à *maître* Vincent, et celui de *maître* Clément. Voilà bien des *maîtres* pour un écolier de mon âge. (IX, 403-404.)

Amour est un étrange *maître*. (I, 264.)

Je serai son *maître* de lyre,
Dit le blond et docte Apollon. (III, 106.)

.. Et moi, reprit Hercule à la peau de lion,
Son *maître* à surmonter les vices. (III, 106 et note 16.)

Louis sera, d'un soin laborieux,
Son *maître* en l'art de lancer le tonnerre. (IX, 28.)
Or essayons, sans plus en discourir,
Si je suis *maître* à forger des oreilles. (IV, 159 et note 7.)
J'ai tort d'ériger un fripon
En *maître* de cérémonies. (V, 593.)
Apollon l'encensa,
Car il est *maître* en l'art de flatterie. (VI, 96.)
Maître d'école. (III, 281 et note 37.)
.... Maint *maître* d'œuvre y court et tient haut le bâton. (II, 467 et note 51.)
Un *maître* de l'ouvrage. (VIII, 205 et note 7.)
L'autre étoit passé *maître* en fait de tromperie. (I, 217.)
Que l'on m'amène un âne, un âne renforcé :
Je le rendrai *maître* passé. (II, 64; voyez V, 235 et note 2.)
Le singe, *maître* ès arts chez la gent animale. (III, 124; voyez III, 131; IV, 223 et note 6; VI, 25.)
Maître Boccace, auteur de cette histoire. (IV, 221.)
Sa chatte, en un beau matin,
Devient femme ; et le matin même,
Maître sot en fait sa moitié. (I, 185.)
Maître Baudet, ôtez-vous de l'esprit
Une vanité si folle. (I, 408; voyez II, 474; III, 198, 323; etc.)
C'étoit un *maître* sire. (IV, 157.)
C'étoit un *maître* rat. (III, 352.)
Un jour, au coin du feu, nos deux *maîtres* fripons
Regardoient rôtir des marrons. (II, 444.)
Le lièvre étoit gîté dessous un *maître* chou. (I, 279.)
J'ai lu qu'un orateur estimé dans la Grèce,
Des beaux-arts autrefois souveraine *maîtresse*, etc. (VI, 14.)
Quoi? je vous trouve ici, mes divines *maîtresses*! (VIII, 278.)
.... Enfin la gloire étoit moins que vous sa *maîtresse*. (VII, 600.)
Pyrame, c'est l'amant, eut Thisbé pour *maîtresse*. (VI, 175.)
Ils ne s'aimoient que trop ! leurs soins et leur tendresse
Approchoient des transports d'amant et de *maîtresse*. (VI, 188.)
Baisers, non point de mari à femme, il n'y a rien de plus insipide, mais de *maîtresse* à amant. (VIII, 72; voyez VIII, 99.)
Votre âge le permet, aimez, faites *maîtresse*. (VII, 45 et note 2 ; voyez VII, 97, 98.)
Comparez Molière, *le Misanthrope*, acte II, scène 1 :
Des amants que je fais me rendez-vous coupable?

Maître (Petit-) :

Un *petit-maître* entre deux vins. (VII, 570.)

MAJESTÉ; majesté, personnifiée; majestés :

.... Tout cela accompagné de *majesté* et des grâces de la personne. (VIII, 311.)
Je devrois l'avoir apprise [la langue de la piété] en vos compositions, où elle éclate avec tant de *majesté* et de grâces. (VIII, 307.)
.... Cela leur donne une *majesté* de navires [à ces barques]. (IX, 236.)

.... La *majesté* de vos autels
Elle-même en est offensée. (III, 148.)
Les voilà tous deux arrivés
Devant *Sa Majesté* fourrée. (II, 190; voyez VIII, 333.)
J'en connois beaucoup aujourd'hui...,
Qui changeroient entre eux les simples Excellences,
S'ils osoient, en des *Majestés*. (III, 130.)
Les *Majestés* et les Éminences. (IX, 277.)

MAL, employé adverbialement :
Madame est *mal*, et seule elle veut être. (IV, 303.)
Il eût été *mal*
Qu'on n'eût pu du jardin sortir tout à cheval. (I, 279.)
Bien qu'au moins *mal* qu'il pût il ajustât l'histoire,
Le loup fut un sot de le croire. (III, 136.)
Le sénat le prend *mal*. (VII, 438.)
.... Il en prit *mal;* et force États
Voisins du sultan en pâtirent. (III, 98 et note 22.)
Voilà mon loup par terre,
Mal en point, sanglant et gâté. (III, 295 et note 15.)
.... Lourd et de peu, mais qui ne soit pourtant
Mal fait de corps. (V, 41.)
Cette jeunesse *mal* instruite. (II, 382 et note 10.)

MAL CONTENT, MAL GRACIEUX, MAL PLAISANT, MAL VIVANT. Voyez MALCONTENT, MALGRACIEUX, MALPLAISANT, MALVIVANT.

MAL, MAUX :
Nous ne croyons le *mal* que quand il est venu. (I, 84.)
Quand le *mal* est certain,
La plainte ni la peur ne changent le destin. (II, 272.)
Le *mal* d'autrui n'est rien quand nous parlons du nôtre. (VII, 69.)
Le *mal* d'autrui ne me tourmente en rien. (IV, 159 et note 4.)
Le malheureux époux s'informe, s'inquiète,
Et de tout son pouvoir court au-devant d'un *mal*
Que la peur bien souvent rend aux hommes fatal. (V, 135; voyez V, 93, 94, 95, 98, 426.)
Mais ici-bas put-on jamais tant faire
Que de trouver un bien pur et sans *mal?* (V, 38.)
Il étoit mari, c'est son *mal*. (V, 443; voyez V, 534.)
D'un *mal* il tomba dans un pire. (III, 218; voyez IV, 264.)
Il desire, il espère, il craint, il sent un *mal*
A qui les plus grands biens n'ont rien qui soit égal. (VI, 236.)
Une montagne en *mal* d'enfant. (I, 397.)
Un *mal* qui répand la terreur,
Mal que le Ciel en sa fureur
Inventa, etc. (II, 94.)
Et comme on voit aux *maux* une suite enchaînée,
Le sort, pour m'accabler de cent coups différents,
Causa presque aussitôt la mort de mes parents :

Un *mal* contagieux les eut privés de vie
Avant que de ce *mal* je pusse être avertie. (VII, 21; voyez VIII, 151.)
Et mon esprit troublé des horreurs de ma vie
M'a plus causé de *maux* que l'enfer ni la mort. (VIII, 395.)

MAL (DE FIÈVRE EN CHAUD). Voyez CHAUD MAL.

MALADROIT :

... Si je ne tenois pas votre vase assez droit?
Je suis quelquefois *maladroit*. (V, 143; voyez VII, 490.)
.... De but en blanc leur parler d'une affaire
Dont le discours leur doit déplaire,
Ce seroit être *maladroit*. (IV, 36.)

MALAISÉ :

Dans un chemin montant, sablonneux, *malaisé*, etc. (II, 141.)
Bien lui sembloit ce soin chose un peu *malaisée*. (V, 448.)

MALANDRE :

Tiennette n'a ni suros ni *malandre*. (V, 324 et note 6.)

MALCONTENT, ENTE :

.... Toutes deux, très *malcontentes*. (I, 382.)
Thérèse est *malcontente*, et gronde. (V, 595.)
L'hôtesse alla tirer du cabinet
Les regardants, honteux, *malcontents* d'elle. (V, 85 et note 4.)
Le galand aussitôt
Tire ses grègues, gagne au haut,
Malcontent de son stratagème. (I, 177.)

MÂLE :

Mazet étoit beau *mâle*. (IV, 499.)

MALENCOMBRE :

.... Pour empêcher qu'il n'ait comme lui le même *malencombre*. (VII, 449 et note 2.)

MALENCONTREUX :

Il alléguoit les jours *malencontreux*. (IV, 336 et note 4.)

MALEPESTE :

Malepeste! ai-je dit. (VII, 326.)

MALFAISANT :

D'animaux *malfaisants* c'étoit un très bon plat. (II, 444.)

MALGRACIEUX :

Elle avoit pris en cet homme un époux
Malgracieux, incommode, et jaloux. (VI, 27 et note 2.)

MALGRÉ QUE :

.... Voilà comme la connoissance vient aux jeunes gens, ordinairement *malgré qu*'on en ait. (VII, 465; voyez VII, 483; VIII, 278.)

MALHEUR, MALHEURS; PAR MALHEUR :
Quand le *malheur* ne seroit bon
Qu'à mettre un sot à la raison, etc. (II, 24.)
Le *malheur* fut que tout ce beau ménage
Fut découvert d'un logis près de là. (IV, 283; voyez VI, 8.)
Ne se point laisser abattre aux *malheurs*. (I, 48.)
Je me suis des *malheurs* une image tracée,
Et je les ai déjà vaincus par ma pensée. (VIII, 481.)
Un rossignol tomba dans ses mains *par malheur*. (II, 449.)

MALHEUREUX, emplois divers :
Tu ressembles aux naturels
Malheureux, grossiers, et stupides. (I, 297.)
Sa femme, ses enfants, ses soldats, les impôts,
Le créancier et la corvée,
Lui font d'un *malheureux* la peinture achevée. (I, 108.)
Quel *malheureux*! (VI, 31 et note 7.)
Quel effronté, quel être sans vergogne!
  Ôte d'autour de chaque roue
Ce *malheureux* mortier. (II, 60.)
[Il enrage] de n'avoir pas chez soi pour lui donner
Tant seulement un *malheureux* dîner. (V, 169.)

MALICE, MALICES :
Le juge, instruit de leur *malice*, etc. (I, 137.)
.... Il a plus de *malice*
Qu'un vieux singe. (VII, 307; voyez VII, 432, 561.)
  Par l'effet d'une *malice* extrême,
J'entraîne avecque moi rudement Harpajême. (VII, 427.)
Que ces hommes, voyez, sont fins au prix de nous!
Ils songent dès l'abord toujours à la *malice*. (VII, 87.)
Les baisers de Doris sont baisers sans *malice*. (VII, 77.)
Les entretiens oisifs et féconds en *malices*. (VI, 286.)
Vous êtes exposée aux *malices* des hommes. (VI, 300.)

MALIGNITÉ :
La *malignité* des astres. (VIII, 225.)

MALIN, MALIGNE; LE MALIN, l'esprit malin :
Le chaud, la solitude, et quelque dieu *malin*,
L'invitèrent d'abord à prendre un demi-bain. (VI, 17 et note 4.)
  Le diable
Est bien subtil, bien *malins* sont les gens. (VI, 57.)
Ce jus doué de vertu tant insigne
Porte d'ailleurs qualité très *maligne*. (V, 38.)
Malignes influences. (VIII, 234.)
L'esprit *malin*, voyant sa contenance, etc. (VI, 114.)
Je crains, dit-il, les ruses *du malin*. (IV, 475 et note 2.)
.... Je tiens que *le malin*
N'a revenu plus clair et plus certain. (IV, 486; V, 475; IX, 369.)

MALINE, pour MALIGNE :
.... Elle sent son ongle *maline*. (II, 51 et note 8.)

MALMENER ; MALMENÉ DE :
Celui-ci *malmena* la belle. (V, 349.)
L'un et l'autre vaisseau
Malmené du combat.... (IV, 403 et note 2.)

MALOTRU :
Celle-ci fit un choix qu'on n'auroit jamais cru,
Se trouvant à la fin tout aise et tout heureuse
De rencontrer un *malotru*. (II, 118 et note 16.)

MALPLAISANT :
Notre vieillard flétri, chagrin, et *malplaisant*. (VII, 43.)
Au lieu d'hôtesses si *malplaisantes*.... (IX, 379.)
Les vapeurs et la toux.

MALPROPRE :
Une *malpropre* bande. (IX, 92.)

MALTRAITER, MALTRAITÉ :
Un amant *maltraité*. (VIII, 423.)

MALVIVANT, substantivement :
.... Mais quoi ? les *malvivants*
Seront toujours. (IV, 242 et note 6.)

MANANT ; DEMI-MANANT :
.... Elle vit un *manant* en couvrir maints sillons [de chanvre]. (I, 82 et note 4.)
Riche *manant*, ayant soin du tracas....
D'un abbé. (V, 390 ; voyez I, 331 ; II, 40 ; V, 393 ; et passim.)
Un amateur du jardinage,
Demi-bourgeois, *demi-manant*. (I, 277.)

MANCEAU :
Les seuls parents, par un esprit *manceau*,
La destinoient pour une autre famille. (VI, 43 et note 4.)
Cependant un faucon sur sa perche voyoit
Notre *manceau* qui s'enfuyoit. (II, 321.)
Le chapon, citoyen du Mans.

MANCHE, MANCHES :
Ôtez ce corset et ces *manches*. (V, 495 et note 4.)

MANCHON, MANCHONS :
Il veut avoir
Un *manchon* de ma peau. (II, 370.)
Manchons aux peaux douillettes. (IX, 142.)

MANCHOT :
Qu'on me rende *manchot*, cul-de-jatte.... (VIII, 484 ; I, 106.)

MANDER :
Le prince sut la chose ; il *manda* le rhéteur. (II, 65 ; voyez II, 129, 224.)

MANDIBULES :
L'autre [le cheval], qui s'en doutoit, lui lâche une ruade,
    Qui lui met en marmelade
Les *mandibules* et les dents. (I, 392 et note 13.)
« .... Et moi, je crois que j'ai la mandibule démise. » (Hauteroche, *Crispin médecin*, acte III, scène IV.)

MANDRAGORE :
    Cette recette est une médecine
    Faite du jus de certaine racine
    Ayant pour nom *mandragore*. (V, 34 et note 1.)

MANGER, au propre et au figuré ; SE MANGER :
Soyons bien buvants, bien *mangeants*. (II, 67.)
Disant ces mots, il vit des bergers, pour leur rôt,
    Mangeants un agneau cuit en broche. (III, 31.)
Qu'importe qui vous *mange*, homme ou loup ? Toute panse
Me paroît une à cet égard. (III, 21.)
Jupin pour chaque état mit deux tables au monde :
L'adroit, le vigilant, et le fort, sont assis
    A la première ; et les petits
    Mangent leur reste à la seconde. (III, 38.)
Le moineau du voisin viendra *manger* le nôtre ! (III, 198.)
Que craignez-vous ? Eh. quoi ! qu'il ne vous *mange* ? (V, 497.)
Si les gros nous *mangeoient*, nous *mangions* les petits,
    Ainsi que l'on fait en France. (VIII, 268.)
Au lieu qu'on nous *mange*, on nous gruge.... (I, 122.)
.... Il [ce partisan] me veut *manger* tout le dernier. (IX, 123.)
    .... Un pays
Où le quintal de fer par un seul rat *se mange*. (II, 356.)

MANGER LE LARD. Voyez LARD.

MANGER, substantivement :
.... Ce n'est peut-être pas [les fruits, le lait]
De Nosseigneurs les ours le *manger* ordinaire. (II, 261.)
    Et le financier se plaignoit
    Que les soins de la Providence
N'eussent pas au marché fait vendre le dormir,
    Comme le *manger* et le boire. (II, 217 et note 6.)
« Une libéralité n'est pas sitôt en leurs mains qu'ils n'en attendent une autre, comme si le manger leur faisoit venir la faim. » (Malherbe, tome II, p. 562.)

Son *manger* croissoit sur le bord de quelque fontaine. (VIII, 164.)

MANGEUR ; MANGEUR DE :
Nous ne trouvons que trop de *mangeurs* ici-bas :
Ceux-ci sont courtisans, ceux-là sont magistrats. (III, 264 et note 11.)
Qu'est ceci ? s'écria le *mangeur de* moutons. (I, 331.)

L'on ne doit jamais avoir de confiance
En ceux qui sont *mangeurs de* gens. (III, 21; voyez I, 180 et note 9; V, 182.)

MANIE :

Leur brute *manie*. (VII, 317 et note 3.)
Il s'agit dans cette page de
Quinze ou seize chiens,
Qui suivoient à l'envi, marchant de compagnie,
Une chienne coquette et de mauvaise vie.

MANIER, au propre et au figuré :

Là cette belle apprit....
A *manier* l'aiguille. (V, 107 et note 4.)
Au reste, elle n'avoit au monde sa pareille
A *manier* un canevas. (V, 109; voyez VI, 252.)
Je n'oserois nommer deux si grands personnages sans crainte de passer pour profane et téméraire d'avoir osé travailler après eux, et *manier* indiscrètement ce qui a passé par leurs mains. (VII, 8.)

MANIÈRE, MANIÈRES :

Personne ne s'imagina qu'il pût rien sortir de raisonnable d'un homme fait de cette *manière*. (I, 44.)
Jeune, bien fait, et beau, d'agréable *manière*. (II, 115.)
Il est surpris de voir, à son réveil,
Autour de lui gens d'étrange *manière*. (V, 397 et note 3.)
Coups de fourche ni d'étrivières
Ne lui font [au naturel] changer de *manières*. (I, 187.)
.... Ce n'est jamais par là que l'on en vient à bout :
Il y faut une autre *manière*. (III, 58.)
.... Le miracle en est grand; Amour en fut l'auteur :
Il en fait tous les jours de diverse *manière*. (VI, 206.)
Un chien de cour l'arrête, épieux et fourches-fières
L'ajustent de toutes *manières*. (I, 331.)
.... Pour l'hommage et pour la *manière*
Le singe en fut chargé. (I, 315.)
Mon but est seulement de dire, à ma *manière*, etc. (III, 270; voyez III, 190; VIII, 103.)
Il n'est, à bien parler, que *manière* à tout faire. (VII, 54 et note 5.)
Ces mensonges sont proprement une *manière* d'histoire. (III, 175.)
.... En *manière* de statues, de pyramides. (IX, 261.)

MANIFESTE, adjectivement :

Après que le milan, *manifeste* voleur,
Eut répandu l'alarme en tout le voisinage, etc. (II, 449.)
.... Car qu'il [Mazet] fût renvoyé,
Cela rendroit la chose *manifeste*. (IV, 506.)
Mon jaloux me parut d'un dégoût *manifeste*. (VII, 421 et note 5.)

MANOIR :

Peu s'en fallut que le soleil
Ne rebroussât d'horreur vers le *manoir* liquide. (III, 112; voyez III, 203; IV, 407.)

MANQUE :
Voyons comment le traître, l'infidèle,
Soutiendra son *manque* de foi. (VII, 523.)

MANQUEMENT :
.... Si l'on trouve... qu'il y ait du *manquement* en cela, je prie le lecteur de l'excuser. (VIII, 301.)

MANQUER, activement et neutralement; s'en manquer :
.... Bien affligé de *manquer* cette somme.... (VI, 111.)
Le galant, indigné de la *manquer* si belle, etc. (IV, 435 et note 7.)
Le juge prétendoit qu'à tort et à travers
On ne sauroit *manquer* condamnant un pervers. (I, 138 et note 7.)
On ne sauroit *manquer* de louer largement
Les dieux, etc. (I, 101 et note 14.)
Je dois faire aujourd'hui vingt postes sans *manquer*. (I, 176; voyez V, 516; VI, 132; VII, 175, 177.)
.... Se doutant bien qu'on lui demanderoit,
Sans y *manquer*, d'où ce retard venoit. (V, 297; voyez IX, 118.)
.... Pas n'y *manqua*. (IV, 464.)
Elle excitoit doublement le desir :
Rien n'y *manquoit*, la gloire et le plaisir. (V, 561.)
.... Charmes et dot, aucun point n'y *manquoit*. (VI, 42; voyez VIII, 73.)
S'il *manque* à l'indigent, l'avare se plaint tout. (VIII, 493.)
Faites état qu'il ne lui *manquoit* rien. (VI, 51; voyez VI, 128.)
L'époux trouva près d'elle la soubrette,
Sans nuls atours qu'une simple cornette,
Bref en état de ne lui point *manquer*. (VI, 133.)
La reine à son devoir ne *manqua* d'un seul point. (IV, 62.)
D'haleine en le suivant *manquent* les aquilons. (VI, 256.)
[Le muletier] ne *manqua* pas de s'ajuster ainsi. (IV, 226.)
Tous [les vices] viennent à la file; il ne *s'en manque* guères. (II, 337.)

MARAIS :
Quatre méchants *marais*. (III, 350 et note 13.)

MARAN, infidèle :
Peuple hérétique et *maran*. (VIII, 432 et note 4.)

MARÂTRE :
Elle [la nature] étoit [pour les plantes] *marâtre* des unes et mère passionnée des autres. (I, 36.)

MARBRE, marbres, au propre et au figuré :
La guide nouvelle....
Donnoit tantôt contre un *marbre*,
Contre un passant, contre un arbre. (II, 195.)
Dans le fond de la grotte une arcade est remplie
De *marbres* à qui l'art a donné de la vie. (VIII, 34; voyez VIII, 206, 249.)
L'excès [de sa douleur] faisoit fendre les *marbres*
Habitants de ces lieux. (VIII, 153.)

Et, pleurés du vieillard, il grava sur leur *marbre*
   Ce que je viens de raconter. (III, 159.)
Sur le marbre de leur tombe.
Proposez-vous de voir tout ce corps si charmant
   Comme un beau *marbre* seulement. (V, 427.)
Tout est *marbre* pour moi, tout est sourd à ma peine. (VII, 545.)
   Nous nous piquons d'être esclaves des dames,
   Vous vous piquez d'être *marbres* pour nous. (IX, 264.)
      Ne croyez pas, Monsieur,
      Que la nature ait composé mon cœur
   De *marbre* dur. (V, 569 et note 4.)
      Hispal haranguoit de façon
      Qu'il auroit échauffé des *marbres*. (IV, 410.)
   Un philosophe, un *marbre*, une statue,
   Auroient senti comme nous ces plaisirs. (IV, 262.)
L'un des deux compagnons grimpe au faîte d'un arbre,
   L'autre, plus froid que n'est un *marbre*,
Se couche sur le nez. (I, 428 ; voyez VI, 257.)

MARCASSINE (La gent) :
La faim détruisit tout ; il ne resta personne
De la gent *marcassine* et de la gent aiglonne.... (I, 222.)

MARCHAND, MARCHANDE, au propre et au figuré :
Vous êtes apprenti *marchand*. (V, 226.)
Le *marchand* voit s'il [le cuvier] est de bon aloi. (V, 543 et note 5.)
Point de faute au calcul, non plus qu'entre *marchands*. (IV, 443.)
L'un de nos deux *marchands* de son arbre descend. (I, 430.)
Il est *marchand* et *marchande*, entre nous. (V, 293 et note 7.)
   Il ne savoit comme entrer en matière ;
   Mais pour l'aider la *marchande* lui dit, etc. (IV, 262 et note 6.)

MARCHANDER, neutralement et activement :
Pendant qu'ils *marchandoient* ainsi.... (II, 13.)
La sœur... ne *marchanda* point à se résoudre. (VIII, 168.)
Alexandre... n'eût pas *marchandé* pour passer le Rubicon. (VII, 323.)
   Vite, marchons ; que du lit où je couche
   Sans *marchander* on prenne le chemin. (IV, 306 ; voyez IV, 436.)
Prenez sa place et ne *marchandez* pas. (IV, 70 et note 4.)
Ne *marchandez* point tant, Madame, et croyez-moi. (IV, 421 ; voyez IV, 180 ; V, 118, 497.)
      Je dis que ce pèlerin
A de quoi *marchander*, non pas une mortelle,
   Mais la déesse la plus belle. (V, 262 et note 6.)

MARCHANDISE, au propre et au figuré :
Sire Guillaume allant en *marchandise*, etc. (IV, 156 et note 1.)
   Voyez aussi Ronsard (Sonnets pour Hélène, II, XXIII) :
   Aller en marchandise aux Indes precieuses.

.... Au lieu de deux, j'en ai rencontré trois [voleurs] :
   Il est assez de cette *marchandise*. (I, 97.)

Les nonnes sont un étrange bétail :
Qui n'a tâté de cette *marchandise*
Ne sait encor ce que c'est que tourment. (IV, 494 et note 7.)

MARCHÉ :

Le *marché* ne tint pas; il fallut le résoudre. (I, 428; voyez III, 15.)
Le *marché* se conclut. (IV, 50.)
    Le maître
Et la servante ayant fait leur *marché*.... (IV, 303 et note 7.)
    Le *marché* s'étant ainsi fait,
La princesse en croupe se met. (IV, 442; voyez IV, 254;
V, 566, 568; VI, 131; VIII, 165.)
Ce meurtre n'amenda nullement leur *marché*. (I, 383.)
    La servante soudain
Se défendit, mais de quelle manière?
Sans rien gâter : c'étoit une façon
Sur le *marché*. (IV, 281 et note 6.)
   .... Il est force gens comme lui
Qui prétendent n'agir que pour leur propre compte,
   Et qui font le *marché* d'autrui. (II, 278.)
Quarante écus. — C'est bon *marché*. (VII, 132.)
   .... Prétendez-vous, beau Monsieur que vous êtes,
En demeurer quitte à si bon *marché* ? (IV, 215.)

MARCHER; MARCHER À :

Le temps qui toujours *marche*, etc. (III, 134.)
Elle sembloit raser les airs à la manière
Que les dieux *marchent* dans Homère. (VIII, 452.)
Marchant toujours avec une gravité de déesses.... (IX, 252 et note 1.)
Il *marchoit* d'un pas relevé. (I, 68.)
Cupidon seul me fait *marcher*. (IX, 103.)
Vous *marchez* sur leurs traces. (VIII, 249.)
Par le devoir, sans plus, ils *marchent* à la gloire. (VII, 608.)

MARCHER, substantivement :

    La cause
Du *marcher* et du mouvement. (II, 210.)
Un rat des plus petits voyoit un éléphant
Des plus gros, et railloit le *marcher* un peu lent
    De la bête de haut parage. (II, 287 et note 7; voyez III, 281.)
Même expression chez Remy Belleau, tome I, p. 69.

MARÉCAGEUX, EUSE :

La gent *marécageuse*. (I, 214.)

MARIAGE :

Une [de nos Rémoises] avoit pris un peintre en *mariage*. (V, 65.)
    Mais mon mari m'a fait jurer....
De lui garder la foi de *mariage*. (V, 263.)
    Je vous croyois beaucoup plus fin,
Et ne vous tenois pas homme de *mariage*. (V, 121 et note 1.)

Le nœud du *mariage*
Damne aussi dru qu'aucuns autres états. (VI, 177.)
Vous me direz que notre usage
Répugne aux dons du *mariage*. (IV, 181.)
Les œuvres de *mariage*
Étant un bien, etc. (IV, 183; voyez IV, 194.)
On eût vu quelque beau matin
Un *mariage* clandestin. (I, 265.)
Que dites-vous de ces *mariages* de conscience? On est fille et femme tout à la fois. (IX, 234 et note 5; voyez IX, 233.)

MARIAGE (DEMI-) :
Demi-amour et *demi-mariage*,
Table d'attente, avant-goût de l'hymen. (VI, 45.)

MARITIME :
Pour moi, j'ai déjà vu le *maritime* empire. (II, 254.)
Tous les trésors de la cour *maritime*. (VIII, 270.)

MARJOLAINE :
Quelques brins de thym et de *marjolaine*. (VIII, 203.)
Bouquets de thym et pots de *marjolaine*. (V, 489 et note 4.)
On connaît la vieille ronde populaire :
Qu'est-ce qui passe ici si tard,
Compagnons de la marjolaine...?

MARJOLET :
.... Le sort, ami du *marjolet*,
Écarte ainsi toutes les détestables. (V, 532 et note 1.)
Rapprochez aussi Sigognes, sonnet sur les petits-maîtres :
.... L'on dit que vous marchez en mariolets de ville,
Portant la teste haute et le courage bas, etc.

MARMELADE :
L'autre... lui lâche une ruade,
Qui vous lui met en *marmelade*
Les mandibules.... (I, 392.)

MARMENTEAU (BOIS DE). (IX, 98; voyez IX, 97.)

MARMITE :
Je n'ai, dit-il, cuisinier ni *marmite*. (V, 170.)
Enfin veux-tu dîner n'ayant plus de *marmite*? (VII, 35.)
Plat ni *marmite*. (IX, 207.)
Votre table est renversée,
Votre *marmite* est cassée. (IX, 419.)
[Les loups] n'auront ni croc ni *marmite*. (III, 33 et note 18.)

MARMOT :
Que quelque jour ce beau *marmot*
Vienne au bois cueillir la noisette! (I, 331.)
Il n'est *marmot* osant crier
Que du loup aussitôt sa mère ne menace. (III, 31.)
Faites bien mes recommandations à notre *marmot*. (IX, 224.)

MAROUFLE :
Voilà un *maroufle* qui vient bien mal à propos. (VII, 478 et note 3.)

MARQUE, MARQUES :
Notre santé n'a point de plus certaine *marque*
Qu'un pouls égal et modéré. (VI, 329.)
Les *marques* de sa cruauté
Parurent avec l'aube. (III, 112.)
Vous avez refusé ces *marques* de mon zèle. (VII, 603.)
Les *marques* de sa bienveillance
Sont communes en mon endroit. (II, 325.)
Louis de sa valeur donne d'illustres *marques*. (VI, 306 ; voyez III, 278.)
Heureux sont les auteurs connus à cette *marque*. (IX, 178.)
Aux faveurs qu'ils reçoivent de la cour.
Dites-moi quelques *marques*
A quoi je le pourrai connoître [l'Amour]. (II, 277 ; voyez VIII, 99.)
.... L'olivier, qui de paix est la *marque* assurée. (VI, 197.)
Marques d'honneur. (I, 288.)

MARQUER, au propre et au figuré :
Appétit [d'être sainte] tel qu'Alibech avoit crainte
Que quelque jour son fruit n'en *fût marqué*. (V, 470 et note 4.)
Pour vous louer comme vous méritez,
Ajouta-t-il, et *marquer* les beautés
Dont j'ai la vue avec le cœur frappée, etc. (IV, 264.)
Il tourne à l'entour du troupeau,
Marque entre cent moutons le plus gras, le plus beau. (I, 178.)
Pinucio, sur l'avis de Colette,
Marque de l'œil comme la chambre est faite. (IV, 208.)
[Des] pas empreints sur la poussière....
Pas un ne *marque* de retour. (II, 47.)
.... L'âge en est de seize ans, l'embonpoint d'un peu plus ;
La taille en *marque* vingt. (VII, 37.)
Toi, pour ne point *marquer* aucune intelligence,
Tu la refuseras [cette lettre] avec emportement. (VII, 406.)
Dès vos plus jeunes ans on vous *marqua* ce choix. (VII, 420.)
J'oubliois à vous *marquer* que, etc. (IX, 256.)

MARQUETÉ :
Il est velouté comme nous,
Marqueté, longue queue. (II, 17.)
Il veut avoir
Un manchon de ma peau, tant elle est bigarrée,
Pleine de taches, *marquetée*. (II, 370.)

MARQUIS :
Tout *marquis* veut avoir des pages. (I, 67 et note 9 ; V, 160.)
Tout plaisir tranquille
N'est d'ordinaire un plaisir de *marquis*. (IV, 252.)

MARQUISAT :

Il envoya les *marquisats* au diable. (V, 159 et note 5.)

L'empereur mon cousin me donne un marquisat?
Bon parent, par mon chef! le présent n'est pas fat.
Un marquisat pourtant est chose fort commune;
La multiplicité de marquis importune :
Depuis que dans l'État on s'est emmarquisé,
On trouve à chaque pas un marquis supposé.
(Scarron, *Don Japhet d'Arménie*, acte III, scène XIX.)

MARRI :

La dame de ces biens, quittant d'un œil *marri*
Sa fortune ainsi répandue, etc. (II, 152 et note 21.)

MARRON, MARRONS :

Tirer *marrons* du feu. (II, 445.)

MARTEL :

Son marteau lui tombe des mains;
Il a *martel* en tête. (VIII, 297.)

Je ne vois point encore, ou je suis une bête,
Sur quoi vous avez pu prendre martel en tête.
(Molière, *Dépit amoureux*, acte I, scène I.)

MARTIAL :

Beaucoup d'effets de fureur *martiale*. (IX, 147.)

MARTIN, MARTIN-BÂTON :

Martin fit alors son office. (I, 434 et note 7.)

« Holà, *Martin-bâton!* »
Martin-bâton accourt : l'âne change de ton. (I, 284 et note 10.)

« Par mon *martin*, disait Jeanne d'Arc des bourgeois d'Orléans, je leur ferai mener des vivres. » Ce *martin* qui revient sans cesse dans sa bouche, dit Sainte-Beuve (*Causeries du lundi*, tome II, p. 409), c'était son *martin-bâton*.

Si elle te triche, voicy
Martin baston qui en fera
La raison.
(*Farce du Badin*, Ancien Théâtre, I, 278.)

Cette locution, comme tant d'autres, nous vient du roman du *Renart*. Le prêtre Martin, qui a pris maitre Loup dans une fosse, lui tient ce langage :

« Sire Ysengrin, or vous vaedrai
Ce que je tant pramis vous ai;
Apaurai vos a cest *baston*
Comment prestre Martin a non. »
(*Renart*, 7457.)

Voyez M. Delboulle, *les Fables de la Fontaine*, Paris, 1891, in-12, p. 61-62; les *Matériaux* du même, p. 198-199; et comparez les *Anciennes poésies françoises*, tome VI, p. 175 :

Martin baston s'en alloit lors en danse;

Rabelais, tome II, p. 64; B. des Périers, tome II, p. 162; *l'Étymologie des proverbes* de Fleury de Bellingen, p. 248-249; la *Romania*, tome IX, p. 127; les *Variétés historiques et littéraires*, tome X, p. 181; etc., etc.

MARTYR, MARTYRE :

Désormais faut qu'Alibech se contente
D'être *martyre*, en cas que sainte soit. (V, 476.)

MARTYRE :
     Il sauta par-dessus
  Ces longs soupirs et tout ce vain *martyre*. (IV, 205.)
     D'un commun *martyre*
  Tous deux brûloient sans oser se le dire. (IV, 400 ; voyez V, 53 ; 563, 571 ; VI, 191 ; VII, 71, 212, 259, 265 ; VIII, 361, 362.)

MASCARADE :
Vous êtes à cet âge homme de *mascarade?* (V, 275.)

MASQUE, MASQUES :
Je ne sais, morgué ! comme ces *masques* ont fagoté tout chela. (VII, 456 et note 2.)
Auroit-il vu ces *masques* de femmes ? (VII, 463.)
Les grands, pour la plupart, sont *masques* de théâtre. (I, 324.)
Six *masques* de rocaille à crotesque figure. (VIII, 33.)

MASQUER (SE) :
.... Ce ne sauroient être eux s'ils ne *se sont masqués*. (VII, 162.)

MASSE :
     Il me reste encor
Quelques deniers : je veux les joindre à l'autre *masse*. (III, 25.)
     La nature
  A mis dans chaque créature
Quelque grain d'une *masse* où puisent les esprits. (III, 81.)
[Le sang] le plus pur, le plus vif, le mieux qualifié,
En atomes extrait quitte la *masse* entière. (VI, 328.)

MASSE (TOPE et) :
     Allons, sire Oudinet,
  A Jeanne, *tope*. Puis à Tiennette, *masse*. (V, 327 et note 5.)

MASSIF :
Des mors d'or *massif*. (VIII, 482.)

MASSUE :
[Hercule] changea sa *massue* en fuseau. (V, 184 ; voyez II, 237 ; VIII, 65.)

MASURE :
Une vieille *masure*. (II, 436 ; voyez VIII, 164.)

MATER ; SE MATER :
  Dans son courroux de même il [le sort] n'omet rien
  Pour nous *mater*. (IV, 250 et note 8.)
Ils *se matoient* par ces saintes rigueurs. (VI, 291.)

MATIÈRE, MATIÈRES :
Le chyle y joint toujours [au sang] *matière* sur *matière*. (VI, 328.)
.... J'entends les esprits corps, et pétris de *matière*. (III, 81.)
Matière infertile et petite. (I, 99.)
Matière non encor par les Muses traitée. (VI, 326.)
  Et, supposé que quant à la *matière*
  J'eusse failli, du moins pourrois-je pas
  Le réparer par la forme en tout cas ? (VI, 6.)

MAT] DE LA FONTAINE. 53

Je changerai de style en changeant de *matière*. (VI, 206.)
   Tout beau! ces *matières*
A fond ne s'examinent guères. (V, 593.)
Les belles n'ayant pas disposé la *matière*,
Amour et vers, tout est fort à la cavalière. (VII, 147.)
Je lui fournirai tous les jours une nouvelle *matière* de triompher. (VIII, 206.)
.... C'est bien plutôt *matière* à se justifier. (VII, 606; voyez VII, 626.)
Il ne savoit comme entrer en *matière*. (IV, 262.)
Il n'est, à mon avis, que d'avancer *matière*. (VII, 94 et note 2.)

MATIN, MATINS :
   Il ne faut pas se lever trop *matin*
   Pour lui prouver que trois et deux font quatre. (IV, 297.)
      Il faut se lever plus *matin*....
      Pour pénétrer dans nos provinces. (IX, 444.)
L'Aurore se lève de trop grand *matin*. (VIII, 231.)
   .... D'un très grand *matin*
S'en va trouver sa servante au jardin. (IV, 280.)
   J'irai t'appeler demain,
   Du *matin*. (VII, 577.)
Les coqs... ont beau chanter *matin*.... (II, 35.)
   Sa chatte, en un beau *matin*,
   Devient femme. (I, 185; voyez V, 556.)
Une nuit sans *matin*. (VIII, 210.)
Punis ces malheureux d'une nuit sans matin.
         (Racan, Psaume v, tome I, p. 9; ibidem, p. 381.)
Qu'il [le soleil] forme un beau *matin*, qu'il nous montre un beau soir. (VIII, 255.)
   J'allois leur faire ma prière,
Comme tout dévot chat en use les *matins*. (II, 325.)

MÂTIN, au propre et au figuré :
Et chacun de tirer, le *mâtin*, la canaille,
A qui mieux mieux. (II, 245; voyez VI, 258.)
      Voici comme il faut faire,
Si tu veux écarter les *mâtins* du troupeau. (III, 234; voyez I, 71; III, 49.)
   Allons tirer notre voisine
D'entre les griffes du *mâtin*. (IV, 424 et note 2.)
Quelque *mâtin* difforme. (V, 45 et note 3.)
C'est un paillard, c'est un *mâtin*. (IX, 172.)

MATINAL, ALE :
La déesse des bois n'est point si *matinale*. (VI, 251.)

MÂTINEAU :
   Lui, berger, pour plus de ménage,
   Auroit deux ou trois *mâtineaux*. (II, 305 et note 20.)
M. Delboulle cite aussi cet exemple de Vigenère (1610) : « Or, quant à ces importuns abbayeurs dont l'engeance ne manqua iamais, auec toute la sequelle du

mesme vaultrey, autant en emporte le vent; car, à parler en general, c'est tout ainsi que de quelque leurier d'attache qu'on promeine en laisse le long des rues, sur lequel tous ces petis crottez, hospillez, tantouillez, mastineaux de quartier se desbandent pour le harseller de loin d'enuie et de peur qu'ils en ont. »

MATINES :

Tant lui donna du retour de *matines*
Que maux de cœur vinrent premièrement. (IV, 477 et note 6.)
En débridant *matines* à grand erre. (IX, 6.)

MATINEUX, EUSE :

Les coqs, lui disoit-il, ont beau chanter matin,
Je suis plus *matineux* encore. (II, 35.)
Dans ce somme profond la *matineuse* aurore
M'auroit trouvé gisant. (VII, 325.)
Quel charme de trouver la beauté paresseuse,
De venir visiter sa couche matineuse...!
(André Chénier, Élégies, II, XVIII.)

A ces menaces Catin
N'en fut pas plus *matineuse*. (VII, 577.)
Ce jour-là le soleil fut assez *matineux*. (IX, 324.)

MATOIS, OISE :

Un vieux coq adroit et *matois*. (I, 175.)
Renard fin, subtil, et *matois*. (III, 263.)
Cherche en ta cervelle *matoise*
Un stratagème sûr. (II, 428.)
Je lui trouvai [à Louis XI] la mine d'un *matois*. (IX, 239.)

MATOISERIE :

Exceller en tours pleins de *matoiserie*. (III, 133.)
La bravoure et la *matoiserie*. (IX, 145 et note 3.)

MATOU :

Gare encore le *matou!* (III, 356.)

MATRONE :

Double porte, verrous, une *matrone* austère. (V, 440.)
Avec un visage de *matrone*.... (VIII, 168.)
Vous m'amènerez ici une *matrone* qui sera neuf mois de l'année à toujours se plaindre. (VIII, 202.)
Il consultoit *matrones*, charlatans. (V, 25 et note 7.)

MAUDIRE :

.... Pour cela Satan *fut maudit*. (IV, 182.)
Vous hantez les palais, mais on vous y *maudit*. (I, 273 ; voyez, V, 542.)
Le jeûneur *maudit* son sort. (IV, 420.)
Allez, Satan, allez, vrai Lucifer,
Maudit de Dieu. (VI, 32 ; voyez V, 356.)
Sépare-moi des boucs réprouvés et *maudits*. (VIII, 417.)
Ce *maudit* animal vient prendre sa goulée
Soir et matin. (I, 277 ; voyez II, 100.)

.... Ce qu'a produit ce *maudit* grain. (I, 83.)
Il fait partir de l'arc une flèche *maudite*. (VI, 204.)

MAUGRÉ, prononciation patoise de « malgré » :
La fille de M. Tobie, notre maître, que l'on vouloit marier *maugré* elle au fils de M. Griffon.... (VII, 456.)

MAUVAIS, AISE :
Mauvaise graine est tôt venue. (I, 83.)
Quand on pense sortir d'une *mauvaise* affaire,
  On s'enfonce encor plus avant. (I, 383.)
Vous seriez un *mauvais* homme. (IV, 54.)
Une chienne coquette et de *mauvaise* vie. (VII, 317.)
Je suis du moins aussi *mauvais* que lui. (IV, 80 et note 1.)
   .... De quoi la ville d'Orléans
   Se plaignit, et fit la *mauvaise*. (IX, 242.)
Jusqu'ici je n'ai pu de sa *mauvaise* humeur
Aux yeux de ses parents dévoiler la malice. (VII, 561; voyez VIII, 231.)
Je vous trouve de *mauvais* goût. (VIII, 114.)
Fi! cela sent *mauvais*. (VII, 338.)
Fi! cela sent mauvais, et je suis tout gâté.
               (Molière, *l'Étourdi*, acte III, scène IX.)

MAXIME, MAXIMES :
Tous temps, toutes *maximes*. (VI, 22 et note 3.)

MAZETTE :
Mon fils, à qui l'on vient de plier la toilette,
Pique après le voleur une vieille *mazette*. (VII, 344 et note 3.)

MÉCANIQUE, adjectivement :
   J'expliquerois par raison *mécanique*
   Le mouvement convulsif des frissons. (VI, 331.)

MÉCHANT, ANTE, acceptions diverses :
   Je sais qu'il est des amants à foison :
   .... Mais cent *méchants* n'en valent pas un bon. (VII, 173.)
La tyrannie des *méchants* maris. (VIII, 149; voyez VIII, 53.)
[Ennus] fut si *méchant* que d'oser souiller le lit de son bienfaiteur. (I, 47.)
Te fieras-tu sur nous quand nous serons *méchants*? (VI, 292 et note 5.)
   Un tel remède est chose bien mauvaise,
   S'il a le goût *méchant* à beaucoup près
   Comme la mort. (V, 310.)
Femme fâcheuse est un *méchant* partage. (IX, 39.)
Carrosses en relais sont *méchante* voiture. (VIII, 379.)
De *méchants* chevaux. (IX, 253.)
Voilà, dit-il, la pâtisserie la plus *méchante* que j'aie jamais mangée. (I, 39.)
Haranguez de *méchants* soldats.... (II, 453.)
   Dieu ne créa que pour les sots
   Les *méchants* diseurs de bons mots. (II, 249 et note 8.)

Censurez tant qu'il vous plaira
Méchants vers et phrases *méchantes*. (V, 12 et note 3; voyez IX, 66.)

.... Vous, qui dédiez
A messieurs les gens de finance
De *méchants* livres bien payés. (II, 310.)

De *méchantes* raisons. (VIII, 95.)

— Toute la machine ronde
Rouloit sur les intérêts
De quatre *méchants* marais. (III, 350.)

MÉCHANT, substantivement :

Tenez toujours divisés les *méchants*. (II, 138.)
Ce qu'on donne aux *méchants*, toujours on le regrette. (I, 147.)

C'est un *méchant* : il me tint l'autre fois
Propos d'amour. (IV, 90.)

Savez-vous, dis-je, à quoi, dans un tel cas,
Notre institut condamne une *méchante*? (V, 417; voyez IV, 94.)

Parle, *méchant*, dis-moi, suis-je pourvue
De moins d'appas, etc.? (IV, 74; voyez IV, 77.)

Tu [la forêt] favorises les *méchants*
Par ton ombre épaisse et profonde. (IX, 230.)

Les *méchants*, enflés de leurs ligues,
Contre moi couroient irrités. (VIII, 395; voyez VIII, 398, 400.)

MÈCHE :

Faites-vous un licol de ma *mèche*. (VII, 309 et note 2.)

MÉCHEF, mésaventure :

Le pis de leur *méchef*
Fut qu'aucun d'eux ne put venir à chef
De son dessein. (V, 85 et note 6.)

MÉCOMPTE :

Il eût trouvé *mécompte*
A son argent, et mal passé la nuit. (IV, 241 et note 2.)

Il trouvoit toujours du *mécompte* à son fait. (III, 202.)
Un pâtre, à ses brebis trouvant quelque *mécompte*.... (II, 4.)
Méconte dans le texte.

MÉCOMPTER (SE) :

Non, je me trompe, et mon œil *se mécompte*. (VII, 163.)

MÉCONNOÎTRE :

Le long temps et l'habit me l'ont fait *méconnoître*. (VII, 34; voyez VII, 519.)

MÉCONTENT :

Les *mécontents* disoient qu'il avoit tout l'empire. (I, 209.)

MÉCONTENTER DE (SE) :

.... Ce curieux en toucha telle somme
Qu'il n'eut sujet de *s'en mécontenter*. (V, 37 et note 5.)

MÉCROIRE, refuser de croire :
On en pourra gloser, on pourra me *mécroire*. (IV, 396 et note 10; voyez VI, 58.)

MÉDAILLE :
Dindenaut passe, et *médaille* l'appelle
De vrai cocu. (V, 304 et note 3.)

MÉDECIN :
Il en coûte à qui vous réclame,
Médecins du corps et de l'âme. (III, 218; voyez I, 402; III, 344.)

MÉDECINE :
La nature, ou la *médecine*,
Ou l'union des deux, sur le mal agissoit. (VI, 322.)
Cette recette est une *médecine*
Faite du jus de certaine racine. (V, 34.)
L'enfant s'en va mourir,
Refuse tout, tient tout pour *médecine*. (V, 168.)

MÉDIATION :
Elle employa sa *médiation*
Pour accorder une telle querelle. (II, 137.)

MÉDIOCRE :
Après les bons partis, les *médiocres* gens
Vinrent se mettre sur les rangs. (II, 115.)
Un *médiocre* critique auroit trouvé matière de s'exercer. (VIII, 182.)
Beautés *médiocres*. (VIII, 289.)
Médiocres appas. (VIII, 192.)
Cette journée se passa avec un plaisir non *médiocre*. (IX, 284.)

MÉDIOCRE, substantivement :
Les beautés du sublime... ont tout un autre effet que celles du *médiocre*. (VIII, 120.)

MÉDIOCREMENT :
Elles avoient... de la beauté *médiocrement*. (IX, 252.)

MÉDIOCRITÉ :
La bienséance et la *médiocrité*, que Plaute ignoroit, s'y rencontrent [chez Térence] partout. (VII, 7 et note 5.)
Il ne trouva partout que *médiocrité*,
Louanges du désert et de la pauvreté. (III, 51 et note 27.)

MÉDIOCRITÉ, personnifiée :
« Mère du bon esprit, compagne du repos,
O *Médiocrité*, reviens vite. » A ces mots
La *Médiocrité* revient; on lui fait place. (II, 125 et note 26.)

MÉDIRE DE :
Et je sais que *de* moi tu *médis* l'an passé. (I, 90.)

MÉDISANT, ANTE, adjectivement et substantivement :
Sa *médisante* humeur, grand obstacle aux faveurs,
Peste d'amour. (IV, 434.)
Tout *médisant* est prophète en ce monde. (IV, 385.)
Des *médisants* disent toutefois que quelques amis particuliers avoient la clef du jardin. (VIII, 191.)

MÉDITATION :
Le pauvre ermite, ému de passion,
Fit de ce point sa *méditation*. (V, 474 et note 5.)

MÉDITER :
Pour Malc, il *méditoit* sur la triple origine
De l'homme. (VI, 289.)
Je vois pour lui *méditer* tant de vers
Qu'impossible est aux neuf Sœurs d'y suffire. (IX, 28; VIII, 279.)
.... Ces vaisseaux
Que des vents opposés et de contraires eaux
Ont pour but du débris que leurs fureurs *méditent*. (VI, 333.)

MÉFIANCE :
[Il] savoit que la *méfiance*
Est mère de la sûreté. (I, 258.)

MÉFIER DE (SE) :
De tout inconnu le sage *se méfie*. (III, 296.)

MÉGNIE, maison, famille, amis, domestiques :
Chacun au bruit accourt,
Les père et mère, et toute la *mégnie*. (VI, 56 et note 2.)

MEILLEUR :
Celui [des maux] qu'à *meilleur* droit tout l'univers abhorre,
C'est la fourbe à mon avis. (I, 222.)
.... Certaine chose
Qu'à *meilleur* titre elle promit
Au jouvenceau ci-dessus dit. (V, 211.)
Afin qu'il [l'âne] fût plus frais et de *meilleur* débit.... (I, 201.)
Ce sera le *meilleur* lion
Pour ses amis qui soit sur terre. (III, 96.)
Les *meilleurs* vins de la machine ronde. (V, 388.)
.... Pour rendre le conte
Un peu *meilleur*. (VI, 137.)
Meilleure prise. (IX, 103.) — *Meilleure* aventure. (VIII, 442.)

MEILLEUR, substantivement :
Le plus court et le *meilleur*. (VIII, 71.)
Apparemment le *meilleur* de ce conte
Entre deux draps pour Renaud se passa. (IV, 268.)
[Celle-là] méritoit de se voir servie
Par les plus beaux et les *meilleurs*. (V, 245.)
[Le valet] attend Renaud près d'un foyer ardent,
Et fait tirer du *meilleur* cependant. (IV, 249 et note 9.)

MÉLANCOLIE :

Que si le venin dominant
Se puise en la *mélancolie*, etc. (VI, 321 et note 3.)
Je vivrai sans *mélancolie*. (I, 275.)
C'est une chose si tôt passée que la beauté des mortelles! la *mélancolie* seroit venue au secours du temps. (VIII, 219.)
Je craindrois plutôt une douce *mélancolie* où les romans les plus chastes et les plus modestes sont très capables de nous plonger. (IV, 14.)

MÉLANCOLIQUE :

Pourquoi cette maison noire et *mélancolique*? (VI, 76.)

Il n'est rien
Qui ne me soit souverain bien,
Jusqu'au sombre plaisir d'un cœur *mélancolique*. (VIII, 233.)

« Il y a quelque umbre de friandise et delicatesse qui nous rit, et qui nous flatte au giron mesme de la melancholie, etc. » (Montaigne, tome III, p. 9-10.)

Le *mélancolique* animal. (I, 173 et note 8.)

« Aussi faut il une grande subtilité et delicatesse du sens de l'odorat au chien de desmesler les voyes de ce petit animal melancholique, froid, et sec. » (Jehan du Bec, *Discours sur l'Antagonie du chien et du lieure*, 1593, édition Jouaust, p. 12; ibidem, p. 13.)

MÊLER ; MÊLÉ DE :

[Sa toison] *mêlée* à peu près de la même façon
Que la barbe de Polyphème.... (I, 179.)
S'il m'est permis de *mêler* ce que nous avons de plus sacré parmi les erreurs du paganisme, etc. (I, 16.)
.... Et parmi ce discours aux enfants agréable,
Mêla des menaces du diable. (V, 16.)
.... Mars sans armure y fut vu, ce dit-on,
Mêlé trois fois comme un simple piéton. (IX, 147.)
Les trois frères
Trouvent un bien fort grand, mais fort *mêlé* d'affaires. (I, 339.)
Leurs cris, l'aboi des chiens, les cors *mêlés de* voix. (VI, 253.)

MÉMARCHURE :

L'on guérit sa monture
Soit du farcin, soit de la *mémarchure*. (IV, 244 et note 6.)

MEMBRE, MEMBRES :

Les *Membres* et l'Estomac. (I, 205.)
Ils n'avoient pas le pied hors de la chambre
Que l'époux entre, et voit au feu le *membre*. (V, 73 et note 2.)
On n'a qu'à faire entrer, par un pieux usage,
Les *membres* du Seigneur et leur chef en partage. (VI, 280 et note 1.)

MEMBRU :

Ta femme, étant jument forte et *membrue*, etc. (V, 492 et note 5.)
[Ces petits Hercules] passeroient pour Jeux ou pour Ris, un peu *membrus* à la vérité. (IX, 262.)

MÊME, adjectif :
.... Un honneur que célébroient tous les poètes, et que recherchoient des rois *mêmes*. (VIII, 317.)
Par ses défauts *mêmes* il [Jules César] s'est élevé au-dessus de l'homme. (VIII, 334.)
On y apprend les paroles *mêmes* [à l'Académie]. (VIII, 307.)

Dans les trois exemples précédents, *même* s'accorde selon la règle actuelle; dans les cinq suivants, l'auteur l'a laissé invariable, en prose aussi bien qu'en vers.

   Cette querelle envenimée
Où du sang des Dieux *même* on vit le Xanthe teint. (II, 170 et note 3.)
Qu'elle [l'Architecture] serve aux dieux *même* d'asile. (VIII, 254.)
.... Où les chèvres *même* avoient de la peine à monter. (VIII, 136.)
Ils eurent beaucoup de peine à ne se pas laisser corrompre aux charmes *même* de son silence. (VIII, 256.)
Lorsque chacun de nous à l'envi se signale,
Que les soldats ont *même* [ont eux-mêmes] une ardeur sans égale,
Achille est dans sa tente. (VII, 618 et note 4.)
Devoir et tout, et rien, c'est *même* chose. (VI, 27.)
Sa beauté, toujours *même*, est encore en sa fleur. (VII, 15.)
Des abeilles et des fourmis sont capables de cela *même* qu'on nous demande. (I, 16.)
.... Digne du *même* encens que les dieux ont là-haut. (IX, 197.)

MÊME (Le ou La) :
Car Jupiter et Louis, c'est *le même*. (IX, 120.)
.... Que ce soit *la même* douceur. (VIII, 138.)
La douceur elle-même.

MÊME, adverbe; TOUT DE MÊME :
Même j'ai rétabli sa santé. (III, 6.)
Même il avoit perdu sa queue à la bataille. (I, 258.)
  Même un singe en cette occurrence
  Lui pensa devoir son salut. (I, 292.)
  Même un refus eût fait, possible,
  Qu'on eût vu quelque beau matin
  Un mariage clandestin. (I, 265.)
J'en vais dire un [tour] de mes plus favoris :
J'en ai bien lu, j'en vois pratiquer *mêmes*, etc. (VI, 26 et note 8.)
  Par son mari chère tenue,
  Tout de même qu'auparavant. (V, 145.)

MÉMOIRE; AVOIR MÉMOIRE :
Vous régnerez longtemps dans la *mémoire*. (VI, 90; voyez IX, 198.)
Planude vivoit dans un siècle où la *mémoire* des choses arrivées à Ésope ne devoit pas être encore éteinte. (I, 29.)
  Elle perdit la *mémoire*
  De ses deux derniers galants. (IV, 427.)
C'est lors que, repassant dans sa triste *mémoire*
Ce que naguère il eut de plaisirs et de gloire, etc. (VI, 246; VIII, 99.)
  Thémis n'avoit point travaillé,
De *mémoire* de singe, à fait plus embrouillé. (I, 137.)

C'est tout, si j'*ai mémoire*. (IV, 386.)
Et ne vous ai point dit, si j'en *ai mémoire*, etc. (VIII, 291.)
  Certain jeune garçon
De Lamporech, si j'*ai* bonne *mémoire*.... (IV, 493; voyez I, 201;
IV, 257; V, 322, 467; VIII, 270, 276, 348; etc.)
Mémoire, personnifiée :
  Grâce aux filles de *Mémoire*,
  J'ai chanté des animaux. (II, 352; voyez II, 203; VI, 258;
VIII, 121.)
.... Faites que j'en retrouve au temple de *Mémoire*
Les monuments sacrés. (VI, 238; voyez IX, 64, 153, 186.)
MENACER; menacer que :
.... Des fleuves *menaçants* tente l'onde et la passe. (VIII, 480.)
[Le] malheur qui nous *menaçoit*. (VI, 222.)
  La voilà tantôt [cette armée] qui *menace*
  Gouverneurs de petite place. (V, 140.)
    .... Ce mont
Qui *menace* les cieux de son superbe front. (III, 75 et note 9.)
[Cambrai] gardoit un air tranquille et *menaçoit* les nues. (VIII, 504.)
Esope..., le *menaça que* ses mauvais traitements seroient sus. (I, 32.)
MENACE :
.... Ce n'étoit que *menace* et bruit sans profondeur. (II, 329.)
MÉNAGE, acceptions diverses :
Avec rien on montoit un *ménage*. (IV, 463.)
  Lorsque l'on met une fille en *ménage*,
  Les père et mère ont pour objet le bien. (IV, 329.)
Laissez les bons bourgeois se plaire en leur *ménage*. (V, 121.)
N'est-il point arrivé quelque noise en *ménage*? (VII, 67.)
  Galant de nuit, chambrière de jour,
  En deux façons elle a soin du *ménage*. (IV, 308.)
  Riche manant, ayant soin du tracas,
  Dîmes et cens, revenus et *ménage*,
  D'un abbé blanc. (V, 390 et note 4.)
Dans le troisième lot, les fermes, le *ménage*. (I, 194 et note 1.)
Et même le *ménage*, où trop tard on s'applique,
De ses plus jeunes ans n'étoit point négligé. (VII, 30.)
  Lui, berger, pour plus de *ménage*,
  Auroit deux ou trois mâtineaux. (II, 305.)
Pour plus d'économie.
  La parenté se joint en cause et dit
  Que du docteur venoit tout le mauvais *ménage*. (V, 458.)
L'aigle étant de retour, et voyant ce *ménage*,
Remplit le ciel de cris. (I, 150.)
  On n'eût jamais soupçonné ce *ménage*,
  Sans qu'il restoit un certain incarnat
  Dessus son teint. (V, 80 et note 7.)
  Le malheur fut que tout ce beau *ménage*
  Fut découvert d'un logis près de là. (IV, 283 et note 1.)

MÉNAGER ; ménager de :

A ce bon *ménager*, si modeste en paroles,
Donnez, etc. (VIII, 483.)
Le sage est *ménager du* temps et *des* paroles. (II, 345.)
  Des moindres moments
Bons *ménagers* furent nos deux amants. (IV, 308 et note 3.)
Deviens, pour ton ami, *ménager de* tes jours. (VII, 624.)
Grand *ménager de* soupirs. (IV, 434 et note 2.)

Ménagère :

Vraiment vous me croiriez bien pauvre *ménagère*
Si je laissois aller tel chien à ce prix-là. (V, 278 et note 1.)
  Elle demeure, étant trop *ménagère*
  Pour se laisser son habit déchirer. (V, 82 et note 5.)
  La biberonne eut le bétail ;
  La *ménagère* eut les coiffeuses. (I, 195.)
Perrette en rit : c'étoit sa *ménagère*. (V, 372.)
  Tu sais bien que notre *ménagère*
Est la plus belle. (V, 322.)
    Avez-vous dit ?
  Lui répliqua la *ménagère*. (I, 273.)

La fourmi, travailleuse et économe.

MÉNAGER, verbe, emplois divers ; se ménager :

Pour qui *ménagez*-vous les trésors de l'amour ? (V, 264.)
Ainsi jamais le Temps ne remonte à sa source :
Vainement pour les dieux il fuit d'un pas léger ;
Mais vous autres mortels le devez *ménager*. (VI, 241 ; voyez VIII, 239.)
Il faudroit *ménager* ce qu'on va nous ravir. (IX, 183.)
Leur bien, jusques alors assez mal *ménagé*,
D'un oncle que j'avois ne fut point négligé. (VII, 21.)
D'Hylas depuis deux jours je *ménage* le cœur. (VII, 522.)
Il veut vous *ménager* en exposant Aminte. (VII, 520.)
Le renard [devoit] *ménager* de secrètes pratiques. (I, 425.)
Il sut *ménager* des associations et des ligues.... (VIII, 309.)
Seigneur, j'ai *ménagé* votre accommodement. (VII, 110.)
Une vieille viendra qui, faite au badinage,
Vous saura *ménager* un secret entretien. (V, 443 ; voyez V, 451.)
  Et souvent le danger
S'acharne sur celui qui veut *se ménager*. (VII, 622.)

MÉNAGERIE :

La *Ménagerie* [de Versailles]. (VIII, 28.)
  Une *ménagerie*
De volatiles remplie. (I, 235.)
Ils feroient les honneurs de la *ménagerie*. (III, 39 et note 5.)
.... Certaine sorte d'oisons qu'elle [Vénus] fait nourrir dans sa *ménagerie* d'Amathonte. (VIII, 168.)

MENER, acceptions diverses :

Quelle est cette beauté qu'en triomphe tu *mènes ?* (VII, 39; voyez VII, 46, 47; VIII, 61.)

La pauvre épouse au jardin *est menée*. (IV, 284.)

[Vous] me pourrez à ce son *mener* chez la beauté
    Qui tient votre cœur enchanté. (V, 258.)

La Fortune a toujours *mené* ses deux rivaux par la main. (VIII, 328.)
Un petit amour *menoit* en laisse quatre grands dieux. (VIII, 65.)
Jeune homme qui *menez* laquais à barbe grise! (I, 202.)
Caliste cependant *mène* une triste vie. (V, 136.)

    Mon Dieu! dit-elle, il me prend une envie
    D'aller *mener* une semblable vie. (V, 468.)

    Si vous saviez l'honnête vie
Qu'en le servant *menoit* madame Alaciel! (IV, 447 et note 4.)

    [L'enfant] pleure et *mène* une vie
    A faire gens de bon cœur détester. (V, 166.)

    Un bœuf est plus puissant que toi,
    Je le *mène* à ma fantaisie. (I, 156.)

    [L'apologue] la tient [l'âme] captive,
    Nous attachant à des récits
Qui *mènent* à son gré les cœurs et les esprits. (II, 85.)

MÉNÉTRIER :

Promenades ici, *ménétriers* partout. (VII, 562.)

MENSONGE :

    L'homme est de glace aux vérités;
    Il est de feu pour les *mensonges*. (II, 388.)

Quand j'aurois en naissant reçu de Calliope
Les dons qu'à ses amants cette Muse a promis,
Je les consacrerois aux *mensonges* d'Ésope :
Le *mensonge* et les vers de tout temps sont amis. (I, 129.)

Ces *mensonges* sont proprement une manière d'histoire. (III, 175.)

    Le doux charme de maint songe....
    Sous les habits du *mensonge*
    Nous offre la vérité. (II, 354.)

Une première ardeur n'est bientôt plus qu'un songe :
    La vérité devient *mensonge*,
    Et le *mensonge*, vérité. (VII, 520.)

De leur *mensonge* saint l'offense se répare. (VI, 304.)
Le saint couple à la fin se lasse du *mensonge*. (VI, 296.)

MENTEUR, substantivement et adjectivement :

« Vous êtes un *menteur* », repartit le roi. (I, 49.)

    .... Je pourrois y joindre encore
    Des légions de *menteurs*. (II, 353.)

Je hais tous les *menteurs*. (IX, 23.)

    Qui mentiroit
    Comme Ésope et comme Homère
    Un vrai *menteur* ne seroit. (II, 354.)

Infidèle et *menteur*. (VIII, 417.)
>Quand je songe à cette fable,
>Dont le récit est *menteur*
>Et le sens est véritable, etc. (I, 398.)

Je ne m'arrête point à tous ces vains présages :
On les rendra *menteurs* par quelque prompt départ. (VII, 599.)
On les fera mentir.

Les présages sont bien *menteurs*. (I, 42.)

MENTIR :
>Ne point *mentir*, être content du sien,
>C'est le plus sûr. (I, 367.)

Tout homme *ment*, dit le sage. (II, 353 et note 9; voyez II, 354, 355; IV, 44 et note 2.)

.... Ce que je sais, c'est qu'en tels cas
>Fille qui *ment* ne pèche pas. (V, 224; voyez VI, 62.)

>Femmes savent *mentir* :
>La moins habile en connoit la science. (VI, 136.)

>Rustaut, qui n'*a* jamais *menti*,
>Dit que le lièvre est reparti. (I, 418.)

.... L'un trouvoit les dedans, pour ne lui point *mentir*,
>Indignes d'un tel personnage. (I, 334.)

.... Pour ne te point *mentir*, mon âme en est charmée. (VII, 17; voyez VII, 78.)

>Sans *mentir*, Messieurs les amants,
>Vous me semblez divertissants. (V, 147.)

>Celui-là *ment* bien par ses dents
>Qui nous fait larrons comme diables. (VII, 133 et note 3.)

MENTON :
A peine son *menton* d'un mol duvet s'ombrage. (VI, 229.)

>Un beau jeune garçon
>Frais, délicat, et sans poil au *menton*. (IV, 301.)

>A peine son *menton*
>S'étoit vêtu de son premier coton. (VI, 42.)

>Ils n'apprenoient cette leçon
>Qu'ayant de la barbe au *menton*. (V, 209.)

Il se verroit à table assis jusqu'au *menton*. (VII, 63.)

MENU; PAR LE MENU :
Combien ce fruit est gros, et sa tige *menue*! (II, 376.)

>Le grison se rue
>Au travers de l'herbe *menue*. (II, 25; voyez V, 493; VIII, 107, 122.)

Plusieurs [des animaux] avoient la tête trop *menue*. (II, 20.)
Les *menus* ouvrages des filles. (IV, 433.)

>De prime abord sont par la bonne dame
>Expédiés tous les péchés *menus*. (IV, 104.)

>*Menu* détail : baisers donnés et pris ;
>La petite-oie. (IV, 265.)

.... Jusque-là passe : époux, quand ils sont sages,
Ne prennent garde à ces *menus* suffrages. (V, 77 et note 1.)
Menus dons. (V, 268.)
Plaisants repas, *menus* devis. (IX, 208.).
    Ne dites point que c'est *menu* présent,
Car *menus* vers sont en vogue à présent. (IX, 108.)
    Monsieur le mort, j'aurai de vous
    Tant en argent et tant en cire,
Et tant en autres *menus* coûts. (II, 158 et note 12.)
.... Là, confondus, tous les états divers,
Princes et rois, et la tourbe *menue*, etc. (VI, 92.)
Le plaisir des laquais et du *menu* peuple. (VIII, 112.)
.... Il s'en informoit donc à ce *menu* fretin. (II, 250.)
    Renaud poursuit, louant *par le menu*
Tout ce qu'il voit. (IV, 264 et note 2; voyez V, 567.)

MENU, adverbialement :

    Votre Grandeur voit tomber ici-bas,
    Non par flocons, mais *menu* comme pluie,
Ceux que l'hymen fait de sa confrérie. (VI, 117 et note 4.)

MENUISERIE :

    Il entendit en certain cabinet
Dont la cloison n'étoit que de *menuiserie*.... (IV, 32 et note 3.)

MÉPRENDRE (Se) :

Elle entend quelque bruit, veut sortir par le trou,
Ne peut plus repasser, et croit *s'être méprise*. (I, 252; voyez III, 118.)
    Vous et les miens avez mérité pis :
    Vous, pour avoir mal mesuré vos forces
    En m'épousant, eux, pour *s'être mépris*,
    En préférant les légères amorces
De quelque bien, etc. (IV, 350.)

MÉPRIS; AVOIR À MÉPRIS; IMPUTER À MÉPRIS; TENIR À MÉPRIS :
Mais il n'est pas besoin d'excuser ce *mépris*. (VII, 11; voyez VII, 609.)
Il reçut partout des *mépris*. (II, 311.)
Ils n'ont devant les yeux que des objets d'horreur,
    De *mépris* d'eux et de leurs temples. (III, 149.)
De l'aller voir Amour n'*eut à mépris*. (V, 541 et note 10.)
Je crains, Sire, dit-il, qu'un rapport peu sincère
    Ne m'*ait à mépris* imputé
D'avoir différé cet hommage. (II, 224.)
Le magistrat *tenant à mépris* et irrévérence cette réponse, etc. (I, 40.)

MÉPRISER :

.... Par là je n'entends point *mépriser* vos appas. (VII, 71.)

MER, au propre et au figuré :
La *mer* promet monts et merveilles. (I, 269.)

Sur la *mer* tous voyageurs
Menoient avec eux en voyage
Singes et chiens de bateleurs. (I, 291.)

.... Là, quelquefois sur la *mer* ils montoient. (IV, 339.)

.... Tout cela c'est la *mer* à boire;
Mais rien à l'homme ne suffit. (II, 339.)

Me voici rembarqué sur la *mer* amoureuse. (VIII, 363 et note 1.)

Lorsque sur cette *mer* (la cour) on vogue à pleines voiles, etc. (VIII, 357.)

.... Ce point l'assure et le console
En cette *mer* d'obscurités
Que son art dans nos corps trouve de tous côtés. (VI, 330.)

MERCENAIRE :

Les entretiens oisifs et féconds en malices,
Du *mercenaire* esclave ordinaires délices. (VI, 286.)

MERCI; GRAND MERCI :

Conclusion, que Renaud sur la place
Obtint le don d'amoureuse *merci*. (IV, 267 et note 2.)

Si de voir elle eust pris la peine
Un tel chat, son cœur endurcy
En eust eu, ce croi ie, *mercy*.
(Joachim du Bellay, épitaphe d'un chat.)

Merci diantre ! (VII, 407.)

Merci de moi ! lui dit la mère;
Tu mangeras mon fils ! (I, 331; voyez IV, 305.)

Grand merci, Monsieur l'aumônier. (IV, 382.)

Que Sa Majesté nous dispense:
Grand merci de son passe-port. (II, 47 et note 6; voyez V, 143.)

Plus de votre herbe; et laissons là Lucrèce.
Telle qu'elle est : bien *grand merci* du soin. (V, 39; I, 292 et note 10.)

MERCI (LA DIEU) :

Mais j'ai, *la Dieu merci*,
De ton honneur encor quelque souci. (IV, 95 et note 2.)

Ce nom est encore celui d'un château, le château de *la Mercy-Dieu*, près de la Roche-Posay (Vienne), appartenant au vicomte du Hamel.

MÈRE, au propre et au figuré :

Biaux chires leups, n'écoutez mie
Mère tenchent chen fieux qui crie. (I, 332 et note 14.)

Mère lionne avoit perdu son fan. (III, 69.)

Le temps venu que cet objet charmant
Put pratiquer les leçons de sa *mère*, etc. (IV, 118.)

Il n'étoit fils de bonne *mère*, etc. (I, 101 et note 12.)

Vous ! attaquer la Grèce ! une seconde *mère* ! (VII, 619.)

[La terre] étoit marâtre des unes, et *mère* passionnée des autres. (I, 36.)

Il étoit expérimenté
Et savoit que la méfiance
Est *mère* de la sûreté. (I, 258.)

[La langue] est la *mère* de tous les débats, la nourrice des procès, etc. (I, 38.)

MER]   DE LA FONTAINE.   67

O triste jalousie!...
Fille d'un fol amour que l'erreur a pour *mère*. (VI, 194.)
Mère du bon esprit, compagne du repos [la médiocrité]. (II, 125.)
Mères des douces rêveries [les forêts, les prairies, les eaux]. (VIII, 232.)
Très révérende *mère* en Dieu. (IX, 102.)

MÉRITE :

Tout me rend excusable, Atis et son *mérite*. (V, 276.)
Elles font résonner sa gloire et son *mérite*. (VIII, 279.)
Vos vœux sont soutenus d'un *mérite* suprême. (VII, 601.)
.... Il est vrai que Flore a bien du *mérite*. (VIII, 131.)
Les cœurs que le hasard lui a donnés, son peu de *mérite* les lui fait perdre. (VIII, 49.)
Je ne me vante pas d'être sage à ce point
Qu'un *mérite* amoureux ne m'embarrasse point. (VII, 153.)
Et sans considérer quel sera le loyer
D'une action de ce *mérite*, etc. (II, 41.)
La sottise du prince étoit d'un tel *mérite*
Qu'il fut fait in petto confrère de Vulcan. (V, 434 et note 5.)

MÉRITER ; MÉRITER DE :

Coquin, dit-il, tu *mérites* la hart. (IV, 132.)
.... Vous et les miens *avez mérité* pis. (IV, 350.)
.... Triomphes grands chez les anges en sont :
Méritons-les. (V, 471.)
Le fait *mérite* bien
Que, etc. (IV, 470.)
Nous ignorons les plus importantes de celles [des particularités de la vie] d'Ésope et d'Homère, c'est-à-dire des deux personnages qui *ont* le mieux *mérité des* siècles suivants. (I, 28.)

MERVEILLE, MERVEILLES ; À MERVEILLES :

Une jeune *merveille*. (III, 331 et note 13 ; voyez VI, 208.)
Il est beau de mourir des coups d'une *merveille*. (IX, 50.)
La *merveille*,
Sans égale et sans pareille,
.... Qui dort avec le roi. (IX, 335.)
Il ne faut jamais dire aux gens :
Écoutez un bon mot, oyez une *merveille*. (III, 161.)
Ce lieu plein de *merveille*
N'a pas toujours servi de temple aux immortels. (VI, 162.)
Elles n'ont ni beautés, ni grâces, ni *merveilles*. (VIII, 279 ; IX, 415.)
.... Ces lèvres où les cieux ont mis tant de *merveilles*. (VIII, 288 ; voyez VIII, 103.)
Employez-moi : vous verrez des *merveilles*. (V, 536 ; IV, 38.)
Nous faisons au Temple *merveilles*. (IX, 449.)
.... On en disoit *merveilles*. (V, 167.)
.... Le païen cependant s'en promettoit *merveilles*. (I, 296 ; voyez IV, 173.)
La mer promet monts et *merveilles*. (I, 269.)
La lunette placée, un animal nouveau
Parut dans cet astre si beau ;
Et chacun de crier *merveille*. (II, 202.)

Belles *merveilles!* (VII, 482.)
.... Car ce seroit *merveille*
Si sans cela la charrue alloit bien. (IV, 329.)
C'étoit *merveilles* de le voir,
Merveilles de l'ouïr. (II, 217.)
Ce n'étoit pas *merveilles*
Qu'ayant sans cesse un diable à ses oreilles,....
Il fût contraint, etc. (VI, 117.)
Grand éplucheur, clairvoyant *à merveilles*. (VI, 94.)

MERVEILLEUSEMENT :
Je serois *merveilleusement* curieux que la chose fût véritable. (IX, 284.)

MERVEILLEUX :
Sans être Gascon, je puis dire
Que je suis un *merveilleux* sire. (V, 444 et note 7.)
Toi qui crois tout savoir, *merveilleux* Furetière.... (IX, 98.)
Vous me rendez un *merveilleux* office. (V, 37.)

MERVEILLEUX (LE) :
Le surnaturel et le divin, c'est-à-dire *le merveilleux*. (VIII, 319 ; voyez VIII, 323.)
Le merveilleux d'Alexandre dans sa jeunesse n'exclut pas celui de César. (VIII, 322 ; voyez VIII, 324.)

MESDAMES :
Vous voulez de l'argent, ô *mesdames* les Eaux. (I, 268 et note 5.)

MESSAGE, MESSAGES :
Mander par lettre ou par *message*. (IV, 167.)
La vieille du *message*. (V, 453 et note 4.)
Le seul honneur de porter ses *messages*.... (III, 275.)
.... Dorimène tantôt t'en a fait le *message*.... (IV, 33 ; voyez VII, 40.)
.... Les chargeant d'un *message*
Pour Mahomet, droit en son paradis. (II, 303.)

MESSAGER ; MESSAGER DE :
La voie du *messager* à cheval [du courrier]. (IX, 293.)
.... Tel passe un tourbillon *messager* de l'orage. (VI, 259.)

MESSÉANCE :
.... Trouver de la *messéance* en la chose. (VIII, 160 et note 2.)

MESSER :
Messer Loup. (I, 330.) — L'Ane à *messer* Lion fit office de cor. (I, 189.)
Le personnage
Jette son plomb sur *messer* Nicia. (V, 30.)
Bartholomée et *messer* le docteur
Prennent chacun une barque à pêcheur. (IV, 339.)
.... *Messer* Gaster en est l'image [de la royauté]. (I, 206 et note 2.)
Messer Cupidon. (IV, 222 et note 2.)
Messer Cocuage. (IV, 321 ; voyez V, 83.)

MESSIEURS :
  Avint un jour qu'un de ces beaux *messieurs* [un diable]
Vit un manant. (V, 359.)
  Ceux [les parents] du loup, gros *messieurs*, l'ont fait apprendre à lire. (III, 295.)
.... Grand renfort pour *messieurs* les chats. (I, 222 ; voyez I, 240.)
Réservez ce repas à *messieurs* vos enfants. (III, 215 et note 9.)
Voyez MONSIEUR.

MESSIRE :
  Voilà *messire* Jean Chouart
Qui du choc de son mort, etc. (II, 159 ; voyez V, 419, 485.)
    Messire diable un beau matin
S'en va trouver son homme. (V, 556.)
    Messire loup vous servira,
    S'il vous plaît, de robe de chambre. (II, 225.)
      On l'appeloit *messire*
  A longue queue ; enfin, grâce à l'amour,
  Il ne fut plus que *messire* tout court. (V, 156-157 et note 5.)

MESURE, MESURES :
Il te faut bien un mois à la bonne *mesure*. (VII, 43 ; voyez IX, 111.)
A bon payeur on fait bonne *mesure*. (IV, 363.)
[L'Amour] leur départiroit à petite *mesure* ses maux. (VIII, 163.)
    Celui-ci donc chez sire Gasparin
    Tant fréquenta qu'il devint à la fin
    De son épouse amoureux sans *mesure*. (IV, 361.)
Dans ses faveurs il [le sort] n'a point de *mesures*. (IV, 250.)
      Les injures
Se peuvent réparer : elles ont leurs *mesures*. (VII, 616.)
Est-on sot, étourdi, prend-on mal ses *mesures*...? (I, 401.)
Rompez-lui toutes ses *mesures*. (IV, 450 et note 2.)
  Le P. Bouhours regarde comme assez nouveau l'emploi de ces locutions figurées : « Prendre des mesures, rompre des mesures, etc. » (*Entretiens d'Ariste et Eugène*, 1671, in-4°, p. 88.)

MESURER ; SE MESURER :
Nous parvenons à des connoissances qui *mesurent* enfin le ciel et la terre. (I, 17.)
.... *Mesurant* les cieux sans bouger d'ici-bas. (II, 343.)
    Vous et les miens avez mérité pis :
    Vous, pour *avoir* mal *mesuré* vos forces
    En m'épousant, etc. (IV, 350.)
Ce n'est pas tant par la forme que j'ai donnée à cet ouvrage qu'on en doit *mesurer* le prix, etc. (I, 15.)
Elle [la Loire] a peu de replis dans son cours *mesuré*. (IX, 246.)
Il faut *se mesurer*: la conséquence est nette (I, 179.)

MÉTAIL. Voyez MÉTAL.

MÉTAIRIE :
  S'il m'en souvient, j'ai dit qu'il ne resta
  Au pauvre amant rien qu'une *métairie*. (V, 162 et note 2.)

MÉTAL :

Ces morceaux de *métal* qui se font souhaiter
  Par les humains sur toute chose. (III, 204.)
Ce bienheureux *métal*, l'argent maître du monde. (V, 128; voyez V, 154; VI, 199; IX, 15.)
[L'enfer] dans ses murs de *métal* craignit d'être assiégé. (VIII, 397.)

Partout *métail*, dans nos anciennes éditions.

MÉTAMORPHOSE :

  La nature l'ayant pourvu
  Des dons de la *métamorphose*, etc. (IX, 88.)
Une eau dont les sorciers ont trouvé le secret,
Et qu'ils appellent l'eau de la *métamorphose*. (V, 125.)
Votre épouse, voyant cette *métamorphose*.... (V, 132.)
Psyché... aima mieux changer d'habit avec elle, et voulut que la *métamorphose* s'en fît sur-le-champ. (VIII, 161; voyez VIII, 162.)

MÉTAMORPHOSES :

Nous avons vu les Rondeaux, les *Métamorphoses*, les Bouts-rimés, régner tour à tour. (IV, 9 et note 1.)

MÉTAMORPHOSER :

  .... Des charmes
Qui *métamorphosoient* en bêtes les humains. (III, 185.)

MÉTHODE :

  .... Quelle *méthode* y peut contribuer plus utilement que ces fables? (I, 16.)
        Quant à tourner le dos
A son but, j'y reviens : la *méthode* en est bonne. (III, 241.)
  .... Chose aux vieillards commode,
Mais dont le sexe abhorre la *méthode*. (IV, 333; voyez IV, 350.)

MÉTIER, MÉTIERS, emplois divers :

Un citoyen du Mans, chapon de son *métier*. (II, 319 et note 3.)
        Qui peut dire
  Que pour le *métier* de mouton
  Jamais aucun loup ne soupire? (III, 111.)
Ce loup ne savoit pas encor bien son *métier*. (II, 410.)
.... C'est un *métier* qui les autres fait faire. (IX, 409.)
Le *métier* d'Apollon. (VII, 167; voyez VII, 353.)
Si l'air du suppliant à quelque dame agrée,
  Celle-là, sachant son *métier*,
  Vous envoyra faire un message. (V, 443.)
Votre *métier* est-il si difficile ? (V, 468.)
  Je n'ai, dit-il, que peu de connoissance
  En ce *métier*. (V, 470.)
Condé formoit le siège, instruit en ce *métier*. (VIII, 502.)
  J'ai bien plus d'un *métier*,
Mais j'ignore celui de répandre des larmes. (VIII, 426.)
  Car du *métier* de nymphe me couvrir,
  On n'en est plus dès le moment qu'on aime. (V, 193.)

MET]   DE LA FONTAINE.   71

Louis sait commander : c'est le *métier* des rois. (VIII, 500.)
Son nom c'étoit Atis; son *métier*, paladin. (V, 251 ; voyez V, 366.)
Et depuis quand fait-il ce *métier*-là? (VII, 461.)
Chacun aime à parler de son *métier*. (IX, 264.)
Il sembloit qu'il n'agît que par réminiscence,
Et qu'il eût autrefois fait le *métier* d'amant. (III, 104; voyez IV, 340.)
L'ours alloit à la chasse, apportoit du gibier,
    Faisoit son principal *métier*
D'être bon émoucheur. (II, 262.)

.... C'est là ce qu'on appelle entendre le *métier*. (VII, 106 ; voyez VII, 107.)

.... Il verra, s'il y vient, un plat de mon *métier*. (VII, 412 et note 8.)
Un intérêt de biens, de grandeur, et de gloire,
A gens de tous *métiers* en fait tout autant faire. (III, 83.)
    Sur le *métier* l'oreille étoit encor
Quand le mari revient de son voyage. (IV, 164.)
Pour tous les fruits d'hymen qui sont sur le *métier*.... (VIII, 378.)
[Cette lettre] est à présent sur le *métier*. (IX, 373.)

METS :
Le changement de *mets* réjouit l'homme. (V, 319.)
    En amour, comme à la table,
Diversité de *mets* peut nuire à la santé. (IV, 45.)
Depuis quand les renards sont-ils un si bon *mets*? (III, 263.)
.... Elle en veut faire un *mets*, et la poursuit en vain :
La volatile échappe à sa tremblante main. (VI, 157.)
        Ce *mets*
    Lui chatouilloit fort le palais. (V, 511 ; voyez III, 136; V, 512, 513.)
.... Sans art apprêter un *mets* non acheté. (VI, 325 et note 2.)

METTRE, acceptions diverses; SE METTRE :
Le souper *mis* presque au même moment, etc. (V, 75 et note 2.)
    Sur un tapis de Turquie
    Le couvert se trouva *mis*. (I, 86.)
    On *met* sur table, et le doyen
    Prend place. (V, 351 et note 5.)
Les clients de Guillaume ont tous la nappe *mise*. (IX, 55 et note 1.)
« Le sieur de Lansac qui mettoit la nappe et faisoit le festin.... » (Brantôme, tome V, p. 146.)
    Quand la femme met la nappe,
    Le mari paie l'écot.
        (Dufresny, *les Mal Assortis*, acte II, scène v.)
Elles sucent le miel, volant de fleur en fleur,
Et *mettent* par rayons cette douce liqueur. (VIII, 490.)
    Une lice étant sur son terme,
Et ne sachant où *mettre* un fardeau si pressant.... (I, 146.)
    .... Ni ceux encor [les oiseaux] que la mère d'Amour
    Met à son char. (II, 136; voyez VIII, 231.)
Un jour ils se promenoient tous deux parmi de vieux monuments, considérant... les inscriptions qu'on y *avoit mises*. (I, 42.)

Propre, bien fait, bien *mis*. (V, 561.)
Jeune, bien fait, et des mieux *mis* de Rome. (V, 188.)
Sur son chapeau luisant, sur son rabat bien *mis*,
　La médisance n'eût su mordre. (V, 584.)
J'ai vu dans le Palais une robe mal *mise*
Gagner gros. (II, 182.)
　　　Être nue ainsi *mise*
Aux yeux des gens! (V, 496.)
J'y *mettrai*, si l'on veut, la meilleure province.... (IV, 20 et note 4.)
　C'est un mortel qui sait *mettre* sa vie
Pour son ami. (III, 279 et note 24 ; voyez IV, 246.)
　Il n'est pour voir que l'œil du maître;
Quant à moi, j'y *mettrois* encor l'œil de l'amant. (I, 352.)
Mettez ce qu'il en coûte à plaider aujourd'hui. (II, 406.)
Il s'enfuit dans son fort, *met* les chiens en défaut. (I, 417; voyez II, 428; III, 321.)
　Et lui-même *ayant* fait grand fracas, chère lie,
Mis beaucoup en plaisirs, etc. (II, 176.)
　　　Le compagnon dedans un tel rencontre
　　La *mit* en œuvre, et, sans témoigner rien,
　　Il fit l'époux. (IV, 211 et note 5.)
C'est pour *mettre* en plein jour tout ce qu'elle a dans l'âme. (VII, 560.)
Le savoir des fées *avoit mis* en tapisserie les malheurs de Troie, bien qu'ils ne fussent pas encore arrivés. (VIII, 76.)
　Encor faut-il du temps pour *mettre* un cœur à bien. (IV, 43 et note 6.)
[Ils] *mettent* à bien les jeunes âmes. (IV, 177.)
Si vous me *mettez* au rang de vos amis, etc. (VII, 610.)
Tu ne me *mettras* point au nombre des ingrats. (III, 234.)
Mettre un sot à la raison. (II, 24.)
Il... a *mis* à ses pieds des passions, etc. (VIII, 334.)
Un mot les *met* aux champs. (VII, 93 et note 2.)
　Le scélérat réduit en un péril extrême,
Et presque *mis* à bout par ces chiens au bon nez, etc. (III, 321.)
　Nous *mettrons*, dit Astolphe, autant de cœurs à bout.... (IV, 44 et note 5.)
C'est l'or seul qui *met* le prix aux hommes. (VIII, 485.)
　Et la dernière main que *met* à sa beauté
　　Une femme allant en conquête,
C'est un ajustement des mouches emprunté. (I, 273.)
.... Puis le *mit* à grosse finance. (IX, 102.)
Ne laissez pas de *mettre* la chose au pis. (IX, 259.)
[Ceux] qui souhaitent toujours et perdent en chimères
Le temps qu'ils feroient mieux de *mettre* à leurs affaires. (II, 126.)
　　Multipliant œuvres de charité
　　Et *mettant* peine à consoler la veuve. (V, 402 et note 3.)
　　　Quand il *eut* quelque temps
　　Fait ses efforts et *mis* toute sa peine
　　Pour se guérir sans pouvoir rien gagner, etc. (IV, 223.)

Mettre au vent, Mettre en combustion, Mettre en marmelade,

METTRE EN QUARTIERS, METTRE L'ENCHÈRE, METTRE LA PRESSE, METTRE LE CAMP, METTRE REMÈDE, METTRE LE TAPIS. Voyez VENT, COMBUSTION, MARMELADE, etc.

Crois-moi, Mazet, *mets-toi* quelque autre part. (IV, 494.)
.... S'il plaît à Dieu, bon ordre *s'y mettra*. (V, 416.)
La Poitevine *se mit* aussitôt sur l'Écriture. (IX, 233.)
Il se jette à côté, *se met* sur le propos, etc. (I, 99.)

METTRE AU LARGE (SE), METTRE EN POSTURE (SE), METTRE EN QUÊTE (SE), METTRE EN VOIE (SE). Voyez LARGE, POSTURE, QUÊTE, VOIE.

MEUBLE, absolument :
Le *meuble* et l'équipage aidoient fort à la chose. (II, 181 et note 13.)

MEUBLER DE; SE MEUBLER :
Un homme *meublé* d'une âme non commune. (VII, 313 et note 3.)
Il *se* logea, *meubla*, comme un riche homme. (VI, 96.)

MEULE, au figuré :
Apollon a passé mon esprit sur la *meule*. (VII, 314.)

MEURTRIR :
Son nez *meurtri* le force à changer de langage. (II, 377.)

MÉVENIR :
.... Quelle apparence
Qu'il en *mévienne*, en effet, moi présent? (V, 565 et note 5.)
Voyez aussi le Dictionnaire de M. Godefroy.

MIAULER :
Un homme chérissoit éperdument sa chatte;
Il la trouvoit mignonne, et belle, et délicate,
    Qui *miauloit* d'un ton fort doux. (I, 185.)
Ce n'est point là pleurer, c'est *miauler*, princesse. (VII, 357.)

MICHE :
    Il étoit peu de gens
    Qui ne lui donnassent la *miche*. (V, 17 et note 6.)
    Quitter le compère Ambroise
    Pour un jeune damoiseau,
    C'est bien troquer en matoise
    Sa miche pour du gâteau.
        (Dufresny, *les Mal Assortis*, acte II, scène v.)

MIDI :
Notre petit maître est un charcheur (sic) de *midi* à quatorze heures. (VII, 451.)
Qui l'auroit vue pendant le *midi*, lorsque la campagne n'est qu'un désert.... (VIII, 164.)

MIE, adverbe :
    Biaux chires leups, n'écoutez *mie*
    Mère tenchent chen fieux qui crie. (I, 332.)
Particule explétive qui renforce la négation.
Ne vous voir *mie*. (VIII, 442.)

MIE (MA, SA) :
Caquet-bon bec, *ma mie* : adieu. (III, 245.)
    Plus de jument, *ma mie*,
    Je suis content de n'avoir qu'un grison. (V, 503.)
    Notre amoureux ne songeoit, près ni loin,
    Dedans l'abord, à jouir de *sa mie*. (IV, 224.)
Voyez MON, MA, etc.

MIEL :
Sur différentes fleurs l'abeille s'y repose [dans ce parterre],
    Et fait du *miel* de toute chose. (II, 459 et note 16.)
    Petits mots, jargons d'amourettes
    Confits au *miel*. (IX, 174 et note 4.)
.... Plus doux que *miel* à la fin l'écouta. (IV, 80 et note 3.)

MIELLÉ, ÉE :
Ses paroles *miellées*. (III, 57 et note 9.)
Épithète homérique : μελίγερον ἀοιδήν.

MIEN, MIENNE ; LE MIEN, LES MIENS :
Te voici *mien*, Patrocle, et tu n'es plus à toi. (VII, 628.)
Tâchant de rendre *mien* cet air d'antiquité. (IX, 202.)
Un *mien* cousin est juge maire. (I, 292 ; voyez IV, 21 et note 1.)
    Car cette *mienne* épée
Dans son infâme sang alloit être trempée. (VII, 408.)
Si j'ajoute *du mien* à son invention, etc. (I, 337.)
    .... Un maître dans cet art
Qui du Tien et *du Mien* tire son origine. (V, 437 et note 5.)
Mais j'ai *les miens*, la cour, le peuple à contenter. (I, 200.)
Aussi le seul devoir a contraint mon desir,
Sans que je laisse *aux miens* le pouvoir de choisir. (VII, 15.)
C'est à tort que *des miens* j'allègue le pouvoir. (VII, 15.)
L'ordre que dans ces lieux je devois apporter....
Fit qu'en perdant *les miens* j'abandonnai le reste. (VII, 21 ; voyez VII, 23, 24, 70, 72 ; et passim.)

MIETTE :
La cicogne au long bec n'en put attraper *miette* [du brouet]. (I, 113.)

MIEUX ; DE SON, DE VOTRE, MIEUX ; AU MIEUX ; DU MIEUX ; DES MIEUX ; MIEUX au sens de LE MIEUX ; LE MIEUX ; À QUI MIEUX MIEUX :
Pas ne tiendroit aux gens qu'on ne fît *mieux*. (V, 466.)
.... De roi qui donnât plus, ni qui sût donner *mieux*. (IX, 190.)
Elle commençoit à *mieux* espérer. (VIII, 162.)
.... Si *mieux* n'aime la mère en créer une rente.... (I, 193.)
.... Le maître du logis ne s'en trouva que *mieux*. (III, 229.)
.... Cela n'en fut que *mieux*. (IV, 35.)
Pour dire *mieux*. (III, 66.)
    .... Se pouvoit dire en femme
Mieux que pas un qui fût en l'univers. (VI, 127 et note 3.)

MIN]   DE LA FONTAINE.   75

Ai-je un mulet, il est quinteux,
Et je ne suis pas *mieux* en mule. (VII, 134.)

Belle-Bouche baisa le juge *de son mieux*. (VIII, 430.)
Chacun fit *de son mieux*. (III, 89; voyez IV, 363, 380; V, 402, 580.)
De tout *votre mieux*. (IX, 10.)
Au mieux que j'ai pu. (VIII, 58.)
Le tout alla *du mieux* qu'il put. (I, 355.)
Tout ira *des mieux*, au premier rôle près. (VII, 333.)
Est-ce bien s'expliquer? — *Des mieux* et nettement. (VII, 109.)

C'est bien le cuir plus doux,
Le corps *mieux* fait, la taille plus gentille. (IV, 214 et note 4.)

Le moins qu'on peut laisser de prise aux dents d'autrui,
C'est *le mieux*. (III, 43.)

.... Qu'il laissât, pour *le mieux*,
A quelqu'un des autres dieux
D'autres tonnerres à faire. (II, 317; voyez III, 68; V, 361; VI, 133; VIII, 145.)

Il savoit *le mieux* du monde exercer la patience d'un philosophe. (I, 39.)

Il n'étoit fils de bonne mère,
Qui, les payant *à qui mieux mieux*,
Pour ses ancêtres n'en fît faire [des vers]. (I, 101.)

MIÈVRE :

Le tour est assez *mièvre*. (VII, 332 et note 4.)

MIGNON, MIGNONNE :

La Fortune passa, l'éveilla doucement,
Lui disant : « Mon *mignon*, je vous sauve la vie. » (I, 400.)

Mais, ma *mignonne*, dites-moi, etc. (I, 272.)
Et vous pourriez avoir vingt *mignonnes* en ville.... (V, 98 et note 3.)

MIGNON, ONNE, adjectivement :

Un bracelet de façon fort *mignonne*. (IV, 25.)

MILICE :

Un gros de Sarrasins vient s'offrir à leur vue,
Milice du démon. (VI, 283.)

Il quitta pour un temps l'amoureuse *milice*. (VI, 199.)

MILIEU, MILIEUX :

L'on rectifie
L'image de l'objet sur son éloignement,
Sur le *milieu* qui l'environne. (II, 199.)

.... Mettant de faux *milieux* entre la chose et lui. (II, 341.)

MINAUDERIE :

L'abbé nous divertit par ses *minauderies*. (VII, 574.)

MINCE :

.... On les connoît à leur visage *mince*. (V, 356.)

Si ne put onc découvrir le vrai point,
Tant lui sembloit que fût obscur et *mince*. (IV, 128 et note 4.)

Un tonnelier et sa femme Nanon
Entretenoient un ménage assez *mince*. (V, 541.)

MINE, air de visage :

Garde-toi, tant que tu vivras,
De juger des gens sur la *mine*. (II, 18.)
.... Ou soit par sympathie,
Ou que la *mine*, ou bien le procédé
De Renaud d'Ast, eussent son cœur touché. (IV, 259.)
Ce muletier étoit homme de *mine*. (IV, 222 et note 5.)
Celui qui la menoit est quelque homme de *mine*. (VII, 47.)
Un peu d'esprit, beaucoup de bonne *mine*, etc. (V, 559.)
Antinoüs, qui dans sa statue contestoit de beauté et de bonne *mine*
contre Apollon.... (IX, 266.)
.... Ou de taille aussi belle, ou de *mine* aussi bonne. (IX, 332.)
Sa bonne *mine* les ravit toutes, s'il est permis d'user de ce mot en
parlant d'un si grand prince. (IX, 345.)
Il n'est pas jusqu'à Rocollet
Qui ne fût sur sa bonne *mine*. (IX, 327 et note 4.)
Elle n'avoit qu'à tenir bonne *mine*. (VI, 47 et note 5.)
Il s'aperçoit
Que leur fait n'est que bonne *mine*. (I, 324.)
.... A gens de cette *mine*
Comment peut-on refuser rien? (V, 261.)
Vous n'êtes pas de *mine* à faire des cruelles. (VII, 310.)
Je ne suis pas si sotte que j'en ai la *mine*. (VII, 452.)
Il joignoit à la sagesse
La *mine* d'un héros et le doux entretien. (III, 188.)
Je lui trouvai la *mine* d'un matois. (IX, 239.)
Vous n'avez pas, ce lui dit-elle,
La *mine* de vous en aller
A Saint-Jacques de Compostelle. (V, 265.)
L'ours boucha sa narine :
Il se fût bien passé de faire cette *mine*. (II, 131.)

MINE, cavité :

Voyez-vous à nos pieds fouir incessamment
Cette maudite laie, et creuser une *mine*? (I, 220.)

MINE ou MAINE, mesure de capacité :

Mine dans muid. (VII, 129 et note 5; voyez VII, 131.)
Mine de blé. (IX, 313.)

MINER, au propre et au figuré :

Son tronc caverneux, et *miné* par le temps. (III, 162.)
Le temps *avoit miné* ses antiques cloisons [du mur]. (VI, 178.)
Le temps a beau les combattre,
L'eau ne les sauroit *miner* [ces ouvrages]. (VIII, 262.)
On nous *mine* par des longueurs. (I, 122.)
Cependant la longueur *minoit* nos facultés. (VI, 323.)
Ce mal dont la peur vous *mine* et vous consume, etc. (V, 94.)

MINEURS (Frères) :
Un essaim de *frères mineurs*. (IV, 179 et note 4.)

MINGRELET, homme maigre, gringalet :
.... Taille non pas de quelque *mingrelet*. (V, 357 et note 2.)

MINISTÈRE :
Il se servit du *ministère*
De l'âne à la voix de stentor. (I, 188; voyez III, 151.)

MINISTRE, ministres :
Ce *ministre* [Colbert], aussi fidèle que diligent, des volontés de son maître. (VIII, 56.)
Ministre d'État. (VIII, 232.)
Les *ministres* divins veilloient sur son troupeau. (VI, 288.)
Rien de ce qui regarde Jupiter n'est au-dessous des *ministres* de sa puissance. (VIII, 125.)
Ce commandement est exécuté par les *ministres* de la puissance d'Apollon. (VII, 237; voyez VII, 538, 544.)
[Le Sommeil] commande aussitôt à ses *ministres*, etc. (VIII, 241.)
Les *ministres* d'Armide. (VIII, 121.)
Démons, peuples légers, *ministres* de l'oracle. (VII, 231.)
  Plus d'une fois, essuyant les dangers
Des pirates, des vents, du calme, et des rochers,
Ministres de la mort.... (II, 165; voyez VI, 158, 333.)
.... Celui qui retient le frein
Des vents, *ministres* des tempêtes.
  (Racan, *Ode au Roi*, tome I, p. 11.)
.... Les *ministres* de sa vengeance. (VIII, 193; voyez VIII, 204.)
Le *ministre* cruel des vengeances du juge. (V, 270.)
.... Les *ministres* de sa fureur. (VIII, 144.)
Ministres de funérailles. (VIII, 53.)

MINOIS :
Ce doucet est un chat
Qui, sous son *minois* hypocrite, etc. (II, 18.)

MINUIT (le) :
.... Sur le *minuit* j'y viens mettre le feu [à ce pétard]. (VII, 305; voyez IV, 208 et note 4, 323; V, 48; VIII, 360.)

MI-PARTI, partagé en deux moitiés égales :
Châtellerault est *mi-parti* de huguenots et de catholiques. (IX, 289.)

MIRACLE, acceptions diverses; À MIRACLE :
Chacun cria *miracle*. (I, 101; voyez II, 180, 284; IX, 155.)
Qu'un homme soit plumé par des coquettes,
Ce n'est pour faire au *miracle* crier. (IV, 358.)
L'amour ne réservoit ce *miracle* qu'à toi. (VII, 523.)
  Aucun mortel
Ne la peut trouver [ma réponse] sans *miracle*. (VII, 231.)
Plus grands sont les revers, plus grands sont les *miracles*. (VII, 411.)

Ils [les amants] s'étoient retirés comme par *miracle*. (VIII, 47.)
Ne sauroit-on toucher ce *miracle* des belles? (VII, 310.)
 Ce n'étoit plus ce *miracle* d'amour
  Qui devoit charmer tout le monde. (IV, 30 et note 2.)
Le roi des épagneux, charmante créature,
 Et vrai *miracle* de nature. (V, 259 et note 4.)
Il sait notre langue à *miracle*. (IX, 215.)

MIRAUT, nom d'un chien de chasse. (I, 278 et note 7.)

MIRER, contempler; SE MIRER :
Plus je regarde et mire ta personne.... (V, 534 et note 1.)
 Dans le cristal d'une fontaine
  Un cerf *se mirant* autrefois, etc. (II, 28; voyez IV, 20; V, 183; VI, 19.)
 Tout passa par ses mains, et le vin et la glace,
  Et les carafes de cristal :
On *s'y seroit miré*. (V, 586.)

MIROIR :
D'un côté le *miroir*, de l'autre les amants. (VII, 168.)
 Le sort officieux
 Présentoit partout à ses yeux
Les conseillers muets dont se servent nos dames :
Miroirs dans les logis, *miroirs* chez les marchands,
 Miroirs aux poches des galants,
 Miroirs aux ceintures des femmes. (I, 92.)
Il accusoit toujours les *miroirs* d'être faux. (I, 92.)
Des *miroirs* de toilette. (IX, 267.)
 Le feint Éraste en même temps
Lui présente un *miroir* de poche. (V, 147.)
Dans ce *miroir* regardez bien ces lieux. (VII, 532.)
.... Voilà le *miroir* de la vie paisible. (VII, 492.)
Un manant au *miroir* prenoit des oisillons. (II, 50.)

MISE :
Des registres exacts de *mise* et de recette. (III, 221 et note 2.)
« Ce n'est point chez moi qu'on fait papier de *mise* et de recette. » (Malherbe, tome II, p. 124; ibidem, p. 137, 562, 626.)
Garçon bien fait, beau parleur, et de *mise*. (IV, 309 et note 3.)

MISÉRABLE :
Quittez les bois, vous ferez bien :
 Vos pareils y sont *misérables*. (I, 71.)
Selon que vous serez puissant ou *misérable*,
Les jugements de cour vous rendront blanc ou noir. (II, 100.)
 Quant aux ingrats, il n'en est point
 Qui ne meure enfin *misérable*. (II, 43.)
Pour vous rendre en hymen heureuse ou *misérable*.... (VII, 532.)
 L'Attila, le fléau des rats,
 Rendoit ces derniers *misérables*. (I, 255; voyez I, 416.)

Je me venge, il suffit; je fais des *misérables*. (VII, 518.)
Il ne se faut jamais moquer des *misérables*. (I, 416.)
Bergère *misérable !* (VII, 526.)
Misérables humains, ceci s'adresse à vous. (III, 71 et note 11.)
Misérables humains, semence de tyrans,
En quoi différez-vous des monstres dévorants? (VI, 289 ; voyez VI, 336.)

MISÈRE :

Seroit-ce bien une *misère*
Que d'être pape ou d'être roi? (III, 78.)

Quelle *misère* c'est d'être riche ! (IX, 269.)
Ce dieu, dis-je, touché de l'humaine *misère*,
Produisit un remède au plus grand de nos maux. (VI, 318.)

MISERERE :

Enfin la porte s'ouvre,
Mais ce ne fut d'un bon *miserere*. (IV, 474 et note 6.)

Comparez Saint-Simon, tome XVIII, p. 254 : « Leurs Majestés Catholiques se levèrent..., et se parlèrent bas peut-être l'espace d'un bon *credo*. »

MITAINE :

L'amour les prend...,
L'un sans *mitaine*,
L'autre sans verd. (VII, 579 et note 4.)

MITIS, le chat :

Notre maître *Mitis*. (I, 257 et note 10.)

MITRE :

Mettre à ses pieds la *mitre* avec la crosse,
C'étoit trop peu. (V, 187.)

MOBILE, substantivement :

Je ne connois d'autre premier *mobile*
Dans l'univers que l'argent et que l'or. (VI, 97 et note 6.)

MODE :

.... Même on dit qu'il suivit la *mode*
De son maître. (V, 515.)

Car de trouver une seule rebelle,
Ce n'est la *mode* à gens de qui la main
Par les présents s'aplanit tout chemin. (VI, 97.)

Chacun pourra servir cette femme à sa *mode*. (VII, 110.)
.... Les deux pucelles la déshabillèrent avec cent signes d'admiration à leur *mode*. (VIII, 141.)
.... Et si c'est mon talent que de vivre à la *mode*.... (VII, 81.)

MODÈLE :

.... Le Ciel y mit tout son savoir,
Puis vous forma sur ce *modèle*. (IX, 197.)

Former cet enfant sur les traits
Des *modèles* les plus parfaits,
C'est ce que Bourbon saura faire. (VIII, 457.)

.... Et l'avez fait [cet enfant] sur un très bon *modèle*. (IX, 118.)
Si mon œuvre n'est pas un assez bon *modèle*,
J'ai du moins ouvert le chemin. (III, 169.)

MODÉRÉMENT :
Je ne vois point de créature
Se comporter *modérément*. (II, 412.)

MODERNE (à la) :
Un corps de logis *à la moderne*. (IX, 243.)

MODESTE :
.... Tout *modeste* chasseur en eût été content. (II, 348 et note 9.)
Et sans faire le fin, le froid, ni le *modeste*, etc. (V, 429.)

MODESTIE :
Je m'enferme au désert, vois quelle *modestie!* (VII, 572.)

MŒURS :
Ô temps! ô *mœurs!* j'ai beau crier,
Tout le monde se fait payer. (III, 219 et note 11.)

MOGOR :
Le grand *Mogor* l'avoit avec succès
Depuis deux ans éprouvé sur sa femme [ce secret]. (V, 33 et note 7; voyez V, 37.)
Comparez le Lexique de Corneille.

MOINDRE; LE MOINDRE :
Jamais la *moindre* grâce
Ni le *moindre* regard, le *moindre* mot enfin,
Ne lui fut accordé par ce cœur inhumain. (III, 332.)
La fourmi n'est pas prêteuse :
C'est là son *moindre* défaut. (I, 60 et note 7.)
.... [Nous] ne pourrions voir un triomphe acheté
Du *moindre* sang qu'il vous auroit coûté. (IX, 150.)
[Les récits] où *le moindre* fonde
Quelquefois le plus important. (IV, 151 et note 1.)

MOINE :
Qui désignai-je à votre avis
Par ce rat si peu secourable?
Un *moine?* Non, mais un dervis :
Je suppose qu'un *moine* est toujours charitable. (II, 109.)

MOINEAU :
Le gibier du lion, ce ne sont pas *moineaux*. (I, 188.)

MOINILLON :
Rien n'échappa de leur colère,
Ni *moinillon*, ni béat père. (IV, 200.)
Il les engea de petits Mazillons,
Desquels on fit de petits *moinillons* :
Ces *moinillons* devinrent bientôt pères. (IV, 506 et note 3.)

MOINS; DU MOINS; À MOINS; À TOUT LE MOINS; POUR LE MOINS;
AU MOINS... QUE OU QUI; À MOINS QUE :

Voyez moi manger seulement;
Vous n'en mourrez pas *moins*. (VI, 77.)
.... Là le notaire aura *du moins* sa gamme,
En plein bureau. (V, 337.)
Mon sang commence à se glacer;
Et je crois qu'*à moins* on s'effraie. (I, 95.)
Sœur Claude et sœur Thérèse
Eurent *à tout le moins* de quoi se consoler. (V, 598.)
Voyez A, préposition, 3°.
Pour le moins cette déesse ne seroit pas, etc. (VIII, 177.)
.... Point n'en resta que le sire Mazet
Ne régalât *au moins* mal qu'il pouvoit. (IV, 503; I, 362.)
.... *Au moins* mal qui leur fut possible. (VIII, 88.)
A moins que l'avoir vu, j'ai sujet d'en douter. (VII, 80; voyez VII, 83.)
Toute puissance est foible, *à moins que* d'être unie. (I, 336.)
Car que faire en un gîte, *à moins que* l'on ne songe? (I, 171.)

MOISIR (SE) :
Je crains que l'encens ne *se moisisse* au temple. (IX, 380.)

MOISSON, MOISSONS :
Mille *moissons* de roses. (IX, 117.)
Mars nous fait recueillir d'amples *moissons* de gloire. (II, 203.)

MOISSONNER :
Bon, ce dit-il, nous allons *moissonner*,
Car le climat doit en cœurs foisonner. (IX, 16 et note 3.)
Bien lui prit d'avoir des charmes à *moissonner*. (VIII, 173.)

MOITE :
Au fond du *moite* élément. (VIII, 270.)
Je veux, par les beautés de ce *moite* séjour,
Arrêter quelque temps deux princes à ma cour. (VII, 209.)
Déjà Phébus, voisin de ces *moites* retraites,
Ne semble plus mener ses chevaux qu'à courbettes. (VII, 279.)
Ce *moite* palais. (VIII, 35.)
Ce dieu des *moites* tribunaux. (IX, 351.)
Que cette onde argentée
Loge en son *moite* sein la blanche Galatée. (VIII, 124.)

MOITIÉ, substantivement et adverbialement; À MOITIÉ :
Des enfants de Japet toujours une *moitié*
Fournira des armes à l'autre. (I, 145.)
Souffrirez-vous... qu'une *moitié* d'homme, qu'un avorton, soit la cause
que Lycérus remporte le prix? (I, 50.)
Plus blanc de la *moitié* que le plus blanc ivoire. (VII, 178.)
Le moindre bruit que l'on peut faire
En telle affaire
Est le plus sûr de la *moitié*. (IV, 27.)

.... Sans en avoir *moitié* d'autant d'excuses qu'elle. (IV, 414.)
Moitié raisin, *moitié* figue, en jouit. (IV, 171 et note 5.)

Moitié forcée, et *moitié* consentante,
Moitié voulant combattre ce desir,
Moitié n'osant, *moitié* peine et plaisir. (V, 476.)

Vous n'aviez qu'*à moitié* des gens pour la servir. (VII, 76.)
Tel qui ne nous voyoit, disoit-il, qu'*à moitié*,
Quand il est possesseur cherche ailleurs sa fortune. (VII, 81.)

.... Du coup, tua plus d'*à moitié*
La volatile malheureuse. (II, 364.)

MOITIÉ, épouse :

Sa chatte, en un beau matin,
Devient femme ; et, le matin même,
Maître sot en fait sa *moitié*. (I, 185.)

Votre digne *moitié*...
Tout près d'ici m'est apparue. (II, 284.)

.... Or, c'étoient les *moitiés*
De nos galants et chercheurs d'aventure. (V, 74.)

MOL, MOLLE :

Vous souvient-il des lieux où, sous un *mol* ombrage,
On faisoit, malgré vous, languir votre courage ? (VII, 607.)
La *molle* oisiveté. (VI, 248.)
Molles délices. (III, 107.)

MOLETTE :

.... Dans un endroit douillet où jamais la *molette*
N'avoit piqué cheval. (VII, 296.)

MOLLEMENT :

On ne les voyoit point à l'entour des hameaux
Mollement étendus dormir sous les ormeaux. (VI, 286 ; voyez VI, 239.
J'étois couché *mollement*. (V, 238.)
Il se laissa *mollement* aller sur le sein de la jeune épouse. (VIII, 79.)

MOLLET, MOLLETTE :

.... Car de galette,
Tant soit *mollette*,
Moins friand suis. (VIII, 441.)

MOMENT ; À TOUS MOMENTS ; DÈS LE MOMENT :

Est-il aucun *moment*
Qui vous puisse assurer d'un second seulement ? (III, 157.)

Sire Prélat et madame Féronde
Ne laissent perdre un seul petit *moment*. (V, 401.)
Et le drôle eut lapé le tout en un *moment*. (I, 113.)
Vous n'avez qu'un *moment* à vous déterminer. (VII, 620.)

Puis fiez-vous à rimeur qui répond
D'un seul *moment*. (VI, 5.)
Nos deux époux, à ce que dit l'histoire,
Sans disputer n'étoient pas un *moment*. (VI, 103.)

Quand ils sont près du bon *moment*,
L'inconstante aussitôt à leurs desirs échappe. (II, 161; voyez VIII, 360.)

[Pinucio] comptoit les *moments* de la nuit. (IV, 209.)
Ici tous les *moments* sont chers et précieux. (V, 444.)
Que n'en ai-je oublié [de cette mort] les funestes *moments!* (VI, 265; voyez III, 157; V, 296; et passim.)
Monarque de l'Olympe, en qui sont tous les temps,
Qui les fais devant toi passer comme *moments*. (VII, 229.)
La vieille, *à tous moments,* de sa part emportoit
Un peu du poil noir qui restoit. (V, 110.)
Messire Bon, rempli d'impatience,
A tous moments sa paresse maudit. (IV, 94.)
Le plus jeune apprentif
Est vieux routier *dès le moment* qu'il aime. (V, 541 et note 2.)

MON, MA (par abréviation M') :

Et *mon* chat de crier; et le rat d'accourir. (II, 324.)
Non, non, *m'amie*. (IV, 313; IV, 97, 290 et note 4.)
Voyez MIE (MA).
Pour la dernière fois nous allons nous parler,
M'amour; il faut crever, et ma perte est certaine. (VII, 363.)

« M'amour, cette coquine-là me fera mourir. » (Molière, *le Malade imaginaire*, acte I, scène VI.)

MONACAL, ALE :

Ce jus,
Pris par la femme, opère beaucoup plus
Que ne fit onc nulle ombre *monacale*. (V, 35 et note 1.)

MONARCHIQUE :

Jupin les soumit [les grenouilles] au pouvoir *monarchique*. (I, 214.)

MONAUT, qui n'a qu'une oreille :

Que dites-vous? quoi! d'un enfant *monaut*
J'accoucherois? (IV, 158 et note 8.)

MONCEAU :

.... Sépare ces quatre sortes de grain; fais-en quatre tas aux quatre coins du *monceau*. (VIII, 204.)

C'est un passe-temps
De leur voir nettoyer un *monceau* de pistoles. (II, 246 et note 19.)
.... L'objet tente; il faudra que ce *monceau* [d'écus] s'altère
Si je le laisse à la maison. (III, 23; voyez III, 203; V, 382.)

MONDE, sens et emplois divers :

L'enfance du *monde*. (VI, 352.)
Féronde étoit un sot de par le *monde*. (V, 389.)
Tout au *monde* est mêlé d'amertume et de charmes. (I, 200.)
Le *monde* est vieux, dit-on : je le crois ; cependant
Il le faut amuser encor comme un enfant. (II, 234.)
Ne revenez-vous point de l'autre *monde?* (VII, 560.)

Dans cet abord Joconde
Voulut les envoyer dormir dans l'autre *monde*. (IV, 27.)
  Console-toi, Féronde,
Tu te verras citoyen du haut *monde*
Dans mille ans d'hui. (V, 397 et note 8.)
Nous autres gens du bas *monde*. (IX, 381.)
  Chiches et fiers appas
Que le soleil ne voit qu'au nouveau *monde*. (V, 528.)
Tous les noms des chercheurs de *mondes* inconnus. (II, 250.)
Soyez-vous l'un à l'autre un *monde* toujours beau. (II, 366.)
  Filles du *monde* ont toujours plus de peur
  Que l'on ne donne atteinte à leur honneur. (IV, 487.)
Fuyez le *monde* et sa sequelle. (IV, 125.)
Voilà le train du *monde* et de ses sectateurs. (VI, 290.)
Il est impossible que vous n'ayez vu le beau *monde*. (VIII, 143.)
.... Et quiconque n'en chante, ou bien plutôt n'en gronde
Quelque récitatif, n'a pas l'air du beau *monde*. (IX, 159.)
Que celui-ci [Mars] fasse agir tout un *monde*. (VI, 26.)
Il faut, autant qu'on peut, obliger tout le *monde*. (I, 162.)
Un *monde* d'esclaves. (VII, 34.)
Chez Voltaire, tome VIII, p. 78 : « un monde de soldats ».

Un *monde* d'ennemis. (III, 213.)
Ce *monde* d'alliés vivants sur notre bien. (III, 98 et note 18.)
Elle étaloit aux yeux tout un *monde* d'attraits. (VIII, 451.)
  Un *monde*
D'inventions propres à tout gâter. (VI, 103.)
  .... Et contre un *monde* de recettes
  Et de moyens de plaire aux yeux
  Invectivoit tout de son mieux. (IV, 380.)

MONDE (LE PETIT-) :
Il fit cet ouvrage qu'on appelle *le Petit-Monde*. (I, 18 et note 2.)

MONNOIE, au figuré :
  .... Madame cependant
En a, comme on dit, la *monnoie*. (V, 260 et note 2.)
Pour vous payer de votre *monnoie*.... (IX, 464.)
Ce que je dis n'est que pour payer Gélaste de sa *monnoie*. (VIII, 112.)

MONSEIGNEUR, EURS :
  Les simples *monseigneurs*
  N'étoient d'un rang digne de ses faveurs. (V, 187 et note 2.)

MONSIEUR :
Monsieur ne songe à rien, *Monsieur* dépense tout,
  Monsieur court, *Monsieur* se repose.
Elle en dit tant que *Monsieur*, à la fin,
  Lassé d'entendre un tel lutin,
  Vous la renvoie à la campagne
  Chez ses parents. (II, 104.)

.... L'oraison de *Monsieur* saint Julien. (IV, 240 et note 7.)

Comparez dans *les Quinze ioies de mariage* Monseigneur saint Augustin, Monseigneur saint Dominique, etc., etc.

Hé! bonjour, *Monsieur* du corbeau. (I, 63 et note 2; III, 284 et note 53.)
Voyez Messieurs.

MONSTRE :

Deux *monstres* à l'entour
Interdisent l'abord d'une source si belle. (VII, 535.)

Monstres marins au fond de l'onde,
Tigres dans les forêts, alouettes aux champs. (I, 355.)

O dieux! je l'aperçois aux pieds d'un *monstre* affreux. (VII, 544; voyez VII, 543, 545, 546; etc.)
Un très beau *monstre*. (VIII, 228.)
Votre imagination ne se forge guère de *monstres*, j'entends d'images de ma personne, qui ne soient très agréables. (VIII, 74.)

MONT, au propre et au figuré :

Je n'irai, par *monts* ni par vaux,
M'exposer au vent, à la pluie. (I, 275.)

Par *monts*, par vaux, et par chemins. (I, 159.)
Monts sur *monts*. (IX, 34.)
Il nous faudroit chercher un *mont* dans l'univers
Non pas *double*, mais triple. (VII, 174.)
Les héros de la Thrace, et ceux du double *mont*. (VI, 342; voyez VI, 319; VII, 245; IX, 382.)

L'autre s'en va transformer ces deux *monts*
Qu'en nos climats les gens nomment tetons. (V, 497 et note 5.)
....Ces tetons de lait, amoureuses collines.
(Scarron, *l'Héritier ridicule*, acte III, scène III.)
Un double *mont* d'attraits. (VII, 179.)
La mer promet *monts* et merveilles. (I, 269; voyez IV, 446.)

MONTAGNARD :

Certain ours *montagnard*. (II, 257.)

MONTAGNE :

La *montagne* qui accouche. (I, 396.)
Une *montagne* en mal d'enfant. (I, 397.)

MONTER, au propre et au figuré :

Il fait *monter* son fils. (I, 202.)
Sur l'Ane.

Il *monte* en haut. (IV, 258.)

Quand il [Nicolas] va voir Jeanne
Il *monte* sur sa bête. (I, 203 et note 26.)
Comparez, pour cette équivoque, tome IV, p. 375, note 5.

.... *Monté* sur un courtaud
Comme un petit saint George. (VII, 294 et note 1.)

« ....Tous armez a l'aduantaige, la lance au poing, montez comme sainct George. » (Rabelais, tome I, p. 154.)

Enfin cahin-caha j'*avois monté* ma bête. (VII, 295.)
.... Là, quelquefois sur la mer ils *montoient*. (IV, 339.)
Dans un chemin *montant*, etc. (II, 141.)
Nous... traversâmes ensuite la vallée de Caucatrix, après *avoir monté* celle de Tréfou. (IX, 229.)
Qu'entends-je! à quel excès *monte* votre colère! (VII, 618.)
La rage alors se trouve à son faîte *montée*. (I, 156.)
Le courroux lui *montant* au cerveau, etc. (V, 78.)
Chacun trouvoit sa peine au plus haut point *montée*. (VIII, 212.)
.... Ta gloire aux astres *montée*. (VIII, 391.)
Je sais à quel point peuvent *monter* ses peines. (VIII, 370.)
L'autre, afin de *monter* aux grandes dignités, etc. (III, 159.)
Montez jusqu'à Marot, et point par delà lui. (VII, 163.)

MONTRE :
Tenez en voici [du blé] de la *montre*. (VII, 128; voyez VII, 129 et note 1.)
Ils vouloient simplement faire *montre* de leur art. (VIII, 340.)

   Qu'en ce canton délicieux
   Flore et Pomone, à qui mieux mieux,
   Fassent *montre* de leurs richesses. (VIII, 68.)

.... Ce devoit être plutôt pour la *montre* que pour le besoin. (VIII, 85.)

   Force bons tours,
Dont celui-ci peut passer à la *montre*.... (IV, 82 et note 1.)

   Maint objet tel quel....
Par ce moyen passe à la *montre*. (VIII, 429.)

MONTRE d'horlogerie :
   Telle est la *montre* qui chemine
A pas toujours égaux, aveugle et sans dessein. (II, 461; voyez II, 462; III, 163.)

MONTRER; MONTRER À, suivi de l'infinitif :
   ... Quand ce vint au dieu de Cythère,
Il dit qu'il lui *montreroit* tout. (III, 107; voyez IV, 224.)

   Je veux, dit le dieu de la guerre,
Lui *montrer* moi-même cet art. (III, 106.)

A peine son menton d'un mol duvet s'ombrage
Qu'aux plus fiers animaux il *montre* son courage. (VI, 229; voyez VI, 245.)

[Il] *montre* avoir pour vous une tendresse extrême. (VII, 580.)
Époux, Renaud vous *montre à* vivre. (V, 145.)

MONTREUR :
Sur le *montreur* d'appas tomba toute la haine. (V, 433 et note 5.)

MONTUEUX, UEUSE :
La lune nulle part n'a sa surface unie :
Montueuse en des lieux, en d'autres aplanie. (II, 202 et note 16.)

MONTURE :
   Ne peut-on point en faire un [contrat] où les gens
   Troquent de femme ainsi que de *monture* ? (V, 321 et note 5.)

L'on se guérit, l'on guérit sa *monture*. (IV, 244.)
.... Et ne saurois à la Couture
Trouver de plus fine *monture*. (IX, 182.)

MONUMENTS, MONUMENTS, emplois divers :
La forêt n'est pleine
Que de *monuments* amoureux. (IV, 414 et note 6.)
Il nous resta toutefois assez de jour pour remarquer, en entrant dans Étampes, quelques *monuments* de nos guerres. (IX, 231.)
D'autres que moi diront ton zèle et ta conduite,
Monument éternel aux ministres suivants. (VI, 351.)
.... Des murs qui pour jamais aux princes de la Grèce
Seroient un *monument* de honte et de foiblesse. (VII, 612.)
Faites que je retrouve au temple de mémoire
Les *monuments* sacrés, sources de votre gloire. (VI, 238; voyez VI, 265.)
Je crains fort qu'à la fin ce séjour si charmant
Ne nous soit un désert, et puis un *monument*. (IV, 416 et note 1.)
Un tombeau.
J'aurai près de ce temple un simple *monument*. (III, 334.)
.... C'étoit là le seul aliment
Qu'elle prit en ce *monument*. (VI, 74; voyez VI, 75.)
La nature et la mort, pleines d'étonnement,
Verront avec effroi sortir du *monument*
Ceux que, etc. (VIII, 415.)
Gens envoyés peupler les *monuments*. (IX, 416; voyez VIII, 395.)

MOQUER ; SE MOQUER :
Berné, sifflé, *moqué*, joué.... (I, 300.)
Mais ne *vous moquez* point, engeance sans pitié. (I, 145.)
Vous moquez-vous? (VIII, 201.)

MORALITÉ :
.... Cette *moralité* sied bien à ma douleur. (VII, 437.)
Nous sommes tous d'Athène en ce point ; et moi-même,
Au moment que je fais cette *moralité*, etc. (II, 233.)

MORBLEU :
Eh ! *morbleu!* soyez comédien. (VII, 315 ; voyez VII, 346, 584.)

MORCEAU, MORCEAUX, au propre et au figuré :
.... La moindre chose
De son débris [du pot de terre] seroit cause :
Il n'en reviendroit *morceau*. (I, 370.)
C'étoit, à son avis, un excellent *morceau* [le rat]. (I, 310.)
Cependant un sanglier, monstre énorme et superbe,
Tente encor notre archer, friand de tels *morceaux*. (II, 348.)
Progné me vient enlever les *morceaux*. (III, 35 et note 4.)
C'est pour vous la place d'honneur,
Pour vous le *morceau* du seigneur. (V, 99 et note 3.)

Ma foi! Colette est un *morceau* de roi. (IV, 214 et note 1.)
Je sais que la vengeance
Est un *morceau* de roi. (III, 67.)
Sans mentir, j'ai regret de perdre un tel *morceau*. (VII, 52.)
Ce n'est pas un *morceau* d'Allemand. (IX, 15.)
Qu'elle lâchât aux autres le *morceau*, etc. (V, 421 et note 8.)
Madame Catelle....
Entre en soupçon, prend le *morceau* pour elle. (IV, 66 et note 1.)

MORDI :
Mon fils... est novle (sic) Monsieur comme moi, *mordi!* (VII, 485.)

MORDIENNE :
Non, *mordienne!* (VII, 445; voyez VII, 298.)

MORDRE; MORDRE À, SUR; SE MORDRE LES DOIGTS :
Mordant ses lèvres de dépit.... (V, 223.)
.... [Ton courroux] fit *mordre* la poudre
Aux tyrans. (VIII, 397.)
Fît-on *mordre* aux géants la poussière.... (VIII, 296.)
.... Son aînée *avoit mordu à* l'hameçon. (VIII, 169.)
.... La Parque et ses oiseaux
Avec peine *y mordoient* [sur le sanglier]. (II, 348.)
Ceci s'adresse à vous, esprits du dernier ordre,
Qui, n'étant bons à rien, cherchez *sur* tout à *mordre*. (I, 414.)
Sur son chapeau luisant, *sur* son rabat bien mis,
La médisance n'eût su *mordre*. (V, 584 et note 4.)
.... Des quatre parts les trois
En ont regret et *se mordent les doigts*. (IV, 488.)

MORFONDRE, MORFONDU; SE MORFONDRE :
Pour se sauver de la pluie,
Entre un passant *morfondu*. (I, 387.)
Moi, charitable et bon homme,
J'ouvre au pauvre *morfondu*. (V, 239 et note 2.)
L'air devenu serein, il [le pigeon] part tout *morfondu*. (II, 363.)
Ma cour *est morfondue*. (VII, 174.)
Nous nous *morfondons* sur nos autels. (VIII, 239.)
Devant son fort je veux qu'il [Mars] *se morfonde*;
Amour tout nu fera rendre le sien. (VI, 26.)
.... L'autre femme *se morfondit*. (II, 182.)
.... Un amant qui sans lui *se seroit morfondu*. (V, 113 et note 2.)

MORGUE (TENIR SA) :
Cocuage en plus d'une sorte
Tient sa morgue parmi ses gens. (V, 139 et note 4.)

MORGUÉ :
Morgué! je vous dis qu'il n'est pas pitoyable. (VII, 447; voyez VII, 450, 451, 455, 481, etc.)

MORGUER :

Bon! est-il une voix que la mienne ne *morgue?* (VII, 316 et note 4.)
Que font tous ces vaillans de leur valeur guerrière
Qui touchent du penser l'estoile poussinière,
Morguent la destinée et gourmandent la mort.
(Regnier, satire VI, vers 219.)

MORGUOY. (VII, 293, 450, 457.)

MORNE :

Le malheureux lion, languissant, triste, et *morne.* (I, 242.)

MORS :

Ils ont des colliers d'or sous la gorge pendants,
Et des *mors* d'or massif qui sonnent sous leurs dents. (VIII, 482.)

MORT; JUGER À MORT :

Nous mourons tous les jours, mais on n'appelle *mort*
Que celle enfin qui vient terminer notre sort. (VIII, 486.)
Mort vint saisir le mari de Clitie. (V, 165.)
La *mort* ne surprend point le sage. (II, 207; voyez I, 105, 106, 108; II, 208, 347; etc.)
Des *morts*... glorieuses et belles. (II, 213.)
Tel accident n'est *mort* d'homme. (IX, 31.)

Ah! par la *mort!* par la sang! par la tête!
Dit le démon, il le payra, par bieu! (V, 369 et note 3.)
Mort de ma vie! (VII, 450, 470.)
Quoi! vous *jugez* les gens *à mort* pour mon affaire. (V, 276 et note 1.)

MORT-AUX-RATS :

La *mort-aux-rats*, les souricières,
N'étoient que jeux au prix de lui. (I, 256.)

MORT, MORTE, substantivement; FAIRE LE MORT :

Un *mort* s'en alloit tristement
S'emparer de son dernier gîte;
Un curé s'en alloit gaiement
Enterrer ce *mort* au plus vite. (II, 157; voyez II, 158, 159.)
Elle chérit un *mort!* (VI, 203.)
Un luminaire, un drap des *morts.* (I, 224.)
Ne sauroit-on bien vivre
Qu'on ne s'enferme avec les *morts?* (V, 10; voyez III, 123.)
Quand j'irai chez les *morts*.... (VIII, 417.)
Le plus semblable aux *morts* meurt le plus à regret. (II, 214.)
.... Se couche sur le nez, *fait le mort*, tient son vent. (I, 428 et note 9.)

MORTEL, ELLE :

Descartes, ce *mortel* dont on eût fait un dieu. (II, 462.)
.... En cela peu semblable au reste des *mortelles.* (II, 458.)
Les *mortels* sont *mortels* quand ils pleurent de leurs douleurs. (VIII, 115.)
Ce *mortel* séjour. (IX, 13.)

MORTELLEMENT :
Mortellement atteint d'une flèche empennée, etc. (I, 144.)

MOT, MOTS; NE OU N'EN DIRE MOT; SANS MOT DIRE; N'AVOIR PAS LE MOT À DIRE; NE SONNER MOT; DONNER, SE DONNER LE MOT; MOT POUR MOT; MOT APRÈS MOT; PRENDRE AU MOT; À DEMI-MOT :

Point de réponse, *mot*. (II, 300 et note 5.)
.... Ces *mots*, à peine dits, ils s'en vont secourir
 Leur chère et fidèle compagne. (III, 281.)
En un *mot* comme en trente. (VII, 393.)
En un *mot* comme en mille. (V, 567; VII, 283.)
Vous les trouverez tous [les amants] bâtis sur ce modèle :
 Un *mot* les met aux champs, demi *mot* les rappelle. (VII, 93.)
    Il vous faut un remède :
 Demain matin nous en dirons deux *mots*. (VI, 46.)
.... Celle-ci donc ne fit mentir le *mot*. (V, 393 et note 3.)
.... C'est en cela que consiste le bon *mot*, selon mon avis. (I, 138; voyez I, 39; III, 161; V, 190.)
    Dieu ne créa que pour les sots
 Les méchants diseurs de bons *mots*. (II, 249.)
Il cherche de grands *mots*. (III, 9.)
    Il fit des serments;
 Ceux des Gascons et des Normands
 Passent peu pour *mots* d'Évangile. (IV, 388 et note 2.)
 On dit qu'il parloit comme un ange,
 De *mots* dorés usant toujours :
 Mots dorés font tout en amours. (V, 514 et note 2.)
    Gardez-vous sur votre vie
    D'ouvrir que l'on ne vous die
    Pour enseigne et *mot* du guet :
    Foin du loup et de sa race! (I, 327.)
 Il consultoit matrones, charlatans,
 Diseurs de *mots*. (V, 26 et note 1.)
    Ils tombèrent enfin
 Sur ce qu'on dit de la vertu secrète
 De certains *mots*, caractères, brevets, etc. (IV, 243.)
    Or çà je t'apprendrai
 Les *mots*, la guise, et toute la manière
 Par où, etc. (V, 493.)
 Chacun lui dit son *mot* cette fois-là :
 « Monsieur le Diable où croît cette denrée ?
 Où mettrez-vous ce qu'on en donnera? » (V, 368.)
Votre plus court est de *ne dire mot*. (IV, 79.)
 Mot n'en dirai; mais je n'omettrai point
 Qu'elle étoit jeune, agréable, et touchante. (IV, 261.)
Je *n'en dirai mot*. (IX, 229.)
L'autre attend *sans mot dire*. (IV, 54.)
Sans dire mot, sans oser respirer. (V, 54; voyez VI, 132.)
.... La voix manquant à notre sermonneuse

Qui, de son troc bien fâchée et honteuse,
N'eut pas le mot à dire en ce moment. (V, 421.)

Comparez Mme de Sévigné, lettre du 27 février 1671 : « Ce qu'il avoit à faire n'étoit autre chose que d'avoir le plaisir de lui laver sa cornette. Elle est bien mortifiée et bien décontenancée : je la vis l'autre jour, elle n'a pas le mot à dire. »

[Agiluf] *ne sonnoit mot* en prenant ses ébats. (IV, 227.)
Mot ne sonnoit. (IX, 105.)

.... Et tout d'un pas s'en va trouver Janot
A qui Richard *avoit donné le mot.* (IV, 71.)

Toutes deux commencent à dire,
Comme si toutes deux *s'étoient donné le mot....* (V, 590.)

Alis dit lors, *mot pour mot*, ce qu'Aminte
Venoit de dire en sa dernière plainte. (VI, 36 ; voyez IX, 146.)

Redire,
Mot après mot, le discours qu'il nous tint.... (IX, 153.)
Je le *pris au mot*. (IX, 253.)
J'entends *à demi-mot*. (VII, 114.)

MOTEUR DE :

Funeste appas de l'or, *moteur de* nos desseins.... (VI, 280.)

MOTUS :

Encore un coup, *motus*. (V, 494 et note 4.)
Motus au moins, pour cause. (VII, 303 ; voyez VII, 480.)

MOU :

Matelas blancs et *mous*. (IV, 253.)

L'une voudra du *mou*
L'autre du dur. (IV, 495 et note 4.)

MOUCHARD :

Les *mouchards* sont pendus. (I, 274 et note 14.)

Comparez Molière, tome VII, p. 64 et note 2. — « Des mouschards et escouteurs desquels les princes et les respubliques se seruent, etc. » (Vincent Cabot, *les Politiques*, Toulouse, 1630, in-8°, chapitre II.)

MOUCHE, au propre et au figuré :

.... Ce parasite ailé
Que nous avons *mouche* appelé. (III, 263 ; voyez I, 274 et note 12.)

Dame *mouche* s'en va chanter à leurs oreilles. (II, 143.)

Et la dernière main que met à sa beauté
Une femme allant en conqueste,
C'est un ajustement des *mouches* emprunté. (I, 273 et note 6.)

Io courut par toute la terre : on dit qu'elle étoit piquée d'une *mouche ;* je soupçonne fort cette *mouche* de ressembler à l'Amour autrement que par les ailes. Bien prit à Psyché que la *mouche* qui la piquoit étoit son mari : cela excusoit toutes choses. (VIII, 161.)

Les *mouches* de cour sont chassées. (I, 274 et note 13.)

« On nomme la comtesse de Gramont pour une des mouches qui passent devant les yeux [du Roi]. » (Mme de Sévigné, lettre du 15 octobre 1677.)

MOUCHERON (I, 154, 155, 156.)

MOUCHETER :
.... Il veut avoir
Un manchon de ma peau [du léopard] ; tant elle *est* bigarrée,
    Pleine de taches, marquetée,
    Et vergetée, et *mouchetée*. (II, 370 et note 4.)
Des onces mouchetez d'estoiles sur le dos.
(Remy Belleau, *les Amours... des pierres precieuses*.)
Le P. le Moyne, dans son traité *de l'Art des devises* (Paris, 1666, in-4°), propose pour figure de la femme belle et folle « celle d'une panthère, environnée d'ossements de toute sorte d'animaux déchirés de ses dents et de ses ongles, après avoir été attirés de son odeur et abusés par ses « mouchetures. »

MOUCHOIR de cou, de sein :
.... Auprès de lui la fait asseoir,
Prend une main, un bras, lève un coin du *mouchoir*. (I, 278.)
    Un *mouchoir* noir de deux grands doigts trop court ;
    Sous ce *mouchoir* ne sais quoi fait au tour. (IV, 261 et note 1 ; voyez V, 105.)

MOUFLAR :
.... Ainsi crioit *Mouflar*, jeune dogue. (III, 42 et note 4.)

MOUILLER :
Qu'il eût du chaud, du froid, du beau temps, de la bise,
    Enfin du sec et du *mouillé*,
    Aussitôt qu'il auroit bâillé. (II, 13 et note 5.)
.... Eût couru sur les eaux, couru sur les moissons,
Sans plier les épis ni *mouiller* les talons. (VIII, 490 et note 4.)
.... Yeux *mouillés* de larmes. (VIII, 80.)

MOULE :
.... Là cent figures d'air en leurs *moules* gardées, etc. (VIII, 248.)
    Tous vos enfants ont le nez un peu court :
    Le *moule* en est assurément la cause. (IV, 171 et note 1.)

MOULIN :
Étant devenu vieux, on le mit [l'âne] au *moulin*. (II, 24.)

MOULINET, MOULINETS :
On croira me contenter de *moulinets* et de papillons ! (VIII, 200.)

MOURIR, au propre et au figuré ; SE FAIRE MOURIR :
Ah ! c'est trop, lui dit-il, je voulois bien *mourir* ;
Mais c'est *mourir* deux fois que souffrir tes atteintes. (I, 243.)
Tu murmures, vieillard ! vois ces jeunes *mourir*, etc. (II, 213.)
Ils ôtent à nos cœurs le principal ressort ;
Ils font cesser de vivre avant que l'on *soit mort*. (III, 308.)
    Vivre toujours sans dessein, sans envie,
    C'est être morte au milieu de la vie.
              (Saint-Évremond, tome II, p. 529.)
Tu peux dès à présent ne *mourir* qu'à demi. (VII, 622.)

Est-il juste qu'on *meure*
Au pied levé? (II, 209.)
Je t'ai fait voir tes camarades
Ou *morts*, ou *mourants*, ou malades. (II, 211.)
Mort ou vif, lui dit-il, montre-nous ton moineau. (I, 342.)
Un *mourant* qui comptoit plus de cent ans de vie.... (II, 209.)
.... On n'en voyoit point d'occupés
A chercher le soutien d'une *mourante* vie. (II, 95.)
Mais n'aperçois-je pas celle pour qui je *meurs*? (VII, 262; voyez V, 147; et passim.)
Acante... *meurt* d'envie de vous faire remarquer, etc. (VIII, 120.)
Le mal d'autrui ne me tourmente en rien
Fors excepté ce qui touche au compère :
Quant à ce point je m'y *ferois mourir*. (IV, 159 et note 6.)

MOURIR, substantivement :
Le vivre et le *mourir*. (VIII, 232 et note 2.)

MOUSSE :
.... On les eût vus sur la *mousse*,
Lui, sa femme, et maint petit :
Ils n'avoient tapis ni housse, etc. (I, 386.)

MOUSSU :
Sous les lambris *moussus* de ce sombre palais, etc. (VIII, 247.)

MOUSTACHE :
Un financier viendra qui sur votre *moustache*
Enlèvera la belle. (V, 129; voyez V, 441 et note 4.)

MOÛT :
.... Le *moût* surtout, lorsque le bon Silène
Bouillant encor le puise à tasse pleine,
Sait au remède ajouter quelque prix. (VI, 347 et note 6.)

MOUTIER, église, monastère :
.... Puis au *moutier* le couple s'alla rendre. (IV, 324 et note 6.)
.... Les bons partis, qui vont souvent
Au *moutier*, sortant du couvent. (V, 111 et note 1; voyez V, 217.

MOUTON, MOUTONS, au propre et au figuré :
Eh bien! manger *moutons*, canaille, sotte espèce, etc. (II, 97.)
.... Aussi doux que des *moutons*. (IX, 331.)
.... Suivent en vrais *moutons* le pasteur de Mantoue. (IX, 202.)
L'argent sut donc fléchir ce cœur inexorable :
Le rocher disparut, un *mouton* succéda. (V, 130.)
Le Sort et moi rendrons *mouton* votre tigresse. (VII, 178.)

MOUTONS (REVENIR À SES) :
[Je] reviens à mes *moutons*.
Ces *moutons*, Madame, c'est Votre Altesse et Mme Mazarin. (IX, 400.)

MOUTONNAILLE :
Le monde n'est que franche *moutonnaille*. (V, 302 et note 5.)

MOUTONNIER, ière :
La *moutonnière* créature. (I, 179 et note 3.)
 Qu'un seul mouton se jette en la rivière,
 Vous ne verrez nulle âme *moutonnière*
Rester au bord. (V, 303 et note 4; voyez V, 306.)
  A ce malostru Changon,
 Moutonnier qui tient en procez,
 Laisse trois coups d'ung escourgeon [d'un fouet].
    (Villon, p. 12.)
— « Nous avons ici un de nos magistrats bien malade, qui est M. Foucquet; oh! la belle chape-chute si cette âme moutonnière se laissoit mourir! » (Gui Patin, cité par Dochez.)

MOUVEMENT, ents :
 Il eût fait un trait d'homme sage
S'il n'eût cru que son *mouvement*. (V, 115 et note 3; voyez V, 468.)
J'entrai dans leur parti de mon pur *mouvement*. (VII, 611.)
Les premiers *mouvements* sont de suivre ses pas. (VII, 584.)
Comme l'esclave avoit plus de sens que la dame,
Elle laissa passer les premiers *mouvements*. (VI, 73.)
La pitié est celui des *mouvements* du discours qui me plaît le plus. (VIII, 106.)
[Mars] nous laisse ces monuments
Pour marque de nos *mouvements*. (IX, 231.)
De nos troubles civils.

MOUVOIR :
 L'ours s'acharne peu souvent
Sur un corps qui ne vit, ne *meut*, ni ne respire. (I, 428.)
Ce qui me *meut* n'est du tout que bon zèle. (IV, 68 et note 1.)
Un esprit vit en nous, et *meut* tous nos ressorts. (II, 472.)
J'ai vu les gens *mouvoir*
Deux questions. (VI, 137 et note 3.)

MOYEN, substantif :
[Ésope] s'imagina que la Fortune étoit debout devant lui, qui lui délioit la langue, et par même *moyen* lui faisoit présent de cet art, etc. (I, 32.)
Je prétends, selon moi, pétrir le cœur d'Hortense,
Et, par même *moyen*, savoir ce qu'elle pense. (VII, 415.)
 .... Lui léguant par même *moyen*
Le surplus des faveurs. (IV, 444 et note 6; voyez I, 310; IX, 235.)
 .... Par ce *moyen* les mutins virent
Que celui qu'ils croyoient oisif et paresseux
A l'intérêt commun contribuoit plus qu'eux. (I, 208.)
 Que chez moi la maudite Parque
 N'entre point par votre *moyen*. (I, 422.)

Deux jours, par mon *moyen*, sans rival et sans crainte
Vous lui rendrez visite en dépit des jaloux. (VII, 58.)
Tâchons par tout *moyen* d'altérer son présent. (VI, 317; voyez I, 42, 47; II, 395; VII, 418, 608; etc.)
La cour, leurs *moyens* entendus,
La renvoya. (VIII, 424 et note 4.)

MOYEN, adjectif :
Un homme de *moyen* âge
Et tirant sur le grison. (I, 109.)

MOYENNANT ; MOYENNANT QUE :
.... Et sans s'incommoder, *moyennant* ce partage,
Mères et nourrissons faisoient leur tripotage. (I, 220.)
Il m'a donné sa foi,
Moyennant quelque argent que j'ai su lui promettre. (VII, 407.)
Mais Mathéo, *moyennant* grosse somme,
L'en fit sortir [de ce corps] au premier mot qu'il dit. (VI, 110.)
.... *Moyennant* tant, comme l'on donne,
Et point autrement ici-bas. (IX, 130; voyez I, 72; II, 201.)
Moyennant Dieu,
Pour de l'argent on lui rendroit la belle. (IV, 343 et note 4; voyez V, 330, 454.)
Je vous promets
D'oublier tout *moyennant* qu'elle vienne. (IV, 169 et note 6.)

MUANCE :
L'air étoit peint de cent couleurs :
Jamais parterre plein de fleurs
N'eut tant de sortes de *muances*. (VIII, 234 et note 4.)
Comparez le vieux mot *muaison*.

MUE (METTRE EN, SE TENIR EN) :
Quel ressort lui pouvoit donner
Le conseil de tronquer un peuple *mis en mue*? (III, 164 et note 15.)
C'est donc cela que tu *te tiens en mue*? (IV, 74 et note 2.)
Voyez aussi les *Anciennes poésies françoises*, tome X, p. 45; et Noël du Fail, tome II, p. 75 : « Passans deuant la porte où y auoit une garse en mue, etc. »

MUGOT, lieu où l'on a serré son argent, l'argent lui-même :
Le malheureux, n'osant presque répondre,
Court au *mugot*. (IV, 140 et note 3.)

MUGUET, jeune galant :
Il la retrouve en bonne compagnie
Dansant, sautant, menant joyeuse vie,
Et des *muguets* avec elle à foison. (IV, 102 et note 2; voyez IV, 322.)

MUID ; MI-MUID :
Mine dans *muid*. (VII, 129; voyez VII, 131 et note 5.)

.... Qu'il leur prêtât, dessous bonne promesse,
Mi-muid de grain. (IV, 109 et note 1.)

MULE, chaussure :
Tout un déshabillé, des *mules*, un peignoir,
Bonnet, robe de chambre. (V, 457.)

MULET (Garder le) :
Le diable *garde le mulet*,
Tandis qu'on baise la meunière. (VII, 134 et note 2.)
Tandis qu'elles sont en besogne
Il nous faut garder le mulet.
(Voiture, *Poésies*, p. 88.)

MULTITUDE :
Le peuple s'étonna comme il se pouvoit faire
Qu'un homme seul eût plus de sens
Qu'une *multitude* de gens. (I, 195.)

MUNICIPAL, ale :
Les lois *municipales*. (I, 192.)

MUNIR (Se) :
Borée et le soleil virent un voyageur
Qui *s'étoit muni* par bonheur
Contre le mauvais temps. (II, 9.)

MUR, murs, au propre et au figuré :
Ces *murs* ont de la discrétion. (V, 294.)
.... Quel que soit le démon dont ce *mur* s'appuyra. (VII, 624.)
On s'en va renverser ce *mur* inaccessible. (VII, 627 ; voyez VII, 611.)
Les murailles de Troie.

Je vais citer un prince aimé de la Victoire :
Son nom seul est un *mur* à l'empire ottoman. (II, 469 et note 58.)

MÛR, mûre :
Des raisins *murs* apparemment. (I, 234.)
Vous prendrez de leur laine [des moutons] parmi les ronces...; ils y en laissent quand elle est *mûre* et qu'elle commence à tomber. (VIII, 199.)
Deux veuves sur son cœur eurent le plus de part :
L'une encor verte, et l'autre un peu bien *mûre*. (I, 110.)

MÛRE, substantif :
Je vous rendrai plus noire qu'une *mûre*. (IV, 305 et note 4.)
Voyez aussi Marot, tomes I, p. 131, II, p. 256.

MURMURE :
Si l'on eût cru leur *murmure*,
Elles auroient, par leurs cris,
Soulevé grands et petits.... (III, 349.)
Un jour se passe, et deux, sans autre nourriture
Que ses profonds soupirs, que ses fréquents hélas,
Qu'un inutile et long *murmure*
Contre les dieux, le sort, et toute la nature. (VI, 75.)

MURMURER :
Déesse, disoit-il, ce n'est pas sans raison
Que je me plains, que je *murmure*. (I, 182.)
Tu t'es mis contre elle à jurer,
A la maudire, à *murmurer*. (IV, 33.)
Souffrir sans *murmurer*. (VIII, 361.)

MUSER, s'amuser, perdre son temps :
Telle refuse
Qui après *muse*. (VIII, 444 et note 3.)
« Par Dieu, ce dit le roy d'Angleterre, ie crois que ces gens entrent par une porte et sortent par l'aultre pour nous faire icy muser. » (Le roman de Jehan de Paris, p. 81 de l'édition Janaet.)

MUSETTE :
Son chien dormoit aussi, comme aussi sa *musette*. (I, 211 et note 6.)
.... Sa louange en est plus complète :
De la chanter sur la *musette*
C'est mon talent. (III, 233.)

MUSIQUE :
Vraiment, nous voici bien : lorsque je suis à jeun,
Tu me viens parler de *musique*. (II, 450.)
Eh quoi? cette *musique*,
Pour ne chanter qu'aux animaux? (I, 245.)
De cette aimable enfant le clavecin unique
Me touche plus qu'Iris et toute sa *musique*. (IX, 163.)
Pourquoi cette triste *musique*,
Pourquoi cette maison noire et mélancolique? (VI, 76.)
.... Deux autres nacelles suivoient : l'une chargée de *musique*, l'autre de bijoux et d'oranges douces. (VIII, 181 et note 1.)

MUTILER :
Qu'ai-je fait pour me voir ainsi
Mutilé par mon propre maître? (III, 42.)
L'oiseau les nourrissoit [les souris] parmi des tas de blé,
Et de son bec avoit leur troupeau *mutilé*. (III, 162.)
Étoit-il d'homme sage
De *mutiler* ainsi ces pauvres habitants? (III, 306.)

MUTIN, INE :
C'est ton humeur *mutine*, etc. (V, 398 et note 4.)
Cheval *mutin*. (VII, 296.)

MUTIN, MUTINS, MUTINE, substantivement :
Les *mutins* virent
Que celui qu'ils croyoient oisif et paresseux
A l'intérêt commun contribuoit plus qu'eux. (I, 208.)
Les âmes des *mutins* te suivent enchaînées. (VIII, 484.)
Vous faites les *mutins*. (IX, 242.)
Faire la *mutine*. (IX, 105.)

MUTINER, MUTINÉ :
L'autre [des deux captifs] paroît un peu moins *mutiné*. (IX, 264.)

MUTINERIE :
.... La *mutinerie* ne leur coûte plus rien après. (VIII, 151 et note 2.)

MYRTE :
Le *myrte* par qui sont les amants couronnés. (VIII, 121 ; voyez VI, 225 et note 7.)
Et les *myrtes* qu'Amour vous a fait moissonner
Sont tels que Jupiter en auroit ceint sa tête. (IX, 192.)

MYSTÈRE, MYSTÈRES :
.... Il falloit qu'il y eût du *mystère* là-dessous. (I, 11 ; voyez III, 119.)
Les *mystères* profonds des enfers et des cieux. (VIII, 255.)
Tout est *mystère* dans l'amour. (III, 269.)
En nous découvrant l'art, il laisse l'artifice,
Le *mystère*, etc. (VI, 346.)
Or comme avec les rois il faut plus de *mystère*
Qu'avecque d'autres gens sans doute il n'en faudroit.... (IV, 36.)
    La villageoise étoit fort innocente,
    Et n'entendoit aux façons du pasteur
Mystère aucun. (V, 489.)
.... Ceci n'est point d'ailleurs arrivé sans *mystère*. (VII, 80.)
Dès ce jour l'âge d'or les eût joints sans *mystère*. (VI, 200.)
    Le meunier rit, et sans autre *mystère*
Vous le délie. (V, 535.)
Le ton dont il parla fit retentir les bois,
    Et découvrit tout le *mystère*. (I, 212.)
.... Ne sachant pas où devoit aboutir tout ce *mystère*. (IV, 232.)
S'il revient une fois le *mystère* est gâté. (VII, 65 et note 3.)
Des mots on en vient au *mystère*. (VII, 210.)
Or au fond de ce bois un certain antre étoit,
    Sourd et muet, et d'amoureuse affaire ;
    Sombre surtout : la nature sembloit
    L'avoir mis là non pour autre *mystère*. (IV, 409 et note 3 ; voyez IV, 81, 197, 281, 413 ; V, 219 ; VII, 161 ; et passim.)
.... Quant au surplus, ce sont de tels *mystères*
Qu'il n'est besoin d'en faire le récit. (V, 204.)
    .... Laissant à part tous ces *mystères*,
Essayons de conter la fable avec succès. (III, 234.)
Les lettres sont un étrange *mystère* :
Il en provient maint et maint accident. (VI, 29.)
    Commander, étoit-ce un *mystère* ?
    Obéir est bien autre affaire. (V, 551 et note 2.)

N

NACRE, au figuré :
Belle-Bouche à toute heure étale des trésors :
Le nacre est en dedans, le corail en dehors. (VIII, 427.)
Le nacre est bien le texte de l'édition originale.

NAGE (EN) :
Harpajême revint, essoufflé, tout *en nage*. (VII, 426.)

NAGÉE :
    Au bout de quelques *nagées*
    Tout son sel se fondit si bien.... (I, 159.)
Ce mot ne se trouve pas dans nos anciens dictionnaires; il n'est dans celui de l'Académie que depuis l'édition de 1835.

NAGEOIRE, ES :
.... Déjà les doigts de l'un en *nageoires* s'étendent. (VIII, 121.)

NAGER :
Il *nageoit* quelque peu, mais il falloit de l'aide. (I, 309; voyez I, 235.)

NAGUÈRE :
    Le grand desir de vous voir un enfant
    Vous transportoit *naguère* d'allégresse. (V, 39; voyez II, 202.)
              Depuis *naguère*
Tous deux s'étoient entre-donné la foi. (IV, 324 et note 2.)

NAÏF, IVE :
Son entretien *naïf*. (VII, 20.)
Beauté *naïve*. (VI, 17.)
.... Embellissez ces bords de leurs grâces *naïves*. (VII, 511.)
.... De son teint la *naïve* blancheur. (VII, 179.)

NAIN :
Un éléphant *nain*, pygmée, avorton. (III, 76.)

NAISSANCE; ÊTRE DE NAISSANCE :
.... D'un beau jour la *naissance* rit moins. (IX, 73.)
Elles avoient du cœur, et se souvenoient de leur *naissance*. (VIII, 161.)
Chacun jugeoit assez qu'elle *étoit de naissance*. (VII, 20; voyez VII, 93.)

NAÎTRE; NAÎTRE DE :
.... Trop bien *née* et trop jeune pour pouvoir mentir avec assurance. (VIII, 92.)
Me préservent les dieux d'une beauté *naissante*. (VII, 52.)
    Philomèle, honneur des bocages,
    De qui le règne en nos ombrages,
    Naît et meurt avec le printemps. (VIII, 68.)
Ces pleurs *naissent* d'amour, et non pas de colère. (VI, 244.)

NAÏVETÉ :
Le financier, riant de sa *naïveté*,
Lui dit : « Je vous veux mettre aujourd'hui sur le trône. » (II, 220.)

NAPPE (METTRE LA), au figuré :
Les clients de Guillaume *ont* tous *la nappe mise*. (IX, 54 et note 1.)

NARGUE DE :
Nargue de ceux qui me faisoient la guerre. (V, 59.)

NARQUOIS :
Maint vieux chat, fin, subtil, et *narquois*. (III, 228 et note 21.)

NARRÉ, substantivement :
   Notre galant n'étale
Un long *narré*. (V, 567 et note 1.)

NATION :
La *nation* des belettes, non plus que celle des chats, etc. (I, 286.)
La *nation* des lapins. (III, 82.)

NATIVITÉ :
Le jour de sa *nativité*. (III, 333 et note 23.)

NATURALISTE :
Plus d'un *naturaliste* a cru, etc. (VI, 339.)

NATURE; DE NATURE À :
   Le chant dont vous m'avez fait don
   Déplaît à toute la *nature*. (I, 182.)
Je ne crois point que la *nature*
Se soit lié les mains et nous les lie encor
Jusqu'au point de marquer dans les cieux notre sort. (II, 295.)
Leur malade paya le tribut à *nature*. (I, 402.)
Dame *nature*. (V, 526 ; voyez III, 20; V, 39.)
Que *nature* pâtit ! (VII, 424.)
Il se faut entr'aider; c'est la loi de *nature*. (II, 299.)
   Quelqu'un n'a-t-il point vu
   Comme on dessine sur *nature ?* (V, 346.)
Ses vassaux de toute *nature*. (V, 346.)
   De toute espèce.
Je suis maladroit de ma *naturé*. (VII, 490.)
   .... Étant *de nature*
A piller ses pareils. (III, 43.)

NATUREL, ELLE :
Fille *naturelle*. (V, 104.)

NATUREL, substantivement :
Il est des *naturels* de coqs et de perdrix. (III, 41.)
Je ne connois ni le *naturel* des dieux ni celui des hommes. (VIII, 159;
voyez VIII, 73.)

NÉC]   DE LA FONTAINE.

Mon *naturel* est bon. (VI, 54 ; voyez I, 171, 186 ; II, 327.)
  Votre compassion....
Part d'un bon *naturel*. (I, 127.)
 .... Ce lui fut toujours une amorce
 Tant le *naturel* a de force. (I, 186.)
Tu ressembles aux *naturels*
 Malheureux, grossiers, et stupides. (I, 296.)

NAUFRAGE, es :
Cet argent périt par *naufrage*. (I, 267.)
[Moi] qui ne suis pas encor du *naufrage* essuyé.... (VIII, 363.)
Je fais qu'avec plaisir on peut voir des *naufrages*. (VIII, 255.)

NAVAL :
Un combat *naval* de cygnes. (VIII, 75.)

NAVIGER :
Il *navigeoit*. (V, 304 et note 2.)
.... Façon de *naviger* nouvelle. (IV, 406.)

NE ; NE PLUS NE MOINS ; NE POUR NI :
Le chien *ne* bouge. (II, 301.)
.... Si pas un d'eux *ne* sait nulle nouvelle. (VI, 10.)
Il faut que Psyché appréhende que son mari *ne* soit un monstre. (VIII, 23.)
 N'a pas longtemps de Rome revenoit
 Certain cadet, etc. (IV, 85 et note 3.)
 .... *Ne plus ne moins* qu'employoit au désert
 Rustic son diable, Alibech son enfer. (V, 482 et note 1.)
Fol ne fut *n*'étourdi. (IV, 211 et note 3.)
 Il ne saura qui, quoi, *n*'en quelle part,
 N'en quel logis.... (V, 44 ; voyez V, 376 et note 6 ; VIII, 443.)

NÉANT ; POUR NÉANT :
 Si l'état le pire
Est le *néant*.... (VI, 207.)
 J'ai maints chapitres vus
 Qui *pour néant* se sont ainsi tenus. (I, 135.)
Ce n'est pas *pour néant* qu'on me tient vieux routier.(VII, 107 ; voyez VIII, 276.)

Comparez du Fail, tomes I, p. 268, II, p. 232 ; Ronsard, tomes I, p. 352, II, p. 36, 77, 172, et passim ; Baïf, tome II, p. 69 ; du Bellay, tome II, p. 499 ; Remy Belleau, tome I, p. 16, 70 ; Jodelle, tome I, p. 211 ; etc.

NÉCESSAIRE ; FAIRE LES NÉCESSAIRES :
Victime *nécessaire*. (VI, 303.)
Ils *font* partout *les nécessaires*. (II, 144.)

NÉCESSAIRE, substantivement :
A l'égard du salut, unique *nécessaire*.... (IX, 215 et note 3.)

NÉCESSITÉ, NÉCESSITÉS ; ÊTRE DE NÉCESSITÉ :
La *nécessité* prend le dessus des lois. (VII, 351.)

Nécessité mère de stratagème. (V, 525 et note 6.)
>S'assure-t-on sur l'alliance
>Qu'a faite la *nécessité?* (II, 327.)

Les arts sont les enfants de la *nécessité.* (VI, 349.)
Nécessité lui suggéra ce tour. (VI, 115; voyez V, 525.)
>*Nécessité* l'ingénieuse
>Leur fournit une invention. (II, 474 et note 79.)

La *nécessité* présente. (I, 134.)
Qu'il vous suffise de m'invoquer, et je pourvoirai à vos *nécessités* amoureuses. (VIII, 171.)
Cette règle *est* moins *de nécessité* que de bienséance. (I, 19.)

NÉCESSITEUX (ÊTRE) DE :
Les choses qui nous manquent, et *dont* nous *sommes nécessiteux.* (VIII, 112.)

NECTAR, au propre et au figuré :
Le *nectar* que l'on sert au maître du tonnerre,
Et dont nous enivrons tous les dieux de la terre,
C'est la louange. (III, 458.)
.... Quant au *nectar,* les Amours en furent les échansons. (VIII, 58.)
.... Enivré du *nectar* d'une source divine. (VIII, 294.)
.... Il y vit dans les pleurs, *nectar* de pénitence. (VI, 304.)

NEF :
>.... Cette superbe ville
>Prétend brûler nos *nefs* en présence d'Achille. (VIII, 609.)

NÉGLIGENCE personnifiée :
>La *négligence,* à mon gré si requise,
>Pour cette fois, fut sa dame d'atour. (IV, 260 et note 7.)

NÉGOCE :
Rome, c'étoit le lieu de son *négoce.* (V, 187.)
>Elle diffère le *négoce*
>Jusqu'au propre jour de la noce. (V, 216 et note 6.)

NEIGE, au figuré :
.... On ne voyoit que de la *neige* et des glaçons où on avoit vu les plus florissantes marques de la jeunesse. (VIII, 260.)

NENNI; NENNI DA. (I, 66; IV, 486 et note 7; IX, 12.)

NERVEUX :
Crantor d'un bras *nerveux* lance un dard à la bête. (VI, 259.)

NET, NETTE; NET DE; NET, pris adverbialement :
Des rues spacieuses, *nettes,* agréables. (IX, 237.)
>Jeanne, dit le premier,
>A le corps *net* comme un petit denier. (V, 325 et note 1.)

« Ung ieune garsonnet..., blanc comme laict..., poly et net comme s'il ne venoit que d'estre laué. » (Amyot, traduction de *Daphnis et Chloé,* édition de 1745, p. 37.)
Faisons les choses *nettes.* (V, 324.) — Faisant mainte place *nette.* (II, 25.)

Ce qui de *net* au seigneur resteroit.... (VI, 106.)
Net d'hypothèques.

Pour faire tant que l'ayez toute *nette* [ma ballade].... (IX, 13.)
Être pure et *nette de* péché. (IV, 486.)
Cela s'en va-t-il pas tout *net?* (V, 95 et note 1.)
Étranglé court et *net.* (II, 66.)
Net et comptant. (IV, 139 et note 6.)
Accorder *net.* (I, 97.)
Dire tout *net.* (V, 195 et note 1 ; voyez III, 190.)
Effacer *net.* (V, 228.)
Parler *net.* (II, 99 ; voyez VI, 30 et note 6.)
Un partisan nous ruine tout *net.* (IX, 122.)
Je veux chanter haut et *net.* (IX, 461.)

NETTEMENT :
La haquenée est *nettement* à nous. (V, 573.)
« .... Blérancourt, qui étoit gouverneur de cette place, l'offrit nettement. »
(Montrésor, Mémoires, 1663, p. 84.)

NETTOYER ; SE NETTOYER ; SE NETTOYER DE :

C'est un passe-temps
De leur voir *nettoyer* un monceau de pistoles. (II, 246 et note 19.)

.... Ayant toussé pour *se nettoyer* la voix. (VIII, 42.)

Il faut d'aucuns péchés
Te nettoyer en ce saint purgatoire. (V, 398 et note 1.)

NEUF, NEUVE :
Vienne l'an *neuf.* (IX, 108 et note 7.)
Voyez AN.
On t'a ferré de *neuf.* (II, 301.)

Cette maîtresse un tantet bise
Rit à mes yeux : pourquoi cela ?
C'est qu'elle est *neuve.* (V, 506 et note 4

Gens *neufs.* (V, 441.)
Simples, naïfs, novices.
Fille un peu *neuve.* (V, 467 ; voyez IV, 157, 260, 459.)
Neuf en ce fait. (V, 333 et note 1.)
Neuve sur ce cas. (II, 240.)

NEVEUX, descendants ; ARRIÈRE-NEVEU, ARRIÈRE-NEVEUX :
.... Proposer l'exemple à nos *neveux.* (VI, 85 ; voyez VI, 265 ; VIII, 264, 401 ; IX, 192.)
Il me reste à pourvoir un *arrière-neveu.* (II, 209 et note 12.)
Mes *arrière-neveux* me devront cet ombrage. (III, 157 et note 15.)

NEZ, au propre et au figuré :
Tous les Pidoux ont du *nez,* et abondamment. (IX, 284.)
Le *nez* royal fut pris comme un *nez* du commun. (III, 253.)
Le *nez* sacré. (III, 254.)
Chiens au bon *nez.* (III, 321 ; voyez III, 320.)
Nez tortu. (III, 145.)

Nez à *nez*. (III, 209.)
.... Le tout au *nez* du mort qu'elle avoit tant chéri! (VI, 81.)
Devant mon *nez!* (IV, 315.)
Sur le bout du *nez*. (V, 263.)
Se cacher le *nez*. (V, 456.)
Se casser le *nez*. (V, 155.)
Fermer la porte au *nez*. (I, 187.)
Mettre le *nez* à l'air. (I, 256.)
Mettre le *nez* à la fenêtre. (II, 185.)
Mettre le *nez* hors des draps. (IV, 468.)
Ne pas voir plus loin que son *nez*. (I, 217.)

« .... Parole d'un estourdy, et qui ne regarde plus loin que le bout de son nez. » (Noël du Fail, tome II, p. 154.)

.... Oh! par ma foi, j'ai mis le *nez* dessus. (VII, 452.)
Quiconque y met le *nez* [dans cette histoire] devient noir comme un four. (IX, 25.)

NI; NI... NI :

    Patience et longueur de temps
    Font plus que force *ni* que rage. (I, 163.)

    Heureux qui peut ne le connoître
    Que par récit, lui *ni* ses coups! (I, 264.)

Pâris m'a-t-il ravi mes amours, *ni* mes biens? (VII, 617.)
Je n'entends aucun bruit au camp, *ni* dans la ville. (VII, 619.)
L'envie, la malignité, *ni* la cabale n'avoient de voix parmi eux. (VIII, 26.)
Il n'y a de péroraison *ni* d'exorde qu'au commencement et à la fin des Verrines. (VIII, 341.)

    Je ne veux le nom
D'ami, *ni* d'allié du fier Agamemnon. (VII, 613.)

Sommes-nous dépendants, vous *ni* moi, d'aucun autre? (VII, 611.)
Ni l'or *ni* la grandeur ne nous rendent heureux. (VI, 147.)

    Ni mon grenier, *ni* mon armoire,
    Ne se remplit à babiller. (I, 275.)

Vous ne jouez, *ni* ne travaillez, *ni* ne vous souciez du ménage. (IX, 219.)

    Du hasard il n'est point de science :
    S'il en étoit, on auroit tort
De l'appeler hasard, *ni* fortune, *ni* sort,
    Toutes choses très incertaines. (I, 168.)

NIAIS, NIAISE :

Aussi a-t-on un *niais* du pays [de la Sologne] pour très peu de chose ; car ceux-là ne sont pas fous comme ceux de Champagne ou de Picardie. Je crois que les *niaises* coûtent davantage. (IX, 238 et note 1.)

NIAISERIE :

Cette critique... est en partie fondée sur ce qui se passe entre Xantus et Ésope : on y trouve trop de *niaiseries*. (I, 20.)

NICE, simple, ignorant, niais, du latin « nescius » :

    Tant ne fut *nice*, encor que *nice* fût,
    Madame Alix que le jeu ne lui plût. (IV, 159 et note 8.)

NICHE :
Il continuera de m'honorer de ses *niches* et de ses brocards. (IX, 364.)

NICHER ; SE NICHER :
.... On crut que jusqu'au lendemain
Le maudit animal à la serre insolente
  Nicheroit là malgré le bruit. (III, 254.)
[Le chat] *se niche* et se blottit dans une huche ouverte. (I, 257.)

NID, au propre et au figuré :
[Les souris] montrent un peu la tête,
Puis rentrent dans leurs *nids* à rats. (I, 256.)
Notre avare un beau jour ne trouva que le *nid*. (I, 347.)

NIFLE, pour nèfle, des nèfles :
.... Mais pour en être sûr, *nifle!* (VII, 457 et note 3.)
On dit de même des navets, des prunes, du flan, etc. M. Lorédan Larchey cite cet exemple curieux de « navets », sous forme d'exclamation ironique, extrait du *Cymbalum mundi* de des Périers, 1537 : « Combien en ai je veu qui deuoient faire merueilles! ouy dea, des naueaulx! ils en ont belles lettres. »

NIGAUD :
Ce *nigaud*, comme un évêque assis.... (I, 202.)

NIPPES :
Quantité de meubles et de *nippes* de conséquence. (IX, 234.)

NIQUE (FAIRE LA), se moquer de quelqu'un ou de quelque chose, comme ne l'enviant point, ne s'en souciant point :
J'ai de l'argent, j'ai du bonheur,
Aux mieux fournis je *fais la nique*. (VII, 127 et note 1.)
Ces Messieurs du Nord *font la nique*
A toute notre politique. (IX, 134.)

NITÉE, nichée. (I, 355 et note 9.)

NIVELER, terme de mosaïste :
L'art de *niveler*. (IX, 273 et note 1.)

NIVELERIE, minutie, vétillerie :
Pour comble de *nivelerie*.... (IX, 273.)

NIVELIER, vétilleur, badaud :
Mais ne passerai-je point moi-même pour un *nivelier* de tant m'arrêter à ce saint Hiérôme [en mosaïque]? (IX, 273.)

NOBLE A LA ROSE, pièce de monnaie. (III, 204 et note 20.)

NOCE, NOCES :
Étant de *noce*, il faut, malgré moi, que j'engraisse. (II, 409.)
Ses jours de jeûne étoient des *noces*. (II, 175.)
Prié de *noces*. (I, 42 et note 1.)
Aux *noces* d'un tyran tout le peuple en liesse
Noyoit son souci dans les pots. (II, 38.)

NOCHER :
..., Certains rochers
Qui d'ordinaire étoient la perte des *nochers*. (IV, 404.)

NŒUD, au propre et au figuré :
Aidez-moi à rompre les *nœuds* qui m'attachent. (VIII, 129.)
Corde pleine de *nœuds*. (IV, 459.)
Nœud d'hymen. (VI, 61.)
Nœud du mariage. (VI, 116; voyez VI, 291.)
.... C'est moi qui suis lié par les *nœuds* du serment. (VII, 603.)
.... Pour vous mieux débrouiller le *nœud* de cette affaire. (VII, 20.)
Le *nœud* de la fable. (VIII, 22.)
.... Quant au *nœud*, c'est un des plus beaux et des moins communs de l'antiquité. (VII, 7.)

NOIR, au propre et au figuré :
Les uns assuroient qu'elle étoit fille d'un blanc et d'une noire; les autres, d'un *noir* et d'une blanche. (VIII, 228; voyez VIII, 227.)
Peuples *noirs*. (VIII, 399.)
On crie, on prend le *noir* [le deuil]. (VII, 570.)
Chambre *noire*. (IV, 70 et note 2.)
Abbé *noir*. (V, 400 et note 5; voyez V, 313, 390.)
Je te demande, au moins, que dans le *noir* séjour
Tu me permettes de le suivre. (VII, 270.)
Onde *noire*. (II, 330 et note 6.)
Noires divinités (VI, 271.)
Noirs aquilons. (IX, 392.)
Noire inquiétude. (VI, 248.)
Noires idées. (VIII, 117.)
Selon que vous serez puissant ou misérable,
Les jugements de cour vous rendront blanc ou *noir*. (II, 100.)

NOIRCEUR :
Une *noirceur* qui la teignoit toute. (VIII, 218.)
La *noirceur* d'une forêt âgée de dix siècles. (IX, 223.)

NOIRCIR, au propre et au figuré :
La gent *noircie*. (VIII, 396.)
.... Ceux enfin dont les vers ont *noirci* quelque belle. (VIII, 213.)
Plutarque fait mention d'un incident qui doit *noircir* davantage la mémoire de ce prince. (VIII, 329.)

NOISE :
Une meute apaisa la *noise*. (II, 418 et note 13; voyez III, 39; IV, 165; V, 327, 477; VI, 100, 103.)
La *noise* et le reproche. (VI, 57.)
Sans *noise* et sans querelle. (V, 361.)
N'est-il point arrivé quelque *noise* en ménage? (VII, 67.)
Ah! ne réveillons point une *noise* assoupie. (VII, 111.)

NOIX CONFITE, au figuré :
Les doux propos recommencent ensuite,
Puis les baisers, et puis la *noix confite*. (IV, 267 et note 3.)
Voyez aussi du Bellay, tome II, p. 346 et 347.

NOM :

Je veux qu'il ait *nom* mouche. (I, 274; voyez III, 310; IV, 386; V, 188.)

Il faut lui donner un *nom* du Parnasse. (IX, 381; voyez IX, 359.)

Vous n'êtes que des *noms* dont le charme est rompu. (VI, 293; voyez VI, 15.)

Noms et titres agréables. (V, 340.)

.... Car que coûte-t-il d'appeler
Les choses par *noms* honorables? (III, 349.)

Pauvres gens, de courir après le *nom* quand la chose leur devoit suffire! (VIII, 333.)

Nom de guerre. (V, 560.)

Pierres de *nom*. (IX, 274.)

NOMBRE; FAIRE NOMBRE :

Aucun *nombre*, dit-il, les mondes ne limite. (II, 342.)

Tout *fait nombre*, dit l'homme en voyant son butin. (I, 373.)

NOMBRER :

Je ne viendrois jamais à bout
De *nombrer* les faveurs que l'amour leur envoie. (IV, 42 et note 4.)

Je ne pourrois *nombrer* les charmes de ces lieux. (VIII, 41.)

NOMENCLATEUR :

Adam le *nomenclateur*. (V, 342 et note 1.)

Un de nos fantassins, très bon *nomenclateur*,
Du titre de Hardi baptisant Monseigneur.... (IX, 42.)

NON; QUE SI, QUE NON; NON PLUS QUE; NON PLUS ULTRA :

Non sera, sur mon âme. (IV, 346.)

Le *que si, que non*. (II, 428 et note 12.)

Je ne reviendrois *non plus* qu'eux. (IX, 199.)

Sa course entre-suivie
Ne va, *non plus que* nous, jamais d'un même pas. (II, 298; voyez VI, 184; IX, 399.)

C'est le *non plus ultra* de la fauconnerie. (III, 257.)

NONCHALAMMENT :

Penché *nonchalamment* sur un oreiller, etc. (VIII, 103.)

NONNAIN :

On auroit vu le sire
Attendre nu les *nonnains* en ce lieu. (V, 535; voyez V, 109, 418, 422, 527, 528, etc.)

NONNE :

Pas une n'est qui montre en ce dessein
De la froideur, soit *nonne*, soit nonnette. (V, 312; voyez V, 409.)

NONNETTE :

Tout à l'entour sont debout vingt *nonnettes*. (V, 529; voyez V, 312, 419.)

NONOBSTANT :
L'aigle fondant sur lui *nonobstant* cet asile.... (I, 149.)
Chez ces gens pour toujours il se fût arrêté
    Nonobstant la légèreté, etc. (II, 123.)
Nonobstant ces moralités.... (IX, 224.)
Timante en un billet m'exprima sa tendresse,
Et me le fit tenir *nonobstant* mon jaloux. (VII, 425.)

NONPAREIL, EILLE :
Une garde au soin *nonpareil*. (IX, 250.)
Colette entra dans des peurs *nonpareilles*. (IV, 216; voyez II, 254; IV, 240; VIII, 259.)

NORMAND :
Certain renard gascon, d'autres disent *normand*. (I, 234.)
Faisons tour de *normand*. (V, 333.)
Tâchez quelquefois de répondre en *normand*. (II, 133 et note 13.)
Le *normand* et demi laissoit les gens crier. (II, 320 et note 6.)
Gens pesant l'air, fine fleur de *normand*. (VI, 41 et note 3.)

NOTABLE :
Dit *notable*. (V, 99 et note 2.)
Exemple *notable*. (IV, 330.)
Sommes *notables*. (III, 48.)

NOTE :
C'est toujours même *note* et pareil entretien. (II, 74.)
Leur ennemi changea de *note*. (I, 151; voyez VII, 182 et note 1.)
A sœur Agnès, quelques jours ensuivant,
    Il fit apprendre une semblable *note*. (IV, 503.)

NOTER QUE :
Vous *notere*z que l'ange étoit un drôle. (V, 399; voyez V, 414.)

NÔTRE :
L'ami *nôtre*. (V, 304.)
Ces champs sont *nôtres*. (V, 361.)

NÔTRE (LE), substantivement :
Elle est des *nôtres*. (V, 446 et note 4.)
Il n'y va rien *du nôtre*. (IV, 259 et note 6.)
Je crains que vous n'ayez rien *du nôtre*. (IX, 12.)
Comparez Brantôme, tome IV, p. 191, 267.

NOURRICE, au propre et au figuré :
Madame entend ce bruit, et sa *nourrice* y court. (V, 259 et note 2.)
Encore si ma *nourrice* me fermoit les yeux.... (VIII, 129.)
Soit que les déesses s'entendent, ou que celle-ci [Cérès] fût fâchée de ce qu'on l'avoit appelée *nourrice*, etc. (VIII, 175.)
La langue est la *nourrice* des procès. (I, 38.)

NOURRIR :
Son menton *nourrissoit* une barbe touffue. (III, 144.)

Nourrir, élever :
Nourris ensemble, et compagnons d'école. (III, 64 et note 6.)
L'esclave avec la dame *avoit été nourrie*. (VI, 73 et note 5.)

NOURRISSON :
Le talent des doctes *nourrissons*. (VI, 331 et note 1 ; voyez VIII, 411 ; IX, 109.)
Les nœuf sœurs et leurs *nourrissons*. (IX, 199 ; voyez VII, 176 ; VIII, 232, 281, 455 ; IX, 103, 126.)
Un *nourrisson* du Parnasse. (IX, 341.)
L'élite... des *nourrissons* de Mars. (IX, 471.)
Le *nourrisson* de Florence [Lulli]. (IX, 178.)

NOURRITURE, éducation :
La diverse *nourriture*
Fortifiant en l'un cette heureuse nature..... (II, 333.)
D'où es tu ? qui es tu ? quelle est ta nourriture,
Ta race, ta maison, etc. ?
(Regnier, satire III, vers 233.)
.... Au progrès de ses ans réglant en ce séjour
La *nourriture* de son âme. (V, 16 et note 3.)

NOUVEAU, ELLE ; NOUVEAU, adverbialement :
Je suis *nouveau* dans Rome. (V, 440.)
Les plus *nouvelles*, sans manquer,
Étoient pour lui les plus gentilles. (V, 516 ; voyez IV, 48 ; V, 351 et note 2.)
... Ne sembloit même homme en amour *nouveau*. (IV, 256 et note 5.)
Il m'est *nouveau* de le voir refusé. (VIII, 368.)
Un mal qui m'est *nouveau*. (VIII, 371 ; voyez II, 278.)
Soyez vous l'un à l'autre un monde toujours beau,
Toujours divers, toujours *nouveau*. (II, 366.)
La saison *nouvelle*. (I, 59.)
.... Là luit un soleil tout *nouveau*. (VIII, 257.)
Jardins... tout *nouveau* plantés. (VIII, 240.)
Bien qu'ils [les chevaux] fussent frais et *nouveau* repus.... (VIII, 54.)
OEuf *nouveau* pondu. (II, 239.)
Il étoit *nouveau* venu. (I, 34 ; voyez I, 18.)

Nouveau, substantivement :
Il me faut du *nouveau*, n'en fût-il point au monde. (VII, 149 et note 1.)

NOUVEAUTÉ, ÉS :
Le desir d'un peu de *nouveauté*. (VI, 127.)
L'aurore... amena ce jour-là force *nouveautés*. (VIII, 135.)

NOUVELLE :
L'autre grille déjà de conter la *nouvelle*. (II, 240.)
« Grâce ! » dit-il, mais las ! point de *nouvelle*. (IV, 139 et note 2 ; voyez I, 111 ; V, 149, 157.)

NOVICE ; NOVICE À, DANS, EN :
Franc *novice*. (III, 294 ; voyez V, 192.)

Novice au métier d'assiégeant. (III, 298.)
Novice dans cet art. (III, 128.)
Novice en cet art. (IX, 31.)
Novice en tels cas. (IV, 480.)
Novice en ce mystère. (V, 480; voyez V, 204.)

Novice, substantivement :
Les atours de *novice*. (V, 584.)

NOYER ; SE NOYER, au figuré :
Ah! maudit animal, qui n'est bon qu'à *noyer!* (III, 114.)
    C'est trop verser de larmes :
Qu'a besoin le défunt que vous *noyiez* vos charmes ? (II, 74.)
   Tout le peuple en liesse
 Noyoit son souci dans les pots. (II, 38.)
.... *Noyons*-en dans le vin la funeste mémoire [de ce monstre]. (VII, 226.)
Je ne suis pas de ceux qui disent : « Ce n'est rien,
 C'est une femme qui *se noie*. » (I, 247.)
Ah! dieux! quelles douceurs où mon âme *se noie!* (VII, 74.)

NU, NUE, au propre et au figuré :
Être *nue* ainsi mise! (V, 496.)
.... Sans prendre garde qu'elle étoit *nue*. (VIII, 128.)
Rude combat en champ clos quoique à *nu*. (IX, 89.)
Un champ tout *nu*. (V, 270.) — Récits tout *nus*. (I, 99.)
Une morale *nue* apporte de l'ennui. (II, 1.)
Vous devez me montrer votre âme toute *nue*. (VII, 422.)

NUE, NUES :
 Le jeune homme, tombé des *nues*,
Demandoit : « Qu'est-ce là? » (V, 19 et note 5.)

NUER, nuancer :
Un arc-en-ciel *nué* de cent sortes de soies. (I, 182 et note 4.)

NUIRE :
Messieurs les courtisans, cessez de vous détruire;
Faites, si vous pouvez, votre cour sans vous *nuire*. (II, 225.)

NUIT :
.... Lorsque le soleil rentre dans sa carrière,
Et que, n'étant plus *nuit*, il n'est pas encor jour. (III, 81 et note 7.)
La *nuit* des temps. (VI, 90.)
Une éternelle *nuit*. (VI, 269; voyez VI, 95.)
.... Si certain homme étoit dans la *nuit* éternelle. (VII, 582.)

TOUTE NUIT, toute la nuit :
Il faut que *toute nuit* je demeure couchée. (IV, 54 et note 3.)
Je n'ai bougé *toute nuit* d'auprès d'elle. (IV, 218.)
   Cet autre, toute nuict,
 Boit avec des p......, engage son domaine.
    (Regnier, satire XII, vers 80.)

OBJ]   DE LA FONTAINE.

NUL, nulle :
  Je vous porterai tous
 L'un après l'autre en ma retraite,
Nul que Dieu seul et moi n'en connoît les chemins (III, 20.)
  Ce mari donc leur demandant
S'ils n'avoient de sa femme aperçu *nulle* trace :
« *Nulle* », reprit l'un d'eux. (I, 248.)
  Il n'étoit *nuls* emplois
Où Lise pût avoir l'âme occupée. (V, 291.)
Il n'a sans mes bienfaits passé *nulles* journées. (III, 6.)
En *nulles* guises. (VI, 101 et note 3.)

NUMÉRO (Savoir le), avoir la connaissance des choses :
 Il n'étoit lors de Paris jusqu'à Rome
 Galant qui *sût* si bien *le numéro*. (IV, 64 et note 4.)
  « C'est entendre le numéro ou je ne m'y connois pas. » (D'Aubigné, *les Aventures du baron de Fœneste*, livre III, chapitre x.)
  Chez Tallemant des Réaux, historiette du seigneur de la Leu : « un homme de numéro »; historiette de Mme de Launay : « Hors le numéro, il n'avoit pas le sens commun. »

NYMPHE, au propre et au figuré :
  Une *nymphe* en habit de reine,
Belle, majestueuse, et d'un regard charmant. (V, 255.)
Pour charmer sa *nymphe* joliette (Galatée).... (V, 183; voyez III, 188; V, 340; VIII, 103.)
  Une *nymphe* gentille
 Qui ressembloit à la Béjart,
Nymphe excellente dans son art. (IX, 347.)
De *nymphes* entouré, vous perdiez vos beaux jours. (VII, 607.)
Du métier de *nymphe* [de courtisane] me couvrir. (V, 193 et note 3; voyez V, 104, 205, 516; VI, 54.)
La *nymphe* et le gonze. (VII, 355 et note 4.)
Chacun avoit sa *nymphe*. (VII, 57.)

O

Ô, interjection :
O temps! *ô* mœurs! (VI, 129.)
O là, madame la Belette, etc. (II, 186 et note 9.)

OBÉISSANCE :
 .... Me chasser des lieux
 Où l'on me rend *obéissance*. (VIII, 44.)

OBÉISSANT, ante :
Regarde comme je te suis déjà *obéissante*. (VIII, 171.)

OBJET, emplois divers :
Il fait monter son fils, il suit, et d'aventure
Passent trois bons marchands : cet *objet* leur déplut. (I, 202; voyez I, 105.)

[Il] ne pouvoit qu'avecque peine
Souffrir ses jambes de fuseaux,
Dont il voyoit l'*objet* se perdre dans les eaux. (II, 29 et note 3.)
Ce fut un bel *objet* que Messieurs du Conseil. (IX, 325.)
C'est un admirable *objet* que ce Richelieu. (IX, 247.)
Qu'il s'assure de moi, quelque *objet* qu'il propose. (VII, 93.)
Laridon négligé témoignoit sa tendresse
À l'*objet* le premier passant. (II, 334.)
Ravi comme en extase à cet *objet* charmant. (V, 20 ; voyez V, 63, 201.
246; VI, 123, 345.)
Objet divin. (VI, 129.)
Objet délicieux. (IX, 11.)
Objet si doux. (II, 392; V, 464, 516.)
Objet inhumain. (V, 251.)
Objets d'horreur. (III, 149.)
Objet des vœux. (V, 56, 563.)
Oronte est à présent un *objet* de clémence. (VIII, 358.)
Mon seul *objet*, mon tout, loin de vous quel plaisir? (VII, 13.)
Pour un si rare *objet* on peut tout entreprendre. (VII, 41; voyez VII.
44; 53, 69; IX, 37.)

OBLIGATION; AVOIR OBLIGATION À :

On épousa Frédéric en grand'pompe,
Non seulement par *obligation*,
Mais, qui plus est, par inclination. (V, 177.)
On *m'aura* toujours *obligation*. (I, 13.)
.... Ah! mon père! que je *vous ai* d'*obligation*! (VII, 494.)

OBLIGER, absolument et activement, sens divers; OBLIGER À,
DE :

Il falloit de l'argent :
On en prit d'un prince *obligeant*. (I, 315.)
Si l'on en prend en France [de l'argent]
Pour *obliger* en de semblables cas.... (IV, 71.)
.... L'intérêt qu'on y prend est de vous *obliger*. (VI, 193 et note 3.)
Prends, dis-je, *oblige*-moi. (VII, 560.)
J'*oblige* par promesse
Le bien que j'ai, etc. (IX, 109.)
J'engage.
Que ces castors ne soient qu'un corps vide d'esprit
Jamais on ne pourra m'*obliger* à le croire. (II, 468.)
Je vous donne un avis....
Obligez-moi *de* n'en rien dire :
Son courroux tomberoit sur moi. (I, 221.)
Certainement l'Amour leur *est obligé de* la peine qu'elles se donnent.
(VIII, 89.)
.... L'abus... *obligea* les dieux *de* leur en ôter l'usage. (VIII, 195.)
L'esprit dit à ses hôtes :
« On m'*oblige de* vous quitter. » (II, 124.)
Son maître, ne pouvant *obliger* sa femme *de* revenir, en alloit épouser
une autre. (I, 37; voyez I, 3, 106, 217; III, 176; IV, 28.)

OBOLE :

Il acheta notre Phrygien trois *oboles*. (I, 33 et note 4; voyez I, 165 et note 6.)

Petit serpent à tête folle,
Plutôt que d'emporter de moi
Seulement le quart d'une *obole*.... (I, 414.)

OBSCURCIR :

Je vous laisse *obscurcir* mes rayons. (II, 10.)

OBSCURITÉ, au propre et au figuré :

Il fallut rentrer en de nouvelles *obscurités*. (IX, 281.)
Éviter la longueur et l'*obscurité*. (IV, 150.)

OBSÉDER :

De bien près, ce me semble, il *obsède* Isabelle. (VII, 377.)

OBSÈQUES :

[Le lion] fit avertir sa province
Que les *obsèques* se feroient
Un tel jour, en tel lieu. (II, 280.)

OBSERVER :

.... Sans *observer* temps ni saison. (III, 307.)

OBSTACLE :

Il s'étonna qu'une si chétive créature lui eût été un si grand *obstacle*. (I, 45.)
La proie apportoit seule au meurtre de l'*obstacle*. (VI, 283.)
Plus l'*obstacle* étoit grand, plus fort fut le desir. (II, 293.)

OBSTINÉ, ÉE, À :

Croyez-vous qu'une voix, à prier *obstinée*,
Change l'ordre des dieux et de la destinée? (VIII, 488.)
Cette troupe à me perdre *obstinée*. (VIII, 395.)

OBTENIR, OBTENIR DE :

La jeunesse se flatte et croit tout *obtenir*. (III, 216.)
Un jeune homme d'Attique, étant venu nous voir,
Me recherche, m'*obtient*, m'amène en cette ville. (VII, 21.)

Au demeurant, je n'ai pas entrepris
De raconter tout ce qu'il *obtint* d'elle. (IV, 265.)

OCCASION :

Que sert-il qu'on se contrefasse?
Prétendre ainsi changer est une illusion;
L'on reprend sa première trace
A la première *occasion*. (III, 236.)
Agathopus se servit de l'*occasion*. (I, 31.)

Ce que vaut l'*occasion*,
Vous l'ignorez. (V, 226; voyez VI, 123.)
En cette *occasion*. (I, 251, 162 et note 3.)
Par *occasion*. (IV, 435.)

OCCUPATION :

.... Là son *occupation* est de soupirer et de répandre des larmes. (VIII, 219.)

OCCUPER ; occuper à ; s'occuper à :

.... En *occupant* la rue. (IV, 323 et note 8.)
Quand pourront les neuf Sœurs, loin des cours et des villes,
M'*occuper* tout entier? (III, 122.)

  Mes dons ont *occupé* les mains
  D'un empereur sur tous habile. (VIII, 257.)

  Il n'étoit nuls emplois
  Où Lise pût avoir l'âme *occupée*. (V, 291.)

  On n'en voyoit point d'*occupés*
A chercher le soutien d'une mourante vie. (II, 95.)
.... *Occupés* à gémir. (VIII, 212 et note 1.)
Occupée à ses pleurs, à peine elle entendit. (VI, 76 et note 5.)

  On *s'occupe*
A dire faux pour attraper du bien. (I, 367.)
Une nuit que chacun *s'occupoit au* sommeil. (II, 265 et note 4.)
Dans un cloître éloigné Malc *s'occupe au* silence. (VI, 304.)
Mon cœur veut *s'occuper* sans relâche *à* sa flamme. (VIII, 367.)

OCCURRENCE :

En cette *occurrence*. (I, 292.)

OCÉAN, au figuré :

Dans cet *océan* [un ruisseau].... (I, 164.)

  .... Me noyant la poitrine,
La barbe, et tout le corps, d'un *océan* d'urine. (VII, 326.)

OCTOGÉNAIRE :

  Un *octogénaire* plantoit :
Passe encor de bâtir; mais planter à cet âge ! (III, 155.)

OCTROI (Faire l') de :

Je voudrois bien savoir, dit-elle, quelle loi
  En a pour toujours *fait l'octroi*
  A Jean? (II, 186 et note 15.)
Comparez Marot, tome II, p. 115.

ODIEUX :

Quelque prétexte qu'ait un mensonge pieux,
Il est toujours mensonge, et toujours *odieux*. (VI, 300.)

ŒIL, au propre et au figuré, locutions diverses ; yeux :

Un modeste regard et pourtant l'*œil* luisant. (II, 17.)

  C'est tantôt un clin d'*œil*,
Un mot, un vain sourire. (VIII, 373.)
Et Montreuil d'un clin d'*œil* tout contraire à la haine
Sera le regardé. (VII, 574.)

Voyez Clin.

Caliste n'étoit pas tellement en colère
Qu'elle ne regardât ce don du coin de l'*œil*. (V, 150; voyez IV, 302; V, 488.)
Puis ce coin d'*œil*, par son langage doux,
Rompt à mon sens quelque peu le silence. (V, 569 et note 2.)
.... Se faisant l'une à l'autre remarquer de l'*œil*... les beautés qu'elles découvroient. (VIII, 141.)
Votre mari va voir vos plaisirs d'un bon *œil*. (VII, 587.)
J'ai l'*œil* bon, Dieu merci. (II, 404; voyez IV, 290.)
[Il] *avoit l'œil sur* les esclaves. (I, 32; voyez IV, 372.)
Il n'est pour voir que l'*œil* du maître ;
Quant à moi, j'y mettrois encor l'*œil* de l'amant. (I, 352 et note 20.)
Tout le jour il avoit l'*œil* au guet. (II, 220.)
Pinucio, sur l'avis de Colette,
Marque de l'*œil* comme la chambre est faite. (II, 208.)
Chacun à sa chacune
But en *faisant de l'œil*. (V, 352 et note 3.)
J'y tiendrai l'*œil*. (V, 573 et note 5.)
.... Et, sans qu'il eût cent *yeux :*
Il défioit, grâces aux Cieux
Sa femme, encor que très rusée. (V, 448.)
L'homme aux cent *yeux*. (I, 350 et note 11.)
.... La faisoit suivre, à toute heure, en tous lieux,
Par une vieille au corps tout rempli d'*yeux*. (IV, 369 et note 6.)
Un profond somme occupoit tous les *yeux*. (VI, 37.)
.... Aussitôt le valet,
Frottant ses *yeux*, comme étonné du fait, etc. (IV, 310.)
Cela sera-t-il cause
De me faire dormir de plus que de deux *yeux?* (V, 143.)
En dormirois-je plus que des deux *yeux?* (VII, 490.)
Ne vous montrez plus, sur les *yeux* de votre tête. (VII, 479.)
Pinucio, jeune homme de famille,
Jeta si bien *yeux* sur cette fille.... (IV, 205.)
.... Me tournant les *yeux*. (VII, 56 et note 2.)
Pour une qu'Amour prend par l'âme,
Il en prend mille par les *yeux*. (V, 212.)
Zoon plaisoit aux *yeux*. (VI, 206.)
Le plus beau des mortels, l'amour de tous les *yeux*. (VI, 265.)
J'aurai devant les *yeux* ce serment et vos charmes. (VII, 603.)
Il n'eut d'*yeux* que pour vous. (V, 13.)
Patrocle jusqu'ici me voit des mêmes *yeux*. (VII, 599.)
Ce diable étoit tout *yeux* et tout oreilles. (VI, 94.)
Ses habits de fille étoient à ses pieds : elle avoit les *yeux* dessus et ne les apercevoit pas. (VIII, 128.)
Il a toujours la vue
Dessus cet os, et le ronge des *yeux*. (V, 489; voyez VI, 17.)
J'étois réduit, avant ce stratagème,
A vous servir sans plus pour vos beaux *yeux*. (IV, 78.)
.... Rien qui ne soit d'abord éclairé par les dieux :
Tout ce que l'homme fait, il le fait à leurs *yeux*. (I, 341.)

Je t'ai toujours choyé, t'aimant comme mes *yeux*. (II, 326.)
Je m'en bats l'œil. (VII, 367 et note 2.)
On disait aussi : « s'en battre les fesses » au même sens (Scarron, *le Virgile travesti*, livre VII) :
   Le Roi dit : « Je m'en bats les fesses. »
Sur eux, autour d'ici, j'ai fait la guerre à l'œil. (VII, 390 et note 5.)
L'œil du jour [le soleil]. (V, 587 et note 8; VIII, 296.)
L'œil de la nature. (II, 200 et note 11; III, 350 et note 9.)
La nuit que j'attendois tendit enfin ses voiles,
Et me déroba même aux *yeux* de ses étoiles. (VIII, 360.)
   Un profond somme occupoit tous les *yeux*,
   Même ceux-là qui brillent dans les cieux.... (VI, 37 et note 2.)

ŒILLADE :
OEillade de la dame.... (II, 432.)
Lorsqu'allant des Tritons attirer les *œillades*.... (VII, 180.)

ŒILLET :
   Elle redevient rose,
OEillet, aurore. (V, 316 et note 9.)
Voyez aussi, pour cette expression figurée, Ronsard déjà cité, tome II, p. 157; Remy Belleau, tome I, p. 41, 60, 115, 125, 157; Voiture, *Poésies*, p. 64, 102; etc.

ŒUF :
Elle [la grenouille], qui n'étoit pas grosse en tout comme un *œuf*, (I, 66.)

ŒUFS (LA COUPLE D'). (IV, 482 et note 2.)
Comparez *le Moyen de parvenir*, p. 366 : « une andouille et deux œufs ».

ŒUVRE (FAIRE) ; FAIRE ŒUVRE À :
Tu n'auras pas *œuvre faite* entre nous. (IV, 495 et note 6.)
.... Non que parlant d'amour il rencontre *œuvre faite*. (VII, 64.)
Il est vrai qu'ils étoient sur le point de s'étrangler : Jupiter le conciliateur n'*y auroit fait œuvre*. (IX, 395.)
N'aurait pu suffire à les séparer.

ŒUVRE, masculin et féminin ; METTRE EN ŒUVRE :
OEuvre long. (VIII, 250.)
Il s'agit de mettre un *œuvre* au jour. (IX, 12.)
Un tel *œuvre*. (IX, 169; voyez VIII, 264, 341, 349; IX, 340.)
Sans cela, toute fable est un *œuvre* imparfait. (III, 198 et note 1; voyez VI, 316, 324; VIII, 378.)
.... Ce seroit une *œuvre* infinie. (IX, 229.)
   Je m'en vais faire une *œuvre*
   Agréable à tout l'univers. (III, 3 ; voyez V, 475.)
[Le compagnon] la *mit en œuvre*. (IV, 211 et note 5.)

OFFENSE :
   On n'osa trop approfondir
   Du tigre, ni de l'ours, ni des autres puissances,
   Les moins pardonnables *offenses*. (II, 98.)

Vous me ferez, Montreuil, une sensible *offense*. (VII, 581.)
Aussi bien je craindrois de commettre une *offense*. (VII, 154.)
   Offense pour *offense*,
L'amour vaut mieux encor que le mépris. (VI, 33.)
   Quelle *offense*
Presse ainsi votre conscience? (IV, 193 et note 3; voyez V, 44, 534; VI, 296, 304; VIII, 443.)
Quel péché.

OFFENSER :

La vérité vous *offense*. (I, 264.)
Vous *aurois*-je *offensée*, ou ne m'aimez-vous plus? (VI, 244.)
Par cette fausse alarme Harpajême *offensé*.... (VII, 428.)

OFFICE, sens divers :

L'*office*, qu'on nomme autrement la dépense. (III, 353.)
Vous me rendez un merveilleux *office*. (V, 37; voyez II, 29; IV, 431; V, 161.)
On lui rend mauvais *office*. (IX, 143.)
Service.

  Que l'esprit eût part à cet *office*,
 Ne le croyez. (V, 291.)
Travail.

Le Monsieur donc fait alors son *office*. (V, 232 et note 2; VI, 184.)
L'âne à Messer lion fit *office* de cor. (I, 189; voyez II, 122.)
  Tirons au sort, c'est la justice;
  Deux pailles en feront l'*office*. (IV, 49.)
Elle achète un *office*. (II, 180; voyez I, 44.)
Une charge, un emploi.

OFFICIEUX :

Le sort *officieux*. (I, 92.)

OFFRANDE :

.... Et toi, mon bienfaiteur, Amour, par quelle *offrande*
Pourrai-je reconnoître une faveur si grande? (VIII, 176; voyez VIII, 174.)

OFFRE :

Elle reçut les *offres* de son cœur. (VI, 52.)

OFFRIR; s'OFFRIR À, DE :

J'*offre* ce que j'ai. (II, 261.)
Qui t'oblige à m'*offrir* encor de nouveaux fers? (VIII, 359.)
Il *s'offrit à* lui donner la main. (VI, 22.)
Je m'*offrirai de* lui tenir le pied. (V, 84; voyez III, 339.)

OH, exclamation :

Oh! la! *oh!* descendez, que l'on ne vous le dise. (I, 202 et note 20.)

OIE, OIES :

Les *oies* de frère Philippe [les femmes]. (V, 3; voyez V, 21.)

OIE (Petite-) :
　　Menu détail : baisers donnés et pris;
　　La *petite-oie*. (IV, 265 et note 3.)

OISEAU, au propre et au figuré :
L'*oiseau* chauve-souris. (III, 223 et note 14.)
Princesse des *oiseaux*. (I, 150.)
L'*oiseau* de Jupiter. (I, 150.)
L'*oiseau* de Minerve. (I, 421.)
L'*oiseau* de Vénus. (I, 165.)
Triste *oiseau*. (I, 421.)
Je suis *oiseau* : voyez mes ailes. (I, 142.)
　　Quinzica donc, n'ayant de quoi servir
　　Un tel *oiseau* qu'étoit Bartholomée.... (IV, 333 et note 1.)
　　　　Ces extrêmes Agnès
　　Sont *oiseaux* qu'on ne vit jamais. (V, 579 et note 3.)
Rois de Garbe ne sont *oiseaux* communs en France. (V, 449; voyez IV, 75, 157; V, 411, 469.)

OISELEUR :
L'*oiseleur* repartit.... (II, 51.)

OISIF :
Les entretiens *oisifs*. (VI, 286.)
Quand ces biens sont *oisifs*, je tiens qu'ils sont frivoles. (III, 201.)

OISILLON. (I, 82, 83, 84; II, 50.)

OISIVETÉ :
Molle *oisiveté*. (VI, 248.)
Oisiveté, mère de tentation. (IV, 487.)
Oisiveté, principe de tout vice. (IV, 446.)
« Oisiueté qui est sœur de pechié. » (Le roman de Jehan de Paris, p. 2.)
« .... Viuans en toute oisiueté qui est la mere de tous les vices. » (Brantôme, tome III, p. 130.)

OISON, oisons :
　　.... L'animal lent et sa maison
　　Juste au milieu de l'un et l'autre *oison*. (III, 15 et note 13; voyez I, 236.)
Amour veut que vous ne bougiez d'avec les *oisons*. (VIII, 169.)

Oison, au figuré :
Lise n'étoit qu'un misérable *oison*. (V, 291 et note 1; voyez V, 502.)

OMBRAGE, au propre et au figuré :
L'*ombrage* n'étoit pas le seul bien qu'il [l'arbre] sût faire. (III, 9; voyez VI, 239.)
Mes arrière-neveux me devront cet *ombrage*. (III, 157 et note 15.)
Ombrage des bois. (VI, 225.)
Ombrages verts. (VI, 228.)
S'endormir à l'*ombrage*. (VIII, 382.)
　　　　L'*ombrage*
　　Lui vint par conseil seulement. (V, 115 et note 1.)

Maint *ombrage* et mainte chimère. (V, 124; voyez V, 280, 399.)
  C'est à vous d'être en *ombrage*
  De ce terrible équipage. (VIII, 432.)
Madame Bouvillon me donne de l'*ombrage*. (VII, 307.)

OMBRAGER :
  Voici le mai; rangez-vous, place, place !
  Beau, grand, droit, vert, il vient *ombrager* cette place. (VII, 575.)

OMBRE, OMBRES, sens divers :
  Tout ce que l'homme fait, il le fait à leurs yeux,
  Même les actions que dans l'*ombre* il croit faire. (I, 341.)
  Chacun s'en aperçut, car d'enfermer sous l'*ombre*
  Une telle aise le moyen ? (V, 267.)
A la faveur des *ombres*. (VIII, 124.)
L'*ombre* et le jour. (VI, 180.)
L'*ombre* et le frais. (III, 121.)
          Et déjà les vallons
Voyoient l'*ombre* en croissant tomber du haut des monts. (VI, 157; voyez VI, 286.)
  Un antre affreux et solitaire
  Triste séjour de l'*ombre*. (VI, 301.)
Comme au soir, lorsque l'*ombre* arrive en un séjour,
Ou lorsqu'il n'est plus nuit et n'est pas encor jour. (IX, 278 et note 1.)
.... L'*ombre* éternelle n'est pas plus noire. (VIII, 140.)
Leurs exploits avec eux cachés sous l'*ombre* noire. (VI, 258.)
Des temps... l'*ombre* la plus noire. (VIII, 398.)
Suivez jusques au bout une *ombre* qui vous flatte. (II, 165; voyez VIII, 361.)
    Chacun se trompe ici-bas :
    On voit courir après l'*ombre*
    Tant de fous qu'on n'en sait pas
    La plupart du temps le nombre. (II, 56.)
Il s'en fallut peu qu'elle [Psyché] priât son *ombre* de ne point faire de bruit en l'accompagnant. (VIII, 102.)
  Attends-moi, je te vais rejoindre aux rives sombres:
  Mais m'oserai-je à toi présenter chez les *ombres* ? (VI, 182; voyez II, 137; VI, 269.)
Clymène lui fait *ombre*. (VII, 150 et note 2.)
Une *ombre* légère. (VIII, 213.) — Une *ombre* de guerre. (IX, 133.)

OMETTRE :
L'on se vengea, l'on n'*omit* rien. (IV, 432.)
N'*omettez* un seul petit point. (V, 129 et note 3; voyez V, 30; VI, 75.)

ON, L'ON :
  On vous adore en certain lieu
  D'où *l'on* n'ose vous l'aller dire. (IX, 102.)
.... Comment ne l'aimer plus? *on* y songe à toute heure,
On en parle sans cesse, *on* le plaint, *on* le pleure. (VIII, 371 et note 6.)
On résolut sa mort, fût-il coupable ou non. (III, 4 et note 5.)

Vous êtes-vous connus dans le monde habité ?
L'on ne le peut qu'aux lieux pleins de tranquillité. (III, 343.)
L'on lui fait trop d'honneur. (II, 357.)
Un loup disoit que *l'on* l'avoit volé. (I, 136.)
  Quand les galants sont défendus
  C'est alors que *l'on* les souhaite. (V, 134.)
    L'on lui mit par écrit
  Ce que *l'on* vouloit qui fût dit. (I, 315.)
A pleines mains *l'on* les a laissés prendre (les tetons). (IV, 286 ; voyez I, 252 ; II, 350 ; III, 10 ; IV, 69, 206, 255, 301, 338, 432, 486 ; V, 143, 166, 260, 292, 563 ; VI, 28, 29 ; et passim.)

ONC, jamais :
  Je la dirois (cette oraison) de la meilleure grâce
  Que j'en dis *onc*. (IX, 211.)
  Onc il ne fut une plus forte dupe
  Que ce vieillard. (IV, 92 et note 3 ; voyez IV, 128, 133, 138, 222 ; V, 46, 333, 376, 541, 562, 564 ; VI, 96 ; etc.)

ONCE :
Once de chair. (V, 404 et note 3.)

ONDE, au propre et au figuré :
La fille de l'*onde*. (VI, 232.)
L'ours a passé l'*onde* noire. (VII, 226 ; voyez II, 330 ; VI, 251 et note 9 ; VII, 368.)
    Ces lieux
  Que nous appelons l'onde noire,
  Autrement manoir Stygieux. (Voiture, *Poésies*, p. 124.)
Les *ondes* de ses cheveux. (VIII, 286.)

ONDER :
Il (le bois de cet arbre) *est ondé* d'aurore. (VI, 342 et note 4.)

ONGLE, au féminin :
Son *ongle* maline. (II, 51 et note 7 ; voyez V, 264 et note 1.)
Chez Brantôme, tome X, p. 423 : « une ongle meurtrière ».

ONGLES (COMPTER PAR SES). Voyez COMPTER.

OPÉRA :
Vous avez fait, Seigneur, un *opéra*. (IX, 145 et note 1.)

OPÉRATRICE :
Voilà l'*opératrice* aussitôt en besogne. (I, 230 et note 8.)

OPINIÂTRE :
Opiniâtre dispute. (VIII, 109.)

OPINIÂTRER (S') ; s'OPINIÂTRER À :
Cet auteur ne veut pas qu'un écrivain *s'opiniâtre* contre l'incapacité de son esprit. (I, 19.)
Plus il *s'opiniâtre à* vous protéger, plus je *m'opiniâtrerai à* vous perdre. (VIII, 207.)

OPINER :
Dès l'abord, leur doyen, personne fort prudente,
Opina qu'il falloit, et plus tôt que plus tard,
Attacher un grelot au cou de Rodilard. (I, 134.)

OPINION (L'), absolument :
C'est souvent du hasard que naît *l'opinion*,
Et c'est *l'opinion* qui fait toujours la vogue. (II, 178.)

OPPOSER ; s'opposer :
J'oppose quelquefois, par une double image,
Le vice à la vertu. (I, 363.)
Vents *opposés*. (VI, 333.)
Elle [la Discorde] nous fit l'honneur en ce bas univers
De préférer notre hémisphère
A celui des mortels qui nous *sont opposés*. (II, 70.)
On ne voit sous les cieux
Nul animal, nul être, aucune créature
Qui n'ait son *opposé*. (III, 229.)
Les muscles moins tendus
Ne peuvent lors dans la machine
Tirer leurs *opposés* de même qu'autrefois. (VI, 332.)
Résistez à son art, *opposez*-lui ma flamme. (VII, 605.)
Quelques rayons de miel sans maître se trouvèrent :
Des frelons les réclamèrent ;
Des abeilles *s'opposant*,
Devant certaine guêpe on traduisit la cause. (I, 121.)
S'opposer, terme de procédure.

OPULENCE :
L'opulence adoucit la mort la plus terrible (VIII, 485.)

OPPOSITE (À L') :
.... Le miroir se plaçoit toujours *à l'opposite*. (VIII, 212.)
Il y avoit un (sic) alcôve *à l'opposite* des fenêtres. (VIII, 278.)

OR, adverbe; OR BIEN, OR ÇÀ, OR SUS :
Or ai-je été prolixe sur ce cas. (V, 389 ; voyez V, 289, 290, 362, 472.)
Or, faites-en, nymphes, votre profit. (V, 205.)
Or bien je vas t'aider. (II, 61 ; voyez II, 187 ; V, 203.)
Or çà, lui dit le Sire, que sens-tu ? (II, 132 ; voyez II, 217 ; IV, 111
V, 310, 322, 493.)
Or sus, voisins, faisons les choses nettes. (V, 324 ; voyez V, 544, 573.)

OR, substantif, au propre et au figuré :
Ce malheureux....
Ne possédoit pas *l'or*, mais *l'or* le possédoit. (I, 347.)
Nous n'avons pas les yeux à l'épreuve des belles,
Ni les mains à celle de *l'or*. (II, 243.)
La peine d'acquérir, le soin de conserver,
Ôtent le prix à *l'or* qu'on croit si nécessaire. (III, 24.)
Ni *l'or* ni la grandeur ne nous rendent heureux. (VI, 147 et note 2.)

Ce n'étoit qu'*or* partout. (IX, 325.)
Si les yeux de Vénus brillent autant que l'*or*.... (VIII, 485.)
La Parque à filets d'*or* n'ourdira point ma vie. (III, 122.)
Son voisin au contraire étant tout cousu d'*or*.... (II, 217.)
Le siècle d'*or*. (VI, 44.)

ORACLE :
Tout *oracle* est douteux. (VI, 189.)
Il eut recours à son *oracle* ordinaire : c'étoit Ésope. (I, 44.)
L'*oracle*, les destins, tout lui fut favorable. (VII, 531, voyez VII, 435.)
Elle passoit pour un *oracle*. (II, 180.)
L'*oracle* de la Grèce. (I, 191.)
Par lui les sots deviennent des *oracles*. (V, 182.)

ORAGE :
    Mes appas sont les alcyons
    Par qui l'on voit cesser l'*orage*
    Que le souffle des passions
    A fait naître dans un courage. (VIII, 257.)

ORAGEUX, au figuré :
.... Malgré Jupiter même et les temps *orageux*. (III, 319 et note 4.)

ORAISON, sens divers :
.... Dévotes *oraisons*. (II, 157.)
L'*oraison* contre Verrès. (VIII, 341 ; voyez VIII, 312.)
.... Toujours étoit en *oraison*. (IV, 124, et note 3 ; voyez V, 414 ; VI, 286.)
En prière.
    Beaucoup de gens ont une ferme foi
    Pour les brevets, *oraisons*, et paroles. (IV, 239 et note 2.)
Si je savois quelque bonne *oraison*.... (IX, 211.)

ORANGÉ, substantivement :
Je vous prie de considérer ce gris de lin, ce couleur d'aurore, cet *orangé*, et surtout ce pourpre, qui environnent le roi des astres. (VIII, 234.)

ORANGER :
Orangers, arbres que j'adore. (VIII, 29.)

ORATEUR :
    L'*orateur* recourut
    A ces figures violentes, etc. (II, 232.)

ORBICULAIRE, circulaire :
L'*orbiculaire* image [de la lune]. (III, 134 et note 4.)
M. Delboulle cite de ce mot un exemple du xiv° siècle, au même sens.

ORDINAIRE :
    L'*ordinaire* langage
Des douceurs qu'à l'amour on donne en apanage. (VII, 602 et note 2.)
L'*ordinaire* usage. (III, 114.)

ORDINAIRE, substantivement :
C'est l'*ordinaire* des malheureux d'interpréter toutes choses sinistrement. (VIII, 130; voyez VIII, 108.)
A l'*ordinaire*. (II, 157; V, 31.)
A mon *ordinaire*. (IX, 241, 452.)
A son *ordinaire*. (VIII, 171, 216, 241.)
Contre l'*ordinaire*. (III, 118; V, 238.)
D'*ordinaire*. (V, 234, 583.)
Pour l'*ordinaire*. (III, 83.)
Selon l'*ordinaire*. (III, 134.)
   Le couvent,
 Las enfin d'un tel *ordinaire*.... (IV, 190 ; voyez II, 175, 305 ; III, 63 ; V, 510 et note 5.)

ORDONNANCE, ES, sens divers :
  Ni la grandeur, ni la vaillance,
Ne font changer du sort la fatale *ordonnance*. (IX, 198.)
Si jamais j'ai des *ordonnances*.... (IX, 453 et note 3.)

ORDONNER ; ORDONNER DE :
Ordonnez-moi des punitions. (VIII, 192.)
La nature *ordonna* ces choses sagement. (II, 100.)
Il pourvut à la belle, *ordonna* du voyage. (IV, 444 et note 5.)

ORDRE, acceptions diverses ; METTRE ORDRE À :
.... Bacheliers surtout : un de ce dernier *ordre*.... (V, 584.)
Ceci s'adresse à vous, esprits du dernier *ordre*,
Qui n'étant bons à rien, cherchez sur tout à mordre. (I, 414.)
On peut s'imaginer l'*ordre* qu'il y fit mettre [dans cet appartement]. (IV, 428 ; voyez I, 19.)
.... Ces *ordres* dont les Grecs nous ont fait un présent,
Le dorique sans fard, l'élégant ionique,
Et le corinthien superbe et magnifique. (VIII, 61; voyez VIII, 289.)
Mettre ordre à quelque chose. (IV, 209 ; voyez VI, 59, 416.)

ORDURE :
Un panier d'*ordure*. (IV, 370.)

ORE, ORES, tantôt, maintenant :
   Faisant *ore* un tendon,
 Ore un repli, puis quelque cartilage. (IV, 161 et note 3.)
Ores ce sont suppôts de sainte Église. (VI, 7 et note 1.)

OREILLE, OREILLES ; locutions proverbiales :
Un petit bout d'*oreille*, échappé par malheur,
 Découvrit la fourbe et l'erreur. (I, 433.)
 Cornes cela! Vous me prenez pour cruche!
 Ce sont *oreilles* que Dieu fit. (I, 377.)
Dormir... sur l'une et l'autre *oreille*. (V, 12 et note 2.)
Rapprochez le vers 166 de *la Coupe enchantée*.
Les murs ayant des *oreilles*, dit-on.... (VI, 132 et note 7.)

Incessamment
Le diable étoit à ses *oreilles*. (V, 551 et note 4; voyez VI, 117.)
.... Car Satan lors vient frapper sur l'*oreille*
De tel qui dort, etc. (V, 77 et note 6.)
Ventre affamé n'a point d'*oreilles*. (II, 450 et note 11.)
L'hôtesse, ayant reconnu son erreur,
Tint quelque temps le loup par les *oreilles*. (IV, 217 et note 1.)

OREILLERS :
.... Là les lis lui servoient de trône et d'*oreillers*. (VIII, 193.)
« .... Et faisoit moult beau veoir... les beaulx carreaulx et oreilliers, etc. » (Le roman de Jehan de Paris, p. 48.)

ORGANE :
L'*organe* étant plus fort, la raison perceroit
Les ténèbres de la matière. (II, 479 et note 97.)
L'*organe* de la vérité. (I, 38.)
La langue.

ORGANISER :
Ce corps si bien *organisé*. (II, 396.)

ORIENTAL, ALE :
Les présents que nous fait la rive *orientale*
N'approchent pas des dons que je prétends avoir. (VIII, 427.)
.... Il sembloit qu'elle seule éclairoit l'univers
Et remplissoit de feux la rive orientale. (Voiture, *Poésies*, p. 37.)

ORIGINAL, ALE :
Les gens du pays le croient fort ancien [Pilpay], et *original* à l'égard d'Ésope. (II, 82.)

ORIGINAL, substantivement :
Puis force gens, assis comme notre bergère,
Font un crayon conforme à cet *original*. (V, 346 et note 7.)
A ce modèle.
La meilleure [rhétorique] est celle du libéral :
Un Florentin, nommé le Magnifique
La possédoit en propre *original*. (V, 560 et note 4.)

ORIGINE :
.... Frères dont l'*origine*
Venoit de chiens fameux. (II, 333.)
Pour Malc, il méditoit sur la triple *origine*
De l'homme florissant, déchu, puis rétabli. (VI, 289.)

ORMEAU (VI, 286.)
Voyez Ourmeau.

ORNEMENT :
.... Nombre de gens fameux en ce genre ont écrit :
Tous ont fui l'*ornement* et le trop d'étendue. (II, 2.)
Redemandez-moi tous l'*ornement* de vos rives. (VII, 542 et note 3.)

ORNER; ORNER DE :
Pour nous seuls il [l'arbre] *ornoit* les jardins et les champs. (III, 9.)
[Il] crut qu'il feroit beaucoup pour sa patrie
S'il la pouvait *orner de* Calfuccis. (V, 25 ; voyez III, 251.)

OS :
Voilà l'opératrice aussitôt en besogne :
Elle retira l'*os*. (I, 230.)
Un loup n'avoit que les *os* et la peau. (I, 70.)
Voyez PEAU.

Il se maintient cocu, du moins de la pensée,
  S'il ne l'est en chair et en *os*. (V, 93.)

OSER :
Si je m'y perds [dans ce dessein], au moins j'*aurai* beaucoup *osé*. (VI, 326.)

OST, armée :
    On vit presque détruit
  L'*ost* des Grecs. (III, 112 et note 18.)
L'*ost* aux têtes sacrilèges. (VIII, 397 ; voyez III, 235; V, 145.)

OSTENTATION :
.... Voilà de l'*ostentation* et du faux. (VIII, 330.)

OTAGE :
    Je pourrois bien quelque jour
  Laisser mon cœur en *otage*. (IX, 462.)

ÔTER; ÔTER À, DE; S'ÔTER :
Ôtez-moi cet objet. (I, 105.)
Ôte-moi ta présence. (VII, 7; voyez VIII, 288.)
Ôtons-lui les pieds. (III, 164; voyez III, 305, 307, 308.)
.... Vous ne l'*ôterez* point [l'amour], sans m'*ôter* du plaisir. (VII, 153 et note 2.)
Ôter la vie. (VIII, 331.)
[L'ours] glosa sur l'éléphant, dit qu'on pourroit encor
Ajouter à sa queue, *ôter* à ses oreilles. (I, 78.)
.... Celles qui leur *ôtent* pour ainsi dire le pain *de* la main. (VIII, 189.)
    Ôtez-vous de l'esprit
Qu'aucun être ait été composé sur le vôtre. (II, 419.)
Ils résolurent de l'*ôter du* monde. (I, 52.) — *Ôter de* souci. (IX, 92.)
Ôtons-nous, car il sent. (I, 429.)

OU, conjonction :
    Que cette humeur soit *ou* non
  Le défaut du sexe et sa pente.... (I, 249.)

OÙ, adverbe relatif :
1° Où, au lieu d'un pronom relatif précédé d'une préposition
Le but *où* tendent leurs desseins. (VI, 296 et note 5.)
Chacun a ses défauts *où* toujours il revient. (I, 223.)
.... Rien *où* l'on soit moins préparé. (II, 208.)

Celle *où* ses vœux s'adressoient. (VI, 99 et note 1.)
Les biens *où* notre cœur aspire. (VI, 122; voyez I, 223; VI, 227, 299, 332; VII, 68.)
Ô vous, tristes plaisirs *où* leur âme se noie.... (VI, 246.)
    Son coup d'essai fut une fille unique
    Où le galant se trouvoit assez bien. (VI, 109 et note 6.)
.... Le ménage *où* trop tard on s'applique. (VII, 30.)
Les appas que l'imagination peut se figurer, et ceux *où* l'imagination même ne peut atteindre. (VIII, 43.)
Il n'est pèlerinage *où* nous n'ayons songé. (IX, 206.)
.... C'est un asile *où* les malheureux n'ont recours, etc. (VIII, 216.)
Ce n'est point sa valeur *où* j'ai voulu prétendre. (VIII, 264.)
Il n'y a sorte de louange *où* vous ne puissiez aspirer. (VIII, 345.)
.... Ainsi du reste, *où*, sans pact ni demi...,
    L'on se guérit. (IV, 244 et note 3.)
Où vous exposez-vous? (VI, 281.)

2° Où, sans antécédent exprimé :
Un jour sur ses longs pieds alloit je ne sais *ou*
Le héron, etc. (II, 111.)
    Il se trouva que le bonhomme
    Avoit le doigt *où* vous savez. (IV, 383.)
.... C'est *où* la difficulté consistoit. (VIII, 98.)

3° PAR OÙ :
    Or çà je t'apprendrai
    Les mots, la guise, et toute la manière
    Par où jument, bien faite et poulinière,
    Auras de jour.... (V, 493.)

OUAILLE, ES, au propre et au figuré :
Ouailles sont la plupart des personnes. (V, 302 et note 3; voyez V, 306 et note 2, 486.)
    Pauvres gens qui n'ont pas l'esprit
    De garder du loup leur *ouaille !* (V, 448.)
Qui fut bien pris ? ce fut la feinte *ouaille*. (V, 525.)

OUAIS :
Ouais ! vous vous intéressez bien pour lui. (VII, 452.)

OUBLI (ÊTRE EN) :
Du premier des mortels la faute *est en oubli*. (VI, 289.)

OUBLIER À :
N'*oublions* pas *à* parler du canal. (VIII, 124.)

OUE, oie :
Qui l'*oue* a mangé du Roi,
Cent ans après il rend la plume. (IX, 439 et note 7.)
Ou : « Qui mange l'oie du Roi, à cent ans de là en chie la plume. » On disait de même : « Qui mange la vache du Roi, à cent ans de là en paie les os. » — Il y avait à Paris, près de l'hôpital Saint-Jacques, dans le quartier Saint-Denis, une rue aux *Oues* (par corruption aux Ours, dont une partie subsiste encore), fameuse par ses rôtisseries. — Le proverbe se trouve dès le xv° siècle dans Martial d'Auvergne, *Vigiles de Charles VII* : « Qui mange de l'oye du Roy, cent ans aprez en rend la plume. »

OUF, ouffe, exclamation. (VII, 349, 427.)

OUI, substantivement :
Le *oui* fut dit à la chandelle. (V, 217.)
Il eut un *oui* de madame Honesta. (VI, 99.)

OUI DEA :
Oui dea, Madame. (V, 310 et note 8.)

OUÏR; s'OUÏR; PAR OUÏR DIRE :
Écoutez un bon mot, *oyez* une merveille. (III, 161.)
Oyez le reste. (VI, 34 et note 6.)
Tout le monde *a ouï* parler des merveilles de cette fête. (VIII, 151.)
 Jugez, lecteur, quelle fut sa surprise
 Quand elle *ouït* la voix de son amant. (VI, 11.)
Aussitôt on *ouït*, d'une commune voix,
 Se plaindre de leur destinée
 Les citoyennes des étangs. (II, 38.)
Clymène *oyoit* cela négligemment. (VII, 164.)
.... L'*oyant* ainsi prêcher. (VIII, 483.)
Nous *ouïmes* une messe paroissiale. (IX, 226.)
.... *Oyant* la voix du dieu. (VII, 182.)
Quel charme de s'*ouïr* louer par une bouche.... (VI, 210.)
Il ne sait que par *ouïr dire*, etc. (II, 167 et note 26.)

OURDIR, au propre et au figuré :
Voilà sa toile *ourdie*. (I, 226.)
La Parque à filets d'or n'*ourdira* point ma vie. (III, 122.)
La ruse la mieux *ourdie*. (I, 311.)
Que ne sait point *ourdir* une langue traîtresse? (I, 222.)

OURMEAU, ormeau :
Nous sommes attroupés trétous dessous l'*ourmeau*. (VII, 586.)

OURS, au propre et au figuré :
 Il ne faut jamais
Vendre la peau de l'*ours* qu'on ne l'ait mis par terre. (I, 430.)
Comme me voilà fait? comme doit être un *ours*. (III, 190.)
 Toute sa personne velue
Représentoit un *ours*, mais un *ours* mal léché. (III, 144.)
 Jeune homme tout sauvage,
Bien fait de corps, mais *ours* tant qu'à l'esprit. (V, 185.)
Mon opéra, tout simple, et n'étant, sans spectacle,
Qu'un *ours* qui vient de naître, et non encor léché. (IX, 177 et note 7.)
Il est temps désormais que le juge se hâte :
 N'a-t-il point assez léché l'*ours*? (I, 121 et note 5.)
« Joubert plaidoit bien pour le fond quand on lui avoit donné tout le temps qu'il lui falloit pour lécher son ours. » (Tallemant des Réaux, *Avocats.*)

OURSE (L'), constellation :
Étoit-il [ce mont] situé sous l'*Ourse?* (VIII, 51 et note 1.)

OÛT, pour août, moisson :
Remuez votre champ dès qu'on aura fait l'*oût*. (I, 395 et note 4.)
L'*oût* arrivé, la touselle est sciée. (V, 364 et note 3.)

OUTIL :
    Je vois l'*outil*
Obéir à la main. (II, 472.)

OUTRAGE, OUTRAGES :
  .... Les loups n'y font jamais
   D'*outrage* à la bergerie. (VII, 197 et note 1.)
Tu veux donc la séduire et me faire un *outrage!* (VII, 408.)
Croyez-vous que vos dents impriment leurs *outrages*
  Sur tant de beaux ouvrages? (I, 414.)

OUTRAGER :
Anne dit au prêtre *outragé*.... (V, 353.)

OUTRANCE (À TOUTE) :
Il continue, et corne *à toute outrance*. (IV, 466 et note 3.)
Battre *à toute outrance*. (V, 375 et note 2.)
Harpajême après eux courut *à toute outrance*. (VII, 426.)

OUTRE, adverbe; D'OUTRE EN OUTRE :
Mieux vous vaudroit passer *outre* sans faute. (IV, 207.)
Je passe encore *outre*. (VIII, 108.)
J'ai le cœur *d'outre en outre* percé. (VII, 394.)

OUTRE, préposition :
Outre les maux qui suivent la vieillesse. (IV, 353.)
Outre l'offense et péché trop énorme. (V, 45.)
Outre le sexe et quelque bienséance. (V, 195.)
Outre Satan il défia la chère. (V, 471.)
   Discrétion françoise
Est chose *outre* nature. (V, 447.)
  La colère
Rendoit le prince, *outre* son ordinaire,
Plein de transport. (IV, 228 et note 3.)
    Même *outre* l'ordinaire
En avez pris, et beaucoup plus qu'assez. (IV, 230.)

OUTRE QUE :
.... *Outre qu*'ils craignoient d'être décriés par lui. (I, 52.)
.... *Outre qu*'en toute manière
La belle étoit pour les gens fiers. (I, 265.)
.... *Outre que* ce soin s'y remarqueroit d'autant plus que, etc. (IV, 146.)
.... *Outre qu*'il faut compter la qualité. (VI, 134.)
.... *Outre que* je puis m'être trompé dans mon choix. (I, 13.)

OUTRE, substantif :
On le prendroit pour un (sic) *outre*. (I, 33 et note 2.)

Il fait choix de deux boucs, les plus grands du troupeau,
Les tue, ôte les chairs, change en *outre* leur peau. (VI, 300.)

OUTREPASSER :

.... Quand toute eau se renferme
Et n'ose *outrepasser* le terme
Que d'invisibles mains sur ses bords ont écrit. (VI, 340.)

OUTRER ; s'outrer :

.... Tous deux sont mauvais [parler et se taire] alors qu'ils *sont outrés*. (II, 259.)

Quand l'absurde *est outré*, l'on lui fait trop d'honneur
De vouloir par raison combattre son erreur. (II, 357.)

Il ne faut point croire que Platon ait *outré* ces deux derniers [caractères]. (VIII, 339.)

Je ne vois rien qui plaise,
En matière d'amour, comme les gens *outrés*. (VII, 156.)

.... Mais de le voir ici me voilà tout *outré*. (VII, 408.)

Outré de colère. (VIII, 127.)

S'outrant pour acquérir des biens ou de la gloire. (II, 339 et note 12.)

OUVERTEMENT :

Le père donc *ouvertement*
N'osant renvoyer notre amant,
Lui dit, etc. (I, 265.)

Toujours ferai l'amour *ouvertement*. (IX, 44.)

OUVRABLE :

Elle oublia ce beau calendrier
Rouge partout, et sans nul jour *ouvrable*. (IV, 342 et note 5.)

OUVRAGE, OUVRAGES :

Demain, dit-il, nous polirons l'*ouvrage*,
Puis le mettrons en sa perfection. (IV, 161.)

Et moi, dit-elle, allois par un message
Vous avertir de hâter cet *ouvrage*. (IV, 162 ; voyez IV, 164.)

Messieurs les favoris
Font leur *ouvrage* [l'ouvrage des maris], et la dame est contente. (IV, 354.)

Le peintre avoit fait
Pour ce jour-là suffisamment d'*ouvrage*. (V, 85 et note 2.)

Les longs *ouvrages* me font peur. (II, 77.)

Cette leçon sera la fin de mes *ouvrages*. (III, 345.)

Croyez-vous que vos dents impriment leurs outrages
Sur tant de beaux *ouvrages*? (I, 414.)

Les *ouvrages* de l'esprit. (VIII, 118.)

Ce n'est pas l'*ouvrage* d'un jour
Que d'épuiser cette science. (III, 269 ; voyez VII, 243, 263.)

Plus d'un compagnon
Vous auroit taillé de l'*ouvrage*. (V, 557.)

OUVRER :

Tant *fut ouvré* que, etc. (IV, 162 et note 6.)

J. DE LA FONTAINE, XI

OUVRIER, OUVRIÈRE :
Voilà, dit-il, la pâtisserie la plus méchante que j'aie jamais mangée; il faut brûler l'*ouvrière*. (I, 39.)
Une personne que le Ciel a composée avec tant de soin et avec tant d'art doit faire honneur à son *ouvrier*, et régner ailleurs que dans le désert. (VIII, 151.)

    Même l'on dit que l'*ouvrier*
    Eut à peine achevé l'image
    Qu'on le vit frémir le premier,
    Et redouter son propre ouvrage. (II, 386 et note 3.)

L'artiste, le sculpteur.

J'admirai non seulement l'artifice, mais la patience de l'*ouvrier*. (IX, 272; voyez I, 232; VIII, 65; IX, 265, 270.)
.... De grâces et d'amours étant bonne *ouvrière*. (VIII, 379 et note 1.)

OUVRIR, au propre et au figuré :
Il [le corbeau] *ouvre* un large bec. (I, 63; voyez II, 113.)
L'un [des chasseurs] a les flancs *ouverts*, l'autre les reins rompus. (VI, 261; voyez VI, 264.)
Il crut que dans son corps elle avoit un trésor :
Il la tua, l'*ouvrit*. (I, 405.)
Un des dieux fut touché du malheur des humains :
C'est celui qui pour nous sans cesse *ouvre* les mains. (VI, 317.)
.... Qui, tenant table *ouverte*, et toujours des plus braves,
Vouloit être servi par un monde d'esclaves. (VII, 34 et note 2.)
Si je ne courois dans cette carrière avec succès, on me donneroit au moins la gloire de l'avoir *ouverte*. (I, 13.)
Si mon œuvre n'est pas un assez bon modèle,
    J'ai du moins *ouvert* le chemin. (III, 169.)
O gens durs! vous n'*ouvrez* vos logis ni vos cœurs. (VI, 158; voyez VII, 11, 418.)
Céliane, *ouvrez*-moi votre cœur, je le veux. (VII, 580.)
J'*ouvre* l'esprit, et rends le sexe habile.... (VI, 14.)

OUVRIR (S'); S'OUVRIR DE :
L'Orient venoit de *s'ouvrir*. (IV, 426.)
On *se* peut devant vous *ouvrir* en confiance. (VII, 96.)
Nos amants à la fin regrettèrent la cour :
La belle *s'en ouvrit*, et voici sa harangue.... (IV, 415 et note 2.)

P

PACAGE, lieu de pâture. (VIII, 435.)

PACIFIQUE :
Il leur tomba [aux grenouilles] du ciel un roi tout *pacifique*. (I, 214.)

PACT :

.... Sans *pact* ni demi....
L'on se guérit. (IV, 244 et note 4.)
Le *pact* de notre amant et de l'esprit follet,
Ce fut que le premier jouiroit à souhait
 De sa charmante inexorable. (V, 549.)

PAGE, PAGES; SORTIR DE PAGE :

Pour toi, tu viens avec un front de *page!*
Mais, foi de Dieu! ce bras te châtiera. (IV, 95 et note 4.)
L'époux jura de son côté
Qu'il n'auroit plus aucun ombrage,
Et qu'il vouloit être fouetté
Si jamais on le voyoit *page*. (V, 280 et note 6.)
En *page* incontinent son habit est changé. (V, 274 et note 5.)
Les zéphyrs étoient ses *pages*. (V, 116.)
Tout marquis veut avoir des *pages*. (I, 67 et note 9.)
Un Adonis qui ne feroit que *sortir de page*.... (VIII, 95.)

PAIE :

Elle [la grandeur royale] maintient le laboureur, donne *paie* au soldat. (I, 208.)

PAÏEN :

Qu'Apollon s'exprime en *païen*.... (IX, 457.)

PAILLARD, acceptions diverses :

Fuyons, dit alors le vieillard.
Pourquoi? répondit le *paillard*. (II, 26 et note 4.)
Deux forts *paillards* ont chacun un bâton
Qu'ils font tomber par poids et par mesure. (IV, 138 et note 4; voyez V, 43, 44.)
Pour faire court, ie ne sceus tant prescher
Que ces paillards me voulsissent lascher.
 (Marot, tome I, p. 91.)
C'est un *paillard*. (IX, 172, 173 et note 2.)
L'homme de Dieu d'une corde étoit ceint,
Pleine de nœuds; mais sous sa houppelande
Logeoit le cœur d'un dangereux *paillard*. (IV, 460 et note 1.)
« Ce petit paillard tousiours tastonoit ses gouuernantes, sens debsus debsouz, sens deuant derrière. » (Rabelais, tome I, p. 46.)
Mais ie veulx bien congnoistre ces paillards
Qui auec toi firent si chaulde esmorche.
 (Marot, tome I, p. 56.)

PAILLE, PAILLES; LEVER LA PAILLE :

Maint d'entre vous souvent juge au hasard,
Sans que pour ce tire à la courte *paille*. (IV, 130.)
Tirons au sort, c'est la justice,
Deux *pailles* en feront l'office. (IV, 49; voyez IV, 128.)
.... Celui-là [le tour] du [conte du] Berceau
Lève la paille à l'égard du Boccace. (VI, 125 et note 10.)

PAILLER :
En mon *pailler* rien ne m'étoit resté. (V, 175 et note 2.)
Voyez PALIER.

PAIN, au propre et au figuré :
Chaque jour amène son *pain*. (II, 218.)
J'aimerois mieux être sans *pain* ni soupe
Que d'employer en ce lieu mon travail. (IV, 494.)
Pain qu'on dérobe et qu'on mange en cachette
Vaut mieux que *pain* qu'on cuit et qu'on achète. (V, 332 ; voyez V, 505 et note 1.)
Aquæ furtivæ dulciores sunt, et panis absconditus suavior. (Salomon, Proverbes, chapitre IX, verset 17.)
Mais, comme il faut manger de plus d'un *pain*,
Je puise encore en un vieux magasin. (IV, 278 et note 3.)
Ôter... le *pain* de la main. (VIII, 189.)
Cette bonne hypocrite
Un *pain* sur la fournée emprunta.... (IX, 24 et note 4.)

PAIR, emplois divers :
.... Certaine chèvre au mérite sans *pair*. (III, 210.)
Paris sans *pair*. (VI, 51.)
La note 1 de cette page est à rectifier : Paris sans *pair*, c'est-à-dire Paris sans égal, qui n'a point son pareil. — En 1498, lorsque le 2 juillet Louis XII fit son entrée à Paris, les archers de la ville portaient des hoquetons argentés, et brodés d'or devant et derrière, avec la devise : « Paris sans *pair* ». Voyez *les Drapeaux français*, par le comte L. de Bouillé, Paris 1875, in-8°, p. 294.
Marianne sans *pair*, Hortense sans seconde. (IX, 407.)
.... C'est pour marcher du *pair*
Avec les grands acteurs. (VII, 316.)
.... J'atteins le comble et me tire du *pair*. (V, 471 et note 2.)
Ce chien, parce qu'il est mignon,
Vivra de *pair* à compagnon
Avec Monsieur, avec Madame ! (I, 283.)

PAIRE :
Il est avec une *paire* de Messieurs. (VII, 463.)

PAÎTRE; PAÎTRE DE :
La bique allant...
Paître l'herbe nouvelle. (I, 327.)
Mais la dame vouloit *paître* encore ses yeux
Du trésor qu'enfermoit la bière. (VI, 74 et note 2.)

PAIX ; PAIX FOURRÉE :
La *paix* est fort bonne de soi. (I, 241.)
Deux coqs vivoient en *paix*. (II, 169 ; voyez VI, 210.)
Lieux pleins de *paix*. (VI, 249.)
Ce ne sont que procès, que querelles d'un jour,
Que trêves d'un moment, ou quelque *paix fourrée*. (VII, 14 et note 1.)

PALADIN :

Son nom c'étoit Atis ; son métier, *paladin*. (V, 251.)
Plaignez le *paladin* que mon art vous présente :
Son malheur fut d'aimer. (IX, 194.)
    Il se présenta des blondins,
    De bons bourgeois, des *paladins*. (V, 111 et note 6.)

PALAIS :

Quand on eut des *palais* de ces filles du ciel
Enlevé l'ambroisie en leurs chambres enclose, etc. (II, 417.)
.... Ces antiques *palais* qu'habitent les oiseaux. (VII, 527.)
    Du *palais* d'un jeune lapin
    Dame Belette, un beau matin,
    S'empara. (II, 185 et note 5.)

PÂLE :

Le *pâle* désespoir. (VIII, 255.)

PÂLES COULEURS :

    Certaine abbesse un certain mal avoit
    Pâles couleurs nommé parmi les filles. (V, 306 et note 4.)

PALEFROI :

Notre héroïne prend en descendant de croupe
Un *palefroi*. (IV, 442; voyez IV, 437 et note 5.)

PÂLEUR :

    On ne pouvoit reprocher seulement
    Que la *pâleur* à cet objet charmant. (VI, 201.)

PALIER :

Je veux un peu rire sur mon *palier*. (VII, 281 et note 1.)
Voyez PAILLER.

PALINODIE :

Voyez seulement ma *palinodie*; mais voyez-la sans vous en scandaliser. Pourquoi ne me rétracterois-je pas? Tant de grands hommes se sont rétractés! (IX, 316.)

    Je rencontrai Gresset dans un café...,
    Gresset dévot, longtemps petit badin,
    Sanctifié par ses palinodies.
                  (Voltaire, *le Pauvre Diable*.)

PALME :

La *palme* en main, les rayons sur la tête. (V, 468 et note 6.)
.... Je lui donnerai la *palme* du ridicule. (IX, 409.)

PALSANGUÉ :

Palsangué! vous êtes trop drôles! (VII, 455; voyez VII, 456, 478, 490.)

PALSANGUOY. (VII, 447 et note 5, 491.)

PÂMER; SE PÂMER :

    Ici *pâma* de joie
    Des mortels le plus heureux. (IV, 414.)

Le Destin est mon fils! mon cœur en *pâme* d'aise. (VII, 394.)
Elle tomba plus qu'à demi *pâmée*. (IV, 77.)
Le Gascon *se pâme* à ce bruit. (IV, 391.)

PÂMOISON :
     Le pauvre homme
Honteux, surpris, confus, non sans quelque raison,
  Pensa tomber en *pâmoison*. (V, 457 et note 5.)

PAMPRE :
   Nos climats ont vu l'année
Deux fois de *pampre* couronnée. (VIII, 391.)

PAN. Voyez PAON.

PAN, un des côtés d'un ouvrage de maçonnerie, etc., qui a plusieurs angles :
On descend vers deux mers d'une forme nouvelle :
L'une est un rond à *pans*, l'autre est un long canal. (VIII, 123 et note 1.)
.... Cette figure à *pans*. (VIII, 124.)

PANACÉE :
.... C'est l'écorce du kin, seconde *panacée*. (VI, 318 et note 4.)

PANACHE :
La queue en *panache* étalée. (II, 17.)
  Dès le premier jour
Il [un financier] fera présent du *panache*. (V, 130 et note 1.)

PANADE :
Ne lui donnez plus rien qu'un petit de *panade*. (VIII, 274.)

PANADER (SE) :
Toi que l'on voit porter à l'entour de ton col
Un arc-en-ciel nué de cent sortes de soies;
Qui *te panades*, etc. (I, 182 et note 6.)
Le Pape alors se panada.
      (Voiture, *Poésies*, p. 94.)
« J'avois cru qu'il n'y avoit qu'à ... laisser piaffer et se panader ce personnage de théâtre et de carrousel. » (Saint-Simon, tome XVIII, p. 467.)
.... Puis parmi d'autres paons tout fier *se panada*. (I, 300.)
  .... Puis sa maison, et puis ses pages,
Se panadant en bel arroi. (IX, 330.)

PANÉGYRIQUE :
Je lui garde un *panégyrique*. (IX, 179.)

PANÉGYRISTE :
Il n'est *panégyriste* au monde si célèbre
Qui ne soit un Morphée à tous ses auditeurs. (VII, 174.)

PANETIÈRE :
Petit chapeau, jupon, *panetière*, houlette. (III, 52.)

PANIER :
Il prit le *panier* au pain. (I, 34 ; voyez II, 300.)

PANNEAU, PANNEAUX, au figuré :
Mort ou vif, lui dit-il, montre-nous ton moineau,
 Et ne me tends plus de *panneau*. (I, 342.)
Seigneur ours, comme un sot, donna dans ce *panneau*. (I, 429.)
 Panneau n'étoit, tant étrange semblât,
 Où le pauvre homme à la fin ne donnât
 De tout son cœur, et ne s'en affublât. (V, 31-32 et note 2.)
Dans mes propres *panneaux* j'ai donné : j'en enrage ! (VII, 436 ; voyez VII, 562.)
Maître pendu croyoit qu'il en iroit de même
 Que le jour qu'il tendit de semblables *panneaux*. (III, 323 ; voyez VI, 125.)

PANSE :
Qu'importe qui vous mange ? Homme ou loup, toute *panse*
 Me paroît une à cet égard. (III, 21.)
Vous aviez lors la *panse* un peu moins pleine. (I, 252.)
Je me suis cru le coup au travers de la *panse*. (VII, 296.)
 Pour prendre cœur, le vassal en sa *panse*
 Loge un long trait. (IV, 137.)

PANSER :
 Goutte bien tracassée
 Est, dit-on, à demi *pansée*. (I, 227.)

PANTELER :
Ils [les chevaux du soleil] semblent *panteler* du chemin qu'ils ont fait. (VIII, 38 et note 5.)

PAON :
Le *paon* se plaignoit à Junon. (I, 181 et note 1.)
Le mot est écrit *pân* ou *pan* dans nos anciennes éditions.

PAOUR, peur :
 J'ai belle *paour*
 Qu'à vous férir n'ait le bras gourd. (VIII, 443.)
Quoy qu'enuers toy n'auons paour qu'elle faille.... (Marot, tome I, p. 148 ; ibidem, p. 138, 146 ; tome IV, p. 85.)

PAPA :
Elle m'appelle son petit *papa*. (VII, 486 ; voyez VII, 487.)

PAPEFIGUE, PAPEFIGUIER, PAPEFIGUIÈRE. (V, 354 et suivantes.)

PAPELARD, PAPELARDE :
Le *papelard* contrefait l'étonné. (IV, 474 et note 7.)
O *papelards*, qu'on se trompe à vos mines ! (IV, 477.)
 Il contrefait son ton,
 Et d'une voix *papelarde*
Il demande qu'on ouvre. (I, 327 et note 7.)

PAPELARDIE :
Nous vîmes que son fait étoit *papelardie*. (IX, 23 et note 6.)

PAPILLON :
Papillon du Parnasse. (IX, 186.)

PAPIMANE. (V, 357.)

PAPIMANIE. (V, 355 et note 2.)

PAQUET, locutions diverses :
Qu'Archidémide vienne, il aura son *paquet*. (VII, 95 et note 5.)
Chacun promet enfin de risquer le *paquet*. (III, 355 et note 14.)

[La goutte] s'étend à son plaisir sur l'orteil d'un pauvre homme,
Disant : « Je ne crois pas qu'en ce poste je chomme,
Ni que d'en déloger et faire mon *paquet*
    Jamais Hippocrate me somme. » (I, 226.)

    Je voudrois qu'à cet âge
On sortît de la vie ainsi que d'un banquet,
Remerciant son hôte, et qu'on fît son *paquet*. (II, 212 et note 21.)

Voyez aussi les *Anciennes poésies françoises*, tome X, p. 207; du Fail, tome II, p. 100; Brantôme, tome IV, p. 85.

« Il faut toujours avoir son paquet prêt et le pied à l'étrier pour voyager dans cet autre monde. » (Voltaire, lettre à Mme Denis du 18 décembre 1752.)

Nous portions le *paquet* du Roi. (IX, 283 et note 3.)

PAR, préposition, à travers, au milieu :
Il lui prit aussi [à Ésope] envie de voyager et d'aller *par* le monde. (I, 46.)
Féronde étoit un sot de *par* le monde. (V, 389.)
Tu sais qu'il a longtemps voyagé *par* la Grèce. (VII, 97.)
Il alloit *par* pays. (II, 299.)
Par monts, *par* vaux et *par* chemins. (I, 159; voyez I, 275.)

    Un lion de haut parentage,
En passant *par* un certain pré, etc. (I, 265.)

.... L'autre affiche *par* la ville
Qu'il est un passe-Cicéron. (II, 63.)

.... Le bruit s'en répandit *par* tout le voisinage. (II, 170.)
Voyez-vous cette main qui *par* les airs chemine? (I, 82 et note 6.)

Thisbé fuit; et son voile, emporté *par* les airs,
Source d'un sort cruel, tombe dans ces déserts. (VI, 181.)

Par, marquant l'agent, le moyen, la façon, le temps, la cause, etc. :
Ésope lui dit qu'il [l'anneau de Xantus] étoit perdu, et que sa maison l'étoit aussi *par* la gageure qu'il avoit faite. (I, 40.)
Tâchons *par* tout moyen d'altérer son présent. (VI, 317.)
[Ésope] s'imagina que la Fortune étoit debout devant lui, qui lui délioit la langue, et *par* même moyen lui faisoit présent de cet art dont on peut dire qu'il est l'auteur. (I, 32.)

Voyez Moyen.

Quatre amis, dont la connoissance avoit commencé *par* le Parnasse.... (VIII, 25.)

On fit épouser la belle *par* ambassadeurs. (VIII, 91.)
Quelques restes de feu sous la cendre épandus
D'un souffle haletant *par* Baucis s'allumèrent. (VI, 153 et note 2.)

 Amour est un étrange maître;
 Heureux qui peut ne le connoître
 Que *par* récit. (I, 264.)

 Faisons en l'honneur de son nom
 Retentir l'air *par* nos cantiques. (VIII, 400.)

Cet homme donc, *par* prières, *par* larmes,
Par sortilèges et *par* charmes, etc. (I, 185.)

Cet argent périt *par* naufrage. (I, 267.)

.... *Par* un coup imprévu vit ses jours emportés. (III, 159.)

 Je me sers de la vérité
 Pour montrer, *par* expérience,
 Qu'un sou, quand il est assuré,
 Vaut mieux que cinq en espérance. (I, 268.)

La seconde, *par* droit, me doit échoir encor. (I, 76.)

Et mettant en nos mains, *par* un juste retour,
Les armes dont se sert sa vengeance sévère, etc. (III, 146.)

 Celui-là frappe en maître!
 Seroit-ce point *par* malheur mon époux? (V, 72.)

Par des pêcheurs nous fûmes arrêtés,
Et *par* bonheur chez Oronte portés. (VIII, 270.)

 J'ai posé dès l'abord
Que tout exemple est de force très grande,
Et ne me suis écarté *par* trop fort. (V, 306.)

Madame Alis (ainsi l'on l'appeloit)
Par un beau jour eut de la jeune Aminte
Ce compliment. (VI, 29.)

Par un beau jour, cet homme se dérobe
D'avec sa femme. (IV, 280.)

Je me mis lors à compter *par* mes doigts. (VII, 163.)
Le lion *par* ses ongles compta. (I, 76.)
.... Leur laissa tout son bien *par* portions égales. (I, 192.)
[Le lion] fut enfin attaqué par ses propres sujets,
 Devenus forts *par* sa foiblesse. (I, 242.)

Par le devoir, sans plus, ils marchent à la gloire. (VII, 608.)
Nos termes sont pareils *par* leur courte durée. (III, 156.)
[Un païen] qui croyoit en Dieu, pour user de ce mot,
 Par bénéfice d'inventaire. (I, 342 et note 3.)

Si le ciel t'eût, dit-il, donné *par* excellence
Autant de jugement que de barbe au menton, etc. (I, 219.)
Voyez EXCELLENCE.

Je dirai, *par* parenthèse, que, etc. (VIII, 321.)
Par ma figue! (VII, 461 et note 6.)

 Eh bien! tous deux nous saurons comme quoi
 Vous êtes faite; est-ce, *par* votre foi,
 De quoi tant craindre? (V, 496 et note 6; voyez III, 165 et note 21.)

De *par* le roi des animaux...
Fut fait savoir, etc. (II, 45.)
De *par* Jupin soient les dieux avertis.... (IX, 166.)
Touselle soit, touselle, de *par* Dieu!
J'en suis content. (V, 362 et note 2 ; voyez II, 181.)
.... *Par* ma barbe, dit l'autre, il [cela] est bon; et je loue
Les gens bien sensés comme toi. (I, 218.)
Ah! *par* la mort! *par* le sang! *par* la tête! (V, 369 et note 3.)

PAR, devant un infinitif :
Mais ne confondons point, *par* trop approfondir,
Leurs affaires avec les vôtres. (I, 252.)
.... La nuit des temps! nous la saurons dompter,
Moi *par* écrire, et vous *par* réciter. (VI, 90 et note 2.)

PARABOLE :
La *parabole* est-elle autre chose que l'apologue, c'est-à-dire un exemple fabuleux? (I, 16.)

PARACHÈVEMENT :
Myrtis eut la satisfaction de voir, avant que de mourir, le *parachèvement* de son vœu. (VIII, 183.)

PARADIS :
.... Une charité si fervente
Que mainte femme en fut contente
Et crut y gagner *paradis*. (IV, 177 et note 4.)
[Le Vieux de la Montagne] leur faisoit donner du *paradis*
Un avant-goût à leur sens perceptible,
Du *paradis* de son législateur. (V, 383.)
« Changer d'ajustement tous les jours! s'écria Acante, je ne voudrois point d'autre *paradis* pour nos dames. » (VIII, 67.)

PARAGE :
Un rat des plus petits voyoit un éléphant
Des plus gros, et railloit le marcher un peu lent
De la bête de haut *parage*. (II, 287 et note 8.)
Les dames de haut *parage*. (IV, 47 et note 2.)

PARALLÈLE :
Il n'est pas juste qu'une simple mortelle... entre en *parallèle* avec la mère de Cupidon. (VIII, 51.)

PARANGON :
.... Par ce *parangon* des présents
Il croyoit sa fortune faite. (III, 257 et note 50.)
Anne, puisqu'ainsi va, passoit dans son village
Pour la perle et le *parangon*. (V, 243 et note 3.)

PARASITE :
Nomme-t-on pas aussi mouches les *parasites*? (I, 274.)

Ce *parasite* ailé
Que nous avons mouche appelé. (II, 262; voyez III, 263 et note 3.)

PAR BIEU, par Dieu :

Par bieu! dit le meunier, etc. (I, 202 et note 22.)

Blaise lui dit : « *Par bieu!* femme, il nous faut,
Sans coup férir, rattraper notre somme. » (IV, 109 et note 3; voyez IV, 119; V, 370.)

PARBLEU. (II, 376 et note 6.)

PARC :

Ce château... avoit un *parc* fort grand. (IV, 408 et note 3; voyez IV, 415, 418.)

Tous *parcs* étoient vergers du temps de nos ancêtres,
Tous vergers sont faits *parcs*. (VIII, 124.)

.... C'est un pays que ce *parc*. (IX, 277; voyez IX, 223, note 1.)

PARCOURIR :

Notre amant prit la main
De sa maitresse, et de baisers de flamme
La *parcourant*, etc. (V, 53.)

PAR DELÀ :

Il leur faut une nuit entière, et *par delà*,
Pour, etc. (IV, 388.)

Il ne se fût précipité lui-même;
Mais *par delà* de lui demander rien,
C'étoit abus. (V, 490.)

.... Et jusqu'au bout contredira,
Et, s'il peut, encor *par delà*. (I, 249.)

[Son nom] doit être *par delà* Rome. (IX, 349.)
Montez jusqu'à Marot, et point *par delà* lui. (VII, 163.)
Il se tiendra content *par delà* son desir. (VII, 61.)
Le parasite n'y est point [dans cette pièce] goulu *par delà* la vraisemblance. (VII, 7.)

PAR-DESSUS :

.... Celui [le temps] où vivoit Platon l'a emporté en cela *par-dessus* les autres. (VIII, 338.)

Les humains sont plaisants de prétendre exceller
Par-dessus nous. (III, 127.)

La belle avoit de quoi mettre un Gascon aux cieux,
Des attraits *par-dessus* les yeux. (IV, 387 et note 9.)

La moins jeune à peine comptoit
Un an entier *par-dessus* seize. (V, 584.)

PAR-DESSUS (AU) :

.... Et ne sais *au par-dessus*
Si les Grâces sont chez elle;
Mais les Muses n'y sont plus. (IX, 320.)

PAR-DEVANT :

.... *Par-devant* eux se plaint un amant. (VIII, 423.)
Le loup plaidant contre le renard *par-devant* le singe. (I, 136.)
Un citoyen du Mans, chapon de son métier,
    Étoit sommé de comparaître
    Par-devant les lares du maître. (II, 320 et note 4.)

PAR DEVERS :

Tout fut secret; et quiconque eut du bon
Par devers soi le garda sans rien dire. (IV, 218.)

PARDON, PARDONS :

En second lieu il trompe une cruelle,
Et croit gagner les *pardons* en cela. (IV, 73 et note 4; voyez IV, 86, 315; V, 552 et note 2, etc.)

PARDONNABLE :

On n'osa trop approfondir
Du tigre ni de l'ours, ni des autres puissances,
    Les moins *pardonnables* offenses. (II, 98.)

PARDONNER :

Lynx envers nos pareils, et taupes envers nous,
Nous nous *pardonnons* tout et rien aux autres hommes. (I, 79.)

PAREIL, EILLE :

.... Ne me tends plus de panneau :
Tu te trouverois mal d'un *pareil* stratagème. (I, 343.)
Nos termes sont *pareils* par leur courte durée. (III, 156.)
Il a de ses *pareils* l'intérêt embrassé. (VII, 611.)
    Quittez les bois, vous ferez bien :
    Vos *pareils* y sont misérables. (I, 71.)
    Consolons-nous pourtant :
Nous avons des *pareils*. (V, 144; voyez V, 137.)
Je lui rendrai, si je puis, la *pareille*. (IV, 170.)
    Trompeurs, c'est pour vous que j'écris :
    Attendez-vous à la *pareille*. (I, 114.)
Il prend donc les menus [poissons], puis leur parle à l'oreille,
    Et puis il feint, à la *pareille*,
D'écouter leur réponse. (II, 249.)
Il tâche à rappeler ce bonheur sans *pareil*. (VI, 247.)

PARENT :

Amour n'y fit un trop long examen :
Prêtre et *parent* tout ensemble, et notaire,
En peu de jours il consomma l'affaire. (VI, 45.)
Il n'est meilleur ami ni *parent* que soi-même. (I, 358.)

PARENTAGE :

Un lion de haut *parentage*. (I, 265.)
    Il fut conclu par votre *parentage*
    Qu'on vous feroit un couvent épouser. (IX, 105.)

Qu'aux nœuds du *parentage* un autre soit sensible. (VIII, 485.)

Imprudence, babil, et sotte vanité,
Et vaine curiosité,
Ont ensemble étroit *parentage*. (III, 17 et note 18.)

Voyez aussi des Périers, tome I, p. 85; Marot. tomes I, p. 52, II, p. 39, III, p. 235, et passim; Ronsard, tome II, p. 52; du Bellay, tome II, p. 369; Montaigne, tome III, p. 281; Boileau, épître VI, vers 46; etc.; et les Lexiques de Malherbe, Corneille, et Racine.

PARENTÉ :

.... [Ce chat] contre toute ta *parenté*
D'un malin vouloir est porté. (II, 18.)

La *parenté* se joint en cause. (V, 458 et note 4.)

Sa *parenté* prit pour argent comptant
Un tel motif. (V, 479; voyez VI, 104.)

PARENTÈLE :

Parentèle étoit entre la dame
Et notre abbé. (V, 392 et note 1.)

PARER, PARÉ; SE PARER DE :

Berger, vous paroissez aujourd'hui bien *paré*. (VII, 524.)
Le logis est propre et *paré*. (V, 453 et note 2.)
Le souper prêt, la chambre bien *parée*. (IV, 253.)

Comparez Gabriel Chappuys, tome I, fol. 235 r° : « ung lict bien paré ».

Des trésors du firmament
Cette princesse *se pare*. (VIII, 385.)

Il est assez de geais à deux pieds comme lui,
Qui *se parent* souvent *des* dépouilles d'autrui. (I, 300.)

PARER (SE) DE, se garantir de :

Pour *me parer du* froid.... (VIII, 483.)

Et bien, pour *vous parer* tous deux *d*'une surprise,
En allant au jardin que chacun se déguise. (VII, 379 et note 1.)

PARÊTRE, paraître :

Je définis la cour un pays où les gens....
Sont ce qu'il plaît au Prince, ou, s'ils ne peuvent l'être,
Tâchent au moins de le *parêtre*. (II, 281 et note 7.)

Devant les autres chiens oserai-je *parêtre*? (III, 42 et note 2.)

Voyez Paroître.

PARFAIRE :

Depuis le temps, monsieur notre curé
Auroit déjà *parfait* son entreprise. (V, 497.)

André me dit, quand il *parfit* l'enfant,
Qu'en trouveriez plus que pour votre usage. (IV, 166 et note 1.)

PARFAIT, AITE :

Car, dira-t-on, quelque *parfait*
Que puisse être un galand dedans cette science, etc. (IV, 43.)

Au bout de quelque temps que messieurs les louvats
Se virent loups *parfaits*.... (I, 240.)
.... La troisième avare *parfaite*. (I, 192.)
J'aurois trouvé ton testament tout fait,
Ton petit-fils pourvu, ton bâtiment *parfait*. (II, 210.)

PARFAITEMENT :
Une *parfaitement* belle fille. (IX, 307.)

PARFUM :
  Orangers, arbres que j'adore,
  Que vos *parfums* me semblent doux! (VIII, 29.)
Parfums sur la toilette, et des meilleurs de Rome. (V, 457.)
  Bons restaurants, champignons, et ragoûts ;
  Bains et *parfums*; matelas blancs et mous. (IV, 253.)

PARFUMER :
On le *parfume* avant que l'habiller. (IV, 258 et note 1.)
  Le muletier, frais, gaillard et dispos,
  Et *parfumé*, se coucha sans rien dire. (IV, 227.)
  Ce que le monde adore
  Vient quelquefois *parfumer* ses autels. (III, 276.)

PARGUÉ :
  La femme est-elle un cas si différent ?
  Et *pargué* non. (V, 321 et note 7 ; voyez VII, 490, 495.)

PARGUENNE :
    Et *parguenne*,
  Dit le premier des villageois, etc. (V, 222.)

PARI :
.... Nous mettrons donc cette clause au *pari*. (IV, 247.)

PARIEUR :
Le *parieur* ayant changé de voix.... (IV, 248.)

PARLEMENTER :
La belle *parlementa*. (VIII, 295.)

PARLER, PARLANT :
Ne pas louer son siècle est *parler* à des sourds. (IX, 202.)
  Tout *parle* dans l'univers ;
  Il n'est rien qui n'ait son langage. (III, 168.)
Tout *parle* dans Ulysse. (VII, 607.)
L'amant trouva bientôt encore à qui *parler*. (V, 598.)
Thaïs vaut qu'on l'estime, à *parler* franchement. (VII, 67.)
  Madame Alis la loue, et lui promet
  De voir Cléon, de lui *parler* si net
  Que de l'aimer il n'aura plus d'envie. (VI, 30.)
  .... A bien *parler*,
  C'est la fièvre. (VI, 319 ; voyez VII, 70.)

.... Que sert d'en *parler* aux échos? (VII, 259.)
.... Que sert d'en *parler* aux zéphyrs? (VII, 260.)
.... On m'appelleroit poule ; enfin n'en *parlez* pas. (II, 239.)
Je *parle* aux vents. (VII, 266.)

     D'un langage nouveau
J'ai fait *parler* le loup et répondre l'agneau.
J'ai passé plus avant : les arbres et les plantes
Sont devenus chez moi créatures *parlantes*. (I, 130 et note 5.)

PARLER, substantivement :
Ainsi dans les dangers qui nous suivent en croupe
 Le doux *parler* ne nuit de rien. (I, 238 et note 9.)
Voyez tome III, p. 188 et note 28.

PARLEUR :

Ne soyez à la cour, si vous voulez y plaire,
Ni fade adulateur, ni *parleur* trop sincère. (II, 133.)
Ce *parleur* m'incommode. (VII, 62.)
Le Sénat demanda ce qu'avoit dit cet homme,
Pour servir de modèle aux *parleurs* à venir. (III, 153.)
[Cicéron] est le plus disert des *parleurs*. (VIII, 349.)
Garçon bien fait, beau *parleur*, et de mise. (IV, 309.)
L'oiseau *parleur* est déjà dans la barque. (III, 65 et note 14.)

PARMI, préposition :
Lycérus, assisté d'Ésope, avoit toujours l'avantage, et se rendoit illustre *parmi* les autres. (I, 47.)
Mais *parmi* l'abondance à tout on s'accoutume. (VII, 430.)
Une fable avoit cours *parmi* l'antiquité. (I, 313.)
Parmi les anciens : comparez les Lexiques de Corneille et de Racine.
Mais ce livre [du Destin], qu'Homère et les siens ont chanté,
Qu'est-ce, que le Hasard *parmi* l'antiquité,
 Et *parmi* nous la Providence? (I, 68.)
Celui-ci [le lion] *parmi* chaque espèce
Manda des médecins. (II, 224.)
Au Lycée et *parmi* l'Académie. (VIII, 339.)
Couché *parmi* des os en des cavernes sombres.... (VIII, 490.)
Je m'en irai... *parmi* les morts. (VIII, 98.)
Force moutons *parmi* la plaine. (III, 95 et note 4; voyez III, 162; et passim.)

« Je lui donnai un si grand coup de pied parmi le cul qu'il descendit plus vite qu'il ne voulut. » (Brantôme, tome VII, p. 132.)

PARMI, adverbialement :
Il aimoit les jardins, étoit prêtre de Flore
 Il l'étoit de Pomone encore :
Ces deux emplois sont beaux, mais je voudrois *parmi*
 Quelque doux et discret ami. (II, 260 et note 12.)

PAROISSE :

Porter habit de deux *paroisses*. (III, 246 et note 19.)

PAROISSIAL, ale :
Une messe *paroissiale*. (IX, 226.)

PAROÎTRE :
Le monstre dans la lune à son tour lui *parut*. (II, 202.)
Ce que je dis *a paru* aux yeux d'un monarque. (VIII, 346.)
Berger, vous *paroissez* aujourd'hui bien paré. (VII, 524.)
Voyez PARÊTRE.

PAROLE, PAROLES, acceptions diverses :
.... On trouva qu'il ne manquoit rien
A Jupiter que la *parole*. (II, 386.)
Pour faire court en trois *paroles*, etc. (VII, 136.)
Elle eut à peine achevé la *parole*, etc. (VI, 55.)
Perdre la *parole!* il faut croire que leurs bouches s'étoient bien malheureusement rencontrées. (VIII, 80.)
Introduisons celui
Qui porte de sa part [de Jupiter] aux belles la *parole*. (I, 364.)
De *parole* en *parole* le différend s'échauffa jusqu'à tel point que la femme demanda son bien. (I, 35.)
Ce que je sais, c'est qu'aux grosses *paroles*
On en vient sur un rien plus des trois quarts du temps. (III, 229 et note 28.)
.... Pour l'obliger à donner *parole* qu'il renonceroit à Psyché. (VIII, 203.)
.... Dès à présent je vous en donne ma *parole*. (VII, 483.)
Mes principales lois sont mes simples *paroles*. (VII, 603.)
.... Foible, léger, tenant mal sa *parole*. (VI, 4.)
Jouons-nous tous deux des *paroles*. (IX, 180.)
Le lendemain elle le régala
Tout de son mieux, en femme de *parole*. (IV, 363.)
Sur ma *parole*. (IV, 372; voyez V, 572.)
Nos vieux romans, en leur style plaisant,
Nomment cela *paroles* de présent. (VI, 44 et note 5.)
Voyez, pour ce dernier exemple, le Supplément du Dictionnaire de Littré, au mot PAROLE.

Aux plus grossiers, par un chemin bien court,
Il sait montrer les tours et les *paroles*. (IV, 224.)
Paroles ont des vertus nonpareilles;
Paroles font en amour des merveilles. (IV, 240 et note 3.)
Beaucoup de gens ont une ferme foi
Pour les brevets, oraisons et *paroles*. (IV, 239 et note 3.)
La fée..., par ses cercles, par ses *paroles*, etc. (VIII, 205.)
Il ne se trouvera point que j'aie employé ni afféterie ni *paroles* ensorcelantes. (VIII, 174.)

PARRAIN :
Il crut qu'en prévenant
Son *parrain* en cocuage,
Il feroit tour d'homme sage. (V, 455 et note 4.)
Suivant cette antique loi,
Nous sommes *parrains* du roi. (V, 342 et note 2.)
Adam, *parrain* banal de toutes ces familles.... (IX, 43; voyez IX, 42.)

J'y suis [sur le Parnasse] le *parrain* de plusieurs belles. (IX, 381.)

PART, sens et emplois divers :

Le lion par ses ongles compta,
Et dit : « Nous sommes quatre à partager la proie. »
Puis en autant de *parts* le cerf il dépeça. (I, 76.)

Amour en quatre *parts* divise son empire. (VII, 150.)

Cependant des humains presque les quatre *parts*
S'exposent hardiment au plus grand des hasards;
Les quatre *parts* aussi des humains se repentent. (II, 103.)

Des quatre *parts* les trois
En ont regret, et se mordent les doigts. (IV, 487.)

Il ne saura qui, quoi, n'en quelle *part*, etc. (V, 44 et note 7.)

Il descend, et son poids emportant l'autre *part*,
Reguinde en haut maître renard. (III, 136.)

Le temps d'aimer n'a si petite *part*
Qui ne soit chère. (VII, 173.)

.... Quoique Bellone ait *part* ici,
J'y vois peu de corps de cuirasse. (V, 596.)

.... C'est une étrange affaire
Que nous ayons tant de *part* en ceci. (V, 410.)

.... L'esprit manceau n'eut point *part* à ce fait. (VI, 45.)

.... Car que l'esprit eût *part* à cet office,
Ne le croyez. (V, 291.)

Je ne puis appeler présence un bien où les yeux n'ont aucune *part*. (VIII, 73.)

.... Car mes mains n'ont point eu de *part* à cette joie. (VII, 179; voyez VII, 617.)

L'ouïe et l'odorat ont *part* à mes plaisirs. (VIII, 427.)

Chacun d'eux eut *part* au gâteau. (II, 246.)

Un loup qui commençoit d'avoir petite *part*
Aux brebis de son voisinage.... (I, 210.)

L'avare rarement finit ses jours sans pleurs;
Il a le moins de *part* au trésor qu'il enserre. (II, 438.)

.... Et le Pirée a *part* aussi
A l'honneur de votre présence? (I, 292.)

Cimon, son camarade, eut sa *part* de la joie. (VI, 15.)

.... Deux veuves sur son cœur eurent le plus de *part*. (I, 110.)

Ce toit faisoit *part*
D'une maison voisine du rempart. (IV, 251 et note 2.)

Le clergé ne fut pas
Des plus tardifs à prendre *part* au cas. (V, 378.)

Car, quand l'Amour d'un et d'autre côté
Veut s'entremettre, et prend *part* à l'affaire
Tout va bien mieux. (IV, 81.)

Un moineau fort coquet
Faisoit aussi sa *part* des délices du prince. (III, 65.)

Je n'en eusse quitté ma *part* pour un empire. (III, 258.)

Moi, qui paie à frère Girard,
Je voulois lui porter ma *part*. (IV, 196.)

J. DE LA FONTAINE, XI

.... Sans oublier les gaillardes nonnains
Dont il faisoit peu de *part* à ses frères. (V, 391.)
.... Depuis que la fureur de rimer au hasard
A pris le peu d'esprit dont le Ciel vous fit *part*. (VII, 280.)
Ayant donc mis à *part* les entretiens frivoles.... (II, 345.)
Ésope se mit à rire ; et ayant tiré son maître à *part*, etc. (I, 36.)
J'allois offrir mon fait à *part*. (I, 315.)
Pour le pauvre frère Girard,
Il avoit eu son fait à *part*. (IV, 201.)
.... Phœnix en ceci
Prétend avoir à *part* ses intérêts aussi. (VII, 615.)
.... Vieille ni jeune à qui le personnage
Ne fit songer quelque chose à *part* soi. (V, 412.)
Xantus, de sa *part*, voyoit par là de quelle importance il lui étoit de ne point affranchir Ésope. (I, 40.)
La vieille, à tous moments, de sa *part* emportoit
Un peu du poil noir qui restoit. (I, 110; voyez II, 123; II, 371 et note 7; III, 208; IV, 55; VIII, 189; etc.)
Les belettes, de leur *part*,
Déployèrent l'étendard. (I, 287; voyez VIII, 49, 280.)
.... Non loin de là certain vieillard
S'ennuyoit aussi de sa *part*. (II, 260 et note 10.)
Notre avare habitoit un lieu dont Amphitrite
Défendoit aux voleurs de toutes *parts* l'abord. (III, 202.)
.... Si l'effet ne s'en voit ou d'une ou d'autre *part*. (VII, 73.)
On peut disputer de *part* et d'autre tant qu'on voudra. (VIII, 327.)
.... Elle eût de *part* en *part*
Percé son cœur. (V, 200.)

PARTAGE ; EN PARTAGE :

Le *partage* étant fait, etc. (VII, 599.)
Une aimable tourterelle
Fut le *partage* d'un hibou. (VII, 581.)
Du démon vous serez le *partage*. (VII, 435.)
Enfermez l'un des deux dans le plus haut étage,
Qu'à l'autre le plus bas devienne le *partage*. (VII, 410 et note 11.)
Le repos, le repos, trésor si précieux
Qu'on en faisoit jadis le *partage* des dieux. (II, 162 ; voyez V, 17.)
[Ma Muse] eût eu du moins Paris, *partage* de cadette. (IX, 178.)
Nul n'a tout *en partage*. (IV, 229.)
Les uns ont la grandeur et la force *en partage*. (I, 183.)

PARTAGER ; SE PARTAGER :

Peu s'en faut que Phébus ne *partage* le jour. (VI, 187 et note 3.)
Deux démons à leur gré *partagent* notre vie. (III, 46.)
Mille dons près de vous me viendront *partager*. (VIII, 364.)
Nous sommes quatre à *partager* la proie. (I, 76.)
Plus d'un intendant se trouva:
Cette charge *fut partagée*. (V, 142 et note 4.)

PAR] DE LA FONTAINE. 147

Que dirois-je des traits où les Ris sont logés?
De ceux que les Amours *ont* entre eux *partagés?* (VIII, 103.)
Par l'ordre de Capys la troupe *se partage.* (VI, 253.)

PARTANT, adverbialement :

.... Si toutefois les dieux l'ordonnoient ainsi, il y consentoit; *partant,*
qu'il prît garde au premier présage qu'il auroit étant sorti du logis.
(I, 41.)

   Il avoit du comptant,
    Et *partant*
   De quoi choisir. (I, 110.)

.... Et donne à chaque sœur un lot contre son gré;
   Rien qui pût être convenable,
   Partant rien aux sœurs d'agréable. (I, 195.)

Plus d'amour, *partant* plus de joie. (II, 95; voyez II, 371 et note 6;
V, 357; VIII, 423; IX, 9; et passim.)

PARTERRE, au propre et au figuré :

   L'air étoit peint de cent couleurs :
   Jamais *parterre* plein de fleurs
   N'eut tant de sortes de nuances. (VIII, 234.)

   Il faut de tout aux entretiens :
   C'est un *parterre* où Flore épand ses biens. (II, 459.)

PARTI, sens divers :

.... C'est pourquoi vous n'avez qu'un *parti* qui soit sûr. (I, 84.)

   Mais puisqu'il faut ne rien espérer d'elle,
   Je me retire, et prendrai ce *parti.* (VI, 36.)

   .... Même on lui dit qu'il jouera, s'il est sage,
   A ces gens-là quelque méchant *parti.* (II, 303; voyez VI, 22.)

Il ne me proposa jamais de tels *partis.* (V, 262 et note 3.)
Je ne veux point priser un *parti* qui me touche. (VII, 102.)
Il vous recherche, acceptez ce *parti.* (V, 481.)

   .... A huit jours de là,
   Il s'offre un *parti* d'importance. (V, 215 et note 5; voyez VI, 42,
51, 98.)

   Embuscades, *partis,* et mille inventions
   D'une pernicieuse et maudite science. (II, 470 et note 64.)

PARTICIPER, PARTICIPANT DE :

Après que les humains, œuvre de Prométhée,
Furent *participants du* feu, etc. (VI, 316.)

   Avint pourtant que notre belle, un soir,
   En se plaignant, dit à sa gouvernante,
   Qui *du* secret n'étoit *participante....* (VI, 46.)

La commodité du lieu obligea Psyché d'y faire des vers, et d'*en*
rendre les hêtres *participants.* (VIII, 152 et note 2.)

PARTICULARISER :

De la *particulariser* en dedans [la ville], je vous ennuierois. (IX, 237 et
note 1; voyez IX, 259.)

PARTICULARITÉ :
.... Tant de princes sans mérite ont trouvé des gens qui nous ont appris jusqu'aux moindres *particularités* de leur vie. (I, 28.)

PARTICULIER :
Je ne prétends pas que mon goût serve de règle à aucun *particulier* et encore moins au public. (VIII, 470.)

PARTIE, emplois divers ; PARTIES d'un procès :
[Le marchand] prit congé d'eux, *partie* murmurant, *partie* riant de ce bel objet. (I, 38.)
.... Sans la prier d'être de la *partie*. (V, 93.)
[Cocuage] fut de la *partie*. (V, 542.)
.... Amour seul étant de la *partie*. (IV, 93.)
Minutolo, pour lors de la *partie*, etc. (IV, 65 et note 5.)
    .... Mettons de la *partie*
L'ombre et l'amour seulement. (VII, 222.)
Si Clothon ne se fût mise de la *partie*.... (IX, 233 ; voyez VII, 465.)
L'onde tient sa *partie*. (VIII, 41.)
Terme de musique.
    .... Là tous les jours étoient nouveaux déduits :
    Notre donzelle y tenoit sa *partie*. (IV, 318.)

    Notre muet fait nouvelle *partie* :
    Il s'en tira non si gaillardement. (IV, 502.)

Elle ne peut crier, et de crainte saisie,
Permit tout à son hôte, et pour un (sic) autrefois
    Lui laissa lier la *partie*. (IV, 431 et note 2.)
Car je veux à demain remettre la *partie*. (VII, 90.)
    Çà, çà, galons-le en enfant de bon lieu :
    Mais il vaut mieux remettre la *partie*. (V, 371.)
La *partie* ainsi faite, il vient avec ses gens. (I, 278.)
    Et tout aussitôt les amants
    De l'aller voir firent *partie*. (V, 250 et note 2.)
La *partie* fut incontinent conclue. (VIII, 28.)
Jules César n'a nullement négligé cette *partie* [l'éloquence]. (VIII, 321.)
.... Plus grand en est l'amour des deux *parties*. (IV, 299 et note 5.)
    Devant le singe il fut plaidé,
Non point par avocats, mais par chaque *partie*. (I, 136 ; voyez I, 122 ; III, 271.)

PARTIR, neutralement ; PARTIR DE :
    Tout en parlant de la sorte,
    Un limier le fait *partir*. (II, 29.)
Rien ne sert de courir ; il faut *partir* à point. (II, 31.)
Voici les derniers ouvrages de cette nature qui *partiront des* mains de l'auteur. (IV, 145.)
Cette opinion ne sauroit *partir* que *d*'un homme d'excellent goût. (I, 9.)
Les apostilles que vous avez faites à mon ode ne sauroient *partir* que *d*'un jugement très solide. (IX, 354.)

PAS] DE LA FONTAINE. 149

Chacun demeura surpris : on n'auroit pas cru qu'une telle invention pût *partir* d'Ésope. (I, 31 ; voyez I, 44, 127.)

PARTIR, substantivement; AU PARTIR :

Au partir de ce lieu, qu'elle remplit de crainte,
　La perfide descend tout droit
　　A l'endroit
　Où la laie étoit en gésine. (I, 220.)

Au partir du corps, etc. (VIII, 275.)

　Mainte fille a perdu ses gants,
　Et femme *au partir* s'est trouvée,
　Qui ne sait la plupart du temps
Comme la chose est arrivée. (IV, 412 et note 1.)

PARTIR, activement, partager :

.... Et tout gais et joyeux
Sont sur le point de *partir* leur chevance. (IV, 273 et note 1.)

PARTISAN, traitant, banquier :

Le *partisan* commode est un bon dépensier. (VII, 574.)
Quelque gros *partisan* m'achètera bien cher. (I, 373 et note 5.)

PARURE :

Le deuil enfin sert de *parure*. (II, 75.)
Je ne vous saurois mieux dépeindre tous ces logis de même *parure* que par la place Royale. (IX, 256.)

PARVIS :

On rencontroit une clarière (sic) qui servoit comme de *parvis* au temple. (VIII, 177 ; voyez VI, 161.)

PAS, substantif, emplois divers :

　　Les belles destinées
　Ne devroient aller que le *pas*. (IX, 117.)
Ainsi s'avançoient *pas à pas*, nez à nez, nos aventurières. (III, 209.)
Celui-ci marche à *pas* comptés. (VII, 134 ; voyez I, 391.)
　A *pas* tremblants et suspendus
Elle arrive enfin, etc. (VIII, 102.)
En paradis allant au petit *pas*. (IX, 19.)
Ainsi jamais le temps ne remonte à sa source;
Vainement pour les dieux, il fuit d'un *pas* léger, etc. (VI, 241.)
Légère et court vêtue, elle alloit à grands *pas*. (II, 150.)
.... Il y court à grands *pas*. (VI, 82.)
Que sous les *pas* d'Astrée ici tout s'embellisse! (VII, 541.)
　Or le voilà qui tourmente sa vie,
Qui va, qui vient, qui court, qui perd ses *pas*. (V, 563 ; voyez II, 339.)
.... De ce *pas* à Thaïs va le faire savoir. (VII, 12 ; voyez II, 6 ; III, 189 ; IV, 496 ; VII, 67, 74, 433.)
　.... Elle, toute joyeuse,
　Le va porter [le brochet] du même *pas*
　Au curé, messire Thomas. (V, 350.)
.... Psyché, de ce même *pas*, s'en alla. (VIII, 169.)

.... Lors pour sortir elle prend une excuse,
Et tout d'un *pas* s'en va trouver Janot. (IV, 71 ; voyez IV, 430 et note 1.)

Meurs, et va-t-en tout de ce *pas*
Haranguer les sœurs filandières. (III, 216 ; voyez IV, 109, 313, etc.)

Les *pas* empreints sur la poussière
Par ceux qui s'en vont faire au malade leur cour,
Tous, sans exception, regardent sa tanière. (II, 45.)

.... Quand je devrois
Mourir sur les *pas* de la porte. (VII, 469 et note 1.)

Mais mon pied emboîté dans ce *pas* détestable,
Implore à l'en tirer ta pitié charitable. (VII, 396 et note 2.)

Plus son esprit à songer se travaille,
Moins il espère échapper d'un tel *pas*. (V, 525 ; voyez IV, 104.)

Chacun admira l'expédient que Xantus avoit trouvé pour sortir à son honneur d'un si mauvais *pas*. (I, 41 ; voyez IV, 168.)

Autrefois l'éléphant et le rhinocéros,
En dispute du *pas* et des droits de l'empire, etc. (III, 310 et note 1.)

Les différents degrés où monte cocuage
Règlent le *pas* et les emplois. (V, 141.)

Clitophon a le *pas* par droit d'antiquité. (IX, 25.)

Si c'étoit, dit Joconde, une cérémonie,
Vous auriez droit de prétendre le *pas*. (IV, 49; voyez II, 193; VI, 133.)

J'ai sur les bras une dame jolie
A qui je dois faire franchir le *pas*. (V, 371 et note 1.)

De la feinte à l'effet on n'a qu'un *pas* à faire. (VII, 520.)

PAS, négation ; NE... PAS :

Pas une âme en ce Louvre. (V, 271.)

Ceux-ci (les enfants) pensent-ils *pas* dès leurs plus jeunes ans ? (II, 476 et note 85.)

Fit-il *pas* mieux [le renard] que de se plaindre ? (I, 234.)

Et supposé que quant à la matière
J'eusse failli, du moins pourrois-je *pas*
Le réparer par la forme en tout cas ? (VI, 6.)

J'ai l'œil bon, Dieu merci.
— Je *ne* l'ai *pas* mauvais aussi,
Dit l'autre. (II, 404 et note 8.)

PASSADE :

Vos fréquentes *passades*,
Joutes, tournois, devises, sérénades.... (V, 569 et note 5.)

PASSAGE :

Le trop superbe équipage
Peut souvent en un *passage*
Causer du retardement. (I, 289.)

La caravane enfin rencontre en un *passage*
Monseigneur le Lion. (I, 315.)

La mort ne surprend point le sage :
  Il est toujours prêt à partir,
  S'étant su lui-même avertir
Du temps où l'on se doit résoudre à ce *passage*. (II, 207.)
  Son général lui chaussa l'éperon ;
  Dont il croyoit que le plus haut baron
  Ne lui dût plus contester le *passage*. (IV, 101 et note 7.)
Les amants se font *passage* partout. (VIII, 150.)

PASSAGES, terme de musique :
  Il faisoit des *passages*,
  Plus content qu'aucun des sept sages. (II, 217 et note 5.)
Les *passages* d'Atto et de Léonora. (IX, 155.)

PASSAGER, substantif :
  Un *passager*, pendant l'orage,
Avoit voué cent bœufs au vainqueur des Titans. (II, 422.)

PASSAGER, ÈRE, adjectif :
  Ce temps ne dura guère,
Et ce ne fut pour nous qu'une fleur *passagère*. (VII, 429.)

PASSE de billard. (IX, 136 et note 3.)

PASSE-CICÉRON :
  L'autre affiche par la ville
  Qu'il est un *passe-Cicéron*. (II, 63 et note 8.)

PASSE-DROITS :
J'ai vu des chroniqueurs attribuer le cas
Aux *passe-droits* qu'avoit une chienne en gésine. (III, 227.)

PASSE-PASSE :
Venez, Messieurs, je fais cent tours de *passe-passe*. (II, 371.)
L'aveugle enfant, joueur de *passe-passe*. (VII, 125 et note 6.)

PASSE-PORT, au propre et au figuré :
  .... Bon *passe-port* contre la dent,
  Contre la griffe tout autant. (II, 45.)
  Passe-port d'Amour ne suffit :
  En attendant que Mars m'en donne un, et le sine,
  Car Mars et Condé, c'est tout un, etc. (IX, 336.)
  Il n'appartient qu'aux ouvrages vraiment solides..., d'être bien reçus de tous les esprits..., sans avoir d'autre *passe-port* que le seul mérite dont ils sont pleins. (IV, 10.)

PASSE-TEMPS :
  .... Et c'est un *passe-temps*
De leur voir nettoyer un monceau de pistoles. (II, 246 ; voyez IV, 446.)
Nous n'aurons pas toujours tel *passe-temps*. (IV, 212 et note 2 ; voyez IV, 279 ; V, 446.)

PASSE-VOLANT :
Anne, faisant passer ses péchés en revue,
Comme un *passe-volant* mit en un coin ce cas. (V, 348 et note 1.)

PASSER, au propre et au figuré, sens divers :
a) Neutralement :
    Je *passerai*, si tu veux, la première
    Pour t'obliger. (IV, 501.)
    Une *passa*, puis une autre, et puis une;
    Tant qu'à *passer* s'entre-pressant chacune,
    On vit enfin celle qui les gardoit
    Passer aussi. (V, 306.)
    Il faut que l'une ou l'autre *passe*
    Pour aujourd'hui. (IV, 436.)
    Thibaut l'agnelet *passera*,
    Sans qu'à la broche je le mette? (III, 32 et note 14.)
Passent trois bons marchands. (I, 202.)
Trois filles *passant*.... (II, 202.)
    Ne laissez nulle place
    Où la main ne *passe* et repasse. (I, 395.)
Une morale nue apporte de l'ennui :
Le conte fait *passer* le précepte avec lui. (II, 1.)
Mais ce maître est bien fait et beau comme le jour :
    Cela fait *passer* en amour
    Quelque bourdon que ce puisse être. (V, 261.)
Il [ce point] *passera* pourtant, j'en ai fait *passer* d'autres. (V, 119 et note 4; voyez III, 10; V, 581.)
    Elle demande encor ce jour,
    Et ne l'obtient qu'avec peine;
    Il fallut pourtant y *passer*. (V, 217 et note 5.)
[Que] ces vers puissent *passer* aux derniers des humains. (VI, 238.)
Ces plaisirs *passeront* : tout *passe* dans la vie. (VII, 210.)
Tout meurt, tout héros *passe*. (IX, 149.)
Le feu ravagera l'univers à son tour;
Terre et cieux *passeront*. (VIII, 414.)
Ne laissez point *passer* la saison des beaux jours. (VII, 271.)
L'as-tu point vue en *passant* par ces lieux? (VII, 44.)
Ce n'est pas en *passant* qu'on traite cette chose. (V, 103.)
    [Minutolo], comme *en passant*, mit dessus le tapis
    Certains propos de certaines coquettes. (IV, 65.)
Je vous jure ma foi que l'accompagnement
Est d'un tout autre prix, et *passe* infiniment. (V, 427 et note 1.)
    Car vous passez infiniment
    En dureté, je le confesse. (Voiture, *Poésies*, p. 67.)
Le maître le crut, et *passa* bien plus avant, car il lui donna Ésope. (I, 33; voyez I, 130.)
    La chose *passa* si avant que, etc. (VIII, 44; voyez VIII, 98.)
    .... *Passez, passez* sur ses perfections. (VII, 424.)
Un homme subtil, et qui ne laisse rien *passer*. (I, 20.)

[La gaieté de ces contes] *passe* légèrement. (IV, 14.)
  Un octogénaire plantoit :
Passe encor de bâtir, mais planter à cet âge! (III, 155 ; voyez V, 75.)
  .... Puis, tout à coup, levant la collerette,
  Prit un baiser dont l'époux fut témoin :
  Jusque-là *passe*. (V, 76.)
Le Port-de-Pilles est un lieu *passant*. (IX, 253.)
PASSER À LA MONTRE. Voyez MONTRE.
PASSER AU GROS SAS. Voyez SAS.

b) Activement :
Dans la gueule... on lui *passe* un bâton. (III, 15.)
[Le milan] sur le nez sacré voudroit *passer* la nuit. (III, 254.)
L'ours *a passé* l'onde noire. (VII, 226.)
.... Ce sont des feux bientôt *passés*, etc. (IV, 415.)
Caron vous *passera* sans *passer* les Amours. (VII, 168.)
J'ai déjà *passé* la longueur ordinaire des préfaces. (I, 18 ; voyez I, 42 ; VI, 315.)
Mais, en disant que nous voulions *passer* ce point-là, etc. (IV, 149.)
  Et Sarasin m'a fait *passer*
  Un bail d'amour à Socratine. (VII, 130.)
  Sa femme étoit encor de bonne affaire
  Et ne *passoit* de beaucoup les trente ans. (IV, 204.)
Vous... *passez* cinquante ans. (IX, 22.)
Il *passe* quatre-vingts ans. (IX, 285.)
Et je sais que de moi tu médis l'an *passé*. (I, 90.)
  Femme qui n'a filé toute sa vie
  Tâche à *passer* bien des choses sans bruit. (V, 205 et note 4.)
Nos aïeux, bonnes gens, lui laissoient tout *passer*. (IX, 373.)
Lui passaient tout.

.... Rien que de vrai ne vous *sera passé*. (VII, 20.)
Apaisez le lion, seul il *passe* en puissance
Ce monde d'alliés vivants sur notre bien. (III, 98.)
En grandeur il *passe* Alexandre. (VIII, 499.)
En rien je ne le *passe*. (VIII, 373.)
  Trente-deux perles se font voir
  Dont la moins belle et la moins claire
Passe celles que l'Inde a dans ses régions. (VIII, 427.)
Les seconds les *passoient*, *passés* par les troisièmes. (IX, 329.)
  Le refus des frelons fit voir
  Que cet art *passoit* leur savoir. (I, 122.)
Je le rendrai maître *passé*. (II, 64 ; voyez III, 110 et note 10.)
Maître *passé* dans Cythère et Paphos. (V, 235 et note 2.)

PASSER (SE) ; SE PASSER DE :
  .... Le va trouver et lui conte comment
  S'étoit passé le jus de mandragore. (V, 56.)
.... Cela ne *se passa* pas sans musique. (IX, 346.)
.... Tout *se passe* en leur cœur. (IV, 399.)

.... *De* femme *se passant* tant qu'il en eut affaire. (IX, 91.)
L'ours boucha sa narine :
Il *se fût* bien *passé de* faire cette mine. (II, 131.)
On *se fût* bien *passé de* prendre tant de peine. (IV, 31.)
.... Honneur *dont*, à son sens,
Il *se seroit passé* le mieux du monde. (IV, 321.)

PASSION, PASSIONS :
Bien que chacun soit éloquent dans sa *passion*.... (VIII, 306.)
La bergère,
Pour qui l'amour étoit langue étrangère,
Répondit mal à tant de *passion*. (VI, 9.)
.... Et l'on n'est point d'un roi toute la *passion*. (VII, 600.)
Le but d'Aminte en cette *passion*
Étoit, sans plus, la consolation. (VI, 28.)
Les morts sont donc heureux? ce n'est pas mon avis :
Je veux des *passions*. (VI, 207.)
Tout cela, joint au devoir de vous obéir et à la *passion* de vous plaire, etc. (III, 174.)
.... C'est un prince qui mérite qu'on passe la mer afin de le voir, tant il a... de véritables *passions* pour la gloire. (IX, 399.)

PASTEUR, au figuré :
Le berger plut au roi par ces soins diligents :
Tu mérites, dit-il, d'être *pasteur* de gens. (III, 48 et note 7.)
O vous, *pasteurs* d'humains et non pas de brebis. (III, 58.)
Quelques imitateurs, sot bétail, je l'avoue,
Suivent en vrais moutons le *pasteur* de Mantoue. (IX, 202.)
Le *pasteur* étoit à côté
Et récitoit, à l'ordinaire,
Maintes dévotes oraisons. (II, 157; voyez II, 159; V, 489, 501.)

PASTORALE :
.... Beaucoup d'effets de fureur martiale,
D'amour très peu, très peu de *pastorale*. (IX, 147.)

PÂTE :
Il avoit femme et belle et jeune encor....
Pour des curés la *pâte* en étoit bonne. (V, 488 et note 1.)

PATENÔTRE :
.... Part du tronc tombe en l'eau, disant sa *patenôtre*. (IV, 402 et note 3.)
Ce sont morceaux de rochers
Entés les uns sur les autres,
Et qui font dire aux cochers
De terribles *patenôtres*. (IX, 290.)
Ils [les mulets] se suivoient en file ainsi que *patenôtres*. (IX, 328 et note 4.)

PATENTE :
Mais je sais bien qu'avecque la *patente*

De ces beaux noms on s'en aille au marché,
L'on reviendra comme on étoit allé. (V, 160 et note 5.)
.... Si l'on n'a *patente* du sire
Qui, etc. (IX, 102; comparez IX, 453.)

PATER, aumônier, moine, abbé :

Je pense qu'en effet,
Reprit Nuto, cela peut être cause
Que le *pater* avec le factotum
N'auront de toi ni crainte ni soupçon. (IV, 497 et note 2.)
Le secret même encor se répéta
Par le *pater* : il aimoit cette danse. (V, 297 et note 4.)
Pater abbas avec juste sujet
Appréhenda d'être père en effet. (V, 403.)

PATERNEL :

O dieux hospitaliers! que vois-je ici paroître?
Dit l'animal chassé du *paternel* logis. (II, 185.)

PATERNITÉ (Sa) :

Tant et tant fut par Sa *Paternité*
Dit d'oraisons, etc. (V, 403 et note 4.)

PATHÉTIQUE :

Un discours *pathétique*. (II, 67.)

PATIBULAIRE, substantivement et adjectivement :

Le scélérat, réduit en un péril extrême,
Et presque mis à bout par ces chiens au bon nez,
 Passa près d'un *patibulaire*. (III, 321 et note 12.)
 Car de mettre au *patibulaire*
 Le corps d'un mari tant aimé,
Ce n'étoit pas une si grande affaire. (VI, 85 et note 5.)
.... Et je voudrois bien voir la grâce qu'il aura
Au bois *patibulaire* alors qu'on le pendra. (VII, 390.)

PATIENCE :

Patience et longueur de temps
Font plus que force ni que rage. (I, 163.)
La dame prit le tout en *patience*. (IV, 172 et note 1 ; voyez IV, 183;
V, 295 et note 6.)
 Que ce soit donc votre plaisance
 De me laisser en *patience*. (VIII, 444.)
En repos.

PATIENT, iente :

Presque toujours il [ce remède] se trouve fatal
A celui-là qui le premier caresse
La *patiente*. (V, 38.)
 En grand silence aussi
La *patiente* attend sa destinée. (V, 48.)

PATINER :
Hem! pour voir, *patinons*. (VII, 337 et note 3.)
On les contemple, on *patine*, on se joue. (V, 74 et note 6.)
« .... Et puis, c'est à se sabouler, à se *patiner*, à plaquer les mains sur les joues. » (Cyrano de Bergerac, *le Pédant joué*, acte II, scène III.)

PÂTIR ; PÂTIR DE :
Que nature *pâtit!* (VII, 424 et note 6.)
  Les ressorts
  De son corps,
  Son esprit,
   Tout *pâtit*. (VII, 231.)
Qu'a fait Madame? dit la belle;
Pâtira-t-elle pour autrui? (IV, 436.)
  .... Il faudra qu'on *pâtisse*
Du combat qu'a causé madame la Génisse. (I, 140.)
  Hélas! on voit que de tout temps
Les petits *ont pâti des* sottises des grands. (I, 140.)
Un gland tombe : le nez du dormeur *en pâtit*. (II, 377 ; voyez III, 98, 228.)

PÂTIS, pâturage :
Je vous enseignerai les *pâtis* les plus gras. (I, 348.)
  l'ay delaissé par les herbeux pastis
  Beufz et brebis et leurs aigneaux petis.
  (Marot, tome I, p. 101; ibidem, p. 43, 45, et tome III, p. 189.)

PÂTISSERIE :
Voilà, dit-il, la *pâtisserie* la plus méchante que j'aie jamais mangée. (I, 39.)

PATOIS :
L'âne, qui goûtoit fort l'autre façon d'aller,
Se plaint en son *patois*. (I, 202.)
  .... Ce chien approche, il jappe, il leur fait fête....
  Il paraissait leur dire en son patois :
  « Venez, etc. » (Voltaire, tome VIII, p. 94.)
  On entendit à son exemple [du lion]
Rugir en leur *patois* messieurs les courtisans. (II, 281 et note 5.)
  .... Il [le sein d'Alibech] va, vient et respire :
  C'est son *patois*. (V, 474 et note 2.)
  Son œil me dit en son *patois* :
  « Berger, berger, ton heure sonne. » (VIII, 445.)

PATRIARCHE :
Autant qu'un *patriarche* il vous faudroit vieillir. (III, 156.)

PATRICE :
On le créa *patrice*. (III, 152 et note 49.)

PATRIMOINE :
.... Tous ces autres dons que vous tenez d'eux... sont plus votre *patrimoine* que le nom même que vous portez. (VIII, 346.)

Deux démons à leur gré partagent notre vie,
Et de son *patrimoine* ont chassé la raison. (III, 47 et fin de la note 2.)

PATRON, emplois divers :

La blondine chiorme
Afin de vous gagner n'épargne aucun moyen :
Vous êtes le *patron*. (V, 100 et note 2.)

Le *patron* ne voulut lui dire
Ni oui ni non sur ce discours. (V, 510.)

Hylas, *patron* des indiscrets. (IX, 38.)

De *patrons* même il avoit une liste :
Point de quartier pour un évangéliste,
Pour un apôtre, ou bien pour un docteur. (IV, 335 et note 6.)

Chaque mère à sa bru l'alléguoit pour *patron*. (VI, 68 et note 6.)
Pour modèle.

Le don fut beau, comme tu peux penser :
Minerve en fit un *patron* tout à l'heure. (IX, 169.)

.... Si le dieu Pan, ou le Faune,
Se fait jamais faire un trône,
C'en sera là le *patron*. (IX, 223.)

PATTE :

La bête scélérate
A de certains cordons se tenoit par la *patte*. (I, 256.)

Allez, vous êtes une ingrate :
Ne tombez jamais sous ma *patte*. (I, 230.)

.... Deux chèvres donc s'émancipant,
Toutes deux ayant *patte* blanche. (III, 208 et note 5.)

PATTE-PELU :

C'étoient deux vrais tartufs, deux archipatelins,
Deux francs *patte-pelus*. (II, 427 et note 5.)

PÂTURAGE, pâturages :

Dans le troisième lot, les fermes, le ménage,
Les troupeaux, et le *pâturage*. (I, 194; voyez III, 334.)

Ce ne fut pas sans boire un coup,
C'est-à-dire sans prendre un droit de *pâturage*. (III, 218 et note 5.)

Jamais de liberté, ni pour les *pâturages*,
Ni d'autre part pour les carnages. (I, 240.)

PÂTURE :

Tu me serviras de *pâture*. (I, 179.)

De mille soins divers l'alouette agitée
S'en va chercher *pâture*. (I, 356.)

.... L'hirondelle cherchant *pâture* à ses petits.... (VIII, 484.)

Il advint qu'au hibou Dieu donna géniture ;
De façon qu'un beau soir qu'il étoit en *pâture*,
Notre aigle aperçut, etc. (I, 422.)

PAUME (Longue) :
Deux jeux de *longue paume*. (IX, 280.)

PAUPIÈRE :
.... Le jouvenceau, qui vient pour se louer
D'un air modeste, et baissant la *paupière*. (IV, 302.)
Et le premier instant où les enfants des rois
    Ouvrent les yeux à la lumière
    Est celui qui vient quelquefois
Fermer pour toujours leur *paupière*. (II, 207.)

PAUSE :
Larcins d'amour ne veulent longue *pause*. (IV, 209 et note 5.)
    Je veux croire, et pour cause,
    Que l'on but et que l'on mangea :
    Ce fut l'intermède et la *pause*. (V, 598 et note 1.)
Loin de vos yeux je vais faire une *pause*. (IX, 45 et note 2.)

PAUVRE, emplois divers :
Pendant ces derniers temps combien en a-t-on vus
Qui du soir au matin sont *pauvres* devenus
    Pour vouloir trop tôt être riches ! (I, 406.)
        A la fin le *pauvre* homme
S'en courut chez celui qu'il ne réveilloit plus. (II, 221.)
Je parlerai du moins de ce *pauvre* garçon. (VII, 418.)
Pauvre ignorant que le compère Étienne ! (V, 334 ; voyez VI, 28.)
Pauvres gens, idiots, couple ignorant et rustre ! (I, 201 ; II, 125.)
.... Cancres, haires, et *pauvres* diables. (I, 71 et note 3.)

PAUVRET, pauvrette :
Un milan, qui dans l'air planoit, faisoit la ronde,
Voit d'en haut le *pauvret* se débattant sur l'onde. (I, 310 ; voyez III, 323.)
Pardonnez-moi, dit la *pauvrette*. (I, 142 ; voyez I, 419 ; IV, 347 et note 3 ; et passim.)

PAUVRETÉ :
La *pauvreté* vaut mieux qu'une telle richesse. (II, 125.)
Dans Platon, l'Amour est fils de la *Pauvreté*. (VIII, 112.)
.... C'est un monument qui se sent de la *pauvreté* de son siècle. (IX, 236.)

PAVANER (Se), caracoler :
.... A travers ce brouillard un cheval gris et noir
Qui tantôt *se pavane*, et puis qui tantôt trotte. (VII, 283.)

PAVÉ :
    Le fidèle émoucheur
Vous empoigne un *pavé*, etc. (II, 262.)
.... Las de courir et battre le *pavé*. (VII, 63.)

PAVILLON :

.... Et dans un *pavillon* fit tant qu'il l'attira
Toute seulette. (IV, 434.)
   Un *pavillon* vers le bout du jardin
   Vint à propos. (V, 575.)

PAVOT, PAVOTS, au figuré :

   Lorsque par ses *pavots*
Le sommeil en ces lieux répandra le silence, etc. (VII, 306.)
La nuit avoit partout répandu ses *pavots*. (VIII, 487.)
Il choisit une nuit libérale en *pavots*. (III, 111 ; voyez VI, 247.)
Le sommeil... la replongea dans les charmes de ses *pavots*. (VIII, 60.)

PAYABLE :

   .... En donnant à leur mère tant,
   Payable quand chacune d'elles
Ne posséderoit plus sa contingente part. (I, 192.)

PAYER ; PAYER DE, EN :

   Je vous *paierai*, lui dit-elle,
   Avant l'oût, foi d'animal. (I, 59.)
C'étoit un roi [Laomédon] qui *payoit* mal :
Il n'est pas le seul en l'histoire. (VIII, 277.)
   La belle avoit sa rançon toute prête :
Très bien lui prit d'avoir de quoi *payer*. (IV, 342.)
   Chacune accourt ; grande dispute
   A qui la première *payra*. (IV, 186 et note 1 ; voyez IV, 190, 191, 193, 195 ; V, 370, 536.)
   Tel d'entre eux avoit pour sa part
   Dix jeunes femmes bien *payantes*. (IV, 189.)
Elle *paya* cette fois pour la dame. (VI, 124.)
Tu *payras* pour le sire. (V, 536.)
Il le *payra*, par bieu ! (V, 370.)
Le moins bon tour *payera* quelque amende. (IV, 300 et note 1.)
   Mettez un prix à la pauvre captive,
   Je le *payrai* comptant, sans hésiter. (IV, 346 et note 2.)
.... Quitte à peine d'un vœu nouvellement *payé*. (VIII, 362.)
   .... Puis celui-ci possède un chien
   Que le royaume de la Chine
   Ne *payroit* pas *de* tout son or. (V, 261.)
Jusqu'ici peu d'objets ont régné sur son âme
Sans *payer* son amour d'une ou d'autre façon. (VII, 53.)
Ce chef *a payé de* mépris leurs services. (VII, 609 ; voyez VII, 612.)
.... Elle l'*avoit payé* d'ingratitude. (V, 168 ; voyez V, 571.)
   Amusez les rois par des songes,
Flattez-les, *payez*-les d'agréables mensonges. (II, 284.)
Vous *paierez de* caresses pleines de charmes ; mais moi, *de* quoi paierai-je ? (IX, 423.)
   Je laisse à juger
De combien de plaisirs ils *payèrent* leurs peines. (II, 365.)
Il suffira que je les *paye en* chansons. (IX, 254.)

PAYS, au propre et au figuré, emplois divers :
En *pays* pleins de cerfs, un cerf tomba malade. (III, 217 et note 2.)
Chez Rabelais, tome I, p. 217 : « mon pays de vache » ; chez Marot, tome I, p. 179 : « leurs pays de vache ».

C'est un *pays* que ce parc, on y court le cerf. (IX, 277.)
Voyez tome IX, p. 223 et note 1.

[L'âne] alloit par *pays*, accompagné du chien. (II, 299.)
Courons ensemble le *pays*. (VII, 226.)
.... Faisant couler le temps, gagnant toujours *pays*. (VII, 294 et note 3.)

Je suis bien sotte et bien de mon *pays*
De te garder la foi de mariage ! (IV, 76 et note 2.)

Payer ainsi des marques de tendresse
En la suivante étoit, vu le *pays*,
Selon mon sens, un fort honnête prix. (VI, 128 et note 12.)

Rouen, *pays* de sapience. (V, 320 et note 1.)
Je définis la cour un *pays* où les gens
Tristes, gais, prêts à tout, à tout indifférents,
Sont ce qu'il plaît au Prince, etc. (II, 281.)

Elle [cette peinture] contient une aventure
Arrivée au *pays* d'Amours. (V, 583.)

Le *pays* des morts. (VIII, 216.)
.... Puis cette main dans le *pays* s'avance. (V, 497 et note 4.)

PAYS, populairement, compatriote, du même pays, du même canton :
A vous le dé, *pays!* (VII, 489.)

PÉAGE :
Gouffre, banc, ni rocher, n'exigea de *péage*
D'aucun de ses ballots. (II, 174.)

PEAU :
Il ne faut jamais
Vendre la *peau* de l'ours qu'on ne l'ait mis par terre. (I, 430 et note 15 ; I, 427.)

Il [le roi] veut avoir
Un manchon de ma *peau*. (II, 370.)

Pour vous, dit-il, dont la *peau*
Est plus dure que la mienne, etc. (I, 370.)
C'est le pot de terre qui parle au pot de fer.

Un loup n'avoit que les os et la *peau*. (I, 70.)
« Cet asne n'auoit que les os cousus en sa peau. » (*Les Facetieuses Nuicts de Straparole*, traduites par Jean Louveau, tome II, p. 231.)

Connoissez-vous les miens [mes petits]? dit l'oiseau de Minerve.
— Non, dit l'aigle. — Tant pis, reprit le triste oiseau :
Je crains en ce cas pour leur *peau*. (I, 421.)

.... Piller le survenant, nous jeter sur sa *peau*. (III, 84.)

Ni roi, ni roc, ne feront qu'autre touche
Que Nicia, jamais onc à ma *peau*. (V, 46.)

Secrets appas, embonpoint, et *peau* fine. (V, 529.)
La *peau* si douce. (VIII, 99.)
Un loup qui commençoit d'avoir petite part
　　Aux brebis de son voisinage,
Crut qu'il falloit s'aider de la *peau* du renard. (I, 210.)
Vous savez coudre....
Peau de lion avec *peau* de renard. (IX, 146 et note 1.)
　　.... Tant se la mit le drôle en la cervelle
Que dans sa *peau* peu ni point ne duroit. (IV, 87 ; voyez V, 430 et note 2.)

Chez Rabelais, tome III, p. 63 : « Aultrement ne pouuoient [durer] en leur peau. » Chez Montaigne, tome III, p. 239 : « Je me resserre et contrains en ma peau. » Chez Malherbe, tome II, p. 292 : « Beaucoup de gens ne veulent point qu'il [le sage] sorte hors de sa peau. »

Sous la *peau* de l'ami, je craindrois que l'amant
Ne demeurât caché. (VII, 161.)

PECCADILLE :
Sa *peccadille* [de l'âne] fut jugée un cas pendable. (II, 100.)

PÉCHÉ :
Depuis qu'il est des lois, l'homme pour ses *péchés*
Se condamne à plaider la moitié de sa vie. (III, 340.)
.... Moins scélérat, moins chien, moins traître, moins lutin,
Que n'est pour nos *péchés* ce maudit Florentin. (VII, 406.)
.... Mais ses *péchés* écrits tombèrent par malheur. (IX, 23 et note 5.)
　　Demain vous direz vos *péchés* ;
　　Tous les bons pères sont couchés. (IV, 192.)
De prime abord sont par la bonne dame
Expédiés tous les *péchés* menus ;
Puis à leur tour les gros étant venus, etc. (IV, 104.)

PÉCHER :
Arrière les humeurs ; qu'elles *pèchent* ou non, etc. (VI, 339 et note 5.)
Chacun fit son devoir de dire à l'affligée
Que tout a sa mesure, et que de tels regrets
　　Pourroient *pécher* par leur excès. (VI, 72.)

PÊCHER, au propre et au figuré :
Le maître de ce lieu dans huit jours *pêchera*. (III, 20.)
.... Et où diable a-t-il *pêché* cela ? (VII, 458.)

PÊCHEUR, PÉCHERESSE :
　　Il se dit un pauvre homme,
　　Pauvre *pêcheur*. (VI, 112.)
L'illustre *pécheresse* [Madeleine]. (VIII, 416.)

PÉCORE :
　　* La chétive *pécore*
　　S'enfla si bien qu'elle creva. (I, 66 et note 4.)
.... Mainte impudente *pécore*. (II, 353.)

Que si cette *pécore*
Fait le honteux, envoyez sans tarder
M'en avertir. (V, 58 et note 2.)

PÉCUNE, argent :
Plein de courroux et vide de *pécune*. (V, 368 et note 4.)

PÉDANT :
Je ne sais bête au monde pire
Que l'écolier, si ce n'est le *pédant*. (II, 383.)
Tout babillard, tout censeur, tout *pédant*,
Se peut connoître au discours que j'avance. (I, 116 ; VIII, 339.)
.... [Certain enfant] doublement sot et doublement fripon
Par le jeune âge et par le privilège
Qu'ont les *pédants* de gâter la raison. (II, 381.)
Un *pédant* de collège. (IX, 99.)

PEIGNE :
La navette en courant entrelace la trame,
Puis le *peigne* aussitôt en serre les tissus. (VIII, 483.)

PEIGNER, PEIGNÉ :
Belle tête, mais mal *peignée*. (IX, 276.)

PEINDRE :
On ne voit plus l'éclat dont sa bouche *étoit peinte*. (VI, 266.)
Sur le teint des mourants la mort n'*est* pas mieux *peinte*. (VI, 257.)
Ô toi qui *peins* d'une façon galante, etc. (V, 235.)
.... Si mes confrères savoient *peindre*. (I, 232.)
.... Pour mon frère l'Ours on ne l'a qu'ébauché :
Jamais, s'il me veut croire, il ne se fera *peindre*. (I, 78.)

PEINE, difficulté, labeur, chagrin, douleur, supplice :
L'ambassadeur lui dit que, tant qu'ils auroient Ésope avec eux, il auroit *peine* à les réduire à ses volontés. (I, 45.)
Son bonheur me fait *peine* à le pouvoir connoître. (VII, 582 et note 3.)
.... Trente ans, ce n'est pas la *peine*. (VIII, 233.)
Travaillez, prenez de la *peine* :
C'est le fonds qui manque le moins. (I, 394.)
Çà, messieurs les chevaux, payez-moi de ma *peine* ! (II, 143.)
Ce que les gens en deux mois à grand'*peine*
Avoient brodé périt en un moment. (V, 199.)
Plains-toi que de Tharsis je méprise la *peine*. (VII, 212.)
Chacun s'oppose au bien que mérite ma *peine*. (VII, 99.)
Il arriva un prodige qui mit fort en *peine* les Samiens. (I, 43.)
De quoi vous mettez-vous en *peine* ? (I, 39 ; VII, 160.)
Le seul tribut les tint en *peine*. (I, 315.)
Un rat qui la voyoit en *peine*, etc. (I, 252.)
Je prends un plaisir extrême à vous voir en *peine*. (VIII, 74.)
Nous devenons serpents un jour de la semaine :
Vous souvient-il qu'en ce lieu-ci
Vous en tirâtes un de *peine* ? (V, 257.)

La bergère perdoit ses *peines*. (III, 56.)
Je suis à vous, disposez de mes *peines*. (V, 491.)
.... Multipliant œuvres de charité,
Et mettant *peine* à consoler la veuve. (V, 302 et note 3.)
Ses chagrins le rendoient pourtant méconnoissable....
Tant la *peine* et l'amour l'avoient défiguré! (VI, 203.)
Voilà nos gens rejoints; et je laisse à juger
De combien de plaisirs ils payèrent leurs *peines*. (II, 365.)
Dieu tout bon, disoit Malc, si ton Fils par sa *peine*
M'a sauvé de l'enfer, etc. (VI, 289 et note 7.)

PEINER, neutralement :
Nous suons, nous *peinons* comme bêtes de somme. (I, 207.)

PEINTRE; LA PEINTRE :
Tant de miroirs, se sont les sottises d'autrui,
Miroirs, de nos défauts les *peintres* légitimes. (I, 93.)
L'une pourtant des tireuses de vin
De lui sourire au retour ne fit faute :
Ce fut *la peintre*. (V, 81 et note 3.)

On disait aussi autrefois *peintresse* : voyez le Dictionnaire de Littré, au mot PEINTRE.

PEINTURE :
On exposoit une *peinture*
Où l'artisan avoit tracé
Un lion d'immense stature. (I, 231.)
De cent printemps l'agréable *peinture*
Viendra pour lui rajeunir la nature. (IX, 30 et note 2.)
Il donne aux fleurs leur aimable peinture.
(Racine, *Athalie*, vers 323.)

PELER :
Chemin faisant, il vit le col du chien *pelé*. (I, 72.)
Il falloit dévouer ce maudit animal,
Ce *pelé*, ce galeux, d'où venoit tout le mal. (II, 100.)
Montagnes *pelées*. (IX, 244.)

PÈLERIN, PÈLERINE, au propre et au figuré :
Nos gaillards *pèlerins*,
Par monts, par vaux, et par chemins,
Au gué d'une rivière à la fin arrivèrent. (I, 159.)
Un jour deux *pèlerins* sur le sable rencontrent
Une huître, que le flot y venoit d'apporter. (II, 403 et note 1.)
Le *pèlerin*, qui le tout observoit, va voir la dame. (IV, 93; voyez IV, 88 et note 2.)
Marché fait, les oiseaux forgent une machine
Pour transporter la *pèlerine* [la tortue]. (III, 15.)
Il n'ouvrit pas à nos deux *pèlerines*
Du premier coup. (IV, 474 et note 3.)

PÈLERINAGE :
Le chat et le renard, comme beaux petits saints
    S'en alloient en *pèlerinage*. (II, 426 et note 2.)
Pèlerinage avoit fait son devoir
Plus d'une fois; mais c'étoit le vieux style. (IV, 320 et note 2.)

PENAILLE :
.... La *penaille*, ensemble enfermée,
Fut en peu d'heures consumée. (IV, 199 et note 7.)

PENARD :
.... Vous, vieux *penard;* moi, fille jeune et drue. (IV, 348 et note 4.)

PÉNATES :
    Il renonce aux courses ingrates,
Revient en son pays, voit de loin ses *pénates*. (II, 166.)
Elle [la belette] porta chez lui [le lapin] ses *pénates* un jour, etc. II, 185.)
La cage et le panier avoient mêmes *pénates*. (III, 196.)
Saluez ces *pénates* d'argile. (VI, 152.)

PENAUD :
Nous en allons voir tout à l'heure un bien *penaud!* (VII, 487.)

PENCHANT, substantivement :
Il [le cheval] ne craint point des monts les puissantes barrières,
Ni l'aspect étonnant des profondes rivières,
Ni le *penchant* affreux des rocs et des vallons. (VI, 256.)
Sur le *penchant* des précipices.... (VIII, 400.)

PENDABLE :
Bellac se peut vanter d'avoir un prévôt aussi hardi et [aussi *pendable* qu'il y en ait. (IX, 291.)
Sa peccadille [celle de l'âne] fut jugée un cas *pendable*. (II, 100.)

PENDANT, préposition :
    Pendant l'humain séjour,
Ce vizir quelquefois cherchoit la solitude. (III, 119 et note 9.)

PENDANT, PENDANTS, substantif :
    La belle mit son corset des bons jours,
    Son demi-ceint, ses *pendants* de velours. (IV, 472 et fin de la note 1.)
Une paire de *pendants* d'oreilles. (VIII, 165.)

PENDARD :
Le petit *pendard*. (VII, 464.)

PENDRE; SE PENDRE :
    Je vous demande encore un don :
C'est qu'on *pende* aux créneaux, haut et court, le corsaire. (IV, 425.)
Ils ont des colliers d'or sous la gorge *pendants*. (VIII, 482.)

Un rocher, quelque mont *pendant* en précipices.... (III, 207 et note 2.)
Salut, de la nature admirables caprices,
Où les bois, les cités, pendent en précipices.
(André Chénier, Élégies, II, xxII.)
Autant nous en *pend* à la tête. (VII, 125.)
 Le procès *pend*, et *pendra* de la sorte
 Encor longtemps. (IV, 326 et note 3.)
Depuis tantôt six mois que la cause *est pendante*,
 Nous voici comme aux premiers jours. (I, 121.)
Le pauvre diable étoit prêt à *se pendre*. (V, 365.)
Le galant fait le mort, et du haut d'un plancher
Se pend la tête en bas. (I, 256 et note 6.)

PÉNÉTRER, activement et neutralement :
 Le soleil dissipe la nue,
Récrée, et puis *pénètre* enfin le cavalier. (II, 11.)
Ils n'osent *pénétrer* cette horrible contrée. (VI, 302 et note 2.)
Pénétrer un pays. (VIII, 500.)
Vos gens à *pénétrer* l'emportent sur les autres. (III, 320 et note 8.)
.... Une honnête femme se devoit contenter du mari que les dieux lui avoient donné..., et ne pas *pénétrer* plus avant qu'il ne plaisoit à ce mari qu'elle *pénétrât*. (VIII, 168-169.)

PÉNIBLE :
Clymène, en un tissu riche, *pénible*, et grand,
Avoit presque achevé le fameux différend
D'entre le dieu des eaux et Pallas la savante. (VI, 197 et note 1.)

PÉNITENCE :
 Il la prêcha, mais si bien et si beau,
 Qu'elle donna les mains par *pénitence*. (V, 47.)
...., De beaux tetons, comme aux premiers jours de sa *pénitence*. (IX, 272.)

PENSÉE; AVOIR LA PENSÉE DE :
Quittez le long espoir et les vastes *pensées*. (III, 156 et note 7.)
Chaque pays a sa *pensée*. (II, 391 et note 2.)
Il se maintient cocu, du moins de la *pensée*. (V, 92.)
L'un et l'autre se dit adieu de la *pensée*. (VI, 163.)
Vous prétendez le prix qu'on doit à mes beautés?
Ingrates, deviez-vous *en avoir la pensée*? (VIII, 254.)

PENSEMENT :
 Notre amoureux fournit plus d'une traite
 (Un muletier à ce jeu vaut trois rois),
 Dont Teudelingue entra par plusieurs fois
 En *pensement* (IV, 228 et note 2.)

PENSER :
Ceux-ci [les enfants] *pensent*-ils pas dès leurs plus jeunes ans? (II 476.)
  Les Anglois *pensent* profondément :
Leur esprit en cela suit leur tempérament. (III, 319.)

Le plus âne des trois n'est pas celui qu'on *pense*. (I, 201 et note 17.)

Compère Étienne, ainsi qu'on peut *penser*,
Fut le premier des deux à se lasser. (V, 330.)

.... Quant au surplus, je le laisse à *penser*. (IV, 72 et note 6.)
Je laisse à *penser* son courroux. (V, 451.)

Un loup donc étant de frairie
Se pressa, dit-on, tellement,
Qu'il en *pensa* perdre la vie. (I, 229.)

.... Même un singe, en cette occurrence,
Profitant de la ressemblance,
Lui *pensa* devoir son salut. (I, 292.)

Saint Jean, dit-elle en soi-même aussitôt,
J'*ai pensé* faire une étrange bévue. (IV, 211.)

.... Et [le cheval] *pensa* mettre en désarroi
Ce brave serviteur du Roi. (IX, 327.)

« Laisse-moi là ! se mit-elle à crier;
Comme un enfant *penses*-tu me traiter ? » (IV, 76.)

Ce chien, voyant sa proie en l'eau représentée,
La quitta pour l'image, et *pensa* se noyer. (II, 56.)

.... Les filles qui servoient sa femme se *pensèrent* battre à qui l'auroit pour son serviteur. (I, 35.)

.... Des questions qui m'*ont pensé* mettre l'esprit sens dessus dessous. (VII, 464.)

Le pauvre enfant [l'Amour] *pensa* perdre l'esprit
En calculant, tant la somme étoit haute. (IX, 16.)

PENSER, substantivement :

A te dire le vrai, ce seul *penser* me tue. (VII, 31.)

Il ne voit presque pas l'onde qu'il considère;
Mais l'éclat des beaux yeux qu'on adore en Cythère
L'a bientôt retiré d'un *penser* si profond. (VI, 232.)

.... Sur ce *penser*-là notre amant
S'en va trouver sa belle. (V, 551.)

Ce doux *penser*. (IX, 35.)

Ce *penser* le console; il reprend tous ses charmes. (IV, 34 et note 4; voyez IV, 169, 195; VII, 68, 602, 620; et passim.)

Ils se confioient leurs *pensers* et leurs soins. (I, 200.)

Pour moi de tels *pensers* me seroient malséants. (I, 337; voyez IX, 184.)

Que j'ai toujours haï les *pensers* du vulgaire ! (II, 341 et note 2; voyez VIII, 297, 358, 415; IX, 184.)

PENSION :

Viviers et réservoirs lui payoient [au cormoran] *pension*. (III, 19.)
La *pension* qu'il veut que je lui donne. (IX, 107.)

PENTE; AVOIR PENTE À :

Blois est en *pente* comme Orléans. (IX, 241.)

Quelle que soit la *pente* et l'inclination
Dont l'eau par sa course l'emporte, etc. (I, 248.)

Mais que cette humeur soit ou non
Le défaut du sexe et sa *pente*.... (I, 249.)
De tous les animaux l'homme *a* le plus de *pente*
A se porter dedans l'excès. (II, 414.)

PÉNULTIÈME :
Le *pénultième* été. (IX, 17.)

PERCEPTIBLE :
.... Et leur faisoit donner du paradis
Un avant-goût à leurs sens *perceptible*. (V, 383.)

PERCER :
.... Bien que de leurs abois ils *perçassent* les nues. (III, 322.)
Le bruit que font vos exploits éclatants
Perce les cieux. (IX, 34.)
Comment *percer* des airs la campagne profonde?
Percer Mars, le Soleil, et des vides sans fin? (II, 296.)
Il a la voix *perçante* et rude. (II, 16.)
Le mulet, en se défendant,
Se sent *percer* de coups; il gémit, il soupire. (I, 68.)

PERCHE :
Cependant un faucon sur sa *perche* voyoit, etc. (II, 321.)
A l'écurie, un cheval assez bon,
Mais non pas fin; sur la *perche*, un faucon. (V, 163.)

PERCHER; SE PERCHER :
Maître Corbeau, sur un arbre *perché*,
Tenoit en son bec un fromage. (I, 62.)
Son vainqueur sur les toits
S'alla *percher*, et chanter sa victoire. (II, 171.)

PERCLUS :
.... Un serpent sur la neige étendu,
Transi, gelé, *perclus*, immobile rendu. (II, 41.)
[Renaud] n'en peut presque plus :
Transi de froid, immobile, et *perclus*. (IV, 251.)
L'énormité du fait le rendit si confus
Que d'abord tous ses sens demeurèrent *perclus*. (IV, 39.)

PERDRE; SE PERDRE :
Xantus s'en donna jusqu'à *perdre* la raison. (I, 40.)
Vénus ne *perd* point de temps.... (VIII, 135.)
.... Ma Muse n'y *perdroit* que son temps et ses peines. (IX, 326.)
Surtout il a de quoi te donner tes étrennes.
— Qui, lui? C'est petit gain, je n'y *perds* que mes peines. (VII, 88.)
Or le voilà qui tourmente sa vie,
Qui va, qui vient, qui court, qui *perd* ses pas. (V, 563 et note 7.)
.... Ce bienfait ne *fut* pas *perdu*. (I, 162.)

.... Qu'on m'envoie une escorte si sûre
Qu'il n'arrive plus d'aventure.
Croyez-moi, vous n'y *perdrez* rien. (IV, 416.)
Je ne dormirai point sous de riches lambris :
Mais voit-on que le somme en *perde* de son prix? (III, 122.)
Voulez-vous vous servir
Encor longtemps d'une fille *perdue?* (IV, 285.)
Elle gémit [l'aigle] en vain : sa plainte au vent *se perd*. (I, 151.)
Notre couple amoureux
D'un temps si doux à son aise profite :
Rien ne *s*'en *perd*. (IV, 308.)
Il *s'est perdu!* Je me *perdrai* moi-même. (VII, 528 ; voyez VII, 529.)

PERDRE SES GANTS, PERDRE SON LATIN, PERDRE LA TRAMONTANE, PERDRE DE VUE. Voyez GANTS, LATIN, etc.

PÈRE, emplois et sens divers :
Chacun au bruit accourt,
Les *père* et mère, et toute la mégnie. (VI, 56.)
Tout *père* frappe à côté. (II, 316 et note 13.)
.... Ce sont, dit-il, leurs lois qui m'ont de ce logis
Rendu maître et seigneur, et qui, de *père* en fils,
L'ont de Pierre à Simon, puis à moi Jean transmis. (II, 187.)
Toi donc, qui que tu sois, ô *père* de famille.... (III, 114 et note 32.)
.... Car Homère n'est pas seulement le *père* des dieux, c'est aussi celui des bons poètes. (I, 28.)
C'est [l'amour-propre] le *père*,
C'est l'auteur de tous les défauts. (III, 124.)
C'est [Platon] le *père* de l'ironie. (VIII, 340.)
Rien n'échappa de leur colère,
Ni moinillon, ni béat *père*. (IV, 200 et note 4.)
La charité du beau *père* étoit grande. (V, 296.)
Les beaux *pères* n'expédioient
Que les fringantes et les belles. (IV, 191 et note 3 ; voyez IV, 491 et note 2.)
.... Besogne où ces *pères* en Dieu
Témoignèrent en certain lieu
Une charité si fervente
Que mainte femme en fut contente. (IV, 177 et note 1 ; voyez V, 394 et note 4.)

PERFECTION :
.... Moi qui n'ai pas les *perfections* du langage comme ils les ont eues, etc. (I, 14.)

PERFIDIE :
La ruse la mieux ourdie
Peut nuire à son inventeur;
Et souvent la *perfidie*
Retourne sur son auteur. (I, 311.)

PÉRIL, PÉRILS :
    .... Aux grands *périls* tel a pu se soustraire,
        Qui périt pour la moindre affaire. (I, 157.)
Ó ! combien le *péril* enrichiroit les dieux,
Si nous nous souveniòns des vœux qu'il nous fait faire ! (II, 422.)
    Nos deux galants, dans ce *péril* extrême,
    Se jettent vite en certain cabinet. (V, 73.)
    Du premier coup ne croyez que l'on aille
    A ses *périls* le passage sonder. (V, 303.)

PÉRIODE :
La *période* est longue, il faut reprendre haleine. (I, 131.)

PÉRIR :
Les premiers des humains *sont péris* sous les eaux. (VII, 190 et note 2.)
    Ceux qui *sont péris* sous leurs eaux [de ces rivières]
    Ne l'ont pas été dire à Rome. (IX, 251.)
        Dieu sait la vie,
Et le lard qui *périt* en cette occasion ! (I, 251.)
Cet argent *périt* par naufrage. (I, 267.)
.... Quelque plume y *périt*. (II, 364.)

PERLE, au figuré :
Anne, puisqu'ainsi va, passoit dans son village
    Pour la *perle* et le parangon. (V, 343.)
    A ce garçon la *perle* des Lucrèces
    Prendroit du goût ! (V, 53.)
Voilà la *perle* des servantes ! (VII, 409 ; voyez VII, 492.)

PERMUTER :
On *permuta* cent fois, sans *permuter* pas une. (V, 351 et notes 7 et 8.)

PERMUTEUR :
    Les *permuteurs* ne pouvoient bonnement
    Exécuter un pareil changement. (V, 329 et note 5.)
La femme demandoit que pour fait d'impuissance,
De *permuter* d'époux on lui donnât licence. (Regnard, épître 1.)

PERNICIEUX, PERNICIEUSE :
Jetez cet animal traître et *pernicieux*,
Ce serpent. (III, 50.)
Ces amas enflammés, *pernicieux* trésors. (VI, 320.)
Autant qu'il s'en rencontre à qui Damon propose
    Cette *pernicieuse* chose,
Autant en font l'essai. (V, 139.)

PERPLEXE :
Deux avocats qui ne s'accordoient point
Rendoient *perplexe* un juge de province. (IV, 128 et note 1.)
    .... Et le bout du tissu
Rendit en lui la nature *perplexe*. (V, 527.)

PERRUQUE :
Soyez beau, bien disant, ayez *perruque* blonde. (V, 129 et note 2.)

PERS, PERSE :
Les premières [pucelles] portoient force présents divers ;
Tout le reste entouroit la déesse aux yeux *pers*. (VI, 198 et note 2.)

PERSÉCUTER, PERSÉCUTANT :
Ceux de la contrée étoient plus *persécutants* que les autres. (VIII, 148.)

PERSÉVÉRANCE :
Tout vous doit assurer de ma *persévérance*. (VII, 604.)

PERSONNAGE, emplois divers :
  Atis, votre beau paladin,
Ne vaut pas seulement un doigt du *personnage*. (V, 263 ; voyez V, 412, 415.)
.... Selon comme vit et meurt le *personnage*. (VII, 570.)
Il étoit grand, bien fait, beau *personnage*. (IV, 256 ; voyez V, 111.)
Se croire un *personnage* est fort commun en France. (II, 286.)
Le reste est plein de nos rois et reines, des grands seigneurs, des grands *personnages* de France (je fais deux classes des grands *personnages* et des grands seigneurs, sachant bien qu'en toute chose il est bon d'éviter la confusion). (IX, 268.)
  En spiritualité
Elle auroit confondu le plus grand *personnage*. (V, 108 et note 4.)
Ce roi fut en sottise un très grand *personnage*. (V, 426 et note 3.)
  Elle craignoit que ce ne fût dommage
De détourner ainsi tel *personnage*. (V, 292.)
  Dessous sa main tombe du *personnage*
Le haut-de-chausse. (V, 415 et note 2.)
  Il forme le dessein
  De s'en aller le lendemain
Au lieu de l'écolier, et, sous ce *personnage*,
Convaincre sa moitié. (V, 453.)
  Arlequin n'eût exécuté
Tant de différents *personnages*. (III, 298.)
  [Un loup] crut qu'il falloit....
Faire un nouveau *personnage*. (I, 210 ; voyez V, 49.)
Tu es trop beau pour ne faire le *personnage* que de mari. (VIII, 105.)
Demain il eût repris son premier *personnage*. (VII, 160.)
Du temps que je jouois les premiers *personnages*.... (VII, 306.)

PERSONNE, PERSONNES :
On ne peut trop louer trois sortes de personnes :
  Les dieux, sa maîtresse, et son roi. (I, 98.)
Les lois songeoient aux *personnes* de ville. (VI, 8.)
  Monsieur le juge interrogea
  La nourrice avec les soubrettes,
  Sages *personnes* et discrètes. (V, 268 et note 4 ; voyez III, 196.)
Tant de beauté en une *personne*, et de richesse en son vêtement, ten-

teroient le premier venu. Elle espéroit véritablement que son mari préserveroit la *personne* et empêcheroit qu'on n'y touchât, etc. (VIII, 161.)

De ces deux rois je comparai les faits,
Non la *personne*, elle est trop différente. (IX, 169.)

Ces deux *personnes*-ci, plus honnêtes que toi,
Devroient t'apprendre à vivre, ou du moins à te taire ;
Regarde ce mouton; a-t-il dit un seul mot? (II, 271 ; voyez III, 209.)

.... De gens qui sèmeront l'argent et la fleurette,
Et dont la *personne* est bien faite. (IV, 42.)

Sa *personne* étant ainsi faite,
Et ses pieds de devant posés sur sa houlette, etc. (I, 211.)

Nous avons ordre exprès de venir en *personne*. (VII, 565.)

PERSONNE, masculin :
A cause des *personnes* qui venoient offrir des parfums à la déesse, et qui étoient parfumés eux-mêmes.... (VIII, 179-180 et note 1.)

PERSUADER :
Par elle [la langue] on bâtit les villes et on les police ; on instruit, on *persuade*, etc. (I, 38.)

.... Et, quand il veut, les rend plus éloquentes [les servantes]
Que Cicéron, et mieux *persuadantes*. (V, 155.)

PERTE :
Pour sauver son crédit il faut cacher sa perte. (III, 221.)

Mais la *perte* la plus grande
Tomba presque en tous endroits
Sur le peuple souriquois. (I, 287.)

La *perte* d'un époux ne va pas sans soupirs. (II, 73.)

.... Un bois qui tous les jours cause au Styx quelque *perte*. (VI, 338.)

Chiens, chasseurs, villageois, s'assemblent pour sa *perte*. (III, 30 ; voyez III, 134.)

Hélas ! mes cruautés sont cause de sa *perte*. (V, 262.)

Votre parent a résolu ma *perte*. (VI, 33.)

PERTUIS, trou :
Une nuit donc, dans le *pertuis* mettant
Un long cornet, etc. (IV, 465 et note 2.)

PERTURBATEUR :
Ah! ah! *perturbateur* du repos du ménage! (VII, 408.)

PERVERS :
Le juge prétendoit qu'à tort et à travers
On ne sauroit manquer, condamnant un *pervers*. (I, 138.)

Les injustices des *pervers*
Servent souvent d'excuse aux nôtres. (II, 50.)

A ces mots, l'animal *pervers*
(C'est le serpent que je veux dire
Et non l'homme, on pourroit aisément s'y tromper), etc. (III, 3.)

PESANTEUR :
La *pesanteur* des peaux et leur mauvaise odeur
Eurent bientôt choqué l'impertinente bête. (II, 35.)
La *pesanteur* des colosses élevés comme par enchantement. (VIII 256.)
.... Lorsque j'ai d'un bras senti la *pesanteur*. (VII, 35.)

PESER, au propre et au figuré :
Tu sauras ce que *pèse* ma main. (VII, 109.)
Gens *pesant* l'air, fine fleur de normand. (VI, 41 et note 1.)
.... *Pesant* l'une et l'autre raison. (VII, 422.)
Rien ne *pèse* tant qu'un secret. (II, 239.)

PESTE, au propre et au figuré :
  Un mal qui répand la terreur,
  Mal que le Ciel en sa fureur
Inventa pour punir les crimes de la terre,
La *peste*, puisqu'il faut l'appeler par son nom, etc. (II, 95.)
La *peste!* quelle étreinte! (VII, 434.)
Sa médisante humeur, grand obstacle aux faveurs,
Peste d'amour, etc. (IV, 434 et note 7.)
Et nous irions chommer la *peste* des humains! (VI, 174.)
Mainte *peste* de cour fit tant, etc. (III, 51 et note 23.)
Chez Corneille, *Pompée*, acte II, scène II : « ces pestes de cour ».
Ne vous êtes-vous pas aperçue que votre fille étoit une fière petite *peste* ? (IX, 424.)
Les romans et le jeu, *peste* des républiques. (IX, 184.)

PESTER :
  Pestant en sa fureur extrême
Tantôt contre les trous, puis contre ses chevaux.... (II, 59.)
Je *pestois* de bon cœur contre cette souillon. (VII, 393 ; voyez VII, 427.)

PÉTARADE :
Le cheval refusa, fit une *pétarade*. (II, 53.)

PETIT, PETITE :
  Entre nos ennemis
Les plus à craindre sont souvent les plus *petits*. (I, 157.)
Il faut, autant qu'on peut, obliger tout le monde :
On a souvent besoin d'un plus *petit* que soi. (I, 162.)
  Nos ans s'en vont au galop,
  Jamais à *petites* journées. (IX, 117.)
.... Vouloir que, de tout point, ce sentiment vous quitte,
  Ce n'est pas chose si *petite*
Qu'on en vienne à bout en un jour. (III, 125.)
.... [Joconde] en tira consolation non *petite*. (IV, 34.)
Voyez PETITEMENT.

PETIT, substantivement, emplois divers :
  On les eût vus sur la mousse,
  Lui, sa femme, et maint *petit*. (I, 386.)

L'un jura foi de roi, l'autre foi de hibou,
Qu'ils ne se goberoient leurs *petits* peu ni prou. (I, 421 ; voyez I, 422.)

.... L'adroit, le vigilant, et le fort sont assis
  A la première [table], et les *petits*
  Mangent leur reste à la seconde. (III, 38.)

.... Si les gros nous mangeoient, nous mangions les *petits*,
  Ainsi que l'on fait en France. (VIII, 268 ; voyez I, 289.)

« .... Voilà une lettre infinie ; mais savez-vous que cela me plaît de causer avec vous? Tous mes autres commerces languissent, par la raison que les gros poissons mangent les petits. » (Lettre de Mme de Sévigné à sa fille du 3 juillet 1675.)

Ne lui donnez plus rien qu'un *petit* de panade. (VIII, 274 et note 2.)

PETITE-OIE, PETITES-MAISONS, PETIT-MAÎTRE, PETIT-MONDE. Voyez OIE, MAISON, MAÎTRE, MONDE.

PETITEMENT :

Notre docteur régaloit sa moitié,
Petitement : enfin c'étoit pitié. (IV, 338.)

  Ragotin, c'est, Madame,
Un petit homme, veuf d'une petite femme,
Avocat de naissance et de profession,
Qui, dans une petite et proche élection,
Petitement possède une petite charge. (VII, 284.)

PETITESSE :

.... Plus conforme [cet exemple] et moins disproportionné que l'autre à la *petitesse* de son esprit [de l'esprit de l'enfant]. (I, 17.)

PÉTRÉFIÉ, pétrifié. (VIII, 267.)

PÉTRIR ; PÉTRIR DE :

Je prétends, selon moi, *pétrir* le cœur d'Hortense. (VII, 415.)
J'entends les esprits corps, et *pétris de* matière. (III, 81.)

PÉTULANT :

Le *pétulant* Pierrot. (III, 197.)

PEU, adverbe ; UN PEU ; QUELQUE PEU ; TANT SOIT PEU ; PEU NI POINT ; PEU NI PROU :

Un bourg de *peu* de nom fait enfin leurs amours. (VI, 304.)

  Près de ces gens je me suis, *peu* s'en faut,
  Remise au lit en chemise ainsi nue. (IV, 211).

.... Le dieu du fleuve en tenoit un *peu*. (VIII, 135.)
Voyez *un peu* la petite effrontée ! (V, 416.)
Deux veuves sur son cœur eurent le plus de part :
  L'une encor verte, et l'autre *un peu* bien mûre. (I, 110.)

  Or revenons : ce prologue me mène
  Un peu bien loin. (V, 306.)

  Au demeurant, il n'étoit conscience
  Un peu jolie, et bonne à diriger,
  Qu'il ne voulût lui-même interroger. (V, 486.)

L'époux goûta *quelque peu* ces raisons. (V, 80.)

Il regarde si la pluie
N'a point gâté *quelque peu*
Un arc dont je me méfie. (V, 240.)

Un païen qui sentoit *quelque peu* le fagot.... (I, 341.)

Votre songe a du sens; et, si j'ai sur ce point
Acquis *tant soit peu* d'habitude,
C'est un avis des dieux. (III, 119.)

.... Dans sa peau *peu ni point* ne duroit. (IV, 87.)

L'un jura foi de roi, l'autre foi de hibou,
Qu'ils ne se goberoient leurs petits *peu ni prou*. (I, 421 et note 2.)

PEU, substantivement :

Observez seulement le *peu* qu'il vous ordonne. (VIII, 418.)

.... Je n'y comprends le sexe en général :
Loin de cela j'en vois *peu* d'avenantes. (V, 177.)

Le *peu* [de rats] qu'il en restoit n'osant quitter son trou,
Ne trouvoit à manger que le quart de son soû. (I, 134.)

Le *peu* de soin, le temps, tout fait qu'on dégénère. (II, 335.)

.... Et ce *peu* de loisir m'embarrasse très fort. (VII, 65.)

.... Quand je dis point, je veux dire très peu :
Encor ce *peu* lui donnoit de la peine. (IV, 333.)

.... Mon *peu* d'attraits. (VII, 600 et note 4.)

Mon *peu* d'appas n'a rien qui vous engage. (V, 195.)

Il s'en prenoit à son *peu* de mérite. (V, 163 ; voyez III, 295.)

Renaud, ravi de ce *peu* d'allégeance,
Se met dessous [ce toit]. (IV, 251.)

Je reviendrai dans *peu* compter de point en point
Mes aventures à mon frère. (II, 363 ; voyez III, 311.)

.... Prendre un personnage lourd et de *peu*. (V, 40.)

PEUPLE :

On m'élit roi, mon *peuple* m'aime;
Les diadèmes vont sur ma tête pleuvant. (II, 154.)

Tout babillard, tout censeur, tout pédant,
Se peut connoître au discours que j'avance :
Chacun des trois fait un *peuple* fort grand. (I, 116.)

.... Trucheman de *peuples* divers. (III, 167.)

Quand ce *peuple* [les souris] est pris, il s'enfuit. (III, 164.)

Un hérisson du voisinage...
Voulut le délivrer [le renard] de l'importunité
Du *peuple* [des mouches] plein d'avidité. (III, 264.)

Quoi ! toujours il me manquera
Quelqu'un de ce *peuple* imbécile !
Toujours le loup m'en gobera ! (II, 451.)

Hydres à sept gosiers, escadrons de serpents,
La gent aux ailes d'or, et les *peuples* rampants. (VIII, 294.)

Le *peuple* aquatique
L'un après l'autre fut porté
Sur ce rocher peu fréquenté. (III, 20; voyez III, 39, 40; et passim.)

Ce *peuple* est répandu par toute la terre sous le nom d'amants. (VIII, 157.)

.... Ce breuvage vanté par le *peuple* rimeur. (II, 458.)

.... Mon humeur n'étant nullement de m'arrêter à ce petit *peuple* [les enfants]. (IX, 285.)

Jupiter et le *peuple* immortel. (III, 258.)

Rois des *peuples* légers, souffrez que mon amant
De son triste départ me console un moment. (VI, 271; voyez VI, 332, 339.)

PEUPLER :

Nous ne conversons plus qu'avec des ours affreux,
Découragés de mettre au jour des malheureux,
Et de *peupler* pour Rome un pays qu'elle opprime. (III, 150.)

Elles [les courtisanes déportées] s'en vont *peupler* l'Amérique d'Amours. (IX, 410.)

Ces amas de pierre qui font croire que l'Égypte *a été peuplée* de géants. (VIII, 256.)

PEUR :

Corrigez-vous, dira quelque sage cervelle.
Eh! la *peur* se corrige-t-elle? (I, 172.)

La plus forte passion
C'est la *peur*. (II, 433.)

PEUREUX :

Les gens de naturel *peureux*
Sont, disoit-il, bien malheureux. (I, 172.)

PHAÉTON, au figuré, cocher, charretier :

Le *phaéton* d'une voiture à foin. (II, 58.)

PHALANGE :

.... Et ce trésor à part créé
Suivroit parmi les airs les célestes *phalanges*. (II, 478.)

PHÉBÉ :

Sans rien cacher, Lise de bout en bout,
De point en point, lui conte le mystère,
Dimensions de l'esprit du beau père,
Et les encore, enfin tout le *phébé*. (V, 298 et note 6.)

« Quand elle fut deuant son confesseur, luy commença à dire et racompter tous ses pechez, et, entre les aultres, comme elle auoit plusieurs foys ioué du *fébé* à son mary, et ne luy auoit pas tousiours tenu ce que par foy lui auoit promis. » (Guillaume Tardif, Facéties de Poge, p. 99, édition Montaiglon.)

PHÉNIX, au figuré, chose unique en son espèce :

Vous êtes le *phénix* des hôtes de ces bois. (I, 63.)

Non pas que les heureux amants
Soient ni *phénix* ni corbeaux blancs. (V, 10.)

Voyez le *Roman de la Rose*, vers 8733-8735, où la même idée est exprimée presque dans les mêmes termes.

PHILOSOPHE :
Un *philosophe*, un marbre, une statue,
Auroient senti comme nous ces plaisirs. (IV, 262.)
La chambre des *philosophes*. (IX, 383 et note 4.)

PHILOSOPHER, raisonner sur, tirer des inductions :
Miraut, sur leur odeur ayant *philosophé*, etc, (I, 418.)
Voyez Molière, tome III, p. 229 et note 3.
Philosopher ne faut pour cette affaire. (IV, 160 et note 2 ; voyez VI, 331.)

PHILTRE :
Pour venir à ses fins l'amoureuse Nérie
Employa *philtres* et brevets. (V, 119.)

PIAFFE :
Or bien, je sais celui de qui procède
Cette *piaffe*. (IV, 287 et note 2.)

PIE (Œuvre) :
Vous ferez œuvre *pie*. (IX, 362.)

PIÉÇA, depuis longtemps :
Ingrat ne suis : son nom seroit *piéça*
Delà le ciel, si l'on m'en vouloit croire. (IX, 64 et note 2.)

PIÈCE, pièces, sens divers :
Sa mère étant moins oublieuse qu'elle
Vit qu'il manquoit une *pièce* au troupeau. (VI, 10.)
.... De ces *pièces* si différentes, il [Prométhée] composa notre espèce. (I, 18.)
Un saint Hiérôme tout de *pièces* rapportées. (IX, 272 ; IX, 273.)
Elle tomba premièrement sur une pointe de rocher, et puis sur une autre, de roc en roc : chacun d'eux emporta sa *pièce*. (VIII, 171.)
Son morceau, son lambeau.
Mille brocards se sont donnés...,
Quelques-uns emportant la *pièce*. (IX, 429 et note 2.)
Tant que le tout, *pièce* à *pièce* s'efface. (IV, 266 ; voyez V, 543.)
J'ai griffe et dents, et mets en *pièces* qui m'attaque. (III, 189.)
Je hais les *pièces* d'éloquence
Hors de leur place. (II, 382.)
Ceux-ci pourtant avoient
Fait un bon tour, et très bien s'en trouvoient,
Sans le dédit ; c'étoit *pièce* assez fine. (V, 335.)
Ésope, tous les jours, faisoit de nouvelles *pièces* à son maitre. (I, 37.)

PIED, emplois divers, au propre et au figuré :
Traînant l'aile et tirant le *pié*. (II, 365 et note 21.)
Vous n'aurez tant de mal
D'aller à *pied*. (IV, 248.)
Il n'avoient pas le *pied* hors de la chambre
Que l'époux entre. (V, 73.)

On ne peut quasi faire un pas
Ni tourner le *pied* qu'on en rie. (VII, 121; voyez VII, 157.)
Trente mille hommes de *pied* seulement, et cinq mille hommes de cheval. (VIII, 318.)
Valet de *pied*. (IX, 284.)
.... A présent l'épithète de *pied léger* [appliquée à Condé] feroit clocher quelque peu la comparaison. (VIII, 317.)
Caresser, les *pieds* chauds, quelque bru qui lui plaise. (VII, 97.)
Il met sur *pieds* sa bête, et la fait détaler. (I, 201.)
Aussitôt la femme est sur *pieds*. (I, 186; voyez IV, 402.)
Notre engeance
Prit *pied* sur cette indulgence. (II, 316 et note 14.)
Laissez-leur prendre un *pied* chez vous,
Ils en auront bientôt pris quatre. (I, 147.)
Messieurs sèchent sur *pied*. (VII, 87.)
.... Attendant de *pied* ferme
Madame Alix, qui ne vient nullement. (VI, 134.)
L'époux n'aura dedans la confrérie
Sitôt un *pied* qu'à vous je reviendrai. (V, 371.)
Sur ce *pied*, notre amant
L'alloit voir fort assidûment. (V, 280; voyez VI, 129; IX, 95.)
Sur le bon *pied*. (VIII, 189.)
Je reviendrai tantôt mettre aux *pieds* de Lydie
Le succès glorieux d'une action hardie. (VII, 624; voyez VII, 599.)
Que tout ce qui respire
S'en vienne comparoître aux *pieds* de ma grandeur. (I, 77.)
Je m'offrirai de lui tenir le *pied*. (V, 84 et note 1.)
Est-il juste qu'on meure
Au *pied* levé? (II, 209.)
Le *pied* du château. (IX, 249.)

PIÉ D'ESTAL :

Qui vous oblige donc d'avoir ce *pié d'estal*? (VII, 385 et note 2; voyez VIII, 177 et note 3; IX, 346.)
On disait aussi « pié d'estail » (*Huetiana*, p. 58).

PIED-PLAT :

Et cela fait, le malheureux *pied-plat*
Prend le plus gros [des aulx], etc. (IV, 134 et note 1.)

PIERRE; PIERRE PHILOSOPHALE :

Puisque vous ne touchiez jamais à cet argent,
Mettez une *pierre* à la place,
Elle vous vaudra tout autant. (I, 347.)
La *pierre philosophale*, ou l'art de se faire aimer de sa femme. (VII, 568.)
Titre d'ouvrage.

PIERRERIE :

Sans argent et sans *pierreries*,
Seroient-ils pas demeurés court? (IV, 408; voyez V, 136, 148.)

J. DE LA FONTAINE, XI

.... Sur cette table un écrin plein de *pierreries*. (VIII, 241.)
Voilà bien de la *pierrerie*. (IX, 274.)
« Jehan de Paris, qui auoit ung moult riche collier tout couuert d'orfauerrie et de riche pierrerie, etc. » (Le roman de Jehan de Paris, p. 99.)

PIERREUX :
Chemin *pierreux*. (IX, 20.)

PIERROT, moineau, le moineau franc :
.... Un moineau du voisinage
S'en vint les visiter, et se fit compagnon
Du pétulant *pierrot*. (III, 197 et note 5.)

PIÉTON :
Comme un simple *piéton*.... (IX, 147 et note 1.)

PIEUX, adjectivement et substantivement :
.... A ses *pieux* desirs accorda ce château. (VII, 562.)
On n'a qu'à faire entrer, par un *pieux* usage,
Les membres du seigneur et leur chef en partage. (VI, 279.)
.... Là le couple *pieux* aussitôt se sépare. (VI, 304.)
.... Le *pieux* y règne [dans ces ouvrages]. (IX, 139.)

PILE :
De cailloux une *pile*. (IX, 5.)

PILIER :
.... Tu le croirois un *pilier* de cuisine. (VII, 47.)

PILLER, terme de vénerie :
Et puis quand le chasseur croit que son chien la *pille* [la perdrix]....
(II, 446 et note 45.)
.... Étant de nature
A *piller* ses pareils. (III, 43.)
On nous voit tous, pour l'ordinaire,
Piller le survenant, nous jeter sur sa peau. (III, 84 et note 19.)

PILULE :
Quelle *pilule!* (VII, 429.)

PIMPANT, ANTE :
Leste, *pimpante*, et d'un page suivie. (IV, 86 et note 2.)

PINCE :
Deux pailles prend d'inégale grandeur;
Du doigt les serre : il avoit bonne *pince*. (IV, 128 et note 6.)

PINCEMAILLE :
Un *pincemaille* avoit tant amassé
Qu'il ne savoit où loger sa finance. (III, 22 et note 2.)
« Il y auoit ici une femme de Corinthe, non avare, ne pincemaille. » (Antoine Muret, Comédies de Térence, p. 166 v°, 1583.)
« Nos composez sont beaucoup plus signifians et ont plus d'emphase que ceux des Grecs; car nous disons : pincemaille, serredenier. » (H. Estienne, *Précellence*, etc., p. 107, édition Feugère.)

PIOT :

Dans notre chambre allons humer ce *piot*-ci. (VII, 313 et note 1.

PIQUER; SE PIQUER; SE PIQUER DE, POUR, emplois divers :

[Constance] coupe ses habits,
Corps *piqué* d'or, garnitures de prix, etc. (V, 198.)
Mon fils, à qui l'on vient de plier la toilette,
Pique après le voleur une vieille mazette. (VII, 344.)
Le test et le cerveau *piqués* violemment. (VI, 320.)
Vous êtes délicat et facile à *piquer*. (VII, 19.)
Non, non, reprit Psyché, quelque peu *piquée*. (VIII, 86.)

Eh! mon Dieu! laissons les habits,
Dit la belle toute *piquée*. (V, 220.)

Io courut par toute la terre : on dit qu'elle étoit *piquée* d'une mouche. (VIII, 161.)
Ésope, *piqué* de ce mépris, etc. (I, 51.)
Vénus demeura *piquée* de ce propos-là. (VIII, 201.)
Les plaisirs défendus n'auront rien qui vous *pique*. (V, 121.)

Car si le soleil *se pique*,
Il le leur fera sentir. (III, 351 et note 15.)
Astophe *se piqua de* cette repartie. (IV, 57.)
Moi de sourire et lui de *s'en piquer*. (VII, 36.)
Ésope *se piqua d'*honneur. (I, 34.)

Si pourtant notre homme *se pique*
D'un sentiment d'honneur, etc. (IX, 179.)
Cérès... ne *se piquoit* pas *de* beauté. (VIII, 175.)
De quelque adresse qu'il *se pique*.... (VIII, 350.)

Votre sexe et le nôtre
De l'un des deux *se pique* également :
Nous *nous piquons d'*être esclaves des dames;
Vous *vous piquez d'*être marbres pour nous. (IX, 264.)

Ce n'est pas que je *me pique*
De tous vos festins de roi. (I, 87 et note 5.)

.... Ce peuple qui *se pique*
*D'*être le plus subtil des peuples d'aujourd'hui. (I, 195; voyez I, 235, 363; II, 3; VIII, 324; et passim.)

Il n'est point de méthode en amour si puissante
Qui ne fût inutile à qui *s'en piqueroit*. (VII, 52.)

Tant la trouva gracieuse et gentille,
D'esprit si doux et d'air tant attrayant,
Qu'il *s'en piqua*. (IV, 205 et note 1.)

Le pape enfin, s'il *se fût piqué d'*elle,
N'auroit été trop bon pour la donzelle. (V, 187.)

Il *se piqua pour* certaine femelle. (V, 561 et note 3; voyez VI, 52.)

PIQUANT, substantivement :

Il faut *du piquant* et de l'agréable si l'on veut toucher. (IV, 147.)

PIQUET :

Elle prend l'autre lot, y plante le *piquet*. (I, 226; voyez V, 329 et note 9.)

PIRE; LE PIRE :
Quant à vous, j'ose vous prédire
Qu'il vous arrivera quelque chose de *pire*. (III, 51.)
Achète-moi demain ce qui est de *pire*. (I, 38.)
Thérèse, *pire* qu'un démon, etc. (V, 594.)
Notre condition jamais ne nous contente :
La *pire* est toujours la présente. (II, 37.)
Et, ce qui fut *le pire*,
On résolut sa mort. (III, 4; voyez III, 49.)

PIRE CHÈRE (FAIRE). Voyez CHÈRE.

PIS ; LE PIS, LE PIS DE ; DE PIS EN PIS ; PIS ALLER :
Vous et les miens avez mérité *pis*. (IV, 350.)
Caliste faisoit *pis*. (VIII, 361.)
Damon, de peur de *pis*, établit des Argus
A l'entour de sa femme. (V, 134.)
Ce ne fut pas *le pis*. (I, 101.)
.... Et *le pis du* destin
Fut qu'un certain vautour, à la serre cruelle,
Vit notre malheureux. (II, 364.)
.... Et ce fut là *le pis de* l'aventure. (IV, 249.)
Les gens n'ont point de honte
De faire aller le mal toujours *de pis en pis*. (I, 227.)
Au *pis aller*, l'argent le fera taire. (V, 42.)
« Nous recommencerons,
Au *pis aller*, tant et tant qu'il suffise » :
Le *pis aller* sembla le mieux à Lise. (V, 297.)

PISTE :
L'odeur des animaux, la *piste* de leurs pas. (VI, 303.)

PISTOLE :
.... Celui-ci ne songeoit que ducats et *pistoles*. (III, 201 et note 3; voyez II, 246; et passim.)

PITANCE, au propre et au figuré :
Certain chien qui portoit la *pitance* au logis. (II, 244.)
.... La *pitance* du dieu n'en étoit pas moins forte. (I, 296.)
Elle eut son droit, double et triple *pitance*. (IV, 504 et note 2.)

PITAUD :
Sottise et peur contiendront ce *pitaud*. (V, 42 et note 5; voyez V. 46, 591, 593, 595.)

PITEUX :
Piteux équipage. (I, 279.)
Un loup vit, en passant, ce spectacle *piteux*. (II, 349 et note 15.)
Comparez les *Cent Nouvelles nouvelles*, p. 9, 12; *l'Heptaméron*, p. 107, 451, 452, 462; Marot, tome II, p. 105, 239.

PITIÉ :

Mais un fripon d'enfant (cet âge est sans *pitié*)
Prit sa fronde, etc. (II, 364.)

.... Et cela fait, le malheureux pied-plat
Prend le plus gros [des aulx], en *pitié* le regarde,
Mange, et rechigne. (IV, 134 et note 2.)

Constance crut qu'elle auroit la moitié
D'un certain lit que d'un œil de *pitié*
Elle voyoit. (V, 196 et note 3.)

.... Ce fut *pitié* là-dessus de l'entendre. (I, 364.)
C'est *pitié* de la voir en colère. (IX, 18.)
N'est-ce pas grand *pitié*... de, etc.? (IX, 22.)

PITOYABLE :

Il aura pitié de moi sans doute. — Morgué! Je vous dis qu'il n'est point *pitoyable*. (VII, 447.)

Une troisième enferme à double tour
Les sœurs qui sont jeunes et *pitoyables*. (V, 531 et note 3.)

Il s'en trouvera quelqu'un [quelque loup] d'assez *pitoyable* pour me dévorer. (VIII, 219 et note 1.)

.... Regarder le fleuve d'une manière trop *pitoyable*. (VIII, 131 et note 2.)

Je ne croyois pas que cette relation dût avoir une fin si tragique et si *pitoyable*. (IX, 352.)

Mlle Barigny dit les choses du monde les plus *pitoyables*. (IX, 234; voyez VIII, 171.)

PIVOT :

La sotte vanité jointe avecque l'envie,
Deux *pivots* sur qui roule aujourd'hui notre vie. (I, 363.)

PLACARD :

[Mercure] se chargea de crier Psyché par tous les carrefours de l'univers, et d'y faire planter des poteaux où ce *placard* seroit affiché. (VIII, 166; voyez VIII, 167.)

PLACE, sens divers :

Que si d'autres voleurs, un passant, un ami,
L'enlevoient [le pendu], le soldat nonchalant, endormi,
Rempliroit aussitôt sa *place*. (VI, 75.)

Son fauconnier, qui pour lors le suivoit,
Eût demeuré volontiers en sa *place*. (IV, 89; voyez VI, 124.)

Se remettre en sa *place*. (VIII, 145.)
Mettons notre mort en la *place*. (VI, 82.)

Si son ennemie l'eût vue avec cet habit, elle lui en auroit donné un de déesse en la *place*. (VIII, 173.)

Un mâtin les devance [les deux lices] et se jette en leur *place*. (VI, 258.)
Tu ne te plaindrois pas si j'étois en sa *place*. (VII, 89.)
La médiocrité revient, on lui fait *place*. (II, 125.)
La *place* fut incontinent rendue. (V, 55.)

La voilà tantôt qui menace
Gouverneurs de petite *place*. (V, 140 et note 2.)

PLACER, PLACÉ :
Son peu d'esprit, son humeur sombre,
Rendoient ces talents mal *placés*. (VI, 207.)

PLACET :
Nous fatiguons le Ciel à force de *placets*. (II, 37.)
.... J'en veux faire un *placet* à notre protecteur. (IX, 52.)

PLAFONDS :
Un pilier manque et le *plafonds*,
Ne trouvant plus rien qui l'étaie,
Tombe sur le festin, brise plats et flacons. (I, 101 et note 10; VIII, 58 et note 1.)

PLAGE, PLAGES :
.... Elle [la lionne] y conçut un fan, unique et tendre gage
Des brûlantes ardeurs du roi de cette *plage*. (VI, 301.)
Tel on voit qu'un lion, roi de l'ardente *plage*, etc. (IX, 466.)
Les pères, chargés d'ans, laissant leurs tendres gages,
Fuyoient leur propre mort en ces funestes *plages*. (VI, 283.)

PLAGIAIRE :
Il est assez de geais à deux pieds comme lui,
Qui se parent souvent des dépouilles d'autrui,
Et que l'on nomme *plagiaires*. (I, 300.)

PLAIDER quelqu'un :
Il m'a *plaidé* autrefois. (IX, 287.)
M'a fait un procès.

PLAIE :
[Le lièvre] s'enfuit par un trou,
Non pas trou, mais trouée, horrible et large *plaie*. (I, 279.)

PLAINDRE, sens divers; SE PLAINDRE :
N'auriez-vous pas, sans moi,
Mangé ces animaux que *plaint* tout le village? (III, 191.)
Cette Troye à son tour *plaignant* notre misère, etc. (VII, 609.)
Tous les jours nous avons de nouveaux morts à *plaindre*. (VII, 623.)
Je ne *plains* pas son voyage. (VIII, 381.)
.... Sans regretter ni *plaindre* aucunement
Ce que le sexe aime plus que sa vie. (V, 199.)
Ie plaings le temps de ma ieunesse,
Auquel i'ay plus qu'aultre gallé.
(Villon, p. 27.)
On ne doit *plaindre* un métal qui fait tout. (V, 154 et note 6.)
.... Et n'y *plaignant* l'étoffe et la façon. (IV, 161 et note 4; voyez V, 251, 394; VI, 99.)
Fit-il pas mieux que de *se plaindre?* (I, 234.)
Le paon *se plaignoit* à Junon. (I, 181.)
L'avare *se plaint* tout. (VIII, 493.)
Ayant été d'humeur à ne *se plaindre* rien,
Ses dents avoient duré plus longtemps que son bien. (VII, 35.)

PLAINE :
J'ai tant fait que nos gens sont enfin dans la *plaine*. (II, 143.)
Porte un peu tes regards sur ces *plaines* profondes. (II, 338 et note 4.)

PLAINTE; FAIRE PLAINTE :
La *plainte*... guérit-elle son homme? (III, 89 et note 7.)
Tous deux ne recueillant que *plainte* et que murmure, etc. (III, 342.)
    Le monde lui fut odieux;
    Las d'y gémir et de s'y plaindre,
    Et partout des *plaintes* ouïr.... (V, 15.)
Alis dit lors, mot pour mot, ce qu'Aminte
Venoit de dire en sa dernière *plainte*. (VI, 36.)
.... Le possesseur du jardin
Envoya *faire plainte* au maître de la classe. (II, 382.)
Il attend son destin sans *faire* aucunes *plaintes*. (I, 243.)
Notre épouse étant donc de la sorte bâtie,
Et n'ayant caressé son mari de sa vie,
Il en *faisoit* sa *plainte* une nuit. (II, 433.)

PLAINTIF, IVE :
Cent fois il a surpris l'amante de Céphale,
Et sa *plaintive* épouse a maudit mille fois
Les veneurs et les chiens, le gibier et les bois. (VI, 251.)

PLAIRE; PLAIRE À; SE PLAIRE À, DE; SI DIEU PLAÎT :
Jeune fillette a toujours soin de *plaire*. (IV, 473.)
J'ai *plu*, et cela suffit. (VIII, 184.)
Ce conseil ne *plut* pas. (III, 98.)
L'ébattement pourroit nous en être agréable :
Vous plaît-il de l'avoir? (II, 9.)
Vous rendant au héros à qui vous sûtes *plaire*.... (VII, 597.)
La caravane enfin rencontre en un passage
Monseigneur le lion : cela ne *leur plut* point. (I, 315.)
Pour ce *vous plaise* ordonner, etc. (IX, 18.)
Si j'en mourois (à vos bontés ne *plaise*).... (IV, 441.)
Qu'il *plaise* donc, dit l'autre, à vos bontés
Que, etc. (IV, 137.)
.... Quand il *plut* à Dieu s'en allèrent. (III, 218.)
Plût au Sort qu'il les laissât tomber [les sœurs de Psyché] en chemin! (VIII, 86.)
Non, non, ne *plaise aux* Dieux que jamais ma main coupe
La gorge à qui s'en sert si bien! (I, 237.)
Il [cela] ne *plut* pas à notre cocher. (IX, 244.)
Au fond du bois croupit une eau dormante et sale :
Là le monstre *se plaît aux* vapeurs qu'elle exhale. (VI, 254.)
La Fortune *se plaît* à faire de ces coups. (II, 172.)
Je *me plais aux* livres d'amour. (IX, 23.)
    Je parle à tous, et cette erreur extrême
Est un mal que chacun *se plaît d'*entretenir. (I, 93.)

Il en est peu qui, fort souvent,
Ne *se plaisent d'*entendre dire
Qu'au livre du destin les mortels peuvent lire. (I, 168.)
Fille du diable, et qui nous gâtera
Notre couvent! *Si Dieu plaît*, ne fera. (V, 416 et note 5.)

PLAISANCE :
Que ce soit donc votre *plaisance*
De me laisser en patience.
Et de finir cet altercas. (VIII, 444.)

PLAISANT :
Les humains sont *plaisants* de prétendre exceller
Par-dessus nous! (III, 127.)
Plaisants repas, menus devis,
Bon vin, chansonnettes jolies.... (IX, 108.)

PLAISANTERIE :
Ce goût [le goût du siècle] se porte au galant et à la *plaisanterie*. (VIII, 20.)
Iroit-il, après tout, s'alarmer sans raison
Pour un peu de *plaisanterie*? (V, 9.)

PLAISIR, PLAISIRS :
Le seul *plaisir* est ce que l'on souhaite. (V, 69.)
Fi du *plaisir*
Que la crainte peut corrompre! (I, 87.)
Plaisirs innocents. (VIII, 150.)
Voyez-vous qu'il en reste une seule apparence,
Une tache qui nuise à vos *plaisirs* secrets? (V, 95.)
D'un triomphe si doux l'honneur et le *plaisir*
Ne se perd qu'en laissant des restes de desir. (VI, 204; voyez VI, 246.)
Il semble être formé pour le *plaisir* des yeux. (VI, 229.)
La première leçon du *plaisir* amoureux. (IV, 49.)
.... Et prenant *plaisir* à ce jeu
Qu'il n'est pas besoin que je nomme. (V, 122.)
Je veux conter comme une de ces femmes
Qui font *plaisir* aux enfants sans souci, etc. (V, 186; comparez V, 440.)
Une personne faite à *plaisir*. (VIII, 103.)
.... Diane y avoit un temple dont elle faisoit une de ses maisons de *plaisir*. (VIII, 177.)
Ce privilège cessera-t-il à l'égard des contes faits à *plaisir*? (IV, 150.)
.... [Qu'elle] dormît à son *plaisir*. (VIII, 424.)
.... [Une grue] qui les croque, qui les tue,
Qui les gobe à son *plaisir*. (I, 215; voyez I, 226.)

PLANCHE, PLANCHES :
Les *planches* qu'on suspend sur un léger appui. (I, 256.)
Le pis fut que l'on mit en piteux équipage
Le pauvre potager : adieu *planches*, carreaux, etc. (I, 279.)

PLE] DE LA FONTAINE. 185

PLANER :
Aussitôt un autour, *planant* sur les sillons,
Descend des airs. (II, 50.)

PLANÈTE :
Ce berger et ce roi sont sous même *planète*. (II, 296.)

PLANT VIF, haie vive :
Il avoit de *plant vif* fermé cette étendue. (I, 277.)

PLANTER; SE PLANTER :
Ainsi bientôt l'un et l'autre détale,
Et va *planter* le piquet en un lieu, etc. (V, 329 et note 9.)
M'arracher de son lit! moi, moi, la *planter* là! (VII, 362.)
Sur la tête des rois, et sur celle des ânes,
Vous allez *vous planter*. (I, 274.)
Son aînée *se* vint *planter* sur le même roc. (VIII, 172.)

PLANTES (JARDIN DE). (IX, 244.)

PLANTEUR :
Cet homme, disent-ils, étoit *planteur* de choux,
Et le voilà devenu pape. (II, 162.)

PLAT, PLATE :
Cotillon simple et souliers *plats*. (II, 150 et note 13.)
Plaute n'est plus qu'un *plat* bouffon. (IX, 349.)

PLAT, adverbialement :
On t'a ferré de neuf, et, si tu me veux croire,
Tu l'étendras tout *plat*. (II, 301.)
.... Et te dis tout net et tout *plat* :
Je ne veux point changer d'état. (III, 190 et note 46.)

PLAT, substantivement :
Plat ni marmite. (IX, 207.)
Quelque *plat* de potage. (III, 227 et note 9.)
D'animaux malfaisants c'étoit un très bon *plat*. (II, 444 et note 5.)
.... Il vous en faut chercher
Peut-être encor cent de ma taille
Pour faire un *plat* : quel *plat*? croyez-moi, rien qui vaille. (I, 373.)
Je viens de lui dresser un *plat* de mon métier. (VII, 332 et note 3;
voyez VII, 412.)

PLÂTRE, au propre et au figuré :
Antoine est battu comme *plâtre*. (VII, 368.)
Venez vermillonner ce visage de *plâtre*. (VII, 357.)

PLÂTRER :
Tout cela n'étoit que *plâtrer* la chose. (VIII, 170.)

PLEIGER :
Notre ami Pellisson
Me *pleigera* d'un couplet de chanson. (IX, 110 et note 1.)

PLEIN, PLEINE ; PLEIN DE ; À PLEIN ; À PLEIN POING ; EN SON PLEIN :
Ils eurent bonne année,
Pleine moisson, *pleine* vinée. (II, 14.)
Il n'est *plein* que *de* son amour. (VII, 532.)
.... Là, plus *à plein* il se récompensa
Du mal souffert, de la perte arrivée. (IV, 269 et note 1.)
.... Quand cet homme *à plein poing* est venu me charger. (VII, 297.)
La lune étant *en son plein*.... (VIII, 234.)

PLÉNIER, IÈRE :
L'écrit portoit
Qu'un mois durant le Roi tiendroit
Cour *plénière*. (II, 130 et note 4.)
Tout domestique, en trompant un mari,
Pense gagner indulgence *plénière*. (IV, 322.)

PLEUR, PLEURS :
Princes et rois, et la tourbe menue,
Jetoient maint *pleur*. (VI, 92.)
Savante en l'art des *pleurs* comme en l'art de mentir. (VII, 12.)
.... Leurs ruisseaux sont enflés par mes *pleurs*. (IX, 75.)
Ses arguments ce sont de doux regards,
De tendres *pleurs*, un gracieux sourire. (VI, 26 ; voyez VI, 239.)
Filles du blond soleil et des *pleurs* de l'Aurore. (VI, 166 ; voyez VI, 289.)
C'est pour moi que coulent les *pleurs*
Qu'en se levant verse l'Aurore. (VIII, 259 et note 1.)

PLEURER ; PLEURER À :
Madame votre fille est *pleurante* en un coin. (VII, 586.)
Les Grâces *pleurantes*. (VIII, 298.)
.... Et *pleurés* du vieillard il grava sur leur marbre
Ce que je viens de raconter. (III, 159.)
Le loup déjà se forge une félicité
Qui le fait *pleurer* de tendresse. (I, 72.)
.... Il lui fut inutile
De *pleurer aux* veneurs à sa mort arrivés. (I, 411 et note 7.)

PLEURER, substantivement :
Il les fait jouir du *pleurer*, comme si c'étoit quelque chose de délicieux. (VIII, 114.)
Le rire..., le *pleurer* (VIII, 112 ; voyez VIII, 115, 193.)

PLEUVOIR, au propre et au figuré :
Contrat passé, notre homme
Tranche du roi des airs, *pleut*, vente, et fait en somme
Un climat pour lui seul. (II, 13 et note 8.)
.... Bref, il *plut* dans son escarcelle. (II, 175.)
Les biens et les honneurs *pleuvoient* sur sa personne. (V, 268.)
Les diadèmes vont sur ma tête *pleuvant*. (II, 154.)

Le peuple vautour
Au bec retors, à la tranchante serre,
Pour un chien mort, se fit, dit-on, la guerre ;
Il *plut* du sang : je n'exagère point. (II, 136.)
Voilà scandale et bruit dans l'abbaye :
D'où cet enfant est-il *plu* ? (V, 524.)
De vieux maris, il en *pleuvoit*. (IV, 179.)
Il en plouvoit. (1669, Paris, et ms. de Conrart.) C'est l'ancienne forme du verbe.

PLI :
Le vase est imbibé, l'étoffe a pris son *pli*. (I, 186.)

PLIER, neutralement et activement :
L'arbre tient bon; le roseau *plie*. (I, 127.)
Je *plie*, et ne romps pas. (I, 127.)
  Qui ne voudra rompre, qu'il ploye.
    (Baïf, *Mimes*, p. 44, édition Blanchemain.)
Sa chasteté *plia*. (V, 127.)
Dame Bellone *ayant plié* bagage, etc. (IX, 14.)
Mon fils à qui l'on vient de *plier* la toilette.... (VII, 344 et note 2.)
« .... Il y avoit chez elle la plus grande liberté du monde ; on y mangeoit, on y buvoit, on y jouoit ; il y en a même qui lui ont volé tantôt sa bourse, tantôt sa pelote d'argent, tantôt une boîte à poudre, et jamais il n'y eut demoiselle du Marais à qui on ait si souvent plié la toilette. » (Tallemant des Réaux, Historiette de Mme de Querver.)

PLINTHE, masculin :
Sur chaque côté du *plinthe*.... (VIII, 178 ; voyez IX, 115.)

PLOMB ; JETER SON PLOMB :
L'onde, malgré son poids, dans le *plomb* renfermée,
Sort avec un fracas qui marque son dépit. (VIII, 41.)
Le paroissien en *plomb* entraîne son pasteur. (II, 159 et note 15.)
Le *plomb* volant siffle autour sans l'atteindre [Turenne]. (IX, 152.)
 .... D'abord le personnage
Jette son plomb sur messer Nicia. (V, 30 et note 3.)

PLOMBÉ :
Ce visage *plombé* nous marque un air malade. (VII, 338.)

PLONGER ; SE PLONGER :
 Il la trouve [la Fortune] assise à la porte
De son ami, *plongé* dans un profond sommeil. (II, 167.)
Et soit que des douleurs la nuit enchanteresse
Plonge les malheureux au suc de ses pavots, etc. (VI, 247.)
Tantôt on les eût vus côte à côte nager,
Tantôt courir sur l'onde, et tantôt *se plonger*. (I, 235.)
 On *se plonge* soir et matin
 Dans la fontaine de Jouvence. (II, 76.)
Dans un profond ennui ce lièvre *se plongeoit*. (I, 171.)

PLOUR, pleur :
.... Du temps qu'on perd douleurs et *plours*. (VIII, 445.)

PLOUVOIR. Voyez PLEUVOIR.

PLOYER :

En ployant les *genoux*.... (IX, 9.)

PLUIE :

.... Sèche du mieux qu'il peut son corps chargé de *pluie*. (II, 363.)
Mille jéts, dont la *pluie* à l'entour se partage.... (VIII, 41.)

PLUMAGE, au propre et au figuré :

Sans mentir, si votre ramage
Se rapporte à votre *plumage*,
Vous êtes le phénix des hôtes de ces bois. (I, 63; voyez I, 143, 183.)
Plus d'une Hélène au beau *plumage*
Fut le prix du vainqueur. (II, 170.)
Dîmes et cens, revenus et ménage
D'un abbé blanc. J'en sais de ce *plumage*
Qui valent bien les noirs à mon avis. (V, 390.)

PLUMAIL :

Mais les seigneurs sur leur tête
Ayant chacun un *plumail*, etc. (I, 288 et note 7.)
I'ay mis le plumail au vent. (Villon, p. 49.)
« M'amye, donnez leur mes beaulx *plumailz* blancs avec les pampillettes d'or. » (Rabelais, tome II, p. 318.)

PLUME :

Quand la perdrix
Voit ses petits
En danger, et n'ayant qu'une *plume* nouvelle
Qui ne peut fuir encor par les airs le trépas.... (II, 465 et note 43.)
.... Ou soit que du pitaud
Le corps ne fût pas fait de *plume*. (V, 593.)
Vous êtes pour le poil autant que pour la *plume*. (VII, 107 et note 5.)
Je les laisse [ces sujets] à de meilleures *plumes* que la mienne. (III, 177; voyez VIII, 19.)

PLUMER :

Pendant qu'à la *plumer* l'autour est occupé, etc. (II, 51.)
Qu'un homme *soit plumé* par des coquettes,
Ce n'est pour faire au miracle crier. (IV, 357 et note 1.)
Le beau premier qui sera dans vos lacs,
Plumez-le-moi, je vous le recommande. (V, 71 et note 1.)

PLUMET (LE), l'homme d'épée. (VIII, 297 et note 1.)

Lorsqu'un plumet d'humeur bouillante
Fait à ma femme l'œil pâmé,....
(Du Fresny, *Pasquin et Marforio*, acte III, scène VIII.)
Que de plumets par étape
Te grugeront comme un sot!
(Le même, *les Mal Assortis*, acte II, scène 1.)

PLUS; PLUS DE, QUE; AU PLUS; PLUS pour LE PLUS; SANS PLUS :
.... La pauvre dame
En a tant soupiré qu'enfin elle n'est *plus*. (III, 301.)
Que veut-on *plus?* (IX, 35.)
Quoi ! rien *plus?* (IX, 65.)
.... De roi qui donnât *plus*, ni qui sût donner mieux. (IX, 190.)
.... Leur payoient un tribut, qui *plus*, qui moins, selon
Que le compte à rendre étoit long. (V, 350.)
Ils louoient je ne sais combien d'Amours; qui *plus*, qui moins, selon la charge qu'avoit le vaisseau. (VIII, 181.)
.... Et plaît aux écoutants, *plus* il les étourdit. (VIII, 41.)
.... Là *plus* à plein il se récompensa, etc. (IV, 269.)
Mais un fripon d'enfant (cet âge est sans pitié)
Prit sa fronde et, du coup, tua *plus* d'à moitié
La volatile malheureuse. (II, 364.)
Il triompha des vents pendant *plus* d'un voyage. (II, 174.)
Cul-de-jatte, goutteux, manchot, pourvu qu'en somme
Je vive, c'est assez, je suis *plus que* content. (I, 106.)
.... Et gagner malgré soi *plus que* deux avocats. (II, 181.)
C'étoit *au plus* une nuit d'embarras. (V, 57.)
.... C'est bien le cuir *plus* doux,
Le corps mieux fait, la taille *plus* gentille. (IV, 214 et note 4.)
.... Lorsque je croyois notre hymen *plus* tranquille. (VII, 21.)
.... C'est à quoi j'ai *plus* de regret. (IV, 29 et note 2; voyez IV, 89, 116, 301; etc.)
J'étois réduit avant ce stratagème
A vous servir *sans plus* pour vos beaux yeux. (IV, 78 et note 2.)
Un rat, *sans plus*, s'abstient d'aller flairer autour. (I, 258; voyez I, 309; IV, 195; VIII, 320; et passim.)

PLUTÔT :

.... *Plutôt* la mort empêchât tel abus ! (VI, 28.)

POCHE; CHAT EN POCHE :

.... C'est votre destin
D'avoir toujours en *poche* un empereur romain. (VII, 365.)
Vous ne voulez *chat en poche* donner
Ni l'un ni l'autre. (V, 324 et note 1.)

POÊLE :

Poisson, mon bel ami, qui faites le prêcheur,
Vous irez dans la *poêle*. (I, 373.)

POËTE :

Même précaution nuisit au *poëte* Eschyle. (II, 294 et note 20.)

POIDS :

Deux forts paillards ont chacun un bâton,
Qu'ils font tomber par *poids* et par mesure. (IV, 138.)
.... Ce demi-louis avec cette pistole,
Et puis ces trente sous, cela fait six écus.
— Est-elle de *poids?* (VII, 376.)

L'État mantouan, pour chose de grand *poids*,
Résolut d'envoyer ambassade au saint-père. (V, 246.)

POIL :
.... Son *poil* hérissé semble de toutes parts
Présenter au chasseur une forêt de dards. (VI, 259.)
La vieille, à tous moments, de sa part emportoit
    Un peu du *poil* noir qui restoit. (I, 110 et note 4.)
.... Votre menton sans *poil* y doit beaucoup aider. (VII, 50.)
Un dieu qui n'eût point de *poil* au menton. (VIII, 171.)
Il trouve encor le gland pris au *poil* du menton. (II, 377; voyez IV, 233; V, 48, 111, 450.)
Sayon de *poil* de chèvre. (III, 145.)
Vous êtes pour le *poil* autant que pour la plume. (VII, 107 et note 5.)
    Babeau (c'est la jeune femelle)....
Fut du bon *poil*, ardente et belle. (IV, 378 et note 5.)

POINÇON :
Alaciel à l'aide d'un *poinçon*
Faisoit semblant d'écrire sur les arbres. (IV, 410.)

POINDRE :
    Colette appréhendant
D'être surprise avecque son amant,
Le renvoya, le jour venant à *poindre*. (IV, 213.)

POINDRE, piquer :
Quel taon vous *point?* (IV, 310 et note 4.)

POING :
Son maître le rappelle, et crie, et se tourmente,
Lui présente le leurre, et le *poing*; mais en vain. (III, 254 et note 28.)
Quand cet homme à plein *poing* est venu me charger.... (VII, 297.)

POINT, substantif, sens divers; DE POINT EN POINT; DE TOUT POINT; À POINT; À POINT NOMMÉ; TOUT À POINT; SUR LE POINT :
Fureur d'accumuler, monstre de qui les yeux
Regardent comme un *point* tous les bienfaits des dieux. (II, 347 et note 2.)
Monarque de l'Olympe, en qui sont tous les temps...,
Et pour qui n'est qu'un *point* toute la destinée. (VII, 229.)
Par la définition du *point*, de la ligne, de la surface, etc. (I, 17.)
.... L'immense éloignement, le *point*, et sa vitesse. (II, 297 et note 35.)
    Et ce trésor à part créé
Suivroit parmi les airs les célestes phalanges,
Entreroit dans un *point* sans en être pressé. (II, 478 et note 96.)
Quoique sous divers *points* tous quatre ils fussent nés.... (III, 89 et note 5.)
.... Le *point* n'en put être éclairci. (I, 121; voyez V, 229.)
Si me faut-il trouver, n'en fût-il point,
    Tempérament pour accorder ce *point*. (VI, 6.)
Un *point* troubla mon âme. (VI, 53.)

Un empereur auguste
A les vertus propres pour commander;
Un avocat sait les *points* décider. (IV, 229 et note 4.)
 Il est bon d'être charitable :
Mais envers qui? C'est là le *point*. (II, 43 ; voyez IV, 48; etc.)
.... C'est un autre *point*. (VIII, 108.)
Non, dit l'ami, ce n'est ni l'un ni l'autre *point*. (II, 266 et note 10.)
 .... Voilà toujours curée :
Le *point* est de l'avoir; car le trajet est grand. (II, 338.)
.... De savoir laquelle, c'étoit le *point*. (VIII, 198 et note 2 ; voyez VI, 29.)
Mais d'où vient qu'au renard Ésope accorde un *point*?
C'est d'exceller en tours pleins de matoiserie. (III, 133.)
 Homme mortel ne s'est vu sur la terre
De plus heureux ; car nul *point* n'y manquoit. (IV, 265.)
Il est trois *points* dans l'homme de collège. (IX, 99.)
La grave tragédie, à son *point* remontée,
Aura les beaux sujets, les nobles sentiments. (IX, 160.)
 Quant au lundi, je ne trouve à propos
De commencer par ce *point* la semaine. (IV, 335.)
Si Nérie eût voulu des baisers seulement,
 C'étoit une affaire faite :
Mais elle alloit au *point*, et ne marchandoit pas. (V, 118 et note 1.)
Un drôle donc caressoit Madame Anne,
Ils en étoient sur un *point*, sur un *point*.... (V, 542 et note 4; voyez V, 211, 592; et passim.)
Ce pitaud doit valoir, pour le *point* souhaité,
Bachelier et docteur ensemble. (V, 591 et note 5.)
Tant que la belle, après un peu d'effort,
 Vient à son *point*, et le drôle en dispose. (IV, 81 ; voyez IV, 180 et note 4; V, 132.)
Elle est jeune, en bon *point*. (VII, 46.)
Grande de taille, en bon *point*, jeune, et fraîche. (IV, 345 et note 3.)
Corps en bon *point*. (VIII, 480.)
 Voilà mon loup par terre,
Mal en *point*, sanglant, et gâté. (III, 295 et note 15.)
Si Tircis te plaît, laisse le *point* d'honneur. (VII, 228.)
Point d'honneur est une autre maladie. (V, 317 et note 2 ; voyez IX, 45.)
Lui hors, on vous dira le tout *de point en point*. (VII, 83.)
Je reviendrai dans peu conter *de point en point*
 Mes aventures à mon frère. (II, 363 ; voyez IV, 257; V, 298; VIII, 135; etc.)
Vouloir que *de tout point* ce sentiment vous quitte.... (III, 125; voyez V, 372; IX, 93.)
[Le renard] trouva le dîner cuit *à point*. (I, 113.)
Rien ne sert de courir; il faut partir *à point*. (II, 31 ; voyez V, 79.)
Un misérable coq *à point* nommé chantoit. (I, 382.)
Nous nous rencontrons *tout à point*. (I, 315 ; voyez V, 220; etc.)
Quand il voulut partir et qu'il fut *sur le point*,
 Ils demandèrent la sagesse. (II, 126 et note 30.)

Sur le point que j'allois, etc. (VIII, 360.)

POINT, négation :
.... Sans *point* de faute, Hymen en fit autant. (IX, 195.)
C'étoit alors, sans *point* d'abus,
Fille promise et rien de plus. (V, 216; voyez IX, 127.)

POINTE, acceptions diverses :
Point de franche lippée ;
Tout à la *pointe* de l'épée. (I, 72.)
.... Et le créancier à la porte
Dès devant la *pointe* du jour. (III, 222.)
Nous pourrons nous rendre sans bruit
Au pied de ce château dès la petite *pointe*
Du jour. (IV, 424 et note 4.)
« Enfin l'on s'amusa tant que la petite pointe du jour commençoit à paroître, etc. » (Retz, tome I, p. 188.)
.... Comme si elle [Psyché] eût marché sur des *pointes* de diamants. (VIII, 102.)
Bouts de navires ne vous plaira guère, et peut-être aimeriez-vous mieux le terme de *pointes* ou celui de becs.... Je doute fort que pas un soit propre. (IX, 261.)
Il suit sa *pointe*, et d'encor en encor
Toujours l'esprit s'insinue et s'avance. (V, 296 et note 1.)

POINTU :
La dame au nez *pointu* [la belette] répondit que la terre
Étoit au premier occupant. (II, 186.)

POISON, POISONS :
Et comme Amour jadis lui troubla la raison,
Ce fut lors un autre *poison*. (IV, 429 et note 1 ; voyez VI, 175 ; VII, 156, 207.)
Voilà donc notre veuve écoutant la louange,
Poison qui de l'amour est le premier degré. (VI, 81.)
La molle oisiveté, la triste solitude,
Poisons dont il nourrit sa noire inquiétude. (VI, 248.)
Partout elles avaloient un nouveau *poison*. (VIII, 90.)
.... Quelque nouveau *poison* forgé par les Amours. (VIII, 373.)
Tous ces *poisons* mêlés composoient ma souffrance. (VIII, 370.)
Laissons sur son esprit agir notre *poison*. (VII, 518.)
Au sein d'Astrée en vain j'ai versé cent *poisons*. (VII, 517.)
Le transport à ce foible penser
Fait bientôt succéder de folles rêveries,
Le délire, et souvent le *poison* des furies. (VI, 336 et note 1.)

POISSON, au propre et au figuré :
Petit *poisson* deviendra grand,
Pourvu que Dieu lui prête vie. (I, 372.)
.... Ayant, de cette façon,
A souper chair et *poisson*. (I, 310 et note 16.)

POL] DE LA FONTAINE. 193

Si vous trouvez chevaux à ce prix-là,
Vous les devrez prendre, sur ma parole.
Le mien hennit du moins; mais cette idole
Est proprement un fort joli *poisson*. (V, 572 et note 5.)

PÔLES, pôles :

Jupiter leur parut avec ces noirs sourcis
Qui font trembler les cieux sur leurs *pôles* assis. (VI, 155; voyez VI, 356.)

POLI, au propre et au figuré :

Ce loup rencontre un dogue aussi puissant que beau,
Gras, *poli*, qui s'étoit fourvoyé par mégarde. (I, 71 et note 2.)
Blanc, *poli*, bien formé, de taille haute et drète. (V, 345.)

Mille secrètes circonstances
De leurs corps *polis* et charmants
Augmentoient l'ardeur des amants. (V, 587.)

Corps feminin qui tant est tendre,
Poli, souef, si precieulx....
(Villon, p. 33.)

Ses manches, qui s'étoient un peu retroussées..., me découvroient à moitié ces bras si *polis*. (VIII, 285.)
Sans l'avertir, venez à la maison:
Vous me rendrez une jument *polie*. (V, 503 et note 1.)
Comme vous en parlez, c'est un prince *poli*. (VII, 56.)
L'esprit galant, et l'air des plus *polis*. (V, 561.)
.... La façon de vivre y est fort *polie*. (IX, 241.)
J'aurois bien voulu pouvoir témoigner par quelque chose de *poli* le zèle que j'ai. (IX, 62.)

POLICE :

.... Poète à mériter de souffrir un supplice,
Si sur les méchants vers on mettoit la *police*. (VII, 284.)
.... Vous y vivez dessous notre *police*. (V, 361.)

POLICER :

Par elle [la langue] on bâtit les villes et on les *police*. (I, 38.)

POLIR :

Demain, dit-il, nous *polirons* l'ouvrage. (IV, 161.)
Vous lui direz [à Foucquet] qu'un peu de son esprit
Me viendroit bien pour *polir* chaque écrit. (IX, 109.)

POLITESSE :

La façon de vivre y est fort polie [à Blois], soit que... le séjour de Monsieur ait amené cette *politesse*, ou le nombre des jolies femmes. (IX, 241.)

POLITIQUE :

Mais ses confrères les Esprits
Firent tant que le chef de cette république,
Par caprice ou par *politique*,
Le changea bientôt de logis. (II, 123.)

J. DE LA FONTAINE. XI

La belle crut qu'il avoit dit cela
Par *politique* et pour jouer son rôle. (IV, 363.)
    Alors le magnifique
    Qui voit le but de cette *politique*.... (V, 564 et note 7.)
Étant de la *politique* parmi les personnes de ce sexe... de, etc. (VIII, 189.)
.... Parlent toujours en *politiques*. (IX, 130.)

POMME :
.... Pour un fétu ou bien pour une *pomme*. (IX, 20.)
    Vos fruits aux écorces solides
    Sont un véritable trésor ;
    Et le jardin des Hespérides
    N'avoit point d'autres *pommes* d'or. (VIII, 29.)

POMPE :
La *pompe* funèbre d'un mari. (VII, 569.)
On fait dresser un appareil de *pompes* funèbres. (VIII, 53; voyez VIII, 51.)
L'hymen vous est suspect sans *pompe* solennelle. (VII, 603.)
Alibech fut festinée en grand *pompe*. (V, 480.)
On épousa Fédéric en grand *pompe*. (V, 177.)
La *pompe* vous déplaît, l'éloge vous ennuie. (III, 319.)

POMPEUX :
Tout cela méritoit un éloge *pompeux*. (III, 319.)

PONCTUEL, ELLE :
    Tant et si bien que les donzelles,
    Pour se montrer plus *ponctuelles*.... (IV, 190.)
.... L'obéissance en est un peu trop *ponctuelle*. (VII, 158.)

PONDEUR :
La femme du *pondeur* s'en retourne chez elle. (II, 240 et note 5.)

PONDRE :
    Axiochus avec Alcibiades,
    Par bon accord, comme grands camarades,
    En même nid furent *pondre* tous deux. (IV, 117.)

POPULACE :
    .... Au lieu que la *populace*
    Entroit dans les moindres creux. (I, 288.)

POPULAIRE :
L'État des belles-lettres est entièrement *populaire*. (VII, 9.)

PORC, sanglier :
Le *porc* revient à soi. (II, 349.)

PORT, au propre et au figuré :
    L'un des trois jouvenceaux
    Se noya dès le *port*, allant à l'Amérique. (III, 159.)

POR] DE LA FONTAINE. 195

Notre magot prit pour ce coup
Le nom d'un *port* pour un nom d'homme. (I, 293.)

A peine ils touchent le *port*
Qu'ils vont hasarder encor
Même vent, même naufrage. (III, 82.)

Les sages quelquefois, ainsi que l'écrevisse,
Marchent à reculons, tournent le dos au *port*. (III, 238.)

Même j'allois cesser, et regardois le *port*. (VI, 315.)

Qu'il ne tienne à cela que tout n'aille à bon *port!* (VII, 73.)

Qu'est-il de faire afin que l'aventure
Nous réussisse, et qu'elle aille à bon *port?* (V, 39; voyez V, 296.)

PORT, démarche, allure :

De quel air vient à nous le chef des députés?
Vois son *port*, ses regards. (VII, 607.)

Son *port* si plein de grâce. (VIII, 38.)

Ton *port*, ta voix, et ton visage. (VIII, 481.)

.... Pallas y mit son esprit si vanté,
Junon son *port*. (IX, 170.)

PORTAIL, AUX :

Par ce point-là je n'entends, quant à moi,
Tours ni *portaux*. (V, 64 et note 1.)

PORTATIF :

Un pont *portatif* que le vieillard tiroit après soi.... (VIII, 140.)

PORTE, PORTES :

Couche-toi le dernier et vois fermer ta *porte*. (III, 116.)
Elle me prend mes mouches à ma *porte*. (III, 36.)
Deux *portes* sont au cœur; chacune a sa valvule. (VI, 326.)

Qu'on lui ferme [au naturel] la porte au nez,
Il reviendra par les fenêtres. (I, 187.)

Haine, vengeance, et deuil, laissons tout à la *porte*. (III, 66.)

.... N'entrez chez vos amours
Qu'après avoir laissé vos grandeurs à la *porte*. (VII, 206.)

Je laisse à la *porte* ma raison et mon argent. (VIII, 113; voyez VIII, 118.)

Que la *porte* du jour se ferme, ou qu'elle s'ouvre.... (VIII, 255.)

.... Il en vient des *portes* du jour. (IX, 193.)
Aux *portes* du matin. (VIII, 284.)

Les yeux aux brillantes merveilles,
Qui sont les *portes* du desir. (VIII, 103.)

PORTE-BOURDON :

Je n'aurois pas d'un roi cette chose soufferte...,
Et d'un *porte-bourdon* je la pourrois souffrir! (V, 262 et note 5.)

PORTÉE :

Aussitôt qu'à *portée* il vit les contestants, etc. (II, 190.)

Jamais auprès des fous ne te mets à *portée*. (II, 398.)
.... Ce sont qualités au-dessus de ma *portée*. (I, 14.)
Notre esprit a trop peu de *portée*. (IX, 160.)

PORTE-ÉCAILLE :
     Les moutons
De Dindenaut, dont tantôt nous parlions,
S'alloient jeter chez la gent *porte-écaille*. (V, 316 et note 4.)

PORTE-ÉCARLATE :
La gent *porte-écarlate*. (IX, 383.)
Les Anglais.

PORTE-LAINE :
Ces moutons *porte-laines*. (VIII, 478 et note 1.)

PORTE-LUMIÈRE :
Ce dieu *porte-lumière*, aux yeux vifs, au blond crin. (VII, 279 et note 4.)

PORTE-MAISON :
Porte-maison, l'Infante. (III, 284 et note 52.)

PORTE-SONNETTE :
  L'animal *porte-sonnette* [le milan],
  Sauvage encore et tout grossier.... (III, 257 et note 51.)

PORTER; SE PORTER :
     Les gens
  Portant bâtons et mendiants. (I, 72 et note 5.)
  Et l'autre [mulet], se faisant prier,
  Portoit, comme on dit, les bouteilles. (I, 159 et note 2.)
Pour nous seuls il [le bœuf] *portoit* les soins les plus pesants. (III, 8.)
Ce discours *porta* coup. (V, 122 et note 3.)
Il fallut recourir à ce qui *porte* coup. (VI, 190.)
Ces badineries ne sont telles qu'en apparence ; car dans le fond elles *portent* un sens très solide. (I, 17.)
J'ai peut-être *porté* trop loin la prévoyance de ce hibou. (III, 165.)
Il arrivera possible que mon travail fera naître à d'autres personnes l'envie de *porter* la chose plus loin. (I, 13.)
Il *porte* tout dans l'excès. (VIII, 329.)
  Trois saints, également jaloux de leur salut,
  Portés d'un même esprit, tendoient à même but. (III, 338.)
L'ours *porté* d'un même dessein.... (II, 260.)
D'un même esprit que tous, seigneur, *soyez porté*. (VII, 610.)
[Le chat] contre toute ta parenté
D'un malin vouloir *est porté*. (II, 18.)
De tous les animaux l'homme a le plus de pente
  A *se porter* dedans l'excès. (II, 414 et note 11.)
Quel Louvre! un vrai charnier, dont l'odeur *se porta*
D'abord au nez des gens. (II, 131.)

PORTIÈRE de carrosse :
.... Et tantôt cajolant l'une ou l'autre *portière*. (VII, 294 et note 2.)

PORTION, portions :

Des *portions* d'humeur grossière,
Quelquefois compagnes du sang.... (VI, 331.)
Cette dépositaire, ayant grand appétit,
Faisoit sa *portion* des talents de ce rustre. (V, 589 et note 4.)
L'augmentation de ce culte nous diminuera notre *portion*. (VIII, 230 et note 2.)

PORTIQUE :

Il me fit voir en songe un palais magnifique,
Des grottes, des canaux, un superbe *portique*. (VIII, 246.)

PORTRAIT :

Vous savez ce que peut un *portrait* animé. (VIII, 255.)
Mon *portrait* jusqu'ici ne m'a rien reproché. (I, 78.)
Et voilà de plus mon *portrait*
Que j'attache à ce bracelet. (IV, 25 ; voyez VI, 34.)
Tu fis de tes enfants à l'aigle ce *portrait* :
En avoient-ils le moindre trait? (I, 423.)

POSER :

Sans que je crains de commettre Géronte,
Je *poserois* tantôt un si bon guet
Qu'il seroit pris ainsi qu'au trébuchet. (VI, 35.)
Posez deux forteresses.... (VI, 26.)

POSSÉDER :

.... Il n'y a qu'un moment que je *possédois* le plus agréable de tous les dieux, et je vas mourir. (VIII, 129.)
Un Gascon, pour s'être-vanté
De *posséder* certaine belle,
Fut puni de sa vanité....
Il se vantoit à faux et ne *possédoit* rien. (IV, 385.)
A la fin celui-ci *posséda* sa cruelle. (V, 549.)
Qui la *possédera* doit s'estimer heureux. (VII, 102.)
.... Voyant l'humeur qui la *possède*. (VII, 583.)
Enfin pour divertir l'ennui qui le *possède*, etc. (VI, 248.)
Quel remède
Faudroit-il apporter au mal qui vous *possède* ? (VII, 45.)
Je crains que les raisons ne soient de peu d'effet
Dans la douleur qui vous *possède*. (IX, 199.)
Tellement *possédée* de son excessive douleur qu'elle [Psyché] demeura longtemps les yeux attachés à terre sans se connoître. (VIII, 128.)

POSSESSEUR :

Le *possesseur* du champ vient avecque son fils. (I, 356.)
Le *possesseur* du jardin
Envoya faire plainte au maître de la classe. (II, 381 ; voyez III, 118, 252.)
De notre liberté l'Arabe est *possesseur*. (VI, 300.)

Que mon frère est heureux
De se voir *possesseur* aussitôt qu'amoureux! (VII, 99; voyez VII, 37, 81, 610 et note 2.)
Celui qui en devoit être le *possesseur* [de Psyché] arriva, et s'approcha d'elle. (VIII, 59.)
Jadis certain Mogol vit en songe un vizir
Aux Champs Élyséens *possesseur* d'un plaisir
Aussi pur qu'infini, tant en prix qu'en durée. (III, 118.)

POSSESSION :

L'usage seulement fait la *possession*. (I, 344 et note 1.)
On ignoroit le prix de sa *possession*. (IV, 387.)
Ainsi le meilleur pour vous est l'incertitude, et qu'après la *possession* vous ayez toujours de quoi desirer. (VIII, 75.)
Une *possession* de près de trois siècles. (VIII, 345.)

POSSIBLE, adverbialement, peut-être :

[Socrate] s'étoit avisé que la musique et la poésie ont tant de rapport que *possible* étoit-ce de la dernière qu'il s'agissoit. (I, 11.)

Et dans ce bois elle trouve un vieillard,
Homme *possible* autrefois plus gaillard,
Mais n'étant lors qu'un squelette et qu'une ombre. (V, 468 et note 3.)

Même un refus eût fait, *possible*,
Qu'on eût vu quelque beau matin
Un mariage clandestin. (I, 265.)

Il arrivera *possible* que mon travail fera naître... l'envie de porter la chose plus loin. (I, 13; voyez I, 220; IV, 30, 149; VIII, 75, 89, 167, 216; IX, 310; et passim.)

POSTE, masculin :

Près de sa fille elle alla se placer,
Et dans ce *poste* elle se sentit forte. (IV, 218.)
L'oiseau garda son *poste*. (III, 253.)

POSTE, féminin :

Je dois faire aujourd'hui vingt *postes* sans manquer. (I, 176 et note 2.)
Que s'il vous eût plu, notre ami,
J'aurois couru volontiers quelque *poste*. (IV, 56.)
Quoi qu'il en soit, avant que d'être au bout,
Gaillardement six *postes* se sont faites. (IV, 215 et note 2.)

POSTER :

Le peuple hors des murs *étoit* déjà *posté*. (I, 209.)
Le lion le *posta* [l'âne], le couvrit de ramée. (I, 189.)

POSTÉRITÉ :

.... J'entends parler de la fantaisie de son mari, c'est-à-dire de cette opiniâtreté à demeurer invisible. Toute la *postérité* s'en est étonnée. (VIII, 72.)

POSTURE :

.... La *posture* est contrainte. (VII, 434.)

Un jour chez la race future
Tu seras en bonne *posture*. (IX, 182.)
Un second lui succède et se met en *posture*. (I, 333.)
Souris de revenir, femme d'être en *posture*. (I, 186.)

POT :

Perrette sur sa tête ayant un *pot* au lait, etc. (II, 150.)
Il le croit en son *pot* et déjà lui fait fête. (I, 165.)
Aux noces d'un tyran tout le peuple en liesse
    Noyoit son souci dans les *pots*. (II, 38.)
On se moqua de son observation, et on continua de vider les *pots*. (I, 40.)
Motus ! ou je découvrirai le *pot* aux rose. (VII, 480 et note 2.)
    Fille aimable autant qu'on peut l'être,
    Et ne tournant autour du *pot*. (V, 210 et note 2 ; voyez VII, 361.)

POTAGE :

    Au fond d'un antre sauvage,
    Un satyre et ses enfants
    Alloient manger leur *potage*. (I, 386.)
    Adieu planches, carreaux ;
    Adieu chicorée et porreaux ;
    Adieu de quoi mettre au *potage*. (I, 279.)
[Le cuisinier] alloit l'égorger [le cygne], puis le mettre en *potage*. (I, 236.)
    On servit
Potage, menus mets, et même jusqu'au fruit,
Sans que le brochet vînt. (V, 352 et note 4.)
Quelque plat de *potage*. (III, 227 et note 9.)
On conte qu'un serpent, voisin d'un horloger...,
Entra dans sa boutique, et, cherchant à manger,
    N'y rencontra pour tout *potage*
Qu'une lime d'acier. (I, 413.)
Quelque grabat, du pain pour tout *potage*. (V, 399.)
Ceux qu'il [Cocuage] n'a visités seulement qu'une fois
    Sont fantassins pour tout *potage*. (V, 141 et note 4.)
    Le seul espoir restoit pour tout *potage* :
Nous en vivions, encor bien maigrement. (IX, 15.)

POTAGER :

Le pis fut que l'on mit en piteux équipage
Le pauvre *potager*. (I, 279.)

POTEAU :

Son camarade et lui trouvèrent un *poteau*
Ayant au haut cet écriteau.... (III, 75.)

POTENCE :

    Le procès fait, une belle *potence*,
    A trois côtés, fut mise en plein marché. (IV, 271 et note 2.)
    Il n'avoit pour monument
    Que le dessous d'une *potence*. (VI, 75.)

POTENTAT :

Outre ces quatre *potentats*
Combien d'êtres de tous états
Se font une guerre éternelle! (III, 226.)
L'eau, l'air, la terre, et le feu.

Est-il de *potentat*,
De simple Grec qui pût se plaire en sa patrie? (VII, 609.)

POUCE :

Fils n'ayant pas pour un *pouce* de vie. (V, 165 et note 2.)

POUDRE, emplois divers :

.... Comme au vent s'écarte la *poudre*. (VIII, 400.)

Endurant faim, soif, chauld, froid, et la pouldre.... (Pierre Gringoire, *la Paix et la Guerre*.)

.... Et fit mordre la *poudre*
Aux tyrans. (VIII, 397.)

Héros qui mettoient tout en *poudre*. (IX, 148; voyez VIII, 391.)

Votre séjour sent un peu trop la *poudre;*
Non la *poudre* à têtes friser,
Mais la *poudre* à têtes briser. (IX, 104.)

POULE :

Honteux comme un renard qu'une *poule* auroit pris. (I, 114.)

Deux coqs vivoient en paix : une *poule* survint,
Et voilà la guerre allumée. (II, 169.)

POULAILLE :

Le rustre, en paix chez soi,
Vous fait argent de tout, convertit en monnoie
Ses chapons, sa *poulaille*. (III, 110 et note 7.)

POULET, POULETTE :

Grand croqueur de *poulets*.... (I, 378.)
« Çà, déjeunons, dit-il : vos *poulets* sont-ils tendres? » (I, 278.)
Que votre coq cherche *poulette*. (VIII, 441.)

POULET, billet doux :

Mais ouvrons le *poulet* du damoiseau Timante. (VII, 412.)

De porter un poulet ie n'ai la suffisance :
Ie ne suis point adroit, etc.
(Regnier, satire III, vers 125.)

POULINIÈRE :

Jument, bien faite et *poulinière*,
Auras de jour, belle femme de nuit. (V, 493 et note 9.)

POULS :

Notre santé n'a pas de plus certaine marque
Qu'un *pouls* égal et modéré. (VI, 329.)

[Agiluf] crut que l'auteur de cette tromperie
Se connoîtroit au battement du *pouls*. (IV, 231 et note 7.

Pinucio, plus froid qu'une statue,
Resta sans *pouls*. (IV, 216.)

POUPÉE :

Les enfants n'ont l'âme occupée
Que du continuel souci
Qu'on ne fâche point leur *poupée*. (II, 387 et note 6.)

Sa *poupée* en sait autant qu'elle. (IV, 49.)
Lise songeoit autant que sa *poupée*. (V, 29.)

Mais tout cela n'est que pour amuser
Un peu de temps des esprits de *poupée*. (IV, 339.)

Bien blanchement comme droites *poupées*. (IV, 488 et note 7.)

Comparez aussi *la Reformation des dames de Paris*, s. l. n. d., in-8°, vers 126-129 :

Pour vostre grauité
On vous nomme de Paris les poupées,
Peinctes, fardées, de grace mancipées,
Enueloppées de folle vanité.
(Coquillart, tome I, p. 156; Regnier, p. 180 et 357; etc.)

.... Moi [l'Amour] qui suis le dispensateur d'un bien près de qui la gloire et les richesses sont des *poupées*. (VIII, 200.)

POUPIN :

Trois petits Hercules, autant *poupins* et autant mignons que le peuvent être de petits Hercules. (IX, 261 et note 4.)

Dieu vous gard donc mes dames tant poupines!
(Marot, tome I, p. 159.)

POUPON, POUPONNE :

Quand lui verrai-je un *poupon* sur le sein? (V, 37.)
Pour un petit *poupon* l'on sait qu'elle en fut quitte. (IX, 24; voyez VIII, 378, 379.)

Humeur friponne
Chez la *pouponne*
Se glissa lors en tapinois. (VIII, 445 et note 7.)

POUR, préposition :

1° POUR devant un substantif :

Je me fais un honneur de t'avoir *pour* ami. (VII, 622.)
Sans avoir *pour* témoins, en ces sombres demeures,
Que les chantres des bois, *pour* confident qu'Amour. (VI, 239.)
Le premier *pour* tous biens n'a que les dons du corps ;
L'autre *pour* tous appas possède des trésors. (VI, 252.)
Qui, Térée? est-ce un mets propre *pour* les milans? (II, 450.)
Le trop d'attention qu'on a *pour* le danger
Fait le plus souvent qu'on y tombe. (III, 299.)
Je ne vous aime pas *pour* faveur que j'obtienne. (VII, 84.)
On abattit un pin *pour* son antiquité. (III, 162.)

A cause de.

Pour sûreté de son trésor,
Notre avare habitoit un lieu dont Amphitrite
Défendoit aux voleurs de toutes parts l'abord. (III, 201.)

C'est un mortel qui sait mettre sa vie
Pour son ami. (III, 279.)
.... Le cygne et l'oison :
Celui-là destiné *pour* les regards du maître,
Celui-ci *pour* son goût. (I, 235.)
Aux grands périls tel a pu se soustraire
Qui périt *pour* la moindre affaire. (I, 157.)
.... Et puis *pour* le besoin
N'en dois-je pas garder [des souris]? (III, 164.)
.... *Pour* ses intérêts,
Jupiter se verra contraint de les défendre. (I, 151.)
Le jeune et beau Daphnis, berger de noble race,
L'aima *pour* son malheur. (III, 332.)
Il fallut *pour* cet au vivre en mère affligée. (I, 151.)
Point de chardons pourtant; il s'en passa *pour* l'heure. (II, 300.)
Pour un pauvre animal,
Grenouilles, à mon sens, ne raisonnoient pas mal. (II, 39.)
Homme *pour* homme et péché *pour* péché,
Autant me vaut celui-ci que cet autre. (IV, 260; voyez III, 192;
IV, 224, 406.)
Souffrirez-vous... qu'une moitié d'homme, qu'un avorton soit la
cause..., que j'aie la confusion *pour* mon partage? (I, 50.)
Ils n'avoient qu'un fils *pour* tous enfants. (V, 165.)
[Les brebis] donnèrent leurs chiens *pour* otages. (I, 45; voyez I, 41.)
Je ne veux opposer qu'un seul mot *pour* réplique. (VIII, 430.)
.... Non sans accompagner, *pour* plus grand ornement,
De son chant gracieux cette action hardie. (I, 284.)
.... Nous préparer *pour* une autre vie. (VIII, 150.)
.... Je n'en eusse quitté ma part *pour* un empire. (III, 258.)
.... Les beautés qui font plaisir aux gens
Pour la somme. (V, 440.)
Hippocrate n'eut pas trop de foi *pour* ces gens. (II, 344.)
Depuis qu'il est des lois, l'homme, *pour* ses péchés,
Se condamne à plaider la moitié de sa vie. (III, 340.)
.... La voilà, *pour* conclusion,
Grasse, mafflue et rebondie. (I, 251.)
.... Les autres n'ont *pour* un seul adversaire. (IV, 487.)
Nous avons des coquettes,
Non pas *pour* une. (V, 440 et note 2.)
Lettres, billets pleins de paroles douces,
Me sont donnés par une dont le nom
Vous est connu : je le tais *pour* raison. (VI, 30.)

Voyez CAUSE, POTAGE, etc.

2° POUR devant un infinitif :

Pour abréger, on sert la fricassée. (V, 171.)
Disciples d'Apollon, nos maîtres, *pour* mieux dire. (I, 200.)
.... C'est bien *pour* m'obliger à vous aimer de même. (VII, 157.)
.... Boccace en fait certain conte *pour* rire. (IV, 488.)

Les aventures de Psyché lui avoient paru fort propres *pour* être contées. (VIII, 26.)
Et comment est-il possible, reprit Ésope, que vos juments entendent de si loin nos chevaux hannir, et conçoivent *pour* les entendre? (I, 50.)

3° Pour, locutions diverses :

L'une et l'autre... n'auroit pas les prières d'une femme *pour* agréables. (VIII, 177.)

Vous verriez à quel point Clymène s'intéresse
Pour tout ce qui vous touche. (VII, 154.)

On lui dit qu'il étoit père,
Et qu'il laissât, *pour* le mieux,
A quelqu'un des autres dieux
D'autres tonnerres à faire. (II, 317.)

Courte n'étoit, *pour* sûr, la kyrielle. (IV, 104 et note 5.)
Rien n'y fera, *pour* le sûr, sa défense. (V, 569 et note 1.)

Pour ce s'avise, un jour de confrérie,
De se vêtir en prêtre, et confesser. (IV, 103.)

Maint d'entre vous souvent juge au hasard
Sans que *pour* ce tire à la courte paille. (IV, 130.)

Dame Fourmi trouva le ciron trop petit,
Se croyant, *pour* elle, un colosse. (I, 78.)

Pour, substantivement :

Je trouve en ses pareils bien du contre et du *pour*. (IX, 26.)

POURCEAU :

Dom *Pourceau* crioit en chemin
Comme s'il avoit eu cent bouchers à ses trousses. (II, 271.)

POURCHAS :

.... Et, n'étant homme en tel *pourchas* nouveau,
Guère ne mit à déclarer sa flamme. (IV, 88 et note 7.)

POURFENDRE, POURFENDU :

La mort fit lâcher prise au géant *pourfendu*. (IV, 403 et note 3.)

POURPOINT de pierre, prison :

La cour lui taille un beau *pourpoint* de pierre. (IX, 7 et note 3.)

Rapprochez la *Satyre Menippée*, tome I, p. 267 : « Vray est qu'ils ont assez bon geste derriere un pourpoint de muraille. »

POURPRE :

N'a-t-on point de présent à faire,
Point de *pourpre* à donner? C'est en vain qu'on espère. (III, 150 et note 42.)

Etendus sur la *pourpre* et non dans un grabat. (VIII, 485.)

Je vous prie de considérer ce gris de lin, ce couleur d'aurore, cet orangé et surtout ce *pourpre* qui environnent le roi des astres. (VIII, 234.)

POURPRIS :

Les gens trouvoient en son charmant *pourpris*
Les meilleurs vins de la machine ronde. (V, 387 et note 4.)

Le chaume devient or, tout brille en ce *pourpris*. (VI, 160 et note 2.)
.... Aux extrémités de ce vaste *pourpris*. (VIII, 124.)
Le céleste *pourpris*. (VIII, 365.)

POURQUOI :
 Les gens l'avoient prise [cette robe]
Pour maître tel, qui traînoit après soi
Force écoutants : demandez-moi *pourquoi*. (II, 182.)
 .... Est-ce un sujet *pourquoi*
Vous fassiez sonner vos mérites ? (I, 274.)
Comparez les exemples de Molière, Pascal, Massillon, cités par Littré.
 .... Et la galande à le considérer
Avoit pris goût; *pourquoi*, sans différer,
Amour lui fit proposer cette affaire. (IV, 499 et note 3.)
Prétendez-vous garder ce trésor? — *Pourquoi* non? (III, 50.)
Pourquoi non? C'est assez qu'il [le sexe] condamne en son cœur
Celles qui font quelque sottise. (V, 9.)
 Soupirs trottoient; bien voyoit le *pourquoi*,
Sans qu'il s'en mît en peine davantage. (V, 412 et note 3.)

POURRIR, POURRI :
 .... Le tout pour un âne rogneux,
Pour un mouton *pourri*. (III, 31.)

POURSUITE :
Las de continuer une *poursuite* vaine,
Il ne songea plus qu'à mourir. (III, 332.)
  Notre époux..., fort sottement,
S'alla mettre en l'esprit de craindre la *poursuite*
D'un amant qui, sans lui, se seroit morfondu. (V, 112; voyez VI, 30, 31.)

POURSUIVANT, substantivement :
 Le *poursuivant* s'applique
A gagner celle où ses vœux s'adressoient. (VI, 98 et note 8.)
Maint jeune prince étoit son *poursuivant*. (VI, 111.)
L'or entouré d'écueils avoit des *poursuivants*. (VI, 349.)

POURSUIVRE :
.... A ces mots, par la Parque il se sentit atteint :
Il *auroit poursuivi*, la douleur le prévint. (III, 335.)
Harpajême toujours *poursuit*-il ses projets? (VII, 404.)

POURVOIR; POURVOIR DE; POURVOIR À; SE POURVOIR; SE POURVOIR DE :
Fille à *pourvoir*, et des meilleurs partis. (VI, 51.)
Il me reste à *pourvoir* un arrière-neveu. (II, 209.)
Toutes deux conseillèrent Cythérée de *pourvoir* son fils. (VIII, 201.)
A peine on eût appris qu'on me vouloit *pourvoir*.... (VII, 21.)
 .... Moi, fille jeune et drue,
Qui méritois d'*être* un peu mieux *pourvue*. (IV, 349 et note 1.)

Je *suis pourvue* richement. (VIII, 83.)
La *pourvoir* d'un époux est mon plus grand souci. (VII, 81.)
On m'*a pourvu* d'un cœur. (VIII, 362.)
Vous voyez, lui dit-il, le visage charmant
Et les traits délicats *dont* la reine *est pourvue*. (V, 426.)
La dame *est* d'attraits assez *pourvue*. (IX, 38.)
Cette beauté *de* mille attraits *pourvue*. (VII, 44.)
Les sévères appas *dont* vous *étes pourvue*. (VII, 71.)
La farouche vertu *dont* le Ciel l'*a pourvue*. (VII, 309.)
Chacun sait la beauté *dont* Pamphile *est pourvue*. (VII, 102.)
J'aime ces qualités *dont* il *seroit pourvu*. (VII, 70.)
   Ah! si j'*étois*,
Comme un corbeau, d'ailes *pourvue!* (III, 280.)
Peut-être à nos desirs il *a* déjà *pourvu*. (VII, 268.)
Car de *pourvoir* vous seul *au* tourment de chacune...,
Vous n'auriez jamais fait. (IV, 21.)
Qui *pourvoira*, de nous, *au* diner de demain? (III, 91.)
Je *pourvoirai à* vos nécessités amoureuses. (VIII, 171.)
 Rustic voudroit être dépêtré d'elle;
 Elle *pourvoit* d'elle-même *à* cela. (V, 478.)
.... Cupidon ne manqua pas d'*y pourvoir*. (VIII, 213.)
La fumée *y pourvut*.... (II, 429.)
 Vouliez ou non, elle aura son affaire.
 Elle l'eut donc, notre peintre *y pourvut*
 Tout de son mieux. (V, 84.)
Pourvoyez à la chose aussi bien qu'*aux* soupçons. (IV, 450; voyez I, 221; IV, 171, 350, 408, 444, 485; V, 56; VIII, 332, etc.)
 J'ai les desseins du monde les meilleurs :
 Les autres n'ont qu'*à se pourvoir* ailleurs. (V, 178.)
Pourvoyez-vous de quelque autre compère. (V, 39.)
Pourvoyez-vous d'époux ou d'amant. (VIII, 167.)

POURVOYEUR :

Tout cormoran se sert de *pourvoyeur* lui-même. (III, 19.)
 Ame j'ai cru le devoir appeler,
 Ses *pourvoyeurs* ne le faisant manger
 Ainsi qu'un corps. (I, 402.)

POURVU que :

Ses songes sont toujours que l'on le fait cocu :
 Pourvu qu'il songe, c'est l'affaire. (V, 91 et note 4.)

POUSSER, au propre et au figuré; se pousser :

.... *Pousse* les Phrygiens, redouble leurs alarmes. (VII, 624.)
Quelque diable aussi me *poussant*.... (II, 98.)
Son conseil fut suivi; l'on *poussa* les affaires,
L'on se vengea, l'on n'omit rien. (IV, 432 et note 3.)
Pour en venir au point où j'*ai poussé* l'affaire.... (VII, 180.)
Vous *poussez* la chose un peu trop loin. (VIII, 113.)
L'époux ne voulut pas *pousser* plus loin la chose. (V, 131 et note 4; voyez IV, 290; V, 591.)
Pousser plus loin la fleurette.

.... Pendant que Caliste, attrapant son mari,
Pousseroit jusqu'au bout ce qu'on nomme tendresse. (V, 120.)
Notre trio *poussa* maint regret inutile,
 Ou plutôt il n'en *poussa* point. (III, 221 et note 5.)
 .... Et *poussant* l'erreur jusqu'au bout
 La croit femme en tout et pour tout. (I, 185; voyez I, 211.)
Que ne *vous poussez*-vous? (V, 439 et note 6.)
On *se pousse* partout, on risque sans souci. (VII, 53.)

POUSSINIÈRE :

Vous croyiez voir ici l'étoile *poussinière*. (VII, 385 et note 1.)

« Qui à son coucher salueroit l'estoile pouchiniere, il ne seroit possible de perdre aucun de ses pouchins. » (*Euangile des Quenouilles*, p. 52.)

POUVOIR, verbe; N'EN POUVOIR MAIS; N'EN POUVOIR PLUS; NE POUVOIR QUE; NE POUVOIR QUE NE; SE POUVOIR, elliptiquement :
 J'ai pour tout artifice
Les pleurs que vous voyez : *pourront*-ils moins qu'Ulysse? (VII, 605.)
Le malheureux lion se déchire lui-même...,
Bat l'air, qui *n'en peut mais*; et sa fureur extrême
Le fatigue, l'abat. (I, 157 et note 11; voyez II, 10.)
Quand Cythérée fut de retour, elle la trouva [Psyché] étendue sur les tapis..., prête d'expirer et *n'en pouvant plus*. (VIII, 194.)
Hispal *n'en pouvant plus* de faim, de lassitude.... (IV, 407.)
Envier à deux personnes qui *n'en peuvent plus* la satisfaction de me voir.... (VIII, 83.)
 Il *ne pouvoit que* dire, etc. (II, 132.)
 Je *ne puis qu*'en cette préface
 Je *ne* partage entre elle et vous
Un peu de cet encens qu'on recueille au Parnasse. (III, 329 et note 6.)
Celle dont nous venons de chanter l'hyménée
Ne peut qu'elle *ne* rende un tel œuvre accompli. (IX, 340.)
Les ballets, les concerts, *se peut*-il rien de mieux
Pour contenter l'esprit et réveiller les yeux ? (IX, 156.)

POUVOIR, substantif :
 [La vieille] couroit droit au lit
Où, de tout leur *pouvoir*, de tout leur appétit,
 Dormoient les deux pauvres servantes. (I, 382.)
 Cette dîme sera reçue
 Selon notre petit *pouvoir*. (IV, 183; voyez V, 69.)
[Les grenouilles] par leurs clameurs firent tant
Que Jupin les soumit au *pouvoir* monarchique. (I, 214.)

PRAIRIE :

Combien de fois la lune a leurs pas éclairés,
Et couvrant de ses rais l'émail d'une *prairie*, etc. (VI, 242.)
L'aigle, reine des airs, avec Margot la pie...
 Traversoient un bout de *prairie*. (III, 243.)

PRATIQUE, PRATIQUES, emplois divers :
.... Je n'en sus jamais le train ni la *pratique*. (VII, 88.)

Il est bien vrai que ce divin esprit
Plus que pas un me donne de *pratique*. (IV, 276 et note 2.)
[Les rois et les Césars qui] avoient vu leur femme tomber
En telle ou semblable *pratique*. (IV, 36.)
.... Le renard, ménager de secrètes *pratiques*. (I, 425.)
.... Astolphe y perd mainte *pratique*. (IV, 35.)
Je vais vous amener de la *pratique*. (VII, 463.)

PRATIQUER :

[Le renard] mit en usage un stratagème
Non encor *pratiqué*, des mieux imaginés. (III, 320.)
J'en ai bien lu [des tours], j'en vois *pratiquer* mêmes,
Et d'assez bons.... (VI, 26.)

PRÉ, PRÉS :

En un *pré* de moines passant, etc. (II, 98.)
 Un lion de haut parentage,
En passant par un certain *pré*,
Rencontra bergère à son gré. (I, 265.)
Dans un *pré* tout bordé de saules, j'aperçois Cythérée, l'Amour et les Grâces. (VIII, 281.)
.... Force bœufs dans ses *prés*, force cerfs dans ses bois. (III, 95.)

PRÉALABLE (Au) :

J'en suis d'accord, et gage votre habit.
Votre cheval, la bourse *au préalable*. (IV, 247.)
Avant tout, surtout.
 Il faut, *au préalable*,
Qu'on fasse une œuvre à Dieu fort agréable. (V, 475.)

PRÉCAUTION :

 On entroit dans l'automne,
Quand la *précaution* aux voyageurs est bonne. (II, 9.)
.... Même *précaution* nuisit au poète Eschyle. (II, 294.)

PRÉCEPTE :

Le conte fait passer le *précepte* avec lui. (II, 1.)
Préceptes moraux. (IX, 23.)

PRÉCEPTEUR :

Les animaux sont les *précepteurs* des hommes dans mon ouvrage. (III, 175.)
 Et qui sait si, dans maint ouvrage,
L'instinct des animaux, *précepteur* des humains,
N'a point d'abord guidé notre esprit et nos mains? (VI, 349.)
.... Son petit-fils l'aura dans ses travaux
Pour *précepteur* à lancer le tonnerre. (IX, 31.)

PRÊCHE :

Frère André ne marchanda point,
Et leur fit ce beau petit *prêche*. (IV, 181 et note 1.)

PRÊCHER :

Vous serez étonné, l'oyant ainsi *prêcher*,
Qu'il n'aura pas, etc. (VIII, 483.)

Oriane *préchoit*, faisant la chattemitte. (IX, 24.)

Tant bien sut dire et *prêcher*, etc. (IV, 80.)

C'est dommage, Garo, que tu n'es point entré
Au conseil de celui que *prêche* ton curé. (II, 376.)

    On eut recours à frère Timothée :
Il la *prêcha*, mais si bien et si beau
Qu'elle donna les mains par pénitence. (V, 46.)

J'aurois beau les *prêcher*.... (IX, 103.)

PRÊCHEUR :

Poisson, mon bel ami, qui faites le *prêcheur*,
Vous irez dans la poêle. (I, 373.)

PRÉCIEUX, ieuse :

Combien a-t-il [le quinquina] sauvé de *précieuses* têtes? (VI, 350.)

.... C'est pour attirer vos regards *précieux*. (VII, 524.)

    .... Ce sont trésors
Que ne méprise aucune dame,
Tant soit son esprit *précieux*. (V, 212 et note 1.)

PRÉCIEUX, ieuse, substantivement :

Qui ne riroit des *précieux* ? (VII, 122.)

.... Pour éviter le nom de *précieux*. (VII, 170 et note 1.)

Le desir peut loger chez une *précieuse*. (II, 118.)

Ce n'est pas le fait de l'Amour qu'une *précieuse*. (VIII, 201.)

Nous nous moquons de nos *précieuses*, de nos marquis. (VIII, 339.)

    .... C'étoit tout, car les *précieuses*
Font dessus tout les dédaigneuses. (II, 115.)

PRÉCIOSITÉ :

.... Sa *préciosité* changea lors de langage. (II, 117 et note 13.)

PRÉCIPICE :

Voilà le *précipice* où l'ont enfin jeté
Les attraits enchanteurs de la prospérité. (VIII, 356.)

PRÉCIPITATION :

Elle... se fait habiller avec *précipitation*. (VIII, 60.)

PRÉCIPITER ; se précipiter :

Les Delphiens, peu touchés de tous ces exemples, le *précipitèrent* [Ésope]. (I, 53.)

[Ésope] fut ramené à Delphes chargé de fers, mis dans les cachots, puis condamné à *être précipité*. (I, 52.)

    Hélas ! il *précipite*
Ses pas et son cruel destin. (VII, 526.)

Nous-mêmes n'allons pas *précipiter* ses jours. (VII, 598.)

    .... Lorsque la lumière
Précipite ses traits dans l'humide séjour. (III, 81.)

Va *te précipiter.* (VII, 65.)
    Phébus, qui, sur la fin du jour,
      Tombe d'ordinaire si court
Qu'on diroit qu'il *se précipite.* (IX, 445 et note 6.)
Lui-même [Damon] est sur le point de *se précipiter.* (V, 135 et note 7; voyez V, 490.)

PRÉCIPUT :

    Par *préciput* à notre belle on laisse
Le jeune fils, le pasteur à l'abbesse. (V, 422 et note 2.)

PRÉCOMPTER :

    Qu'il plaise donc, dit l'autre, à vos bontés
Que les aulx *soient* sur les coups *précomptés.* (IV, 137 et note 3.)

PRÉCURSEUR :

    Son époux n'eut assurément
    Que huit *précurseurs* seulement. (IV, 433.)
A trois beaux dés, pour le mieux, ils réglèrent
Le *précurseur,* ainsi que de raison. (VI, 133 et note 8.)

PRÉDIRE :

Point de raison : fallut deviner et *prédire.* (II, 181.)

PRÉÉMINENCE :

Psyché lui dispute [à Vénus] la *prééminence* des charmes. (VIII, 138.)

PRÉFÉRER :

    Un envoyé du Grand Seigneur
Préféroit, dit l'histoire, un jour, chez l'Empereur,
Les forces de son maître à celles de l'Empire. (I, 94.)

PRÉLASSER (SE) :

L'âne, *se prélassant,* marche seul devant eux. (I, 203 et note 25.)

PRÉLAT :

    Chacun sait bien qu'il n'est pas nécessaire
Qu'Amour les traite [les villageois] ainsi que des *prélats.* (V, 321.)
Un *prélat* lui donna l'habit. (V, 460.)
Sa femme alloit toujours chez le *prélat.* (V, 393 ; voyez V, 399.)

PRÉLUDE :

    .... La petite-oie ; enfin ce qu'on appelle
    En bon françois les *préludes* d'amour. (IV, 266.)

PRÉMICES :

Les *prémices* de leur récolte. (VIII, 73.)
.... Au moment que du jour on voyoit les *prémises.* (VII, 428 et note 12.)
Que je touche légèrement aux *prémices* de votre gloire. (VIII, 344.)

PREMIER, IÈRE :

.... En son être *premier* retourne l'assemblage. (VIII, 206 et note 4.)

Laridon, négligé, témoignoit sa tendresse
A l'objet le *premier* passant. (II, 334.)
Un jour un coq détourna
Une perle qu'il donna
Au beau *premier* lapidaire. (I, 118.)
Cléopâtre et Cassandre
Entre les beaux *premiers* doivent être rangés. (IX, 25 et note 7.)
Voyez BEAU.
Beaucoup de Limousines de la *première* bourgeoisie. (IX, 221.)

PRENDRE, sens divers; PRENDRE À, DE, POUR, SUR; PRENDRE QUE;
SE PRENDRE, SE PRENDRE À, S'EN PRENDRE À :

.... Ses rues vilaines, ses maisons mal accommodées et mal *prises*. (IX, 292.)
Il vit son éléphant couché sur l'autre rive ;
Il le *prend*, il l'emporte. (III, 77.)
Le loup, quelques jours écoulés,
Revient voir si son chien n'est point meilleur à *prendre*. (II, 409.)
Un manant au miroir *prenoit* des oisillons. (II, 50.]
Pour une qu'Amour *prend* par l'âme,
Il en *prend* mille par les yeux. (V, 212.)
Prendre l'écuelle aux dents. (I, 386 et note 3.)
.... *Prendre* la lune aux dents seroit moins difficile. (V, 441 et note 1; voyez VII, 409.)
On crie, on *prend* le noir. (VII, 570.)
Ainsi chacune *prit* son inclination. (I, 194.)
Laissez-leur [aux méchants] *prendre* un pied chez vous,
Ils en auront bientôt *pris* quatre. (I, 147.)
Prenez femme, abbaye, emploi, gouvernement ;
Les gens en parleront, n'en doutez nullement. (I, 204.)
Comme vous, je *pris* femme. (VII, 585.)
Les dieux ne gâtent rien ; puis, quand ils seroient cause
Qu'une fille en valût un peu moins, dotez-la,
Vous trouverez qui la *prendra*. (VI, 23.)
Mais n'étant point d'humeur à *prendre* tous mes droits,
Si la beauté lui plaît, j'entends qu'il se contente. (VII, 93.)
Qui *prend* se vend. (VIII, 425 et note 1.)
S'ils *prenoient* l'esprit de l'Académie.... (VIII, 338.)
Et de jeu fait, à dessein de le *prendre*,
Un certain soir, la galande lui dit, etc. (IV, 303 et note 5.)
Tel est *pris* qui croyoit *prendre*. (II, 255.)
[Le cormoran] vous les *prenoit* sans peine,
Un jour l'un, un jour l'autre. (III, 21.)
Je vous *prends* sans verd. (VII, 559 et note 1.)
Qui *fut* bien *pris* ? ce fut la feinte ouaille. (V, 525.)
Une fille... est plus tôt *prise*. (VIII, 154.)
Le bon apôtre de roi... est bien mieux *pris* que quand le Bourguignon le mena à Liège. (IX, 239.)
Un loup n'eût su par où le *prendre*. (III, 44.)
Aucun démon n'eût su par où le *prendre*. (V, 373.)

Quand le jour que l'on *avoit pris* pour l'exécution de la gageure fut arrivé, etc. (I, 41; voyez III, 310.)

Hector *eût pris* ce temps, s'il eût voulu sortir. (VII, 619.)

Poignarde-la; mais *prends* ton temps. (V, 269.)

Ils vous *prennent* le temps que dans la bergerie
  Messieurs les bergers n'étoient pas. (I, 240.)

Mon galand ne songeoit qu'à bien *prendre* son temps. (I, 392.)

Voyez Bien.

Mon mari peut *prendre* feu là-dessus. (VI, 30.)

.... Qu'il *prît* garde au premier présage qu'il auroit étant sorti du logis. (I, 41.)

Si on y veut bien *prendre* garde, on confessera, etc. (VIII, 326.)

Voyez Garde.

.... Et contre la Fortune *ayant pris* ce conseil. (II, 167.)

.... Le conseil en *est pris*. (VII, 613.)

Les Samiens *prirent* une délibération toute contraire à celle qu'ils avoient prise. (I, 45.)

.... Et Berlinguier, *prenant* la même excuse,
  Sortit encore et fit place à l'amant. (IV, 243.)

Prendre congé. (IX, 282.)

Quand on *prend* comme il faut cet accident fatal,
  Cocuage n'est point un mal. (V, 98.)

Elle ne *prit* cet accident en jeu. (V, 530 et note 1.)

.... Le sénat le *prend* mal. (VII, 438.)

Messire Artus ne *prit* goût à l'affaire. (IV, 103.)

  Telle pourtant *prenoit*
Goût à le voir, et des yeux le couvoit. (V, 411.)

Voyez Goût.

  Le corbeau, honteux et confus,
Jura, mais un peu tard, qu'on ne l'*y prendroit* plus. (I, 64.)

  Son mari donc l'interrompt là-dessus,
Dont bien *lui prit*. (IV, 104.)

Et Pagamin *prit à femme* sa veuve. (IV, 353 et note 5.)

[La Fortune] *est prise* à garant de toutes aventures. (I, 401.)

Amour enfin, qui *prit* à cœur l'affaire.... (IV, 89.)

Prendre à témoin. (VIII, 224.)

Il *en prit aux* uns comme *aux* autres :
Maint oisillon se vit esclave retenu. (I, 84.)

La soif les obligea de descendre en un puits;
  Là chacun d'eux se désaltère :
Après qu'abondamment tous deux *en eurent pris*, etc. (I, 217.)

.... Même outre l'ordinaire
  En avez pris, et beaucoup plus qu'assez. (IV, 230.)

  Il *en prend* trop, et, sur ma foi,
  C'est bien fait s'il devient malade. (IV, 55.)

Le drôle *en prit*, ce jour et les suivants,
  Pour son argent. (IV, 363.)

Pour qui me *prend* cet homme? (VI, 35.)

Cornes cela? Vous me *prenez pour* cruche. (I, 377.)

Un jour le cuisinier, ayant trop bu d'un coup,
Prit pour oison le cygne. (I, 236.)
Je *prends sur* moi le hasard du péché. (IV, 119.)
Prends que je sois Jupin, le monarque suprême. (V, 273.)

PRENDRE COULEUR, PRENDRE DE COURT, PRENDRE EN GRÉ, PRENDRE LE MORCEAU, PRENDRE PIED SUR. Voyez COULEUR, COURT, etc.

Le feu *se prit au* cœur d'un muletier. (IV, 222.)
Les garçons sans ce droit ont assez où *se prendre*. (IV, 450 et note 4.)
Vlà notre maîtresse Lucinde qui *se prend*. (VII, 452.)
Tu *te prends à* plus dur que toi. (I, 413.)
Mais comment *s'est*-il *pris* tout d'un coup *aux* affaires? (IX, 339.)
D'abord il *s'y prit* mal, puis un peu mieux, puis bien. (III, 234.)
Voici comment *s'y prit* notre assiégeant. (V, 564; voyez V, 246.)
.... Ils *s'y prirent* tous trois par des routes diverses. (III, 339.)

    .... Aujourd'hui que je voi
De ce fatal courroux les Grecs *se prendre à* moi. (VII, 616.)
Si vous fussiez tombé, l'on *s'en fût pris à* moi. (I, 401.)
.... On ne *s'en* doit *prendre* qu'*à* soi. (VII, 460; voyez VII, 481.)
Trouvoit-on quelque chose au logis de gâté,
L'on ne *s'en prenoit* point *aux* gens du voisinage. (II, 444; voyez V, 163.)

PRENEUR :

Grand croqueur de poulets, grand *preneur* de lapins. (I, 378.)
Preneur de murs, subjugueur de provinces. (IX, 147.)

PRÉOCCUPER (SE) :

Les esprits *s'*alloient *préoccupant*. (VIII, 430.)

PRÉPARATION :

.... Je craindrois plutôt une douce mélancolie..., qui est une grande *préparation* pour l'amour. (IV, 14.)

PRÉPARER (SE) :

Le mari vint sur le soir avec une mélancolie extraordinaire, et qui lui devoit être un pressentiment de ce qui *se préparoit* contre lui. (VIII, 101.)

PRÈS ; PRÈS DE :

D'un logis *près*, un homme en faisoit tout de même. (VII, 423 et note 7.)

Sévigné, de qui les attraits
Servent aux Grâces de modèle,
Et qui naquîtes toute belle,
A votre indifférence *près*. (I, 263.)

  Néherbal n'étoit homme
A cela *près*. (V, 481 et note 2.)
Un tel remède est chose bien mauvaise,
S'il a le goût méchant à beaucoup *près*
Comme la mort. (V, 310.)
Notre amoureux ne songeoit *près* ni loin,
Dedans l'abord, à jouir de sa mie. (IV, 224; voyez V, 16.)

Se mire-t-on *près* un rivage,
Ce n'est pas soi qu'on voit; on ne voit qu'une image
Qui sans cesse revient, etc. (II, 277 et note 14; voyez V, 344.)
Elle [Vénus] trouve Adonis *près des* bords d'un ruisseau. (VI, 232.)
Comme on ne connoît l'importance d'une action que quand on est *près de* l'exécuter, etc. (VIII, 101.)
Comme j'étois *près de* fermer ma lettre.... (IX, 454.)
Prêt, dans les anciennes éditions.

PRÉSAGE :

Le corbeau sert pour le *présage*. (I, 183.)
.... Qu'il [Ésope] prît garde au premier *présage* qu'il auroit étant sorti du logis. (I, 41.)

PRESCRIRE :

.... Conseille à ses voisins, *prescrit* à ses amis
    Un universel abatis. (III, 307 et note 15.)
.... C'est un point inscrutable, à moins qu'on ne le fonde
Sur les moments *prescrits* à cuire ou consumer
L'aliment ou l'humeur qui s'en est pu former. (VI, 332 et note 3.)
Car qui sait les moments *prescrits* à son départ? (IX, 184.)

PRÉSENT, ENTE :

Notre condition jamais ne nous contente :
    La pire est toujours la *présente*. (II, 37.)
.... Le *présent* conte en est un bon témoin. (IV, 224.)
    Au *présent* conte on verra la sottise
    D'un Florentin. (V, 24.)
L'image du héros qu'elle a toujours *présente*. (VI, 230.)
    Quand Gasparin fut de retour des champs,
    Gulphar lui dit, son épouse *présente :*
    « J'ai votre argent à Madame rendu. » (IV, 363; voyez IV, 310 et note 2, 436; V, 565.)

PRÉSENT (À) :

J'ai pour le fonder [ce discours] *à présent*
Le bon Socrate, Ésope, etc. (III, 144.)
    Frère, dormez jusqu'à demain;
    Vous en devez avoir envie,
Et n'avez *à présent* besoin que de repos. (IV, 56 et note 2.)

PRÉSENT (PAROLES DE). Voyez PAROLES.

PRÉSENT, PRÉSENTS, substantif :

Il fallut recourir à ce qui porte coup,
Aux *présents*. (VI, 190.)
    Il me prétend avoir par des *présents :*
    Moi, des *présents!* c'est bien choisir sa femme. (VI, 34.)
    Aldobrandin homme à *présents* étoit,
    Non qu'il en fît, mais il en recevoit. (V, 564.)

PRÉSENT DE FOIN. Voyez FOIN.

PRÉSENTER ; SE PRÉSENTER ; SE PRÉSENTER À :

[Ésope] leur *ayant présenté* une légère collation.... (I, 32.)

Car au printemps il jouissoit encore
Des plus beaux dons que nous *présente* Flore. (II, 381.)

L'herbe tendre, le thym, les humbles violiers,
Présentoient aux troupeaux une pâture exquise. (VI, 287.)

.... *Présenter* aux chiens une nouvelle amorce. (II, 465.)
Esope leur dit que la Fortune *présentoit* deux chemins aux hommes. (I, 45.)

Cette leçon sera la fin de ces ouvrages :
.... Je la *présente* aux rois, je la propose aux sages. (III, 345 et note 36.)

. Tel et plus valeureux le monstre *se présente*. (VI, 261.)

Sylvage au poil de tigre attendoit même sort,
Lorsque l'un des chasseurs *se présente à* la bête. (VI, 257.)

PRÉSIDENT :
Ce repas fait, il dit d'un ton de *président :*
« Tenez, la cour vous donne à chacun une écaille
Sans dépens, et qu'en paix chacun chez soi s'en aille. » (II, 405.)

PRÉSIDER; PRÉSIDER À, SUR :
Je les crois d'un savoir où le bon sens *préside*. (VII, 354.)
.... Le dieu qui *préside aux* liquides manoirs. (IV, 407.)

Aurions-nous bien le cœur et les mains assez pures
Pour *présider* ici *sur* les honneurs divins? (VI, 161 et note 1.)

PRÉSIDIAL, tribunal qui jugeait en dernier ressort dans certains cas déterminés :
Messieurs du *présidial*. (IX, 304.)

PRESSE, sens divers :
.... Bref, toujours guimpe et guimpe sous *la presse*. (V, 521 et note 4.)

.... Et vous voilà, tant vous avez de *presse*,
Découragé sans attendre un moment. V, 39 et note 6.)

.... Mais le bien, plus que tout, y fit mettre la *presse*. (V, 110 et note 4; voyez VII, 171.)

.... Avoir, dans le combat, écarté seul la *presse*. (VIII, 493.)

Que tu prenois, Bacchus, en ton cœur de liesse
De voir sauter de nuict une hurlante presse!
(Ronsard, *Hymne à Bacchus*.)

PRESSENTIMENT, ENTS :
.... Comme si j'eusse eu des *pressentiments* de l'ordre du Roi. (IX, 221.)

PRESSER; PRESSÉ DE; SE PRESSER À :
Il veut parler, l'écorce a sa langue *pressée*. (VI, 163 et note 1.)

La moindre des larmes
Qu'en *pressant* sa paupière elle fera sortir. (VII, 12 et note 1.)

Un seul vit des voleurs; et, se sentant *presser*,
Il mit entre eux et lui cette onde menaçante. (II, 329 et note 3.)

Alis malade, et se sentant *presser* [par la mort],
Quelqu'un lui dit : « Il faut se confesser. » (V, 234.)

Sa passion pour ta personne,
Pour ta grandeur, pour ta couronne,

> Quand le besoin s'est vu *pressant*,
> A toujours été remarquable. (VIII, 393.)

Heureuse, si Tharsis ne me *pressoit* pas plus! (VII, 221; voyez VII, 604.)

Je vis libre, content, sans nul soin qui me *presse*. (III, 190.)

> Tout ce dont la fortune afflige cette vie
> Pêle-mêle assemblé me presse tellement.... (Malherbe, tome I, p. 57.)

> Une lice étant sur son terme,
> Et ne sachant où mettre un fardeau si *pressant*, etc. (I, 146.)

Je crois voir Annibal, qui, *pressé* des Romains, Met leurs chefs en défaut, ou leur donne le change. (III, 321.)

> Deux compagnons, *pressés* d'argent,
> A leur voisin fourreur vendirent
> La peau d'un ours encor vivant. (I, 426.)

Il [le bourgeois] ne *s'y pressa* plus [à l'Opéra]. (IX, 155.)

PRESSOIR :

> .... A sœur Agnès, quelques jours ensuivant,
> Il fit apprendre une semblable note
> En un *pressoir* tout au bout du couvent. (IV, 503 et note 3.)

PRESTANCE :

> .... Pour un pendu,
> Il auroit bonne grâce et beaucoup de *prestance*. (II, 66.)

PRESTO, vite :

> Veux-tu faire
> *Presto, presto,* quelque opéra? (IX, 173.)

PRÉSUMER DE :

Est-il assez hardi pour *présumer de* soi? (VII, 281.)

> Vous auriez eu mon âme toute entière,
> Si *de* mes vœux j'eusse plus *présumé*. (VI, 92; voyez VII, 414.)

PRÊT, PRÊTE; PRÊT À, DE :

> La racaille, dans des trous
> Trouvant sa retraite *prête*,
> Se sauva sans grand travail. (I, 288.)

La belle avoit sa rançon toute *prête*. (IV, 342.)
L'oiseau *prêt à* mourir se plaint en son ramage. (I, 236 et note 5.)
Un cygne *prêt à* mourir. (VIII, 243.)

> *Prête à* mourir de compagnie,
> *Prête*, je m'entends bien, c'est-à-dire, etc. (VI, 73.)

> La mort ne surprend point le sage;
> Il est toujours *prêt à* partir. (II, 207.)

Gens de mer sont toujours *prêts à* bien faire. (IV, 341; voyez IV, 254.)
Me voilà *prêt à* conter de plus belle. (VI, 13.)

Sa femme, le voyant tout *prêt de* s'en aller, L'accable de baisers. (IV, 25.)

Prête d'expirer et n'en pouvant plus. (VIII, 194.)
Son époux est tout *prêt d*'y passer.... (IV, 169 et note 4.)

Voici le capitan tout *prêt de* nous braver. (VII, 105.)
La visite qu'elle étoit *prête de* recevoir. (VIII, 88.)
Toute *prête de* réparer cette faute. (VIII, 104.)
.... Un bien tout *prêt de* m'arriver. (VIII, 361.)
*Prête d'*être vendue et traitée en captive. (VII, 23.)
Un vieillard *prêt d'*aller où la mort l'appeloit. (I, 338 et note 9; voyez I, 339, 342; II, 33; etc.)

PRÉTENDRE; PRÉTENDRE À :

.... Je croirois bien qu'ainsi l'on le *prétend*. (VI, 28 et note 3.)
[La femme], de sa voix contrefaisant le ton,
Vient au *prétendu* mort. (I, 224; voyez IV, 50; VI, 194.)
Un renard, son voisin, d'assez mauvaise vie,
Pour ce *prétendu* vol par lui [le loup] fut appelé. (I, 136.)
[Les rats] font, sans pousser plus loin leur *prétendu* fracas,
    Une retraite fortunée. (III, 355 et note 16.)
Si c'étoit, dit Joconde, une cérémonie,
    Vous auriez droit de *prétendre* le pas. (IV, 49 et note 4.)
                    Je vis
Deux noms fameux, deux noms rivaux *prétendre*
Le premier rang. (IX, 169.)
Comme le plus vaillant, je *prétends* la troisième [part]. (I, 76.)
Ni billet à donner, ni réponse à *prétendre*. (VII, 39.)
                    Si j'espère,
Ce n'est plus d'être aimé : tant d'heur ne m'est point dû;
Je l'*avois* jusqu'ici follement *prétendu*. (VII, 152.)
Eh bien ! dit Xantus, qui *prétendoit* l'attraper.... (I, 38.)
Une mouche survient, et des chevaux s'approche,
Prétend les animer par son bourdonnement. (II, 142.)
        La dame et l'ami nullement
Ne *prétendoient* vaquer à ces mystères. (VI, 137 et note 5.)
Apollon, citoyen de ces augustes lieux,
Prétend y célébrer votre nom sur sa lyre. (III, 250.)
Le compère aussitôt va remettre en sa place
    L'argent volé, *prétendant* bien
Tout reprendre à la fois. (III, 25; voyez III, 270; IV, 5, 30; V, 431.)
          .... Enfin tel, à tout prendre,
Qu'*aux* partis les plus hauts il ait droit de *prétendre*. (VII, 70 et note 2.)

PRÊTER :

Ce qu'on donne aux méchants toujours on le regrette.
      Pour tirer d'eux ce qu'on leur *prête*,
      Il faut que l'on en vienne aux coups. (I, 147.)
      Petit poisson deviendra grand,
      Pourvu que Dieu lui *prête* vie. (I, 372.)
Si Dieu me *prête* vie. (IX, 109.)
    .... Aucun d'eux ne put venir à chef
    De son dessein, ni rendre à la donzelle
    Ce qu'elle *avoit* à leurs femmes *prêté*. (V, 87 et note 1.)

PRÉTEXTER de :

.... Et *prétextoit* ses allées et venues
Des soins divers de cet économat. (V, 393 et note 6.)

PRÊTRE :

Voulez-vous pas, en attendant le *prêtre*,
A votre amant vous fier aujourd'hui? (V, 204; voyez V, 106.)
Il aimoit les jardins, étoit *prêtre* de Flore. (II, 260.)

PRÊTRESSE :

.... Celles qui sont *prêtresses* de Vénus. (V, 192 et note 1.)

PREUX :

Le *preux* Achille.... (V, 596.)
Les neuf *preux*. (IX, 42.)

PRÉVALOIR À :

Toutes ces choses... doivent *prévaloir à* la qualité d'épouse. (IX, 383 et note 3.)

PRÉVENIR, acceptions diverses :

Aminte est engageante, et *prévient* par ses charmes. (VII, 520 et note 1.)
Si l'ingrat, d'autres soins occupé, *prévenu*.... (VII, 520.)
Zénas, pour le *prévenir*, et pour se venger de lui, etc. (I, 32.)
.... Dans le dessein de *prévenir* la dame. (IV, 369 et note 1.)
.... Les *prévenant*, les chargeant d'un message pour Mahomet. (II, 303; voyez II, 304 et note 9.)

Il crut qu'en *prévenant*
Son parrain en cocuage,
Il feroit tour d'homme sage. (V, 455 et note 3.)

Le père, avec raison, eut peur
Que sa fille, chassant de race,
Ne le *prévînt*, et ne *prévînt* encor
Prêtre, notaire, hymen, accord. (V, 106 et note 2.)

.... Et l'autre, diligente,
Couroit vite aux débats et *prévenoit* la paix. (II, 70 et note 5.)
.... Et, causant du dégoût pour ces biens *prévenus*,
Les convertir en maux devant qu'ils soient venus. (I, 169 et note 7.)

PRÉVENTION :

Tout est *prévention*. (II, 178.)

PRÉVÔT, prévôts :

Le lion dans sa tête avoit une entreprise :
Il tint conseil de guerre, envoya ses *prévôts*. (I, 424 et note 3.)
Ses prévôts d'armée, ses lieutenants.

.... Un tel jour, en tel lieu : ses *prévôts* y seroient. (II, 280 et note 3.)
.... A la fin, le *prévôt* de ville le menaça [Xantus] de le faire de son office [d'affranchir Ésope], et en vertu du pouvoir qu'il en avoit comme magistrat. (I, 44.)

PRÉVOYANCE :
 Le secret et la *prévoyance*. (VIII, 311.)
 Sa *prévoyance* [du hibou] alloit aussi loin que la nôtre. (III, 163 ; voyez III, 165.)

PRÉVOYANT :
 La plainte ni la peur ne changent le destin,
 Et le moins *prévoyant* est toujours le plus sage. (II, 272.)

PRIER ; PRIER DE :
 A quelque temps de là la cicogne le *prie*. (I, 113 ; voyez V, 74 et note 2.)
 Je pourrois vous *prier* par celui [le portrait] de vos dames. (VIII, 255.)
 Je me tiens tout *prié*. (VII, 100.)
 .... Et l'autre [âne], se faisant *prier*,
 Portoit, comme on dit, les bouteilles. (I, 159.)
 Notre féal, vous serez le parrain :
 C'est la raison ; dès hui je vous *en prie*. (V, 38 et note 3.)
 .... Mon fils, allez chez nos parents
 Les *prier de* la même chose. (I, 357.)
 Moi, qui ai vu deux corneilles, je suis battu ; mon maître, qui n'en a vu qu'une, *est prié de* noces. (I, 42.)
 Présentez sur le doigt aux dames l'eau sacrée :
 C'est d'amourettes les *prier*. (V, 442 ; voyez V, 534 et note 2.)

PRIME, adjectif :
 De *prime* abord sont par la bonne dame
 Expédiés tous les péchés menus. (IV, 103.)
 De *prime* face elle crut qu'on rioit. (V, 45 et note 1.)

PRINCE :
 .... Ce sont là jeux de *prince*. (I, 279.)
 .... Ce qu'il plaît au *prince*. (II, 281.)
 Tout petit *prince* a des ambassadeurs. (I, 67 ; voyez I, 279.)
 Prince des sots, dit-elle en soi,
 Va, je n'ai nul regret de toi. (V, 221.)
 Princes de l'air, nymphes, héros, génies. (VII, 538.)
 Pluton, *prince* des lieux souterrains. (VIII, 195.)

PRINCIPAL, capital ; SORT PRINCIPAL :
 Je vous paierai, lui dit-elle,
 Avant l'oût, foi d'animal,
 Intérêt et *principal*. (I, 59 et note 6 ; voyez VIII, 240.)
 Et le *sort principal* et les gros intérêts. (III, 222 et note 8.)

PRINCIPAL, PRINCIPAUX :
 La *principale* jonchée
 Fut donc des *principaux* rats. (I, 288.)
 Les *principaux* de la ville trouvèrent ces conditions avantageuses. (I, 45.)

PRINCIPE :
    .... Tout obéit dans ma machine
    A ce *principe* intelligent. (II, 472.)

PRINTANIER, ıère :
Beauté *printanière*. (VII, 381.)
    .... Une [alouette] pourtant de ces dernières
    Avoit laissé passer la moitié d'un printemps
    Sans goûter le plaisir des amours *printanières*. (I, 355.)

PRINTEMPS, au figuré :
Bien qu'à peine la dame achevât son *printemps*.... (VI, 285.)
Tel fut mon *printemps*, je crains que l'on ne voie
Les plus chers de mes jours aux vains desirs en proie. (IX, 187.)

PRISE, prises :
Le moins qu'on peut laisser de *prise* aux dents d'autrui,
C'est le mieux. (III, 43.)
Notre féal, vous lâchez trop tôt *prise*. (V, 573.)
Toutes étoient de bonne *prise*. (V, 517 et note 1.)
Cherchez meilleure *prise*. (IX, 103.)
.... Aussi contre Alizon je faillis d'avoir *prise*. (IX, 23.)
    Il la baisa pour en avoir raison,
Tant et si bien qu'ils en vinrent aux *prises*. (IV, 282.)

PRISER ; priser à :
    Mieux vaut, tout *prisé*,
Cornes gagner que perdre ses oreilles. (IV, 173.)
.... Ce beau fanfaron qu'alors elle *prisoit*. (VII, 88.)
Veuve, on la doit *priser* un peu moins qu'une fille. (VII, 67.)
N'en attends-je aucun fruit [de ces vers] que de les voir *prisés*? (IX, 187.)
Votre bon naturel ne se peut trop *priser*. (VII, 32 ; voyez VI, 43 ; VII, 75 ; VIII, 372 ; etc.)
    .... Chacun d'eux croyoit faire,
En *prisant* ses pareils, une fort bonne affaire. (III, 130.)
Je ne veux point *priser* un parti qui me touche. (VII, 103.)
Vous devez *priser* ces auteurs. (IX, 396 ; voyez IX, 203.)
    Nous ne nous *prisons* pas, tout petits que nous sommes,
        D'un grain moins que les éléphants. (II, 288.)
Dindenaut *prisoit* moins ses moutons qu'eux leur ours. (I, 427 ; voyez V, 304 et note 6.)
    Cependant Achille, aux enfers,
    Prise moins l'honneur de ce temple
    Que la cabane d'un berger. (IX, 198.)
Ce qu'on *prise aux* tapis de Perse et de Turquie.... (IX, 274.)

PRISON, prisons :
Ne craignez point d'entrer aux *prisons* de la belle. (III, 57.)
    Ce mal si craint n'a pour raison
Qu'un sang qui se dilate, et bout dans sa *prison*. (VI, 339 ; voyez VI, 262, 329.)

PRISONNIER, ière :

.... Comme il voit que, dans leurs tanières,
Les souris étoient *prisonnières*. (I, 256.)

PRIVATIVEMENT :

Je ne conviens pas avec elle que le rire appartienne à l'homme *privativement* au reste des animaux. (VIII, 112.)
Exclusivement.

PRIVAUTÉ :

Quel taon vous point? attendez à tantôt;
Ces *privautés* en seront plus friandes. (IV, 311 et note 1.)

PRIVER de :

La Folie et l'Amour jouoient un jour ensemble :
Celui-ci n'*étoit* pas encor *privé des* yeux. (III, 270.)
Tout ce qui l'environne *est privé de* tendresse. (VI, 247.)

Privé, apprivoisé :
Dans le verger couroit une perdrix *privée*. (VI, 156.)

PRIVILÈGE :

Reprenons-la; faisons tour de Normand :
Dédisons-nous; usons du *privilège*. (V, 333 et note 3.)

Ne faut qu'on s'imagine
Que d'être pure et nette de péché
Soit *privilège* à la guimpe attaché. (IV, 486.)

Certain enfant qui sentoit son collège,
Doublement sot et doublement fripon,
Par le jeune âge, et par le *privilège*
Qu'ont les pédants de gâter la raison.... (II, 380.)

PRIX, emplois divers; METTRE À PRIX; TENIR EN PRIX; AU PRIX, AU PRIX DE :

La mouche et la fourmi contestoient de leur *prix*. (I, 271.)
Votre fille est d'un *prix* trop extraordinaire. (VII, 583.)
Souvent il vaudroit mieux qu'un cœur de moindre *prix*
De nos frêles beautés se rencontrât épris. (VII, 600.)
.... Corps piqué d'or, garnitures de *prix*. (V, 198.)
Son fait, dit-on, consiste en des pierres de *prix*. (III, 52.)
Mille pierres de prix, sur ses bords étalées,
D'un mélange divin éblouissent les yeux.
(Corneille, *Médée*, acte II, scène IV.)

Pour éteindre la soif, quand elle est bien ardente,
Demandons-nous à boire en un vase de *prix*? (VIII, 483.)
Je vous jure ma foi que l'accompagnement
Est d'un tout autre *prix*. (V, 427.)
Chacune vaut en ce monde son *prix*. (V, 322; voyez VI, 191 et note 4; IX, 25.)
On ignoroit le *prix* de sa possession. (IV, 387; voyez I, 102; III, 253, 278; VI, 14.)
.... C'est le *prix* que j'en veux. (VII, 615; voyez VII, 539.)

Quiconque veut le reste du quart d'heure
N'a qu'à parler: j'en ferai juste *prix*. (V, 573.)
 Le pèlerin, sans tant tourner,
Lui dit tout bas le *prix* qu'il veut mettre à la chose. (V, 260.)
 Mettez un *prix* à la pauvre captive :
Je le payrai. (IV, 346.)
C'est l'or seul qui met le *prix* aux hommes. (VIII, 485.)
..... Si vous savez donner à ces biens tout leur *prix*. (VIII, 601.)
 Quant à moi, lorsque je compare
Les plaisirs de ce singe à ceux de cet avare,
Je ne sais bonnement auxquels donner le *prix*. (III, 203 ; voyez III, 284; VI, 229, 277.)
L'Apollon et le Bacchus emportent le *prix*. (IX, 263.)
.... Et, si vous voulez *mettre à prix* cet amour-là,
Je vous en donnerai tout ce qui vous plaira. (V, 149.)
On doit *tenir* notre art *en* quelque prix. (I, 102.)
Philomèle est, *au prix*, novice dans cet art. (III, 128.)
.... D'assez bons [tours], qui ne sont rien *au prix*. (VI, 26 et note 9.)
 Il n'étoit ambre, il n'étoit fleur
Qui ne fût ail *au prix*. (II, 132.)
 Au prix du mal que le pauvre homme avoit,
Gens que l'on pend sont sur des lits de roses. (IV, 250 et note 3.)
 La mort-aux-rats, les souricières,
N'étoient que jeux *au prix de* lui. (I, 256 ; voyez V, 115 ; IX, 31.)
Que ces hommes, voyez, sont fins *au prix de* nous! (VII, 87.)
Elles filoient si bien que les sœurs filandières
Ne faisoient que brouiller *au prix de* celles-ci. (I, 381.)

PROBABLEMENT :

    .... Si, par l'extérieur,
On peut *probablement* juger du fond du cœur. (VII, 282.)
Avec grande probabilité.

PROCÉDÉ :

Son *procédé* choque. (VII, 583.)
.... Beaucoup de douceur en son *procédé*. (VIII, 91.)
 Mon *procédé* ne me nuiroit pas tant,
Si ma beauté n'étoit point effacée. (V, 195.)
  .... Ou soit par sympathie ;
 Ou que la mine ou bien le *procédé*
 De Renaud d'Ast eussent son cœur touché. (IV, 259 et note 2 ; voyez V, 172, 211 ; VII, 586 ; VIII, 143, 290.)

PROCÉDER :

.... Là *fut* par lui *procédé* de nouveau. (IV, 284.)
 Tant *fut* entre eux à la fin *procédé*
 Que par les sœurs un temple fut fondé
Dessous le nom de Vénus belle fesse. (IV, 115 et note 7.)
 Faire enfant, c'est trop procéder.
    (*Ancien Théâtre françois*, tome I, p. 248.)

PROCÈS :

.... C'est un *procès* qui n'auroit point de fin. (VI, 49.)
Le *procès* pend et pendra de la sorte.... (IV, 326 et note 3.)
L'un touché des soucis, des longueurs, des traverses,
Qu'en apanage on voit aux *procès* attachés, etc. (III, 339.)
Toi-même tu te fais ton *procès*.... (III, 5.)
   Il faudroit faire le *procès*
Aux petits comme aux grands. (II, 414 et note 12.)
   Le loup l'emporte [l'agneau] et puis le mange
Sans autre forme de *procès*. (I, 90.)

PROCESSION :

Ce n'étoit chez nous que *processions* de gens abattus. (IX, 220.)

PROCHAIN, AINE :

.... Et Néherbal, notre *prochain* voisin,
N'est pas non plus novice en ce mystère. (V, 480.)
Quand ce fils eut vingt ans, son père trouva bon
De le mener à la ville *prochaine*. (V, 17.)
Amants, heureux amants, voulez-vous voyager?
Que ce soit aux rives *prochaines*. (II, 366.)
Un villageois ayant perdu son veau,
L'alla chercher dans la forêt *prochaine*. (IV, 374; voyez I, 430.)
L'ombre croît en tombant de nos *prochains* coteaux. (VII, 542.)
Un riche laboureur, sentant sa mort *prochaine*. (I, 394.)

PROCHAIN, substantivement :
   De cette sorte de *prochain*
Nous nous soucions peu.... (II, 391.)
.... Pour servir son *prochain*. (VIII, 418.)

PROCHE, adjectif; PROCHE, adverbialement; DE PROCHE EN PROCHE :

.... Le renard étant *proche*. (II, 132.)
.... Et du sang des amants teignirent par des charmes
Le fruit d'un mûrier *proche*. (VI, 185.)
Nous nous sommes trouvés *proche* votre avenue. (VII, 294.)
.... Le sens *de proche en proche* aussitôt la reçoit [l'impression]. (II, 462.)

PROCURER :

Je ne vous *procure* aucun dommage. (I, 46.)
.... *Procurant* l'innocence ou bien le repentir. (VI, 278; voyez VI, 291.)
Il lui *procura* donc les faveurs d'une belle. (V, 104.)
.... Innocent habit, hélas! celle qui l'avoit donné lui croyoit *procurer*
un sort que tout le monde envieroit. (VIII, 193.)

PROCUREUR :

Que si quelque affaire t'importe
Ne la fais point par *procureur*. (III, 116.)
   J'étois lors en Champagne,
Dormant, rêvant, allant par la campagne,
Mon *procureur* dessus quelque autre point.... (IX, 124.)

PRODIGE :
Il arrvia un *prodige* qui mit fort en peine les Samiens. (I, 43 ; voyez I, 44.)
Voici pourtant un cas qui peut être excepté :
Je le maintiens *prodige*.... (III, 162.)

PRODIGUE :
Pour corriger le blé, Dieu permit aux moutons
De retrancher l'excès des *prodigues* moissons. (II, 413 et note 8.)
.... Pour témoins j'en prends les merveilles
Par qui le Ciel, pour vous *prodigue* en ses présents, etc. (III, 251.)

PRODUIRE; SE PRODUIRE; SE PRODUIRE À :
.... Celui-ci lui conseilla de le *produire* en public [Ésope]. (I, 44.)
Femme qui vient *se produire* elle-même
N'aura jamais de place à mes côtés. (V, 200 et note 1.)
Quoi? vous osez, dit-elle, à mes yeux *vous produire* ? (I, 142.)

PROFANE, adjectivement et substantivement :
Que j'ai toujours haï les pensers du vulgaire !
Qu'il me semble *profane*, injuste et téméraire! (II, 341.)
Nous n'appliquerons point sur tes membres *profanes*
Nos sacrés ongles. (II, 283.)
N'approchez point, *profanes* cœurs ! (VII, 540.)
.... Prétends-tu, par ta foi,
Me leurrer de l'appât d'un *profane* langage ? (III, 67.)
Loin du peuple *profane* ils vont finir leurs jours. (VI, 304.)
Si vous entrez partout, aussi font les *profanes*. (I, 273.)

PROFANER :
Hylas, y songes-tu ? *Profaner* un tel temple ! (VII, 541.)
Il [l'homme] *profane*
Notre auguste nom.... (III, 127.)
J'aime mieux les Turcs en campagne
Que de voir nos vins de Champagne
Profanés par des Allemands. (IX, 443.)

PROFÉRER :
Si d'un côté elle [la langue] loue les dieux, de l'autre elle *profère* des blasphèmes contre leur puissance. (I, 38.)
A ce discours *proféré* brusquement.... (IV, 216 ; voyez VI, 58.)
Tu viens de *proférer* une étrange parole. (VII, 76 ; VIII, 340.)

PROFESSE, religieuse ayant fait profession, ayant prononcé ses vœux. (V, 591.)

PROFESSION; FAIRE PROFESSION DE :
Pardonnez-moi, dit la pauvrette,
Ce n'est pas ma *profession*. (I, 142.)
C'est de tout temps, et chez tous les peuples qui font *profession* de poésie, que le Parnasse a jugé ceci de son apanage. (I, 10 ; voyez I, 20.)

PROFIT; faire profit de; mettre à profit :

.... Vous voyez mieux que moi le *profit* qu'on en peut tirer. (III, 175.)
Au bout de quelque temps il fit quelques *profits*. (I, 268.)
Point de courroux, Messieurs, mon lopin me suffit;
  Faites votre *profit du* reste. (II, 245; voyez II, 112; V, 205; VIII, 276.)
    Je t'*ai d*'un écu
Fait aujourd'hui *profit* par mon adresse. (V, 543.)
Une nuit que chacun s'occupoit au sommeil,
Et *mettoit à profit* l'absence du soleil.... (II, 266.)

PROFITER; profiter à; profiter de :

Les herbes qu'il plantoit et qu'il cultivoit avec un grand soin ne *profitoient* point. (I, 36 ; voyez III, 307; VIII, 479.)
 N'a pas longtemps de Rome revenoit
 Certain cadet qui n'y *profita* guère. (IV, 85.)
J'ai *profité* dans Voiture. (IX, 403 ; voyez VIII, 308.)
.... Et même encore il *y profitoit* peu,
A moins que d'être un cardinal neveu. (V, 187 et note 4.)
Tout finit, *profitons du* temps. (VII, 512.)

PROFOND :

Dans un *profond* ennui ce lièvre se plongeoit. (I, 171.)
C'est pour vous obéir, et non point par mon choix,
Qu'à des sujets *profonds* j'occupe mon génie. (VI, 316.)
Elle court à une forêt voisine, s'enfonce dans le plus *profond*. (VIII, 219.)
.... Briller au plus *profond* d'un noir appartement. (VII, 572.)

PROFONDÉMENT :

Les Anglois pensent *profondément*,
Leur esprit en cela suit leur tempérament. (III, 319.)
Il dormoit à la manière d'un dieu, c'est-à-dire *profondément*. (VIII, 103.)

PROFONDEUR :

.... Ce n'étoit que menace et bruit sans *profondeur*. (II, 329.)

PROGRÈS :

.... Au *progrès* de ses ans réglant en ce séjour
 La nourriture de son âme. (V, 16.)
.... On prédisoit son cours [le cours de la fièvre], on savoit son *progrès*. (VI, 320.)
Je ne prétends pas établir dans les bêtes un *progrès* de raisonnement tel que celui-ci.... (I, 165.)

PROJET :

 De la statue on prit sujet
D'examiner la place, et cet autre *projet*
Où l'image du Prince est encore attendue. (IX, 366.)

PROIE :

    Tel on voit un jeune lion
    Courir à sa première *proie*. (IX, 338.)
Le lionceau se baigne en leur sang avec joie ;
Il ne sait pas rugir, et s'instruit à la *proie*. (VI, 303 et note 3.)
    .... Là Priam et sa cour
N'étoient plus que des noms dont le temps fait sa *proie*. (VI, 15.)
... Tant qu'ils soient sur le point de devenir sa *proie*. (VII, 621.)
    L'heureux ami n'eut pas toute la joie
    Qu'il auroit eue en connoissant sa *proie*. (VI, 134.)
Quel amant n'auroit cru tenir alors sa *proie* ? (VIII, 360.)
A ce nouveau venu la voilà donc en *proie :*
Il ne put sans parler contenir cette joie. (IV, 432 et note 1.)
Le sort à mes regards a mis encore en *proie*
Les merveilles d'un pied, sans mentir, fait au tour. (VII, 179.)
.... Livrant à leur fureur ses dieux mêmes en *proie*. (I, 131.)
    Je crains que l'on ne voie
Les plus chers de mes jours aux vains desirs en *proie*. (IX, 187.)

PROLIXE :

    Or ai-je été *prolixe* sur ce cas
    Pour confirmer l'histoire de Féronde. (V, 389.)

PROMENER :

.... Là, s'il est quelque lieu sans route et sans chemins,
Un rocher, quelque mont pendant en précipices,
C'est où ces dames vont *promener* leurs caprices. (III, 208.)
Sur ce papier *promenez* vos beaux yeux. (IX, 9.)

PROMESSE :

    .... Qu'il vous prêtât, dessous bonne *promesse*,
Mi-muid de grain. (IV, 109.)
        J'oblige par *promesse*
    Le bien que j'ai. (IX, 109 ; voyez IX, 128.)

PROMETTEUR :

L'endroit parut suspect aux voleurs, de façon
Qu'à notre *prometteur* l'un dit, etc. (II, 424.)

PROMETTRE :

Promettre est un, et tenir est un autre. (IX, 12 et note 4 ; voyez IX, 13.)
    Mais tôt après, il tourna tant la belle,
    Tant lui donna, tant encor lui *promit*, etc. (IV, 303 ; voyez VI, 191.)
    La femme, neuve sur ce cas,
.... Crut la chose, et *promit* ses grands dieux de se taire. (II, 240.)
Lycérus ne le laissa point partir sans... le faire *promettre*... qu'il reviendroit achever ses jours auprès de lui. (I, 51.)
    Bien fait, et *promettant* beaucoup de sa personne. (V, 123.)

PROMONTOIRE :
Un brin d'herbe dans l'eau par elle étant jeté,
Ce fut un *promontoire* où la fourmi arrive. (I, 165 et note 2.)

PROMOTEUR :
Un *promoteur* intervient pour le siège
Épiscopal, et vendique le cas. (V, 333 et note 5.)

PROMPT :
Ne soyez pas si *prompt*, je vous supplie. (V, 38.)
Ce qu'elle fit? Un *prompt* courroux
L'anima d'abord contre vous. (II, 233.)

PRÔNE :
Monsieur le curé
De quelque nouveau saint charge toujours son *prône*. (II, 219 et note 11.)
La procession, l'eau bénite, le *prône*. (IX, 226.)

PRÔNER; SE PRÔNER :
.... Chaque époux la *prônoit* à sa femme chérie. (VI, 68.)
Ces ânes, non contents de s'être ainsi grattés,
S'en allèrent dans les cités
L'un l'autre *se prôner*. (III, 129.)

PRONONCER :
Je suis d'avis que vous *prononciez* entre ces héros. (VIII, 328.)

PROPET, propret :
Certaine nièce assez *propette*. (II, 158 et note 13.)
Comparez l'adverbe « propement » chez du Bellay, tome II, p. 546.

PROPHÈTE :
Je ne suis pas un grand *prophète*. (III, 233.)
Vous savez que nul n'est *prophète*
En son pays. (II, 163 et note 8; voyez II, 341; IV, 385.)
Prophète de malheur, babillarde, dit-on. (I, 83.)

PROPHÉTISER :
Il *prophétisoit* vrai. (I, 257.)

PROPICE :
C'est lui qui, par des soins *propices*,
Au combat enseigne mes mains. (VIII, 399.)

PROPORTION; À PROPORTION :
Touffes de lis, *proportions* du corps,
Secrets appas, embonpoint, et peau fine. (V, 529; voyez II, 291.)
Le dedans du temple étoit orné *à proportion*. (VIII, 187.)

PROPOS; À PROPOS :
C'est la louange, Iris : vous ne la goûtez point;
D'autres *propos* chez vous récompensent ce point :
Propos, agréables commerces. (II, 458-459.)

Vous vous armez le cœur
Contre tous les appas d'un *propos* enchanteur. (VIII, 349.)
  Quoi qu'on fasse,
  Propos, conseil, enseignement,
  Rien ne change un tempérament. (II, 292.)
  Le loup donc l'aborde humblement,
  Entre en *propos*.... (I, 71.)
Il se jette à côté, se met sur le *propos*
De Castor et Pollux. (I, 99.)
.... A ce *propos* s'avance un certain gentilhomme. (IV, 20; voyez VI, 53.)
Sur ce *propos*.... (VII, 56.)
  Un pavillon, vers le bout du jardin,
  Vint à *propos*. (V, 575.)
  Minuit venu, l'époux mal *à propos*...
  Vient de sa part chercher soulagement. (VI, 46.)
Encore le plus *à propos* étoit-il de, etc. (VIII, 176.)
Il [le renard] leur applique un mot qu'un buste de héros
  Lui fit dire fort *à propos*. (I, 324.)

PROPOSER; SE PROPOSER :
L'homme au trésor caché qu'Ésope nous *propose*
  Servira d'exemple à la chose. (I, 345; voyez I, 417; II, 345.)
Une vache étoit là : on l'appelle; elle vient :
Le cas *est proposé*. (III, 6.)
Proposez-vous de voir tout ce corps si charmant
  Comme un beau marbre seulement. (V, 427.)
Chacun *se proposoit* leur hymen pour modèle. (VI, 188.)

PROPRE, acceptions diverses; PROPRE À; PROPRE POUR :
Propre, toujours rasé, bien disant et beau fils. (V, 584; voyez V, 27 et note 3.)
.... Quand ses *propres* moutons paissoient sur le rivage. (I, 267.)
  .... Que l'héroïne de ce conte
  Fût *propre* femme du docteur. (V, 449.)
Il entendit, en certain cabinet
Dont la cloison n'étoit que de menuiserie,
  Le *propre* discours que voici. (IV, 32.)
  Elle diffère le négoce
  Jusqu'au *propre* jour de la noce. (V, 216.)
Je leur suis *propre*, et ne demande, en somme,
  Que d'être admis. (IV, 496.)
  Nos mains
Étoient *propres aux* arts ainsi qu'*au* labourage. (III, 147.)
Un bois *propre à* telle affaire. (V, 219.)
Une nuit sombre et *propre à* ces douceurs. (V, 413; voyez VI, 15.
  .... A moins que la figure
Ne soit d'un éléphant, nain, pygmée, avorton,
  Propre à mettre au bout d'un bâton. (III, 76.)
.... [Sa femme] vient au prétendu mort, approche de sa bière,
Lui présente un chaudeau *propre pour* Lucifer. (I, 224.)

PROPREMENT :

Proprement toute notre vie
Est le curé Chouart, qui sur son mort comptoit,
    Et la fable du Pot au lait. (II, 159.)
.... C'est *proprement* le mal françois. (II, 286.)
Ces mensonges sont *proprement* une manière d'histoire où on ne flatte personne. (III, 175; voyez V, 43, 572.)

PROPRETÉ :

Propreté toucha seule aux apprêts du régal. (V, 586 et note 1.)
.... Là se rencontroit avec abondance ce qui contribue non seulement à la *propreté*, mais à la délicatesse. (VIII, 88.)

PROPRIÉTÉ, PROPRIÉTÉS :

.... Les *propriétés* des animaux et leurs divers caractères y sont exprimés. (I, 17.)
Tout animal n'a pas toutes *propriétés*. (I, 183.)
Chavigny, misérable gîte, et où commencent les mauvais chemins et l'odeur des aulx, deux *propriétés* qui distinguent le Limousin des autres provinces du monde. (IX, 290.)

PROSPÈRE À :

..... Le destin forcé de *nous* être *prospère*. (IX, 278.)
Veuille le Ciel *à* tous ses frères
Rendre toutes choses *prospères*. (IX, 133.)

PROSPÉRITÉ :

Voilà le précipice où l'ont enfin jeté
Les attraits enchanteurs de la *prospérité*. (VIII, 357.)

PROTECTEUR :

Achille vous seroit toujours un *protecteur*. (VII, 626.)
C'est chère denrée qu'un *protecteur*. (II, 303.)
.... Gros de tige, étendu, *protecteur* de l'ombrage. (VI, 342.)

PROTESTATION :

Je ne dois ajouter ici qu'une *protestation* respectueuse d'être toute ma vie, etc. (VI, 278 et note 3.)

PROTESTER; PROTESTER DE, QUE :

J'aurai beau *protester*, mon dire et mes raisons
    Iront aux Petites-Maisons. (I, 377.)
Il *protesta* de l'injustice. (IX, 198.)
Contre l'injustice.

En présence des dieux, je le *proteste* encore. (VII, 621.)
Oui, Seigneur, nous t'aimons, nous l'osons *protester*. (VI, 290 et note 5.)
La Faculté dit adieu là-dessus,
Et *protesta de* ne revenir plus. (V, 311 et note 3.)
        Protestant de bon cœur
Que tout sera gardé pour Monseigneur. (IX, 110.)

PROTESTANT DE :
> Le *protestant de* Madame Clitie
> N'eut du crédit qu'autant qu'il eut du fonds. (IV, 157 et note 3.)

PROU, beaucoup :
> *Prou* de pardons il avoit rapporté [de Rome]. (IV, 86 et note 3.)
> L'un jura foi de roi, l'autre foi de hibou,
> Qu'ils ne se goberoient leurs petits peu ni *prou*. (I, 421 et note 2.)

PROU, substantivement, profit :
> Bon *prou* vous fasse ! (IV, 136 et note 4.)

PROUESSE, PROUESSES :
> Le lion, terreur des forêts,
> Chargé d'ans, et pleurant son antique *prouesse*, etc. (I, 242.)
> .... Sa mère la jument,
> Dont il contoit mainte *prouesse*. (II, 24.)
> Après bon vin, trois commères un jour
> S'entretenoient de leurs tours et *prouesses*. (IV, 297 ; voyez V, 223.)

PROVENDE :
> Veaux de lait, agneaux et brebis,
> Régiments de dindons, enfin bonne *provende*. (I, 330 et note 4.)

PROVENIR :
> Les lettres sont un étrange mystère :
> Il en *provient* maint et maint accident. (VI, 29.)
> .... Les premières notions de ces choses *proviennent* d'elles. (I, 18.)
> Assez tôt viennent,
> Voire et *proviennent*,
> Du temps qu'on perd douleurs et plours. (VIII, 445.)

PROVIDENCE :
> Concluons que la *Providence*
> Sait ce qu'il nous faut mieux que nous. (II, 14.)

PROVINCE, PROVINCES, emplois divers :
> .... Firent plus de dégât, en une heure de temps,
> Que n'en auroient fait en cent ans
> Tous les lièvres de la *province*. (I, 279 ; voyez IV, 242.)
> Il [le lion] fit avertir sa *province*. (II, 280 et note 2.)
> Ceci montre aux *provinces*
> Que, tout compté, mieux vaut, en bonne foi,
> S'abandonner à quelque puissant roi
> Que s'appuyer de plusieurs petits princes. (II, 306 et note 22.)
> .... La plupart de ces princes
> Qui, flattés d'un pareil emploi,
> Vont s'échauder en des *provinces*
> Pour le profit de quelque roi. (II, 446.)

L'union n'étoit pas si grande en nos *provinces*. (VII, 611 ; voyez VIII, 241.)

Au bruit qui couroit d'elle en toutes ces *provinces*,
Mamolin, roi de Garbe, en devint amoureux. (IV, 399.)
Dites-moi ce que vous cherchez dans ces *provinces*. (VIII, 222.)
    Cet arrêt fit un peu de bruit
    Parmi les gens de la *province*. (VIII, 424.)
La *province*, il est vrai, fut toujours son séjour. (VII, 148.)
Dois-je dans la *province* établir mon séjour? (I, 200.)
Cérès sent sa divinité de *province*, et n'a nullement l'air de la cour. (VIII, 231.)

PROVISION :
.... Allez trouver père Bonaventure
Car il en a [d'esprit] bonne *provision*. (V, 292.)
.... Non point par peu d'esprit : est-il quelqu'un qui nie
Que tout Anglois n'en ait bonne *provision?* (III, 323.)

PRUDE, PRUDES :
Qui dit *prude*, au contraire, il dit laide ou mauvaise. (V, 102 et note 4.)
    Cléon avoit une vieille parente,
    Sévère et *prude*. (VI, 29.)
Les *prudes* bien souvent nous trompent au langage. (VII, 78.)
.... Ces *prudes*-là nous en font bien accroire. (VI, 103.)
Prudes, vous vous devez défier de vos forces. (VI, 85.)

PRUDENCE :
Je demande un grand point, la *prudence* en amours! (VI, 194.)
    Amour, Amour, quand tu nous tiens,
    On peut bien dire : « Adieu, *prudence!* » (I, 266 et note 12.)

PRUDENT, ENTE :
    .... Lecteur *prudent*,
Je m'en remets à ton bon jugement. (V, 574.)
    La *prudente* bergère
Approuve les conseils, etc. (VI, 300.)
.... Chose où on doit errer un confesseur *prudent*. (V, 349.)
Prudentes et discrètes entre toutes les nymphes du monde. (VIII, 133.)

PRUD'HOMME :
    Quand ils [les vers] sont bons, en ce cas tout *prud'homme*
    Les prend au poids au lieu de les compter. (IX, 66.)

PRUDOTERIE (LA) :
.... D'elle descendent ceux de *la Prudoterie*,
    Antique et célèbre maison. (VI, 68 et note 8.)

PRUNELLE, PRUNELLES :
.... Ce beau fils, ce tourneur de *prunelle*. (VII, 562 et note 4.)
    Puis approchant, et frottant ma *prunelle*,
    Je me repris. (VII, 163.)
Notre homme....
A chaque objet qui passe adoucit ses *prunelles*. (V, 445 et note 7.)

.... Et ce nuage épais qui couvre ta grandeur
Veut rendre supportable à nos foibles *prunelles*
De ton trône enflammé l'éclatante splendeur. (VIII, 396.)

PSAUTIER, livre de psaumes :
Ce fou tenoit son recueil fort entier :
Il le portoit en guise de *psautier*. (IV, 370.)

PSAUTIER, voile :
.... Le haut-de-chausse, assez bien ressemblant,
Pendant la nuit, quand on n'est éclairée,
A certain voile aux nonnes familier,
Nommé pour lors entre elles leur *psautier*. (V, 415 et note 3; voyez V, 418, 420.)

PTISANNE, tisane. (VI, 347, note 2.)

PUBLIC, IQUE, adjectivement et substantivement :
.... La rue est trop *publique*. (V, 571.)
Trop fréquentée.
.... Et le gouvernement de la chose *publique*
Aquatique. (I, 309.)
.... Faisant chère et vivant sur la bourse *publique*. (I, 316.)
Mais la *publique* utilité
Défendoit que l'on fît au garde aucune grâce. (VI, 76 et note 1.)
On croit le mal d'abord, mais à l'égard du bien,
Il faut qu'un *public* en réponde. (IV, 386 et note 2.)
Quand on eut bien considéré
L'intérêt du *public*.... (III, 271.)
En vain devant les yeux
On me met du *public* l'intérêt précieux. (VII, 617.)
Ils étoient de ceux-là qui vivent
Sur le *public*, et craignent peu les coups. (II, 244.)
Ô vous dont le *public* emporte tous les soins.... (III, 344.)
.... Et donner en *public* des pleurs à la coutume. (VII, 573.)
.... Celui-ci lui conseilla de le produire en *public* [Ésope]. (I, 44.)

PUBLIER :
.... Je n'en fus retenue
Que pour n'oser un tel cas *publier*. (IV, 90.)
En la quittant, Gulphar alla tout droit
Conter ce cas, le corner par la ville,
Le *publier*. (IV, 364.)
.... De crainte qu'il n'allât *publier* cette aventure. (I, 43; voyez I, 101; II, 240.)

PUCEAU :
Je la tiens pucelle sans faute,
Et si pucelle qu'il n'est rien
De plus *puceau* que cette belle. (IV, 48.)

PUCELAGE :
> Tout alla bien, et maître *Pucelage*
> Joua des mieux son personnage. (IV, 52.)

> Mon *Pucelage* dit qu'il faut
> Remettre l'affaire à tantôt. (V, 225.)

> Je serai vôtre auparavant,
> Et vous aurez mon *pucelage*. (V, 215.)

> Quoi qu'il en soit, Joconde eut l'avantage
> Du prétendu *pucelage*. (IV, 50.)

PUCELLE, ELLES :
> Mais vous êtes *pucelles*,
> Au joli jeu d'amour ne sachant A ni B. (V, 581 et note 4.)

> Prince du double mont, commande aux neuf *pucelles*
> Que leur chœur, pour m'aider, députe deux d'entre elles. (VI, 319; voyez VII, 161.)

> J'ai rang parmi les nourrissons
> Qui sont chers aux doctes *pucelles*. (IX, 434.)

> Prenons, dit le Romain, la fille de notre hôte;
> Je la tiens *pucelle* sans faute,
> Et si *pucelle* qu'il n'est rien
> De plus puceau que cette belle. (IV, 48.)

> *Pucelle* encor, mais, à la vérité,
> Moins par vertu que par simplicité. (IV, 462.)

Une *pucelle* eut naguère un amant. (VI, 41; voyez VI, 17.)

Les deux *pucelles* la déshabillèrent [Psyché] avec cent signes d'admiration. (VIII, 141.)

PUDEUR :
Qui voudroit réduire Boccace à la même *pudeur* que Virgile ne feroit assurément rien qui vaille. (IV, 13.)

.... Et regarde ses lis, non sans quelque *pudeur*. (VI, 18.)

> .... Il [un ami] vous épargne la *pudeur*
> De les lui découvrir [vos besoins] vous-même. (II, 267 et note 14; voyez III, 85; VI, 20.)

.... Moins d'ennemis attaquent leur *pudeur*. (IV, 487.)

Elle tombe, et, tombant, range ses vêtements :
Dernier trait de *pudeur* même aux derniers moments. (VI, 184.)

PUDIQUE, IQUES :
> Un temps viendra que le flambeau d'Amour
> Ne brûlera les cœurs que de *pudiques* flammes. (IV, 60.)

PUÉRIL, ILE :
L'apparence [des fables d'Ésope]... est *puérile*. (I, 3.)

Je l'ai suivi [Planude] sans retrancher de ce qu'il a dit d'Ésope que ce qui m'a semblé trop *puéril*. (I, 29 et note 2.)

Ce mot est écrit avec un *e*, *puérile*, dans toutes les éditions du temps.

PUÎNÉ, ÉE :
Cette *puînée* étant de deux ans plus jeune, etc. (VIII, 170.)

PUIS APRÈS :
Et monseigneur *puis après* le saura. (IV, 96 et note 1 ; voyez IV, 111, 501 ; VI, 48.)

PUISER :
.... Que l'homme, la souris, le ver, enfin chacun,
Aille *puiser* son âme en un trésor commun. (II, 395.)
Je *puise* encore en un vieux magasin,
Vieux, des plus vieux, où *Nouvelles nouvelles*, etc. (IV, 278.)

PUISQU'AINSI VA :
Puisqu'ainsi va, mettons-nous en prière. (IV, 471.)
Anne, *puisqu'ainsi va*, passoit dans son village
Pour la perle et le parangon. (V, 343.)

PUISSANCE, PUISSANCES :
Servez-vous de vos rets ; la *puissance* fait tout. (III, 58 ; voyez III, 97.)
Toute *puissance* est foible à moins que d'être unie. (I, 336.)
Princesse, ma douleur n'est pas en ma *puissance*. (VII, 533.)
.... L'autre remet sous la *puissance* des lis la plus importante place de nos frontières. (VIII, 345.)
Bourbon sait sur nous exercer
Une aimable et douce *puissance*. (IX, 434.)
Un messager y court en diligence,
Sonne au couvent de toute sa *puissance*. (V, 234.)
J'en connois beaucoup aujourd'hui,
Non parmi les baudets, mais parmi les *puissances*
Que le Ciel voulut mettre en de plus hauts degrés. (III, 130 et note 22.)
.... Priant toutefois en son âme
Toutes les *puissances* d'amour. (IV, 439 et note 4.)
.... Des *puissances* d'enfer ministre malheureux. (VII, 544.)

PUISSANT, emplois divers :
Ce loup rencontre un dogue aussi *puissant* que beau. (I, 70 et note 1.)
Un bœuf est plus *puissant* que toi. (I, 156.)
Pour réprimer leur babil, irez-vous
Les maltraiter? Vous n'êtes pas peut-être
Assez *puissant*. (III, 116.)
Notre prince a des dépendants
Qui, de leur chef, sont si *puissants*
Que chacun d'eux pourroit soudoyer une armée. (I, 95.)
.... Tel pouvoit-on appeler le *puissant* effort des machines qu'elle [l'architecture] inventoit. (VIII, 256.)

PUITS :
Les rendez-vous chez quelque bonne amie
Ne lui manquoient non plus que l'eau du *puits*. (IV, 318.)
N'allez point à l'eau chez un autre,
Ayant plein *puits* de ces douceurs. (V, 510 et note 1.)

PULLULER :
.... C'est-à-dire environ le temps
Que tout aime et que tout *pullule* dans le monde. (I, 355.)

PUNISSABLE :
Les châtiments dont les anciens usoient envers leurs esclaves étoient fort cruels, et cette faute très *punissable*. (I, 31.)

PUR :
L'eau du sacré vallon
Auroit profané même un vin tel que le nôtre :
Pur et sans mélange on le but. (IX, 365.)
.... Homme
Fuyant la peine, aimant le plaisir *pur*. (V, 395.)
Jamais un plaisir *pur*, toujours assauts divers. (I, 172.)
Mais ici-bas put-on jamais tant faire
Que de trouver un bien *pur* et sans mal? (V, 38.)
J'entrai dans leur parti de mon *pur* mouvement. (VII, 611.)

PURGATIF, substantivement :
[Le séné] *purgatif* innocent et très sûr. (VI, 322.)

PURGER, PURGER DE; SE PURGER, SE PURGER DE :
Hercule, ce dit-il, tu devois bien *purger*
La terre *de* cette hydre au printemps revenue. (II, 237.)
Je ne dis rien des vœux dus aux travaux divers
De ce dieu qui *purgea de* monstres l'univers. (VI, 174.)
D'un sang impur et noir il *purge* l'univers. (VI, 266.)
Ma commère, il *vous* faut *purger*
Avec quatre grains d'ellébore. (II, 32.)
Thaïs *se* veut *purger de* tous sujets de plainte. (VII, 58; voyez VII, 281.)

PYGMÉE :
.... A moins que la figure
Ne soit d'un éléphant nain, *pygmée*, avorton. (III, 76.)

PYTHONISSE :
Une femme, à Paris, faisoit la *pythonisse*. (II, 179 et note 1; voyez VII, 197.)

« C'est, dit Epistemon, une canidie, une sagane, une pythonisse et sorciere. » (Rabelais, tome II, p. 82.)

Q

QUADRUPÈDE :
Le *quadrupède* [le lion] écume et son œil étincelle. (I, 156.)

QUADRUPLE, substantivement :
Le mal se rend chez vous au *quadruple* du bien. (II, 225.)

QUALIFIER; SE QUALIFIER :
    Toute profession....
    Traite les autres d'ignorantes,
    Les *qualifie* impertinentes. (III, 125.)
    Sans hésiter, *qualifiez* cet homme
    Papefiguier. (V, 357.)
Le [sang] plus pur, le plus vif, le mieux *qualifié*.... (VI, 328 et note 1.)
Les personnes *qualifiées*. (VIII, 189.)
Une centaine de nymphes des plus jolies et des plus *qualifiées*. (VIII, 143.)
.... Il y avoit une Poitevine qui *se qualifioit* comtesse. (IX, 227.)

QUALITÉS, QUALITÉS :
Un baiser me viendroit, si j'avois du courage;
Or je n'en eus jamais en *qualité* d'amant. (VII, 182; voyez V, 122.)
A ce mot d'épouse elle dit : « Hélas! je suis bien éloignée de prendre cette *qualité*. » (VIII, 134.)
Le Ciel m'a faite esclave, il est vrai; mais crois-tu
Que cette *qualité* répugne à la vertu? (VII, 71.)
Quand Prométhée voulut former l'homme, il prit la *qualité* dominante de chaque bête. (I, 18.)
Tout animal n'a pas toutes propriétés :
Nous vous avons donné diverses *qualités*. (I, 183.)
Blâmez la *qualité*, mais non pas la personne. (IX, 177.)
    La dame ayant appris la *qualité*
    De Renaud d'Ast.... (IV, 257.)
    La dame avoit un peu plus de beauté,
    Outre qu'il faut compter la *qualité*. (VI, 134.)
Laissons la *qualité*. (IV, 46 et note 10.)
Nous en ferons l'amour avec plus d'assurance,
    Plus de plaisir, plus de commodité,
Que si j'étois suivi selon ma *qualité*. (IV, 40.)
Il est de la *qualité* d'un dieu comme vous d'avoir pour esclaves des personnes de mon sexe. (VIII, 225.)
.... Faites-moi trouver au monde une Excellence...,
    Qui refuse sa jouissance
    A dons de cette *qualité*! (V, 277.)

QUAND; QUAND, au sens de *quand même :*
Car, de lui demander *quand*, pourquoi, ni comment, etc. (III, 280.)
De *quand* sont vos jambons? (I, 278.)
Quand je ferai, disoit-elle, ce tour,
Qui l'ira dire? (IV, 259 et note 5.)
    Je vais, sans tarder davantage,
    Lui porter un bien qu'il auroit,
    Quand Nicaise en son lieu seroit. (V, 221.)

QUAND ET, avec, en même temps que :
.... [Elle] touche toujours le cœur *quand et* l'esprit. (IX, 128 et note 2.)

La véritable orthographe ici est en effet *quand;* et non *quant*, comme nous l'avons écrit.

QUANT; QUANT À MOI :
Un chef doit autrement tenir son *quant à moi*. (VII, 63 et note 5.)
   Quel étoit le personnage
Qui gardoit tant son *quant à moi?* (IV, 33 et note 4.)
Si elle se tient sur son *quant à moi*.... (VIII, 160.)

QUARANTAINE :
Jeûner la *quarantaine*. (IV, 31 et note 1.)

QUART, adjectif :
Un *quart* voleur survient. (I, 97 et note 4.)
Au *quart* [coup] il fait une horrible grimace. (IV, 138 et note 1.)
Comparez les locutions fièvre quarte, le quart an, etc.

QUART, substantif :
Du *quart* en sus. (IV, 351 et note 1.)
   Aux dépens du tiers et du *quart*
   Il se divertissoit. (V, 438, 439 et note 1.)
Le peu qu'il en restoit [des rats], n'osant quitter son trou,
Ne trouvoit à manger que le *quart* de son soû. (I, 134.)
L'écornifleur étant à demi-*quart* de lieue.... (II, 474.)
Ne vivez-vous pas ici..., dormant les trois *quarts* du temps. (VIII, 230.)

QUART D'HEURE :
Un *quart d'heure?* un *quart d'heure* est cher. (V, 220.)

QUARTIER, QUARTIERS, emplois divers :
   Et je prétends, sans un seul en rabattre,
   Qu'au bout de l'an le compte y soit entier,
   Deux en six mois, un par chacun *quartier*. (IX, 109; voyez IX, 111.)
   .... Rangeons cette cohorte;
Holà! Simalion! voici votre *quartier*. (VII, 105.)
.... Ces endroits, comme vous savez, sont d'ordinaire le *quartier* des Flores : j'y en vis une. (IX, 277.)
   .... La race escarbote
Est en *quartier* d'hiver, et, comme la marmotte,
Se cache et ne voit point le jour. (I, 153.)
Un sien amant étant lors de *quartier*, etc. (IV, 318 et note 4.)
Comparez Regnard, *l'Été des coquettes*, scènes XIV et XV : « C'est un petit volontaire qui sert les dames par quinzaine...; c'est un soupirant d'été. »

Votre poupon, au moins, devoit avoir *quartier*. (VIII, 379.)
Vivant de rapt, faisant peu de *quartier*. (IV, 342.)
.... Je n'y veux point de *quartier* ni de grâce. (V, 535.)
Point de *quartier* pour un évangéliste. (IV, 336, voyez VII, 139.)
   L'attaquer, le mettre en *quartiers*,
   Sire Loup l'eût fait volontiers. (I, 71.)

QUASI :
On ne peut *quasi* faire un pas. (VII, 121; voyez VII, 306.)
.... De venir ne tenois *quasi* compte. (IV, 94.)

[Il] claque des dents et meurt *quasi* de froid. (IV, 93.)
.... En diligence, et *quasi* hors d'haleine. (IV, 169.)
Les parties ne se doutoient *quasi* pas du sujet de leur voyage. (IX, 62.)
Passé Chavigny, l'on ne parle *quasi* plus françois. (IX, 292 ; voyez IX, 241, 265, 266.)
Un œil *quasi* sec. (VII, 12.)
    Il part, marche à courbette,
Plus fort que ne vouloit un *quasi* Phaéton. (VII, 296.)

QUATORZE HEURES (MIDI À) :
.... Notre petit maître est un chercheur (sic) de *midi à quatorze heures*. (VII, 451.)

QUE, relatif ou interrogatif. Voyez QUI, QUE, QUOI.

QUE, conjonction :

1° QUE, liant un nom ou un participe à une proposition complémentaire :
En cas *que*, à cause *que*. Voyez CAS, CAUSE.
.... C'est ce coup *qu*'il faut, vous m'entendez,
 Qu'il faut fouiller à l'escarcelle. (I, 278.)
C'est dommage, Garo, *que* tu n'es point entré
Au conseil de celui que prêche ton curé. (II, 376.)
.... C'est de la façon *qu*'elle porte le deuil. (VII, 564.)
Retourné *qu*'il fut au logis, il commanda, etc. (I, 49.)
    Suffisamment instruit
Que le plus beau couchant est voisin de la nuit. (IX, 183.)

2° QUE, après des noms, le plus souvent des noms de temps, à la suite desquels on emploie d'ordinaire aujourd'hui *où*, *dont*, ou un relatif précédé d'une préposition :
    Une certaine année
Qu'il en étoit [des souris] à foison.... (I, 286.)
   A l'heure *que* l'Aurore
Commence à s'éloigner du séjour de Téthys. (V, 255.)
Au moment *que* je viens de causer son trépas. (VII, 539.)
Au moment *que* j'écris ces vers. (IX, 134.)
Dans le moment *que*, etc. (VIII, 199.)
.... Le jour *qu*'elle sortit de l'onde. (VIII, 455.)
   .... Il en seroit de même
Que le jour *qu*'il tendit de semblables panneaux. (III, 323 ; voyez IV, 37.)
Un jour *que* celui-ci, etc. (I, 224.)
Le jour suivant, *que* les vapeurs de Bacchus furent dissipées, etc. (I, 40.)
   Certain soir *qu*'il faisoit
Un temps fort brun. (IV, 207.)
Jusqu'à l'heure *que* le Sommeil se rendoit maître de ce palais. (VIII, 99.)
    Dans la saison
Que les tièdes zéphyrs ont l'herbe rajeunie, etc. (I, 390.)
Du temps *que* les bêtes parloient. (I, 264.)

.... Environ le temps
Que tout aime et que tout pullule dans le monde. (I, 355.)
Un temps viendra que le flambeau d'Amour, etc. (IV, 59.)
Ils vous prennent le temps que dans la bergerie
Messieurs les bergers n'étoient pas. (I, 240; voyez V, 136.)
Sur le minuit, que l'hôte...
Devoit dormir. (IV, 208 et note 4.)
Pour aller du côté que le son se faisoit entendre. (VIII, 271.)
.... En l'état qu'il est. (IX, 268.)
.... A la manière
Que les dieux marchent dans Homère. (VIII, 452.)

3° QUE SI :

Que si ce loup t'atteint casse-lui la mâchoire. (II, 301; voyez III, 116, 122; IV, 73, 151; V, 133, 158, 244, 488; VII, 604; VIII, 92, 134, 165, 172, 290; IX, 206; et passim.)

4° Emplois et tours divers :

Qu'on ne me demande pas
Qui c'étoit que la personne, etc. (IX, 334.)
Si j'étois que de vous. (IV, 285.)
Il est homme, que je pense,
A passer la chose au gros sas. (V, 215.)
.... Je suis en eau, tant que j'ai l'esprit lourd. (IX, 13.)
Tant j'ai l'esprit lourd.

Aussi n'est-ce pas mon fait que de raisonner, etc. (IX, 272.)
Je ne vous assurerai pas si ce fleuve avoit des Tritons, et ne sais bien si c'est la coutume des fleuves que d'en avoir. (VIII, 132.)
Votre santé m'est chère jusque-là
Que, etc. (V, 311.)
Enchaînez ces démons, que sur nous ils n'attentent. (VI, 164 et note 5.)
Mais ce livre, qu'Homère et les siens ont chanté,
Qu'est-ce que le Hasard...? (I, 168.)
Sans avoir pour témoins,
Que les chantres des bois, pour confidents qu'Amour. (VI, 239.)
Eh! qui connoît que vous les beautés et les grâces? (II, 86.)
La question ne fut que de savoir, etc. (IV, 115.)
Tant s'en faut qu'en l'épousant je crusse faire du déplaisir à sa mère, que je croyois épouser un monstre. (VIII, 174.)
Ce n'est pas vous, c'est l'idole,
A qui cet honneur se rend,
Et que la gloire en est due. (I, 409 et note 7.)
Il feroit que sage
De garder le coin du feu. (I, 369 et note 3.)

« Or le fesons ainsy, fist li roys, si ferons que saige. » (Joinville, p. 228. Comparez l'*Ancien théâtre françois*, tomes I, p. 33, II, p. 137, III, p. 27; *le Cent Nouvelles nouvelles*, p. 305; etc.

« Tu fais que sage de confesser la verité auant qu'on te donne la gehenne pour te la faire dire. » (Amyot, traduction de Plutarque, Vie de Marc-Antoine.)

Que bien, que mal, elle arriva. (II, 365; voyez V, 69 et note 2.)

Sur le *que* si, *que* non, tous deux étant ainsi, etc. (II, 428.)
Que-si-*Que*-non, son frère. (II, 69 et note 4.)
Frère de la Discorde.

QUEL, QUELLE :
Ah! vous ne savez guère
Quelle je suis. (II, 240.)
Quel Louvre! un vrai charnier. (II, 131.)
Quelle l'eût-on trouvée au fort de ses faveurs! (III, 331.)
Il fallut... l'entretenir des diverses façons d'aimer qui sont en usage chez chaque peuple; *quelles* sont les beautés des Scythes, *quelles* celles des Indiens. (VIII, 76.)
La question ne fut que de savoir
Quelle des deux dessus l'autre l'emporte. (IV, 115 et note 3.)
Je vous sers sans récompense.
— *Quelle* vous la faut-il? (V, 149.)

QUELQUE :
Elle entend *quelque* bruit. (I, 252.)
J'ai *quelque* beauté. (VIII, 129.)
Si *quelque* scrupuleux, par des raisons frivoles,
Veut défendre l'argent, etc. (II, 246.)
Elle sent chaque jour
Déloger *quelques* Ris, *quelques* Jeux. (II, 116.)
Si faut il que je le mette [Condé] en parallèle avec *quelque* César ou *quelque* Alexandre. (VIII, 317.)
Quelque ingrate beauté qui nous donne des lois,
Encore en tire-t-on, etc. (VIII, 364.)
Quelque ingrate que soit la beauté qui, etc.

Un loup, *quelque* peu clerc, etc. (II, 100.)
Il naquit... *quelque* deux cents ans après la fondation de Rome. (I, 30 et note 1.)
Quelque mille pas. (VIII, 54.)

QUELQUEFOIS :
J'ai *quelquefois* aimé. (II, 366 et note 26.)

QUELQU'UN, QUELQU'UNE :
Quelqu'un des courtisans lui dit, etc. (II, 66.)
Quoi? toujours il me manquera
Quelqu'un de ce peuple imbécile! (II, 451.)
Vient-il de voir *quelqu'une*? (V, 458 et note 3.)
A ce plaisant objet si *quelqu'une* recule,
Cette *quelqu'une* dissimule. (V, 580.)

QUERELLE :
Leurs guerriers vont sortir pour finir la *querelle*. (VII, 619.)
Ses exploits terminent la *querelle*.... (VI, 199.)
Entre les deux oiseaux il arriva *querelle*. (III, 197.)
.... Quiconque auroit *querelle*. (III, 227.)

.... Ces murs pour qui les dieux
Eurent dix ans de *querelle*. (VIII, 261.)
[Il] lui fit fort grosse *querelle*. (IV, 53.)
Mais ne le dites pas, vous me feriez *querelle*. (VII, 75.)

QUERELLEUR, EUSE :

Tous les gens *querelleurs*, jusqu'aux simples mâtins,
Au dire de chacun, étoient de petits saints. (II, 98.)
    Son épouse,
Querelleuse, avare, et jalouse. (II, 104.)

QUERIR, chercher :

Je m'en vais *querir* ma femme. (I, 39 ; voyez V, 566.)
Le gentilhomme part, et va *querir* Joconde. (IV, 22.)
Aller *querir* son vivre. (V, 17.)
Je *quis* meilleure aventure. (VIII, 442 et note 1.)

QUERRE :

Messieurs... en ce lieu n'ont que *querre*. (IX, 5 et note 4.)

QUESTION, supplice, torture :

Figurez-vous la *question* qu'au sire
On donna lors. (V, 529.)

QUÊTE, emplois divers :

    Apprêtez la *quête !*
Voilà frère Philippe. (V, 18.)
Les autres chiens... abandonnent leur *quête*. (VI, 255.)
...., Le lieu par où elle vouloit commencer sa *quête*. (VIII, 164.)
Ils conviennent de prix, et se mettent en *quête*,
Trouvent l'ours. (I, 427 ; voyez I, 256.)
.... C'est un honnête paysan qui est en *quête* de sa femme. (VII, 463.)
Elle résolut de se mettre en *quête* de son mari. (VIII, 160.)

QUÊTER, acceptions diverses :

L'anachorète, en *quêtant* par le bourg,
Vit cette fille. (IV, 463.)
Le lièvre étoit gîté dessous un maître chou :
On le *quête*; on le lance. (I, 279.)

QUEUE :

    On l'appeloit messire
A longue *queue*. (V, 156 et note 5.)
Le bagage marchoit en *queue*. (IX, 252.)
J'ai fui, croyant l'avoir incessamment en *queue*. (VII, 386.)
    Tel a mis mainte lieue
Entre eux et lui, qui les sent à sa *queue*. (IX, 152.)

QUI, QUE, QUOI, pronoms :

1° QUI, séparé de son antécédent :

Ils étaient de ceux-là *qui* vivent
Sur le public. (II, 244.)

Étant de ces gens-là *qui* sur les animaux
　　Se font un chimérique empire. (II, 98.)
Un peintre étoit, *qui*, jaloux de sa femme, etc. (V, 228.)

2° Qui, que, interrogatifs :
Qui n'eût ri? (III, 258.)
Qui fut bien étonné? Ce fut notre Romain. (IV, 33 et note 3; voyez V, 191 et note 3, 353, 525.)
O dieux! *que* vois-je! et *que* ne vois-je pas! (IV, 375 et note 1.)
Que sert cela? (I, 367; voyez I, 380; III, 236, 263; V, 570; VI, 79; VIII, 349.)
Que sait-on? peut-être est-ce une proie. (III, 294.)
　　Qu'est-il de faire, afin que l'aventure
　　Nous réussisse? (V, 39 et note 9.)
Qu'eût-il fait? (V, 401; voyez IV, 57, 364; V, 279.)
Que dirai plus? (V, 316 et note 5.)

3° Qui, neutralement :
Qui fait l'oiseau? c'est le plumage. (I, 143.)
Comparez les Lexiques de Malherbe, p. 526, de Corneille, p. 258, etc.

4° Que... qui, employés ensemble, l'un comme régime d'un premier verbe, et l'autre comme sujet d'un second :
　　Que pourra faire un époux
Que vous voulez *qui* soit jour et nuit avec vous? (II, 105 et note 11.)
.... Les éloges *que* l'envie
　　Doit avouer *qui* vous sont dus. (II, 231.)
Moi *qu*'on sait *qui* le sers. (III, 243 et note 5.)
Un souhait *qu*'on sait bien *qui* ne peut arriver. (VII, 234.)

5° Qui, emplois divers :
　　.... L'injustice
Par *qui* l'autre emporta le prix. (III, 113 et note 22.)
Moments pour *qui* le sort rend leurs vœux superflus. (VI, 246.)
　　.... Un bien
Près de *qui* vivre un siècle aux vrais pères n'est rien. (VI, 284.)
　　C'étoit un soliveau
De *qui* la gravité fit peur.... (I, 214.)
　　Événements de *qui* la vérité
　　Importe à la postérité. (IV, 396 et note 5.)
　　Gens de *qui* la main
Par les présents s'aplanit tout chemin. (VI, 97.)
Amateur des lettres, grand personnage, et de *qui* l'esprit a conservé sa vigueur. (VIII, 310.)
Et nous, de *qui* les cœurs sont enclins aux forfaits, etc. (VI, 289.)
　　.... Cet art
　　Par *qui* maints héros ont eu part
Aux honneurs de l'Olympe. (III, 196.)
.... Ce doit être l'effet des dernières alarmes
Par *qui* mon imposture a séduit sa raison. (VII, 518.)
Et ces justes décrets contre *qui* tu murmures, etc. (VIII, 419.)

Votre Psyché sans *qui* votre vieillesse seroit heureuse.... (VIII, 52.)
.... Un bien
Sans *qui* les autres ne sont rien. (I, 322.)
Le faix sous *qui*, etc. (VIII, 416.)
.... Deux pivots sur *qui* roule aujourd'hui notre vie. (I, 363.)
Le sanglier ne sait plus sur *qui* d'eux se venger. (VI, 262 et note 3.)
.... Au moins mal *qui* leur fut possible. (VIII, 88.)
.... Voilà, Seigneur, ce *qui* nous en paroît. (IX, 150.)
.... Faute d'avoir rendu cet oracle ambigu et court, *qui* sont les deux qualités, etc. (VIII, 22.)
Qu'on ne me demande pas
Qui c'étoit que la personne, etc. (IX, 334.)
Bonne chasse, dit-il, *qui* l'auroit à son croc ! (I, 390 et note 2.)
Ce n'est rien *qui* ne l'a vue
Toute nue. (V, 427 et note 2 ; voyez V, 437.)
On épousa Frédéric en grand'pompe,
Non seulement par obligation,
Mais, *qui* plus est, par inclination. (V, 177.)

6° Quoi, emplois divers :
Je ne sais *quoi* plus vif. (II, 476.)
Cette science de bien juger des ouvrages de l'esprit, à *quoi* vous joignez, etc. (III, 174.)
Les erreurs à *quoi* sont sujets les hommes. (VIII, 150.)
Un souvenir à *quoi* je ne m'attendois pas. (IX, 385.)
Ces paroles à *quoi* Gélaste ne s'attendoit point.... (VIII, 107.)
C'est la seule reconnoissance
A *quoi* je veux vous engager. (VII, 533 ; voyez VII, 518.)
L'inconstance et l'inquiétude... m'ont empêché d'achever les trois actes à *quoi* je voulois réduire ce sujet. (VII, 251.)
Dites-moi quelques marques à *quoi* je le pourrai connoître. (II, 277 et note 13.)
.... Voilà les principaux points sur *quoi* j'ai cru être obligé de me défendre. (IV, 15 et note 3.)
.... Ce n'est que la première à *quoi* l'on trouve à dire. (IV, 431.)
.... C'est la véritable pierre de touche à *quoi* l'on juge. (VIII, 48.)
Audré m'a fait un notable service ;
Par *quoi*, devant que vous sortiez d'ici,
Je lui rendrai, si je puis, la pareille. (IV, 170 et note 4.)
.... Pendant *quoi* nul dindon n'eût osé sommeiller. (III, 299.)
.... Ces perles, ce chant, et ces autres appas,
Avec *quoi* Belle-Bouche engage. (VIII, 429.)
Un bassa l'appuyoit ;
De *quoi* le Grec en bassa le payoit. (II, 303.)
Elle eut son droit, double et triple pitance ;
De *quoi* les sœurs jeûnèrent très longtemps. (IV, 504 et note 3.)
Tant que j'aurai de *quoi*. (VIII, 485.)
Pour riche estre, prens ton adresse
A frequenter gens qu'ont de quoy.
(*Anciennes poésies françoises*, tome X, p. 92.)
Voyez aussi Remy Belleau, tome II, p. 289, et du Bellay, tome II, p. 193.

Ils trouvoient aux champs trop de *quoi*. (I, 83.)
.... Voici de *quoi*. (IV, 464 et note 2.)
  Il avoit du comptant,
  Et partant
De *quoi* choisir. (I, 110.)
Vous n'avez que trop de *quoi* vous occuper. (III, 169.)
Fille qui n'eût de *quoi* rendre le change.... (IV, 489.)
Une chose en *quoi* Alexandre l'emporte.... (VIII, 328.)

 7° QUI... QUOI :

Il ne saura *qui*, *quoi*, n'en quelle part, etc. (V, 44 et note 6.)
Comme vous êtes roi, vous ne considérez
Qui ni *quoi*. (I, 421 et note 4.)

QUICONQUE :

.... Voici le fait, *quiconque* en soit l'auteur. (IV, 279.)

QUIDAM :

L'âne, se prélassant, marche seul devant eux :
Un *quidam* les rencontre. (I, 203 ; voyez II, 464 ; V, 103, 541.)
Trois *quidams*. (IV, 241 et note 4 ; voyez IV, 270.)

QUILLE, QUILLES, au propre et au figuré :

.... On reçoit ici les femmes comme un chien dans un jeu de *quilles*. (VII, 448 et note 1.)
.... Et ne laisse aux plaideurs que le sac et les *quilles*. (II, 406 et note 15.)
  Garçon carré, garçon couru des filles,
  Bon compagnon, et beau joueur de *quilles*. (V, 532 et note 4.)

QUIN, quinquina. (VI, 341 et note 6, 350.)

QUINA, quinquina. (VI, 339, 346, 348, 349, 351, 352.)

QUINTAL, poids de cent livres :

  Faut-il que vous trouviez étrange
  Que les chats-huants d'un pays
Où le *quintal* de fer par un seul rat se mange, etc. (II, 356.)

QUINTESSENCE :

Quintessence d'atome, extrait de la lumière. (II, 476.)
Quintessence de glace. (VIII, 294.)

QUINTEUX :

Ai-je un mulet, il est *quinteux*. (VII, 134.)

QUINZAINE :

La lice lui demande encore une *quinzaine*. (I, 147.)

QUIPROQUO :

  .... Plus il semble à Garo
Que l'on a fait un *quiproquo*. (II, 377.)
Les *quiproquo*. (VI, 120.)

QUITTE, QUITTE DE :
.... Attendez-vous de n'avoir à manger
Que quand de ce côté vous aurez été *quitte*. (IV, 421.)
Que Mme d'Hervart ne prétende pas *en* être *quitte*. (IX, 383.)
Le pauvre époux se trouve tout heureux
Qu'à si bon compte il *en* ait été *quitte*. (IV, 308.)
L'épouse du Scamandre *en* fut *quitte* à la fin
Pour quelques traits de raillerie. (VI, 22.)
Quitte à peine d'un vœu nouvellement payé. (VIII, 363.)

QUITTER :
.... Voulant *quitter* le monde, et cherchant la retraite. (VII, 562.)
Le Ciel est ma patrie, et Paphos mon domaine :
Je les *quitte* pour toi. (VI, 234.)
Nous *quittons* les cités. (III, 149.)
Quittez-moi votre serpe. (III, 306.)
.... Je n'en eusse *quitté* ma part pour un empire. (III, 258.)
Force fut au manant de *quitter* son dessein. (V, 253.)
Quittez ce souci. (I, 127.)
Ce sentiment vous *quitte*. (III, 125.)
L'amant et la compagne à ses vœux destinée
Quittoient le doux espoir d'un prochain hyménée. (VI, 284.)
.... Les endroits où j'ai *quitté* mon original. (VIII, 22.)
Et puisque même on *quitte*
Un prince si charmant pour un nain contrefait,
Il ne faut pas que je m'irrite
D'*être quitté* pour un valet. (IV, 34.)
Ma femme... m'a *quittée* pour un autre. (V, 138.)
Dieu ne *quittera* pas ses enfants au besoin. (VI, 294.)

QUOI. Voyez QUI, QUE, QUOI.

QUOLIBET :
.... C'est un *quolibet*. (IX, 422 et note 3.)
Après maints *quolibets* coup sur coup renvoyés, etc. (I, 202.)

R

RABAT-JOIE :
.... Voici bien, Monsieur, du *rabat-joie*. (VII, 586.)

RABATTRE, emplois divers :
Moi je serai présent, et *rabattrai* les coups. (VII, 178.)
Un lion en passant *rabattit* leur caquet. (I, 232.)
Quant à sœur Jeanne ayant fait un poupon,
Je ne tiens pas qu'il la faille *rabattre*. (V, 410 et note 8.)
.... Sans un seul en *rabattre* [de mes écrits]. (IX, 109.)

RACAILLE :

> La *racaille*, dans des trous
> Trouvant sa retraite prête,
> Se sauva sans grand travail. (I, 288.)

> Vous n'êtes que *racaille*,
> Gens grossiers, sans esprit. (II, 321 et note 11.)

« .... Tout le reste n'est que racaille nécessiteuse. » (*Satyre menippée*, tome I, p. 153.)

RACCOMMODER :

> Votre psautier a ne sais quoi qui pend ;
> *Raccommodez*-le. (V, 419.)

.... Comme on pourra *raccommoder* votre âme. (V, 420 et note 1.)

.... Elle tira un miroir de sa poche et fut quelque temps à se regarder, *raccommodant* un cheveu en un endroit, puis un en un autre, etc. (VIII, 172.)

Laissez-moi *raccommoder* cela. (VII, 584.)

RACCOURCI (En) :

> Voici
> Le personnage *en raccourci*. (III, 144.)

RACE :

Un chien de bonne *race*. (II, 6.)

> Le père avec raison eut peur
> Que sa fille, chassant de *race*,
> Ne le prévînt, et ne prévînt encor
> Prêtre, notaire, hymen, accord. (V, 106 et note 1.)

> Chacun sait que de *race*
> Communément fille bâtarde chasse. (V, 393.)

RACINE, au propre et au figuré :

> L'oût arrivé, la touselle est sciée,
> Et tout d'un temps sa *racine* arrachée. (V, 365.)

.... En bonne foi, j'ai cru qu'il y prendroit *racine*. (VII, 77.)

RACLER :

> Çà, que je *racle* un peu de tous côtés
> Votre cuvier. (V, 544 ; voyez V, 545.)

Il lui *racle* à l'oreille un air vieil et bizarre. (VII, 405 et note 4.)

RACQUITTER (Se) :

Qui ne voudroit *se racquitter* ainsi? (IV, 266 et note 4.)

RADE :

> .... Là, quelquefois sur la mer ils montoient...,
> Sans s'éloigner que bien peu de la *rade*. (IV, 339.)

.... Ses gens demeurés à la *rade*. (IV, 419.)

« Dea, beaulx amys, puis que surgir ne pouons à bon port, mettons nous à la rade, ie ne sçai où. Plongez toutes vos ancres. » (Rabelais, tome II, p. 344.)

RADOTER :

Quoi? moi! quoi? ces gens-là! l'on *radote*, je pense. (II, 115.)

Passe encor de bâtir; mais planter à cet âge!...
Assurément il *radotoit*. (III, 155.)

RADOTEUR, RADOTEUSE :
Jupiter... fait croire à Saturne que c'est un vieux *radoteur*. (VIII, 318.)
C'est une *radoteuse*; elle a perdu l'esprit. (III, 7.)

RADOUBER :
Il faut *radouber* ses galères. (IV, 419.)

RADOUCIR (Se) :
Comme il *se radoucit!* (VII, 476.)
.... Un bon bourgeois *s'y radoucit*
Pour une femme assez jolie. (VII, 123 et note 1.)
Il y avoit du plaisir à voir Rhadamante *se radoucir*. (VIII, 214.)

RAFFINER :
.... Forte femelle, et d'assez bon aloi
Pour telles gens qui n'y *raffinent* guère. (V, 320.)
.... Ayant su *raffiner* sur l'amour conjugale. (VI, 68.)

RAFRAÎCHIR (Se) :
Jamais on n'a trouvé ses rives sans zéphyrs,
Flore *s'y rafraîchit* au vent de leurs soupirs. (VIII, 124.)
.... Là nous devons *nous rafraîchir*. (IX, 222 et note 2.)

RAFRAÎCHISSEMENT :
Ils boivent, depuis le matin jusqu'au soir, de l'eau, du vin, de la limonade, et cætera; *rafraîchissements* légers à qui est privé de vous oir. (IX, 363.)

RAGE; DIRE, FAIRE, RAGE :
Cet animal plein de *rage*. (I, 89; voyez VI, 245, 249.)
Patience et longueur de temps
Font plus que force ni que *rage*. (I, 163.)
.... Battre sa femme, et *dire* au peintre *rage*. (V, 78 et note 5.)
Haranguez de méchants soldats :
Ils promettront de *faire rage*. (II, 453 et note 8.)
Au jeu d'amour le muletier *fait rage*. (IV, 229 et note 5.)
Le vent, le froid, et l'orage,
Contre l'enfant *faisoient rage*. (V, 239.)
Le petit chien *fait rage*, aussi fait l'amoureux. (V, 258.)
.... Lorsqu'en traités Jules *ayant fait rage*, etc. (IX, 15.)
De triompher votre beauté *fait rage*. (IX, 106.)
J'admirai son sens; il *fit rage*. (IX, 450.)

RAGOÛT :
.... C'étoit votre grand *ragoût*. (V, 512 et note 4.)
.... C'étoit un second *ragoût* dont il s'avisoit. (VIII, 159 et note 1.)

RAI, rayon, RAIS :
Combien de fois la lune a leurs pas éclairés,

Et, couvrant de ses *rais* l'émail d'une prairie,
Les a vus à l'envi fouler l'herbe fleurie! (VI, 242 et note 3.)
Les *rais* [du char] étoient d'argent. (VIII, 495.)

RAIDIR. Voyez ROIDIR.

RAILLER, RAILLER DE; SE RAILLER, SE RAILLER DE :

Vous *raillez*, c'est chose par trop sûre. (V, 273; voyez V, 274.)
Ah! Madame, faut-il *railler* d'un misérable? (VII, 159 et note 1.)
Gnaton, conduis-moi vite, et ne *te raille* point. (VII, 41.)
Cet homme *se railloit* assez hors de saison. (I, 248.)
Le docteur s'applaudit..., et *des maris se raille*. (V, 447.)

RAILLERIE :

L'épouse du Scamandre en fut quitte à la fin
  Pour quelques traits de *raillerie*. (VI, 22.)
    Une reine sur ce point
    N'ose entendre *raillerie*. (V, 431.)
Caliste, qui savoit les propos des amants,
  Tourna la chose en *raillerie*. (V, 126.)
.... Tout cela passoit la *raillerie*. (V, 198.)
Si m'en croyez, ce n'est point *raillerie*.... (IX, 21.)

RAISIN :

.... Moitié *raisin*, moitié figue, en jouit. (IV, 171 et note 5.)

RAISON, sens divers :

Quand l'eau courbe un bâton, ma *raison* le redresse;
  La raison décide en maîtresse. (II, 201.)
Est-ce par *raison* que l'on aime? (VII, 233; voyez VII, 605.)
.... L'amour a ses *raisons*; mais j'ai beau vous les dire.
— L'amour est sans *raison*. (VII, 265.)
La *raison* du plus fort est toujours la meilleure. (I, 89.)
La *raison* veut que je sois refusée. (V, 172.)
C'est la *raison*. (IV, 247 et note 3; V, 38 et note 1.)
C'est bien *raison* que.... (V, 83 et note 3.)
Rois, qui croyez gagner par *raisons* les esprits, etc. (III, 58.)
Afin de le payer toutefois de *raison*, etc. (III, 4.)
Payant de *raisons* le Raminagrobis. (III, 215.)
Je veux bien vous payer de *raisons*, et non lui. (VII, 612.)
On peut par des *raisons* du monde et de famille ... (VII, 573.)
La *raison* des contraires. (V, 154 et note 1.)
    On oublia les dons,
    Et le mérite, et les belles *raisons*
    De Frédéric. (V, 157 et note 2.)
J'ai fait de vous chercher mes plus fortes *raisons*. (VII, 387 et note 2.)
Le vieillard eut *raison*. (III, 159.)
.... Encor qu'on le raillât avec juste *raison*. (I, 190; voyez III, 282.)
Vous croyez que ce chef pour unique *raison*
N'a que de réparer l'honneur de sa maison. (VII, 612.)
Il tronque son verger contre toute *raison*. (III, 307.)

Je le tais pour *raison*. (VI, 30.)
Pour plus d'une *raison*. (V, 353.)
Mettre un sot à la *raison*. (II, 24.)
Je n'ai pas encore rendu *raison* de la conduite de mon ouvrage. (I, 18.)

    Au fils de Jupiter on dit qu'ils se plaignirent,
        Et n'en eurent point de *raison*. (I, 316.)

    Caliste enfin l'inexpugnable
    Commença d'écouter *raison*. (V, 127 et note 3.)

    L'ânier et le grison
    Firent à l'éponge *raison*. (I, 159.)

    « Je bois, dit-il, à la santé des dames! »
.... On fit *raison*. (V, 75.)

Vous me ferez *raison* de la conduite de ma sœur. (VII, 488.)
.... Que de ce pas je me fasse *raison*. (II, 6.)

          Cette belle...
    Fut un long temps si dure et si rebelle
.... Que Minutol n'en sut tirer *raison*. (IV, 65 et note 1.)

RAISONNABLE :

Il [le porc] étoit, quand je l'eus, de grosseur *raisonnable*. (II, 151.)
Taille *raisonnable*. (IX, 227.)
Blancheur, délicatesse, embonpoint *raisonnable*. (V, 587.)
Ma joie ne seroit pas *raisonnable* si elle pouvoit être plus modérée. (VIII, 307.)

RAISONNEMENT :

Prouver par bon *raisonnement*.... (V, 94.)

    Son *raisonnement* pouvoit être
    Fort bon dans la bouche d'un maître;
    Mais n'étant que d'un simple chien,
    On trouva qu'il ne valoit rien. (III, 115.)

Que de *raisonnements* pour conserver ses jours! (II, 465.)

RAISONNER :

Cet oiseau *raisonnoit*. (III, 162; voyez III, 164.)
Sur ce fait il *raisonne*. (IV, 321; voyez IV, 493; V, 132.)
Ce *fut* mal *raisonné*. (II, 418.)

    Ma fille est nonne, ergo c'est une sainte :
    Mal *raisonner*. (IV, 487 et note 7.)

        On n'est pas sitôt à la bavette....
Qu'on trotte, qu'on *raisonne* : on devient grandelette. (V, 105 et note 4.)

RAISONNEUR, EURS :

Mauvais *raisonneur*. (II, 262.)
Le *raisonneur* parti, l'aventureux se lance. (III, 76.)
Les *raisonneurs*. (IX, 130.)

RAJEUNIR :

    De cent printemps l'agréable peinture
    Viendra pour lui *rajeunir* la nature. (IX, 30.)

Voyons si, dans mes vers, je l'aurai *rajeunie* [cette nouvelle]. (VI, 67.)

RAJUSTER (SE) :

Les trois satellites menèrent Psyché dans la chambre où la déesse *se rajustoit*. (VIII, 191.)

RALENTIR :

.... Et déjà l'autre passion
Se trouvoit un peu *ralentie*. (VI, 77 et note 4.)

RAMAGE :

Si votre *ramage*
Se rapporte à votre plumage, etc. (I, 63.)

L'oiseau, prêt à mourir, se plaint en son *ramage*. (I, 236.)
Tout son plaisir étoit cet innocent *ramage*. (V, 14.)

Ne prêtez point l'oreille
Au *ramage* des amants. (VII, 201.)

.... Lors tu chantas sur un piteux *ramage*, etc. (IX, 40.)

RAMAS :

.... Et, parmi ce *ramas*, le cœur en regarde un. (VII, 574.)

RAMASSER :

Elle [la tragédie] va *ramasser* dans les ruisseaux des halles
Les bons mots des courtauds. (VII, 355.)

« .... De vieilles équivoques ramassées parmi les boues des halles. » (Molière, *la Critique de l'École des femmes*, scène 1.)

Une souris tomba du bec d'un chat-huant :
Je ne l'eusse pas *ramassée*. (II, 391.)

Blois est en pente comme Orléans, mais plus petit et plus *ramassé*. (IX, 241.)

RAMÉE :

Un pauvre bûcheron, tout couvert de *ramée*,
Sous le faix du fagot aussi bien que des ans
Gémissant et courbé, marchoit à pas pesants. (I, 107.)

Le lion le posta [l'âne], le couvrit de *ramée*. (I, 189 et note 7.)

RAMENER; SE RAMENER :

.... Parcourant sans cesser ce long cercle de peines
Qui, revenant sur soi, *ramenoit* dans nos plaines
Ce que Cérès nous donne. (III, 8.)

Et par cet apologue, insigne entre les fables,
[Ménénius] les *ramena* dans leur devoir. (I, 209.)

L'âme en soi *se ramène*. (VI, 335 et note 3.)

RAMENTEVOIR, rappeler, remémorer :

Puis-je *ramentevoir* l'accident plein d'ennui...? (VIII, 378 et note 1.)
Voyez aussi le Lexique de Malherbe.

RAMINAGROBIS. (II, 187 et note 19; III, 215, 354.)

Rapprochez Brantôme, tome IV, p. 241 : « .... Il me semble que cela tenoit trop d'un grand satrape, d'un roy, sophy, d'un soudan ou grand sultan deuant Rhodes, lesquelz s'estudient trop à tenir leurs grauitez et reputations, et à faire des raminagrobis de guerre, que non pas d'un grand capitaine. »

RAMPER :
Un vil et *rampant* animal
A la fille de l'air ose se dire égal! (I, 271.)
La gent aux ailes d'or, et les peuples *rampants*. (VIII, 294.)
Croyons ce bœuf. — Croyons, dit la *rampante* bête. (III, 7.)
L'un s'élève, et l'autre *rampe*. (II, 396.)

RAMPE, RAMPES :
En face d'un parterre au palais opposé
Est un amphithéâtre en *rampes* divisé. (VIII, 121 ; voyez VIII, 120.)

RAMURE :
.... N'aperçut ni corps ni *ramure*. (I, 349 et note 8.)

RANÇON :
La belle avoit sa *rançon* toute prête. (IV, 342.)
Je veux vous rendre franche
Et sans *rançon* votre chère moitié. (IV, 344.)
Phébus n'a point de nourrisson
Qui soit homme à haute *rançon*. (IX, 103.)

RANDON :
Monceaux de neige et gros *randons* de pluie. (IX, 17 et note 3.)

RANG :
.... Si vous me mettez au *rang* de vos amis. (VII, 610.)
La beauté dans mon *rang* ne fit jamais d'ingrat. (VII, 532.)

RANGER ; SE RANGER ; SE RANGER À :
Elle tombe, et, tombant, *range* ses vêtements :
Dernier trait de pudeur, même aux derniers moments. (VI, 184.)
Voici le mai ; *rangez-vous*, place, place! (VII, 575 ; voyez VII, 377.)
.... Si, devant que sortir des confins d'Italie,
Tout notre livre ne s'emplit,
Et si la plus sévère *à* nos vœux ne *se range*. (IV, 41.)

RANGETTE (À LA) :
A la rangette,
L'Amour les prend. (VII, 579 et note 2.)

RAPINE, RAPINES :
Le Ciel les préservoit de la fureur des loups,
Et, gardant leurs toisons exemptes de *rapines*,
Ne leur laissoit payer nul tribut aux épines. (VI, 287.)
.... Les Germains comme eux deviendront
Gens de *rapine* et d'avarice. (III, 150.)

RAPPELER :
.... Il en reçoit le coup, se sent ouvrir les flancs,
De rage et de douleur frémit, grince les dents,
Rappelle sa fureur. (VI, 264.)
.... Comme si de cet art [la peinture] les prestiges puissants
Pouvoient seuls *rappeler* les morts et les absents. (VIII, 263.)

Le malade, arrivé près de son dernier jour,
Rappelle ces moments, etc. (VI, 335.)
.... Un mot les met aux champs, demi-mot les *rappelle*. (VII, 93.)

RAPPORT, emplois divers :
Du *rapport* d'un troupeau dont il vivoit sans soins,
Se contenta longtemps un voisin d'Amphitrite. (I, 267.)
La musique et la poésie ont tant de *rapport* que possible étoit-ce de la dernière qu'il s'agissoit. (I, 11.)
.... N'y trouvant rien qui eût du *rapport* à son aventure. (VIII, 213.)
  Les sens tromperont
Tant que sur leur *rapport* les hommes jugeront. (II, 199; voyez II, 201.)
Mais pourquoi s'en fier au *rapport* de mes yeux? (VII, 334.)

RAPPORT (PIÈCES DE). (IX, 273 et note 6.)

RAPPORTER, SE RAPPORTER, acceptions diverses :
.... Son champ ne s'en trouve pas mieux;
Celui de ses voisins fructifie et *rapporte*. (II, 14.)
Xantus *rapporta* le tout à la Providence. (I, 36.)
Un saint Hiérôme tout de pièces *rapportées*. (IX, 272.)
Rapportons-nous, dit-elle, à Raminagrobis. (II, 187.)
Je *me rapporte* aux yeux d'une ourse mes amours. (III, 190 et note 43.)
Je pourrois décider, car ce droit m'appartient;
Mais *rapportons-nous*-en. (III, 6 et note 15.)
Lequel vaut mieux? Pour moi, je *m'en rapporte*. (IV, 325 et note 4 voyez V, 396 et note 4; IX, 442.)
Je *m'en rapporte* à ce qu'il en faut croire. (V, 66.)
  Comment pourroit celle [la charrue] du mariage
  Ne mal aller, étant un attelage
  Qui bien souvent ne *se rapporte* en rien? (IV, 330 et note 2.
  Si votre ramage
Se rapporte à votre plumage, etc. (I, 63.)

RAPT :
Amour s'en mit, Amour, ce bon apôtre,
Dix mille fois plus corsaire que l'autre,
Vivant de *rapt*, faisant peu de quartier. (IV, 342.)
Après festin, *rapt*, puis guerre intestine. (IX, 89.)
M'enlever une bru, faire un *rapt* de sa fille.... (VII, 388.)

RARE :
Le saint ne put trouver de termes assez *rares*
Pour rendre grâce au Ciel. (VI, 295.)

RARÉFIER :
Ainsi qu'en un creuset il [le sang] est *raréfié*. (VI, 328.)

RARETÉ :
La *rareté* du fait donnoit prix à la chose. (III, 253.

Il n'étoit bruit que d'elle et de sa chasteté :
On l'alloit voir par *rareté*. (VI, 68 et note 4.)
Fais-lui voir de ces lieux toutes les *raretés*. (VII, 534.)
De mille *raretés* la niche est toute pleine. (VIII, 33; voyez VIII, 60, 62, 85, 92, 270, 283; IX, 272.)

RASADE :
.... J'en vais boire à vous *rasade*, et tête nue. (VII, 315.)
.... En voilà *rasade* : buvez. (VII, 490.)

RASER :
Propre, toujours *rasé*, bien disant et beau fils. (V, 584.)
Elle sembloit *raser* les airs à la manière, etc. (VIII, 452; comparez III, 35 et note 5.)

RASSASIER; SE RASSASIER DE :
 Même beauté, tant soit exquise,
 Rassasie et soûle à la fin. (V, 505.)
Lorsque Achille, dis-je, *s'est rassasié de* ce beau plaisir de verser des larmes, etc. (VIII, 115.)

RASSEMBLER :
Vous et Mme Mazarin nous *rassemblerez*. (IX, 397.)
   Sa personne *rassemble*
Dans sa perfection tous les bons airs ensemble. (VII, 424.)

RASSEOIR :
Vous vous souviendrez mieux *étant rassis*. (VII, 339.)

RASSÉRÉNER :
Aminte *rasséréna* aussitôt son visage. (VIII, 288.)

RAT, RATE :
.... Ce Monsieur, qui est gueux comme un *rat*. (VII, 486 et note 3.)
Quelques *rates*, dit-on, répandirent des larmes. (III, 354 et note 11.)

RATAPON, roi des rats. (I, 287.)

RÂTELIER :
Je trouve bien peu d'herbe en tous ces *râteliers*. (I, 351.)

RATELLE :
Il est à vous foie et *ratelle*. (VIII, 442 et note 4.)

RATEUX, EUSE :
  C'étoit un maître rat,
  Dont la *rateuse* seigneurie
S'étoit logée en bonne hôtellerie. (III, 352 et note 1.)

RATOPOLIS, ville capitale des rats. (II, 108 et note 9.)
Boivin, dans sa traduction en vers de la *Batrachomyomachie*, nomme cette ville *Ratapolis*.

RAVALER :
.... Censure mon projet, *ravale* sa beauté. (VII, 28.)

RAVIR :
   La Mort *ravit* tout sans pudeur :
Un jour le monde entier accroîtra sa richesse. (II, 208.)
J'oppose quelquefois, par une double image...,
   Les agneaux aux loups *ravissants*. (I, 363.)
   .... Là, des animaux *ravissants*,
Blaireaux, renards, hiboux, etc. (III, 321 et note 13.)
Qu'importe que nos corps des oiseaux *ravissants*
Ou des monstres marins deviennent la pâture? (IV, 405 et note 8.)
Dans la traduction de Straparole, tome I, p. 210 : « l'aigle..., oiseau ravissant ».

Ravi comme en extase à cet objet charmant, etc. (V, 20.)
Tandis que la bergère, en extase *ravie*,
Prioit le saint des saints, etc. (VI, 288.)

RAYON, RAYONS, sens divers :
Quelques *rayons* de miel sans maître se trouvèrent. (I, 120 ; voyez I, 121.)
   Oh ! quel plaisir j'aurois si, tous les ans,
   La palme en main, les *rayons* sur la tête,
Je recevois des fleurs et des présents ! (V, 468 et note 7.)
.... S'ils pouvoient conserver un *rayon* de prudence. (VI, 194.)

RÉBARBARATIF :
Ah ! que sa barbe est *rébarbarative !* (VII, 419 et note 2.)

RÉBARBATIF :
Est-ce que ton maître sera... plus *rébarbatif* que moi? (VII, 447 ; voyez VII, 474.)

REBATTRE :
Je te *rebats* ce mot, car il vaut tout un livre. (II, 347.)
   J'ai *rebattu* cent et cent fois
   Ceci dans cent et cent endroits. (V, 515.)
   .... Je tiens que le nôtre
A *rebattre* un discours l'emporte dessus l'autre. (VII, 95.)
S'il est un conte usé, commun, et *rebattu*,
C'est celui qu'en ces vers j'accommode à ma guise. (VI, 67.)

REBELLE ; REBELLE À :
.... Qu'elle est *rebelle !* (VII, 41.)
Elle fit fort la *rebelle*. (IV, 420.)
   .... Avoir un livre blanc
   Pour mettre les noms de celles
   Qui ne seront pas *rebelles*. (IV, 40.)
   Cette belle
Fut un longtemps si dure et si *rebelle*
Que, etc. (IV, 64.)
   .... Le cœur tant soit peu *rebelle*,
Rebelle toutefois de la bonne façon. (IV, 387.)
Ils pourront inspirer l'amour aux cœurs *rebelles*. (VII, 512.)

Inexorable, *à* l'amour trop *rebelle*. (VII, 164.)
.... Redoutez ma vengeance,
Pour peu que vous soyez *rebelle à* ses clartés. (VII, 581; voyez VII, 582.)

RÉBELLION :
Le pauvre Harpajème, au lieu d'affection,
N'a vu que haine en vous et que *rébellion*. (VII, 420.)

REBOIRE :
.... Il y *rebut?* — Oui. (VII, 459.)

REBONDI, DIE :
Grasse, mafflue, et *rebondie*. (I, 252.)

REBOUCHER (SE) :
Le fer ou *se rebouche*, ou ne fait qu'entamer
Sa peau. (VI, 260 et et note 4.)

REBOURS; AU REBOURS; AU REBOURS DE :
Hélas! c'est le *rebours :*
Ces nonnes m'ont en vain prié d'amours. (V, 534 et note 3.)
Ils usent leurs souliers, et conservent leur âne.
Nicolas, *au rebours;* car, quand il va voir Jeanne,
Il monte sur sa bête. (I, 203.)
L'amour-propre, *au rebours,* fait qu'au degré suprême
On porte ses pareils. (III, 126 et note 8.)
 La femme fut lacée un peu trop dru....
 L'homme, *au rebours*. (V, 527.)
« Il n'est rien, dit l'aragne, aux cases qui me plaise. »
L'autre, tout *au rebours,* voyant, etc. (I, 226.)
 Tout *au rebours,* il est une province
 Où les gens sont haïs, maudits de Dieu. (V, 336.)
 Il n'alloit pas querir pardons à Rome...,
 Tout *au rebours de* la bonne donzelle,
 Qui, pour montrer sa ferveur et son zèle,
 Toujours alloit au plus loin s'en pourvoir. (IV, 319 et note 8)

REBROUSSER :
 « Suivez le fil de la rivière. »
Un autre repartit : « Non, ne le suivez pas;
 Rebroussez plutôt en arrière. » (I, 248.)
 Peu s'en fallut que le soleil
Ne *rebroussât* d'horreur vers le manoir liquide. (III, 112.)

REBUT :
 Ce voisin, en automne,
 Des plus beaux dons que nous offre Pomone
 Avoit la fleur, les autres le *rebut*. (II, 381.)
 Dans ces dîmes de *rebut*
 Les lais trouvoient encore à frire. (IV, 192.)

REBUTER; SE REBUTER DE :
.... Son humeur *a rebuté* la mienne. (VII, 420.)
De semblables discours *rebutoient* l'appointeur. (III, 342.)
    .... Fors un point qui gâtoit
    Toute l'affaire, et qui seul *rebutoit*
    Les plus ardents. (IV, 361.)
Des éruditions la cour est ennemie ;
    Même on les voit assez souvent
    Rebuter par l'Académie. (IX, 452.)
Quand je me présenterai parmi vos esclaves, elles me *rebuteront*. (VIII, 219.)
Vous vous mettez au hasard *d'être rebutée*. (VIII, 151.)
Rebutée de tant de côtés. (VIII, 177.)
La tanche *rebutée*, il [le héron] trouva du goujon. (II, 113.)
Ne *vous rebutez* point *de* mon peu d'éloquence. (VI, 187.)

RECELEUR :
.... Que cet habit dont vous êtes vêtue,
En vous voilant, soit *receleur* d'appas. (IX, 106.)

RECETTE, emplois divers :
Des registres exacts de mise et de *recette*. (III, 221.)
.... Témoigner, en tels cas, un peu de désespoir
Est quelquefois une bonne *recette*. (IV, 418.)
.... Tous tels sorts sont *recettes* frivoles. (IV, 240.)
    [Carvel] frondoit l'attirail des coquettes,
    Et contre un monde de *recettes*
    Et de moyens de plaire aux yeux
    Invectivoit tout de son mieux. (IV, 380 et note 1.)
De recettes pour la toilette.

RECEVEUR, RECEVEUSE :
Monsieur le *receveur* fut très mal partagé. (II, 14 et note 11.)
    Je m'en rapporte, et reviens à l'histoire
    Du *receveur* qu'on mit en purgatoire. (V, 396 ; voyez V, 398, 399.)
    Nulle heure au jour, qu'on ne vît en ce lieu
    La *receveuse*. (V, 394 et note 3.)

RECEVOIR :
Il *reçut* partout des mépris. (II, 311.)

RECHERCHE :
    Son esprit, ses traits, sa richesse,
    Engageoient beaucoup de jeunesse
    A sa *recherche*. (V, 211.)

RECHERCHER :
    Le magistrat pourroit le *rechercher*
    Sur le soupçon d'une mort si soudaine. (V, 41.)
.... Un jeune homme d'Attique, étant venu nous voir,
Me *recherche*, m'obtient. (VII, 21.)

RECHIGNER :
>   Le malheureux pied plat....
>   Mange et *rechigne*, ainsi que fait un chat
>   Dont les morceaux sont frottés de moutarde. (IV, 134 et note 3.)
>   De petits monstres fort hideux,
> *Rechignés*, un air triste, une voix de Mégère. (I, 422.)

RECHUTE :
> .... Quelque cas m'y feroit retourner,
> Tant sur ce point mes vers font de *rechutes*. (V, 522.)

RECIPÉ, ordonnance, formule, recette, de remèdes. (V, 314 et note 4.)

« Et soubz ceste couleur là, l'apothicaire luy nommoit le *recipe* tout entier. » (Des Periers, tome I, p. 241.)

RÉCIPIENDAIRE :
> Quand les épouses font un *récipiendaire*
>   Au benoît état de cocu,
> S'il en peut sortir franc, c'est à lui beaucoup faire. (V, 454 et note 7.)

RÉCIT :
> Je vous ai fait *récit* quelquefois de ces heures. (VI, 300.)
> .... Le *récit* en farce en fut fait. (II, 152.)

RÉCITER :
> La nuit des temps ! nous la saurons dompter,
> Moi par écrire, et vous par *réciter*. (VI, 90 et note 3.)
> .... *Récitons*-nous les maux que ses biens [de l'Amour] nous attirent. (VI, 175.)

RÉCLAMER :
> Il en coûte à qui vous *réclame*,
> Médecins du corps et de l'âme. (III, 218.)
> .... Contre de telles gens, quant à moi, je *réclame*. (III, 308.)

RECLUS, RECLUSE :
> Les choses d'ici-bas ne me regardent plus :
>   En quoi peut un pauvre *reclus*
>   Vous assister? (II, 109.)
> La chaste *recluse*. (VI, 304.)

RECOMMANDABLE :
> On ne trouvera pas ici l'élégance ni l'extrême brièveté qui rendent Phèdre *recommandable*. (I, 14 ; voyez VIII, 321.)

RECOMMENCER :
> L'époux remonte, et Guillot *recommence*. (IV, 316.)
> Ici le jour finit, et puis il *recommence*. (VI, 299.)

RÉCOMPENSE ; EN RÉCOMPENSE :
> .... Ce silence,
> Si Briséis est crue, aura sa *récompense*. (VII, 598 et note 1.)

.... Cette suite de travaux
Pour *récompense* avoit, de tous tant que nous sommes,
Force coups, peu de gré. (III, 8.)
.... Pour toute *récompense*,
Vous mettez avec moi votre gloire en balance. (VII, 626.)
.... Sans croire pour cela
Être obligée à nulle *récompense*. (V, 161.)
Voici tantôt deux ans
Que je vous sers sans nulle *récompense*. (V, 149.)
.... S'offrit de les juger [les procès] sans *récompense* aucune. (III, 339.)
Que puis-je faire *en récompense* ? (V, 13 et note 2.)
Le succès de ces soins devroit, *en récompense*,
Donner à mes conseils chez vous plus de créance. (VII, 615.)
J'ai cru qu'il falloit *en récompense* égayer l'ouvrage. (I, 14.)
Prends donc *en récompense*
Tout ce qui peut chez nous être à ta bienséance. (II, 433.)
L'on mange peu, l'on boit *en récompense*. (IV, 426 et note 1.)
Je sais qu'il nous faudra vous perdre *en récompense*. (IX, 48 et note 2.)
.... Il y a *en récompense* nombre de belles. (IX, 287.)

RÉCOMPENSER ; SE RÉCOMPENSER ; SE RÉCOMPENSER DE :
Un soldat bien *récompensé*
Le gardoit [ce pendu] avec vigilance. (VI, 75.)
Je vous *récompenserai* bien. (IV, 389.)
.... Tous vos jardins ne sauroient me *récompenser* d'un moment de votre présence. (VIII, 73.)
D'autres propos chez vous *récompensent* ce point. (II, 458 et note 12.)
.... Il a donc fallu *se récompenser* d'ailleurs. (I, 14.)
On *se récompensa* des pertes de l'absence. (IV, 61 et note 4.)
.... Là, plus à plein, il *se récompensa*
Du mal souffert, de la perte arrivée. (IV, 269.)

RÉCONFORT :
Il eut pourtant dans son martyre
Quelques moments de *réconfort*. (IV, 380 et note 6.)
C'est, dit-il, *réconfort*. (V, 133.)
Ce léger *réconfort* ne les put satisfaire. (VI, 178.)
Encor me prive-t-on du triste *réconfort*
D'en arroser [de larmes] les mains qui me donnent la mort. (VIII, 367.)

RÉCONFORTER :
.... Et Pagamin de la *réconforter*. (IV, 341 et note 6.)

RECONNOÎTRE :
.... Puis, supposé qu'il *reconnût* la femme,
Qu'en pouvoit-il arriver que tout bien ? (VI, 130.)
Les épines qui la bouchoient [la porte], et qui s'étoient d'elles-mêmes détournées pour laisser passer Psyché la première fois, ne la *reconnoissant* plus, l'arrêtèrent. (VIII, 218.)
Sans lui donner le temps de *reconnoître*
Ceci, cela, l'erreur, le changement, etc. (VI, 134.)
Tout dieu veut aux humains se faire *reconnoître*. (VI, 173.)

RECOURIR à :
Il *recourt au* monarque des dieux. (II, 14.)
Il fallut *recourir à* ce qui porte coup,
Aux présents. (VI, 190.)

RECOURS :
Le maître ne trouva de *recours* qu'à crier. (III, 114.)

RECOUVRER :
Le Phrygien *avoit recouvré* la parole. (I, 32.)

RÉCRÉATIF :
.... Ce qu'il y a de plus *récréatif*, c'est qu'elles sont toutes fines seules. (VII, 457.)

RÉCRÉER :
Le Soleil dissipe la nue,
Récrée, et puis pénètre enfin le cavalier. (II, 11 et note 13.)

RÉCRIER (Se) :
.... Là le galant dès l'abord *se récrie*,
Comme la dame étoit jeune et jolie,
Sur sa beauté. (VI, 37.)

RECUEILLIR :
.... Quel fruit de ce labeur pouvez-vous *recueillir* ? (III, 155.)
Le temps venu de *recueillir* encor,
Le manant prend raves belles et bonnes. (V, 367 et note 5 ; voyez VI, 249.)
Tous deux ne *recueillant* que plainte et que murmure, etc. (III, 342.)
.... Sur tous ses compagnons Atropos et Neptune
Recueillirent leur droit. (II, 174.)

RECULER :
Si vous *reculez* quatre pas, et que vous creusiez, vous trouverez un trésor. (I, 43.)
[L'Amour] *recula* trois ou quatre pas, tout surpris et tout étonné. (VIII, 224.)
.... A ce plaisant objet si quelqu'une *recule*,
Cette quelqu'une dissimule. (V, 580.)
Le rivage, les champs, et les villes *reculent*. (VIII, 488 et note 4.)
Le philosophe fut sommé de tenir parole ; mais il *reculoit* toujours. (I, 42.)

RECULONS (À) :
Les sages quelquefois, ainsi que l'écrevisse,
Marchent *à reculons*. (III, 238.)

RÉCUSABLE :
Le peuple est juge *récusable*. (II, 345.)

RÉCUSER :
Je le *récuse* aussi. (III, 9.)

REDEVABLE ; REDEVABLE À :

.... Chacun de nous étant son *redevable*. (VII, 103 et note 4.)
Je serai bientôt votre *redevable*. (IX, 322.)
[Térence] avoue être *redevable* à Ménandre de son sujet. (VII, 8.)
Il y a des sujets dont je *vous* suis *redevable*. (III, 174.)

REDEVENIR :

Quitte ces bois, et *redevien*,
Au lieu de loup, homme de bien. (III, 191.)
Elle *redevient* rose,
OEillet, aurore. (V, 316.)
Ah ! si, selon vos souhaits,
Vous *redeveniez* aurore, etc. (VII, 217.)

REDIRE :

.... L'autre deux fois ne se le fait *redire*. (V, 535.)

REDISEUR :

Rediseurs, espions. (III, 245 et note 16.)

REDOUBLEMENT :

Un corps dans le désordre amène réglément
L'accès, ou le *redoublement*. (VI, 332.)

REDOUBLER :

Elle *redoublera* ma force et mon courage. (VIII, 623.)
Redouble la rigueur d'un joug involontaire. (V, 292.)
Guide plutôt mon bras, *redouble* son effort. (VI, 264.)
Chacun, pour les percer, *redouble* ses efforts. (VI, 254 ; voyez I, 127 ; VI, 255 ; VII, 160, 624.)

REDOUTABLE :

.... Étant de nos confrères
En ces *redoutables* mystères. (V, 139.)

REDOUTER :

On le vit frémir le premier,
Et *redouter* son propre ouvrage. (II, 386.)

REDRESSER :

Quand l'eau courbe un bâton, ma raison le *redresse*. (II, 201.)

RÉDUIRE ; RÉDUIRE À ; SE RÉDUIRE À :

.... Ceci les *réduiroit*, s'ils étoient tous deux sages. (VII, 93.)
Je n'ai *réduit* son feu qu'avec beaucoup de peine.
— Si vous l'avez *réduit*, etc. (VIII, 374.)
On crut la Flandre *réduite*. (VIII, 505.)
En tel et pire état le frisson vient *réduire*
Ceux qu'un chaud véhément menace de détruire. (VI, 334.)
Le scélérat, *réduit* en un péril extrême, etc. (III, 320.)
Bien que la logique ne *fût* pas encore *réduite* en art.... (VIII, 338.)
.... Tout ce qui peut *réduire* un esprit *aux* abois. (VII, 585.)
.... Vous n'*êtes* pas *réduits* encore à cet état. (VII, 609.)

Si tu peux à l'hymen les *réduire*,
Pour prix de tes travaux je te veux affranchir. (VII, 92 ; voyez VII, 52, 97.)
Il auroit peine à les *réduire* à ses volontés. (I, 45.)
.... Tout *réduire* à nos sons. (VI, 330.)
　　　Notre race est détruite ;
　　　Bientôt on la verra *réduite*
A l'eau du Styx. (II, 39.)
Il se vit donc *réduit* à commencer lui-même. (III, 311.)
Se réduire au champêtre séjour. (VII, 65.)

RÉDUIT :
Dans ce sombre *réduit* retirons-nous, ma sœur. (VII, 539.)
Chaque *réduit* en avoit à couper [des tendrons]. (V, 385 et note 5.)

RÉFLÉCHIR SUR :
　　　Quand la bête penseroit
　　　La bête ne *réfléchiroit*
　　　Sur l'objet, ni *sur* sa pensée. (II, 463.)

RÉFLEXION :
.... Sans que je fisse *réflexion* sur mon appétit. (IX, 239.)
　　　Un loup rempli d'humanité...
　　　Fit un jour sur sa cruauté...
　　　Une *réflexion* profonde. (III, 29.)
Cette *réflexion* embarrassant notre homme, etc. (II, 377.)

RÉFORMER :
　　　Quelque chose qu'on puisse faire,
　　　On ne sauroit le *réformer* [le naturel]. (I, 186.)
Je la *réformerois* [mon âme] de bon cœur sur la sienne. (VIII, 372.)

REFRAÎCHIR (SE) :
　　　Sains et gaillards ils débarquèrent tous
　　　Au port de Joppe, et là *se refraîchirent*. (IV, 443 et note 4.)

REFRAIN :
Le *refrain* fut d'offrir sa personne et son bras. (IV, 440 et note 2.)

REFROIDIR :
　　　On s'en tint là. Leur ardeur *refroidie*,
　　　Il en fallut venir au dénoûment. (IV, 323 ; voyez VI, 261.)
　　　Vingt ou trente ans de veuvage,
　　　　　C'est dommage,
　　　Ont *refroidi* vos attraits. (VII, 217.)
.... Chacun y court, jusqu'aux plus *refroidis*. (IX, 37.)
Eaux *refroidissantes*. (VIII, 135.)

REFROIDISSEMENT :
　　　Le jeune gars s'étonna fort
　　　Du *refroidissement* qu'il remarquoit en elle. (IV 53.)

REFUGE :
> Il [l'arbre] servoit de *refuge*
> Contre le chaud, la pluie, et la fureur des vents. (III, 9.)
> .... Un bois qui servoit
> Souvent aux voleurs de *refuge*. (V, 270; voyez VIII, 41.)
> .... Leurs deux corps où la vie
> Cherche encore un *refuge*. (VI, 303.)
> C'est en vain qu'on espère
> Quelque *refuge* aux lois. (III, 151 et note 44.)

REFUS :
> J'aurai donc pour toute fortune
> Ton *refus*. (VII, 227 et note 2.)

REGAGNER :
> La rivière devint tout d'un coup agitée;
> A toute peine il [le chien] *regagna* les bords. (II, 57.)

RÉGAL :
> Le *régal* fut petit, et sans beaucoup d'apprêts. (I, 112.)
> Il leur fit un grand *régal*, où le Phrygien fut invité. (I, 50.)
> Quelque *régal* il nous faut faire. (VII, 137.)
> Le *régal* fut fort honnête. (I, 86.)
> Propreté toucha seule aux apprêts du *régal*. (V, 586.)

RÉGALER; RÉGALER DE :
> Xantus... avoit dessein de *régaler* quelques-uns de ses amis. (I, 37.)
> Je vous veux *régaler* : voyez-vous cet objet?
> C'est un fromage exquis. (III, 134.)
> Avint qu'un soir Camille *régala*
> De jeunes gens; il eut aussi des femmes. (V, 190.)
> Nous *étions régalés* du satrape Orosmède. (VII, 57.)
> Laissez aller
> Ce milan, et celui qui m'a cru *régaler*. (III, 254 et note 22.)
> .... Cependant, pour la *régaler*,
> Le chien à son tour entre en lice. (V, 265 et note 7.)
> Quatre fois l'an, de grâce spéciale,
> Notre docteur *régaloit* sa moitié. (IV, 338.)
> Le lendemain elle le *régala*
> Tout de son mieux, en femme de parole. (IV, 363.)
> Point n'en resta que le sire Mazet
> Ne *régalât* au moins mal qu'il pouvoit. (IV, 503.)
> Anne, la scrupuleuse,
> N'osa, quoi qu'il en soit, le garçon *régaler*. (V, 347.)
> L'un et l'autre se vit *de* baisers *régalé*. (IV, 61.)
> Les gens qui la suivoient *furent* tous *régalés*
> De beaux présents. (IV, 448; VIII, 87 et note 2.)
> [Le] fils de Vénus... le *régala d'*un fort beau présent. (VIII, 172.)
> .... Et le drôle
> D'un petit coup sur l'épaule
> La fillette *régala*. (V, 350.)

L'accueil *dont* vous *avez régalé* mes attraits, etc. (VIII, 459.)

REGARD :
  Une nymphe en habit de reine,
Belle, majestueuse, et d'un *regard* charmant. (V, 255.)
  La dame étoit de gracieux maintien,
De doux *regard*, jeune, fringante et belle. (IV, 86.)
Il [l'Amour] jeta quelques regards foudroyants sur la malheureuse Psyché. (VIII, 127.)
  Sachez que les Immortels
Ont les *regards* sur nous. (III, 149.)
Tous ces fréquents dépits font peu pour ce *regard*. (VII, 92 et note 3.)

REGARDER, emplois divers; SE REGARDER :
.... Sans oser de longtemps *regarder* au visage
Celui qu'elles croyoient être un géant nouveau. (I, 214.)
Tous [les pas], sans exception, *regardent* sa tanière;
  Pas un ne marque de retour. (II, 46.)
  Mes amis, dit le solitaire,
Les choses d'ici-bas ne me *regardent* plus. (II, 109.)
.... Et parmi ce ramas le cœur en *regarde* un. (VIII, 574.)
Joconde d'une part *regardoit* l'amitié
D'un roi puissant.... (IV, 23 et note 3.)
Regardez la vieillesse et la magistrature. (V, 273 et note 2.)
  Vous *regardez* l'obéissance,
La raison, et jamais d'autres tyrans plus doux. (VII, 233.)
.... Qu'ils *eussent* autant *regardé* les Muses que le plaisir. (VIII, 25.)
J'avois du plaisir à *me regarder* devant qu'elle [Psyché] vînt; je n'y en ai plus. — Et ne vous *regardez* pas, dit l'aînée. — Il *se* faut bien *regarder*, reprit la cadette : comment feroit-on autrement pour s'ajuster comme il faut? (VIII, 155.)

REGARDANT, REGARDÉ, substantivement :
Elle tombe, elle crève aux pieds des *regardants*. (III, 16.)
  L'hôtesse alla tirer du cabinet
  Les *regardants*, honteux. (V, 85 et note 3.)
.... L'autre, en moins d'un moment, lasse les *regardants*. (II, 373.)
.... Les *regardants* en tiroient gloire. (I, 232.)
  De *regardants*, pour y juger des coups,
Il n'en faut point. (V, 290.)
Ce monde de *regardants*. (IX, 324; voyez VIII, 121, 266; IX, 347.)
Et Montreuil, d'un clin d'œil tout contraire à la haine,
Sera le *regardé*, n'est-ce pas? (VII, 574.)

REGARDURE :
.... Mon magot étoit de laide *regardure*. (VII, 393 et note 4.)

RÉGENT, maître, professeur :
La première leçon que donna le *régent*
Fut celle-ci.... (III, 124.)
.... Oubliant les brebis, les leçons, le *régent*. (III, 235.)

RÉGIME :

Il [le héron] vivoit de *régime*, et mangeoit à ses heures. (II, 112.)
Je te ferai rire de son *régime*. (VIII, 171.)

RÉGIMENT :

.... *Régiments* de dindons. (I, 330.)

REGINGLETTE :

.... Quand *reginglettes* et réseaux
Attraperont petits oiseaux. (I, 83 et note 10.)

La *reginglette* ou *reginquette*, qu'on appelle aussi « raquette », « sauterelle », est un piège bien connu de tous les petits paysans champenois et lorrains. Voyez le *Traité de la chasse aux raquettes* par l'abbé J.-B. Mathieu, 1816, in-8°.

REGISTRE, REGISTRES :

Comment ranger cette chevance ?
Quels *registres*, quels soins, quel temps il leur fallut! (II, 125 et note 22.)
Des *registres* exacts de mise et de recette. (III, 221.)
.... Et que, si je surprends le soldat auprès d'elle,
Je tienne des clins d'œil un *registre* fidèle. (VII, 38.)
.... D'en tenir *registre*, c'est abus. (V, 77 ; voyez IV, 43 et note 3.)
Le *registre* des cœurs. (VIII, 415.)

RÈGLEMENT, substantif :

On fit un *règlement* dont les chats se plaignirent. (III, 228.)

RÉGLÉMENT, adverbe :

Dites-nous comme il est possible
Qu'un corps dans le désordre amène *réglément*
L'accès, ou le redoublement. (VI, 332 et note 5 ; voyez IX, 111.)

RÉGLER :

La chose ainsi *réglée*, on composa trois lots. (I, 193.)
Les deux galants *ayant* de la façon
Réglé la chose, etc. (VI, 132.)
.... Ses prévôts y seroient
Pour *régler* la cérémonie. (II, 280.)
Conversations *réglées*. (VIII, 25.)
Heureux qui vit chez soi,
De *régler* ses desirs faisant tout son emploi! (II, 166.)
Il est bien malaisé de *régler* ses desirs. (VIII, 357.)
.... *Régler* la violence
Dont la chaste recluse embrasse l'oraison. (VI, 304.)
C'est bien à vous de *régler* notre bien. (IX, 6.)

RÉGNER :

Il habitoit les lieux où Mars *régnoit* alors. (VI, 200.)
.... Les hôtes d'un climat où *règne* l'innocence. (VI, 319.)
L'aveugle trépas
Parcourt tous les endroits où *régnoient* tant d'appas. (VI, 266.)

Il ne *règnera* plus sur l'herbe des prairies. (I, 140.)
Sur qui voulez-vous que je *règne?* (VIII, 151.)
   Si votre époux vouloit, Madame,
   Régner ailleurs que sur votre âme, etc. (IX, 130.)

REGRATTER :
.... Toujours notre cabale y trouve à *regratter.* (VII, 173 et note 1.)

REGRET; AVOIR REGRET QUE, DE, À; À REGRET :
   Son *regret* fut d'avoir enflé la dose
   De ses faveurs. (IV, 364.)
      Celle-ci faisoit un vacarme,
   Un bruit et des *regrets* à percer tous les cœurs. (VI, 70 et note 5.)
         De tels *regrets*
      Pourroient pécher par leur excès. (VI, 72.)
   Notre trio poussa maint *regret* inutile ;
      Ou plutôt il n'en poussa point. (III, 221 et note 5.)
            J'ai *regret qu'*au trépas
      Chaque moment de plaisir l'achemine. (V, 51.)
   J'*aurois regret qu'*on vous fît taire. (V, 147.)
   J'*ai regret que* ce mot soit trop vieux aujourd'hui. (I, 308.)
         J'ai grand *regret*, et je suis bien fâché,
         Qu'ayant baisé seulement Perronnelle,
         Il n'ait encore avec elle couché. (V, 233.)
   .... J'ai grand *regret de* n'en avoir les gants. (V, 336.)
         .... Des quatre parts les trois
         En ont *regret* et se mordent les doigts. (IV, 488.)
   .... Elle *en eut du regret.* (III, 289 ; voyez I, 349; II, 325; VII, 159.)
   Va, je n'ai nul *regret de* toi. (V, 221.)
   J'*ai regret*, disoit-il, à mon premier seigneur. (II, 35.)
   Compère Gille *eut regret à* sa soute. (V, 330.)
   .... C'est *à* quoi j'*ai* plus de *regret.* (IV, 29.)
   Le plus semblable aux morts meurt le plus *à regret.* (II, 214.)

REGRETTER, donner à regret :
Le renard seul *regretta* son suffrage. (II, 20 et note 6.)

REGUINDER :
   Il descend, et son poids, emportant l'autre part,
      Reguinde en haut maître Renard. (III, 136 et note 13.)

RÉGULARITÉ :
Le secret de plaire ne consiste pas toujours en l'ajustement, ni même en la *régularité.* (IV, 147 et note 1.)

RÉGULIER, IÈRE :
Combien voyons-nous de ces beautés *régulières* qui ne touchent point ? (IV, 147 et note 3.)
      A moi ces questions ! suis-je homme qui se pique
      D'être si *régulier?* (V, 279.)

REL] DE LA FONTAINE.

REHAUSSER :
     Une couleur de roses,
Par le somme appliquée, *avoit*, entre autres choses,
Rehaussé de son teint la naïve blancheur. (VII, 179.)
Je *rehausse* d'un teint la blancheur naturelle. (I, 272.)
C'est la mouche qui parle.

Il *rehaussa* de prix celle-là.... (V, 245.)

.... Et dans son cœur déjà se proposoit
De *rehausser* le linge de la fille. (IV, 302 et note 5.)

« Pourvu qu'on rehausse mon linge.... » (*Chambrière à louer à tout faire*, dans le Recueil de poésies françoises, tome I, p. 104.) Comparez *le Moyen de parvenir*, p. 54 : « hausser la chemise »; et dans le recueil déjà cité, tome III, p. 296 :

.... Augmentant mes honneurs, libertés et franchises
Par le relevement des cottes et chemises.

REINE, au propre et au figuré :
    .... Je m'y tiendrois,
  Et d'une *reine* ne voudrois. (V, 510.)
L'aigle, *reine* des airs. (III, 242.)
Les *reines* des étangs, grenouilles, veux-je dire. (III, 349.)
   L'épouse, au lieu de se coucher,
  S'habille : on eût dit une *reine*. (V, 217.)
Une nymphe en habit de *reine*. (V, 255.)
Rien coûte-t-il quand on reçoit sa *reine*? (V, 174.)
La *reine* des cités. (IX, 366.)
Paris.

Reine des cœurs. (IX, 11.)

RÉITÉRER :
  Autant de coups qu'il *réitère*,
Autant et de pareils vont d'artère en artère. (VI, 329.)

REJAILLIR :
.... Celle dont sur vous l'éloge *rejaillit*. (III, 330 et note 11.)

REJETON :
Indigne *rejeton* d'une illustre famille. (VII, 391.)
Illustre *rejeton* d'un prince aimé des cieux. (I, 55.)
  Un *rejeton* du maître en l'exercice
Qui fait les dieux. (IX, 31.)

REJOINDRE; SE REJOINDRE À :
Voilà nos gens *rejoints*. (II, 365.)
Quel plaisir de céder à de telles alarmes,
  Pour *se rejoindre* à ses amours ! (VII, 544.)

RÉJOUIR (SE) :
Le monstre *se réjouissoit* au soleil. (VIII, 196.)

RELÂCHE :
  Le bruit des cors, celui des voix,
N'a donné nul *relâche* à la fuyante proie. (II, 464.)

Donner du *relâche* à la dévotion. (IX, 161.)
Aux fatigues de Mars donnez quelque *relâche*. (VII, 619.)
Les hommes ont besoin de quelque *relâche*. (VIII, 30.)
Il prend quelque *relâche*. (VIII, 36.)
Dites à ce prince qu'il nous donne quelque *relâche*. (IX, 469.)
Se donne qui voudra, ce jour-ci, du *relâche*. (VI, 174.)

RELÂCHER ; SE RELÂCHER :
Les remèdes alors de nouveau répétés...
   Chassoient ces restes superflus,
Relâchoient, resserroient, faisoient un nouvel homme. (VI, 323.)
Cette opinion ne sauroit partir que d'un homme d'excellent goût ; je demanderois seulement qu'il en *relâchât* quelque peu. (I, 10.)
Je n'en puis *relâcher*. (VIII, 372.)
Puissent-ils *relâcher* tous vos soins désormais ! (IX, 195.)
Le magistrat le fit *relâcher*. (I, 40.)
.... C'est un génie qui s'applique à tout, et ne *se relâche* jamais. (VIII, 125.)

RELAIS ; DE RELAIS :
       Léandre
Avec trois bons *relais* en lieu sûr va nous rendre. (VII, 286.)
Carrosses en *relais*. (VIII, 378, 379.)
Voyez CARROSSE.
Notre féal, vous voilà *de relais*. (V, 439 et note 4.)

RELATION ; RELATION À :
J'emploie cependant les heures qui me sont les plus précieuses à vous faire des *relations*, moi qui suis enfant du sommeil et de la paresse. (IX, 247.)
Il faut considérer mon ouvrage sans *relation à* ce qu'a fait Apulée, et ce qu'a fait Apulée, sans *relation à* mon livre. (VIII, 22.)

RELEVER :
On se remit en train :
On *releva* grillades et festin. (V, 81 et note 4.)
Il marchoit d'un pas *relevé*. (I, 68.)
.... Le fond *relevé* de huit ou dix marches. (IX, 223.)
Une tapisserie *relevée* d'or. (VIII, 64.)
Quelque chose de *relevé*. (VIII, 20.)
En termes *relevés* il conte leurs exploits. (VIII, 482.)
Cette main me *relève* ayant abaissé Gênes. (IX, 190.)
Ne daignons *relever* son nom ni son ouvrage. (VI, 289.)
Elle ne *relèvera* pas le parti. (IX, 380.)

RELIEF, RELIEFS, sens divers :
Figures de haut *relief*. (VIII, 185.)
A de simples couleurs mon art plein de magie
Sait donner du *relief*, de l'âme et de la vie. (VIII, 254.)
De nos *reliefs* vous le ferez souper. (IV, 256.)
De nos restes : comparez le Lexique de Corneille.

> Votre salaire
> Sera force *reliefs* de toutes les façons,
> Os de poulets, os de pigeons. (I, 72.)

Reliefs d'ortolans. (I, 85.)

RELIGION :

Faudra-t-il avoir dorénavant plus de respect et plus de *religion*, s'il est permis d'ainsi dire, pour le mensonge, que les anciens n'en ont eu pour la vérité? (IV, 150.)

> Quelques-uns encore conservent,
> Comme un point de *religion*,
> L'intérêt de l'École et leur opinion. (VI, 341 et note 7.)

Elle est de la *religion*. (IX, 232.)

De la religion réformée.

RELIQUE, RELIQUES :

.... Je n'en regrettai que la chambre où Monsieur est mort, car je la considérois comme une *relique*. (IX, 244.)

> Un baudet chargé de *reliques*
> S'imagina qu'on l'adoroit. (I, 408.)

RELUIRE :

Les grâces, les beautés, qui *reluisent* en elle. (IX, 340.)

REMANDER, mander de nouveau :

[L'Amour] avoit *remandé* premièrement le Zéphyre. (VIII, 203.)

REMBARQUER :

> Car, *étant rembarqué*, prétendre qu'elle agisse
> Plus selon la raison que selon son caprice,
> C'est fort mal reconnoître et son sexe et l'amour. (VII, 13 et note 5.)

Me voici *rembarqué* sur la mer amoureuse. (VIII, 363 et note 1.)

REMBARRER :

Vous alliez lors *rembarrer* le Lorrain. (IX, 146.)

« .... Une diablesse qui te rembarre et se moque de tout ce que tu peux lui dire. » (Molière, *le Malade imaginaire*, 1er intermède.)

REMÈDE, au propre et au figuré :

> Madame avoit dessein de prendre
> Certain *remède*. (VI, 129.)

> La gouvernante ouvrit tout en riant,
> *Remède* en main, les portes de la chambre. (VI, 47.)

> L'autre reprit : « Il vous faut un *remède*;
> Demain matin nous en dirons deux mots. » (VI, 46 et note 2.)

> Un Lion, décrépit, goutteux, n'en pouvant plus,
> Vouloit que l'on trouvât *remède* à la vieillesse. (II, 223.)

> .... Il n'y savoit *remède* que d'entrer
> Au corps des gens. (VI, 108.)

> Êtes-vous sûr de cette affaire?
> N'y savez-vous *remède* ? (III, 20; voyez I, 77.)

Or bien, je sais celui de qui procède
Cette piaffe : apportez-y remède. (IV, 287.)
Mais le temps n'aura-t-il pour vous seul nul *remède?* (IX, 199.)
Aux plus grands maux l'oubli sert de *remède.* (VIII, 483.)
Enfin, pour divertir l'ennui qui le possède,
On lui dit que la chasse est un puissant *remède.* (VI, 248.)
Elle ne put trouver de *remède* à l'amour. (V, 117.)
L'absence est aussi bien un *remède* à la haine
Qu'un appareil contre l'amour. (III, 68.)
O doux *remède,* ô *remède* à donner,
Remède ami de toute créature! (V, 317; voyez V, 316.)

REMÉDIER À :

.... Si Madame y consent, j'*y remédierai* bien. (VI, 82.)
Chacun a son défaut où toujours il revient :
Honte ni peur n'*y remédie.* (I, 223.)

REMEMBRANCE :

Plus je vous vois, plus je crois voir aussi
L'air et le port, les yeux, la *remembrance*
De mon époux. (IV, 263 et note 3.)

Comparez Rabelais, tome I, p. 9 : « Tant plus seroit [la chose] remembrée, tant plus elle plairoit. »

REMETTRE, emplois divers; SE REMETTRE; SE REMETTRE quelqu'un; SE REMETTRE À :

Prince, qui par son choix *remit* le culte aux temples, etc. (VI, 306.)
.... Le galant se trouve satisfait,
Et *remet* les autres affaires. (IV, 419.)
Sage, s'il eût *remis* une légère offense. (I, 322.)
Je le *remis* sur le discours qu'il avoit quitté. (VIII, 273.)
Fortifiez-le dans mes pensées pendant que je vais *me remettre.* (VII, 465.)
Qui fut bien étonné?
Ce fut Camille....
Et puis *s'étant remis,* etc. (V, 191.)
.... Sans *se la remettre.* (VIII, 227 et note 2.)
Se remettant du surplus à l'Amour. (VI, 132.)
Je *m'*en dois *remettre* au goût du lecteur. (VIII, 239.)

RÉMINISCENCE :

Il sembloit qu'il n'agît que par *réminiscence.* (III, 104 et note 11.)
Croyez-moi, rappelez votre *réminiscence.* (VII, 339 et note 2.)

REMISE, substantif, sens divers :

.... Le clerc non plus ne fit du sien [de son salaire] *remise.* (V, 329.)
Deux sont d'avis
De se transporter sans *remise*
Aux lieux où la gazelle est prise. (III, 281.)
Il se trouva tout disposé
Pour exécuter sans *remise*
Les ordres des nonnains. (V, 592.)

On lui donna mainte et mainte *remise*,
Toutes à vue, et qu'en lieux différents
Il pût toucher par des correspondants. (VI, 94 et note 8.)

REMONTER :
Pilpay jusqu'au Soleil *eût* enfin *remonté*. (II, 395.)

REMORDS :
J'aurai vécu sans soins, et mourrai sans *remords*. (III, 123.)

REMPARER ; SE REMPARER :
Certain coin *remparé* de fumier. (VI, 107 et note 6.)
.... Il n'y savoit remède que d'entrer
Au corps des gens, et de *s'y remparer*. (VI, 108.)

REMPART :
Olympe, c'est assez qu'à mon dernier ouvrage
Votre nom serve un jour de *rempart* et d'abri. (II, 86.)
Le voile n'est le *rempart* le plus sûr
Contre l'amour, ni le moins accessible. (IV, 485.)
La mer fit *rempart* aux Hébreux. (VIII, 397.)

REMPLIR ; ÊTRE REMPLI DE :
Voilà le galetas *rempli*
D'une nouvelle hôtesse. (II, 180.)
Rempli de qualités qui vous font estimer.... (VII, 613.)
On *étoit rempli de* ces divinités
Que la Fable a dans son empire. (VI, 17 et note 7.)

REMPLOYER, reployer, replier :
.... La Rancune, [mon pourpoint] *est*-il point *remployé* par derrière ? (VII, 339.)

REMUER ; SE REMUER :
Vous n'êtes pas si mort que vos yeux ne *remuent*. (V, 148.)
Remuez votre champ dès qu'on aura fait l'oût ;
Creusez, fouillez, bêchez. (I, 395.)
Du cerveau dans les nerfs ils [les atomes] entrent, les *remuent*. (VI, 329.)
Quand vous le considérez qui regarde sans s'étonner l'agitation de l'Europe, et les machines qu'elle *remue* pour le détourner de son entreprise, etc. (I, 5.)
Donnez-nous, dit ce peuple, un roi qui *se remue*. (I, 215.)
Hercule veut qu'on *se remue* ;
Puis il aide les gens. (II, 60.)

REMU-MÉNAGE :
[Le Roi] parmi des gens d'un haut emploi
A fait un vrai *remu-ménage*. (IX, 452 et note 3.)
Telle est l'orthographe de nos anciennes éditions.

RENARD :
Un vieux renard, mais des plus fins,
Grand croqueur de poulets, grand preneur de lapins,
Sentant son *renard* d'une lieue, etc. (I, 378.)

Un loup, qui commençoit d'avoir petite part
  Aux brebis de son voisinage,
Crut qu'il falloit s'aider de la peau du *renard*. (I, 210 et note 1.)
    Vous savez coudre...
  Peau de lion avec peau de *renard*. (IX, 146 et note 1.)

RENCHÉRIE (Faire la) :
  N'allez donc point *faire la renchérie*. (V, 57 et note 8.)
    Lui voyant *faire* ainsi *la renchérie*,
    Amour se mit en tête d'abaisser...
    Ce cœur si haut. (V, 188.)

RENCHÉRIR sur :
  Mais *sur* tous certain Grec *renchérit*, et se pique
    D'une élégance laconique. (II, 3.)

RENCONTRE, féminin et masculin :
  La *rencontre* après tout me sembloit fort heureuse. (VII, 181.)
    .... Ce fut dans la ville d'Athènes
    Que cette *rencontre* arriva. (I, 194.)
  Elle [la Mort] frappe à sa porte, elle entre, elle se montre.
  « Que vois-je ? crin-t-il, ôtez-moi cet objet;
    Qu'il est hideux ! que sa *rencontre*
    Me cause d'horreur et d'effroi ! » (I, 105.)
    Quelles *rencontres* dans la vie
    Le sort cause! (II, 344.)
  Je ne sais même si la variété n'étoit point plus à rechercher en cette *rencontre* qu'un assortissement si exact. (IV, 11.)
    Bien est-il vrai qu'en *rencontre* pareille
    Simples baisers font craindre le surplus. (V, 77.)
  Jamais ne faux en *rencontres* pareilles. (IV, 164 ; voyez IV, 169.)
    Que plût à Dieu qu'en certaine *rencontre*
    D'un pareil cas je me fusse avisé ! (IV, 82.)
    .... Raisonner, et par-ci, et par-là,
    Sur cette voix, et sur cette *rencontre*. (IV, 471.)
  Mon impatience ordinaire me fit maudire cette *rencontre*. (IX, 223.)
  Il est permis de passer le cours ordinaire dans ces *rencontres*. (VIII, 240.)
         Les dieux
    En ce *rencontre* ont tout fait pour le mieux. (IV, 78 et note 5.)
         Fol ne fut, n'étourdi,
    Le compagnon, dedans un tel *rencontre*. (IV, 211.)

RENCONTRER, activement et neutralement; se rencontrer :
    Il fut tout heureux et tout aise
    De *rencontrer* un limaçon. (II, 113.)
  .... Se trouvant à la fin tout aise et tout heureuse
    De *rencontrer* un malotru. (II, 118.)
    [Le moucheron] *rencontre* en chemin
    L'embuscade d'une araignée :
    Il y *rencontre* aussi sa fin. (I, 157.)

.... De celui-ci contentez-vous,
De peur d'en *rencontrer* un pire. (I, 216.)
Ce sont des restes d'amphithéâtre qu'on *a rencontrés* fort heureusement. (IX, 261.)
Astolphe *rencontra* dans cette prophétie. (IV, 60 et note 4.)
S'il *rencontroit* bien, l'honneur en seroit toujours à son maitre ; sinon il n'y auroit que l'esclave de blâmé. (I, 44.)
L'aiguille et le pinceau ne *rencontrent* pas mieux. (IX, 274 et note 1.)
.... Leurs bouches *se rencontrèrent*. (VIII, 80.)
.... Et voyez comme les choses *se rencontrent!* (VIII, 135.)
Un ruisseau *se rencontre*, et pour pont une planche. (III, 208.)
Tout cela *se rencontre* aux fables que nous devons à Ésope. (I, 3.)

RENDRE, se rendre, acceptions diverses :
L'Achéron ne *rend* rien. (IX, 198.)
.... Que dis-tu de ces mots ? Ai-je su te le *rendre?* (VII, 63 et note 4.)
.... Je le *rends* comme on me le donne. (IV, 44 et note 1.)
Tous les cœurs lui *rendent* les armes. (VII, 542.)
Dès que nous paroissons chacun nous *rend* les armes. (VIII, 428.)
Si on lisoit dans le cœur du maître, je crois que l'on y verroit qu'il estime plus les hommages de Monsieur le Prince que ceux que lui pourroit *rendre* tout le reste de l'univers. (VIII, 335.)
Pour m'obliger, *rends*-lui ce billet sans témoins. (VII, 408.)
.... Un d'eux, le plus hardi, mais non pas le plus sage,
Promit d'en *rendre* tant [d'une ferme].... (II, 13.)
Qui vous *rend* à ces lieux, Ismène, dites-moi? (VIII, 537.)
Cet inconnu s'engagea de la *rendre*
Chez Zaïr ou dans Garbe. (IV, 440 et note 6.)
.... Léandre
Avec trois bons relais en lieu sûr va nous *rendre*. (VII, 286.)
Nos deux époux, surpris, étonnés, confondus,
Se crurent, par miracle, en l'Olympe *rendus*. (VI, 160.)
Elle s'attache à l'orteil dès ce soir
Un brin de fil qui *rendoit* à la porte
De la maison. (IV, 320 et note 5.)
L'attelage suoit, souffloit, *étoit rendu*. (II, 141.)
Transi, gelé, perclus, immobile *rendu*. (II, 41.)
Je n'ai pas encore *rendu* raison de la conduite de mon ouvrage. (I, 18.)
Reine des esprits purs, protectrice puissante,
Qui des dons de ton fils *rends* l'âme jouissante, etc. (VI, 278.)
Je ne m'arrête point à tous ces vains présages :
On les *rendra* menteurs par quelque prompt départ. (VII, 599 et note 1.)
[On] me *rendra* condamnable. (VIII, 22.)
La dépense du voyage
Qui *rend* nos coffres épuisés,
Et nos guerriers les bras croisés. (IX, 113.)
[Elle] ne peut qu'elle ne *rende* un tel œuvre accompli. (IX, 340.)
Vous nous *rendez* tous ébahis. (IX, 115.)
Lui-même ouvrit ce coffre, et *rendit* bien surpris
Tous les machineurs d'impostures. (III, 52.)

Nous vous *rendrons* la chose familière. (V, 470.)
    Le bachelier
    Leur *avoit rendu* familier
    Chaque point de cette science. (V, 584.)
Elle *rend* par ces mots son âme rassurée. (VI, 234.)
Vous *rendez* du défunt la volonté trompée. (VII, 420.)
Chacun *rendit* par là sa douleur rengrégée. (VI, 72.)
    Son peu d'esprit, son humeur sombre,
    Rendoient ces talents mal placés. (VI, 207.)
Il pleut, le soleil luit, et l'écharpe d'Iris
    Rend ceux qui sortent avertis
Qu'en ces mois le manteau leur est fort nécessaire. (II, 9.)
.... Le poète avoit l'air d'un *rendu*.
    Comment! d'un *rendu*? D'un ermite. (IX, 206 et note 3.)
Je *me rends*. (VII, 606.)
Elle *s'étoit rendue*. (VIII, 360.)
    On lui fait voir qu'il est un sot :
    Il n'a pas de peine à *se rendre*. (II, 247.)
Je vous ai dit les raisons qui m'empêchoient de me laisser voir : votre sœur *s'y seroit rendue*. (VIII, 167.)
Je commence moi-même à *me rendre* à la raison. (VII, 494.)
A vos soupçons je ne saurois *me rendre*. (VII, 521.)
    Et puis la dame *se rendit*
    Belle et bonne religieuse. (V, 459 et note 1.)
    Et les Grâces, qui vous suivirent,
    Bénédictines *se rendirent*. (IX, 106.)
Le mot dont se sert Platon fait que je me figure le même poète *se rendant* maître de tout un peuple, etc. (VIII, 113.)
.... Qu'ils eussent à *se rendre* ses tributaires. (I, 44.)
    Tel est ce chétif animal
Qui voulut en grosseur au bœuf *se rendre* égal. (I, 363.)
Ilium, qui bornoit ses vœux à se sauver,
    S'est rendu l'attaquant. (VII, 608.)
    Le Vieil de la montagne
    Se rendit craint par un moyen nouveau. (V, 382.)
Il fait tant que de plaire, et *se rend* en effet
Plus digne d'être aimé que le mort le mieux fait. (VI, 81.)

RENFERMER ; SE RENFERMER :

Caliste (c'est le nom de notre *renfermée*), etc. (V, 111.)
.... C'est de *vous renfermer* aux trous de quelque mur. (I, 84.)

RENFLAMMER (SE) :

Ah! si mon cœur osoit encor *se renflammer*! (II, 367 et note 30.)

RENFONCER (SE) :

Nous ne laissâmes pas de *nous renfoncer* en d'autres allées. (IX, 280.)

RENFORCER :

Les vents, sourds à ses cris, *renforcent* leur haleine. (VI, 246 et note 5.)
Que l'on m'amène un âne *renforcé*. (II, 64.)

RENFORT :

La faim détruisit tout ; il ne resta personne
De la gent marcassine et de la gent aiglonne...:
Grand *renfort* pour messieurs les chats. (I, 222 et note 8.)
Renfort de joie. (IV, 323.)
Autre *renfort* de tout contentement. (Ibidem.)
.... On en chanta Te Deum à *renfort*. (V, 405 et note 2.)

RENGAGER :

En me rendant à lui l'on veut le *rengager*. (VII, 600 et note 2.)
Et la moindre faveur d'un coup d'œil caressant
Nous rengage de plus belle [au service des grands].
(Molière, *Amphitryon*, acte I, scène 1.)

RENGAINER :

Mais *rengainez* vos pleurs, Antoine vient à nous. (VII, 359 et note 4.)

RENGRÉGER :

Chacun rendit par là sa douleur *rengrégée*. (VI, 72 et note 3.)

RENIABLE :

Tout vilain cas, dit-elle, est *reniable*. (VI, 31 et note 1.)

RENIER :

Reniant Mahom, Jupin et Tarvagant. (IV, 402.)

RENOM :

Éléphantide a guerre avecque Rhinocère :
Vous connoissez ces lieux, ils ont quelque *renom*. (III, 312.)
Une ville de *renom*. (IX, 254.)
Pierres de *renom*. (IX, 274.)
Auteur de *renom*. (IX, 294.)
Ce *renom* si beau, si grand, si glorieux. (IX, 279.)
 .... [Ils] cherchent aux combats
Un *renom* que les dieux ne leur accordent pas. (VII, 610 ; voyez VII, 618.)

RENOMMÉE :

Je sais par *renommée*
Ce que chaque Électeur peut de monde fournir. (I, 95.)
Il n'y a point de peuple en l'Europe que la *renommée* n'ait entretenu de la magnificence de ce spectacle. (VIII, 125.)
Va, ton projet est beau : non que ta *renommée*
Parmi les nations ne soit déjà semée. (VII, 622.)
Vous chantez son triomphe, enflez sa *renommée*. (VII, 354.)

RENOMMER :

.... Ce chanteur que tant on *renomme*. (I, 292.)
.... Vos yeux *renommés* par plus d'une victoire. (VI, 226.)

RENOUVELER, neutralement et activement ; SE RENOUVELER

Tout *renouvelle*
Dans ce beau mois. (VII, 578 et note 2.)

.... *Renouvelant* de fleurs l'autel à tout moment. (III, 334 et note 47.)
Fais qu'en ces lieux l'amour *se renouvelle*. (VII, 510.)

RENTE :
Prenez le titre et laissez-moi la *rente*. (V, 160.)

RENTRER :
Las! si jamais je *rentre* dans la vie.... (V, 399.)
Jamais soupçon, ombrage et jalousie
Ne *rentreront* dans mon maudit esprit. (V, 399.)

RENVERSEMENT :
Toute sa vie, agréable matière,
Mais peu féconde en ces événements
Qui des États font les *renversements*. (III, 275.)

RENVERSER :
Vous *renverserez* l'esprit de qui vous voudrez et quand vous voudrez, fût-ce un philosophe du temps passé. (IX, 425.)

RENVOI :
.... Concluant, pour le surplus,
Au *renvoi* de la demande. (VIII, 424.)

Au rejet.

RENVOYER :
Après maints quolibets coup sur coup *renvoyés*, etc. (I, 202.)
La cour, leurs moyens entendus,
La *renvoya*. (VIII, 424 et note 5.)
Le père donc ouvertement
N'osant *renvoyer* notre amant, etc. (I, 265.)
Il *renvoya* dans la ville prochaine
Tous ses valets. (IV, 88.)
Renvoyrez-vous de la sorte un pauvre homme ? (V, 568.)
Madame Alix, encor qu'un peu coquette,
Renvoya l'homme. (VI, 128.)

RENVOYER AUX CALENDES. Voyez CALENDES.

REPAÎTRE ; REPAÎTRE DE ; SE REPAÎTRE DE :
Chacun *repaît*, le soir étant venu. (IV, 425 et note 5.)
Je les *repais de* vent, que je mets à haut prix. (VII, 36.)
L'ayant enlevé [le rat] avec la grenouille, qui ne se put détacher, il *se reput de* l'un et de l'autre. (I, 52.)
Voilà ses gardiens
S'en repaissants [de l'agneau] eux et leurs chiens. (III, 32.)
Nous l'avons vu *se repaître de* toutes sortes d'insectes. (VIII, 97.)

RÉPANDRE, neutralement et activement ; SE RÉPANDRE :
Tout le vin *répand* à terre. (VII, 458 ; voyez VII, 460, 488, 490.)
.... Elle [la coupe] *répandit*. (VII, 459.)
Quel grain veux-tu *répandre* dans ces lieux ? (V, 361.)
Tout ce bruit, quoique juste, au vent *est répandu*. (VI, 268.)

Un mal qui *répand* la terreur, etc. (II, 94; voyez III, 235.)
Le vin *se répand*. (VII, 487 et note 5.)
   Les bienfaits de la nature
Ne *se répandent* plus pour lui. (VIII, 391.)

RÉPARATION :

.... L'autre [sœur] avoit des *réparations* à faire de tous les côtés. (VIII, 170.)

A sa personne.

.... Il me souvient qu'en regardant ces chefs-d'œuvre je pris Faustine pour Vénus (à laquelle des deux faut-il que je fasse *réparation* d'honneur?). (IX, 263.)

RÉPARER ; SE RÉPARER :

L'argent *répare* toute chose. (VII, 23.)
  .... L'une encor verte, et l'autre un peu bien mûre,
   Mais qui *réparoit* par son art
   Ce qu'avoit détruit la nature. (I, 110.)
Il falloit... *réparer* ces pertes par quelque moyen. (VIII, 217.)
Vous croyez que ce chef pour unique raison
N'a que de *réparer* l'honneur de sa maison. (VII, 612.)
   Les ruines d'une maison
Se peuvent *réparer :* que n'est cet avantage
  Pour les ruines du visage ? (II, 117 et note 12.)
De leur mensonge saint l'offense *se répare*. (VI, 304.)

REPARTIE :

Il n'est pas maintenant saison de *repartie*. (VII, 62.)

REPARTIR, répondre :

  Le mari *repart* sans songer :
  « Tu ne leur portes point à boire? » (I, 224.)

REPAS :

Par cent cruels *repas* cet antre diffamé
Se trouvoit en tout temps de carnage semé. (VI, 301.)
  Amour n'avoit à son croc de pucelle
  Dont il crût faire un aussi bon *repas*. (V, 293.)

REPASSER, emplois divers :

Creusez, fouillez, bêchez; ne laissez nulle place
Où la main ne passe et *repasse*. (I, 395.)
Elle entend quelque bruit, veut sortir par le trou,
Ne peut plus *repasser*. (I, 252.)
Sur ce qu'il a commis il tâche à *repasser*. (VI, 335.)
Je *repassois* un rôle. (VII, 322; voyez VII, 331, 333, 342, 343, 344, 351.)

REPÊCHER :

Je *serai* par vous *repêchée*. (I, 373.)

REPENSER ; REPENSER À :

Il s'en retourne, il rumine, il *repense*. (VI, 32.)

Tel Adonis *repense* à l'heur qu'il a perdu. (VI, 247.)
La lionne *repense* à ces actes sanglants. (VI, 303.)

REPENTANT, REPENTANTE :
Elle crut faire acte de *repentante*. (V, 476.)

RÉPÉTER :
    Le renard, ayant mis la peau,
Répétoit les leçons que lui donnoit son maître. (III, 234.)
Les remèdes alors de nouveau *répétés*, etc. (VI, 323.)

RÉPÉTITION :
La *répétition* n'a pas besoin d'habits. (VII, 342.)

REPLET :
    .... Ayant face riante,
    Couleur vermeille, et visage *replet*. (V, 357.)

RÉPLÉTION :
    La sueur dont vous êtes mouillé
Vient de *réplétion*, suivant la médecine. (VII, 338.)

REPLI :
Il [le serpent] lève un peu la tête, et puis siffle aussitôt ;
Puis fait un long *repli*, puis tâche à faire un saut. (II, 41.)
Elle [la Loire] a peu de *replis* dans son cours mesuré. (IX, 246 et note 4.)

RÉPLIQUE :
Allons, vieillard, et sans *réplique*.... (II, 211.)

RÉPLIQUER :
    Après qu'on *eut* bien contesté,
    Répliqué, crié, tempêté, etc. (I, 137.)

REPLOYER :
Clymène *ayant* enfin *reployé* son ouvrage, etc. (VI, 198.)
Cependant la nuit avoit *reployé* partie de ses voiles. (VIII, 283.)

RÉPONDRE ; RÉPONDRE À ; RÉPONDRE DE :
Caliste faisoit pis ; et, cherchant un détour,
Répondoit d'amitié quand je parlois d'amour. (VIII, 361.)
    Viennent ces sœurs : toutes, je te *répond*,
    Verront beau jeu si la corde ne rompt. (V, 535 et note 3.)
.... Vous n'*avez* que trop à mes vœux *répondu*. (VII, 616.)
        La bergère,
    Pour qui l'amour étoit langue étrangère,
    Répondit mal à tant de passion. (VI, 9.)
Cet auteur a voulu donner à son héros un caractère et des aventures qui *répondissent* à ses fables. (I, 20.)
Du reste, en quoi *répond* au sort toujours divers
Ce train toujours égal dont marche l'univers ? (I, 170.)

Elle [l'église] *répond* tout à fait bien *au* logis du prince. (IX, 241.)
Lui fait bien pendant.

Je *réponds de* vous corps pour corps. (V, 10 et note 2.)
.... C'est à moi d'*en répondre* à Lydie. (VII, 624.)
On croit le mal d'abord; mais à l'égard du bien
Il faut qu'un public *en réponde.* (IV, 386.)

RÉPONDANT à, substantivement :

.... Il envoiroit au printemps les architectes et le *répondant à* toutes sortes de questions. (I, 48; voyez I, 49.)

RÉPONS, paroles tirées de l'Écriture :

Maintes dévotes oraisons,
Et des psaumes et des leçons,
Et des versets et des *répons.* (II, 158 et note 8.)

REPORTER :

Il *reportoit* en son pays quatre volumes de chansons. (IX, 227.)

REPOS :

Le *repos*, le *repos*, trésor si précieux
Qu'on en faisoit jadis le partage des dieux. (II, 162 et note 7.)
Zoon rend grâce au dieu qui troubloit son *repos.* (VI, 208.)

REPOSER à, sur (SE) :

Chacun se dit ami; mais fol qui *s'y repose :*
Rien n'est plus commun que ce nom,
Rien n'est plus rare que la chose. (I, 334.)
Nos amis ont grand tort, et tort qui *se repose*
Sur de tels paresseux. (I, 357.)
C'est moi qui suis lié par les nœuds du serment :
Reposez-vous sur eux. (VII, 603.)

REPOSOIR, au sens propre :

.... Et le nageur poussé du vent,
De roc en roc portant la belle...,
Avec l'aide du Ciel et de ces *reposoirs*, etc. (IV, 407 et note 1.)

REPRENDRE, emplois divers :

D'un mari, d'un bourru, je *reprendrois* la loi? (III, 573.)
.... Aussitôt contre vous il *reprendra* sa haine. (VII, 612.)
Il *reprit* des transports de pleurs en vain suivis. (VI, 284.)
Il ouvre enfin les yeux, il *reprend* tous ses charmes. (VII, 546.)
Il *reprit* donc sa forme. (V, 131.)
.... Cela n'est pas trop à *reprendre*. (VII, 124; VIII, 331.)
Repris à faux, condamné sans raison. (IX, 126.)
Que je ne dise rien qui doive *être repris!* (III, 146.)

Que vous êtes *reprenante,*
Gouvernante! (VII, 217.)

« Sur la fin du dernier sermon il y auroit bien de la matière à remuer pour une humeur reprenante. » (Balzac, Œuvres, Paris, 1665, in-fol., tome II, p. 117.

REPRÉSAILLES :

Par droit de *représailles.* (V, 353.)

REPRÉSENTER, acceptions diverses :
Toute sa personne velue
Représentoit un ours. (III, 144.)
Le chien *représenta* sa maigreur. (II, 409.)
L'autre parti s'en vint tout forcené
Représenter un tel outrage. (III, 227 et note 12.)
Elle *représenta* l'énormité du cas. (III, 271.)

RÉPRIMANDE :
Tout l'enfer
Fut employé dans cette *réprimande*. (VI, 32.)

RÉPRIMER :
Réprimer leur babil. (III, 315.)

REPROCHE :
Que l'Attique
Auroit de *reproches* de lui ! (I, 195.)
Détournez de vos noms un éternel *reproche*. (VI, 265.)

REPROCHER :
Mon portrait jusqu'ici ne m'a rien *reproché*. (I, 78.)
.... [Le curé] lui pensa *reprocher* l'aventure du bain. (V, 353.)

REPUBLICAIN, AINE :
« Établissons parmi nous une république où les vœux, les adorations, les services, les biens d'Amour seront en commun.... » On se moqua des *républicaines*. (VIII, 190.)
« Ie gagneray une place au roolle des fols, et, de plus, le nom de turbulent, de republicain. » (D'Aubigné, Préface des *Tragiques*.)

RÉPUBLIQUE :
.... Dans les emplois de Mars servant la *République*. (III, 159.)
La *République* a bien affaire
De gens qui ne dépensent rien ! (II, 310.)
Il n'importe à la *République*
Que tu fasses ton testament. (II, 211 et note 17.)
Quittez un peu la *république*
Pour notre prose et pour nos vers. (VIII, 350 et note 2.)
Établissons parmi nous une *république* où les vœux, les adorations, les services, les biens d'Amour seront en commun. (VIII, 190.)
Eux seuls ils composoient toute leur *république*. (VI, 150 et note 3.)
.... Attendu l'état indigent
De la *république* attaquée. (II, 108.)
Les romans et le jeu, peste des *républiques*. (IX, 184.)
Un vivier que Nature y creusa de ses mains....
Sauvera votre *république*. (III, 20.)
Les *républiques* des oiseaux. (I, 314 et note 4.)
Vous verrez mainte *république*,
Maint royaume, maint peuple. (III, 14.)
République de loups, asile de brigands. (IX, 230.)

Les plaisirs défendus n'auront rien qui vous pique?
Et vous les bannirez de votre *république*? (V, 121 et note 5.)

Platon, ayant banni Homère de sa *république*, y a donné à Ésope une place très honorable. (I, 16.)

S'il y a quelque chose d'ingénieux dans la *république* des lettres, on peut dire que c'est la manière dont Esope a débité sa morale. (I, 2.)

RÉPUGNER À :

Notre usage
Répugne aux dons du mariage. (IV, 181.)

.... Crois-tu
Que cette qualité *répugne à* la vertu ? (VII, 71.)

RÉPUTER :

Au prix de lui, novices en cet art
Sont réputés Alexandre et César. (IX, 31.)

REQUÉRIR, REQUERRE :

Le receveur *requiert* pardon. (V, 399.)
Jeunesse n'a les soins qui *sont requis*. (VI, 10.)
Si demandez combien en vérité
L'œuvre en *requiert* [d'argent], etc. (IX, 18.)
Faut-il tant vous *requerre*? (IX, 5.)

REQUÊTE :

Qu'à chacun Jupiter accorde sa *requête*. (II, 37.)

Le repas fait, cette femme résout
De hasarder l'incivile *requête*. (V, 172.)

RÉSEAU, RÉSEAUX :

.... Quand reginglettes et *réseaux*
Attraperont petits oiseaux. (I, 83.)

Réseau (qui se prononce en Champagne *rejeau*) n'a pas ici le sens de rets, lacs, ou filet : c'est un autre engin analogue à la *reginglette*.

Ce *réseau* me retient : ma vie est en tes mains ;
Viens dissoudre ces nœuds. (II, 326.)

Je ne songerai plus que rencontre funeste,
Que faucons, que *réseaux*. (II, 362 ; voyez III, 19, 36.)

RÉSERVE :

N'avez-vous point encor quelque grabat,
Reprit l'amant, quelque coin de *réserve?* (IV, 207.)

RÉSERVOIR :

.... Par vos pleurs n'augmentez point ma peine!
Je n'en veux pourtant pas fermer les *réservoirs*. (VII, 364.)

RÉSIDENCE :

Encore un autre mort faisoit sa *résidence*
Non loin de ce tombeau. (VI, 75.)

.... Les Muses font en ce lieu *résidence*. (IX, 9.)

RÉSISTANCE :
  En vain, par sa vaillance,
Télamon jusqu'au bout porte la *résistance*. (VI, 201.)
.... Et n avez-vous point fait assez de *résistance*? (IV, 410.)

RÉSISTER :
  On *résista* tout autant qu'il falloit,
  Ni plus, ni moins, ainsi que chaque belle
  Sait pratiquer, pucelle ou non pucelle. (IV, 265.)
Elle *résistoit* à regret. (IV, 411.)
Lucrèce *avoit* jusque-là *résisté*. (IV, 54.)
  Vous *avez* jusqu'ici
  Contre leurs coups épouvantables
  Résisté sans courber le dos. (I, 127.)

RÉSONNER :
  Le prince aux cris s'abandonna,
  Et tout son antre en *résonna*. (II, 280.)
Je n'entends *résonner* que des plaintes frivoles. (III, 72.)
Dans tous les environs le nom d'Aure *résonne*. (VI, 193.)
[Le lion] fait *résonner* sa queue à l'entour de ses flancs. (I, 157.)

RÉSOUDRE, emplois divers; RÉSOUDRE DE; SE RÉSOUDRE; SE RÉSOUDRE À, DE :

Le marché ne tint pas; il fallut le *résoudre*. (I, 428 et note 7.)
Le résilier.

Je tiens la chose à *résoudre* un peu forte. (IX, 212.)
.... Tant cette affaire à *résoudre* étoit forte. (IV, 326.)
On *résolut* sa mort. (III, 4.)
Votre parent *a résolu* ma perte. (VI, 33.)
  Cettte femme *résout*
  De hasarder, etc. (V, 171-172.)
.... C'est ce qu'on n'*étoit* pas *résolu de* faire. (VIII, 48.)
Selon le jugement que l'on fera de ces trois morceaux, je *me résoudrai*. (VIII, 239.)
A quoi *me résoudrai*-je? (I, 200.)
.... Chacun s'*y résoudra*. (I, 380.)
Quant à la liberté, il ne *se pouvoit résoudre à* la lui donner. (I, 42.)
Jamais elle n'auroit pu *se résoudre de* faire du mal à ses sœurs. (VIII, 165.)
  A toute force enfin, elle *se résolut*
  D'imiter la nature, et *d*'être mère encore. (I, 355.)

RESPECT :
Les sœurs la prièrent de trouver bon qu'elles demeurassent dans le *respect*, et s'abstinssent de dire leur sentiment. (VIII, 158.)
.... [Le peuple des coqs] pour la dame étrangère ayant peu de *respec*,
Lui donnoit fort souvent d'horribles coups de bec. (III, 40 et note 7.)

RESPIRER, neutralement et activement :
Jupiter dit un jour : « Que tout ce qui *respire*
S'en vienne comparoître aux pieds de ma grandeur. » (I, 77; voyez VIII, 157.)

.... [Cet enfant] cher au héros par lequel il *respire*. (IX, 27.)
.... C'étoit pendant ces mois où le chaud qu'on *respire*
Oblige d'implorer l'haleine des zéphyrs. (VI, 191.)
Se coucher sur des fleurs, *respirer* leur haleine. (VIII, 252.)
Il faut, dans le plaisir, un peu de compagnie :
On le *respire* mieux, et sans elle il ennuie. (VII, 573.)
   La plus cruelle
  Respire un choix. (VII, 579 et note 1.)
Il [le coursier] ne semble plus *respirer* que la guerre. (VIII, 480.)
 .... Ivre de chants guerriers,
Respirant la mêlée et les cruels lauriers.
    (André Chénier, Élégies, II, IX.)

RESSEMBLANCE :

D'un feint adolescent il prend la *ressemblance*. (VI, 190 et note 3.)

RESSEMBLER :

Mais vous, Madame, à qui *ressemblez*-vous ?
A nul objet. (IV, 263.)
.... Au fond de sa mémoire Anne en sut fort bien faire
 Un [croquis de ce corps] qui ne *ressembloit* pas mal. (V, 346.)
Le haut-de-chausse, assez bien *ressemblant*...
A certain voile aux nonnes familier. (V, 415.)

RESSENTIMENT :

Achille est occupé de son *ressentiment*. (VII, 600 ; voyez VII, 615.)

RESSENTIR; SE RESSENTIR :

Ses divertissements *ressentent* tous la guerre. (IX, 157.)
 Je ne puis, pour m'en *ressentir*,
 Qu'employer à vous divertir
 Mes soins, etc. (IX, 192.)

RESSERRER :

Les remèdes alors, de nouveau répétés...,
Relâchoient, *resserroient*, faisoient un nouvel homme. (VI, 323.)
Ses cheveux sont épars, ses yeux noyés de larmes ;
Sous d'humides torrents ils *resserrent* leurs charmes. (VI, 268.)
Comparez Virgile, *Énéide*, livre I, vers 228 :
 Lacrimis oculos suffusa nitentes.

RESSORT, RESSORTS, emplois divers :

Il fait faire, dit-on, un *ressort* qu'il nous cache. (VII, 407.)
Empruntez des *ressorts* les plus cachés obstacles. (VII, 411.)
De son arc toutefois il bande les *ressorts*. (II, 349.)
   Ils disent donc
Que la bête est une machine,
Qu'en elle tout se fait sans choix et par *ressorts*. (II, 460.)
  J'attribuerois à l'animal,
Non point une raison selon notre manière,
Mais beaucoup plus aussi qu'un aveugle *ressort*. (II, 476.)

Quel *ressort* lui pouvoit donner [au hibou]
Le conseil de tronquer un peuple mis en mue? (III, 163.)
[Philomèle] chante par *ressorts* que l'onde fait jouer. (VIII, 40 et note 1.)
[L'homme] est une petite machine où il y a bien des *ressorts*. (VII, 465; voyez II, 471; VII, 7, 191.)
    .... Les *ressorts*
De son corps. (VII, 231.)
Un esprit vit en nous, et meut tous nos *ressorts*. (II, 472.)
    Les *ressorts*
Qui font mouvoir une âme. (VIII, 264.)
Ils ôtent à nos cœurs le principal *ressort*. (III, 308.)
    .... Fermes tetons, et semblables *ressorts*,
Eurent bientôt fait jouer la machine. (V, 529.)
Mainte peste de cour fit tant par maint *ressort*
Que, etc. (III, 51 et note 23.)
    .... Damon à ces *ressorts* opposoit l'hyménée. (V, 120.)
    Le jeu, la jupe, et l'amour des plaisirs,
Sont les *ressorts* que Cupidon emploie. (IV, 361.)
C'est [la libéralité] un *ressort* en tous desseins utile. (VI, 97.)

RESSOURCE :
Un homme n'ayant plus ni crédit ni *ressource*,
    Et logeant le diable en sa bourse. (II, 435.)
Espoir douteux, incertaine *ressource*. (VI, 106.)
Quelle imprudence à vous de finir votre course
Par le seul des péchés qui n'a point de *ressource*? (VI, 295; voyez VII, 435.)

RESSOUVENIR DE (SE) :
.... Pour te *ressouvenir* de mon amour extrême. (IV, 25.)

RESSOUVENIR, substantivement :
.... Tout entier au vain *ressouvenir*
Qui le vient malgré lui sans cesse entretenir. (VI, 248.)
.... Au vain *ressouvenir* d'une constante flamme. (VII, 525.)
Un doux *ressouvenir* de cent choses charmantes
Me suit dans les déserts. (VIII, 153.)
[Anne] s'est encor présentée à mon *ressouvenir*. (IX, 340.)

RESSUSCITER :
    Il l'étend [le serpent] le long du foyer,
    Le réchauffe, le *ressuscite*. (II, 41.)
.... *Ressuscitant* avec ses larmes les fleurs que la canicule avoit fait mourir. (VIII, 164.)

RESTAURANT, ANTS :
Bons *restaurants*, champignons et ragoûts. (IV, 253 et note 4.)
    Mazet n'avoit faute de *restaurants*;

Mais *restaurants* ne sont pas grande affaire
A tant d'emploi. (IV, 505 et note 1.)

Du lit d'amour ils vont droit à la table :
Un déjeuner, restaurant délectable,
Rend à leurs sens leur première vigueur.
(Voltaire, tome VIII, p. 60.)

RESTE, RESTES :

L'adroit, le vigilant, et le fort sont assis
A la première [table]; et les petits
Mangent leur *reste* à la seconde. (III, 38.)

Bien lui en prit d'avoir des charmes... encore de *reste* pour elle. (VIII, 173.)

Et son cœur bonnement vous croit mort et le *reste*. (VII, 560.)

Mort et enterré.
Le beau corps! le beau cuir! ô ciel! et tout le *reste!* (V, 429 et note 7.)

Bon soupé, bon gîte, et le *reste*. (II, 362 et note 8.)

Le sanglier, rappelant les *restes* de sa vie,
Vient à lui, le découd, meurt vengé sur son corps,
Et la perdrix le remercie. (II, 349.)

De vos *restes*
Rendez grâce aux bontés célestes. (IV, 182 et note 4.)

RÉSULTAT :

Le *résultat* enfin de la suprême cour
Fut de condamner, etc. (III, 271 et note 10.)

Les juges ordonnèrent, pour tout *résultat*, que... ces quatre fées feroient paroître, etc. (VIII, 266.)

RÉTABLIR :

Pour Malc, il méditoit sur la triple origine
De l'homme florissant, déchu, puis *rétabli*. (VI, 289 et note 6.)

RÉTABLISSEMENT :

Le *rétablissement* de ses charmes n'étoit pas une affaire de si longue haleine. (VIII, 170.)

RETARDEMENT :

Le trop superbe équipage
Peut souvent, en un passage,
Causer du *retardement*. (I, 289.)

.... Sans nul *retardement*. (V, 550 et note 2; voyez VI, 134.)

Les belles
Imputoient son *retardement*
A quelques amitiés nouvelles. (V, 588.)

De vains *retardements* à tort on nous accuse. (VII, 59.)

RETARDER :

Mon avis donc est que, sans *retarder*,
Nous pourvoyions de ce pas à l'affaire. (IV, 171 et note 2.)

Ne me *retarde* point, de grâce. (I, 176.)

RETENIR, emplois divers :

Nous pouvons leur donner, et *retenir* pour nous. (VII, 33.)
Il *retint* tout chez lui, résolu de jouir. (III, 25.)
Adonis le *retient* [son cheval]. (VI, 256.)
Retenons cette fille. (V, 471.)
Voilà un petit drôle qu'il n'y aura plus moyen de *retenir*. (VII, 468.)
Et le dernier moment qui *retient* sa belle âme
S'emploie au souvenir de l'objet qui l'enflamme. (VI, 267 et note 4.)
   Quiconque a beaucoup vu
 Peut *avoir* beaucoup *retenu*. (I, 81.)
Compère le Renard se mit un jour en frais,
Et *retint* à dîner commère la Cigogne. (I, 112.)

RETENTIR :

Le ton dont il parla fit *retentir* les bois,
 Et découvrit tout le mystère. (I, 212.)
Vos vers sont d'un tel prix que rien ne les surpasse;
Ce mont en *retentit* de l'un à l'autre bout. (IX, 319.)

RETENUE :

La *retenue* des terres est couverte d'une palissade de philiréa. (IX, 277 et note 5.)
 Auparavant pudeur ni *retenue*
 Ne l'arrêtoient. (V, 189.)
Ce ne fut pas à elle peu de *retenue* de, etc. (VIII, 104.)
.... Les ouvrages qui promettent beaucoup de *retenue* dès l'abord. (IV, 12.)

RETIRER, RETIRER DE; SE RETIRER, SE RETIRER DE :

.... Cet âge qui nous *retire* insensiblement *des* bras de l'enfance. (VII, 464.)
   Vos sages propos
Déjà plus d'une fois m'ont *retiré de* peine. (VI, 299.)
.... A moins que je ne *retire* mon épingle *du* jeu. (VII, 479.)
.... Puisqu'il faut ne rien espérer d'elle,
Je *me retire*. (VI, 36.)
La nouvelle déesse à ces mots *se retire*. (VI, 21.)
L'insecte du combat *se retire* avec gloire. (I, 157.)
Sa femme entra dans une telle colère qu'elle *se retira* d'avec lui. (I, 37.)
Ce mulet qui me suit *du* danger *se retire*. (I, 69.)

RETOMBER :

Et nous voici *retombés* dans le platonisme, etc. (VIII, 115.)

RETORS :

  Le peuple vautour,
Au bec *retors*, à la tranchante serre. (II, 136 et note 8.)

RETOUCHER :

Clio, sur son giron, à l'exemple d'Homère,
Vient de les *retoucher* [ces vers]. (VI, 166.)

RETOUR, retours, emplois divers :
Ligne droite et sans nuls *retours*. (V, 555 et note 2.)
Je te demande qu'il ne passe
Qu'après mille soleils le fleuve sans *retour*. (VII, 269 et note 3.)
Nous passons sans soleil trois *retours* de saisons. (VI, 336.)
Huit *retours* de l'aurore. (VIII, 501.)
Enfin, par un fatal *retour*, etc. (II, 172.)
.... Par un juste *retour*. (III, 146.)
.... Que la chose fût sans *retour*. (VIII, 213.)
.... Les maris ont de ces *retours*. (VIII, 220.)
Ces *retours* vers la vie. (VIII, 129.)

    Sera-ce trop s'il donne son mulet
    Pour le *retour*...?
— Point de *retour*. (V, 322 et note 3.)

Prenez garde que, pour effacer les impressions que la tragédie avoit faites en nous, on lui fait souvent succéder un divertissement comique; mais de celui-ci à l'autre il n'y a point de *retour*. (VIII, 117 et note 1.)

RETOURNER, acceptions diverses :
Nos deux aventuriers, au logis *retournés*,
Furent très bien reçus. (IV, 61 et note 1.)
Retourné qu'il fut au logis. (I, 49.)
.... *Retourné* dans sa triste demeure. (III, 307.)
[J'ai], *retournant* sur eux, frappé d'un bras d'airain, etc. (VIII, 399.)
Tiennette *retournée*, etc. (V, 332 et note 10.)
.... Au demeurant, qu'il n'y *retourne* plus. (IV, 234 et note 5.)
Tu t'ébattras puis après de manière
Qu'il ne sera besoin d'y *retourner*. (IV, 501.)
.... Il leur dit de n'y plus *retourner* davantage. (VII, 425; voyez V, 522.)
Elle *retournoit* aux soupirs. (VIII, 152.)

    Souvent la perfidie
    Retourne sur son auteur. (I, 311 et note 17.)

Daphné, c'est contre vous que *retournent* ces armes. (VII, 240.)
Le père mort, les fils vous *retournent* le champ. (I, 395.)
Bien paroissoit la terre être maudite,
Car le manant avec peine et sueur
La *retournoit* et faisoit son labeur. (V, 360.)
Je ne vous ai conté ni les lis, ni les roses :
On n'a qu'à *retourner* seulement ces mots-là. (VII, 172.)

RÉTRACTER; se rétracter :
    Guillot, sachant ce don,
    L'avoit fait *rétracter*. (V, 353.)
Je me *rétracterai* plus amplement à la première occasion. (IX, 341.)

RETRAITE, retraites :
Rien ne nous presse encor de changer de *retraite*. (I, 356.)
    Un nuage
L'oblige de chercher *retraite* en quelque lieu. (II, 363; voyez VI, 82.)
Le pauvre animal ne put faire *retraite*. (I, 179.)

Mais quoi! l'homme découvre enfin toutes *retraites*. (III, 279.)
Forêts, s'écrioit-t-il, *retraites* du silence, etc. (VI, 284; voyez VI, 300.)
En eux-mêmes souvent ils cherchoient des *retraites*. (VI, 296.)
.... Et vers le coin du lit
Se va cacher, pour dernière *retraite*. (V, 55.)

RETRANCHER :
.... Le Scythe l'y trouva qui, la serpe à la main,
De ses arbres à fruit *retranchoit* l'inutile. (III, 305.)
.... Celui-ci *retranche* de l'âme
Desirs et passions, le bon et le mauvais. (III, 308.)
J'ai donc intention
De *retrancher* toute autre pension. (IX, 110.)

RETROQUER :
Il ne voulut *retroquer* toutefois. (V, 331.)

RETROUSSER :
Manches *retroussées*. (VIII, 285.)

RETS :
L'homme tendit ses *rets*. (II, 324.)
Il tendit un long *rets*, voilà les poissons pris...;
Servez-vous de vos *rets*: la puissance fait tout. (III, 58.)
On commença d'user de pièges et de *rets*,
Et de placer des chiens sur le bord des forêts. (VIII, 491.)
Un *rets* d'acier par ses mains est forgé. (VIII, 299.)

RÉUNIR (Se) :
Il fait trois serpents de deux coups,
Un tronçon, la queue, et la tête.
L'insecte sautillant cherche à *se réunir*. (II, 42-43 et fin de la note 13.)

REVANCHE :
Quand vous perdez au jeu, l'on vous donne *revanche*. (V, 101.)

REVANCHER de (Se) :
Je veux d'un si bon tour
Me *revancher*. (IV, 170 et note 6.)
[Il] ne put *se revancher* d'un trait assez plaisant. (VII, 56.)
Pour me *revancher de* cet honneur.... (IX, 378.)

RÉVEILLE-MATIN :
Le *réveille-matin* [le coq] eut la gorge coupée. (I, 383.)
Rapprochez les exemples cités par Littré; et ces vers de Béranger (*la Vivandière*) :
.... Oui, pour vous doit briller encor
Le jour de la victoire :
J'en serai le réveil-matin.
— Le réveille-matin est le nom d'une espèce de caille de l'île de Java, qui salue d'une voix perçante le lever du soleil, et tombe en léthargie dès que l'astre se couche.

RÉVEILLER :
Pour contenter l'oreille et *réveiller* les yeux.,... (IX, 156.)

REVENDRE :
Il n'avoit pas des outils à *revendre*. (I, 364.)

REVENIR :
   Tout lui manque à la fois,
Les sens et les esprits, aussi bien que la voix :
Elle *revient* enfin. (VI, 183 et note 3.)
Et ce beau cuisinier armé d'un grand couteau?
 Reviendrois-tu pour cet appeau? (II, 322.)
Nous *revînmes* au Roi : l'on y *revient* toujours;
 Quelque entretien qu'on se propose
 Sur Louis aussitôt retombe le discours. (IX, 368.)
J'en *reviens* à dire que la plupart des choses ont deux faces. (VIII, 333.)
Pour *revenir* au fait.... (VI, 16.)
.... Sachant très bien que l'on n'y *revient* guères. (IV, 308 et note 5.)
Chacun a son défaut où toujours il *revient*. (I, 223.)
Nous ne pourrions *revenir* au mystère. (V, 494.)
  Onc, en amours,
  Vaines clamours
  Ne me *reviennent*. (VIII, 444.)
.... Très grand profit pourra certainement
T'en *revenir*. (V, 492.)
.... L'honneur en *reviendroit* sur lui. (III, 130.)

REVENIR (S'EN) :
Mars, chaque hiver, *s'en revenoit* attendre, etc. (IX, 33.)

REVENU, REVENUS :
.... C'étoit aussi un habit de noces, chargé de diamants en beaucoup d'endroits, et qui avoit consumé deux années du *revenu* de son père. (VIII, 160.)
   .... Le Malin
N'a *revenu* plus clair et plus certain. (IV, 486.)
 Bon villageois, à qui, pour toute terre,
 Pour tout domaine, et pour tous *revenus*,
 Dieu ne donna que ses deux bras tout nus. (V, 486.)
.... Mangea le fonds avec le *revenu*. (IX, 80.)

RÊVER :
Couché sur des gazons, il *rêve* au bruit de l'eau. (VI, 232.)
 Lise *rêvoit*; Nanette comprit bien...
 Que Lise alors ne *rêvoit* pas pour rien. (V, 298.)
Rêvant à son malheur tout le long du chemin.... (IV, 28.)
.... Aldobrandin commence d'y *rêver*. (V, 565.)
  L'amant, à force de *rêver*
Sur les ordres nouveaux qu'il lui falloit trouver,
  Vit bientôt sa cervelle usée. (V, 552.)

RÉVÉRENCE :
.... Par *révérence* on ne les nomme guère [les fesses].(V, 498.)

Mes vers voudroient faire la *révérence*
A deux soleils de votre connoissance. (IX, 9.)
Révérences, le drôle en faisoit des plus belles,
Des plus dévotes. (V, 445.)

RÉVÉRENCE (SA) :
« Et vraiment ouï », repart *Sa Révérence*,
Puis il lui met la main sur le teton. (V, 295.)

RÉVÉREND, RÉVÉRENDE :
.... Il aura son paquet,
Fût-il plus *révérend* cent fois qu'il ne nous semble. (VII, 95 et note 6.)
Très *révérende* mère en Dieu,
Qui *révérende* n'êtes guère.... (IX, 102 et note 1.)
Mon *Révérend* la jette sur un lit. (V, 295 ; voyez V, 293.)

RÉVÉRER :
.... Qu'on me *révère*, et qu'on chomme ma fête. (V, 468.)
Avez-vous en horreur un fils qui vous *révère* ? (VII, 619.)
.... La belle s'y transporte ; et partout *révérée*, etc. (VI, 200.)
Il n'est condition des mortels *révérée*
Qui ne me soit alors un objet de mépris. (VIII, 365.)

RÊVERIE :
Chemin pierreux est grande *rêverie*. (IX, 20.)
.... Ce qui est la plus grande *rêverie* dont un nourrisson du Parnasse se pût aviser. (IX, 341.)

REVERS, acceptions diverses :
Le héros d'un *revers* coupe en deux l'animal. (IV, 402 ; voyez VI, 100.)
D'un revers de son glaive.
Plus grands sont les *revers*, plus grands sont les miracles. (VII, 411 ; voyez VII, 586.)

RÊVEUR, RÊVEUSE :
Ma femme au logis est *rêveuse*. (V, 450.)
Toujours *rêveuse* au milieu des cadeaux. (V, 189.)

REVOICI :
Revoici chez Alis notre belle. (VI, 31.)

REVOIR :
Quand se proposent-ils de *revoir* leur patrie ? (VII, 599.)
J'aurois voulu *revoir* Zaïr et ma patrie. (IV, 441.)

REVOLER ; S'EN REVOLER :
Le corbeau donc vole et *revole*. (III, 281.)
Ces paroles dites, Cupidon *s'en revole* dans les airs. (VII, 204.)

RÉVOLU :
L'an *révolu*. (VI, 52.)

REVUE :
Le ballet paroît exercice, *revue*, etc. (IX, 157.)
  Un jour Satan, monarque des enfers,
  Faisoit passer ses sujets en *revue*. (VI, 92.)
.... Faisant passer ses péchés en *revue*. (IV, 348.)
REZ :
Sur le *rez* de la nuit. (VI, 9 et note 5.)
RHÉTEUR :
  Je ne connois *rhéteur* ni maître ès arts,
  Tel que l'Amour. (VI, 25; voyez II, 65.)
Cependant agréez mon *rhéteur* et mes vers. (IX, 205.)
RHÉTORIQUE :
.... Ayant au dos sa *rhétorique*. (II, 96 et note 17.)
  Quant à l'avare on le hait; le magot
  A grand besoin de bonne *rhétorique* :
  La meilleure est celle du libéral. (V, 560.)
      A cette *rhétorique*
Je ne veux opposer qu'un seul mot pour réplique. (VIII, 430.)
RHINOCÈRE, capitale des rhinocéros. (III, 312 et note 14.)
RICHESSE, ESSES :
Toutes saisons n'ont pas ces *richesses* légères. (VII, 511.)
RICOCHET :
Ne vlà-t-il pas encore la chanson du *ricochet*...? (VII, 449 et note 4.)
RIDER, au propre et au figuré :
  Le moindre vent qui d'aventure
  Fait *rider* la face de l'eau, etc. (I, 126 et note 3.)
Quant à moi, je voudrois ne mourir que *ridée*. (VI, 78.)
.... Mais verrez-vous au bord de l'Hippocrène
  Gens moins *ridés* dans leurs vers que ceux-ci? (IX, 396.)
RIDICULE, substantivement :
  Ridicules, envoyez-nous
  Les principaux d'entre vous. (VII, 244 et note 1.)
      Ils [les fous] donnent toujours
Quelque trait aux fripons, aux sots, aux *ridicules*. (II, 399 et note 5.)
Nos entêtés, nos *ridicules* de chaque espèce. (VIII, 239.)
.... L'amour-propre donnant du *ridicule* aux gens. (III, 131.)
RIEN; RIEN MOINS; RIEN PLUS; RIEN À RIEN :
Que doit faire un mari quand on aime sa femme?
Rien. (V, 114.)
De loin c'est quelque chose; et de près ce n'est *rien*. (I, 305.)
  Quand on l'ignore ce n'est *rien*,
  Quand on le sait c'est peu de chose. (V, 93.)
On demande qui c'est, et souvent ce n'est *rien*, etc. (VIII, 429.)

J. DE LA FONTAINE. XI

Le jour ne m'est plus *rien*. (VIII, 367.)
Faites état qu'il ne lui manquoit *rien*. (VI, 51 ; voyez IV, 86.)
Celui qui s'étoit vu Coridon ou Tircis
 Fut Pierrot, et *rien* davantage. (I, 267.)
.... Ne se fiant à vieillesse, ni goutte,
Jeûne, ni haire, enfin à *rien* qui soit. (V, 469.)
.... Sans y mêler *rien* que de légitime. (VI, 28.)
 .... Et les dieux, en la formant,
N'ont *rien* produit que de rare. (VIII, 385.)
Le doux parler ne nuit de *rien*. (I, 238.)
.... Tout cela pourtant n'est de *rien* compté. (IX, 274.)
Mais je compte pour *rien*, etc. (VIII, 370.)
 Ce que la belle avoit
Pris et donné de plaisirs en sa vie.
Compter pour *rien* jusqu'alors se devoit. (V, 206.)
Quant au fouet, je n'y vaux *rien* du tout. (V, 536.)
 Rien de trop est un point
Dont on parle sans cesse, et qu'on n'observe point. (II, 414 et note 13.)
.... *Rien moins*, reprit le roi. (IV, 46 et note 1.)
.... Celui qui la menoit est quelque homme de mine ?
— *Rien moins*. (VII, 47.)
 « Quelle est donc votre affaire? »
Quelle elle est donc? Je l'aurai bientôt dit :
C'est d'admirer.... « Quoi! *rien plus* ? » (IX, 65.)
 Je ne suis pas cet ennemi des femmes,
Ce scrupuleux qui ne vaut *rien à rien*. (V, 536 et note 3.)

RIEN, substantivement :
Un *rien*; et pour ce *rien*, etc. (VIII, 373.)
Un spectre, un songe, un *rien*, pour tout dire un eunuque. (VII, 49.)
Un souffle, une ombre, un *rien*, tout lui donnoit la fièvre. (I, 173 ; voyez II, 268.)
Les chimères, le *rien*, tout est bon. (II, 459.)

RIEUR, RIEURS :
.... Avec un ton de *rieur*. (II, 218.)
On cherche les *rieurs*, et moi je les évite. (II, 248.)

RIGOUREUX :
Le mal d'amour est le plus *rigoureux*. (IX, 39.)

RIGUEUR :
Il faisoit lors un froid plein de *rigueur*. (IV, 246.)
Ils se matoient par ces saintes *rigueurs*. (VI, 291.)
.... Avant que se soumettre à la *rigueur* des lois. (VII, 406.)
.... Le peuple le blâme sans l'examiner, et les sages l'examinent à la *rigueur*. (VIII, 324.)

RIMER :
.... Boccace en fait certain conte pour rire,
Que j'ai *rimé* comme vous allez voir. (IV, 488 ; voyez IV, 4, 148.)

Il a déjà jeté les yeux sur d'autres nouvelles pour les *rimer*. (IV, 5 ; voyez IV, 146.)

RIMEUR :

    Puis fiez-vous à *rimeur* qui répond
    D'un seul moment. (VI, 5.)

RIOTTE, RIOTTES :

.... *Riottes* entre amants sont jeux pour la plupart. (VII, 92 et note 4.)

RIPAILLE, RIPAILLES :

Ils firent tous *ripaille*. (II, 245 et note 16.)

Comparez Brantôme, tomes I, p. 54, et VI, p. 412 ; et les *Nouvelles recherches sur le dicton populaire* « faire ripaille », par Gabriel Peignot, Dijon, 1836, in-8°.

Petits jeux, cotte verte, allégresse, *ripailles*. (VII, 562.)

RIPOSTE :

    J'aurois couru volontiers quelque poste ;
    C'eût été tout, n'ayant pas la *riposte*
    Ainsi que vous. (IV, 56 et note 6.)

RIRE, au propre et au figuré ; RIRE À, DE ; SE RIRE DE :

.... Contez-moi cela pour *rire*. (VII, 459.)
On se leva, ce ne fut pas sans *rire*. (IV, 218 et note 3.)
    Lui de crier ; chacun de *rire*,
Monarque et courtisans. Qui n'*eût ri* ? Quant à moi,
Je n'en eusse quitté ma part pour un empire.
    Qu'un pape *rie*, en bonne foi
Je ne l'ose assurer ; mais je tiendrois un roi
    Bien malheureux s'il n'osoit *rire :*
C'est le plaisir des dieux. Malgré son noir sourci
Jupiter et le peuple immortel *rit* aussi. (III, 258.)
Aldobrandin *rit* si fort qu'il en pleure. (V, 573.)
Les nonnains s'éclatent de *rire*. (V, 590 et note 6.)
Achille ne *rioit* pas de moins bon courage. (VIII, 115.)
De prime face, elle crut qu'on *rioit*. (V, 45.)
    « Votre salaire ? dit le loup :
Vous *riez*, ma bonne commère ! » (I, 230.)
    Et supposé qu'en son cœur
    Cela lui plaise, elle *rie*.... (V, 431.)
Du fruit de ses conseils le docteur s'applaudit,
Rit en jurisconsulte, et des maris se raille. (V, 447 et note 3.)
D'un beau jour, la naissance *rit* moins. (IX, 75.)
.... Animal sans considération, ni respect, et qui devant les Majestés et les Éminences *rioit à* toutes celles [à toutes les juments] qui lui plaisoient. (IX, 277.)
    Un sphynx à larges flancs
Se laisse entortiller de fleurs par des enfants ;
Il se joue avec eux, leur *rit* à sa manière. (VIII, 121.)
    Cette maîtresse un tantet bise
    Rit à mes yeux. (V, 506.)

Ne peut-il pas, sans qu'il le dise,
Rire sous cape *de* ces tours? (V, 9 et note 2; voyez VI, 114; VII, 426.)
Il faut cette nuit-ci....
De votre époux nous venger et *nous rire*. (V, 571.)

RIRE, substantivement :
Le *rire* est ami de l'homme. (VIII, 107 et note 2; voyez VIII, 106.)
.... Enfin le *rire* me rit davantage. (VIII, 115.)
Je vous ai... tantôt laissés mettre le plaisir du *rire* après celui de pleurer. (VIII, 107; voyez VIII, 114.)

RIS, rire :
Un *ris* malicieux. (VIII, 299.)

RIS (LES) :
Premièrement, mets des lis et des roses ;
Après cela des amours et des *ris*. (V, 236.)
Toute la bande des Amours
Revient au colombier, les jeux, les *ris*, la danse,
Ont aussi leur tour à la fin. (II, 75.)
Elle sent chaque jour
Déloger quelques *Ris*, quelques *Jeux*, puis l'Amour. (II, 116.)
Adonis dont la vie eut des termes si courts,
Qui fut pleuré des *Ris*, qui fut plaint des Amours. (VI, 226; voyez III, 184.)

RISÉE :
Grande fut la *risée*. (V, 368.)
Grand éclat de *risée*, et grand chuchillement. (V, 458.)
Un petit éclat de *risée*. (VIII, 108.)
Mais pourquoi jetez-vous cet éclat de *risée*? (VII, 82.)
Comme nous il eût eu sa part de la *risée*. (VII, 112.)

RISQUER, neutralement et activement :
On *risque* sans souci. (VII, 53.)
.... Je n'en dois rien qu'à moi, qu'à mes soins, qu'au talent
De *risquer* à propos et bien placer l'argent. (II, 175.)
Chacun promet enfin de *risquer* le paquet. (III, 355 et note 14.)

RIVAGE :
Tout le peuple de Samos accourut au *rivage* de la mer. (I, 41.)
Étant un jour près d'un *rivage*,
Elle vit un jeune garçon
Se baigner nu. (V, 344; voyez IV, 340.)
Se mire-t-on près un *rivage*? (II, 277.)
Est-il quelques *rivages*
Qui ne connoissent point l'Amour? (VII, 512.)
La blonde Aurore
En quittant le *rivage* maure
Nous avoit à table trouvés. (IX, 450.)
Bientôt un certain breuvage
Lui fit voir le noir *rivage*. (V, 435.)

Ils [ces arbres] iront assez tôt border le noir *rivage*. (III, 306 et note 13.)
.... Une écorce fameuse, et qui va tous les jours
Rappeler des mortels jusqu'au sombre *rivage*. (VI, 342.)

RIVAL, RIVAUX :
Un homme qui s'aimoit sans avoir de *rivaux*
Passoit dans son esprit pour le plus beau du monde. (I, 92.)
    Son *rival* autour de la poule
    S'en revint faire le coquet. (II, 172 ; voyez II, 170.)
Le *rival* d'Épicure. (II, 470.)
Descartes.

RIVE, RIVES, au propre et au figuré :
Amants, heureux amants, voulez-vous voyager?
    Que ce soit aux *rives* prochaines. (II, 366.)
Attends-moi, je te vais rejoindre aux *rives* sombres. (VI, 182.)
.... Se fait petit, se serre, au bord se va nicher,
Et ne tient que moitié de la *rive* occupée. (IV, 390.)
Que le quart du lit.

ROBE, au propre et au figuré :
    D'un magistrat ignorant,
    C'est la *robe* qu'on salue. (I, 409.)
J'ai vu dans le Palais une *robe* mal mise
    Gagner gros : les gens l'avoient prise
Pour maître tel. (II, 182.)
Il fit le procès à un lieutenant de *robe* courte de ce lieu-là. (IX, 291.)
De sa *robe* d'hymen l'Aurore étoit vêtue. (VIII, 284.)
    Elle étoit fille à bien armer un lit,
    Pleine de suc, et donnant appétit;
    Ce qu'on appelle en françois bonne *robe*. (IV, 280 et note 2.)

ROC, au figuré :
Caliste étoit un *roc*; rien n'émouvoit la belle. (V, 126.)
    Elle tint bon ; Frédéric échoua
    Près de ce *roc*, et le nez s'y cassa. (V, 155 et note 6.)
    Ni roi, ni *roc*, ne feront qu'autre touche
    Que Nicia, jamais onc, à ma peau. (V, 46 et note 3.)
Voyez aussi le Supplément oriental du Dictionnaire de Littré, au mot ROQUER.

ROC (FRÈRE). (IV, 190 et note 1.)

ROCAILLE :
Six masques de *rocaille*. (VIII, 33.)

ROCHER, ROCHERS, au propre et au figuré :
Deux lustres de *rocher*. (VIII, 41.)
Leurs mains de *rocher*. (VIII, 33.)
Tous mes efforts sont vains, et je frappe un *rocher*. (VII, 545.)
Je le dis aux *rochers* ; on veut d'autres discours :
Ne pas louer son siècle est parler à des sourds. (IX, 202.)

.... C'est en amour une triple machine
Par qui maint fort est bientôt emporté,
Rocher fût-il : *rochers* aussi se prennent. (V, 559.)

L'argent sut donc fléchir ce cœur inexorable ;
Le *rocher* disparut : un mouton succéda. (V, 130.)

Quelque nymphe au cœur de *rocher*. (IX, 245.)

RODILARD, RODILARDUS, noms de chats. (I, 134 et note 1, 255.)

Comparez *les Grandes et fantastiques batailles de Rodilardus et de Croacus*, Blois, 1555, in-12.

ROGNER :

Permettez... qu'à chaque patte
On vous les *rogne* [les griffes]. (I, 265.)

ROGNEUX :

.... Le tout pour un âne *rogneux*,
Pour un mouton pourri, etc. (III, 31 et note 8.)

ROI, ROIS, au propre et au figuré :

Roi vraiment *roi* (cela dit toutes choses). (IX, 33.)

J'en fais scrupule, et fût-ce pour le *roi*. (V, 534.)

Tels dons étoient pour des dieux ;
Pour des *rois*, voulois-je dire ;
L'un et l'autre y vient de cire. (V, 432.)

Ce n'est pas que je me pique
De tous vos festins de *roi*. (I, 87.)

.... Ayant trouvé telle de nos Rémoises
Friande assez pour la bouche d'un *roi*. (V, 65 et note 2.)

Colette est un morceau de *roi*. (IV, 214.)

Je sais que la vengeance
Est un morceau de *roi* ; car vous vivez en dieux. (III, 67.)

Être un jour plus content
Qu'un petit *roi*. (V, 491.)

L'une disoit : « J'ai le *roi* des maris ;
Il n'en est point de meilleur dans Paris. » (IV, 297.)

Mon mulet, c'est... c'est le *roi* des mulets. (V, 322.)

C'étoit le *roi* des ours au compte de ces gens. (I, 427.)

La descente, le tour, et le reste des lieux
Qui pour lors m'ont fait *roi* (j'entends *roi* par les yeux). (VII, 179.

Je serai *roi* : le sage l'est-il pas ? (IX, 212.)

Ni *roi*, ni roc, ne feront qu'autre touche
Que Nicia, jamais onc, à ma peau. (V, 46 et note 3.)

ROIDE :

Roide mort étendu sur la place il le couche. (II, 262.)

ROIDEUR :

Le fidèle émoucheur
Vous empoigne un pavé, le lance avec *roideur*. (II, 262.)

ROIDIR :

L'oreille lui *roidit* [au coursier], il bat du pied la terre. (VIII, 480.)

RÔLE :

.... Hommes, dieux, animaux, tout y fait quelque *rôle!* (I, 364.)
   La belle crut qu'il avoit dit cela
   Par politique, et pour jouer son *rôle*. (IV, 363.)

RÔLET :

Il continue à jouer son *rôlet*. (IV, 284 et note 1.)
« Madame la duchesse d'Orléans qui jouoit son rôlet dans cette occasion.... »
(Mémoires de Montrésor, p. 67.)

ROMAN :

   La belle lui fit
Un long *roman* de son histoire. (IV, 440 et note 4.)
Je craindrois plutôt une douce mélancolie, où les *romans* les plus chastes et les plus modestes sont très capables de nous plonger. (IV, 14.)
.... Tandis que les *romans* sont si chère denrée. (IX, 22.)
Les *romans* et le jeu, peste des républiques. (IX, 184.)
.... Chercher fortune au pays des *romans*. (III, 74 et note 6.)

ROMANCIER :

Un amant que nos *romanciers* auroient fait seroit demeuré deux heures à considérer l'objet de sa passion sans l'oser toucher. (VIII, 221.)

ROMPRE, au propre et au figuré :

Je plie et ne *romps* pas. (I, 127.)
   Le drôle et sa belle
Verront beau jeu, si la corde ne *rompt*. (IV, 70 et note 5.)
   Toutes, je te répond,
Verront beau jeu, si la corde ne *rompt*. (V, 535 et note 4.)
Cette chaise *rompue*. (V, 581.)
Maint rempart *fut* ouvert, maint escadron *rompu*. (IX, 338.)
L'un a les flancs ouverts, l'autre les reins *rompus*. (VI, 261.)
Un bûcheron venoit de *rompre* ou d'égarer
Le bois dont il avoit emmanché sa cognée. (III, 289.)
   Elle [la machine] échappa, *rompit* le fil d'un coup,
   Comme un coursier qui *romproit* son licou. (V, 529.)
Diane nous *rompt* la tête avec sa trompe. (VIII, 231.)
Rompez trafic et ménage. (VIII, 437.)
Le voilà [l'Amour] qui *rompt* tout ; c'est assez sa coutume. (V, 593.)
   .... Puis allez-moi *rompre* la tête
   De vos greniers! (I, 273 ; voyez II, 37.)
.... Jupin en a bientôt la cervelle *rompue*. (I, 215.)
Pourquoi *rompre* en faveur d'une mortelle avec une déesse de ses amies? (VIII, 175.)
.... Pour *rompre* leur commerce et vaincre leurs ardeurs. (VII, 410.)
Rompez-lui toutes ses mesures. (IV, 450 et note 2.)
Un beau coup m'est *rompu* par elle assurément. (VII, 90 et note 2.)
Leur maître les *rompit*. (III, 322 et note 19.)
Rompit les chiens.

Mais le mari, qui se doutoit du tour,
Rompoit les chiens. (V, 394 et note 8.)

ROND, RONDE, au propre et au figuré :

Je ne me souviens pas bien de quelle figure elle [la place] est : demi-*rond* ou demi-ovale. (IX, 260.)
Force souris sans pieds, toutes *rondes* de graisse. (III, 162.)
Le corps *rond*, le teint frais. (V, 357.)
 D'un grain de blé je me nourris :
 Une noix me rend toute *ronde*. (III, 215.)
.... Pour moi, dont l'âme est *ronde* comme un cerceau. (VII, 332.)

ROND, substantivement :

On descend vers deux mers d'une forme nouvelle :
L'une est un *rond* à pans. (VIII, 125 et note 1.)
Les lieux que j'ai dépeints, le canal, le *rond* d'eau,
Parterres, etc. (VIII, 124.)

RONDE, substantivement; À LA RONDE :

Un milan, qui dans l'air planoit, faisoit la *ronde*, etc. (I, 310.)
Il court, il cherche, il rôde, il fait partout la *ronde*. (VII, 405.)
.... Là-dessus le maître entre et vient faire sa *ronde*. (I, 350; voyez I, 57; IV, 322.)
 La solitude étoit profonde,
S'étendant partout *à la ronde*. (II, 108.)
 Ce chat exterminateur,
Vrai Cerbère, étoit craint une lieue *à la ronde*. (I, 255.)
  J'étends mon pouvoir
Sur tout ce que votre œil *à la ronde* peut voir. (VI, 20; voyez III, 304.)

RONDEAU, RONDEAUX :

Nous avons vu les *rondeaux*, les métamorphoses, les bouts-rimés régner tour à tour. (IV, 8.)

RONDEUR :

L'ignorant le croit [croit le soleil] plat : j'épaissis sa *rondeur*. (II, 201.)
Il [le bras] n'avoit pas la même *rondeur* qu'autrefois. (VIII, 220.)

RONFLER :

Ménétriers, *ronflez;* Lucas, joignons nos voix. (VII, 566 et note 2.)
L'oreille lui roidit [au coursier], il bat du pied la terre,
Ronfle, et ne semble plus respirer que la guerre. (VIII, 480.)

RONGE-MAILLE :

Ronge-maille, le rat. (II, 324 et note 1; voyez III, 282, 284.)

RONGER :

Je ne *ronge* point vos blés. (I, 46.)

ROSE, ROSES, au propre et au figuré :

Avant les *roses*. (VIII, 381.) — Au retour des *roses*. (IX, 33.)
Pour elle le printemps s'est habillé de *roses*. (VII, 151.)

RÔT] DE LA FONTAINE. 297

   Elle redevient *rose*,
 OEillet, aurore. (V, 316 et note 9.)
    Un vent zéphirin mollet
    Flottoit sur leur teint douillet,
    Qui feroit honte à l'aurore,
    A la rose, au lys encore!
      (Tahureau, Poésies, tome I, p. 18.)

 Son teint de lis et de *roses* l'attire. (VII, 262.)
    .... Une couleur de *roses*,
 Par le somme appliquée. (VII, 178.)
 L'Aurore aux doigts de *rose*. (VI, 46.)
   Et l'Aurore au teint vermeil
   Donna les lèvres de *roses*. (VIII, 385.)
 Je ne vous ai conté ni les lis ni les *roses* :
 On n'a qu'à retourner seulement ces mots-là. (VII, 172.)
 Premièrement, mets des lis et des *roses*. (V, 236; voyez VIII, 44, 226, 260, 286, 360; etc.)
   Au prix du mal que le pauvre homme avoit,
   Gens que l'on pend sont sur des lits de *roses*. (IV, 250.)
 Motus! ou je découvrirai le pot au *rose*. (VII, 480 et note 2.)

ROSE-SÈCHE, vieux rose :
 Des chaperons de drap *rose-sèche*. (IX, 221.)

ROSEAU, ROSEAUX :
 Un appui de *roseau* soulageoit leurs vieux ans. (VI, 158.)
 Il [ce taureau] ne régnera plus sur l'herbe des prairies,
 Viendra dans nos marais régner sur les *roseaux*. (I, 140.)

ROSSER :
   .... Son valet étoit encore au lit;
 Renaud le *rosse*. (IV, 270.)
    D'une verge [la sainte Vierge] tant le bati [le diable]
    Que contre terre l'abati,
    Tant l'a batu, tant l'a roissié,
    Pour peu ne l'a tout defroissié.
(Gautier de Coinsy, *les Miracles de la Sainte Vierge*, édition Poquet, p. 329.)

ROSTRALES (COLONNES). (IX, 261.)

RÔT :
Achevons tout notre *rôt*. (I, 87.)
Il a fait un larcin de *rôt* ou de fromage. (I, 256.)
 Il [le loup] vit des bergers, pour leur *rôt*,
 Mangeants un agneau. (III, 31.)
 Deux perroquets, l'un fils et l'autre père,
 Du *rôt* d'un roi faisoient leur ordinaire. (III, 63 et note 4.)

RÔTIE :
 Eh quoi! toujours pâtés au bec!
 Pas une anguille de *rôtie!* (V, 511 et note 5.)

ROUE :
Introduirai-je un roi qu'entre ses favoris
Elle [la Fortune] respecte seul, roi qui fixe sa *roue* ? (III, 212.)

ROUGE :
    Elle oublia ce beau calendrier
    Rouge partout. (IV, 342 et note 4.)

Rouge, substantivement :
Le *rouge* lui monta au front. (VIII, 201.)

ROUGEUR :
Ma *rougeur* me confond. (VII, 605.)

ROUGIR :
Mais quoi! j'ai beau *rougir*, mon cœur n'est plus le maître. (VII, 605.)
    Elle *rougit*, chose que ne font guère
    Celles qui sont prêtresses de Vénus. (V, 192; voyez V, 193.)

ROUILLER :
Il est enragé. Comme il *rouille* les yeux! (VII, 475 et note 5.)

ROULER, au propre et au figuré :
.... Sur des glacis je fais qu'il [le liquide] *roule*,
Et qu'il bouillonne en d'autres lieux. (VIII, 259.)
    .... Et son âme agitée
Roule mille pensers qu'en ses yeux ont voit peints. (VIII, 297.)
.... C'est ce qui *rouloit* au cœur de ces femmes. (VIII, 88.)
.... Deux pivots sur qui *roule* aujourd'hui notre vie. (I, 363.)
.... Une précaution sur qui *rouloit* la vie
De celui qu'il aimoit. (II, 292.)
Notre commun bonheur va *rouler* sur ta vie. (VII, 624.)
.... Sur celui-ci *rouloit* tout son avoir. (I, 364.)
Douze lustres et plus *ont roulé* sur ta vie. (IX, 185.)

ROUSSIN, âne :
    J'ai, dit-il, en mon écurie
    Un fort beau *roussin* d'Arcadie. (II, 65 et note 13; voyez II, 300.)

ROUSSIN, fort cheval de voyage. (IV, 272 et note 3.)

ROUTE :
Quelque lieu sans *route* et sans chemins,
Un rocher, etc. (III, 207.)
Les nymphes, de qui l'œil voit les choses futures,
L'avoient fait égarer [Adonis] en des *routes* obscures. (VI, 263.)
Le Parnasse n'a point d'endroits où vous soyez capable de vous égarer. Certes, Monseigneur, il est glorieux pour vous de pouvoir ainsi démêler les diverses *routes* d'une contrée où vous vous êtes arrêté si peu. (VI, 277.)

ROUTIER :
Un rat, sans plus, s'abstient d'aller flairer autour :
C'étoit un vieux *routier*, il savoit plus d'un tour. (I, 258 et note 13.)
Le sultan fit venir son vizir le renard,
      Vieux *routier*, et bon politique. (III, 96 et note 6.)
      Le plus jeune apprentif
Est vieux *routier* dès le moment qu'il aime. (V, 541 et note 1.)
.... Souffrir qu'un enfant
Des lacs d'un vieux *routier* se sauve en triomphant. (VII, 52 ; voyez VII, 107.)

ROYAL, ALE :
Le nez *royal* fut pris comme un nez du commun. (III, 253.)
La clémence sied bien aux personnes *royales*. (IV, 433.)
.... Qu'il s'en puisse former une armée assez grande
Pour s'appeler *royale*. (V, 137 et note 4 ; voyez V, 140.)

ROYAUME, ROYAUMES :
Mais l'or n'a point de cours au *royaume* des morts. (VII, 271.)
Le *royaume* des morts a plus d'une avenue. (VIII, 210.)
    Tout élément remplit de citoyens
Le vaste enclos qu'ont les *royaumes* sombres. (II, 137 et note 13.)
    Mais vous [roseaux] naissez le plus souvent
Sur les humides bords des *royaumes* du vent. (I, 126.)

ROYAUTÉ :
    Je devois par la *royauté*
    Avoir commencé mon ouvrage. (I, 206.)

RUADE :
.... L'autre [le cheval], qui s'en doutoit, lui lâche une *ruade*. (I, 392 et note 12.)
.... Le cheval mutin, après cette *ruade*,
A relevé la tête, et fait une saccade. (VII, 296.)

RUBIS SUR L'ONGLE :
Je vais jeter en sable à toi ce petit coup
Avec *rubis sur l'ongle*, et la bravoure au bout. (VII, 316 et note 1.)

RUBRIQUE :
.... Nous y savons encor quelque *rubrique*. (V, 573 et note 6.)

RUDE ; RUDE À :
Il a la voix perçante et *rude*. (II, 16.)
Pomone... a toujours les mains *rudes*. (VIII, 331.)
      L'héritage
Etoit frayant et *rude*. (II, 12.)
.... *Rudes à* pauvres gens. (V, 359 et note 2.)

RUDESSE :
      .... Pour punir sa *rudesse*,
Timante en un billet m'exprima sa tendresse. (VII, 425.)

RUELLE :

Le lit, qu'apparemment on avoit fait exprès,
Étoit, comme le bouge, étroit et sans *ruelle*. (VII, 324.)

Notre feint pèlerin traversa la *ruelle*. (V, 265 et note 5.)

En la *ruelle* est caché le galant. (IV, 167.)

  Tout dès l'abord Constance s'éclipsa,
  S'allant cacher en certaine *ruelle*. (V, 190; voyez V, 197.)

.... Voulut savoir de son défunt amant,
Qu'elle tira dedans une *ruelle*, etc. (IV, 66 et note 6.)

Se présenter aux *ruelles*. (IX, 213.)

.... Le téorbe charmant, qu'on ne vouloit entendre
Que dans une *ruelle*, avec une voix tendre. (IX, 158.)

  .... Tous ses temples et ses chapelles [de l'Amour],
Nommés pour la plupart alcôves et *ruelles*. (IV, 446 et note 6.)

Voyez *la Prétieuse ou le Mystère de la ruelle*, par l'abbé de Pure (Paris, 1656, in-12, tome I, p. 70), qui parle des desservants de ces temples : « .... les habiles en ruelle, les doctes en droit de chevet, etc. »

RUER (SE) :

  Le grison *se rue*
Au travers de l'herbe menue. (II, 25.)

Cependant on fricasse, on *se rue* en cuisine. (I, 278 et note 10.)

Comparez la traduction de Straparole, tome II, p. 202; et Saint-Simon, tome IV, p. 102, de notre Collection.

RUINE, RUINES :

Les statues qu'on y a mises [dans cette palissade] réparent en quelque façon les *ruines* de sa beauté. (IX, 277.)

    Les *ruines* d'une maison
Se peuvent réparer : que n'est cet avantage
  Pour les *ruines* du visage? (II, 117 et note 12.)

Pourquoi cette *ruine*? Etoit-il d'homme sage
De mutiler ainsi ces pauvres habitants? (III, 306.)

Le monceau disparoît ainsi que par machine :
Quatre tas différents réparent sa *ruine*. (VIII, 206.)

.... C'est pour déraciner le chêne assurément,
Et de nos nourrissons attirer la *ruine*. (I, 220.)

RUINER (SE) :

  Mes mains ont fait des ouvrages
  Qui verront les derniers âges
  Sans jamais *se ruiner*. (VIII, 261.)

RUINEUX :

.... Terminer une guerre qui ne peut être que *ruineuse* à leurs maîtres. (III, 176.)

RUISSEAU, RUISSEAUX :

Elle va ramasser dans les *ruisseaux* des halles
Les bons mots des courtauds. (VII, 355.)

RUMINER, au propre et au figuré :
L'un des bœufs *ruminant* lui dit, etc. (I, 350.)
  Le bœuf vient à pas lents;
Quand il eut *ruminé* tout le cas en sa tête, etc. (III, 8 et note 24.)
Il s'en retourne, il *rumine*, il repense. (VI, 32.)
  Messire Artus ne prit goût à l'affaire;
  Et *ruminant* sur ce qu'il devoit faire, etc. (IV, 103.)
.... Alors que j'y *rumine*. (V, 336.)
.... Y *ruminer* jour et nuit. (I, 345.)

RURAL, AUX :
Esprits *ruraux* volontiers sont jaloux. (V, 95 et note 3.)

RUSE, RUSES :
  La *ruse* la mieux ourdie
  Peut nuire à son inventeur. (I, 311.)
  Adresse, force, et *ruse*, et tromperie,
  Tout est permis en matière d'amour. (IV, 78.)
Lui, qui n'étoit novice au métier d'assiégeant,
Eut recours à son sac de *ruses* scélérates. (III, 298.)
J'ai cent *ruses* au sac. (II, 427.)

RUSER :
Il faut *ruser* pour avoir cette proie. (I, 391.)

RUSÉ, ÉE :
Un manant, *rusé*, des plus trompeurs. (V, 359.)
  Du palais d'un jeune lapin
  Dame Belette, un beau matin,
  S'empara : c'est une *rusée*. (II, 185.)

RUSTAUD :
.... Quelque garçon d'honnête corpulence,
Non trop *rustaud*. (V, 47.)

RUSTIQUE :
.... Mêlant à leurs concerts nos *rustiques* chansons. (VII, 564.)

RUSTIQUE, substantivement; RUSTIC :
C'est assez, dit le *rustique*. (I, 87.)
.... Ne chanter qu'aux animaux,
Tout au plus à quelque *rustique*. (I, 245.)
Nous autres gens peut-être aurions voulu
Du délicat : ce *rustic* ne m'eût plu. (V, 487 et note 6.)

RUSTRE, adjectivement et substantivement :
Pauvres gens, idiots, couple ignorant et *rustre*. (I, 201.)
Comparez le Lexique de Racine.
  .... Il rendroit disert un badaud,
  Un manant, un *rustre*, un lourdaud. (II, 64.)

Le *rustre*, en paix chez soi,
Vous fait argent de tout. (III, 110.)
Cependant pour salaire
Un *rustre* l'abattoit. (III, 9.)
Qu'entend ce *rustre*, et que nous veut-il dire? (V, 536.)
Voilà un *rustre* d'assez bon sens. (VII, 490.)
.... On l'alloit mettre entre les bras d'un *rustre!* (V, 42.)
Je veux, quoi qu'il en soit, expliquer à des belles
Cette chaise rompue, et ce *rustre* tombé. (V, 581 ; voyez V, 589, 592, 593, 595.)

S

SABBAT, au figuré :
Le galand alla chercher femme :
Pendant tout le *sabbat* qu'il fit avec sa dame, etc. (I, 134.)
Voyez le beau sabbat qu'ils font à notre porte ! (Racine, *les Plaideurs*, acte I, scène VIII.)
Quatre sièges boiteux, un manche de balai,
Tout sentoit son *sabbat* et sa métamorphose. (II, 181 et note 15.)

SABLE (JETER EN) :
Je vais *jeter en sable* à toi ce petit coup. (VII, 315 et note 1.)

SABLON, SABLONS :
D'Édesse à Béroé sont de vastes *sablons*. (VI, 282 et note 3.)

SABLONNEUX :
Dans un chemin montant, *sablonneux*, malaisé.... (II, 141.)

SAC :
Rien ne te sert d'être farine,
Car, quand tu serois *sac*, je n'approcherois pas. (I, 258 et note 14.)

« Le texte ésopique... offre une variante précieuse. Là le chat ne s'est pas encore enfariné pour simuler (chose d'ailleurs difficile) un vrai *sac*. « La bête scélérate » s'était suspendue « par la patte » à un clou, feignant d'être une peau de chat empaillé ; le vieux rat, flairant la ruse, lui disait : « Quand tu serais un mannequin » (en d'autres termes une peau de chat empaillé). Aucun des imitateurs modernes, que je sache, peut-être même aucun des traducteurs latins de la rédaction grecque en prose, n'a saisi le sens du mot *thylax*, qui ne signifie pas un sac de toile, mais le sac formé par la peau d'une bête morte et plus tard la bête empaillée. Cette nuance se voit clairement dans un passage de l'historien Polybe[1], qui compare un de ses confrères, trop ignorant des réalités de ce monde et trop enfermé dans l'étude des livres, aux peintres qui ne travaillent pas d'après la nature vivante, mais d'après des peaux empaillées ». (E. Egger, *Journal des Débats* du 31 octobre 1883.)

En sais-tu tant que moi? J'ai cent ruses au *sac*. (II, 427; voyez III, 298.)

1. Critique de l'historien Timée dans un fragment du livre XII que publia pour la première fois Angelo Maï, et qui paraît être le seul témoignage conservé, de l'antiquité jusqu'à nous, sur l'usage d'empailler des peaux d'animaux.

Mettez ce qu'il en coûte à plaider aujourd'hui... :
Vous verrez que Perrin tire l'argent à lui,
Et ne laisse aux plaideurs que le *sac* et les quilles. (II, 406 et note 15.)
Chez Marot, tome III, p. 81 :
    .... Procès, sacs, ou papiers
    De contredicts ou cautelles pareilles.

SACCADE :
.... Le cheval mutin, après cette ruade,
A relevé sa tête, et fait une *saccade*. (VII, 296.)

SACCAGER :
La jeune *saccageoit* les poils blancs à son tour. (I, 110.)

SACRÉ, ÉE :
.... Et rendre sa chevance à lui-même *sacrée*. (I, 345.)
[Le milan] sur le nez *sacré* voudroit passer la nuit. (III, 254.)
Les *sacrés* manoirs. (IX, 166.)
Présentez sur le doigt aux dames l'eau *sacrée*. (V, 442 et note 1.)

SACRIFICATEUR, SACRIFICATEURS :
En ce lieu hantoient d'ordinaire
Gens de cour, gens de ville, et *sacrificateurs*. (V, 583 et note 3.)
Psyché avoit ouï dire aux *sacrificateurs* de son pays qu'elles [ces fleurs] plaisoient à Cérès. (VIII, 173.)
.... Force *sacrificateurs* portant de longs vases. (VIII, 53 ; voyez VIII, 137.)

SACRIFICE, FAIRE SACRIFICE À :
.... Marque entre cent moutons le plus gras, le plus beau,
    Un vrai mouton de *sacrifice*. (I, 178.)
    .... Et que sous ses auspices
Nous portions chez les morts plus tard nos *sacrifices*. (VI, 338.)
Un beau jour dom Bertrand se mit dans la pensée
D'en *faire* [de cet argent] un *sacrifice* au liquide manoir. (III, 203.)

SACRIFIER À ; SE SACRIFIER À :
Au dieu d'Amour il fut *sacrifié*. (VI, 134 ; voyez VI, 199 et note 7.)
.... Tous les lieux où on *sacrifie au* dieu des amants. (VIII, 70.)
.... Que tout *lui sacrifie*. (VIII, 485.)
La beauté dans l'Olympe aura trouvé des temples,
Et vous serez honteux de *lui sacrifier!* (VII, 606.)
Je te laisse à l'honneur *sacrifier* ce jour. (VII, 627.)
    .... *Sacrifiant* à sa mélancolie
Mainte perdrix.... (V, 164.)
.... Je ne vois point de cœur qui ne *leur sacrifie*. (III, 47.)
Cette rivière sur les bords de laquelle on va se promener après qu'on a *sacrifié* longtemps *au* sommeil. (IX, 388.)
Venge-moi de tes deux démons de sœurs... : *sacrifie-les-moi*. (VIII, 134.)
Sacrifier à l'ignorance. (IX, 374.)
    Que le plus coupable de nous
Se *sacrifie aux* traits du céleste courroux. (II, 96.)

SACRILÈGE :
Ainsi elle [Psyché] auroit commis un *sacrilège*, etc. (VIII, 130.)

SAGE, sens et emplois divers :
.... Tandis que ce nigaud, comme un évêque assis,
Fait le veau sur son âne et pense être bien *sage*. (I, 202.)
   Le père fut *sage*
  De leur montrer, avant sa mort,
  Que le travail est un trésor. (I, 395.)
[Celui-ci] prétendoit que tout homme *sage*
Étoit tenu de l'honorer :
C'étoit tout homme sot. (II, 309.)
.... Un sien cousin, magistrat, homme *sage*. (VII, 414.)
Il est *sage*. — Il est un sot. (II, 272; voyez II, 408; III, 25.)
  .... L'aîné Caton,
Lui qui passoit pour homme *sage*. (VII, 123.)
.... C'est fait en homme *sage*. (VII, 55.)
Il eût fait un trait d'homme *sage*. (V, 115.)
.... Il feroit tour d'homme *sage*. (V, 455.)
Je ne me vante pas d'être *sage* à ce point. (VII, 153.)
Sage en amour? hélas! il n'en est point! (IV, 422.)
Ou l'Amour est aveugle, ou bien il n'est pas *sage*,
 D'avoir assemblé ces amants. (IV, 29; voyez VI, 51.)
Rien n'est si dangereux qu'un ignorant ami;
 Mieux vaudroit un *sage* ennemi. (II, 263.)
De vos *sages* discours voyez quel est le fruit. (VII, 193.)
  Le rieur alors, d'un ton *sage*,
 Dit qu'il craignoit qu'un sien ami...
 N'eût depuis un an fait naufrage. (II, 249.)
.... J'en dois la plus grande partie [des sujets des fables] à Pilpay,
sage Indien. (II, 81; voyez II, 82, 406; III, 76; V, 493.)
L'époux vit bien qu'il falloit être *sage;*
Mais sa moitié pensa tout découvrir. (VI, 136; voyez IV, 231 et note 2.)
Car c'étoit bien la plus trompeuse femme...,
Sage surtout, mais aimant fort à rire. (V, 67; voyez VII, 14, 217.)
  .... Ce fut fait prudemment,
En femme *sage*, en personne galante. (IV, 268 et note 2; voyez V, 80.)
Sages personnes et discrètes. (V, 268 et note 4.)
En *sage* et discrète personne. (III, 197.)
.... Quand je disois que ce jeu-là rend *sage*. (V, 299.)
.... Mais quoi! chacun n'est pas si *sage* qu'elle. (IV, 112 et note 1.)

SAGE, substantivement :
Tout homme ment, dit le *sage*. (II, 353.)
L'homme sourd à ma voix, comme à celle du *sage*, etc. (II, 347.)
.... Si m'en croyez, aussi bien que le *sage*. (IX, 39 et note 1.)
 Le *sage* dit selon les gens :
 « Vive le roi! vive la ligue! » (I, 143.)

SAI] DE LA FONTAINE. 305

La mort ne surprend point le *sage*. (II, 207; voyez III, 79, 158, 174; et passim.)
Un *sage* assez semblable au vieillard de Virgile. (III, 304.)
.... C'est l'idole d'un *sage*. (VII, 191.)
.... C'est ce qu'un *sage* aux astres m'a fait lire. (IX, 28.)
Le *sage* l'aura fait [cet éléphant] par tel art et de guise
Que, etc. (III, 76 et note 11.)
Plus content qu'aucun des sept *sages*. (II, 217.)

Sage (Faire que), faire ce que ferait le sage, ce que conseille la sagesse :
    Il *feroit que sage*
    De garder le coin du feu. (I, 369 et note 3.)

SAGESSE :
    Ils demandèrent la *sagesse* :
    C'est un trésor qui n'embarrasse point. (II, 126.)
Virgile à ses trésors sait joindre la *sagesse*. (VIII, 250.)

SAGETTE :
    .... Il se jette
Sur l'arc qui se détend, et fait de la *sagette*
    Un nouveau mort. (II, 350 et note 20.)

SAIGNÉE :
Le bon tempérament, le séné, la *saignée*.... (VI, 322.

SAIGNER :
Que faisoient nos aïeux pour rendre plus tranquille
Ce sang ainsi bouillant? ils *saignoient*, mais en vain. (VI, 341.)

Saigner du nez, au figuré :
L'un des deux chevaliers *saigna du nez*. (III, 75 et note 10.)
Voyez aussi Brantôme, tome I, p. 195; Montaigne, tomes I, p. 165, II, p. 431.

SAILLIE :
De grâce, contestons sans fougue et sans *saillie*. (VII, 108.)

SAIN, aine :
Mais à quoi sert Bacchus, qu'à causer des querelles,
Affoiblir les plus *sains*, enlaidir les plus belles? (VI, 174.)
.... Tout homme de *sain* entendement. (IX, 272.)
Je vous soutiens donc que, les choses étant égales, la plus *saine* partie du monde préférera toujours la comédie à la tragédie. (VIII, 110.

SAINT, sainte :
Le *saint* couple cherchoit les lieux les plus sauvages. (VI; 286; voyez VI, 296.)
Le bon apôtre de roi fait là le *saint* homme. (IX, 239.)
Un *saint* homme de chat, bien fourré, gros et gras (II, 189.)
Tandis qu'ils se matoient par ces *saintes* rigueurs.... (VI, 291.)

Saint, substantivement :
Il ne savoit à quel *saint* se vouer. (V, 31.)

J. de la Fontaine. XI   20

Monsieur le curé
De quelque nouveau *saint* charge toujours son prône. (II, 219.)
Les lions et les *saints* ont eu même demeure. (VI, 279.)
.... *Saint* qui ne fut jamais dans la Légende. (IV, 334.)
Notre malade avoit la face blême
Tout justement comme un *saint* de carême. (V, 307.)
Un mouvement m'a pris :
C'est d'être *sainte*. (V, 468; voyez V, 470, 476, 478.)

SAINTETÉ :

On n'eût su tirer de la belle
Un seul mot que de *sainteté*. (V, 108; voyez V, 190.)
La *sainteté* n'est chose si commune
Que le jeûner suffise pour l'avoir. (V, 469.)
Besoin n'étoit que Votre *Sainteté*,
Ce lui dit-on, traversât ces campagnes. (V, 480 et note 5.)

SAISIR ; ÊTRE SAISI DE :

Envoyez un sergent;
Faites *saisir*, sans aucune remise,
Stances, rondeaux, et vers de toute guise. (IX, 109.)
.... Car le greffe tient bon
Quand une fois il *est saisi des* choses. (IV, 270 et note 7.)

SAISON, SAISONS, au propre et au figuré :

.... Enfin mainte et mainte machine
Qui causera dans la *saison*
Votre mort ou votre prison. (I, 82; voyez V, 367 et note 1.)
.... Et de plusieurs troupeaux dans l'ardente *saison*
Vendoit à ses voisins le croit et la toison. (VI, 284.)
.... Consacrant à l'Amour la *saison* la plus belle. (VI, 241.)
Ce n'est plus la *saison* de Raymon ni d'Hilaire. (IX, 157.)
On ne peut pas dire que toutes *saisons* soient favorables pour toutes sortes de livres. (IV, 8.)
Je dois reconnoître qu'à mon égard la *saison* de le ménager [le temps] est tantôt venue. (VIII, 239.)
Les longs travaux pour moi ne sont plus de *saison*. (VI, 349.)
.... Il étoit *saison*
De songer au mariage. (I, 110.)
Cet homme se railloit assez hors de *saison*. (I, 248 ; voyez VIII, 399.)
.... Tel compliment n'étant là de *saison*. (VI, 133.)
Il n'est pas maintenant *saison* de repartie. (VII, 62.)

SALAIRE :

Quand on pense sortir d'une mauvaise affaire,
On s'enfonce encor plus avant :
Témoin ce couple et son *salaire*. (I, 383.)
Cependant, pour *salaire*,
Un rustre l'abattoit. (III, 9.)
Vois cet homme qui passe, il a de quoi payer ;
Adresse-lui tes dons, ils auront leur *salaire*. (III, 314.)

Certain calme, au contraire,
Prolongeant le chemin, augmenta le *salaire*. (IV, 443.)
Je ne refuse point un si digne *salaire*. (VII, 92.)

SALER :

On l'emporte [le cerf], on le *sale*, on en fait maint repas. (I, 351.)
Ce qui étoit doux, il [Xantus] le trouvoit trop *salé*; et ce qui étoit trop *salé*, il le trouvoit doux. (I, 39.)

SALIÈRE :

Je ne veux rien, dit-il, qu'une simple *salière*. (VIII, 482.)

SALISSURE :

Quoiqu'il [ce billet] soit plié sans *salissure*, etc. (VII, 334.)

SALLE :

Cet altercas
Mit en combustion la *salle* et la cuisine. (III, 227 et note 16.)
A la porte de la *salle*
Ils entendirent du bruit. (I, 86 et note 3.)

SALUER :

Saluez ces pénates d'argile. (VI, 152.)

SALUTAIRE :

Je sens un feu qui me brûle au dedans,
Et veux chercher ici quelque herbe *salutaire*. (I, 316.)

SANDIS :

Sandis! comment faut-il donc faire avec ces diantres d'animaux-là (VII, 489.)
Juron gascon : sang-Dieu !

SANG; PAR LA SANG :

Cet ours fatal aux bergeries,
Fatal aux autres ours, teint de *sang* nos prairies. (VII, 223.)
.... Là, nulle humaine créature
Ne touche aux animaux pour leur *sang* épancher. (III, 255.)
Il [Condé] me fait peur de le voir plein de *sang*. (IX, 151.)
Les nymphes d'alentour lui donnèrent des larmes,
Et du *sang* des amants teignirent par des charmes
Le fruit d'un mûrier proche et blanc jusqu'à ce jour. (VI, 185.)
D'un *sang* impur et noir il [le sanglier] purge l'univers. (VI, 266.)
N'écoute ni considération du *sang* ni pitié : sacrifie-les-moi. (VIII, 134.)
Sur cet enfant chéri j'ai donc jeté la vue :
C'est mon *sang*. (III, 105.)
Ah ! par la mort ! *par la sang!* par la tête ! (V, 369 et note 3.)

SANGLANT :

La lionne repense à ces actes *sanglants*. (VI, 303.)
La *sanglante* fureur. (VIII, 255.)

SANGLER :

.... Faire crier et redire aux échos :
« Je suis bâté, sanglé ! » (VI, 59 et note 4 ; voyez VI, 58.)
A ce coup vous voilà comme un baudet sanglé. (VII, 361.)
On vous sangla le pauvre drille. (III, 115 et note 31.)

SANGLIER, SANGLIERS :

Le gibier du lion, ce ne sont pas moineaux,
Mais beaux et bons sangliers, daims et cerfs bons et beaux. (I, 188.)
Son frère, ayant couru mainte haute aventure,
Mis maint cerf aux abois, maint sanglier abattu.... (II, 334 et note 5 voyez II, 348 ; VI, 244, 249, 258, 259 ; etc.)

SANS, emplois divers :

Sans esprit, c'est la phrase, et non sans de l'esprit. (IX, 213-215 et notes.)

C'est double honneur, ce semble, en une femme,
Quand son mérite échauffe un esprit lourd,
Et fait aimer les cœurs nés sans amour. (V, 49.)

.... Sans coup férir rattraper notre somme. (IV, 109 ; voyez VII, 108.)
Sans croix ne pile. (IV, 492.)

« Qu'entend ce rustre, et que nous veut-il dire ? »
S'écria lors une de nos sans dents. (V, 536 et note 7.)

Un jour se passe, et deux, sans autre nourriture
Que ses profonds soupirs. (VI, 74 et note 6.)
Sans pact ni demi. (IV, 244.)
Sans point de faute. (IX, 105.)
Sans point d'abus. (V, 216 ; IX, 127.)
Seigneur loup étrangla le baudet sans remède. (II, 301.)
On dit qu'au fond d'un bois la déesse charmée,
Inutile aux mortels, et sans soin de leurs vœux,
Renonce au culte vain de ses temples fameux. (VI, 243.)
Sans adieu. (VII, 489.)
Dieu ne l'a pas voulu : sans doute il eut raison. (II, 378.)
.... Elle y viendra sans faute. (VII, 310.)

Quiconque avec elle naîtra
Sans faute avec elle [cette humeur] mourra. (I, 249 ; voyez II, 301 ; V, 452 ; VI, 36.)

.... C'est du zèle sans plus. (VII, 62.)

.... Car je puis
Rendre trois souhaits accomplis,
Trois sans plus. (II, 124 ; voyez V, 173, 191, 513 ; VII, 147, 608, 627 ; VIII, 159, 372 ; etc.)

Le muletier, frais, gaillard, et dispos,
Et parfumé, se coucha sans rien dire. (IV, 227.)

Il ne put sans parler contenir cette joie. (IV, 432.)

Avec un peu de rime, on va vous fabriquer
Cent versificateurs en un jour, sans manquer. (VII, 175.)

Je dois faire aujourd'hui vingt postes sans manquer. (I, 176 ; voyez V, 516 ; VI, 132 ; VII, 177.)

SAT] DE LA FONTAINE. 309

Les merveilles d'un pied, *sans* mentir, fait au tour. (VII, 179.)
    Ce ne fut pas *sans* résister
Qu'au choix qu'on fît de lui consentit le bon homme. (V, 247.)
.... Ce ne fut pas *sans* rire. (IV, 218 et note 3.)
.... Ce ne fut pas *sans* tourner la tête. (VIII, 163.)
L'autre huissière permet qu'il [le sang] sorte et qu'il circule,
Des veines *sans* cesser aux artères conduit. (VI, 327.)
.... *Sans* avoir pour témoins, en ces sombres demeures,
Que les chantres des bois, pour confidents qu'Amour. (VI, 239 et note 4.)
.... *Sans* que vous m'accordiez qu'un regard d'un instant. (VIII, 364.)
    On n'eût jamais soupçonné ce ménage
    Sans qu'il restoit un certain incarnat
    Dessus son teint. (V, 80 et note 8.)
Sans que je crains de commettre Géronte, etc. (VI, 35.)

SANTÉ, SANTÉS :
J'aime votre *santé*. (V, 226.)
    Pour Dieu, Monsieur, je vous prie, avisez
Que ne soit trop, votre *santé* m'est chère. (IV, 231.)
    Votre *santé* m'est chère jusque-là
Que, s'il falloit, etc. (V, 311.)
On but encore à la *santé* de l'hôte. (V, 81.)
    Votre pâté, dès qu'il parut,
Ramena les *santés*, et fit naître l'envie
De boire à Chloris, etc. (IX, 365.)
Santés, Dieu sait combien ! (V, 352.)

SANTORON (UN). (IX, 206 et note 4.)

SAPIENCE :
Près de Rouen, pays de *sapience*, etc. (V, 320 et note 1 ; voyez VI, 41.)

SARBACANE :
    [Tavanne] se défendit,
    Et joua de la *sarbacane*. (IX, 232.)
« La forme correcte, dit Littré, est *sarbatane* (de l'arabe *zabatana*), qui se lit dans Balzac (XVIIe siècle). Le changement est dû sans doute à l'influence de *canne* qu'on croyait y retrouver. »

SAS, claie, crible :
    .... Car il est homme, que je pense,
    A passer la chose au gros *sas*. (V, 215 et note 6.)

SATAN, pris comme nom commun :
Morgué ! c'est être bien *satan*. (VII, 450.)

SATELLITE :
Deux *satellites* de son ennemie.... (VIII, 137 ; voyez VIII, 160, 191.)

SATIN :
    .... Son tetin
    De blanc *satin*. (VIII, 440 et note 3.)

SATISFACTION :
[Les Samiens] renvoyèrent l'ambassadeur de Crésus avec peu de *satisfaction*. (I, 45.)

SATISFAIRE; SATISFAIRE À ; SE SATISFAIRE :
Je *suis* content, *satisfait*, plein de joie. (V, 203.)
Tandis que le galant se trouve *satisfait*, etc. (IV, 419.)
Les herbes cueillies, le jardinier le pria [Xantus] de lui *satisfaire* l'esprit sur une difficulté. (I, 36.)
.... L'affront dont leur parti veut *être satisfait*. (VII, 621.)
L'oracle leur répondit [aux Delphiens] qu'il n'y en avoit point d'autre [moyen] que d'expier leur forfait, et *satisfaire aux* mânes d'Ésope.... (I, 53.)
.... Tantôt courir sur l'onde, et tantôt se plonger,
Sans pouvoir *satisfaire à* leurs vaines envies. (I, 235.)
Ce poète n'écrivoit pas pour *se satisfaire* seulement. (IV, 6.)
.... Quand vous le souffririez, je *me* dois *satisfaire*. (VII, 627.)

SATYRE :
    Au fond d'un antre sauvage
    Un *satyre* et ses enfants
    Alloient manger leur potage. (I, 386.)

SAUCE, au figuré :
    Ces serments vains et peu dignes de foi
    Mériteroient qu'on vous fît votre *sauce*. (VI, 31 et note 2.)
    Le rapporteur m'en a donné l'endosse [de l'arrêt],
    En celui-ci mettant toute la *sauce*. (IX, 125 et note 2.)
Sausse, dans le manuscrit.

SAUF; SAUF DE :
.... *Sauf* toutefois l'assistance divine. (IV, 486.)
.... Et comme lui voyager en amours,
Sauf d'en user avec plus de prudence. (V, 67.)
.... N'y manquez plus, *sauf* après *de* se taire. (IV, 111.)
    .... *Sauf d*'apporter en temps et lieu
    Remède au cas moyennant Dieu. (V, 454.)

SAUT, au propre et au figuré :
Il sort plein d'ire, il descend tout d'un *saut*. (VI, 55.)
    .... Je ne veux de plein *saut*
    Prendre la ville. (V, 396 et note 1.)
    Que ie li donnasse de *sault*
    L'amour de moi sans aultre assault.
    (Froissart, Poésies manuscrites, dans Lacurne, p. 401.)
L'escarbot prend son temps, fait faire aux œufs le *saut*. (I, 151.)
    De ses brebis à peine la première
    A fait le *saut* qu'il suit une autre sœur. (V, 315 et note 1.)
.... Bref, ils firent le *saut*. (V, 332.)
A la fin le pauvre diable s'aperçut de sa sottise; mais il ne s'en aperçut qu'en faisant le *saut*. (IX, 291.)

SAUTER, au propre et au figuré :
>On eût vu *sauter* Favori
>Pour la dame et pour la nourrice,
>Mais point du tout pour le mari. (V, 265.)

>« .... Une vache et son veau
>Que je verrai *sauter* au milieu du troupeau. »
>Perrette là-dessus *saute* aussi, transportée. (II, 152.)

>La penaille ensemble enfermée
>Fut en peu d'heures consumée,
>Les maris *sautant* à l'entour. (IV, 200.)

>.... Dont il avint qu'il *sauta* par-dessus
>Ces longs soupirs et tout ce vain martyre. (IV, 205.)

SAUTILLER :
L'insecte, *sautillant*, cherche à se réunir. (II, 42.)

SAUVAGE, adjectivement et substantivement :
>Peu de prudence eurent les pauvres gens
>D'accommoder un peuple si *sauvage*. (II, 138.)

>.... Car en ce siècle ignorant
>Le beau sexe étoit *sauvage*. (V, 429.)

Dame *sauvage*. (IX, 41.)

>.... Il n'étoit point de belle
>Qui n'employât ce qu'elle avoit d'attraits
>Pour le gagner, tant *sauvage* fût-elle. (VI, 97.)

>.... Et chacun étonné
>Admire le grand cœur, le bon sens, l'éloquence
>Du *sauvage* ainsi prosterné. (III, 151.)

Ce fut cette leçon que donnent les *sauvages*.... (II, 166.)

SAUVE-GARDE :
Vénus avoit obtenu de Mars une *sauve-garde* pour tous ces lieux. (VIII, 180.)

SAUVER, SAUVER DE ; SE SAUVER, SE SAUVER DE :
Pour *sauver* son crédit, il faut cacher sa perte. (III, 221.)

>Vos cavernes creuses
>Ne vous *sauveront* pas. (I, 257.)

Je te *sauve* un gibet. (VII, 42.)
Sauvez-moi *du* caprice. (VII, 345.)

>Devant lui jamais une perdrix
>Ne *se sauvoit*. (V, 167 et note 2.)

Ilium, qui bornoit ses vœux à *se sauver*.... (VII, 608.)
Et le cœur de Vénus ne sait où *se sauver*. (VI, 250 et note 5.)

>.... Vous-même en deviendrez, je le gage, amoureux :
>On ne *s'en* peut *sauver*. (VII, 103.)

SAVANT, SAVANTE :
.... Le plus petit marchand est *savant* sur ce point. (III, 221.)
Savant en amour comme en droit. (IX, 430.)
Homme *savant* en l'étude des lois. (IV, 331.)

Savante dans la magie. (VIII, 266.)
Il la rendit au jeu d'amour *savante*. (IV, 279 et note 5.)

 Bons bourgeois du temps de nos pères
 S'avisoient tard d'être bons frères....
 Ceux d'aujourd'hui, sans qu'on les flatte,
 Ont soin de s'y rendre *savants*
 Aussitôt que, etc. (V, 209.)

.... N'étant pas de ces rats qui, les livres rongeants,
 Se font *savants* jusques aux dents. (II, 254 et note 13.)

SAVETIER :
Un *savetier* chantoit du matin jusqu'au soir. (II, 217.)

SAVOIR, emplois divers; SAVOIR QUE; NE SAVOIR QUE; AU SU DE :
 Je *sais*, sire, une cache
Et ne crois pas qu'autre que moi la *sache*. (II, 21.)
Nous en *savons* plus d'un, dit-il en les gobant. (I, 257 ; voyez I, 258.)
.... Mais j'y *sais* un secret. (V, 568.)
.... Nous y *savons* encor quelque rubrique. (V, 573.)
Ma foi, le compagnon nous l'*a su* donner belle. (VII, 75.)
 .... Certain art de se faire valoir,
Mieux *su* des ignorants que des gens de savoir. (III, 126.)
Si le maître des dieux assez souvent s'ennuie,
 Lui qui gouverne l'Univers,
J'en puis bien faire autant, moi qu'on *sait* qui le sers. (III, 243.)
.... Si on ne *savoit* point une composition, une racine, ou une herbe
pour la brûlure de son mari. (VIII, 136.)
Escobar *sait* un chemin de velours. (IX, 20 et note 2.)
.... Outre cela elle *savoit* les romans. (IX, 233.)
Vous avez lu tant de fois les vieux [romans] que vous les *savez*. (IX, 220.)
Caliste, qui *savoit* les propos des amants,
 Tourna la chose en raillerie. (V, 126.)
« Et, par même moyen, *savoir* vos sentiments. (VII, 418.)

SAVOIR LA CARTE DU PAYS, LE NUMÉRO. Voyez CARTE, NUMÉRO.
On ignoroit, ce lui sembloit, ses feux....
Si l'on l'*eût su*, qu'eût-on fait ? (V, 563.)
Je ne *sache* personne à qui, etc. (IX, 107.)
.... J'y consens, dit Joconde, et je *sais* une dame
Près de qui nous aurons toute commodité. (IV, 45.)
Peut-être le premier eût eu charge de l'ost;
Que *sait-on* ? (V, 146.)
.... Pour ce point, je parle sans *savoir*. (IV, 488.)
Est-ce que je ne *savons* pas bien ce que je *savons* ? (VII, 447 et note 3.)
Il se trouva que le bonhomme
Avoit le doigt où vous *savez*. (IV, 383 et note 2.)
 Six escuz sauuez m'auez,
 Qui sont aussi bien en ma bourse
 Que dans le trou que vous sçauez.
   (Marot, tome III, p. 4.)
Rapprochez les sommaires XXI et XCIII des *Cent Nouvelles nouvelles*.

.... En me traitant comme un je ne *sais* qui. (VII, 486.)
.... Certain je ne *sais* quoi. (VII, 289.)
L'époux la vit, je ne *sais* pas comment. (IV, 283.)
.... Ce matin, étant à la fenêtre
Ne *sais* pourquoi, etc. (IV, 287.)
.... Ménénius le *sut* bien dire. (I, 208.)
Le pauvre Eschyle ainsi *sut* ses jours avancer. (II, 295 et note 23.)
.... Moyennant quelque argent que j'ai *su* lui promettre. (VII, 407.

  Tel animal, en vérité,
 N'*eût* jamais *su* tenir dans l'arche. (IX, 249.)
Un serpent *eût-il su* jamais pousser si loin
L'ingratitude? (III, 7.)

  Son concurrent n'*avoit* encor *su* dire
 Le moindre mot à l'objet de ses vœux. (V, 563 et note 2.
  Jamais un lourdaud, quoi qu'il fasse,
 Ne *sauroit* passer pour galant. (I, 282.)
  Quelque chose qu'on puisse faire,
 On ne *sauroit* le réformer [le naturel]. (I, 186; voyez I, 227,
351; III, 51; VI, 30, 46; etc.)
.... Et vous soulagez aussi le lecteur, à qui l'on ne *sauroit* manquer d'apprêter des plaisirs sans peine. (IV, 151 et note 2.)
On ne *sauroit* manquer de louer largement
Les dieux. (I, 101.)
Vous *saurez que* le père avoit, longtemps devant,
 Cette fille légitimée. (V, 111.)
Quand cela seroit, je ne *saurois que* mentir sur la foi d'autrui. (I, 20.)
  .... Qu'en ma chambre une fille de joie
 Passe la nuit *au su de* tous mes gens. (V, 197.)

SAVOIR, substantivement :
Pour nous, fils du *savoir*, ou, pour en parler mieux,
Esclaves de ce don que nous ont fait les dieux, etc. (VI, 325.)
Laissez dire les sots : le *savoir* a son prix. (II, 311.)
.... Et que le haut *savoir*, le sang et la vertu,
Ont dès les jeunes ans de pourpre revêtu. (VI, 306.)
 Le *savoir* de ces maîtres
Change en jardins royaux ceux des simples bourgeois. (VIII, 124.)
  .... Certain art de se faire valoir,
 Mieux su des ignorants que des gens de *savoir*. (III, 126.)
Un sot plein de *savoir* est plus sot qu'un autre homme. (IX, 373 et note 2.)

SAVOIR-FAIRE :
.... Et d'où me viendroit-il que de mon *savoir-faire*? (II, 175.)

SAVOURER :
De *savourer* vos vers mon esprit est avide. (VII, 354.)
.... Ces beautés, néanmoins, toutes trois séparées,
Si tu veux l'avouer, *seroient* mieux *savourées*. (IX, 156.)

SAYON :
Sayon de poil de chèvre. (III, 145 et note 3.)

SCANDALE :
Les permuteurs ne pouvoient bonnement
Exécuter un pareil changement
Dans le village à moins que de *scandale*. (V, 329.)
Un tel *scandale* en la maison de Dieu! (V, 417.)
Il paroît bien que vous ne me connoissez pas, repartit l'époux [l'Amour], de m'alléguer le *scandale* et la honte : ce sont choses dont je ne me mets guère en peine. (VIII, 81.)

SCANDALISER :
Jésus! reprit toute *scandalisée*
Madame abbesse, etc. (V, 309.)
À ces mots, la pauvre épousée
Sort du bois, fort *scandalisée*. (V, 222.)
Les Égyptiens, qui adorent cet animal [le chat], se trouvèrent extrêmement *scandalisés* du traitement que l'on lui faisoit. (I, 49.)

SCAPULAIRE :
En mille endroits nichoit l'Amour,
Sous une guimpe, un voile, et sous un *scapulaire*. (V, 587.)

SCEAU :
.... C'étoit apparemment quelque *sceau* que l'on apposoit aux délibérations du conseil. (I, 43.)
Il [le lion] manda donc par députés
Ses vassaux de toute nature,
Envoyant de tous les côtés
Une circulaire écriture
Avec son *sceau*. (II, 129.)

SCÉLÉRAT, ATE :
.... Toutes gens d'esprit *scélérat*. (II, 324.)
La bête *scélérate*
A de certains cordons se tenoit par la patte. (I, 256.)
[Le renard] eut recours à son sac de ruses *scélérates*. (III, 298.)
Tout bien considéré, je te soutiens en somme
Que, *scélérat* pour *scélérat*,
Il vaut mieux être un loup qu'un homme. (III, 192.)

SCÈNE :
La *scène* est un bassin d'une vaste étendue. (VIII, 122.)
Dans cette intention, une vieille masure
Fut la *scène* où devoit se passer l'aventure. (II, 436.)
Tout ce qui porte à commettre quelque forfait, et tout ce qui en détourne, s'empara du cœur de notre héroïne, et en fit la *scène* de cent agitations différentes. (VIII, 101.)
Quand je vous introduirai sur la *scène*, je vous prêterai des paroles convenables à la grandeur de votre âme. (IX, 356.)

A peine fut cette *scène* achevée
Que, etc. (VI, 134.)

SCEPTRE, au propre et au figuré :
Il n'avoit donc alors ni *sceptre* ni couronne? (III, 253.)
Par les nœuds de l'hymen le *sceptre* et la houlette
Se sont unis plus d'une fois. (VII, 531 et note 4.)
Un ânier, son *sceptre* à la main.... (I, 158.)

SCIENCE; SCIENCE DE :
L'avantage de la *science*. (II, 307.)
Le bachelier déploya sa *science*. (VI, 9.)
Age propre à soutenir thèse,
Thèse d'amour : le bachelier
Leur avoit rendu familier
Chaque point de cette *science*. (V, 585.)
.... Votre *science*
Est courte là-dessus : ma main y suppléera. (III, 91.)
Vous me direz : « D'où lui vint tant d'esprit? »
D'où? de ce jeu : c'est l'arbre de *science*. (IV, 479 et note 7.)
Femmes savent mentir :
La moins habile *en* connoît la *science*. (VI, 137.)
.... Or *du* hasard il n'est point de *science*. (I, 168.)

SCIER :
L'oût arrivé, la touselle *est sciée*. (V, 364 et note 4.)

SCIONS :
Prenez vos *scions*, filles de la Nuit. (VIII, 192 et note 1.)
Vos verges.

SCRUPULE; FAIRE, SE FAIRE, SCRUPULE DE :
Le *scrupule* survint et pensa tout gâter. (V, 345 et note 5.)
.... Aussi faut-il m'avouer que trop de *scrupule* gâteroit tout. (IV, 13.)
Honte cessa; *scrupule* autant en fit. (V, 55.)
On n'en vient jamais à une telle extrémité sans de grands *scrupules*. (VIII, 101.)
Le *scrupule* des noms d'ingrate et de cruelle. (VII, 37 et note 1.)
Et puis cette raison...
Dans le cœur des humains jette peu de *scrupule*. (VII, 618.)
Toute feinte est sujet de *scrupule* à des saints. (VI, 296.)
Point de jour en l'année...
Où l'on se pût sans *scrupule* appliquer
Au fait d'hymen. (IV, 333 ; voyez VI, 285.)
.... Que s'il étoit au bout de son *scrupule*,
Il alléguoit les jours malencontreux. (IV, 336 et note 3.)
Aux champs il demeura
Trois jours entiers, sans doute ni *scrupule*. (V, 575 et note 10.)
On peut juger quel soupçon, quel *scrupule*,
Quelle surprise, eurent les pauvres gens. (VI, 136.)

Tant fut ouvré qu'Alix dans la pensée
Sur cette affaire un *scrupule* se mit. (IV, 163.)
C'étoit matière à feindre du *scrupule*. (IV, 302.)
Brisons ses fers ; fuyons sans avoir de *scrupule*. (VI, 300.)
Vos *scrupules* font voir trop de délicatesse. (II, 97.)
Car de commettre une si grande offense,
J'*en fais scrupule*....
— *Scrupule*, toi qui n'es qu'un pauvre hère?
C'est bien à nous qu'il appartient d'*en faire!* (V, 534-535.)
.... Et moi, loup, j'en ferai *scrupule*? (III, 32.)
.... Le roi même *feroit scrupule* d'y toucher. (III, 256.)
[Elle] *fit scrupule* de démentir un témoignage de passion. (VIII, 80.)
Il *se fût fait* un grand *scrupule*
D'armer de pointe sa férule. (III, 197.)

SCRUPULEUX, euse, substantivement et adjectivement :
Si quelque *scrupuleux*, par des raisons frivoles,
Veut défendre l'argent.... (II, 246.)
Je ne suis pas cet ennemi des femmes,
Ce *scrupuleux* qui ne vaut rien à rien. (V, 536 et note 2.)
Anne, la *scrupuleuse*,
N'osa, quoi qu'il en soit, le garçon régaler. (V, 347.)
.... Tant y resta cette sœur *scrupuleuse*
Que, etc. (IV, 502 et note 2.)
Mais les donzelles, *scrupuleuses*,
De s'acquitter étoient soigneuses. (IV, 190.)
Sur mon devoir je suis trop *scrupuleuse*. (VI, 103.)

SCULPTURE :
Le renard, en louant l'effort de la *sculpture* :
« Belle tête, dit-il; mais de cervelle point. » (I, 325.)

SE, SOI, SOI-MÊME :
.... Le grison *se* rue
Au travers de l'herbe menue,
Se vautrant, grattant et frottant. (II, 25.)
Se vautrant, se grattant, se frottant.
Tant ne songeoient au service divin
Qu'à *soi* montrer ès parloirs aguimpées. (IV, 488.)
Ce qu'il faut ignorer, si l'on veut être à *soi*. (IX, 318 et note 3.)
.... Avec ce fil il la tiroit à *soi*
Pour faire ouvrir. (IV, 324.)
Chaque passion la tiroit à *soi*. (VIII, 101.)
Mon inhumaine seule attire à *soi* mes sens. (V, 255.)
Psyché ne revint à *soi* de longtemps après. (VIII, 128.)
Un pont portatif que le vieillard tiroit après *soi*. (VIII, 140.)
.... Et de peur des esprits,
Mène avec *soi* madame Simonette. (V, 76.)
.... La galande sentit
Auprès de *soi* la peau d'un honnête homme. (V, 50.)

SEC]   DE LA FONTAINE.   317

Il ne peut rien souffrir de sûr autour de *soi*. (VI, 249.)
Thaïs l'a [ma sœur] chez *soi*. (VII, 102.)
   Le rustre, en paix chez *soi*,
Vous fait argent de tout. (III, 110 et note 6.)
A demeurer ;chez *soi* l'une et l'autre [la laie et l'aigle] s'obstine.
(I, 221.)
[La fourmi] vit trois jours d'un fétu qu'elle a traîné chez *soi*. (I, 272.)
L'amant courut chez *soi* se recoucher. (V, 56.)
        Il enrage
De n'avoir pas chez *soi* pour lui donner
Tant seulement, etc. (V, 169.)
   Deux villageois avoient chacun chez *soi*
Forte femelle. (V, 320.)
Le berger, cette nuit, se défia de *soi*. (VI, 293.)
Vous-mêmes, peignez-vous cet amant hors de *soi*. (VI, 179.)
Il l'emmène, et bientôt la belle, malgré *soi*,
Au milieu de ses fers range tout sous sa loi. (VI, 201.)
   Il faut qu'ayant seule à présent
Le faix entier sur *soi*.... (V, 401; voyez II, 371.)
   .... Ce long cercle de peines
Qui, revenant sur *soi*, ramenoit dans nos plaines
Ce que Cérès nous donne. (III, 8.)
   .... Vieille ni jeune à qui le personnage
   Ne fit songer quelque chose à part *soi*. (V, 412.)
Prince des sots, dit-elle en *soi*. (V, 221; voyez V, 292, 471; VI, 32,
203; et passim.)
L'âme en *soi* se ramène. (V, 335 et note 3.)
Ce mot renferme en *soi* je ne sais quoi de doux. (VII, 153.)
      Par là, votre personne auguste
      N'admettra jamais rien en *soi*
      De ridicule ni d'injuste. (III, 125.)
      Et quiconque eut du bon
   Par devers *soi* le garda sans rien dire. (IV, 218.)
S'oubliant *soi-même*. (VIII, 138.)
Notre prétendue fiancée se donna le branle à *soi-même*. (VIII, 172.)
Je t'apprendrai, dit en *soi-même* le Phrygien, à spécifier ce que tu
souhaites. (I, 38; voyez I, 177; IV, 133, 168, 210; V, 147; VIII, 49,
59, 104; etc.)
      [La reine] réserva dedans *soi-même*
      De quelque vengeance extrême
      Le désir très véhément. (V, 431.)

SÉANT, ANTE; SÉANT À :
   La mieux *séante* et la plus jeune d'ans
   De la cité. (IV, 331 et note 4.)
Cela ne *lui* étoit pas plus *séant* qu'à notre Hercule. (VIII, 322.)

SEC, SÈCHE :
Les feuillages qui la couvroient [cette galerie], étant déjà *secs* et
rompus en beaucoup d'endroits, etc. (VIII, 126.)

J'aimerois mieux du pain tout *sec*. (V, 512.)
Des chaperons de drap rose-*sèche*. (IX, 221.)

Sec, substantivement; à sec :
Qu'il eût du chaud, du froid, du beau temps, de la bise,
Enfin du *sec* et du mouillé.(II, 13.)
    Une demi-douzaine [de soleils]
Mettra la mer *à sec* et tous ses habitants. (II, 39.)
   Ce corps demeurera
Bientôt *à sec*. (II, 338.)

SÉCHER :
Messieurs *sèchent* sur pied. (VII, 87.)

SECOND, onde :
Marianne sans pair, Hortense sans *seconde*,
Veulent les cœurs de tout le monde. (IX, 407.)
.... Et d'autres appas sans *seconds*
D'une personne sans *seconde*. (IX, 334.)

Second, substantivement, sens divers :
.... Outre que tant d'amour vous seroit importune,
Vous n'auriez jamais fait; il vous faut un *second*. (IV, 21.)
L'entrée, le *second*, l'entremets, tout ne fut que langues. (I, 38.)

SECOUER :
[Quand Guilleragues] eut, à coups de bâton, *secoué* ton manteau....
(IX, 98 et note 2.)

SECOURS :
Quelqu'un vint au *secours*. (I, 160.)
Sans ce *secours* les Grecs vous parlent par ma voix. (VII, 617.)
Peut-être ils se mettroient à l'abri de la mort
Par le *secours* de l'ignorance. (VII, 325.)

SECRET, secrets :
Le *secret* et la prévoyance. (VIII, 311.)
Après avoir tout vu le Romain se retire,
Bien empêché de ce *secret*. (IV, 35.)
.... Voir sa voisine, à qui ce *secret*-là
Chargeoit le cœur. (IV, 285.)
  Rien ne pèse tant qu'un *secret* :
Le porter loin est difficile aux dames. (II, 239.)
.... Son humeur libre, gaie, et sincère,
Montroit qu'elle étoit sans affaire,
Sans *secret*, et sans passion. (IV, 387 et note 1.)
Je n'aurois jamais, quant à moi,
Trouvé ce *secret*, je l'avoue. (I, 218.)
.... Mais j'y sais un *secret*. (V, 568.)
Le galant s'avisa d'un *secret*. (IV, 232.)

.... Il m'apprit cent *secrets*:
Entre autres un pour avoir géniture. (V, 33 ; voyez V, 120, 297, 310 et note 6.)
Comparez « les Secretz du seigneur Alexis Piemontois (l'alchimiste Jérôme Ruscelli), reveus et augmentés d'une infinité de rares secretz, Rouen 1671, in-8°.»

De quelque tour qu'il se servît,
Quelque *secret* qu'il eût, quelque charme qu'il fît,
C'étoit temps et peine perdue. (V, 555 ; voyez V, 333.)
Employez les *secrets* de l'art et la nature. (VII, 410.)
Fantômes, qui savez peindre en mille manières
Les *secrets* du destin gravés au haut des cieux. (VII, 229.)
[Louis força ces murs] par sa valeur, par le *secret*. (VIII, 505 et note 6.)

SECRET, SECRÈTE, adjectivement :
J'ai voulu prévenir, par un hymen *secret*,
Un doute et des soupçons que je souffre à regret. (VII, 603.)
Vous voulez rendre un culte *secret* à ces trois puissances. (IX, 404.)
Il s'éleva là-dessus un *secret* murmure, qui lui donna quelque espérance de la victoire. (VIII, 256.)
Une passion *secrète*. (IX, 286.)
.... J'y trouve des douceurs *secrètes*. (IX, 377.)
D'abord une honte *secrète*
La fit quatre pas reculer. (V, 345.)
Soyez *secrète*, ou bien vous êtes morte. (IV, 166 et note 5.)

SECTATEUR, SECTATEURS :
Voilà le train du monde et de ses *sectateurs*. (III, 290; voyez VI, 321 et note 5 ; IX, 19.)

SÉDITION :
Toutefois, de peur de *sédition*, elle [Vénus] se contint. (VIII, 189.)

SEIGNEUR :
Seigneur aventurier, s'il te prend quelque envie
De voir ce que n'a vu nul chevalier errant.... (III, 75.)
Seigneur Ours. (I, 429.) — *Seigneur* Cormoran. (III, 20.) — *Seigneur* Loup. (II, 301.)
Comme Janot n'est pas fort grand *seigneur*. (IV, 69 et note 2.)
C'est pour vous la place d'honneur,
Pour vous le morceau du *seigneur*. (V, 99 et note 3.)
Le paroissien en plomb entraîne son pasteur;
Notre curé suit son *seigneur*. (II, 159 et note 16.)
J'ai regret, disoit-il, à mon premier *seigneur*. (II, 35.)

SEIGNEURIE :
.... Jà ne plaise à Votre *Seigneurie*
De me prendre en cet état-là. (II, 409.)
.... C'étoit un maître rat,
Dont la rateuse *seigneurie*
S'étoit logée en bonne hôtellerie. (III, 352.)

SEIN, au propre et au figuré :

 Et certain *sein* ne se reposant point,
 Allant, venant; *sein* qui pousse et repousse
 Certain corset.... (V, 473 et notes 3-5.)
 S'insinuer, en fait de chambrière,
 C'est proprement couler sa main au *sein*. (V, 281.)
C'est à vous de baiser ou la bouche, ou le *sein*. (VII, 177.)
J'ai parcouru le *sein* de l'un à l'autre bout. (VII, 180.)
Elle avoit le *sein* nu. (VII, 179; voyez IV, 372 et note 3.)
.... Je baise un beau *sein* quand je veux. (I, 272.)
Laisse en repos son *sein* d'albâtre. (VII, 262.)
Je n'entreprendrai de décrire ni la blancheur ni les autres merveilles de ce beau *sein*, ni l'admirable proportion, etc. (VIII, 286.)

 .... Que cette onde argentée
Loge en son moite *sein* la blanche Galatée. (VIII, 124.)
 Après que les humains, œuvre de Prométhée,
 Furent participants du feu qu'au *sein* des dieux
 Il déroba pour nous.... (VI, 316.)

 .... Là, dans le *sein* des dieux,
Il goûte sa vengeance. (III, 66 et note 16.)

SÉJOUR, acceptions diverses :

 Ne quittez point votre *séjour*,
 Caquet-bon-bec, ma mie. (III, 245.)
Il falloit donc qu'elle [la Discorde] eût un *séjour* affecté. (II, 70.)
 Même les chiens de leur *séjour*
 Ont meilleur nez que n'ont les nôtres. (III, 320.)
 Le *séjour*
Où subsistoient encor les ruines de Troie. (VI, 14.)
.... En ces cruels *séjours*. (VI, 282.)
 Un antre affreux et solitaire,
Triste *séjour* de l'ombre. (VI, 301.)
[La lionne] quitte l'obscur *séjour*. (VI, 303.)
 Le don le plus nécessaire
 Aux hôtes de ce *séjour*,
 C'est la raison. (VII, 192; voyez VI, 149.)
 Pendant l'humain *séjour*
Ce vizir quelquefois cherchoit la solitude. (III, 119 et note 9.)
.... O vous, l'honneur de ce mortel *séjour!* (IX, 13.)
 .... Lorsque la lumière
Précipite ses traits dans l'humide *séjour*. (III, 81.)
Tu t'en vas voir le *séjour* ténébreux. (VI, 182; voyez II, 330.)
Je te demande, au moins, que dans le noir *séjour*
 Tu me permettes de le suivre. (VII, 270.)
De son *séjour* si long le maître est étonné. (VI, 302.)
Dois-je dans la province établir mon *séjour?* (I, 200.)
Un siècle de *séjour* doit ici vous suffire. (III, 250.)
 Que l'Astrée
Fasse en mon cabinet encor quelque *séjour*. (IX, 22.)

SÉJOURNER :
Hymen veut *séjourner* tout un siècle chez vous. (III, 250.)
Si vous ne voulez pas *séjourner* chez les morts.... (VII, 608.)

SEL, au propre et au figuré :
Bateau de *sel*. (VIII, 267.)
.... Peut-être y trouvera-t-on beaucoup moins de *sel*. (IV, 147.)
Que plutôt mes écrits manquent de *sel !* (VI, 14.)
.... Faute de Vénus qui donnât le *sel* à ces choses. (VIII, 182.)

SELON :
 Le sage dit, *selon* les gens :
 « Vive le roi! vive la ligue! » (I, 143.)
  .... *Selon* les esprits,
  Cocuage en plus d'une sorte
  Tient sa morgue parmi ses gens. (V, 139.)
.... Là, d'une volupté *selon* moi fort petite,
Et *selon* lui fort grande, il entassoit toujours. (III, 202.)
Selon mon sens. (VI, 128; IX, 127.)
Selon mon avis. (I, 138.)
[L'éloge] eût été moins *selon* votre génie. (III, 319.)
Chat, et vieux, pardonner! cela n'arrive guères :
 Selon ces lois, descends là-bas,
 Meurs! (III, 216.)
Il en usa *selon* sa passion. (V, 55.)
Selon la commune voix. (VI, 68.)
  .... Et, *selon* qu'on m'a dit,
Cette dépositaire ayant, etc. (V, 589.)

SEMBLANT; FAIRE SEMBLANT DE :
Ce n'étoit point *semblant*, car même il [le baiser] a sonné. (VII, 77.)
Adieu, je sors sans *faire* aucun *semblant de* rien. (VII, 305; voyez VII, 565.)
Jupiter *fit semblant de* rire. (II, 423.)
Je ne sais si je lui plais, elle *en fait le semblant*, du moins. (VII, 491.)

SEMBLER :
.... Que t'en *semble?* (VII, 41.)
Si bon vous *semble*, allez vous mettre aux pieds [du lit]. (V, 200; voyez V, 203.)
  Bien lui *sembloit*, en la considérant,
  N'en avoir vu jamais de si gentille. (IX, 302 et note 6.)
.... Une si riche queue, et qui *semble* à nos yeux
 La boutique d'un lapidaire. (I, 183.)

SEMENCE, au propre et au figuré :
.... Il y croyoit la *semence* attachée. (V, 395 et note 3.)
Misérables humains, *semence* de tyrans. (VI, 289.)
La lecture de son ouvrage [de l'ouvrage d'Ésope] répand insensiblement dans une âme les *semences* de la vertu. (I, 4.)
Je louerai en vous les *semences* de la vertu, ou plutôt j'en louerai des fruits abondants. (VIII, 346.)

.... Étouffe tous ces travaux,
Et leurs *semences* mortelles. (VIII, 382.)

SEMER, au figuré :
.... Armé d'un fort collier qu'on *a semé* de clous. (VI, 258 et note 5.)
.... Gens qui *sèmeront* l'argent et la fleurette. (IV, 42.)
Les traits familiers que j'*ai semés* avec assez d'abondance.... (II, 80.)
Par de nouveaux dangers distinguez-vous des hommes :
Hector en *a semé* la carrière où nous sommes. (VII, 608.)
.... Non que ta renommée
Parmi les nations ne soit déjà *semée*. (VII, 622.)
Semez entre eux la guerre. (II, 138.)

SEMELLE :
Lisez mon nom, vous le pouvez, Messieurs :
Mon cordonnier l'a mis autour de ma *semelle*. (III, 294.)

SÉMINAIRE :
Vénus en fit [de ce couvent] un *séminaire*. (V, 583 et note 1.)

SEMONCE :
Ulysse fit à tous une même *semonce*. (III, 192 et note 57.)
De tous côtés se trouvant assaillie,
Elle se rend aux *semonces* d'Amour. (IV, 259 et note 4.)

SEMONDRE :
Son hôte n'eut pas la peine
De le *semondre* deux fois. (I, 387.)
De l'inviter.
Tout en clopant le vieillard éclopé
Semond les dieux. (VIII, 300 et note 3.)
Les appelle.

SEMPITERNEL, ELLE :
.... Enjoignant aux *sempiternelles*
De porter en bas leur tribut. (IV, 191 et note 5.)

SÉNAT :
Mère abbesse, entourée
De son *sénat*, fit venir Isabeau. (V, 417 et note 1.)
Or n'est l'affaire allée en cour de Rome ;
Trop bien est-elle au *sénat* de Rouen. (V, 337 et note 2.)
Le prince [Satan] ayant proposé sa sentence,
Le noir *sénat* suivit tout d'une voix. (VI, 94.)

SÉNÉCHAL. (IX, 283.)

SENS, acceptions diverses :
... Le renard, au contraire, à fond les examine,
Les tourne de tout *sens*. (I, 324.)
Mon pauvre âne qui vient d'expirer devant vous,
Morguoy ! m'a mis l'esprit tout *sens* dessus dessous. (VII, 293 ; voyez VII, 464)

.... Le *sens* de proche en proche aussitôt la reçoit. (II, 462.)
.... A mon *sens*, elles n'en sont pas entièrement éloignées. (IV, 11; voyez IV, 264, 406; etc.)
Selon mon *sens*, c'est le meilleur parti. (V, 79; voyez V, 464.)
J'étois hors de mon *sens*. (VII, 78.)
Le simple *sens* commun nous tiendroit lieu de code. (I, 122.)
  Le chiaoux, homme de *sens*,
  Lui dit, etc. (I, 95.)
Il n'est rien d'inutile aux personnes de *sens*. (I, 425.)
Et qui l'instruira qu'il y a des femmes? — Tout, Monsieur; le bon *sens* premièrement : oui, ce bon *sens* qui vient avec l'âge. (VII, 464.)
Quelques personnes de bon *sens* ont cru que l'impossibilité et la contradiction.... (I, 138.)
  Je vous crois, Madame,
  De trop bon *sens*. (V, 567.)
Cette crainte étoit de bon *sens*. (I, 140; voyez III, 49.)
Le bon cœur est chez vous compagnon du bon *sens*. (III, 319.)
.... Et, loin d'envisager ces périls évidents,
Vous venez dans sa chambre! Où donc est le bon *sens*? (VII, 403 et note 2.)
Présomption, injures, mauvais *sens*. (IX, 99.)
.... Comme ayant un *sens* meilleur que tous les nôtres. (IX, 179.)

SENS FROID :
Nous y portâmes tous [au sermon] le *sens froid* qu'auroient eu des philosophes à jeun. (IX, 370.)

SENS (Les cinq) :
  .... Les *sens* tromperont
Tant que sur leur rapport les hommes jugeront. (II, 199; voyez II, 200.)

SENSATION :
Les autres [atomes], des objets touchés en cent façons,
Vont porter au cerveau les traits dont ils s'empreignent,
  Produisent la *sensation*. (VI, 329 et note 1.)

SENSIBLE; SENSIBLE À :
Vous qui cherchez dans tout une cause *sensible*. (VI, 332.)
  On peut par les effets
Juger combien Anselme étoit homme *sensible*. (V, 269.)
  Au demeurant il étoit fort *sensible*
  A l'intérêt. (V, 562.)

SENSIBLEMENT :
Oui, je veux vous aimer d'amitié malgré vous,
Mais si *sensiblement*, que je n'aie, entre nous,
De là jusqu'à l'amour rien qu'un seul pas à faire. (VII, 159.)

SENTENCE :
Le prince ayant proposé sa *sentence*, etc. (VI, 94.)
Sentence arbitrale. (III, 341.)

SENTEUR, senteurs :
Des coussins de *senteurs*. (VIII, 189.)

SENTIMENT :
   Autant de coups qu'il [le pouls] réitère,
Autant et de pareils vont d'artère en artère
Jusqu'aux extrémités porter ce *sentiment*. (VI, 329 et note 6.)
.... Du *sentiment* fiévreux on tranche ainsi le cours. (VI, 341.)
.... Si les larmes que nous versons pour nos propres maux sont, au *sentiment* d'Homère..., une espèce de volupté. (VIII, 114.)
   Le renard seul regretta son suffrage,
   Sans toutefois montrer son *sentiment*. (II, 20.)
[Demi-déesses] n'est guères en usage, à mon *sentiment*. (IX, 134.)

SENTINELLE :
      [L'alouette] avertit ses enfants
D'être toujours au guet et faire *sentinelle*. (I, 356.)
Le perfide, ayant fait tout le tour du rempart,
   Et vu chacun en *sentinelle*. (III, 298.)
L'essaim frémit; *sentinelle* se pose. (V, 414.)
   Bons dormitifs en or comme en argent
   Aux douagnas, et bonne *sentinelle*.... (V, 575.)

SENTIR, emplois divers ; se sentir, se sentir de :
C'est, dit-il, un cadavre ; ôtons-nous, car il *sent*. (I, 429 et note 12.)
   Or çà, lui dit le sire,
   Que *sens*-tu ? (II, 132.)
Je l'ai vue [l'huitre] avant vous, sur ma vie.
— Eh bien! vous l'avez vue ; et moi je l'*ai sentie*. (II, 404.)
.... *Sentant* son renard d'une lieue. (I, 378 et note 2 ; voyez II, 181 et note 15, 380.)
Cela ne *sent* pas sa criminelle assez repentante. (VIII, 169.)
Le nom de Myrtis *sentoit* sa bergère. (VIII, 183.)
Cérès *sent* sa divinité de province. (VIII, 231.)
Des rues... qui *sentent* leur bonne ville. (IX, 237.)
Un païen, qui *sentoit* quelque peu le fagot, etc. (I, 341 et note 2.)
   Les quolibets que je hasarde
   Sentent un peu le corps de garde. (IX, 446.)
.... Cela me semble de bon augure
   En la présente conjoncture,
   Et commence à *sentir* la paix. (IX, 456.)
   Mieux te vaudroit laisser cette sornette,
   Je te le dis, car elle *sent* les coups. (IV, 312.)
L'une eût *senti* le mal que l'autre en eût reçu. (VI, 262.)
Il *sent* un froid démon s'emparer de son corps. (VI, 266.)
   Retranchez ces jours superflus
   Où notre âme ignorant son être
Ne *se sent* pas encore ou bien ne *se sent* plus. (VI, 336.)
Du monstre qui le heurte il *se sent* terrassé. (VI, 257.)
.... Il en reçoit le coup, *se sent* ouvrir les flancs. (VI, 264.)

A ces mots le corbeau ne *se sent* pas de joie. (I, 63.)
Je ne me *sens* presque pas de colère. (VI, 34 et note 5.)
.... Ses plus proches voisins
Ne *s'en sentoient* non plus que les Américains. (II, 14.)
Jupiter eut un fils, qui, *se sentant du* lieu
Dont il tiroit son origine, etc. (III, 101.)
De son orgueil ses habits *se sentoient*. (V, 188.)

SEOIR; se seoir, s'asseoir :
Nos deux aventuriers près d'eux la firent *seoir*. (IV, 50.)
Des sièges.... *Seyez-vous*. (VII, 420.)
Soyez-vous sur ce lit. (VII, 157 et note 5.)
Les saluts faits, en un coin de la salle
Ils *se* vont *seoir*. (V, 566.)
Chevaliers et dames *se* furent *seoir* à leurs tables. (IX, 237.)

Sied, dans le sens du latin *decet :*
De plus il vous *sied* mal d'écrire en si haut style. (I, 131.)
La clémence *sied* bien aux personnes royales. (IV, 433.)

SENTIER, sentiers :
Ce *sentier* rude et peu battu
Doit être celui qui mène
Au séjour de la vertu. (IX, 290.)
.... Les *sentiers* peu battus
Qui mènent aux honneurs sur les pas des vertus. (III, 107.)
.... En ces lieux envoyé
Pour mettre au bon *sentier* votre esprit dévoyé. (VII, 419.)

SÉPARER; séparer de ; se séparer :
Il *sépare* les dards, et les rompt sans effort. (I, 338.)
Le sang les avoit joints; l'intérêt les *sépare*. (I, 339.)
.... En ces lieux *séparés de* tout profane abord. (VI, 300.)
.... Là le couple pieux aussitôt *se sépare*. (VI, 304.)

SEPTENTRION (Le). (IX, 280.)

SÉPULCRE :
[Hermippus], à l'insu de tout le monde, le nourrit [Ésope] longtemps dans un *sépulcre*. (I, 47.)
Elles furent mises dans un tombeau presque aussi superbe que le premier, sur l'autre côté du chemin : les deux *sépulcres* se regardoient. (VIII, 184.)

SÉPULTURE :
.... Une blessure
Qui le mit dans la *sépulture*. (IV, 444.)
L'on n'en voyoit presque plus [de rats],
Tant il [Rodilard] en avoit mis dedans la *sépulture*. (I, 124.)
Elle a fait mettre le corps mort
De la petite creature
Sous la petite sepulture
Que vous pouuez voir icy pres
Au pied de ce ieune cypres.
(Saint-Gelais, tome I, p. 43.)

Sépulture pour *sépulture*,
La mer est égale à mon sens. (IV, 406.)
.... L'âme encor dans les airs, faute de *sépulture*. (VII, 538.)
Sans souci du tombeau, je sais que la nature
Aux corps abandonnés donne la *sépulture*. (VIII, 492.)

SÉQUELLE :
Fuyez le monde et sa *séquelle*. (IV, 125.)
Te confondent les dieux, et toute ta *séquelle!* (VII, 42; voyez VII, 172; VIII, 300.)

Comparez Coquillart, tome I, p. 187; Marot, tome II, p. 247; du Bellay, tome I, p. 109; Saint-Gelais, tome I, p. 5; etc.

SÉQUESTRER; SE SÉQUESTRER :
.... La raison d'ordinaire
N'habite pas longtemps chez les gens *séquestrés*. (II, 259.)
Sa famille *étoit séquestrée* pour un certain temps. (VIII, 180.)
[Certains saints] *se séquestroient*, vivoient comme des anges. (V, 467.)

Terme de discipline ecclésiastique : comparez Bossuet, sermon sur la « Vêture d'une postulante bernardine ».

SÉRAIL, SÉRAILS :
Les vastes magasins dont le *sérail* abonde. (IX, 275.)
J'excepte amour qui se traite en Turquie
Dans les *sérails* de ces heureux bachas. (IX, 40.)

SEREIN :
Passer la nuit au *serein*. (VIII, 292.)

SÉRÉNADE, SÉRÉNADES :
Sérénades, concerts, charivaris, crevailles. (VII, 563.)
Joutes, tournois, devises, *sérénades*. (V, 569.)
Il a donné des *sérénades*,
Des concerts et des promenades. (VIII, 423.)
.... Si notre *sérénade* et nos musiciens
N'avoient été troublés par quinze ou seize chiens. (VII, 316; voyez VII, 318.)

SÉRÉNISSIME :
Votre Altesse *Sérénissime*. (VI, 278 et note 4.)

SÉRÉNITÉ :
Observe le coucher [du soleil], pour n'être point séduit
Par la *sérénité* d'une trompeuse nuit. (VIII, 491.)

SERGENT, huissier :
Et le sort principal, et les gros intérêts,
Et les *sergents*, et les procès. (III, 222 et note 9; voyez III, 223; VI, 109.)
Craignez-vous de voir un *sergent*
Le lendemain à votre porte? (VII, 132.)
La courtoisie, ou le *sergent*. (VII, 136.)
.... Et, si j'y manque, envoyez un *sergent*. (IX, 109 et note 2.)

SERGENT DE BATAILLE :
.... Il semble que ce soit
Un *sergent de bataille*. (II, 142 et note 8.)
Voyez Brantôme, tome VI, p. 3-12.

SERMENT, SERMENTS :
.... Par mon *serment !* dit une autre aussitôt,
Si je l'avois, j'en ferois une étrenne. (IV, 298 et note 1.)
.... Le pauvre homme nie
Avec *serments* qu'il eût un tel dessein. (VI, 30.)
.... Et s'il fit des *serments;*
Ceux des Gascons et des Normands
Passent peu pour mots d'Évangile. (IV, 388.)
.... Pour qui, sous le fils de Cythère,
Je servis, engagé par mes premiers *serments*. (II, 367.)

SERMON, SERMONS :
On fut au *sermon* après boire. (IX, 369.)
L'éloge et les vers sont pour elle
Ce que maints *sermons* sont pour moi. (IX, 381.)
.... Faisant à sa femelle un étrange *sermon*. (V, 134.)
Il fit à son maître un *sermon*. (V, 509; voyez VI, 102; V, 400.)

SERMONNER :
Pas ne finit mère abbesse sa gamme
Sans *sermonner* et tempêter beaucoup. (V, 420 et note 3.)

SERMONNEUSE :
La voix manquant à notre *sermonneuse*.... (V, 421.)

SERPENT, au figuré :
Ses sœurs soupiroient à la vue de ces objets : c'étoient autant de *serpents* qui leur rongeoient l'âme. (VIII, 90.)

SERPENTE, femelle de serpent :
Une jeune *serpente*,
Et qui change au soleil de couleur comme toi. (VIII, 197 et note 1.)
« Heureux d'estre deliuré d'une si puante et venimeuse serpente. » (*Les Comptes du monde aduentureux*, tome I, p. 162.)

SERRE, SERRES :
Car il [l'ours] s'approchoit de bien près,
Te retournant avec sa *serre*. (I, 430.)
Elle [la toison] empêtra si bien les *serres* du corbeau
Que le pauvre animal ne put faire retraite. (I, 179.)
Mais la pauvrette avoit compté
Sans l'autour aux *serres* cruelles. (I, 419; voyez II, 136, 364; III, 254.)

SERRER, emplois divers :
Son mari lui *serra* la main. (VIII, 71.)
Il lui fallut à jeun retourner au logis
Honteux comme un renard qu'une poule auroit pris,
Serrant la queue et portant bas l'oreille. (I, 114.)

.... Un paysan lui donna [donna au maître d'Ésope] des figues : il les trouva belles, et les fit *serrer* fort soigneusement. (I, 31.)
Le laboureur vous la *serra* [la touselle] très bien. (V, 365 et note 5.)
Chacun *serre* son fait. (VII, 88 et note 3.)
Voyez aussi Regnier, épître III, vers 108.

Tout ce qu'on put fut de cacher l'amant :
On vous le *serre* en hâte et promptement
Sous un cuvier. (V, 542 et note 5.)

Serrez bien, dirent-ils, gardez de lâcher prise. (III, 15.)
Hymen des nœuds d'amour nous *serre*. (IX, 29.)

Deux pailles prend d'inégale grandeur,
Du doigt les *serre* : il avoit bonne pince. (IV, 128.)

.... Happe tout, *serre* tout. (IX, 172.)
.... De ceulx qui, pour *serrer*, la main n'ont iamais lasse.
(Du Bellay, tome II, p. 240.)

Parlez, qu'on ne vous *serre*. (IX, 6 et note 1.)
Son mari avoit le cœur si *serré* que, etc. (VIII, 71.)

SERRURE, SERRURES :
.... Quand je vous le vis regarder hier avec tant d'attention par le trou de la *serrure*. (VII, 452.)

Ie regardoy par la serrure
La chambriere ie veiz là,
Qui me vint faire l'ouuerture.
(Coquillart, Monologue de la botte de foin.)

Chaque porte, outre un nombre infini de ferrures,
Sous différents ressorts a quatre ou cinq *serrures*. (VII, 404.)

SERVAGE :
Si je vivois dessous votre *servage*,
Comme autrefois.... (IV, 67 et note 4.)
Liberté fit place à honteux *servage*. (IX, 40.)

SERVANTE :
Belle *servante* et mari vert galant
C'étoit matière à feindre du scrupule. (IV, 302.)
Un homme donc avoit belle *servante* :
Il la rendit au jeu d'amour savante. (IV, 279.)
Telle pourtant...
Lui souriot, faisoit la complaisante,
Et se disoit sa très humble *servante*. (V, 411.)
Croit-elle que toujours j'en veuille user ainsi?
Je suis son humble *servante*. (II, 194.)
Les deux autres langues ne devroient être que les *servantes* de celle-ci. (VIII, 307.)

SERVICE :
Enfin, notre soldat vint m'offrir son *service*. (VII, 21.)
André m'a fait un notable *service*. (IV, 170 et note 3.)
L'infante assurément agréroit son *service*. (IV, 431 et note 10.)

Deux des nonnains alternativement
En [du bachelier] tiroient maint et maint *service*. (V, 584.)

.... Résolut de vaquer nuit et jour au *service*
D'un dieu qui chez ces gens a beaucoup de crédit. (IV, 446 et note 5.)
.... Tous les jours entrent à son *service*
Mille amours. (IX, 75.)
.... Tout se porte bien, fort à votre *service*. (VII, 299.)
Elle est, Monsieur, fort à votre *service*. (V, 232.)

SERVIR, activement et absolument; SE SERVIR DE; SE SERVIR DE... À :

Esope voulut toutefois aller vers Crésus, et dit qu'il les *serviroit* plus utilement étant près du roi.... (I, 45.)
Nous vous *servirons* tous contre un prince coupable. (VII, 610.)
.... Que je prisse le soin de *servir* ses amours. (VII, 409.)
Chacun pourra *servir* cette femme à sa mode. (VII, 110.)
.... En *servant* quelque ingrate. (VIII, 361.)
  Puisqu'une fois il l'*a servie*...,
  Il en a pour toute sa vie. (IX, 382.)
J'ai *servi* des beautés de toutes les façons. (V, 11 et note 3 ; voyez V, 245, 592 et note 2 ; VIII, 365, 370; IX, 40.)
Au lieu de ses amours, il *servit* sa patrie. (IX, 194.)
  Quinzica donc n'ayant de quoi *servir*
  Un tel oiseau qu'étoit Bartholomée.... (IV, 332 et note 5.)
Dans les *Anciennes poésies françoises*, tome VII, p. 212 :
  Ie viens, mon amy, mon enfant,
  Tout droict du seruice d'amours.
Comparez *ibidem*, p. 213, 215, 216.

N'ai-je pas bien *servi* dans cette occasion? (I, 189.)
.... Le dépit d'*avoir servi* aux plaisirs d'un monstre. (VIII, 98.)
  .... Sous le fils de Cythère,
Je *servis*, engagé par mes premiers serments. (II, 367.)
Il eût cru s'abaisser *servant* un médecin. (II, 24.)
Voilà comme on vous *sert;* on n'a que vous dans l'âme. (VIII, 367.)
Si le maître des dieux assez souvent s'ennuie,
  Lui qui gouverne l'univers,
J'en puis bien faire autant, moi qu'on sait qui le *sers*. (III, 243.)
  Messire Artus, sous le grand roi François,
  Alla *servir* aux guerres d'Italie. (IV, 101.)
Rien ne *sert* de courir : il faut partir à point. (II, 31 ; voyez III, 66.)
Rien ne te *sert* d'être farine. (I, 258.)
Que *sert*-il qu'on se contrefasse? (III, 236 ; voyez IX, 30.)
  J'aurois ici lieu de m'étendre ;
  Mais que *serviroit*-il ? (VIII, 349.)
Que *sert* cela? Jupiter n'est pas dupe. (I, 367 ; voyez II, 272, 399 ; IV, 141.)
De quoi cela te peut-il *servir?* (VIII, 134.)
De quoi me *sert* ma beauté? (VIII, 49.)
Cela ne *servit* de rien. (VIII, 189.)
  Ce qui m'en plaît, c'est que tant de cervelle
  N'y fait besoin [à ce jeu] et ne *sert* de deux clous. (V, 288.)
L'heure du souper venue, chevaliers et dames se furent seoir à leurs tables assez mal *servies*. (IX, 237.)

Agathopus *se servit de* l'occasion. (I, 31.)
Servons-nous de ce maître sot. (V, 590.)
.... Le Phrygien avoit recouvré la parole; mais... le méchant ne *s'en servoit* qu'à blasphémer, et à médire de leur seigneur. (I, 32.)

SERVITEUR, SERVITEURS :
.... Les filles qui servoient sa femme se pensèrent battre à qui l'auroit pour son *serviteur*. (I, 35.)

Votre *serviteur* Gille,
Cousin et gendre de Bertrand. (II, 371.)

Je suis votre *serviteur*, je ne boirai point. (VII, 490; voyez VII, 492.)
Serviteur, disoit-il, votre appât est grossier. (II, 321 et note 7; voyez V, 38 et note 1.)

« *Serviteur* au portier »,
Dit-il, et de courir. (II, 410.)

.... On devient grandelette,
Puis grande tout à fait; et puis le *serviteur*. (V, 105 et note 6.)
Les Augustins sont *serviteurs* du Roi. (IX, 5.)

SETIER, mesure de capacité. (VII, 129; IX, 313.)

SEUL :
Le *seul* Ulysse en échappa. (III, 187.)
.... Et cependant le *seul* Molière y gît. (IX, 82.)
Le *seul* espoir restoit. (IX, 15.)

Nul voyageur n'osoit passer....
Un *seul* vit des voleurs, etc. (III, 329 et note 2.)
Minutolo s'y rend *seul* de sa bande. (IV, 72.)

Les autres n'ont pour un *seul* adversaire :
Tentation, fille d'Oisiveté,
Ne manque pas d'agir de son côté. (IV, 487 et note 2.)

SEULEMENT :
Tu ne devrois me demander mon âne
Tant *seulement*. (V, 323.)
.... De n'avoir pas chez soi pour lui donner
Tant *seulement* un malheureux dîner. (V, 169 et note 2.)

SEULETTE :
J'ai vu le temps qu'une jeune fillette
Pouvoit, sans peur, aller au bois *seulette*. (VII, 201.)
.... Elle au logis, en sa chambre *seulette*. (IV, 158.)
Étienne vit toute fine *seulette*
Près d'un ruisseau sa défunte Tiennette. (V, 331.)

Trouvant Catin
Toute *seulette*. (VIII, 440.)
.... Et dans un pavillon fit tant qu'il l'attira
Toute *seulette*. (IV, 434; voyez V, 76; VI, 54.)

SÉVÈRE :
Celle-ci fait d'abord plus la *sévère*. (V, 82.)

Puis notre homme a de quoi charmer la plus *sévère*. (VII, 64; voyez V, 202.)
Que sert-il d'affecter le titre de *sévère?* (VII, 153.)
.... Notre hôte Archidemide, avec son front *sévère*. (VII, 47; voyez IV, 285 et note 5.)
Les *sévères* appas dont vous êtes pourvue. (VII, 71.)
Les vieillards déploroient ces *sévères* destins. (VI, 159 et note 3.)

SEXE (LE), le BEAU SEXE, le sexe féminin :
C'est le propre du *sexe*. (VII, 64.)
Et je dirai en passant que l'offense la plus irrémissible parmi ce *sexe*, c'est quand l'une d'elles en défait une autre en pleine assemblée. (VIII, 45.)
   Mais que cette humeur soit ou non
  Le défaut du *sexe* et sa pente, etc. (I, 249; voyez IV, 178, 333; V, 49, 177; VI, 14; VII, 68, 166; etc.)
Je dois trop au *beau sexe*. (V, 9; V, 13.)

SI, conjonction conditionnelle :
   .... *Si* Dieu plaît, ne fera;
  S'il plaît à Dieu, bon ordre s'y mettra. (V, 416 et note 5.)
Je suis content *si* j'ai cette dernière [cognée]. (I, 366.)
Car que me chaut *si* le Nord s'entrepille? (IX, 14.)
.... *S*'il [le présage] étoit heureux, et que, par exemple, deux corneilles se présentassent à sa vue. (I, 41.)
Si leur nombre eût été plus grand et qu'ils eussent autant regardé les Muses que le plaisir. (VIII, 25.)
Ah! *si*.... Mais autre part j'ai porté mes présents. (VI, 164.)
.... *Si* mieux n'aime la mère en créer une rente. (I, 193.)
 [Vous] jouiez tous deux au doux jeu d'amourette,
 Si ce poirier n'est peut-être charmé. (IV, 313 et note 3.)
Comment viendroient-ils ici m'interrompre, *si* ce n'est que votre mari s'en mêle? (VIII, 150.)

SI, conjonction interrogative :
Comment l'aurois-je fait *si* je n'étois pas né? (I, 90.)
  Comment cela se peut-il faire
 Si j'étois par votre ordre autre part occupé?
    (Molière, *Amphitryon*, acte III, scène IV.)

SI, adverbe de quantité :
Qui te rend *si* hardi de troubler mon breuvage? (I, 89.)
Je voudrois bien que quelqu'un des dieux fût *si* téméraire que de vous accorder sa protection! (VIII, 82.)
.... Ceux qui étoient *si* téméraires que d'en approcher. (VIII, 195.)
Celui-ci le paya d'ingratitude, et fut *si* méchant que d'oser souiller le lit de son bienfaiteur. (I, 47.)
 .... Je ne me crois pas *si* chéri du Parnasse
 Que de savoir orner toutes ces fictions. (I, 129.)
 .... Cette déesse ne seroit pas *si* farouche que de lui en refuser un. (VIII, 177.)

De triompher votre beauté fait rage,
Si qu'à la cour elle en feroit leçon. (IX, 106.)

Tellement que.

Si, pourtant, avec cela :
Quand je m'enrhumerois à force d'appeler,
Si faut-il qu'il entende. (VII, 176.)

.... *Si* faudra-t-il qu'elle y vienne pourtant. (V, 564.)

.... *Si* n'étoit pas l'époux homme si sot
Qu'il n'en eût doute. (V, 393.)

Si ne s'est-il après tout fait lui-même. (V, 524.)

Si ne faut-il pour cela qu'on épuise
Tout le sujet. (V, 522 et note 2.)

Si me faut-il trouver, n'en fût-il point,
Tempérament pour accorder ce point. (VI, 6.)

Pour notre honneur, *si* me faut-il pourtant montrer, etc. (IV, 358.)

Si faut-il qu'à la fin de tels pensers nous quittent. (IX, 184.)

.... *Si* faut-il pourtant l'employer encore. (IX, 466.)

Si faut-il que vous m'avouiez que, etc. (VIII, 108.)

.... *Si* faut-il que j'en vienne à bout. (VIII, 207.)

Si faut-il une fois brûler d'un feu durable. (VIII, 363.)

Si faut-il que je le mette [Condé] en parallèle avec quelque César ou quelque Alexandre. (VIII, 317 et note 1.)

Si laissa-t-il sur ses pieds notre belle. (V, 155 et note 3.)

Si est-ce qu'elle avoit besoin, etc. (VIII, 136 et note 1.)

Si est-ce qu'au toucher et au son de la voix il ne m'a semblé nullement que ce fût un monstre. (VIII, 59 et note 1.)

Si est-ce qu'elle avoit besoin de s'enquérir.... (VIII, 136.)

Si, si dea, particule affirmative; si que :
Je ne me pendrai pas! Et vraiment *si* ferai,
Ou de corde je manquerai. (II, 437.)

« Or bien, dit-il, qui l'a fait *si* se taise. » (IV, 234.)

Si se mit dans l'esprit,
Mourût ou non, d'en passer son envie. (IV, 224.)

Si s'en revient tout fier en son village,
Où ne surprit sa femme en oraison. (IV, 101 et note 8.)

Si ne put onc découvrir le vrai point. (IV, 128.)

Si se venoient joliment attrouper
Près de ces gens.... (V, 385 et note 7.)

.... *Si* m'en croyez. (IX, 21.)

Si leur ai dit.... (IX, 9.)

« *Si dea*, fit-il, je vous puis donner aide
En ce besoin. » (IV, 159.)

.... *Si que* chacun glosoit sur ce mystère. (IV, 3 et note 2.)

.... *Si qu*'il y faut moines et gens capables. (V, 390 et note 6.)

Si que je crains que n'ayez rien du nôtre. (IX, 12.)

Si, substantivement :
L'un alléguoit que l'héritage
Étoit frayant et rude, et l'autre un autre *si*. (II, 12 et note 4.)

« Je te la rends dans peu, dit Satan, favorable :
Mais par tel *si*, qu'au lieu qu'on obéit au diable...,
A tels commandements le diable obéira. » (V, 549 et note 6.)
Les *si*, les car, enfin tous les détours. (V, 28 et note 3.)
.... En s'informant de tout, et des *si* et des cas. (V, 449 ; voyez VI, 100 et note 2.)

Comparez aussi « les Nouveaux Si et Pourquoi, suivis d'un dialogue en vers entre MM. Lefranc de Pompignan et Voltaire », Montauban, 1760, in-12 ; « les Quand, notes utiles sur un discours de Lefranc de Pompignan prononcé devant l'Académie française le 10 mars 1760 », par Voltaire, Genève, s. d., in-12.

Sur le que *si*, que non, tous deux étant ainsi,
Une meute apaisa la noise. (II, 428 et note 12.)

SIBYLLE :
Le galetas devint l'antre de la *sibylle*. (II, 180 et note 8.)
Ma *sibylle* est ma bouteille. (VII, 224.)
   David et la *Sibylle*
Ont prévu ce grand jour et nous l'ont annoncé. (VIII, 415 et note 1.)

SIÈCLE, emplois divers :
.... Près d'un *siècle* d'hivers n'a pu l'éteindre encor. (VI, 305.)
Las ! ce n'est plus le *siècle* de nos pères. (VI, 129.)
Le *siècle* a peu d'intrigue où ne perce la leur. (VII, 569.)
   .... Et par ses soins pieux
Peut-être plus utile au *siècle* qu'en ces lieux. (VI, 281 et note 1.)
Dieu détruira le *siècle* au jour de sa fureur. (VIII, 414.)

SIÈGE, acceptions diverses :
L'autre attend sans mot dire, et s'endort bien souvent,
 Tant que le *siège* soit vacant. (IV, 54.)
La fièvre, disoit-on, a son *siège* aux humeurs. (VI, 320.)
.... Quel *siège* a la raison, soit le cœur, soit la tête. (II, 344.)
Peut-être conta-t-il ses *sièges*, ses combats. (VIII, 296.)

SIEN, SIENNE, adjectivement :
 A son exemple un *sien* frère est épris
De la cadette. (IV, 115 et note 5 ; voyez IV, 207, 249, 254 ; V, 507 ; etc.)
  Dieu prodigue ses biens
 A ceux qui font vœu d'être *siens*. (II, 108.)
L'époux pour *sien* le fruit posthume tint. (V, 404.)
  Féronde avoit un joli chaperon
 Dans son logis, femme *sienne*. (V, 391.)
  Il comptoit pour *siennes* déjà
 Les faveurs qu'Anne avoit gardées. (V, 347.)

SIEN, SIENS, substantivement :
 Ne point mentir, être content du *sien*,
 C'est le plus sûr. (I, 367.)
Il profite de ces faveurs, et y contribue du *sien*. (VIII, 319.)
Ce livre, qu'Homère et les *siens* ont chanté. (I, 168 et note 4.)

Que fera-t-il du bien par les *siens* amassé? (VII, 88 ; voyez VII, 103 ; VIII, 45; etc.)
La Marne fait des *siennes*. (IX, 18.)

SIFFLER :
    Notre souffleur à gage....
Siffle, souffle, tempête. (II, 10.)
Le plomb volant *siffle* autour sans l'atteindre. (IX, 152.)

SIFFLET :
Quand j'entends le *sifflet*, je ne trouve jamais
Le changement si prompt que je me le promets. (IX, 155.)
Le sifflet du machiniste.

SIGNALER :
Si quelqu'un *signala* son nom dans cette guerre, etc. (VII, 625.)
    .... Elle fut tout en pleurs
Signaler son devoir par de fausses clameurs. (VII, 561.)
.... L'aventure en *est signalée*. (VIII, 43.)

SIGNE, SIGNES :
Les nymphes de ce fleuve errent dans les campagnes
Sous les *signes* brûlants. (VI, 340 et note 1.)
    « A ce *signe*, ce n'est pas elle,
    Disoit en soi le pauvre époux ;
    Mais les autres points y sont tous. » (V, 450.)

SIGNER. Voyez SINER.

SIGNER (SE) :
    .... Le diable en eut une peur tant horrible
    Qu'il *se signa*. (V, 376.)

SIGNIFIER :
.... L'aigle enlevant leur sceau ne *signifioit* autre chose qu'un roi puissant qui vouloit les assujettir. (I, 44.)
C'est à lui que le trésor appartient, et ces mêmes lettres commencent d'autres mots qui le *signifient*. (I, 43.)

SILENCE :
.... Le *silence* des bois. (III, 342 ; VIII, 278.)
    O belles, évitez
Le fond des bois et leur vaste *silence*. (VI, 11.)
On se peut assurer au *silence* des bois. (VI, 238.)
« Forêts, s'écrioit-il, retraites du *silence!* » (VI, 284 ; voyez VIII, 247.)
    Dans le lit il se glisse
    En grand *silence :* en grand *silence* aussi,
    La patiente attend sa destinée. (V, 48.)

SIMARRE :
    .... Presque en chemise, et sur son dos n'avoit
    Qu'une *simarre*. (IV, 225 et note 4.)

SIMPLE, emplois divers :
.... Le plus *simple* animal nous y tient lieu de maitre. (II, 1.)

Jeune et *simple*, et pourtant très gentille. (V, 467.)
Cotillon *simple* et souliers plats. (II, 150.)
C'étoit le plus souvent
Une lanterne, ou de *simples* bougies. (IV, 226.)
Otez d'entre les hommes
La *simple* foi, le meilleur est ôté. (VI, 100.)

SIMPLE, SIMPLES, substantif, plante médicinale :
Nul *simple* n'adoucit un objet rigoureux. (VI, 345.)
« J'ai, dit-il, cherché toute ma vie dans les *simples*, dans les compositions, dans les minéraux, et n'ai pu encore trouver de remède pour aucun mal. » (VIII, 151.)
Il connoît les vertus et les propriétés
De tous les *simples* de ces prés. (I, 391; voyez VI, 317.)
Les *simples* dédiés au dieu de ce séjour [au Sommeil]. (VIII, 247.

SIMPLICITÉ :
La *simplicité* est magnifique chez ces grands hommes. (I, 14.)
Pucelle encor, mais, à la vérité,
Moins par vertu que par *simplicité*. (IV, 462; voyez V, 480.)
Mais la pudeur et la *simplicité*
L'avoient rendue ingrate en dépit d'elle. (V, 54 et note 3.)
Pour la sottise et la *simplicité*
De sa moitié, quant à moi, je l'admire. (VI, 61.)

SIMULACRE, SIMULACRES :
Simulacres volants, frères du dieu des songes. (VII, 229 et note 4.)

SINCÈRE :
Astrée auroit pu lire en cette onde *sincère*. (VII, 535.)
.... Jurant de *sincères* amours. (VII, 522.)
Argie à son époux fit un serment *sincère*
De n'avoir plus aucune affaire. (V, 280.)

SINER, signer :
En attendant que Mars m'en donne un [passe-port] et le *sine*. (IX, 103 et note 5.)

SINGE, au propre et au figuré :
Il a plus de malice
Qu'un vieux *singe*. (VII, 307.)
Peuple caméléon, peuple *singe* du maître. (II, 282.)
« .... Le cardinal Cesi, pensionnaire d'Espagne, et l'homme le plus singe en tout sens que j'aie jamais connu. » (Retz, tome V, p. 26.)

Singe en effet d'aucuns maris,
Il la battoit. (III, 301.)

SINGERIE, SINGERIES :
Il fit autour force grimaceries,
Tours de souplesse, et mille *singeries*. (II, 20.)

SINGULIER, IÈRE :
Va, cruel, va montrer ta beauté *singulière*. (IV, 25.)

[Un fauconnier] voulut au roi faire un don [d'un milan],
Comme de chose *singulière*. (III, 257.)

.... Ésope a trouvé un art *singulier* de les joindre l'un avec l'autre. (I, 2.)

Ce qui nous paroissoit terrible et *singulier*
S'apprivoise avec notre vue. (I, 303.)

De quelque façon que l'on considère son entreprise, elle ne peut être que *singulière*. (IX, 273.)

Seigneur, par vos bontés pour nous si *singulières*, etc. (IX, 175.)

SINISTRE :

Chassez de ces forêts les *sinistres* oiseaux. (VIII, 68.)

SINISTREMENT :

C'est l'ordinaire des malheureux d'interpréter toutes choses *sinistrement*. (VIII, 130.)

SIRE, emplois divers :

Le renard étant proche : « Or çà, lui dit le *sire*,
Que sens-tu ? » (II, 132.)

Je laisse à penser si le *sire*
Importuna la veuve. (IV, 388.)

Il vous faudra demain
Faire choisir sur la brune le *sire*. (V, 43 ; voyez V, 261, 347 ; et passim.)

Sire Loup. (I, 71.)
Sire Renard. (III, 134.)

Sire prélat et madame Féronde
Ne laissent perdre un seul petit moment. (V, 401.)

Eh ! par saint Jean ! beau *sire*,
Un peu plus tôt vous me le deviez dire. (IV, 304 ; voyez V, 512 ; VII, 133 ; IX, 143.)

.... Le bon *sire* le souffre, et se tient toujours coi. (I, 215.)

.... Cela faisoit que le bon *sire*
Ne savoit tantôt plus qu'y dire. (IV, 380.)

« Certes, dit-il, mon père étoit un pauvre *sire*. » (II, 253 ; voyez V, 209.)

Il contrefait le sot et le badin,
Et cependant laboure comme un *sire*. (IV, 497 et note 5.)

[Le lion] prit pour lui la première [part] en qualité de *sire*. (I, 76.)

Sire Roi, mon ami.... (III, 68 ; voyez III, 67.)

Le Roi notre *sire*. (IX, 210.)

Voyez CHIRE.

SIRÈNE :

.... Force nymphes et force *sirènes* s'y jouoient. (VIII, 181.)

SITÔT :

« Gageons, dit celle-ci [la tortue], que vous n'atteindrez point *Sitôt* que moi ce but. — *Sitôt ?* Êtes-vous sage ? »
Repartit l'animal léger. (II, 32.)

SOBREMENT :
J'en use plus *sobrement* pour ne pas tomber en des répétitions. (II, 80.)

SOBRIÉTÉ :
Les dieux nous ont jadis deux vertus députées,
La constance aux douleurs, et la *sobriété*. (VI, 356.)

SOBRIQUET, sobriquets :
J'aime les *sobriquets* qu'un corps de garde impose. (IX, 42.)

SOCIÉTÉ :
La génisse, la chèvre, et leur sœur la brebis
Avec un fier lion, seigneur du voisinage,
Firent *société*. (I, 76.)

La gazelle, le rat, le corbeau, la tortue,
Vivoient ensemble unis : douce *société*. (III, 279.)

.... Que je la fisse entrer en *société* de louanges avec un époux qui, etc. (VIII, 16.)

Les agréments de votre *société* remplissent tellement les cœurs que, etc. (IX, 361.)

SŒUR, sœurs, au propre et au figuré :
Dieu ne fit la sagesse
Pour les cerveaux qui hantent les neuf *sœurs*. (VI, 5.)

Le Dieu dont l'aile est légère...
Alla voir les noires *sœurs*. (II, 314.)
Pour ces désignations, voyez la Table alphabétique des noms propres au tome IX.

Sœur du soleil [la lune]. (VIII, 128.)
L'avarice, compagne et *sœur* de l'ignorance. (III, 23.)

Les vertus devroient être *sœurs*,
Ainsi que les vices sont frères. (II, 337.)

Cette nuit eut des *sœurs*, et même en très bon nombre. (V, 267.)

SOI. Voyez Se.

SOIE, soies :
Un arc-en-ciel nué de cent sortes de *soies*. (I, 182 et note 5.)
[Jours] filés de *soie*. (VIII, 393.)
Jours devenus moments, moments filés de *soie*. (VI, 238 et note 7.)

SOIGNER à, que :
Rien, rien, dit-il ; à cela j'*ai soigné*. (IV, 164 et note 1.)
Soigne, avant que l'offrir, qu'il [l'eunuque] soit mieux ajusté. (VII, 29.)

SOIGNEUX à, de :
Geôlière peu *soigneuse* à fermer la prison. (VI, 333.)
Le destin se montra *soigneux* de la pourvoir. (II, 115.)
.... Sans ceux que l'amitié rend *soigneux* de vous plaire. (III, 329.)
.... Peu *soigneux* d'établir ici-bas sa fortune. (III, 339.)

SOIN, soins, sens divers ; AVOIR SOIN DE ; ÊTRE EN SOIN DE ; METTRE SON SOIN À :
Il ne prenoit de *soins* que pour la république. (VII, 30.)

Ses *soins* ne purent faire
Qu'elle échappât au temps, cet insigne larron. (II, 116.)
Le peu de *soin*, le temps, tout fait qu'on dégénère. (II, 335 et note 13.)
Notre *soin* n'aboutit qu'à fournir ses repas. (I, 207.)
Pamphile doit au *soin* que les siens en ont eu
Tout ce qu'elle a d'esprit. (VII, 103.)
Vous avez une fille : elle a tout votre *soin*. (VII, 585.)
Le *soin* que j'aurai pris de *soin* m'exemptera. (I, 275 ; voyez I, 362.)
Divertis ses *soins*. (VII, 534.)
L'objet qui dissipe ses *soins*. (VIII, 38.)
Le *soin* de sa santé. (III, 163.)
J'ai quitté le *soin* d'une beauté fatale. (VIII, 215.)
Les dangers, les *soins* du voyage. (II, 361 et note 4.)
.... Un *soin* que tous les jours il faut recommencer. (VIII, 36.)
L'art de la guerre et les *soins* sans repos. (IX, 153.)
Pour nous seuls il [le bœuf] portoit les *soins* les plus pesants. (III, 8 ; voyez III, 24.)
Un certain rat, las des *soins* d'ici-bas. (II, 107.)
Apprendre à se connoître est le premier des *soins*. (III, 342.)
.... Comme ils se confioient leurs pensers et leurs *soins*. (I, 200.)
[La mouche] se plaint qu'elle agit seule et qu'elle a tout le *soin*. (II, 143.)
Du rapport d'un troupeau dont il vivoit sans *soins*.... (I, 267 ; voyez II, 151 ; III, 123 et note 20, 156, 158, 344 ; VI, 28, 177, 179, 243, 349 ; et passim.)
« Ah ! mon frère, dit-il, viens m'embrasser ; ton *soin*
Me fait injure. » (II, 327 et note 16.)
Mais un tel *soin* là-dessus nous dévore.... (VIII, 376.)
Le *soin*, hôte des villes. (VIII, 257.)
Les *soins* toujours veillants. (VIII, 370.)
Les *soins* toujours enfants des fortes passions. (VIII, 365.)

La jalouse Amarylle
Songeoit à son Alcippe, et croyoit de ses *soins*
N'avoir que ses moutons et son chien pour témoins. (I, 131.)
Que les enfants des dieux vendent cher aux mortelles
L'honneur de quelques *soins*, bien souvent peu fidèles ! (VII, 600 ; voyez III, 229 ; VI, 129 ; VII, 261, 262, 522, 602.)

Il peut vous rendre un *soin* qui vous peut plaire,
Ou, s'il ne peut vous plaire par des *soins*,
Il peut mourir à vos pieds tout au moins. (VIII, 375.)

Avoir cent menus *soins*,
C'étoit parler bas-breton. (V, 489.)
Si par de petits *soins* j'exprime mon souci.... (VIII, 373.)
Son *soin* ne fut longtemps infructueux. (V, 402.)

Comme j'ai soin de notre honneur,
Je ferai tout. (VII, 136.)
.... *Avoir soin du* lendemain. (I, 48 ; voyez III, 312 ; V, 390.)
Je suis *en soin* de ce qu'elle put dire
A ses parents. (V, 478.)

.... N'*en soyez* point *en soin :* je vous porterai tous. (III, 20 et note 4.)
Moi, qui *mettois* mon *soin à* l'observer toujours. (VII, 427.)

SOIT :
Soit jour, *soit* nuit. (V, 289.)
Soit pour la nuit, *soit* pour le jour. (V, 104.)
  A qui que ce soit qu'on m'engage,
  Soit conseiller, *soit* président,
  Soit veille ou jour du mariage,
  Je serai vôtre auparavant. (V, 215.)
    Ou *soit* par le défaut
De la chaise un peu foible, ou *soit* que du pitaud
 Le corps ne fût pas fait de plume,
Ou *soit* que sœur Thérèse eût chargé d'action, etc. (V, 593.)

SOLACIER (SE), se délasser, se récréer :
 Il va trouver le manant qui rioit
 Avecque sa femme, et *se solacioit.* (V, 369 et note 2.)

SOLDAT, SOLDATS :
 Haranguez de méchants *soldats :*
 Ils promettront, etc. (II, 453.)

SOLDATESQUE :
 Grifonio le gigantesque
 Conduisoit l'horreur et la mort
 Avecque cette *soldatesque.* (IV, 401.)

SOLEIL, SOLEILS :
Deux *soleils* ont à peine éclairé son printemps. (VII, 209.)
Vingt *soleils* n'avoient pas ma carrière éclairée. (VIII, 475.)
Après mille *soleils* ils seront agréables. (IX, 139; voyez VII, 269.)
Douze lustres et plus ont roulé sur ta vie :
De soixante *soleils* la course entresuivie, etc. (IX, 185 et note 4.)
Dans les cinq exemples qui précèdent, au sens d'années.

.... Sans s'apercevoir de la durée, je ne dirai pas des heures, mais des *soleils.* (VIII, 78.)
Des jours.

  Mes vers voudroient faire la révérence
  A deux *soleils* de votre connoissance. (IX, 9.)
Saluer à longs flots le *soleil* de la cour. (VIII, 358.)

SOLENNEL, ELLE :
L'hymen vous est suspect sans pompe *solennelle.* (VII, 603.)
Par cent arrêts rendus en forme *solennelle.* (III, 226 et note 5.)
Je dis des sottises en vers et en prose, et serois fâché d'en avoir dit une qui ne fût pas *solennelle.* (IX, 316.)

SOLENNITÉ, SOLENNITÉS :
 Solennités et lois n'empêchent pas
 Qu'avec l'Hymen l'Amour n'ait des débats. (VI, 100.)

Solennité au sens de formalité, comme *solennitas* dans le latin du Digeste. — « Le moyen justicier prend les espaues en gardant les solemnités declairées au chapistre d'espaues. » (Coutumes de Touraine, citées par M. Delboulle.)

SOLIDE :
Des *solides* plaisirs je n'ai suivi que l'ombre. (IX, 184.)

SOLIDE, substantivement :
Droit au *solide* alloit Bartholomée. (IV, 339 et note 2.)

« Je ne doute point que vous ne conserviez précieusement le dieu (un lingam ou phallus) que M. de Maudave vous a apporté des Indes... : les Indiens vont, comme Bartholomée, droit au solide. » (Voltaire, lettre à d'Alembert du 18 octobre 1760.)

[Le sang] va d'artère en artère attaquer le *solide*. (VI, 320 et note 7.)

SOLITAIRE :
.... La reine de Cythère
Veut quitter pour un temps ce séjour *solitaire*. (VI, 243; voyez II, 257; VI, 271.)
Je chante d'un héros la vertu *solitaire*. (VI, 279.)

SOLITAIRE, substantivement :
Contrevenir aux vœux d'un *solitaire*. (VI, 298.)
Mes amis, dit le *solitaire*, etc. (II, 109.)

SOLITUDE :
Ce vizir quelquefois cherchoit la *solitude*. (III, 119; voyez V, 254; VI, 248; etc.)
Cette *solitude* de soupirants, etc. (VIII, 48.)

SOLLICITATION :
.... Abandonnée à la *sollicitation* et à l'inimitié de mon propre père. (VII, 446 et note 5.)

SOLLICITER ; SOLLICITER DE :
Vos traits n'ont plus besoin de me *solliciter*. (VII, 603.)
Moins d'Amours, de Ris et de Jeux,
Cortège de Vénus, *sollicitoient* pour elle. (IX, 394 et note 4.)
.... Tout m'invite
A prendre le parti dont je vous *sollicite*. (VI, 179 et note 2.)
En vain ses amours
L'*avoient sollicité* d'avoir soin de ses jours. (VI, 252.)

SOLUTION :
Bref, aussitôt qu'il aperçut l'énorme
Solution de continuité, etc. (V, 376 et note 7.)

SOMBRE :
Tout élément remplit de citoyens
Le vaste enclos qu'ont les royaumes *sombres*. (II, 137 et note 13.)
Les échos des rivages *sombres*. (IX, 199; VI, 342.)
Attends-moi, je te vais rejoindre aux rives *sombres*. (VI, 182 et note 3.)
.... Le trésor que je pleure
Ornera tôt ou tard votre *sombre* demeure. (VI, 271.)
Zoon plaisoit aux yeux, mais ce n'est pas assez :
Son peu d'esprit, son humeur *sombre*,
Rendoient ces talents mal placés. (VI, 206.)

SOMME d'argent :

.... Hors les beautés qui font plaisir aux gens
Pour la *somme*. (V, 440 et note 3.)

Je demande à ces gens de qui la passion
Est d'entasser toujours, mettre *somme* sur *somme*,
Quel avantage ils ont que n'ait pas un autre homme. (II, 344.)

.... [Un troupeau] rapportant tous les ans,
Grâce aux soins du berger, de très notables *sommes*. (III, 48; voyez V, 481; VI, 110.)

SOMME, fardeau :

Nous suons, nous peinons comme bêtes de *somme*. (I, 207.)
L'animal de *somme*. (II, 35.)

SOMME, abrégé :

Lisez-moi quelque *somme*
De ces écrits. (IX, 20.)

Rapprochez *la Somme* de saint Thomas, l'abrégé de toutes les parties de la doctrine de ce saint ; *la Somme* de théologie scolastique de Pierre Lombard, évêque de Paris; etc.

SOMME QUE; EN SOMME; SOMME TOUTE :

.... *Somme qu*'enfin il ne lui manquoit rien. (IV, 86 et note 7 ; voyez IV, 285 ; V, 328.)

Tout bien considéré, je te soutiens *en somme*
Que, scélérat pour scélérat,
Il vaut mieux être un loup qu'un homme. (III, 191.)

.... *Somme toute*, il n'y manquoit plus
Qu'une seule cérémonie. (V, 214.)

SOMME, SOMMEIL :

Usez de la faveur que vous fera le *somme*. (VII, 177; voyez VII, 179.)
.... Mais voit-on que le *somme* en perde de son prix? (III, 122 et note 18.)
.... C'est un temps où le *somme* est dans sa violence. (IV, 426.)
Au sortir du *somme*. (IV, 430.)

Et ne croyez qu'on employât au *somme*
De tels moments. (V, 50.)

Madame n'étoit
En oraison, ni ne prenoit son *somme*. (V, 414; voyez II, 377.)

Je vous irai trouver pendant leur premier *somme*. (IV, 54; voyez IV, 91; V, 79; VI, 34.)
Ses yeux d'un *somme* dur sont pressés et couverts. (VI, 266.)
Le sommeil de la mort.

[Ces pavots] cueillis dans les jardins du *Somme*. (VIII, 280; voyez VIII, 102, 124; etc.)

SOMMEIL :

Anténor le premier sort des bras du *sommeil*. (VI, 250.)
Plongé dans un profond *sommeil*. (II, 167.)

SOMMER DE :

Le philosophe *fut sommé de* tenir parole. (I, 42.)

.... Ni que *d*'en déloger et faire mon paquet
Jamais Hippocrate me *somme*. (I, 226.)

SOMMET :
Notre monarque vous promet
Un repos qu'on n'a plus sur le double *sommet*. (VII, 509 et note 3.)
Le sacré *sommet*. (IX, 111.)

SOMMIER, bête de somme :
Le singe et les *sommiers* confus,
Sans oser répliquer, en chemin se remirent. (I, 316.)
Le cheval, le mulet, l'âne, le chameau.
« Il y eut ung des sommiers qui portoient sa tente qui tomba par cas d'aduenture en une riuiere. » (Amyot, traduction de Plutarque, *Vie de Thémistocle*.)

SOMPTUEUX :
Somptueux repas. (II, 175.)

SOMPTUOSITÉ :
Il y a même trop de *somptuosité* à votre habit. (VIII, 169.)

SON, sons :
Je l'allois aborder, quand d'un *son* plein d'éclat
L'autre [un coq] m'a fait prendre la fuite. (II, 17.)
.... Le *son* [de vos triomphes] en dure encore aux bouts de l'univers.
(IX, 279.)
Ils entonnoient des *sons* fort lugubres. (VIII, 53.)
.... Apollon y joindra ses *sons*. (VIII, 455.)
.... Horace dans ses *sons*
L'avoit dit. (IX, 199.)
Mêlez parmi ces *sons* vos accords admirables. (VI, 237 et note 2.)
Il semble par ses *sons* attirer Galatée. (VIII, 39.)
Oiseaux, hommes, et dieux, que tous chantres choisissent
Désormais, en leurs *sons*, Clymène pour sujet. (VII, 150; voyez VI, 330; VII, 200, 243, 512; VIII, 367, 412.)

SON, sa, emplois divers :
Le loup, quelques jours écoulés,
Revient voir si *son* chien n'est pas meilleur à prendre. (II, 409 et note 10.)
L'animal dégourdi piqua *son* homme au bras. (III, 50 et note 20.)
La voilà derechef en danger de *sa* vie. (I, 142.)
Il me prétend avoir par des présents :
Moi, des présents ! c'est bien choisir *sa* femme. (VI, 34.)
.... Ce n'étoit pas comme *son* mari, mais comme dragon. (VIII, 165.)

SONGE, songes :
.... Le dieu l'attrapa bien,
Envoyant un *songe* lui dire
Qu'un tel trésor étoit en tel lieu. (II, 443.)
N'est-ce point un *songe* que je vois? (III, 49.)
Sortons de ces riches palais
Comme l'on sortiroit d'un *songe!* (III, 53 ; voyez VIII, 118.)

Le test et le cerveau piqués violemment
Joignent à la douleur les *songes*, les chimères. (VI, 321 et note 1.)
Ses *songes* sont toujours que l'on le fait cocu. (V, 91.)

SONGER, neutralement et activement :
Le mari repart, sans *songer* :
« Tu ne leur portes point à boire ? » (I, 224.)
Chacun *songe* en veillant : il n'est rien de plus doux. (II, 153.)
Pourvu qu'il *songe* c'est l'affaire. (V, 91 et note 4.)
.... Pour *songer* il faut dormir. (V, 92.)
Lise *songer*! Quoi? déjà Lise *songe*! (V, 297 et note 6.)
J'oublie enfin que je *songe*. (VIII, 241.)
Il [l'âne] alloit par pays, accompagné du chien,
Gravement, sans *songer* à rien. (II, 300.)
Ne *songer* à rien. (V, 14.)
.... En *songeant* à cela. (VII, 297.)
Acante... *songea* qu'il étoit allé trouver le sommeil. (VIII, 245.)
J'ai *songé* cette nuit un songe épouvantable. (VII, 357.)
Je ne *songerai* plus que rencontre funeste. (II, 362.)
Celui-ci ne *songeoit* que ducats et pistoles. (III, 201 et note 2.)

SONGEUR :
.... Le même *songeur* vit en une autre contrée
Un ermite entouré de feux. (III, 118 et note 3.)

SONNER, neutralement et activement :
Ce n'étoit point semblant, car même il [ce baiser] a *sonné*. (VII, 77.)
.... Et des mors d'or massif qui *sonnent* sous leurs dents. (VIII, 482.)
Deux chevaux près de lui du pied battaient la terre,
Et, vides, sur leurs flancs sonnaient les étriers.
(Victor Hugo, *la Bataille perdue*.)
Le tocsin
Sonne aussitôt sur lui. (III, 97.)
.... Puis il fait *sonner* le tocsin. (IV, 198.)
Il [ce mulet] marchoit d'un pas relevé,
Et faisoit *sonner* sa sonnette. (I, 68.)
[Agiluf] ne *sonnoit* mot en prenant ses ébats. (IV, 227; IX, 105.)
Et vous pourriez avoir vingt mignonnes en ville,
Qu'on n'en *sonneroit* pas deux mots en tout un an. (V, 99.)
Le nom de Myrtis... ne *sonnoit* pas assez pour une reine. (VIII, 183.)

SOPHISME :
.... Quelque peu de *sophisme* entre parmi ses traits. (II, 395.)
.... Ils portoient le *sophisme*... au delà de toute croyance. (VIII, 340.)

SOPHISTE :
Les *sophistes*... attiroient la jeunesse par de vaines subtilités, qu'ils lui savoient fort bien vendre. (VIII, 339.)

SORCIER :
Les pierres, les bâtons y perdent leur crédit :
Il [ce lièvre] est *sorcier*, je crois. (I, 277.)

Le bramin crut bien faire
De prier un *sorcier* qu'il logeât la souris
Dans un corps qu'elle eût eu pour hôte au temps jadis. (II, 392.)

SORNETTE, SORNETTES :
    Gaillardement six postes se sont faites ;
Six de bon compte, et ce ne sont *sornettes*. (IV, 215 et note 3.)
Si tout ceci passoit pour des *sornettes*, etc. (VI, 48 et note 3.)
Certains récits qui ne sont que *sornettes*. (IX, 35.)
Que je vous conte en vers une *sornette*. (IX, 13.)
Mieux te vaudroit laisser cette *sornette*. (IV, 312.)
Gens à *sornettes*. (V, 68 et note 2.)

SORT, SORTS, emplois divers :
Vous n'êtes pas de ceux qui n'ont qu'un *sort* commun. (VII, 608.)
Voici son *sort* : j'en ai fait la figure. (IX, 30.)
        Princesse, notre *sort*
Vous doit faire excuser ces marques de transport. (VII, 548.)
    Voilà mon *sort*, dit Aminte à Damon :
J'étois seulette un jour à la maison, etc. (VI, 54.)
Le *sort* est accompli. (VII, 545.)
.... Je m'y trouverois si embarrassé que je jetterois au *sort* ou aurois recours à quelque oracle. (VIII, 327.)
Dis ce que tu voudras, le *sort* en est jeté. (VII, 28.)
    Et voyez, je vous prie,
    Quelles rencontres dans la vie
    Le *sort* cause ! (II, 344.)
Je songeois à l'état où le *sort* nous réduit. (VI, 299 ; voyez I, 287 ; III, 67 ; VI, 205, 244, 245 ; etc.)
Seroit-ce point quelque espèce de *sort* ? (V, 397 et note 6.)
Des *sorts* par l'enfer établis. (VII, 543.)
Et le *sort* principal, et les gros intérêts. (III, 222 et note 8.)

SORTABLE :
Pour un choix plus *sortable* il faut qu'il se dispose. (VII, 67 ; voyez VII, 70, 75.)

SORTE ; FAIRE EN SORTE DE, EN SORTE QUE :
    L'esprit de contradiction
L'aura fait flotter [votre femme] d'autre *sorte*. (I, 248.)
Peut-être l'entendiez-vous d'autre *sorte*. (VIII, 170.)
Et si je ne l'obtiens, ou d'une ou d'autre *sorte*,
Je suis mort. (VII, 51.)
Je saurai désormais compter d'une autre *sorte*. (VII, 12.)
J'aurois signé ma mort de même *sorte*. (IX, 125.)
C'est assez qu'on ait vu par là qu'il ne faut point
    Agir chacun de même *sorte*. (I, 160 et note 6 ; voyez II, 194 ; IV, 208 ; et passim.)
    Berné, sifflé, moqué, joué,
Et par messieurs les paons plumé d'étrange *sorte*. (I, 300 ; voyez III, 301.)

SOT] DE LA FONTAINE. 345

Rien ne reste à faire après nous,
Tant nous criblons de bonne *sorte*. (VII, 128.)

Oh! je ne nous boutons rien dans la tête que de la bonne *sorte*. (VII, 477.)

Il ne se fit prier que de la bonne *sorte*. (III, 78 et note 23.)

Il avoit vu sortir gibier de toute *sorte*. (I, 330.)

.... Et ce sont toute *sorte* de gens. (IX, 177.)

Il y a de toutes *sortes* de gens à la cour. (VIII, 190.)

Son innocence et sa naïveté
En quelque *sorte* apaisèrent la noise. (IV, 165.)

.... Inquiète en chemin
Comment *de* la donner je pourrois *faire en sorte*. (VII, 427.)

Il *fait en sorte que* vous appreniez sans peine. (I, 4.)

Faites demain *en sorte*
Qu'en ce logis j'attrape le galant. (IV, 166.)

SORTILÈGE, SORTILÈGES :

.... Par *sortilèges* et par charmes. (I, 185.)

SORTIR, SORTIR DE :

Chacun admira l'expédient que Xantus avoit trouvé pour *sortir* à son honneur *d*'un si mauvais pas. (I, 41.)

Le renard dit au bouc : « Que ferons-nous, compère?
Ce n'est pas tout de boire, il faut *sortir d*'ici. » (I, 217.)

Elle *sortoit de* maladie. (I, 251.)

Je voudrois qu'à cet âge
On *sortît de* la vie ainsi que d'un banquet. (II, 212 et note 19.)

On peut par des raisons du monde et de famille
Par de certains desirs, et pour *sortir de* fille,
Une fois en sa vie arborer ce lien. (VII, 573 et note 5.)

.... Un Adonis qui ne feroit que *sortir de* page. (VIII, 95.)

Sortons *de* ces riches palais
Comme l'on *sortiroit d*'un songe! (III, 53.)

L'époux *sortant* quelque peu *de* colère. (IV, 166.)

SORTIR (AU) DE :

.... Que notre âme, *au sortir d*'un roi
Entre dans un ciron. (II, 391.)

Acante, *au sortir de* l'apothéose d'Hercule, est mené, etc. (VIII, 277.)

SOT, SOTTE :

Par lui [l'Amour] les *sots* deviennent des oracles. (V, 182.)

Vivent les *sots* pour donner de l'esprit! (V, 299.)

Servons-nous de ce maître *sot*. (V, 590 ; voyez IV, 499.)

.... *Sottes* de ne pas voir que le plus grand des soins,
Ce doit être celui d'éviter la famine. (I, 221.)

Il est sage. — Il est un *sot*. (II, 272.)

Me prend-on pour un *sot*? (I, 331.)

Ils [les fous] donnent toujours
Quelque trait aux fripons, aux *sots*, aux ridicules. (II, 399.)

Le loup fut un *sot* de le croire. (III, 136.)

Eh bien ! n'êtes vous pas pris comme un *sot* ? (VII, 433.)
Un *sot* plein de savoir est plus *sot* qu'un autre homme. (IX, 373 et note 2.)
Tastigué ! vlà un *sot* homme. (VII, 459.)
Vous êtes un bon *sot*, beau-frère. (VII, 484.)
.... Le cocu qui s'afflige y passe pour un *sot*. (V, 97.)
.... Je suis un *sot* de l'avoir si mal pris. (IV, 106 et note 3.)
.... Ce fut un *sot* en son temps très insigne. (V, 25.)
Féronde étoit un *sot* de par le monde. (V, 389.)
Il veut à toute force être au nombre des *sots* :
Il se maintient cocu, du moins de la pensée. (V, 92.)

SOTTISE :
Ce roi fut en *sottise* un très grand personnage. (V, 426 et note 2.)
J'oppose quelquefois, par une double image,
Le vice à la vertu, la *sottise* au bon sens. (I, 363.)
.... Prend une main, un bras, lève un coin du mouchoir,
   Toutes *sottises* dont la belle
   Se défend avec grand respect. (I, 278.)
      De tout temps
Les petits ont pâti des *sottises* des grands. (I, 140 et note 8.)
.... C'est assez qu'il [le sexe] condamne en son cœur
Celles qui font quelque *sottise*. (V, 9 et note 1.)

SOU, pièce de monnaie, au propre et au figuré :
Les commis de la douane remirent généreusement à Xantus le *sou* pour livre. (I, 35.)
   Un *sou*, quand il est assuré,
   Vaut mieux que cinq en espérance. (I, 268.)
.... Si pour un *sou* d'orage en quelque endroit
   S'amassoit d'une ou d'autre sorte,
L'homme en avoit sa part. (I, 296.)

SOU, saoul :
[Un rat] des lares paternels un jour se trouva *sou*. (II, 252 et note 3.)
Le peu qu'il en restoit [de rats], n'osant quitter son trou,
Ne trouvoit à manger que le quart de son *sou*. (I, 134 et note 2.)
Voyez Soûl.

SOUBRETTE :
Les menus dons qu'on fit à la *soubrette*.... (VI, 46.)
   Aussitôt perles de tomber...,
   Soubrettes de les enfiler. (V, 266.)

SOUCI, soucis :
.... Quitte ce vain *souci*. (VII, 203.)
Votre compassion, lui répondit l'arbuste,
Part d'un bon naturel, mais quittez ce *souci*. (I, 127.)
Courons après les gens qui causent mon *souci*. (VII, 437.)
J'approuve ton *souci*. (VII, 86.)
Mon cœur accorde mal ce différent *souci*. (VII, 84.)

La vieille n'avoit point de plus pressant *souci*
Que de distribuer aux servantes leur tâche. (I, 381.)
Des *soucis* de l'État c'est trop s'entretenir. (VII, 599.)
Du *souci* de sa vie
Bien plus à sa valeur qu'à la fuite il se fie. (VI, 254.)
.... Je suis son frère,
Qui n'ai *souci* d'achat, de maître, ni d'argent. (VII, 108; voyez IV, 53; VII, 136.)
Aux noces d'un tyran tout le peuple en liesse
Noyoit son *souci* dans les pots. (II, 38.)
.... Des *soucis* dévorants c'est l'éternel asile. (VI, 148.)
.... Sans te mettre en *souci* de ce que je souhaite. (IV, 33.)
.... Jugez qui de nous tous doit prendre ce *souci*. (VII, 104.)
La dame
Pour un meunier prenoit trop de *souci*. (V, 49.)
De conduire les miens [mes yeux], Seigneur, prends le *souci*. (VI, 290.)
Et vous pouvez, Thaïs, disposer de vos charmes,
Sans craindre qu'il s'offense et vous tienne en *souci*. (VII, 61.)
J'espère qu'il aura de vous quelque *souci*. (II, 109.)
Voilà, dit-il à Xantus, l'homme sans *souci* que vous demandez. (I, 39.)
Ces femmes
Qui font plaisir aux enfants sans *souci*. (V, 186 et fin de la note 1.)
.... Si par de petits soins j'exprime mon *souci*. (VIII, 333.)
L'amour et son *souci*. (VII, 69.)
.... Laisse le soin de tout aux amoureux *soucis*
De sœur Claude et de sœur Thérèse. (V, 592.)
Mon cher Curtade, mon *souci*,
J'ai beau t'aimer, tu n'es pour moi que glace. (IV, 32 et note 5; voyez IV, 262.)
Comparez aussi Remy Belleau, tome II, p. 59, 98, 167, 302; du Bellay, tome I, p. 436.

SOUCIER, activement; SE SOUCIER DE :
Penses-tu, lui dit-il, que ton titre de roi
Me fasse peur ni me *soucie*? (I, 155.)
Du latin *sollicitare* : m'inquiète, me cause du souci.
Vraiment son accident tout de bon me soucie.
(Scarron, *Jodelet duelliste*, acte V, scène VII.)
Eh! je crois que cela foiblement vous soucie.
(Molière, *Dépit amoureux*, acte IV, scène III.)

Et cependant je vois qu'ils *se soucient*
D'avoir chevaux à leur char attelés
De même taille. (IV, 329.)
Celui-ci ne *se soucioit* pas *de* périr. (VIII, 139.)
[Elle] laissa Psyché, qui ne *s'en soucioit* pas trop. (VIII, 169.)

SOUCIEUX; SOUCIEUX DE :
Rien ne tient en balance,
Sur ce point-là, mon esprit *soucieux*. (IX, 9.)
Du tribut de cet an Anne étant *soucieuse*.... (V, 350.)

SOUDAINETÉ :

La *soudaineté* des éclairs. (VIII, 120.)

Tout le monde a ouï parler des merveilles de cette fête..., de la *soudaineté* avec laquelle on a créé, etc. (VIII, 125.)

A la *soudaineté* l'ordre aussi contribue :
Chacun a son emploi parmi les travailleurs. (VIII, 205.)

.... Capitaines, dont les exploits, comme dit le bon Amyot, avoient cette grâce de *soudaineté* qui les rendoit encore plus agréables. (VIII, 187.)

.... Avec tant de *soudaineté*. (VIII, 196 ; voyez IX, 62.)

SOUDARD :

Le drôle fit un trait de franc *soudard*. (IV^t, 359.)

Ta maison et tes biens saccagez des soudards.
(Regnier, épître 1, vers 126.)

.... Au travers de piques et dards,
Au travers de mille soudards.
(Scarron, *le Virgile travesti*, livre VI.)

SOUDOYER :

.... Chacun d'eux pourroit *soudoyer* une armée. (I, 95.)

SOUDRE, résoudre :

Les rois d'alors s'envoyoient les uns aux autres des problèmes à *soudre*. (I, 47 et note 1.)

SOUDRILLE, soudrilles :

Nos braves *soudrilles*. (IX, 43 et note 4.)

SOUFFLE :

Quelques restes de feu sous la cendre épandus
D'un *souffle* haletant par Baucis s'allumèrent. (VI, 153.)

Mes appas sont les alcyons
Par qui l'on voit cesser l'orage
Que le *souffle* des passions
A fait naître dans un courage. (VIII, 257.)

SOUFFLER, neutralement et activement :

L'attelage suoit, *souffloit*, étoit rendu. (II, 141.)
Notre souffleur à gage...
Siffle, *souffle*, tempête. (II, 10 ; voyez II, 9.)

Puis sur le mets qu'on lui donne,
Délicat, il *souffle* aussi. (I, 387.)

.... *Soufflant* ses doigts, transi du vent de bise. (VII, 429.)

Arrière ceux dont la bouche
Souffle le chaud et le froid ! (I, 388 et note 10.)

« Le président Talon alla en l'autre monde voir s'il est permis de souffler le froid et le chaud comme M. de Luxembourg le lui avoit fait faire. » (Saint-Simon, tome II, p. 27.)

SOUFFLEUR :

Notre *souffleur* à gage
Se gorge de vapeurs. (II, 10.)

SOUFFLEUR, alchimiste :
Emmenez avec vous les *souffleurs* tout d'un temps :
Vous ne méritez pas plus de foi que ces gens. (I, 170 et note 9.)
Voyez aussi Molière, tome III, p. 87 et note 3.

SOUFFRANCE :
.... Mais qui ne put par sa *souffrance*
Amener à son but cet objet inhumain. (V, 251 et note 1.)
Tout chemin, hors la mer, allongeant leur *souffrance*, etc. (VI, 200 et note 9.)

SOUFFRETEUX :
Un pauvre *souffreteux*
Se plaint là-bas ; le froid est rigoureux. (IV, 255 et note 2.)

SOUFFRIR, emplois divers; SE SOUFFRIR; SOUFFRIR QUE :
[La belle] eut beaucoup à *souffrir*, beaucoup à travailler. (IV, 398.)
Vous deviez m'enseigner à *souffrir* les outrages. (VII, 616.)
Plutôt *souffrir* que mourir,
C'est la devise des hommes. (I, 108.)
Car nous sommes d'ailleurs capables de *souffrir*
Toute l'infirmité de la nature humaine. (V, 256.)
.... Les tourments infinis que pour vous j'*ai soufferts*. (VI, 226.)
[Un cerf] ne pouvoit qu'avecque peine
Souffrir ses jambes de fuseaux. (II, 28.)
.... L'on ne sait à quoi songe le prince
De le *souffrir*. (IV, 242.)
Je n'*aurois* pas d'un roi cette chose *soufferte*...,
Et d'un porte-bourdon je la pourrois *souffrir* ! (V, 262.)
On pourroit aucunement
Souffrir ce défaut aux hommes. (II, 353.)
.... Je le *souffre* aux récits qui passent pour chansons. (IV, 396.)
Ce n'est pas qu'un emploi ne doive *être souffert*. (III, 344.)
Chassez les soupirants, belles, *souffrez* mon livre. (V, 10.)
Mais enfin l'alliance est assez à *souffrir* :
En un mot, c'est ma sœur que je vous viens offrir. (VII, 102.)
Assez supportable, sortable.
Un seul soleil à peine
Se peut *souffrir*. (II, 39.)
La fable au moins *se* peut *souffrir*. (I, 264.)
Mais, après certain temps, *souffrez qu'*on vous propose
Un époux. (II, 75.)

SOUHAIT (À) :
Mais rien pour cette fois ne lui vint *à souhait*. (II, 175.)
Renaud, neveu de Charlemagne,
Passe par ce château : l'on l'y traite *à souhait*. (V, 143.)
Je n'ai le lieu ni le temps *à souhait*. (V, 567.)
.... A moins enfin qu'elle n'ait *à souhait*
Compagnie d'homme. (V, 308 et note 5.)

SOUHAITER; souhaiter de :

Souhaiter, ce n'est pas une peine
Étrange et nouvelle aux humains. (II, 124.)
[Ceux] qui *souhaitent* toujours et perdent en chimères
Le temps, etc. (II, 126.)
[Nérie] brûle pour un mortel, qu'en vain elle *souhaite*
Posséder une nuit à son contentement. (V, 117.)
.... Sans te mettre en soùci de ce que je *souhaite*. (IV, 33.)
Elle *souhaitoit de* l'entretenir. (VIII, 142.)

SOUILLER :

Monstre énorme et cruel, qui *souille* les fontaines. (VI, 249 et note 9.)
[Ennus] fut si méchant que d'oser *souiller* le lit de son bienfaiteur. (I, 47.)

SOUILLON :

Je pestois de bon cœur contre cette *souillon*. (VII, 393.)

SOÛL :

Ces animaux sont *soûls*. (III, 264 et note 9.)
.... M'en voilà *soûl*, reprit le sire. (V, 511.)
[Les cœurs] ne sont jamais *soûls* de grandeurs. (IX, 134.)

Soûl, substantivement :

Je ris tout mon *soûl*. (VIII, 113.)
Quand Achille a pleuré son *soûl*.... (VIII, 115.)
Vous mangerez tout votre *soûl*. (VII, 134.)
Voyez Sou.

SOULAGEMENT :

Point de *soulagement* ni de fin dans vos peines. (VII, 13.)
    Les rendez-vous et le *soulagement*
    Ne se pouvoient, à moins que d'un miracle. (IV, 206 et note 4.)
    Minuit venu, l'époux, mal à propos,
    Tout plein encor du feu qui le possède,
    Vient de sa part chercher *soulagement*. (VI, 46.)
    Au bout d'un an la belle se dispose
    A me donner quelque *soulagement*. (VI, 123.)

SOULAGER :

.... Nous descendîmes afin de *soulager* les chevaux. (IX, 230.)
Celui-ci [le mulet], glorieux d'une charge si belle,
N'eût voulu pour beaucoup en *être soulagé*. (I, 68.)
Qu'avez-vous fait encor pour *soulager* mes maux? (VII, 258.)
.... *Soulage* nos chagrins. (VIII, 481.)
          .... Viens plutôt *soulager*
Le faix sous qui je sens que mon âme succombe. (VIII, 416.)
Qu'attendez-vous pour *soulager* ses feux? (IV, 410.)
Vos vœux *sont* bientôt *soulagés*. (VII, 261.)
Le Romain se voit donc à la fin *soulagé*
Par le même pouvoir qui l'avoit affligé. (IV, 31.)

Du soin de guérir leurs flammes
Il vous *soulagera*. (IV, 21.)

SOULAS :
Chaque époux, s'attachant auprès de sa moitié,
Vécut en grand *soulas*. (IV, 62 et note 2.)
En grand *soulas* cette nuit se passa. (IV, 322 et note 6.)
Adieu joie et *soulas*. (IX, 40.)

SOÛLER ; SE SOÛLER DE :
Même beauté, tant soit exquise,
Rassasie et *soûle* à la fin. (V, 505 et note 1.)
.... De quoi *soûler* nos appétits. (VIII, 268.)
.... Ils *se soûlent de* ce plaisir. (VIII, 114.)

SOULOIR, avoir coutume :
.... Deux parts en fit, dont il *souloit* passer
L'une à dormir, et l'autre à ne rien faire. (IX, 80 et note 5.)

SOUMETTRE :
.... A voix *soumise*. (IX, 103.)

SOUMISSION, SOUMISSIONS :
Elle approuvoit ses *soumissions*. (VIII, 159 ; voyez VIII, 365.)

SOUPÇON :
.... La voir à tout moment sans crainte et sans *soupçon*. (VII, 49.)
Je vous satisferai tout à l'heure sur vos *soupçons*. (VIII, 156.)
.... L'innocente pucelle
Sans *soupçon* y descend. (VI, 17.)
.... Ceci soit dit sans nul *soupçon* d'amour. (III, 278.)
Madame Catelle
De son époux commence à s'alarmer,
Entre en *soupçon*. (IV, 66.)
Le *soupçon* et l'inquiétude
Dont Damon s'est coiffé si malheureusement. (V, 124.)
Camille avoit déjà quelque *soupçon*
Que l'on l'aimoit. (V, 192.)
Volontiers où *Soupçon* séjourne
Cocuage séjourne aussi. (V, 114.)

SOUPÇONNER :
Ne le *soupçonnez* pas, ma sœur. (VII, 519.)
.... Un chien de bonne race,
Qu'il *soupçonnoit* dans le corps d'un lion. (II, 6.)

SOUPÇONNEUX :
Le moindre bruit éveille un mari *soupçonneux*. (V, 92.)

SOUPE :
Quoi? je mettrois, dit-il, un tel chanteur en *soupe!* (I, 236.)

SOUPÉ, souper :

Le *soupé* du croquant avec elle [la colombe] s'envole. (I, 165 ; voyez II, 321, 362 ; VI, 78.)

SOUPER :

Il [Rongemaille] délivre encor l'autre sœur,
Sur qui s'étoit fondé le *souper* du chasseur. (III, 283.)

SOUPIR, soupirs :

Le receveur, s'étant frotté l'épaule,
Fait un *soupir*. (V, 399 et note 1.)
Faisant autant de *soupirs* qu'il faisoit de pas. (VIII, 53.)
Le monstre fit un *soupir*. (VIII, 79.)
Encor si des *soupirs* il se fût contenté :
La source en est inépuisable. (V, 251.)
Elle n'osa déclarer ses desirs
D'autre façon qu'avecque des *soupirs*. (V, 189.)
A ce langage il ne sut dire
Autre chose que des *soupirs*,
Interprètes de ses desirs. (V, 213.)
Bannissez, je vous prie,
Ces *soupirs* à la voix du sommeil ennemie. (VII, 158 et note 1.)
[Vénus] avoit abandonné ses cheveux aux zéphyrs ;
Son écharpe, qui vole au gré de leurs *soupirs*, etc. (VI, 232.)
Cet amant toujours pleure, et toujours les zéphyrs,
En volant vers Paphos sont chargés de *soupirs*. (VI, 248.)
Doux vents, s'écrioit-il, prêtez-moi des *soupirs !* (VI, 192 ; voyez VI, 267.)

SOUPIRER ; soupirer pour ; soupirant, ante :

On meurt d'amour, on languit, on *soupire*. (V, 465.)
.... On *soupire* à son souvenir. (II, 277.)
.... La pauvre dame
En *a* tant *soupiré* qu'enfin elle n'est plus. (III, 301.)
Hé! qui peut dire
Que *pour* le métier de mouton
Jamais aucun loup ne *soupire?* (III, 232.)
Que fait autour de notre porte
Cette *soupirante* cohorte? (V, 247.)

SOUPIRANT, ants, substantivement :

Chassez les *soupirants*, belles, souffrez mon livre. (V, 10.)

SOUPLE :

Tout vous rit ; votre femme est *souple* comme un gant. (V, 98 et note 2.)

SOUPLESSE :

Que son esprit rusé
Pour attraper notre homme a d'art et de *souplesse!* (VII, 27 ; voyez II, 230.)

Il fit autour [de la couronne] mille grimaceries,
Tours de *souplesse*, et mille singeries. (II, 20.)
On peut, nonobstant leur adresse,
En attraper au moins une entre cent
Et lui jouer quelque tour de *souplesse*. (IV, 359 et note 1.)

SOURCE, au propre et au figuré :
Le sang, *source* de vie.... (VI, 326.)
[Les honneurs], *sources* de fièvres différentes. (VI, 320.)
Que les *sources* de l'or soient pour d'autres que nous. (VII, 527.)
Reine des *sources* de l'or. (VIII, 388 et note 1.)
Encor si des soupirs il se fût contenté :
 , La *source* en est inépuisable. (V, 251.)
Envoyons-leur de maux une troupe fatale,
Une *source* de vœux, un fonds pour nos autels. (VI, 317.)

SOURCI, sourcil :
Malgré son noir *sourci*,
Jupiter et le peuple immortel rit aussi. (III, 258 et note 57.)
Jupiter leur parut avec ces noirs *sourcis*
Qui font trembler les cieux sur leurs pôles assis. (VI, 155 et note 4; voyez VI, 168 et note 3, 356.)

SOURCIL :
Sous un *sourcil* épais il avoit l'œil caché. (III, 145.)

SOURCILLEUX, d'aspect grave et sévère :
Priam le *sourcilleux*. (VIII, 493.)
« La superbe et sourcilleuse maison d'Espagne. » (Gui Patin, Lettres, tome II, p. 268.) — Comparez le Lexique de Corneille.

SOURD, au propre et au figuré :
Approchez, je suis *sourd*, les ans en sont la cause. (II, 190.)
.... C'étoit une clameur à rendre les gens *sourds*. (II, 271.)
L'auditoire étoit *sourd* aussi bien que muet. (III, 57 et note 8.)
L'homme, *sourd* à ma voix comme à celle du sage,
Ne dira-t-il jamais, etc.? (II, 347.)
Il fit longtemps la *sourde* oreille. (II, 300.)
Tout est *sourd* à ma peine. (VII, 545.)
Or au fond de ce bois un certain antre étoit,
 Sourd et muet, et d'amoureuse affaire. (IV, 409 et note 1.)
Quelque grotte *sourde* et muette. (VII, 270.)

SOURD, substantivement :
Tu gagnerois autant de parler à des *sourds*. (III, 215.)

SOURDEMENT :
.... Se demandant l'un l'autre *sourdement*
Quel si grand crime a ce poirier pu faire. (IV, 317 et note 1.)

SOURDRE :
.... Là *sourdoit* une eau qui, etc. VIII, 195.)
« .... Des eaux chaudes qui sourdent s rives de la mer. » (Malherbe, tome II, p. 95.)

SOURICIÈRE, SOURICIÈRES :
La mort-aux-rats, les *souricières*,
N'étoient que jeux au prix de lui. (I, 256.)

SOURIQUOIS :
Mais la porte la plus grande
Tomba presque en tous endroits
Sur le peuple *souriquois*. (I, 287 et note 4; voyez III, 228.)
Le Dictionnaire de Trévoux donne un exemple de « peuple souriquois » emprunté au traducteur de la « Batrachomyomachie ». — On appelait en réalité *Souriquois* ou *Soriqui* un peuple de la Nouvelle-France en Amérique, vers le golfe de Saint-Laurent.

SOURIS, sourire :
Au fond du temple eût été son image,
Avec ses traits, son *souris*, ses appas. (III, 275.)

D'une faveur en une autre il passa,
Eut un *souris*, puis après autre chose. (IV, 80; voyez V, 147; VIII, 223, 364, 423; etc.)

SOURIS-CHAUVE :
Je connois maint detteur qui n'est ni *souris-chauve*,
Ni buisson, ni canard, etc. (III, 224 et note 17.)
Voyez le Supplément du Dictionnaire de Littré, p. 73.

SOUS, préposition, emplois divers :
Sous un chêne aussitôt il va prendre son somme. (II, 371; voyez IV, 91, 308; etc.)
Quel objet vous peut-on préférer *sous* les cieux? (VII, 520.)
.... Les auteurs de ses jours descendus *sous* la tombe. (VI, 279.)
Sous ce tombeau gisent Plaute et Térence,
Et cependant le seul Molière y gît. (IX, 82; voyez IX, 81.)
Lâcher ce qu'on a dans la main
Sous espoir de grosse aventure,
Est imprudence toute pure. (II, 408.)
[La bergère] pour qui, *sous* le fils de Cythère
Je servis, engagé par mes premiers serments. (II, 367.)
.... Rire *sous* cape de ces tours. (V, 9 et note 2.)
.... *Sous* le prétexte d'aller faire
Un bouquet. (V, 219.)

SOUSTRAIRE À; SE SOUSTRAIRE À :
Tout cela se feroit beaucoup plus aisément
Que *soustraire* une femme *aux* yeux de son amant. (VII, 409.)

Aux grands périls tel a pu *se soustraire*,
Qui périt pour la moindre affaire. (I, 157.)

SOUTANE :
Je le rendrai [cet âne] maître passé,
Et veux qu'il porte la *soutane*. (II, 64 et note 11.)
Pourquoi cette soutane?
Êtes-vous *in sacris, id est* anti-profane?
Êtes-vous médecin? Êtes-vous avocat?
(Scarron, *Don Japhet d'Arménie*, acte I, scène v.)
— On sait que les professeurs laïques ont continué longtemps aussi à porter la soutane, en guise de robe, dans beaucoup de collèges de l'Université (jusqu'en 1830).

SOU] DE LA FONTAINE. 355

SOUTE, soulte :
.... Somme qu'enfin la *soute* du mulet
Fut accordée. (V, 328 et note 2 ; voyez V, 330.)

SOUTENIR ; soutenir à ; se soutenir :
Vos vœux *sont soutenus* d'un mérite suprême. (VII, 601.)
.... Certaines gens dont les disputes se passent entières à nier et à *soutenir*, et point d'autre preuve. (VIII, 109.)
[L'hôtesse] *soutient* toujours qu'il revient des esprits. (V, 82.)
 .... Ah ! coquine!
Je n'y puis *soutenir*. (VII, 431 et note 2.)
.... Sa beauté *se soutenant* assez d'elle-même. (VIII, 66.)

SOUTERRAIN, aine :
Janot Lapin retourne aux *souterrains* séjours. (II, 185.)
   Le bruit du coup fait que la bande
   S'en va chercher sa sûreté
   Dans la *souterraine* cité. (III, 82.)

SOUTIEN :
.... On n'en voyoit point d'occupés
A chercher le *soutien* d'une mourante vie. (II, 95.)
   Que le tronc serve à l'autel de *soutien*,
   Ou qu'on le vide afin d'emplir le verre. (IX, 6.)

SOUVENANCE :
L'âne vint à son tour, et dit : « J'ai *souvenance*
   Qu'en un pré de moines passant, etc. » (II, 98.)
   Vous rappelez en moi la *souvenance*
   D'un qui s'est vu mon unique souci. (IV, 263 et note 1.)

SOUVENIR, neutralement :
   S'il m'en *souvient*, j'ai dit qu'il ne resta
   Au pauvre amant rien qu'une métairie. (V, 162.)

SOUVENTES Fois :
   C'étoient messieurs les Borées
   Qui portoient par les contrées
   Ses mandats *souventes fois*. (V, 117 et note 1.)

SOUVERAIN, aine :
Laisse là tes moutons, viens conduire des hommes :
   Je te fais juge *souverain*. (III, 48 et note 8.)
   Le fabricateur *souverain*
Nous créa besaciers tous de même manière. (I, 79.)

Souverain, souveraine, substantivement :
Elle mériteroit le cœur d'un *souverain*. (VII, 536.)
.... Plaire ainsi, c'est être *souveraine*. (VII, 604.)

SOUVERAINEMENT :
Une femme *souverainement* jolie. (IX, 383.)

SPACIEUX :
Que le monde, dit-il, est grand et *spacieux !* (II, 253.)
Des rues *spacieuses*, nettes, agréables, et qui sentent leur bonne ville. (IX, 237.)

SPADASSIN, SPADASSINS :
.... Étant accompagné de *spadassins* à gage. (VII, 428.)

SPÉCIEUX :
En vain devant les yeux
On ne met du public l'intérêt *spécieux.* (VII, 617.)
.... Cela m'a paru d'abord *spécieux.* (I, 20.)

SPÉCIFIER :
Je t'apprendrai, dit en soi-même le Phrygien, à *spécifier* ce que tu souhaites. (I, 38.)
.... *Spécifiant* les lieux
Où ces frères s'étoient signalés davantage. (I, 99.)
Je ne vous *aurois* jamais *spécifié* ces dons. (VIII, 187.)

SPECTACLE :
Je n'ai point commencé cet ouvrage dans le dessein d'en faire un opéra avec les accompagnements ordinaires, qui sont le *spectacle* et les autres divertissements. (VII, 251.)
Mon opéra, tout simple, et n'étant, sans *spectacle*,
Qu'un ours, etc. (IX, 177.)
Promener en *spectacle* un deuil en grand volume. (VII, 572.)

SPECTATEUR, SPECTATEURS :
Nous serons aujourd'hui *spectateurs* seulement. (VII, 621.)
Bon fait de loin regarder tels acteurs :
Ceux de Strasbourg, devenus *spectateurs*
Un peu voisins, etc. (IX, 151.)

SPÉCULATEUR :
Revenons à l'histoire
De ce *spéculateur* qui fut contraint de boire. (I, 170 et note 10.)

Comparez Corneille, tome I, p. 122 : « Il est facile aux spéculatifs d'être sévères » ; et Racine, tome IV, p. 460 ; la Bruyère, tomes I, p. 9, II, p. 483. — « Tout atteste [au temps de la Régence] cette révolution opérée par la richesse, par le luxe et par l'amour de l'argent; même la langue en témoigne : *spéculer*, au XVIIe siècle, c'étoit méditer sur la métaphysique ou contempler les astres ; cela signifie, au XVIIIe, jouer à la hausse ou à la baisse. » (H. Baudrillart, *Journal officiel* du 12 août 1877.)

SPHYNX :
Au haut de chaque rampe, un *sphynx* aux larges flancs
Se laisse entortiller de fleurs par des enfants. (VIII, 121.)

SPIRITUALITÉ :
En *spiritualité*
Elle auroit confondu le plus grand personnage. (V, 108 et note 3.)

STABLE :
.... Si vous voulez, pesant l'une et l'autre raison,
Que je fonde une paix *stable* en votre maison. (VII, 422.)

STADE, environ cent quatre-vingt-quatre mètres :
Ils avoient achevé quatre *stades* à peine. (VI, 301.)

STATION :
.... Chez l'illustre Certain faire une *station*. (IX, 162 et note 2.)

STATUE :
[Ésope] voyant un paysan qui regardoit toutes choses avec la froideur et l'indifférence d'une *statue*.... (I, 39.)

STATURE :
.... Un lion d'immense *stature*
Par un seul homme terrassé. (I, 232.)

STÉRILITÉ :
Stérilité régnoit en mariage
Pendant cet an. (V, 405.)

STOÏCIEN :
Ce Scythe exprime bien
Un indiscret *stoïcien*. (III, 308.)

STRATAGÈME :
Ésope s'avisa d'un *stratagème*. (I, 37.)
La confidente sans le savoir, ou le *stratagème*. (VI, 24.)

STRUCTURE :
Faites faire une tour d'une épaisse *structure*. (VII, 410.)
L'Olympe et sa *structure*. (IX, 170.)
Je vis remuer le petit Bouvillon
Qui parut à mes yeux d'aussi belle *structure*
Que mon magot étoit de laide regardure. (VII, 393.)
Un mari jeune et de belle structure
Vous guérira.
(Scarron, *l'Écolier de Salamanque*, acte II, scène II.)

STYLE :
.... Vous voyez que ceci tient beaucoup de son *style*. (VII, 98.)
.... Censeurs en voulez-vous [des contes] qui soient plus authentiques
Et d'un *style* plus haut? (I, 130; voyez I, 131.)
Pèlerinage avoit fait son devoir
Plus d'une fois; mais c'étoit le vieux *style*. (IV, 320.)

STYLER :
Prends le soin de bien *styler* notre homme. (VII, 32.)
Galants d'épée, encor bien que ce tour
Pour vous *styler* soit fort peu nécessaire.... (IV, 360.)

SUBJUGUER :
.... Il [Louis XIV] en *subjugue* une autre [province] en huit jours. (I, 6.)

SUBJUGUEUR :

Subjugueur de provinces. (IX, 147 et note 6.)
On disait au seizième siècle « subjugateur ».

SUBLIME :

.... Étant de ses parents, et de *sublime* esprit. (VII, 414.)
[Niert] dont le goût *sublime* à la grande justesse
Ajouta l'agrément et la délicatesse. (IX, 154.)

SUBLIME, substantivement :

Les beautés du *sublime*. (VIII, 120.)
Sublime, allez dormir encor sur le Parnasse. (VII, 243.)

SUBLIMER, distiller :

Soit qu'étant plein de chaleur et d'esprits
Il [le moût] le *sublime* [le remède].... (VI, 347 et note 7.)

SUBORNEUR :

Femme n'étoit ni fille dans Florence
Qui n'employât, pour débaucher le cœur
Du cavalier, l'une un mot *suborneur*,
L'autre un coup d'œil. (V, 158 et note 7.)

SUBSISTANCE :

.... Peste d'amour et des douceurs
Dont il tire sa *subsistance*. (IV, 434.)

SUBSISTER ; SUBSISTER DE :

Qu'on voit d'honnêtes gens par cet art *subsister*! (VII, 34.)
.... La priant de lui prêter
Quelque grain pour *subsister*. (I, 59.)
Le voisinage du fleuve nous fait *subsister*. (VIII, 149.)
Notre ermite nouveau *subsistoit* là-dedans. (II, 108 ; voyez III, 163 ;
V, 17, 163, 487.)
Elle [la royauté] fait *subsister* l'artisan *de* ses peines. (I, 208.)

SUBSTANCE :

Que s'il [le chien] en voit un [os] de belle apparence,
Non décharné, plein encor de *substance*.... (V, 489 et note 1.)

SUBTIL, ILE :

.... Un homme *subtil*, et qui ne laisse rien passer. (I, 20.)
Pour un homme *subtil*, et si plein de conduite,
Tu devrois pénétrer et voir un peu plus loin. (VII, 40.)
Le diable
Est bien *subtil*. (VI, 57.)
« Le diable est subtil. » (*Le Moyen de parvenir*, p. 68.)
Aucun démon n'eût su par où le prendre,
Tant fût *subtil*. (V, 373 et note 3.)
Dom Pourceau raisonnoit en *subtil* personnage. (II, 272.)
Renard fin, *subtil* et matois. (III, 263.)
Puisque tu es si *subtil*, repartit Xantus, j'aurois tort de me défaire de
toi. (I, 43 ; voyez I, 195 ; et passim.)

SUC] DE LA FONTAINE 359

.... Certaine philosophie
 Subtile, engageante, et hardie. (II, 460.)

SUBTILISER; SE SUBTILISER :
Je *subtiliserois* un morceau de matière. (II, 476.)
                Des portions d'humeur grossière...
Le suivent [le sang] dans le cœur sans pouvoir en passant
Se subtiliser. (VI, 331.)

SUBTILITÉ, SUBTILITÉS :
[Ésope] se sauvoit du châtiment par quelque trait de *subtilité*. (I, 37.)
[Les sophistes] attiroient la jeunesse par de vaines *subtilités*. (VIII, 339.)

SUC, au propre et au figuré :
On verra qui sait faire, avec un *suc* si doux,
        Des cellules si bien bâties. (I, 122.)
                La nuit enchanteresse
Plonge les malheureux au *suc* de ses pavots. (VI, 247.)
        Elle étoit fille à bien armer un lit,
        Pleine de *suc*, et donnant appétit. (IV, 279 et note 7.)

SUCCÉDER À :
        Si quelque autre affamé,
        De la même image charmé,
        Et *succédant à* sa misère.... (III, 134 et note 6.)
Les muscles moins tendus...
        Ne peuvent lors dans la machine
Tirer leurs opposés de même qu'autrefois,
Ni ceux-ci *succéder à* de pareils emplois. (VI, 332.)

SUCCÈS :
                Sa sotte flatterie
Eut un mauvais *succès*, et fut encor punie. (II, 132.)
.... Que le *succès* en soit funeste ou favorable. (VIII, 363.)

SUCCINCT :
Phèdre étoit si *succinct* qu'aucuns l'en ont blâmé. (II, 3 et note 7.)
Mon billard est *succinct*, mon billet ne l'est guère. (IX, 137 et note 3.)

SUCCOMBER :
.... Et le pauvre baudet si chargé qu'il *succombe*.... (II, 53.)
Ce nourrisson...
Est succombé sous une injuste peine. (IX, 126.)
Au faix de tant de biens, chargé d'ans, il *succombe*. (VII, 96.)

SUCER :
Elles *sucent* le miel, volant de fleur en fleur. (VIII, 490.)
C'est chez vous qu'elle *a sucé* ce mauvais lait-là. (VII, 488.)
[Platon] souhaite que les enfants *sucent* ces fables avec le lait. (I, 16.)

SUCRÉ, ÉE, au figuré :
Que tu fais la *sucrée!* (VII, 85 et note 1.)
Alizon la *sucrée*. (IX, 22.)

SUER :

L'attelage *suoit*, souffloit, étoit rendu. (II, 141.)
Le magistrat *suoit* en son lit de justice. (I, 137; voyez VI, 114 et note 5.)

SUFFIRE; SUFFIRE DE, QUE; SUFFIRE À :

Le reste vous sera *suffisante* pâture. (III, 136.)
Suffit d'avoir sauvé le jouvenceau. (V, 538.)

.... *Suffit qu'*en pareil cas
Je promets à ces gens quelque jour de les croire. (IV, 44.)

Suffit que je puisse sans honte
Apprendre vos plaisirs : je vous les permets tous. (V, 249.)
Suffit que j'ai très bien prouvé ma thèse. (V, 546.)
.... Mon bras *y suffira*. (VII, 611.)

.... Garder Hortense; et j'ai, pour *y suffire*,
De bons murs, des verroux, et des yeux : c'est tout dire. (VII, 410.)

SUFFRAGANT :

Buvez dans cette tasse :
Si votre femme de sa grâce
Ne vous donne aucun *suffragant*,
Vous ne répandrez nullement. (V, 138 et note 2.)

SUFFRAGE, SUFFRAGES, acceptions diverses :

Le renard seul regretta son *suffrage*. (II, 20.)
Chacun y a [dans l'État des belles-lettres] droit de *suffrage*. (VII, 9.)

.... Et d'un foible *suffrage*
Ne daignons relever son nom ni son ouvrage. (VI, 289.)

Jusque-là passe : époux, quand ils sont sages,
Ne prennent garde à ces menus *suffrages*. (V, 77 et note 1.)

Voyez aussi le Supplément du Dictionnaire de Littré au mot SUFFRAGE.

SUFFUMIGATION, SUFFUMIGATIONS :

La fée, par ses *suffumigations*, par ses cercles, par ses paroles, contraignit, etc. (VIII, 205.)

Ce mot, qui est dans le Dictionnaire de Cotgrave, a en réalité le même sens que fumigation, et s'emploie particulièrement en médecine, ou se dit d'une pratique de magie, de sorcellerie.

SUISSE, portier :

Amour craint le *suisse*. (IX, 143.)
Mars et Hercule pouvoient bien lui servir [à Richelieu] de *suisses*. (IX, 260.)

SUITE, SUITES, emplois divers :

Quelle *suite* eut ce mal qui peut-être est un bien? (III, 270; voyez VI, 30.)
Ce combat avoit une funeste *suite*. (VII, 626.)

Le détail a des *suites*
Qui méritent d'être déduites. (IX, 175.)

.... Vous en verrez tantôt la *suite* en nos lambris;
Jupiter l'y peignit. (VI, 162; voyez VIII, 498 et note 6.)

.... Ayant le nez devers l'arbre tourné,
Le dos à l'air avec toute la *suite*. (V, 530 et note 4.)

.... Curieuse, et sans cesse attachée à sa *suite*. (VII, 307.)

.... Pour faire un châtiment
Qui pût servir d'exemple, et dont toute sa *suite*
Se souvint à jamais, comme d'une leçon. (II, 382.)

Quel autre art de penser Aristote et sa *suite*
Enseignent-ils, par votre foi? (III, 165 et note 20.)

.... L'Égypte a été peuplée de géants, et qui ont épuisé les forces de plusieurs millions d'hommes, aussi bien que les trésors d'une longue *suite* de rois. (VIII, 256.)

SUIVANTE :

On m'a faite, Dieu merci,
Sa sœur et non sa *suivante*. (II, 194.)

SUIVRE, au propre et au figuré, absolument et activement; se suivre :

C'étoit à vous de *suivre*, au vieillard de monter. (I, 202.)

On ne *suit* pas toujours ses aïeux ni son père. (II, 335 et note 11.)

Le reste *suit* et fait ce qu'il voit faire. (V, 303; voyez V, 305, 315.)

Puisque le peintre en a caressé l'une,
L'autre doit *suivre*. (V, 83 et note 7.)

Le prince ayant proposé sa sentence,
Le noir sénat *suivit* tout d'une voix. (VI, 94.)

Chère ombre, je te *suis*. (VII, 543.)

Je ne vous fuis que pour le *suivre*. (VII, 544; voyez VII, 584.)

Songez à vos parents, à vos destins, hélas!
Aux miens qui les *suivront*. (VII, 605.)

C'est en vain que des yeux il la *suit* dans les airs. (VI, 246.)

.... Plus de plaisir, plus de commodité
Que si j'*étois suivi* selon ma qualité. (IV, 40 ; voyez IV, 448 et note 4.)

Il vit passer une dame jolie
Leste, pimpante, et d'un page *suivie*. (IV, 86.)

L'autre jour, *suivant* à la trace
Deux ânes.... (III, 126.)

Fais-nous *suivre* la main qui nous a secourus. (VI, 290.)

Je les instruis pour vous; ils *suivent* ma musette. (VII, 263.)

Si je *suivois* mon goût, je saurois où buter. (I, 200; voyez I, 204; III, 193.)

Deviez-vous *suivre* cette loi? (VII, 547.)

Cette loi, qui corrompt les douceurs de la vie,
Fut par le jeune amant d'une autre erreur *suivie*. (VI, 199.)

Ils croyoient s'affranchir *suivants* leurs passions. (III, 194.)

Un philosophe austère, et né dans la Scythie,
Se proposant de *suivre* une plus douce vie.... (III, 304.)

Chétif hôte des bois,
Tu ris, tu ne *suis* pas ces gémissantes voix. (II, 283 et note 16.)

.... Des dignités, des biens que jusqu'au bout du monde
On *suit* sans que l'effet aux promesses réponde. (II, 167.)

Leur esprit, en cela, *suit* leur tempérament. (III, 319.)
.... A moins qu'un jour
L'hymen ne *suive* notre amour. (V, 215.)
Bref, ce qui *suit* notre condition
Fut une annexe à sa légation. (VI, 94.)
Tout *se suit* ici-bas, le plaisir et la peine. (IX, 77.)

SUJET À; SUJET DE :
L'histoire, en cet endroit, est, selon ma pensée,
Un peu *sujette à* contredit. (V, 119.)
On ne sauroit dire s'il [Ésope] eut *sujet de* remercier la nature ou bien de se plaindre d'elle. (I, 30; voyez I, 126; VI, 258.)

SUJET, substantivement, emplois divers :
J'ai *sujet* en un point de vous porter envie. (VII, 599.)
Elles avoient *sujet* de se croire heureuses. (VIII, 47.)
Pater abbas avec juste *sujet*
Appréhenda d'être père en effet. (V, 403.)
.... Je l'avoue, et je crains peut-être sans *sujet*. (VII, 600.)
Il savoit le *sujet* des fatales défenses. (II, 293 et note 12.)
.... Tout fier de ce *sujet* de gloire,
Il attend maître Gille. (III, 311.)
             Il faut laisser
Dans les plus beaux *sujets* quelque chose à penser. (III, 85.)
Ces *sujets* sont trop hauts, et je manque de voix. (VI, 225.)
Toutes ces choses, se rencontrant dans un seul *sujet*, doivent, etc. (IX, 383.)

SULTANE, SULTANES :
Oh! combien de sultanes prises !
Que de croissants dans nos églises ! (IX, 132.)

SUPERBE :
Cette *superbe* ville
Prétend brûler nos nefs en présence d'Achille. (VII, 608.)
.... Les précieux tapis
Sur qui l'Orient *superbe*
Voit ses empereurs assis. (IX, 223.)
                Ce mont
Qui menace les cieux de son *superbe* front. (III, 75.)
Et qui faisant fléchir les plus *superbes* têtes.... (I, 55.)

SUPERCHERIE :
Vous penseriez que par *supercherie*
Je vous dirois du mal de votre époux. (IV, 67; voyez IV, 79.)
Faire un serment plein de *supercherie*. (IX, 20.)

SUPERFICIE :
Ce ne sont que différents effets de lumière sur de différentes *superficies*. (IX, 393.)

SUPERFLU, US :
Amis, laissons à part les discours *superflus*. (VII, 226; voyez VII, 323.)
Renaud laissa les discours *superflus*. (IV, 265.)

SUPERFLU, substantivement :
J'ôte le *superflu*. (III, 307.)
.... Sans que jamais il vous ait plu
Nous faire part du *superflu*. (IV, 181 et note 3.)

SUPERFLUITÉ, SUPERFLUITÉS :
En *superfluités* s'épandant d'ordinaire
Et poussant trop abondamment,
Il [le blé] ôte à son fruit l'aliment. (II, 413 et note 5.)

SUPERSTITION :
La *superstition* cause mille accidents. (VI, 20.)
.... Tant la *superstition* avoit de pouvoir sur les premiers hommes. (VIII, 52.)

SUPPLICE :
Pendant le *supplice* du pauvre Ésope, on vint inviter Xantus à un repas. (I, 42.)
.... Qu'à votre femme un *supplice* ce soit. (V, 41.)

SUPPORT, appui :
Trois autres Turcs d'un rang moindre en puissance
Lui vont offrir leur *support* en commun. (II, 303 et note 5.)
.... Et, non plus que les cieux,
N'a besoin pour *support* que du maître des dieux. (IX, 339.)

SUPPOSER :
Il lui écrivit sous un nom *supposé*. (VII, 459.)
Si l'onde
Est rapide autant que profonde,
Dit-il, et *supposé* qu'on la puisse passer, etc. (III, 76; voyez V, 167, 335; VI, 6, 130.)

SUPPOSER, terme de vénerie :
L'animal chargé d'ans, vieux cerf, et de dix cors,
En *suppose* un plus jeune. (II, 464 et note 39.)
Le dédommagement
Fut que le sort en sa place *suppose*
Une soubrette à mon commandement. (VI, 124 et note 2.)

SUPPÔT :
Un *suppôt* de Bacchus
Altéroit sa santé, son esprit, et sa bourse. (I, 223.)
.... Ainsi que fait tout bon *suppôt* de Rome. (V, 395 et note 7.)
Suppôts de sainte Église. (VI, 7 et note 2.)
Suppôts de Bel. (VI, 302; voyez VIII, 399.)
L'École et ses *suppôts*. (VI, 339.)
Suppôts de saint Pierre. (IX, 6.)
Suppôts de Briarée. (IX, 332.)

Grenadiers, gens sans peur, vrais *suppôts* de Césars. (IX, 466 et note 4.)
L'un des plus grands *suppôts* de l'empire amoureux
Consumoit en regrets la fleur de sa jeunesse. (IV, 31.)

SUPPUTER :

Il passoit les nuits et les jours
A compter, calculer, *supputer* sans relâche. (III, 202.)
.... Si j'ai bien *supputé*. (IX, 30.)
En cettui lieu beaux pères fréquentoient...,
Et tant bien *supputoient*
Qu'il ne manquoit à tomber sur leur route. (IV, 491 et note 4.

SUPRÊME :

Le résultat enfin de la *suprême* cour
Fut de condamner la Folie
A servir de guide à l'Amour. (III, 271.)
O vous, Iris, qui savez tout charmer,
Qui savez plaire en un degré *suprême!* (III, 278.)
Notre bonheur étoit *suprême*. (VII, 529.)

SUR, préposition, sens et rapports divers :

C'étoit chez les Grecs un usage
Que *sur* la mer tous voyageurs
Menoient avec eux en voyage
Singes et chiens de bateleurs. (I, 291 ; voyez I, 267; IV, 339.)
.... Et *sur* le théâtre et dans la tribune. (VIII, 308.)
Ces ambitieux
Qui, monts *sur* monts, déclarèrent la guerre
Aux Immortels. (IX, 34.)
Il met *sur* pieds sa bête, et la fait détaler. (I, 201 ; voyez I, 186.)
Un financier viendra qui *sur* votre moustache
Enlèvera la belle. (V, 129 et note 4.)
.... Qui feront leurs maris cocus
Sur la moustache des Argus. (V, 441.)
Ils étoient de ceux-là qui vivent
Sur le public, et craignent peu les coups. (II, 244.)
Sa distance me fait juger de sa grandeur [du soleil] ;
Sur l'angle et les côtés ma main la détermine. (II, 201.)
Quelqu'un n'a-t-il point vu
Comme on dessine *sur* nature? (V, 346 et note 4.)
Jupiter *sur* un seul modèle
N'a pas formé tous les esprits. (III, 41.)
Tout en tout est divers : ôtez-vous de l'esprit
Qu'aucun être ait été composé *sur* le vôtre. (II, 419.)
Que, quand la bête penseroit,
La bête ne réfléchiroit
Sur l'objet ni *sur* sa pensée. (II, 463 ; voyez III, 204.)
.... Nous nous laissons séduire
Sur aussi peu de fondement. (III, 137.)

Après que le milan....
Eut répandu l'alarme en tout le voisinage,
Et fait crier *sur* lui les enfants du village. (II, 449; voyez III, 97.)

Souvent la perfidie
Retourne *sur* son auteur. (I, 311.)

Pendant que je suis *sur* la guerre.... (IX, 131.)
Me voici tombé *sur* vos frères. (IX, 132.)

Il n'est pas jusqu'à Rocollet
Qui ne fût *sur* sa bonne mine. (IX, 327 et note 4.)

La Poitevine se mit aussitôt *sur* l'Écriture. (IX, 233.)

.... De crainte que M. de Châteauneuf ne nous remît *sur* la controverse. (IX, 233.)

.... Et je sais même *sur* ce fait
Bon nombre d'hommes qui sont femmes. (II, 239.)

Sur ce propos, d'un conte il me souvient. (I, 223.)
.... *Sur* le bruit de la mort d'Ésope. (I, 47; voyez I, 48.)

Le magistrat pourroit le rechercher
Sur le soupçon d'une mort si soudaine. (V, 41; voyez II, 199.)

Sur un prétexte de curiosité. (VIII, 81.)

Les chiens, qui, *sur* leur foi, reposoient sûrement,
Furent étranglés en dormant. (I, 241.)

Sur la fin des repas, à chacun il propose
L'essai de cette coupe. (V, 137.)

Si, *sur* le point du jour, parfois il sommeilloit,
Le savetier alors en chantant l'éveilloit. (II, 217; voyez V, 253; VIII, 181.)

Je m'aviserois *sur* le tard d'être cause, etc. (V, 11.)
Une lice étant *sur* son terme. (I, 146.)
.... En voulut *sur* l'heure autant faire. (I, 178.)
.... Je vous en déferai, bon homme, *sur* ma vie. (I, 278; voyez II, 404.)

SUR, au-dessus :

Il est un jeu divertissant *sur* tous. (V, 288 et note 2.)
Beau, bien fait, et *sur* tous aimable. (I, 423; voyez VIII, 249.)

Mes petits sont mignons,
Beaux, bien faits, et jolis *sur* tous leurs compagnons. (I, 422.)

Beauté *sur* toutes insigne. (VIII, 384.)
Un empereur *sur* tous habile. (VIII, 257.)

Sur tous les monarques
Louis de sa valeur donna d'illustres marques. (VI, 306.)

Tout homme est homme, les ermites *sur* tous. (IV, 457.)
Je lui donne le prix *sur* toutes mes cruelles. (VIII, 361.)
Il accuse *sur* tous l'enfant qui fait aimer. (VIII, 298.)

Sur tous
Les Muses font en ce lieu résidence. (IX, 9.)

Adieu, que du soldat *sur* tous il te souvienne. (VII, 33.)
Cet art veut, *sur* tout autre, un suprême mérite. (II, 248; voyez II, 164.)
L'Amour lui avoit recommandé *sur* toutes choses de le venger. (VIII, 164; voyez VIII, 290; IX, 222.)

Qu'a-t-il *sur* nous, dit-on, soit en vers, soit en prose? (IX, 203.)
Sur tous les animaux, enfants du Créateur,
J'ai le don de penser. (II, 463 et note 31.)

SÛR, acceptions diverses; sûn à; sûr de :
Janot est *sûr*; j'en réponds sur ma vie. (IV, 77.)
    Dieu ne fit la sagesse
Pour les cerveaux qui hantent les neuf sœurs :
Trop bien ont-ils quelque art qui vous peut plaire,
Mais d'être *sûrs*, ce n'est là leur affaire. (VI, 6.)
 Je plains le dompteur de serpents;
Il ne fait pas *sûr* en sa place. (VII, 205.)
Ce tyran des forêts porte partout l'effroi;
Il ne peut rien souffrir de *sûr* autour de soi. (VI, 249.)
.... Tenez pour *sûr* qu'il y fit de son mieux. (V, 402.)
Courte n'étoit, pour *sûr*, la kyrielle. (IV, 104 et note 5.)
Rien n'y fera, pour le *sûr*, sa défense. (V, 569 et note 1.)
.... Qu'à l'avenir Mazet seroit choyé
Pour le plus *sûr*. (IV, 506; voyez V, 366.)
Un échafaud t'est *sûr*. (VII, 391.)
.... C'étoit un javelot toujours *sûr de* ses coups. (VI, 189; voyez VI, 195.)

SURCENS, redevance dont un héritage est chargé par dessus le cens :
Un *surcens* de trois setiers. (IX, 313.)

SURCROÎT; surcroît à :
Un oiseau déploroit sa triste destinée,
Et disoit, en souffrant un *surcroît* de douleur:
« Faut-il contribuer à son propre malheur? » (I, 144.)
    L'archer
Voit, le long d'un sillon, une perdrix marcher,
 Surcroît chétif aux autres têtes. (II, 349.)

SÛREMENT :
Les chiens..., sur leur foi, reposoient *sûrement*. (I, 241.)

SÛRETÉ, sûretés :
  La méfiance
Est mère de la *sûreté*. (I, 258.)
 Le bruit du coup fait que la bande
 S'en va chercher sa *sûreté*
 Dans la souterraine cité. (III, 82.)
 Pour *sûreté* de son trésor
Notre avare habitoit un lieu dont Amphitrite
Défendoit aux voleurs de toutes parts l'abord. (III, 201.)
 Pour *sûreté*, j'engage par promesse
 Le bien que j'ai. (IX, 109.)
Deux *sûretés* valent mieux qu'une. (I, 328.)

SURFACE :
Et comme, par la définition du point, de la ligne, de la *surface*..., nous parvenons à des connoissances, etc. (I, 17.)

SURGIR :
.... Comme en quelque port heureusement *surgis*...,
En beaux verres de vin nous changerons nos armes. (VII, 111.)

SURMONTER :
.... Loin de trouver en ce bas élément
Quelque autre objet qui ta dame *surmonte*. (VII, 164 et note 5.)
Amants, votre persévérance
Du sort *surmonte* les rigueurs. (VII, 550.)
J'allois *surmonter* cette honte. (VIII, 360.)

SUROS :
Tiennette n'a ni *suros* ni malandre. (V, 324 et note 6.)
« Je n'ai ni suros ni malandre. » (Dancourt, *les Vendanges de Suresnes*, scène x.)

SURPASSER :
Vous *surpassez* Lambert. (III, 128.)

SURPLUS ; DU SURPLUS :
Tout le *surplus*, ils le comptent pour rien. (IV, 329; voyez IV, 72; V, 204; et passim.)
.... Casse, rhubarbe, enfin mainte chose pareille,
Et surtout la diète, achevoient le *surplus*. (VI, 323.)
.... Et conseillent aux héritières
De partager le bien sans songer au *surplus*. (I, 193.)
Il suffiroit que tous deux tour à tour,
Sans dire un mot, ils entrassent en lice,
Se remettant du *surplus* à l'Amour. (VI, 132.)
Plus de cent fois il l'appela cruelle,
Inexorable, à l'amour trop rebelle;
Et le *surplus* que dit un pauvre amant. (VII, 164.)
Du surplus (honni soit qui mal y pense!)
Je me plais aux livres d'amour. (IX, 26.)

SURPRENDRE :
.... Cet objet le *surprend*, l'étonne et le confond. (VI, 232 et note 3.)
C'est, dit-elle, l'endroit, me voilà bien *surprise*. (I, 252.)
Elle reconnut l'homme, et, sans *être surprise*,
Elle lui dit : « Attendez là. » (V, 456 et note 3.)

SURSAUT (EN) :
.... Un matin où Clymène, en son lit endormie,
Fut, au bruit d'un soupir, éveillée *en sursaut*. (VII, 156.)
Il s'approcha, l'éveillant *en sursaut*. (V, 331; voyez I, 32, V, 475.)

SURSEOIR, activement :
[Ésope] témoigna qu'il demandoit pour toute grâce qu'on *sursît* de quelques moments sa punition. (I, 31.)

Nous *avons sursis* l'exploitation de celles de l'an passé. (IX, 357.)

Ami lecteur, ne te déplaira pas
Si, *sursoyant* ma principale histoire,
Je te remets cette chose en mémoire. (V, 303 et note 7.)

SURTOUT :
.... Sage *surtout*, mais aimant fort à rire. (V, 67.)

SURVEILLANT, substantivement :
Aux yeux des *surveillants* peut-on mieux se soustraire? (VII, 379.)

.... Connut les bons et les méchants maris,
Et de quel bois se chauffoient leurs femelles,
Quels *surveillants* ils avoient mis près d'elles. (V, 28 ; voyez V, 257.)

SURVENANT, substantivement :
On nous voit tous, pour l'ordinaire,
Piller le *survenant*, nous jeter sur sa peau. (III, 84.)

.... Et de ces lits il n'en est qu'un qui serve
Aux *survenants*. (IV, 207 et note 4; voyez IV, 245 et note 2.)

Comparez aussi Rabelais, tome I, p. 209; Coquillart, tome I, p. 194; du Bellay, tome II, p. 24, 209; Saint-Simon, tome II, p. 106; etc.

Faire la guerre aux *survenantes*. (VIII, 189.)

SURVIVRE à :
Pour *survivre à* soi-même, il faut exécuter. (VII, 622.)

SUS :
Sus, Magdeleine, il se faut, et pour cause,
Dépouiller nue et quitter cet habit. (V, 494; voyez V, 525, 566.)
Or *sus*, voisins, faisons les choses nettes. (V, 324.)

SUSCEPTIBLE DE :
Mon fils, dit le docteur, il n'est point de partie
Susceptible de tant de maux. (I, 392.)

SUSPECT; SUSPECT à :
L'hymen vous est *suspect* sans pompe solennelle. (VII, 603.)

Maint peste de cour fit tant, par maint ressort,
Que la candeur du juge, ainsi que son mérite,
Furent *suspects au* Prince. (III, 51.)

SUSPENDRE :
A pas tremblants et *suspendus*. (VIII, 102.)

« Voyez moi ces délicats de qui le sommeil impose silence à toute une maison, pour qui tout ce qu'il est de serviteurs se ferment la bouche et suspendent les pas s'ils approchent d'eux. » (Malherbe, tome II, p. 467.) « Il marche après le sort avec un pas suspendu, comme en un chemin glissant. » (Ibidem, p. 126.)

Je conjurai le Sommeil
De *suspendre* mon réveil
Bien loin par delà l'aurore. (VIII, 245.)

L'affliction *suspendoit* en elle [en Psyché] les autres douleurs. (VIII, 137.)

.... Cela *suspendit* les esprits. (II, 249.)

Jusqu'au départ, du moins, *suspendez* vos querelles. (VII, 608.)

DE LA FONTAINE.

Afin qu'il [l'âne] fût plus frais et de meilleur débit
On lui lia les pieds, on vous le *suspendit*. (I, 201.)
Entre Mars et Vénus mon cœur se sent *suspendre*. (VII, 58.)

SUSTENTER :

.... Là cependant il aura ce qu'il faut
Pour *sustenter* son corps, rien davantage. (V, 399.)

SYCOPHANTE :

Guillot le *sycophante* approche doucement. (I, 211 et note 4.)

Ce mot ne se trouve ni chez Nicot, ni chez Richelet, ni chez Furetière. L'Académie ne l'a admis dans son Dictionnaire qu'à partir de l'année 1798.

SYLVAIN :

Ces moutons sont gardés par deux jeunes enfants *sylvains*. (VIII, 199.)

SYMBOLE :

Symbole des ingrats. (III, 4; voyez III, 5.)

SYMPATHIE :

C'est l'effet merveilleux d'un secret sentiment
Que j'appelle *sympathie*. (VII, 193.)

SYMPATHISER AVEC :

Je le crois fort *sympathisant avec* messieurs les rats. (II, 17 et note 10.)
Avec toi le destin sympathisant m'assemble.
(Ronsard, OEuvres, édition Blanchemain, tome IV, p. 253.)

SYMPHONIE :

Elles préparoient les autres plaisirs, chacune selon son office : celles-là les collations, celles-ci la *symphonie*. (VIII, 90.)

T

TABERNACLE :

L'architecture du *tabernacle* n'étoit guère plus ornée que celle du temple. (VIII, 188.)

TABLE; TENIR TABLE; METTRE SUR TABLE :

.... Cinq ou six fleurs dont la *table* est jonchée. (V, 171.)
Jupin pour chaque état mit deux *tables* au monde :
L'adroit, le vigilant, et le fort, sont assis
   A la première, et les petits
   Mangent leur reste à la seconde. (III, 38.)
      En amour, comme à la *table*,
      Si l'on en croit la Faculté,
Diversité de mets peut nuire à la santé. (IV, 45.)
   Il sort de *table*; et la cohorte
   N'en perd pas un seul coup de dent. (I, 100.)
   Elle oublia ce beau calendrier
.... Plus n'en fut fait mention qu'à la *table*. (IV, 343 et note 1.)

.... L'appétit vient toujours en mangeant :
Le plus sûr est ne se point mettre à *table*. (VI, 28.)
Tenez-vous *table ?* (II, 309.)
On s'étonnoit d'une telle bombance :
Il *tenoit table*. (VI, 96 ; voyez IV, 381 ; VII, 34.)
.... *Tenant table* longtemps. (IX, 289.)
.... Attire les passants, *tient table* en son château. (V, 137.)
On *met sur table*. (V, 351 et note 5.)

TABLE D'ATTENTE :
Demi-amour et demi-mariage,
Table d'attente, avant-goût de l'hymen. (VI, 45 et note 1.)

TABLE D'INTÉRÊT :
La chose vaut bien la peine que vous fassiez calculer le tout sur une *table d'intérêt*. (IX, 310.)

TABLETTES :
Nous serons entourés de nymphes et de nourrissons du Parnasse, qui recueilleront sur leurs *tablettes* les moindres choses que vous direz. (IX, 404.)

TÂCHE ; PRENDRE À TÂCHE ; À LA TÂCHE :
Demain vous reprendrez cette pénible *tâche*. (VII, 619.)
.... C'est ma *tâche* complète. (IX, 12.)
.... Être aux maris secourables,
Quand forte *tâche* ils ont en leur logis,
Si qu'il y faut moines et gens capables. (V, 390.)
Elles *prirent* même *à tâche* de consoler leur cadette. (VIII, 98.)
Qui voudroit réduire Boccace à la même pudeur que Virgile..., pécheroit contre les lois de la bienséance, en *prenant à tâche* de les observer. (IV, 13.)
.... Toujours pleurs, soupirs comme *à la tâche*. (VII, 158.)
Calculant, supputant, comptant comme *à la tâche*. (III, 202.)

TÂCHER ; À, DE :
Tâche à me rendre heureux par un double hyménée. (VII, 94 ; voyez VII, 233.)
[Il] *tâche à* se divertir. (VIII, 145.)
Qu'elle *tâche à* lui plaire. (VIII, 51.)
[Il] *tâche à* faire un saut. (II, 41.)
Il commence à louer
L'assortiment, *tâche à* s'insinuer. (IV, 281.)
Il *tâche à* se persuader, etc. (VIII, 330.)
Femme qui n'a filé toute sa vie
Tâche à passer bien des choses sans bruit. (V, 205.)
Sur ce qu'il a commis il *tâche à* repasser. (VI, 335.)
Il *tâche à* rappeler ce bonheur sans pareil. (VI, 247.)
Ce plaisir prétendu
Dont l'appas *tâche à* te séduire. (VIII, 419.)
.... S'ils ne le firent pas, du moins ils y *tâchèrent*. (II, 413.)
.... Si j'y *tâchois*, on pourroit, etc. (V, 522.)

.... Cette engeance, insecte devenue,
Tâche de lancer l'eau contre les déités. (VIII, 122.)
Leucippe, il faut *tâcher* d'éteindre votre flamme. (VII, 233.)
Adonis *tâcheroit* en vain *de* me déplaire. (VI, 244.)
Je définis la cour un pays où les gens
Tristes, gais, prêts à tout, à tout indifférents,
Sont ce qu'il plaît au Prince, ou, s'ils ne peuvent l'être,
Tâchent au moins *de* le parêtre. (II, 281.)
.... Ils *tâchoient* donc *d'*en faire leur devoir. (V, 69.)
.... Je *tâche d'*y tourner le vice en ridicule. (I, 363.)

TAILLADER :
Vous allez lui *taillader* le nez. (VII, 349.)

TAILLE :
Il prend trois chiens de *taille*
A lui dépenser moins, mais à fuir la bataille. (II, 305.)
Suis-je de *taille* à souffrir toutes gens ? (V, 46.)
Leur *taille* étoit presque semblable. (V, 587.)
Une grenouille vit un bœuf
Qui lui sembla de belle *taille*. (I, 66.)
La *taille* du garçon,
Sa simplicité, sa façon,
Et le peu d'intérêt qu'en tout il sembloit prendre,
Faisoient de lui beaucoup attendre. (V, 591.)
C'est bien le cuir plus doux,
Le corps mieux fait, la *taille* plus gentille. (IV, 214.)
Elle étoit jeune, agréable, et touchante,
Blanche surtout, et de *taille* avenante. (IV, 262.)
Blanc, poli, bien formé, de *taille* haute et drète. (V, 345.)

TAILLES, impositions :
J'ai toujours été compris aux *tailles*. (IX, 125 et note 3.)

TAILLER, acceptions diverses :
.... C'est un autre que la nature a *taillé* de ses propres mains. (VIII, 247.)
Un diamant... *taillé* en cœur. (VIII, 241.)
Si nul autre sculpteur ne le *tailla* que lui [Alexandre].... (IX, 368 et note 3.)
Il étoit vert galant,
Lucrèce jeune, et drue, et bien *taillée*. (V, 33.)
Le Scythe, retourné dans sa triste demeure,
Prend la serpe à son tour, coupe et *taille* à toute heure. (III, 307.)
Venons à la liberté que l'auteur se donne de *tailler* dans le bien d'autrui ainsi que dans le sien propre. (IV, 149.)
Plus d'un compagnon
Vous *auroit taillé* de l'ouvrage. (V, 557 et note 4.)
Ce petit sot me *taille* ici de la besogne. (VII, 360.)

TAILLEUR :
.... Un habit que vraisemblablement
N'avoient pas fait les *tailleurs* du couvent. (V, 529 ; voyez V, 344.)

TAILLIS :
Des *taillis* les plus hauts mon front atteint le faîte,
    Mes pieds ne me font point d'honneur. (II, 29.)

TAIRE; SE TAIRE; SE TAIRE DE :
Mais je veux *taire* ces secrets. (VII, 513.)
        .... Une dont le nom
Vous est connu : je le *tais*, pour raison. (VI, 30; voyez VI, 34.)
.... Cent autres que je *tais*, troupe épaisse et confuse. (VI, 252.)
Il est bon de parler, et meilleur de *se taire*. (II, 259.)
    La femme, neuve sur ce cas,
    Ainsi que sur mainte autre affaire,
Crut la chose, et promit ses grands dieux de *se taire*. (II, 240.)
    Les murs ayant des oreilles, dit-on,
        Le mieux étoit de *se taire*. (VI, 132.)
.... Je *m'en tais*, et ne veux leur causer nul ennui :
Ce ne sont pas là mes affaires. (I, 301 ; voyez III, 184.)
.... Aussi je *m'en tairai*. (V, 269.)
.... Je *m'en tais* donc aussi de crainte de pis faire. (IV, 25.)
Se tairoient-ils d'une telle fortune? (VI, 132.)

TALENT, monnaie :
.... L'athlète avoit promis d'en payer un *talent*. (I, 100 et note 6.)
Il leur promit cent *talents* d'or. (II, 424.)

TALENT, capacité, mérite :
Ne forçons point notre *talent*. (I, 281.)
.... C'est là tout mon *talent* : je ne sais s'il suffit. (I, 363.)
        Vaquer à nul ouvrage
N'est mon *talent*. (V, 361 et note 2.)
Ce n'est pas mon *talent* d'achever une histoire
Qui se termine ainsi. (VIII, 105.)
Vous connoissez mon bien, mon *talent*, ma naissance. (I, 200.)
Oh! que de grands seigneurs, au léopard semblables,
    N'ont que l'esprit pour tous *talents*! (II, 373.)
Dieu n'aimeroit-il plus à former des *talents*? (IX, 201.)
Vous avez des *talents*; nous avons des coquettes. (V, 440.)
        .... C'étoit certain *talent*
Qu'avoit en sa moitié trouvé l'étudiant,
Et que pour le mari n'avoit pas la donzelle. (V, 450.)
    Le drôle étoit, grâce à certain *talent*,
    Très bon époux, encor meilleur galant. (V, 66.)
Cette dépositaire, ayant grand appétit,
Faisoit sa portion des *talents* de cerustre. (V, 589.)
    .... Son peu d'esprit, son humeur sombre,
    Rendoient ces *talents* mal placés. (VI, 207.)

TALION :
    A la pauvrette il ne fit nulle grâce
    Du *talion*. (IV, 172.)

TAN] DE LA FONTAINE. 373

.... L'autre point est touchant le *talion*. (VI, 137.)

TALISMAN, TALISMANS :
Les deux aventuriers et le *talisman*. (III, 73 et note 1.)
.... En voici pourtant un [rival d'Hercule], que de vieux *talismans*
Firent chercher fortune au pays des romans. (III, 74 et note 6.)

TALOCHE, au figuré :
Le Sort, dont votre cœur est si favorisé,
Ne va donner *taloche* à cet amant usé
Que pour vous en donner un autre jeune et brave. (VII, 365 et note 1.)

TALON, TALONS :
Est-ce que vous ne voulez donc pas vous taire, et me tourner les
talons? (VII, 449 ; voyez VII, 475, 476.)

TALONNER, au figuré :
.... De ses feux la mémoire importune
Le *talonnoit*. (V, 164 et note 4.)

TALPA (*Exemplum ut*). (III, 186 et note 25.)

TAMBOUR :
Le nombre croît de jour en jour
Sans que l'on batte le *tambour*. (V, 141 et note 2.)
.... Et la viole, propre aux plus tendres amours,
N'a jamais jusqu'ici pu se joindre aux *tambours*. (IX, 156.)
Il dit tout bas qu'on battît le *tambour*. (VI, 115.)

TANCER :
Le magister... à contre-temps s'avise
De le *tancer*. (I, 116.)
Et bien que, jeune enfant, mon père me tançât.... (Regnier, satire IV, vers 63.)
Ce seigneur le *tança*
Fort rudement. (IV, 132.)
Dieu sait la vie ! elle *tance* Isabeau. (VI, 10.)

TANDIS :
Tandis la vieille a soin du demeurant.... (V, 171 et note 1.)
Tandis l'époux, enrôlé tout de bon,
De sa moitié plaignoit bien fort la peine.... (V, 51.)
Tandis, pour apprentissage,
Il verra dans son bas âge
Louis commencer l'ouvrage... (VIII, 436.)

TANIÈRE :
Or c'étoit un soliveau
De qui la gravité fit peur à la première
Qui, de le voir s'aventurant,
Osa bien quitter sa *tanière*. (I, 214.)
....Comme il voit que dans leurs *tanières*
Les souris étoient prisonnières. (I, 256.)

TANNÉ, TANNÉE :

On fait venir des gens
De toute guise, et des noirs, et des blancs,
Et des *tannés*. (V, 313 et note 4.)
Des animaux ailés, bourdonnants, un peu longs,
De couleur fort *tannée*, et tels que les abeilles, etc. (I, 121.)

TANT ; À TANT ; TANT QUE, autant que, aussi bien que, jusqu'à ce que, tellement que, si bien que :

.... En donnant à leur mère *tant*
Payable quand chacune d'elles
Ne posséderoit plus sa contingente part. (I, 192.)
Un d'eux, le plus hardi, mais non pas le plus sage,
Promit d'en rendre *tant* [de la ferme], etc. (II, 13.)
        Il enrage
De n'avoir pas chez soi pour lui donner
Tant seulement un malheureux dîner. (V, 169 et note 2.)
Tu ne devrois me demander mon âne
Tant seulement. (V, 323.)
    Tant moindre en est la somme,
Et *tant* plutôt on s'en doit contenter. (IX, 66.)
.... Tout amant, et *tant* fût-il parfait,
Auroit perdu son latin auprès d'elle. (VI, 129.)
Aucun démon n'eût su par où le prendre,
Tant fût subtil. (V, 373 et note 3.)
.... Pour e gagner, *tant* sauvage fût-elle. (VI, 97.)
        Notre ville
Ne vous est pas connue, en *tant* que je puis voir. (V, 441 et note 3.)
.... Et n'étoient anges, à bien parler, qu'en *tant* que les autres étoient de véritables démons. (IX, 252.)
    On crut qu'il s'alloit plaindre :
Tant s'en faut. (I, 78.)
.... Il vouloit la faire souffrir ; *tant* s'en faut qu'il exigeât d'elle une mort si prompte. (VIII, 131.)
Tant cette affaire à résoudre étoit forte. (IV, 326.)
.... *Tant* elle est de facile humeur. (IV, 447.)
    Vous béniriez cent fois le Ciel
De vous avoir donné fille *tant* accomplie. (IV, 447.)
    Panneau n'étoit, *tant* étrange semblât,
Où le pauvre homme à la fin ne donnât. (V, 31.)
.... Bref, ne voudroit avoir laissé debout
Aucune place, et *tant* forte fût-elle. (V, 155.)
C'étoit un rien, *tant* peu plaignoit sa peine. (V, 394.)
A *tant* se tut. (IV, 353 et note 1.)
A *tant* laissons l'économe et sa femme. (V, 406.)
.... Tout l'univers n'en sauroit *tant* donner
Que notre reine en mérite. (IX, 16.)
    Il me fait trop d'honneur
De lire ces récits, si *tant* est qu'il les lise. (V, 9.)

TAN] DE LA FONTAINE. 375

Ce qu'ils disent s'adresse à tous *tant que* nous sommes. (I, 55 ; voyez III, 8.)

Coupable seulement, *tant* lui *que* l'animal,
D'ignorer, etc. (III, 255.)

  Chacun s'enfuit au plus fort,
 Tant soldat *que* capitaine. (I, 288.)

  Nous recommencerons,
Au pis aller, *tant* et *tant qu*'il suffise. (V, 297.)

Tant que l'effort des ans en détruise l'empire,
Assez d'amants viendront vous conter leur martyre. (VII, 71 ; voyez VII, 621.)

L'autre attend sans mot dire, et s'endort bien souvent,
 Tant que le siège soit vacant. (IV, 54 et note 5.)

.... *Tant que* la paix se fasse. (IX, 211.)

Il défendit au Zéphyre de la quitter... *tant que* cette première violence eût jeté son feu. (VIII, 131 ; voyez IX, 18.)

 Le cheval refusa, fit une pétarade,
Tant qu'il vit sous le faix mourir son camarade. (II, 54.)

Il fallut... marcher quelque temps sans nous voir, *tant 'qu*'enfin nous nous retrouvâmes dans cette place. (IX, 281.)

Je suis en eau *tant que* j'ai l'esprit lourd. (IX, 13.)

.... *Tant qu*'en un tournemain tous les plats étant vides, etc. (VII, 282.)

Tant y a *qu*'il nous fit partir. (IX, 240.)

  La chose étoit *tant* infinie
 Qu'il y faisoit toujours abus. (V, 213.)

.... *Tant que* ni vous ni moi nous ne la craignions plus. (VIII, 45.)

L'aigle et le chat-huant leurs querelles cessèrent,
Et firent *tant qu*'ils s'embrassèrent. (I, 421.)

  Ils firent *tant*
Qu'on les vit crever à l'instant. (II, 388 ; voyez II, 381.)

Tant qu'à la fin la cave et le grenier
Du fait des sœurs maintes choses apprirent. (IV, 503.)

Tant fut entre eux à la fin procédé
Que par les sœurs un temple fut fondé. (IV, 115.)

  L'un de ces amoureux
Tant bien exploite autour de la donzelle
Qu'il en naquit une fille. (IV, 118.)

Tant y resta cette sœur scrupuleuse
Que, etc. (IV, 502.)

[Les damnés] jetoient maint pleur, poussoient maint et maint cri,
 Tant que Satan en étoit étourdi. (VI, 92.)

Il fait *tant qu*'enfin elle change. (VI, 81.)

Tant y furent *qu*'un soir à l'entour de ce pin
L'homme tendit ses rets. (II, 324.)

 Tant la trouva gracieuse et gentille,
 D'esprit si doux et d'air *tant* attrayant,
 Qu'il s'en piqua. (IV, 205.)

 Tant en fut dit *que* la pauvre femelle...
 Voulut savoir, etc. (IV, 66.)

Tant se la mit le drôle en la cervelle
Que dans sa peau peu ni point ne duroit. (IV, 87.)
.... *Tant* lui sembloit *qu*'il fût obscur et mince. (IV, 128.)
Tant et *tant* fut ce discours répété
Qu'enfin Satan, etc. (VI, 93.)
Il s'en rencontra *tant* et *tant*
Que, l'armée à la fin royale devenue,
Caliste eut liberté. (V, 145.)
.... *Tant* et *tant* fut par Sa Paternité
Dit d'oraisons *qu*'on vit du purgatoire
L'âme sortir. (V, 403.)
.... *Tant qu*'aisément lui-même achèteroit
Ce qui de net au seigneur resteroit. (VI, 105.)
Tant qu'enfin la chose se passe
Au grand plaisir des trois. (IV, 50.)
.... *Tant qu*'il se vit, après maints beaux exploits,
Fait chevalier. (IV, 101.)
Il fit *tant que* l'enchanteresse
Prit un autre poison. (III, 188; voyez IV, 434, 435.)
Tant bien sut dire et prêcher *que* la dame, etc. (IV, 80.)
Tant et si bien *que* les donzelles...
Payoient deux fois assez souvent. (IV, 190.)
.... *Tant* et si bien *qu*'en ayez bonne issue. (IV, 161.)
.... *Tant* et si bien *que* chacun s'appliquoit
A la gagner. (VI, 43.)
.... *Tant* et si bien *qu*'ils en vinrent aux prises. (IV, 282.)
Tant et si bien l'épièrent les sœurs
Qu'une nuit, etc. (V, 413.)
.... *Tant* et si bien *qu*'il arrive à bon port. (V, 296.)

TANT-MIEUX, TANT-PIS :

Le médecin *Tant-pis* alloit voir un malade
Que visitoit aussi son confrère *Tant-mieux*. (I, 402 et note 1.)
Comparez les *Serées* de G. Bouchet, tome II, p. 217.

TANT MOINS, TANT PLUS :

.... Car *tant moins* elle a de loisir,
Tant plus on lui fait de plaisir. (IX, 261.)

TANTET :

Cette maîtresse un *tantet* bise
Rit à mes yeux. (V, 506 et note 2.)
Même expression chez Froissart cité par Littré; dans les poésies de Gringoire, tome I, p. 273; et dans le *Parnasse des Muses* (le Roux de Lincy tome II, p. 504) :
S'accoute, dit il, Perrette,
S'accoute moi un tantet.

TANTÔT :

Il y a *tantôt* trois mois que vous êtes au lit. (VIII, 202.)
Voici *tantôt* mille ans que l'on ne vous a vue. (I, 245.)
.... Depuis *tantôt* six mois que la cause est pendante. (I, 121.)

.... Vous en verrez *tantôt* la suite en nos lambris. (VI, 162 et note 5.)
Le corps n'est *tantôt* plus que feuillage et que bois. (VI, 163 et note 2.)
Et nous foulant aux pieds, jusques au fond des eaux,
Tantôt l'une, et puis l'autre, il faudra qu'on pâtisse. (I, 140.)
.... Cela faisoit que le bon sire
Ne savoit *tantôt* plus qu'y dire. (IV, 380 et note 4; voyez VIII, 84, 94, 239, 263.)

TAON, au figuré :

Quel *taon* vous point? (IV, 310 et note 4.)

Dans la traduction de Straparole, tome II, p. 45 : « En fin, eguillonnée du taon d'amour, delibera si bien besongner, etc. »

TAPER :

Le cœur me *tape*. (VII, 489.)
Me bat.

TAPINOIS (En) :

La pauvre amante approche *en tapinois*. (V, 199 et note 5.)
   Humeur friponne
   Chez la pouponne
Se glissa lors *en tapinois*. (VIII, 445.)
Malgré ma défiance exacte, *en tapinois*,
L'aurois-tu cru, ma fille? ils m'ont trompé cent fois. (VII, 432.)

TAPIR (Se) :

Le pâtre *se tapit*. (II, 4.)
[Je] me tapis d'aguet derrière une muraille. (Regnier, satire XI, vers 321.)

TAPIS, au propre et au figuré; METTRE SUR, DESSUS, LE TAPIS; METTRE LE TAPIS À quelqu'un :

Tapis de Perse. (VIII, 251.)
 Sur un *tapis* de Turquie
 Le couvert se trouva mis. (I, 86.)
Le vieillard couchoit en une enfonçure du rocher, sans autre *tapis* de pied qu'un peu de mousse étendue. (VIII, 142.)
 Sur des *tapis* d'herbe tendre et sacrée
 Adonis s'endormoit. (VI, 240.)
Je n'ai jamais chanté que l'ombrage des bois...
Le vert *tapis* des prés et l'argent des fontaines. (VI, 225.)
Ma muse *met* guimpe *sur le tapis*. (V, 521.)
On *mit* une question de controverse *sur le tapis*. (IX, 232.)
  Matière plus profonde
Se *mit sur le tapis*. (V, 16 et note 7.)
[Minutolo] *mit dessus le tapis*
Certain propos. (IV, 65.)
  La dame d'un logis...
Met le tapis chez elle à toutes les coquettes. (VIII, 297 et note 4.)

TAPISSER :

[Elle] filoit mieux que Clothon, brodoit mieux que Pallas,
Tapissoit mieux qu'Arachne. (V, 109.)

Dans une chambre *tapissée*.... (II, 182.)
Le lieu *est tapissé* de portraits. (IX, 266.)

TAPISSERIE :
Le savoir des fées avoit mis en *tapisseries* les malheurs de Troie. (VIII, 76.)

TAPISSIÈRE :
.... L'araignée, autrefois *tapissière*,
Et qui lors étant filandière.... (III, 36 et note 9.)

TARABUSTER (SE) :
Ils *se tarabustent* toujours sur le chapitre de leurs femmes. (VII, 462 et note 2.)

TARD ; À TARD :
Le corbeau, honteux et confus,
Jura, mais un peu *tard*, qu'on ne l'y prendroit plus. (I, 64.)
Le père mort, les trois femelles
Courent au testament, sans attendre plus *tard*. (I, 192.)
[Obstacles] plus *tard* offerts que surmontés. (VIII, 398.)
.... Et cela plus tôt que plus *tard*. (IV, 45 ; voyez I, 134.)
A tard viendroit aussi bien la querelle. (V, 79 et note 1.)

TARDER ; TARDER DE :
A *tarder* plus longtemps on ne peut l'obliger. (VI, 263.)
Il appelle la Mort : elle vient sans *tarder*,
Lui demande ce qu'il faut faire.
« C'est, dit-il, afin de m'aider
A recharger ce bois ; tu ne *tarderas* guère. » (I, 108 et note 9.)
Le mari, sans *tarder*, exécutant la chose, etc. (V, 137.)
Souffrez, sans *tarder* davantage.... (V, 219 ; voyez V, 221.)
.... Quand je dirai qu'il leur *en tardoit* fort,
Nul n'osera soutenir le contraire. (IV, 89.)

TARDIF À :
Le clergé ne fut pas
Des plus *tardifs à* prendre part au cas. (V, 378.)

TARTUF :
C'étoient deux vrais *tartufs*, deux archi-patelins. (II, 426 et note 3.)

TAS ; À TAS :
Tous se noieront *à tas*. (V, 303 et note 5.)
Cent autres maux je vis venir *à tas*. (IX, 40.)

TASTIGUÉ, ou testigué, tête-Dieu :
Tastigué ! n'avez-vous point de honte de me tenter comme çà ? (VII, 449 ; voyez VII, 456.)

TÂTER ; TÂTER À ; TÂTER DE :
Ils cherchent quelque coin en *tâtant* et craintifs. (VI, 302.)
Il faut, avant que je l'assure,
Y tâter [à mon corps]. (VII, 299.)

Jupiter, s'il étoit malade,
Reprendroit l'appétit en *tâtant* d'un tel mets. (III, 136.)
Qui n'a *tâté de* cette marchandise
Ne sait encor ce que c'est que tourment. (IV, 494 et note 6.)
Point : Tartuffe est votre homme, et vous en *tâterez*. (Molière, *le Tartuffe*, acte II, scène III.)

TÂTONNER :
En *tâtonnant* il s'approcha de tous. (IV, 231.)

TÂTONS (À) :
Lors de ses bras la belle s'échappa,
D'une fenêtre à *tâtons* approcha. (IV, 77.)

TAUPE, au figuré :
Lynx envers nos pareils, et *taupes* envers nous. (I, 79 et note 6.)
Pour peu que j'aime, je ne vois dans les défauts des personnes non plus qu'une *taupe* qui auroit cent pieds de terre sur elle. (IX, 315.)

TAUPINÉE :
La moindre *taupinée* étoit mont à ses yeux. (II, 253.)

TAUX :
Amour vend tout, et nymphes, et bergères;
Il met le *taux* à maint objet divin. (VI, 129.)

TAVERNE :
Il hante la *taverne* et souvent il s'enivre. (III, 302.)

TAXER ; TAXER DE :
Le Prince les *taxa*. (II, 125.)
Quelqu'un *de* trop de hardiesse
Ira la *taxer;* et moi non. (V, 210.)

TE DEUM :
On en chanta *Te Deum* à renfort. (V, 405 et note 1.)
Té-déums, dans nos anciennes éditions.

TEINDRE :
Les yeux bandés, le poil *teint*. (V, 48.)
Cet ours fatal aux bergeries,
Fatal aux autres ours, *teint* de sang nos prairies. (VII, 223.)
Les nymphes d'alentour lui donnèrent des larmes,
Et du sang des amants *teignirent* par des charmes
Le fruit d'un mûrier proche. (VI, 185.)

TEINT, substantif :
L'œil riant, le corps rond, le *teint* frais. (V, 357.)
Elle avoit le plus beau *teint* que fille que j'aie vue de ma vie. (IX, 425.)
Il restoit un certain incarnat
Dessus son *teint*. (V, 81.)
Sur le *teint* des mourants la mort n'est pas mieux peinte. (VI, 257.)

TEINTURE, au figuré :

.... Il y a [dans ce livre] des absurdités et pas la moindre *teinture* de vraisemblance. (IV, 14.)

TEL, TELLE ; TEL, TELLE, QUE ; TEL QUEL :

.... Maitre *tel*, qui traînoit après soi
Force écoutants. (II, 182.)

Il a pour *tels* et *tels* un soin particulier. (III, 341.)
Tels et *tels* m'ont fait demander. (V, 215.)

Il leur promit cent talents d'or,
Bien comptés, et d'un *tel* trésor :
On l'avoit enterré dedans *telle* bourgade. (II, 424 ; voyez II, 423.)

Tous *tels* sorts sont recettes frivoles. (IV, 240.)
De *tels* brevets je veux bien me servir. (IV, 240.)

Acceptez ce par ·'·,
Devant qu'on soit d'un *tel* cas ave... (V, 481.)

En *tels* cas. (IV, 418 ; voyez IV, 420 ; V, 224, 279.)

Ce n'est pas une bonne qualité pour une femme d'être savante ; et c'en est une très mauvaise d'affecter de paroître *telle*. (IX, 220.)

.... Moi, pour *telle* passer ! (I, 142.)

On donna *telle* somme
Qu'avec les traits de la jeune Alibech
Il prit pour bon un enfer très suspect. (V, 481.)

.... Les myrtes qu'Amour vous a fait moissonner
Sont *tels* que Jupiter en auroit ceint sa tête. (IX, 192.)

.... *Tels* qu'en tout un royaume
Il n'auroit cru trois aussi gens de bien. (IV, 241.)

.... Trouve l'amant tout *tel* qu'il le demande. (V, 48.)

.... Je ne rentre de fois chez moi que je ne la retrouve tin *telle que* je l'ai laissée. (VII, 491.)

Tel que l'on voit Jupiter dans Homère
Emporter seul tout le reste des dieux,
Tel, etc. (IX, 34.)

Maint objet *tel quel*. (VIII, 429.)

TELLEMENT :

Mais ce champ ne se peut *tellement* moissonner
Que les derniers venus n'y trouvent à glaner. (I, 199.)

Vous pouvez donc *tellement* vous conduire
Qu'au rendez-vous trouvant votre mari,
Il sera pris. (IV, 69 et note 2.)

La chose fut *tellement* prononcée
Que dans le lit l'une et l'autre enfoncée
Ne laissa pas de l'entendre fort bien. (IV, 468.)

A si haute voix.

TÉMÉRAIRE :

Que j'ai toujours haï les pensers du vulgaire !
Qu'il me semble profane, injuste, et *téméraire !* (II, 341 et note 4.)

Tout le peuple [des esprits] mutin, léger, et *téméraire*, etc. (VI, 332.)

TÉMÉRITÉ :
.... Des réduits où une belle pouvoit s'endormir sans beaucoup de *témérité*. (VIII, 152.)

TÉMOIGNAGE :
Elle partit, non sans lui présenter
Une main blanche, unique *témoignage*
Qu'amour avoit amolli ce courage. (V, 175.)
.... Le lièvre et la tortue en sont un *témoignage*. (II, 32.)
La jalousie de Vénus lui étoit un *témoignage* bien glorieux. (VIII, 49.)

TÉMOIGNER ; TÉMOIGNER QUE :
Ésope seul trouvoit que les gens étoient sots
De *témoigner* tant d'allégresse. (II, 38.)
.... Et, sans *témoigner* rien,
Il fit l'époux. (IV, 211 et note 6.)
Il auroit voulu se taire,
Et ne point *témoigner* ce qu'il avoit senti. (V, 429.)
.... Sans *témoigner* seulement le connoître. (IV, 347 et note 1.)
Elle *témoignoit* avoir de l'esprit. (IX, 227.)
.... Chacun *témoigna* en être content. (VIII, 267.)
Il *témoigna qu'*il demandoit pour toute grâce qu'on sursît de quelques moments à sa punition. (I, 31.)
Témoignez seulement *que* vous cherchez fortune. (V, 441.)
.... *Témoigner qu'*il n'avoit les bras gourds. (V, 78.)
Phèdre a *témoigné qu'*il étoit de ce sentiment. (I, 12.)

TÉMOIN, TÉMOINS :
Un riche laboureur, sentant sa mort prochaine,
Fit venir ses enfants, leur parla sans *témoins*. (I, 394.)
.... Prit un baiser dont l'époux fut *témoin*. (V, 76.)
Vos greniers sont *témoins* que chacune de vous
Tâche à contribuer au commun bien de tous. (VI, 298.)
Une jeunesse ardente exigeoit d'autres soins ;
Je les pris ; avec fruit : vos faits en sont *témoins*. (VII, 615.)
Je n'en veux pour *témoin* qu'Hercule et ses travaux. (III, 74.)
Oui, Madame, je prends tous les dieux pour *témoins*
Que vous seule avez fait mes pensers et mes soins. (VII, 602.)
J'en prends ses charmes pour *témoins* ;
Pour *témoins* j'en prends les merveilles, etc. (III, 251.)
.... Sans avoir pour *témoins*, en ces sombres demeures,
Que les chantres des bois. (VI, 239.)
.... Plût aux dieux
Que j'eusse pour *témoins* de ma mort ces beaux yeux ! (VII, 545.)

TÉMOIN, adverbialement ; À TÉMOIN :
.... *Témoin* maître Mouflar armé d'un gorgerin. (III, 43.)
Témoin ces deux mâtins. (II, 337 et note 3.)
Témoin ces deux gloutons. (II, 350.)
Témoin telle et telle. (II, 394.)
Témoin nous que punit la romaine avarice. (III, 146.)

Témoin les aventures
Qu'eut cette nuit Renaud. (IV, 250.)
Je vous en prends *à témoin* tous tant que vous êtes. (I, 50.)

TEMPÉRAMENT, acceptions diverses :
Quoi qu'on fasse,
Propos, conseil, enseignement,
Rien ne change un *tempérament*. (II, 292.)
Examinez la fièvre,
Regardez le *tempérament*. (VI, 346; voyez VI, 356.)
Le bon *tempérament*. (VI, 322.)
La débauche et la flatterie de ses courtisans [d'Alexandre], ou plutôt son propre *tempérament*, etc. (VIII, 329.)
Ce dieu étoit d'un *tempérament* froid. (VIII, 131.)
Que ne l'émondoit-on, sans prendre la cognée?
De son *tempérament*, il eût encor vécu. (III, 10 et note 35.)
Par le *tempérament* que lui donna la Parque,
Il aimoit les oiseaux. (III, 64.)
.... Les Anglois pensent profondément ;
Leur esprit, en cela, suit leur *tempérament*. (III, 319.)
Un tel *tempérament*
Ne déplut pas aux deux femelles. (VI, 77 et note 8.)
Si me faut-il trouver, n'en fût-il point,
Tempérament pour accorder ce point. (VI, 6 et note 4.)
Enfin il avoit trouvé un *tempérament*. (I, 12.)
Il me le falloit réduire [ce caractère] dans un juste *tempérament*. J'ai cherché ce *tempérament* avec un grand soin. (VIII, 20.)
Il est certain *tempérament*
Que le maître de la nature
Veut que l'on garde en tout. (II, 412 et note 3.)

TEMPÉRANCE :
.... Aveugle jusqu'au point de mettre entre les maux
Les conseils de la *tempérance*. (VI, 357.)
Chose étrange : on apprend la *tempérance* aux chiens,
Et l'on ne peut l'apprendre aux hommes! (II, 244.)

TEMPÉRANT :
Il [certain chien] étoit *tempérant*, plus qu'il n'eût voulu l'être. (II, 244.)

TEMPÉRATURE :
Il ajuste d'une autre sorte
La *température* des cieux. (II, 14.)

TEMPÉRER :
Pandore, que ta boîte en maux étoit féconde!
Que tu sus *tempérer* les douceurs de ce monde! (VI, 336 et note 4.)

TEMPÊTE :
L'effort de la *tempête*. (I, 127; voyez VI, 257.)
Leur troupe n'étoit pas encore accoutumée
A la *tempête* de sa voix. (I, 189 et note 9.)

TEMPÊTER :

[Le vent] siffle, souffle, *tempête*. (II, 10.)

Après qu'on *eut* bien contesté,
Répliqué, crié, *tempêté*, etc. (I, 137.)

Pas ne finit mère abbesse sa gamme
Sans sermonner et *tempêter* beaucoup. (V, 420 et note 4.)

TEMPLE, TEMPLES, au propre et au figuré :

La déesse charmée
Renonce au culte vain de ses *temples* fameux. (VI, 243.)

En ces animaux
Dont je viens de citer l'exemple,
Cet esprit n'agit pas : l'homme seul est son *temple*. (II, 473 et note 14.)

.... Ce corps qu'il appelle le *temple* de la blancheur. (VIII, 192.)

Nos propres exemples
Ont accru la valeur qui vous promet des *temples*. (VII, 617.)

Quel Roi! C'est aux neuf Sœurs de lui bâtir un *temple*. (IX, 465.)

.... Je lui bâtis un *temple* en leur mémoire. (VIII, 263.)

Il souhaita d'avoir un *temple* et des autels :
Homère en ses vers immortels
Le lui bâtit. (IX, 197.)

Pour plaire au jeune prince à qui la Renommée
Destine un *temple* en mes écrits.... (III, 212 et note 2 ; voyez II, 87 ; III, 249, 273, 274, 275.)

Je ne parle pas des *temples* que nous avons bâtis dans nos cœurs à Leurs Majestés. (IX, 337.)

Cette Iris..., c'est la dame
A qui j'ai deux *temples* bâtis,
L'un dans mon cœur, l'autre en mon livre. (VIII, 348.)

.... Faites que j'en retrouve au *temple* de Mémoire
Les monuments sacrés. (VI, 238; voyez IX, 64.)

TEMPOREL, ELLE :

Aux trésors *temporels* le jeune saint succombe. (VI, 279.)

TEMPS, emplois divers :

Le *temps*, qui toujours marche, etc. (III, 134.)
Le sage est ménager du *temps* et des paroles. (II, 345.)
Le *temps* avoit agi. (VI, 77 ; voyez V, 176.)
Des noms dont le *temps* fait sa proie. (VI, 15.)

Les soins ne purent faire
Qu'elle échappât au *temps*, cet insigne larron. (II, 117.)

Mais le *temps* n'aura-t-il pour vous seul nul remède? (IX, 199.)
Avant qu'il soit deux jours de *temps*.... (V, 257.)

Jouissons des dons du printemps :
Tout finit, profitons du *temps*. (VII, 512.)

.... Monarque de l'Olympe, en qui sont tous les *temps*. (VII, 229 et note 1.)

Temps fabuleux. (VI, 16.)
Tous *temps*, toutes maximes. (VI, 22.)

.... Il vit avec le *temps*
Qu'il y gagnoit beaucoup. (III, 43.)
Il s'en va *temps* que je reprenne
Un peu de forces et d'haleine. (II, 77 et note 2.)
Ayant... du *temps* de reste, etc. (II, 33.)
Pour ne point perdre *temps*, il lui dit sa pensée. (IV, 418.)
Son *temps* venu, ne fait longue demeure. (IV, 209.)
Le *temps* venu d'attraper le galant.... (IV, 92 ; voyez V, 367.)
Le *temps* venu d'aller au rendez-vous,
Minutolo s'y rend. (IV, 72.)
De tout *temps*. (I, 129; voyez III, 67, 71 ; V, 45, 181.)
Emmenez avec vous les souffleurs tout d'un *temps*. (I, 170; voyez V, 365 et note 1.)
.... Mais ce n'est plus le *temps*. (IV, 24.)
Que Thaïs, pour un *temps*, trouve bon qu'on l'oublie. (VII, 64.)
En son *temps*, aux souris le compagnon chassa. (III, 163; voyez IV, 221 ; V, 25, 321.)
Du *temps* de nos pères. (V, 208.)
Du *temps* que les bêtes parloient.... (I, 264.)
Le conte est du bon *temps*, non du siècle où nous sommes. (III, 47.)
En votre *temps*. (V, 301.)
Mars, de tout *temps* ennemi d'Apollon,
Me force à quitter mon empire. (VII, 509.)
Damis a fait son *temps*. (VII, 101.)
La raison est que je n'ai que vingt ans;
Et, comme toi, je n'ai pas fait mon *temps*. (IV, 496.)
Dans le *temps* que.... (II, 344 ; voyez II, 349.)
Arrêtons-nous pour un *temps* quelque part. (IV, 45.)
Pour un long *temps*. (IX, 82.)
Cette belle...
Fut un long *temps* si dure et si rebelle, etc. (IV, 64.)
Pendant un *temps*. (V, 538.)
Pendant un fort long *temps*. (V, 14.)
Il demanda *temps*. (I, 44 et note 1.)
Pour ne point perdre *temps* il lui dit sa pensée. (IV, 418.)
Mon père, que ceci tout d'un *temps* s'accomplisse. (VII, 114.)
.... Hector eût pris ce *temps*,
S'il eût voulu sortir avec ses combattants. (VII, 619.)
Le *temps* est cher en amour comme en guerre. (IV, 265.)
Le *temps* de l'affranchir n'étoit pas encore venu. (I, 41.)
Ainsi je donnerois volontiers l'avantage à Jules César, en ce qui regarde ce second *temps*. (VIII, 327; voyez VIII, 328.)
Plus n'est le *temps* de dame sans mérite. (IX, 37.)
Le *temps* d'aimer n'a si petite part
Qui ne soit chère. (VII, 173; voyez VII, 214.)
Notre couple amoureux
D'un *temps* si doux à son aise profite :
Rien ne s'en perd. (IV, 308.)
Un galant près d'une personne
N'a toujours le *temps* comme il veut :
Qu'il le prenne donc comme il peut. (V, 222.)

Prendre un peu de bon *temps*. (VII, 55.)
.... Va voir la dame, avec elle se donne
Tout le bon *temps* qu'on a, etc. (IV, 93.)
En *temps* et lieu. (V, 454.)
Bien sauroit prendre et le *temps* et le lieu,
Qui tromperoit à son aise un tel homme. (IV, 299.)
La dame tousse à *temps* et heure. (VII, 124.)
L'escarbot prend son *temps*, fait faire aux œufs le saut. (I, 151; voyez I, 156; V, 136; VI, 79.)
Mon galand ne songeoit qu'à bien prendre son *temps*. (I, 392; voyez IV, 10.)
Poignarde-la; mais prends ton *temps* :
Tâche de te sauver. (V, 269.)
Ils vous prennent le *temps* que dans la bergerie
Messieurs les bergers n'étoient pas. (I, 240.)
Enfin la pauvre malheureuse
Prend son *temps* que Damon...
Étoit d'humeur à l'écouter. (V, 136.)
.... Firent société, dit-on, au *temps* jadis. (I, 76.)
Certain soir qu'il faisoit
Un *temps* fort brun. (IV, 207.)

TENANT (À), attenant; À TENANT DE :
Un jardin assez propre, et le clos *à tenant*. (I, 277.)
Celui [le lit] de l'hôte étoit
Contre le mur, *à tenant de* la porte. (IV, 208 et note 3.)

TENDRE, verbe; TENDRE À :
Il *tendit* un long rets. (III, 58.)
L'ennemi les lassoit en leur tenant la vue
Sur même objet toujours *tendue*. (III, 299.)
Tout *tend aux* fins. (V, 30.)
L'autre vit où *tendoit* cette feinte aventure. (VI, 357.)
Trois saints, également jaloux de leur salut,
Portés d'un même esprit, *tendoient à* même but. (III, 338.)
Il n'y en a pas beaucoup [de souverains] qui *y tendent* [à la gloire].
(IX, 399.)

TENDRE, adjectif :
La faim, l'occasion, l'herbe *tendre*. (II, 98.)
Tantôt sur des tapis d'herbe *tendre* et sacrée
Adonis s'endormoit. (VI, 240; voyez VI, 287; VII, 253; VIII, 383.)
.... Mille petits ouvrages de jonc et d'écorce *tendre* y tenoient lieu de tapisserie. (VIII, 142.)
Celle-ci, *tendre* et fort passionnée, etc. (V, 166.)
Du doux, du *tendre*. (IX, 174.)

TENDREMENT :
Elle se mit à pleurer *tendrement*. (IV, 78.)

TENDRESSE :

Le loup déjà se forge une félicité
    Qui le fait pleurer de *tendresse*. (I, 72.)

Il [Alexandre] a eu de l'humanité, il a aussi eu de la *tendresse*. (VIII, 331.)

Sa *tendresse* envisage un moineau digne d'elle. (VII, 582; voyez VII, 625.)

TENDRON, TENDRONS :

Vous vouliez jusqu'au bout tourmenter ce *tendron*. (IV, 56.)
J'aurois chez moi toujours eu des *tendrons*. (IV, 304.)
Tendrons d'entrer en danse. (V, 387.)
Jeunes *tendrons* à vieillards apparient. (IV, 329.)
Jusqu'aux *tendrons* qui font apprentissage. (IX, 41.)
.... Là se trouvoient *tendrons* en abondance. (V, 385 et note 1.)

TÉNÉBREUX, EUSE :

    Tous deux, à nager malheureux,
Allèrent traverser, au séjour *ténébreux*,
    Bien d'autres fleuves que les nôtres. (II, 330.)

Tu t'en vas voir le séjour *ténébreux*. (VI, 182.)
Le *ténébreux* empire. (VIII, 211.)
Les peuples *ténébreux*. (VIII, 397.)

TENIR, neutre et actif, sens et emplois divers; SE TENIR; SE TENIR DE :

Promettre est un, et *tenir* est un autre. (IX, 12.)
Le marché ne *tint* pas. (I, 428.)
Que les cordons de la bourse ne *tiennent*. (V, 559.)
Il n'est tête chauve qui *tienne*. (I, 111.)
Elle *tint* bon. (V, 155.)
A peine *tenoit*-elle à terre. (VIII, 169.)
J'entends le dieu d'Amour, quand il *tient* du dieu Mars. (IX, 330.)
Il ne *tient* pas à moi. (I, 363.)
Ne *tient*-il point à moi que nous n'allions dîner? (VII, 60.)
Si tout ne s'ensuivit, il ne *tint* qu'à Damon. (V, 128; voyez V, 133.)
Il ne *tenoit* qu'à lui qu'il ne s'en trouvât bien. (IV, 23.)
Il ne *tient* pas à lui que, etc. (III, 183.)

    Il ne *tint* point à l'hyménée
    Que, content de sa destinée,
    Il n'en remerciât les dieux. (II, 432.)

Tiendra-t-il à vos yeux que je ne sois content? (VIII, 364.)

    A quoi *tient*-il que, pour te rendre sage,
    Tout sur le champ je n'envoie querir
    Minutolo? (IV, 76.)

    A quoi *tient*....
    Que vous ne m'ayez attendu? (V, 225.)

Il *tint* à peu; je n'en fus retenue
Que pour, etc. (IV, 90.)
Ne *tient*-il qu'à cela? (I, 346.)
.... Oh! qu'à cela ne *tienne!* (VII, 580.)

Vraiment! c'est à ce coup que le bon homme en *tient*. (VII, 44.)
Il en tient, le bon homme. (Molière, *l'École des maris*, acte III, scène II.)
Nous en *tenions* sans le compère André. (IV, 164; voyez IV, 290, 459; V, 573 et note 1; VII, 487.)
Je pense même vous avoir dit que le dieu du fleuve en *tenoit* un peu. (VIII, 135.)
Un *tiens* vaut, ce dit-on, mieux que deux tu l'auras. (I, 374 et notes 7 et 8.)

<blockquote>
l'aimeroye, pour le cueur mien,
Mieulx que deux tu l'auras, ung tien.
(Charles d'Orléans, Poésies, tome II, p. 246.)
</blockquote>

.... Se couche sur le nez, fait le mort, *tient* son vent. (I, 428.)
Je ne vois rien qui vous *tienne*. (I, 370.)

<blockquote>
Tout ce qui *tient* Madame
Est seulement belle honte de Dieu. (V, 311.)
</blockquote>

Retient.

<blockquote>
Bartholomée, ayant ses hontes bues,
Ne se fit pas *tenir* pour demeurer. (IV, 353 et note 3.)
</blockquote>

Par ce moyen vous verrez s'il [le cuvier] *tient* eau. (V, 545 et note 1.)
[Le seigneur] *tient* sa gravité. (IV, 139.)
.... Que je ne me sois point écarté du chemin qu'il falloit *tenir*. (I, 14.)
Les routes sont fort aisées à *tenir* en allant. (VIII, 209.)
On s'égare en voulant *tenir* d'autres chemins. (IX, 202.)
Je songeois aux moyens qu'il me faudroit *tenir*. (VII, 168.)
.... *Tenant* table ouverte. (VII, 34.)
[Le mari] attire les passants, *tient* table en son château. (V, 137; voyez IV, 381; VI, 96.)
Le dieu... *tenoit* le lit. (VIII, 195.)

<blockquote>
Timante en un billet m'exprima sa tendresse,
Et me le fit *tenir*, nonobstant mon jaloux. (VII, 425.)
</blockquote>

<blockquote>
.... Celui qui joint, par sa naissance,
Au sang qu'il *tient* des dieux la suprême puissance. (VII, 600.)
</blockquote>

Quant aux personnes dont la belle *tenoit* le jour, etc. (VIII, 92; voyez VIII, 129.)
Viens *tenir* mon enfant [sur les fonts], tu seras mon compère. (IX, 43.)

<blockquote>
Il me *tint* l'autre fois
Propos d'amour. (IV, 90.)
</blockquote>

.... J'y *tiendrai* l'œil. (V, 573 et note 5.)
Une autre fois, Monsieur, vous ne m'y *tiendrez* pas. (VII, 87.)
.... Il vaut bien mieux la *tenir* en cervelle. (VII, 57 et note 5.)
Et vous pouvez, Thaïs, disposer de vos charmes
Sans craindre qu'il s'offense et vous *tienne* en souci. (VII, 61.)
Je la *tiens* pucelle sans faute. (IV, 48.)
Je vous *tiens*... homme digne de foi. (IV, 38.)
[Je] ne vous *tenois* pas homme de mariage. (V, 121.)
.... Ceux que l'on *tient* savants en ce mystère. (IV, 81.)

<blockquote>
Il faut, dit-il, beaucoup plus d'une attaque
Contre un venin *tenu* si dangereux. (V, 56.)
</blockquote>

Je me *tiens* tout prié. (VII, 100.)

.... Son anneau, lequel il *tenoit* fort cher. (I, 40.)
Caliste eut liberté, selon le convenant,
Par son mari chère *tenue*,
Tout de même qu'auparavant. (V, 145 et note 2.)
Ces illustres bergères
Que le Lignon *tenoit* si chères. (VIII, 405.)
Je les *tiendrai* créatures étranges
Si, etc. (V, 527.)
Ce n'est pas pour néant qu'on me *tient* vieux routier (VII, 107.)
Je ne les *tiens* bons
Qu'à manger leur part de moutons. (III, 97.)
.... *Tint* les trésors chose peu nécessaire. (IX, 80.)
Et je vous *tiendrois* malheureux si, etc. (VIII, 344.)
Je *tiendrois* un roi
Bien malheureux s'il n'osoit rire. (III, 258.)
L'un et l'autre a fait un livre
Que je *tiens* digne de vivre. (II, 354.)
.... Sinon je les *tiens* sûrs
De quelque semblable caresse. (II, 400.)
Je *tiens* inutile
De tant tourner. (V, 567.)
Je *tiens* ce service assez grand. (IV, 441.)
Je *tiens* vos amitiés fort chastes et fort pures. (IV, 450.)
Je suis homme et ne *tiens* rien d'humain hors de moi. (VIII, 492.)
Un jeune ermite *étoit tenu* pour saint. (IV, 459.)
On m'a toujours *tenu* pour un homme obligeant. (VII, 109.)
.... Ce rustre
Tenu dans tels repas pour un traiteur illustre. (V, 589.)
Ville que l'on *tenoit* pour perdue. (VIII, 345.)
L'enfant s'en va mourir,
Refuse tout, *tient* tout pour médecine. (V, 168.)
L'époux pour sien le fruit posthume *tint*. (V, 404.)
Je ne vois presque personne qui ne *tienne* pour fabuleuse celle [la Vie] que Planude nous a laissée. (I, 20; voyez I, 29.)
Je vous en *suis*, dit-elle, bien *tenue*. (IV, 161 et note 7; voyez IV, 413 et note 2.)
.... *Tient* la gageure à peu de gloire. (II, 34.)
Le magistrat, *tenant* à mépris et irrévérence cette réponse, le fit mener en prison. (I, 40.)
On doit *tenir* notre art *en* quelque prix. (I, 102.)
.... Rien ne *tient en* balance
Sur ce point là mon esprit soucieux. (IX, 9.)
.... *Tenez* pour sûr qu'il y fit de son mieux. (V, 402.)
Je *tiens* qu'il a raison. (V, 244.)
Je *tiens* qu'elles ont tort. (VIII, 154.)
Je *tiens* pour moi que c'est folie. (I, 372.)
.... Je ne *tiens* pas qu'il soit nécessaire d'en étaler ici les raisons. (II, 80.)
[Je] *tiens* qu'il faut laisser
Dans les plus beaux sujets quelque chose à penser. (III, 85.)

Je *tiens* qu'il vaut mieux attendre. (IV, 45.)
Je *tiens* qu'il importe beaucoup. (IV, 193.)
.... Je ne *tiens* pas qu'il soit possible. (V, 269.)
Je ne *tiens* pas *que* le rire soit interdit aux honnêtes gens. — Je ne le *tiens* pas non plus. (VIII, 112.)
    Je *tiens que* le Malin
  N'a revenu plus clair et plus certain. (IV, 486.)
Quand ces biens sont oisifs, je *tiens* qu'ils sont frivoles. (III, 201 ; voyez IV, 240.)
Même dans les plus vieux [romanciers] je *tiens* qu'on peut apprendre. (IX, 25.)

TENIR BON, TENIR COUP, TENIR HAUT LE BÂTON, TENIR LE LOUP PAR LES OREILLES. Voyez BON, COUP, BÂTON, LOUP.

Pour l'expression « tenir coup », si nous la prenons dans un sens tout à fait lubrique, nous rappellerons qu'elle se dit, en termes de métier, de l'action d'appuyer un corps résistant sur la partie opposée d'une surface sur laquelle on frappe et peut-être ici de la vigueur amoureuse.

    Ils *se tiendront* heureux
Que vous daigniez chercher un asile chez eux. (VI, 179.)
.... Il *s'en tint* donc pour averti. (V, 429 ; voyez VI, 36.)
Compère, *tiens-toi* bien. (V, 326.)
Tenez-vous en à ce mets-là. (V, 511.)
    Que l'enchanteresse
  Se tînt aux marques d'amitié. (V, 119.)
Chacun *s'en tint* là. (V, 157 ; voyez VII, 459.)
S'en tenir aux amours de village. (IV, 206.)
.... *Tenons-nous* en à celui-ci. (V, 215.)
  Tenons-nous chacun à la nôtre....
  Si Dieu m'avoit fait tant de grâce
  Qu'ainsi que vous je disposasse
  De Madame, je m'y *tiendrois*. (V, 510.)
  Votre mari ne *se tiendra* jamais
  Qu'à sa maison des champs, je vous l'assure,
  Tantôt il n'aille. (V, 571.)
Cette belle toucha le cœur de Mamolin,
Qu'il ne *se tenoit* pas. (IV, 448 et note 6.)
Acante... ne se put *tenir de* réciter certains couplets de poésie. (VIII, 29.)
T'en tiendras-tu... une autre fois? (IV, 217 et note 3.)
Psyché voyant ces merveilles ne *se* put *tenir de* soupirer. (VIII, 187.)
Madame, je suis si niaise que je ne saurois plus *m'en tenir* : il faut que j'aille embrasser notre homme. (VII, 491.)

COI (SE TENIR). Voyez COI.

TENTER ; TENTER À :

Tout moyen par lui *fut tenté*. (V, 251.)
L'auteur a donc *tenté* ces deux voies sans être encore certain laquelle est la bonne. (IV, 5 ; voyez II, 165.)
  Les plus hardis *ont*-ils *tenté* l'affaire,
  Le reste suit. (V, 303.)
Vous autres chevaliers *tenterez* l'aventure. (IX, 384.)

Partout il *tenta* des asiles. (II, 429 et note 16.)
.... Et devra beaucoup au Destin
S'il garde ce qu'il a, sans *tenter* de conquête. (III, 96.)
J'ai *tenté* les moyens d'acquérir son suffrage. (I, 362.)
Un coursier généreux, bien fait, d'illustre race,
Des fleuves menaçants *tente* l'onde et la passe. (VIII, 480.)
Caliste cependant mène une triste vie :
Comme on ne lui laissoit argent ni pierrerie,
Le geôlier fut fidèle ; elle eut beau le *tenter*. (V, 136.)
Cependant un sanglier, monstre énorme et superbe,
Tente encor notre archer, friand de tels morceaux. (II, 342.)
.... Tous tant que nous sommes
Nous nous laissons *tenter* à l'approche des biens. (II, 244.)

TÉORBE :
La voix veut le *téorbe*, et non pas la trompette. (IX, 156 ; voyez VIII, 272 et note 3, 405.)

TERME, TERMES, sens divers :
Le *terme* n'est pas long. (VII, 73.)
Pour peu que le Ciel accorde de *terme* à mes jours.... (VIII, 346.)
Nos *termes* sont pareils par leur courte durée. (III, 156 et note 11 ; voyez VI, 226, 325.)
.... Sans qu'il semble approcher du *terme* de sa course. (VI, 305.)
Je me suis donc contenté d'ajouter au *terme* ce madrigal.... (IX, 62 ; voyez IX, 65.)
Une lice étant sur son *terme*. (I, 146.)
Réduire l'amour aux *termes* d'amitié. (VIII, 371.)

TERME, TERMES, statues :
Termes de qui le sort sembleroit ennuyeux
S'ils n'étoient enchantés par l'aspect de ces lieux. (VIII, 122.)
.... Ils lui promirent tous
De ne bouger non plus qu'un *terme*. (II, 453.)
Trouvez-vous aux degrés du *terme* de Cérès. (VI, 180 et note 1.)

TERMINAISON :
Sot ! Et qu'est-ce ? Quelle *terminaison* est cela ? (VII, 484.)
A quoi cela rime-t-il ?

TERMINER ; SE TERMINER :
Autrefois l'éléphant et le rhinocéros,
En dispute du pas et des droits de l'empire,
Voulurent *terminer* la querelle en champ clos. (III, 310 ; voyez VI, 199 ; VIII, 263.)
Il semble qu'en lui seul *se termine* la guerre. (VI, 26.)

TERNIR :
Abus ! l'hymen *ternit* l'amant le plus aimable. (VII, 568.)

TERRASSER :
.... Un lion d'immense stature
Par un seul homme *terrassé*. (I, 232 et note 2.)

On ne considéroit donc pas qu'il [l'Amour] *terrassoit* les Hercules. (VIII, 200.)

TERRE, au propre et au figuré :
Ésope compara la *terre* à une femme. (I, 36.)
.... Quand Achille s'en vint désoler notre *terre*. (VII, 625.)
Ses dons surtout l'avoient par toute *terre*
Déclaré tel. (V, 560.)
Pas ne semoit en une *terre* ingrate. (V, 403 et note 1.
.... Enfin, bref, tout l'attirail de guerre
Donner, non sans douleur, de compagnie à *terre*. (VII, 297.)
Bouquets de thym et pots de marjolaine
Tomboient à *terre*. (V, 489.)

TERRESTRE :
La *terrestre* demeure. (IX, 169.)

TERREUR :
Le lion, *terreur* des forêts. (I, 242.)
                    Tu passes
De la *terreur* des Grecs aux âmes les plus basses. (VII, 623.)
Partout où vos conseils, plus craints que le dieu Mars,
Ont porté la *terreur* de nos fiers étendards, etc. (IX, 279.)
Un mal qui répand la *terreur*. (II, 94.)
.... Maint Arabe voisin y portoit la *terreur*. (VI, 282.)

TERRIBLE, substantivement :
.... S'ils excitoient le *terrible* toutes les fois que l'on nous les fait paroître. (VIII, 117 et note 3.)
La terreur.

TERRIEN :
Son mari même étoit grand *terrien*. (V, 160 et note 7.)

TERRIER :
Quelque *terrier*, dit-il, a sauvé mon galant. (III, 322.)
Voilà pourtant un cas où tout l'honneur échut
A l'hôte des *terriers*. (III, 133.)

TERRITOIRE :
.... Jusqu'aux confins du *territoire*. (III, 83.)

TERROIR :
Lors la Beauce de s'aplanir,
De s'égaler, de devenir
Un *terroir* uni comme glace. (IX, 242.)

TEST :
Le *test* et le cerveau piqués violemment
Joignent à la douleur les songes, les chimères. (VI, 320 et note 8.)

TESTATEUR :
On le lit, on tâche d'entendre
La volonté du *testateur*. (I, 192 ; voyez I, 195.)

TESTIGUÉ. (VII, 445, 451, 490, 492.)
Voyez TASTIGUÉ.

TESTIGUENNE. (VII, 479.)

TESTON, pièce de monnaie :
Tu t'entendras chanter, je prendrai les *testons*. (IX, 173 et note 5.)

TESTONNER :
 Ces deux veuves...
 L'alloient quelquefois *testonnant*,
 C'est-à-dire ajustant sa tête. (I, 110 et note 2.)
« Estes vous barbiers qu'il faut qu'ils soient testonnez? » (Rabelais, tome III, p. 211.) « Elle me flattoit, me chatouilloit, me tastonnoit, me testonnoit. » (Ibidem, tome II, p. 72.) Voyez aussi Marot, tome II, p. 174 :
 De testonner on n'en parlera plus ;
 Gardez cizeaux, etc. ;
Montaigne, tome I, p. 92 : « Ung empereur mourut de l'esgratigneure d'un peigne en se testonnant » ; et la *Satyre menippée*, tome I, p. 267 : « Les plus esueillez d'entre eux se tiennent mignons, propelets, frisez, testonnez. »

TÊTE, emplois divers :
Je m'arrêterai seulement à un saint Hierôme tout de pièces rapportées, la plupart grandes comme des *têtes* d'épingles. (IX, 272.)
 Celui de qui la *tête* au ciel étoit voisine,
 Et dont les pieds touchoient à l'empire des morts. (I, 127.)
 Je touche maintenant l'Olympe de la *tête*. (IX, 471.)
Sublimi feriam sidera vertice. (Horace, *Odes*, I, 1.)
 Tandis qu'à peine à tes pieds tu peux voir,
 Penses-tu lire au-dessus de ta *tête ?* (I, 167.)
 Toutes deux firent tant que notre *tête* grise
 Demeura sans cheveux. (I, 110.)
 Une chauve-souris donna *tête* baissée
 Dans un nid de belettes. (I, 142.)
.... Elle en frémit de rage, écume, et tourne *tête*. (VI, 259 ; voyez VI, 301.)
 Puis allez-moi rompre la *tête*
 De vos greniers ! (I, 273.)
J'en vois marcher [des femmes] *tête* levée. (V, 263 et note 5.)
Rapprochez Molière, tome II, p. 286 ; et Voltaire, *Fragment sur l'histoire générale*, article III : « Voyez... comme l'adultère marche la tête levée dans notre Europe. »
Autant nous en pend à la *tête*. (VII, 125.)
Apollon reconnut ce qu'il avoit en *tête*. (I, 342 ; voyez I, 188.)
 .... Il faut, et croyez-moi,
 Vous mettre bien dans la *tête* qu'Aminte
 Est femme sage. (VI, 31.)
 .... L'autre bête
 Qui, voulant en faire à sa *tête*,
 Dans un trou se précipita. (I, 159 ; voyez I, 204.)
 Votre parent mérite qu'à la *tête*
 On le lui jette [ce don]. (VI, 34.)

Allez, je vais chanter en pleine *tête*. (VII, 565 et note 4.)
  Tout du haut de la *tête*
Il leur cria.... (IV, 465 et note 3; voyez V, 18; VI, 59.)
Ne reçois plus chez toi ces *têtes* folles. (IV, 215.)
Votre *tête* à l'évent ne se peut contenir. (VII, 101.)
Il a eu aussi des Romains en *tête*. (VIII, 328.)
.... Chacun en répond sur sa *tête*. (II, 453.)
Ne vous montrez plus, sur les yeux de votre *tête!* (VII, 479.)
Ah! par la mort! par le sang! par la *tête!* (V, 369 et note 3.)

TETER :

.... Et non seulement lui, mais la mère qu'il *tette*. (III, 32.)
Je *tette* encore ma mère. (I, 90.)
Pour bien *teter* il n'a pas son pareil. (IX, 118.)

TETIN :

  Trouvant Catin
  Toute seulette,
  Pris son *tetin*
  De blanc satin. (VIII, 440 et note 3.)

TETON, TETONS :

 Secrets appas, embonpoint, et peau fine,
 Fermes *tetons*. (V, 529 et note 6.)
C'est une Magdelaine du Titian... : de beaux *tetons* comme aux premiers jours de sa pénitence. (IX, 272.)
  L'autre s'en va transformer ces deux monts
  Qu'en nos climats les gens nomment *tetons*. (V, 497.)
.... Puis il lui met la main sur le *teton*. (V, 295 et note 4.)
Il vous faut des *tetons*! vraiment on vous en garde!
— Mauvaise, laisse-m'en au moins un à tenir. (VII, 89.)
Je pourrois hasarder quelques coups de bâton
S'il étoit question de tâter un teton.
— J'en tâterai tantôt deux des plus beaux du monde,
Durs, distants l'un de l'autre, et de figure ronde.
— Cancaro! deux tetons! j'en aurois assez d'un.
  (Scarron, *Don Japhet d'Arménie*, acte IV, scène IV.)

TÊTU :

Menteur comme un valet, *têtu*, présomptueux. (VII, 284.)
A séparer nos cœurs le Sort *têtu* s'acharne. (VII, 359.)

TEXTE :

Je reviens à mon *texte*. (I, 101 et note 13; voyez II, 350.)
.... Mon *texte* y va tout droit. (V, 436.)

THÉÂTRE :

Les grands, pour la plupart, sont masques de *théâtre*. (I, 324 et note 2.)
 Quand le *théâtre* seul ne réussiroit guère,
La comédie au moins, me diras-tu, doit plaire. (IX, 156.)
La mise en scène, le spectacle.
Les divertissements de *théâtre*. (VIII, 90.)
.... Tantôt l'un en *théâtre* affronte l'Achéron. (II, 63 et note 5.)
Lui seul est un *théâtre*. (VIII, 348.)

THÈME :
>Veut-il louer un roi, l'honneur des rois :
>Il ne le prend que pour sujet de *thème*. (IX, 99 et note 1.)

THÉORBE. Voyez TÉORBE.

THÉSAURISER :

Il [l'avare] a le moins de part au trésor qu'il enserre,
Thésaurisant pour les voleurs,
Pour ses parents, ou pour la terre. (II, 438.)

THÈSE :

Pour toutes ces raisons je persiste en ma *thèse :*
>Cocuage est un bien. (V, 103.)
Suffit que j'ai très bien prouvé ma *thèse.* (V, 546.)
>Age propre à soutenir *thèse,*
>*Thèse* d'amour (V, 584.)

THYM :

Il étoit allé faire à l'Aurore sa cour
>Parmi le *thym* et la rosée. (II, 185.)
.... Des lapins, qui, sur la bruyère...
S'égayoient, et de *thym* parfumoient leur banquet. (III, 82.)
Bouquets de *thym* et pots de marjolaine. (V, 489 et note 4.)
[Ils] lui donnèrent quelques brins de *thym* et de marjolaine. (VIII, 203.)

TIARE :

>.... Et par plaisir la *tiare* essayant. (II, 20 et note 3.)

TIÉDEUR :

>Dans la carrière aux époux assinée,
>Prince et Princesse, on trouve deux chemins :
>L'un de *tiédeur*, commun chez les humains.... (VIII, 455.)

TIEN, TIENS, substantivement :

Bienheureux Ilion, nous te portons envie :
Tu ne vois point *les tiens* déchirer leur patrie. (VII, 619.)
>Si ce n'est toi, c'est donc ton frère.
— Je n'en ai point. — C'est donc quelqu'un *des tiens*. (I, 90.)
Rome donc eut naguère un maître dans cet art
Qui du *Tien* et du Mien tire son origine. (V, 437 et note 5.)

TIEN-ET-MIEN

>Elle et Que-si-Que-non, son frère,
>Avecque *Tien-et-Mien*, son père. (II, 69 et note 4.)

TIENS (UN). Voyez TENIR.

TIERCE (Fièvre) :
Des accès de *tierce.* (VI, 320 et note 6.)

TIR]   DE LA FONTAINE.   395

TIERS :

Le premier passe, aussi fait le deuxième ;
Au *tiers* il dit : « Que le diable y ait part! » (IV, 135 et note 1;
voyez IV, 138.)

Voyez aussi *les Cent Nouvelles nouvelles*, p. 142; des Périers, tome I, p. 76, 91, 92; Ronsard, tome II, p. 464; Brantôme, tomes II, p. 137, VII, p. 219, VIII, p. 156; etc.

Aux dépens du *tiers* et du quart
Il se divertissoit. (V, 438-439 et note 1.)

TIGRESSE, au figuré :

Le Sort et moi rendrons mouton votre *tigresse*. (VII, 178.)
.... Vous investit Lucrèce
Qui ne manqua de faire la *tigresse*. (V, 31 et note 2.)

Comparez Scarron, *le Virgile travesti*, livre VII, et *Don Japhet d'Arménie*, acte II, scène iv ; Corneille, *Théodore*, acte IV, scène v; Molière, *le Sicilien*, scène iii; etc., etc.

TIMON, au propre et au figuré :
Il avait l'essieu d'or et le *timon* aussi. (VIII, 495.)
Claude la débusqua, s'emparant du *timon*. (V, 594 et note 2.)

TINTAMARRE :

Quel *tintamarre!* (VII, 293 ; voyez VII, 416.)
Les trompes et les cors font un tel *tintamarre*
Que le bon homme est étonné. (I, 279.)
Figure-toi le *tintamarre*,
Le fracas, et les sifflements, etc. (IX, 350.)

Tant ceste ame enragée, inhumaine et terrible,
Faisoit de tintamarre et se monstroit horrible !
(Des Portes, *Mort de Rodomont*.)

« Mot de comédie ou satire », dit Malherbe (tome IV, p. 404.)

TINTER :
Si l'oreille lui *tinte*, ô dieux ! tout est perdu. (V, 91.)

TINTOUIN, TINTOUINS :
.... De *tintouins* mon esprit est rongé. (VII, 360.)
J'ai bien d'autres *tintouins* dans la tête. (VII, 463.)

TIRE-D'AILE (À) :
Le corbeau part *à tire-d'aile*. (III, 280.)

TIRER, neutre et actif, sens et emplois divers; TIRER À, DE, SUR;
SE TIRER, SE TIRER DE :

[Il] fait *tirer* du meilleur cependant... ;
Son maître étoit jusqu'au cou dans les boues,
Pour en sortir avoit fort à *tirer*. (IV, 250 et note 1.)
La colombe l'entend, part, et *tire* de long. (I, 165 et note 6.)
Tenez donc, voici deux bûchettes,
Accommodez-vous, ou *tirez*. (I, 226.)
Mon cheval galopoit quand mon arme a *tiré*. (VII, 296.)

Traînant l'aile et *tirant* le pié. (II, 365.)
    Le galand aussitôt
Tire ses grègues, gagne au haut. (I, 177 et note 6.)
Vous verrez que Perrin *tire* l'argent *à* lui. (II, 406.)
        Telles gens, par leurs bons avis,
        Mettent à bien les jeunes âmes,
        Tirent à soi filles et femmes. (IV, 177 et note 6.)
    Voyez aussi *les Cent Nouvelles nouvelles*, p. 259; Rabelais, tome I, p. 148;
Marot, tome II, p. 23; Remy Belleau, tome I, p. 21; Jodelle, tomes I, p. 107, II,
p. 125, 228.
        Si Dieu m'avoit fait naître
        Propre à *tirer* marrons *du* feu.... (II, 445.)
.... Ceci peut s'appliquer à la grandeur royale :
Tout *tire d*'elle l'aliment. (I, 208; voyez I, 164.)
        Pour *tirer d*'eux [des méchants] ce qu'on leur prête,
        Il faut que l'on en vienne aux coups. (I, 147.)
        Si j'ai *tiré* ce rendez-vous *de* toi
        C'est seulement pour éprouver ta foi. (IV, 94 et note 7; voyez
IV, 362.)
        On n'eût su *tirer de* la belle
        Un seul mot que de sainteté. (V, 108.)
Les filles du limon *tiroient du* roi des astres
        Assistance et protection. (III, 348.)
Vous *tirez de* mon maître encor plus d'assistance. (VII, 22.)
        Je vous *aurai* bientôt *tiré*
        Une telle épine *de* l'âme. (V, 553.)
.... *Tirant de* son cœur un profond soupir. (VIII, 132.)
.... Ce surnaturel et ce divin qui l'eût fait *tirer du* nombre des
hommes. (VIII, 319.)
.... Par le même chemin ne le *tiroit d*'affaire. (III, 134.)
.... Vous en *tirâtes* un *de* peine. (V, 257.)
Tiré d'erreur, mais fort en peine. (III, 134.)
        Un homme de moyen âge,
        Et *tirant sur* le grison. (I, 109.)
Tirons-nous à l'écart. (VII, 96.)
        Si je résiste à chose si gentille,
        J'atteins le comble, et *me tire du* pair. (V, 471 et note 2.)
        Belle, dit-il, toute chose est permise
        Pour *se tirer de* l'amoureux tourment. (V, 11.)
        L'autre aussitôt de s'excuser
Alléguant un grand rhume : il ne pouvoit que dire
        Sans odorat. Bref, il *s'en tire*. (II, 132; voyez V, 586.)

TIREUSE :

        L'une pourtant des *tireuses* de vin
        De lui sourire au retour ne fit faute. (V, 81.)
Qui avait tiré le vin du tonneau.

TISANE :

        .... Il nous permet d'user
        D'une boisson en *tisane* apprêtée. (VI, 347 et note 2.)
Ptisanne dans l'édition originale.

TISON, au figuré :
Songez, songez, petit *tison* d'enfer,
Comme on pourra raccommoder votre âme. (V, 419 et note 8.)

TISTRE, tisser :
Je l'*ai tissu* [mon réseau] de matière assez forte. (III, 36.)
Il [ce bracelet] est de mes cheveux, je l'*ai tissu* moi-même. (IV, 25 et note 6.)
Voyez aussi Coquillart, tome I, p. 62; Ronsard, tome I, p. 275; du Bellay, tome II, p. 178, 403; Remy Belleau, tomes I, p. 227, II, p. 309; Montaigne, tome II, p. 197; etc.

TISSU, substantivement :
Un long *tissu* de fleurs, ornant sa tresse blonde. (VI, 232 et note 5.)
Un *tissu* de la Chine. (VIII, 31.)
Car ce que je puis est de composer un *tissu* de mes conjectures, lequel j'intitulerai, etc. (I, 21.)

TITRE; À TITRE DE; À JUSTE TITRE; À MEILLEUR TITRE :
Survient un diable *à titre de* seigneur. (V, 360.)
Jadis s'étoit introduit un blondin
Chez des nonnains *à titre de* fillette. (V, 523.)
.... Entre saint Marc et Mahomet.
Notre prince en sera l'arbitre :
Il le peut être *à juste titre*. (IX, 131.)
[Louis XIV] de qui on pourroit dire, *à meilleur titre* qu'on ne l'a dit d'Alexandre, qu'il va tenir les états de l'univers. (III, 176.)
.... Certaine chose
Qu'*à meilleur titre* elle promit
Au jouvenceau ci-dessus dit. (V, 211 et note 5.)

TOILETTE; PLIER LA TOILETTE À :
Parfums sur la *toilette*, et des meilleurs de Rome. (V, 457.)
[Les portraits] pour la plupart environ grands
Comme des miroirs de *toilette*. (IX, 267.)
.... Mon fils à qui l'on vient de *plier la toilette*. (VII, 344 et note 2.)

TOISON :
Sa *toison*
Étoit d'une épaisseur extrême (I, 179.)
[Le Ciel], gardant leurs *toisons* exemptes de rapines,
Ne leur laissoit payer nul tribut aux épines. (VI, 287.)
.... De plusieurs troupeaux dans l'ardente saison
Vendoit à ses voisins le croît et la *toison*. (VI, 284.)
.... Mais quels dragons veillants
Pourroient contre tant d'assaillants
Garder une *toison* si chère? (VIII, 298.)

TOIT :
.... J'entends de ceux qui, n'étant pas contraires,
Peuvent loger sous même *toit*. (II, 337.)
Or sont nos saints logés sous même *toit*. (V, 472.)

En la quittant, Gulphar alla tout droit
Conter ce cas, le corner par la ville,
Le publier, le prêcher sur les *toits*. (IV, 364.)

« Comme toutes choses dictes à l'oreille sont preschées sur le toit, quelque temps aprez, la verité fut congnue. » (*L'Heptaméron*, nouvelle VIII.)

TOMBE :

Les auteurs de ses jours descendus sous la *tombe*. (VI, 279.)

.... Je porte à manger
A ceux qu'enclôt la *tombe* noire. (I, 224.)

TOMBEAU :

.... Elle est au *tombeau*. (VII, 585.)

TOMBER, emplois divers ; TOMBER DANS, DE, SUR ; TOMBER D'AC-CORD DE OU QUE :

Les bras lui *tombèrent*. (VIII, 218.)

Bouquets de thym et pots de marjolaine
Tomboient à terre. (V, 489 et note 5.)

.... Et le fit *tomber* [l'anneau] au sein d'un esclave. (I, 43.)
Tous fuyoient, tous *tomboient* au piège inévitable. (I, 189.)
Cette maison va *tomber* à l'envers. (I, 190.)
Peut-être qu'un jour les mémoires que j'ai recueillis *tomberont* entre les mains de quelqu'un qui s'exercera sur cette matière. (VIII, 163.)
Sa concurrente fera fort bien de ne pas *tomber* entre ses mains. (VIII, 138.)

.... Car si j'allois vous en rendre quelque autre,
Comme il m'en *tombe* assez entre les mains,
Ce me seroit une espèce de blâme. (IV, 345.)

.... Sous la main lui *tombe* une beauté
Dont un prélat se seroit contenté. (IV, 274 ; voyez IV, 459.)

Quant au principal but qu'Ésope se propose,
J'y *tombe* au moins mal que je puis. (I, 362.)

.... Je *suis tombé dans* le même inconvénient. (IX, 405.)

Nul des deux ne *tomba*
Dans l'accident du pauvre Quinzica. (IV, 353.)

D'un mal il *tomba dans* un pire. (III, 218.)

Et le pauvre voleur, ne trouvant plus son gage,
Pensa *tomber de* sa hauteur. (III, 25 ; voyez V, 376.)

Le jeune homme *tombé des* nues
Demandoit : « Qu'est-ce là ? » (V, 19.)

C'est un méchant, il me tint l'autre fois
Propos d'amour, dont je fus si surprise,
Que je pensai *tomber* tout *de* mon haut. (IV, 90.)

.... Car de lui demander quand, pourquoi, ni comment
Ce malheur *est tombé sur* elle. (III, 281.)

Ils *tombèrent sur* la morale. (II, 345.)

.... Mais, puisque me voilà *tombé sur* la matière,
Quand le discours est froid dormez-vous pas aussi ? (IX, 381.)

Puisqu'en parlant de ces matières

Me voici *tombé sur* vos frères,
Vous saurez que, etc. (IX, 132.)

Tombez d'accord de ces vérités; je vous laisserai après pleurer tant qu'il vous plaira. (VIII, 111.)

Il fut démis; et l'on *tomba d'accord*
Qu'à peu de gens convient le diadème. (II, 22.)

TON, TONS :

Dès qu'il la voit partie, il contrefait son *ton*. (I, 327.)

.... Que ses enfants gloutons....
D'un *ton* demi-formé, bégayante couvée,
Demandoient par des cris encor mal entendus. (III, 37.)

J'ai bien fait de changer de *ton*. (I, 297; voyez V, 150; VI, 129.)

Eh bien! baissons d'un *ton*. (I, 131.)

Que Melpomène
Sur un *ton* qui nous touche introduise Clymène. (VII, 151; voyez VII, 166, 167.)

Devant moi tour à tour chantez cette beauté;
Mais sur de nouveaux *tons*. (VII, 148.)

.... Ayant sans cesse un diable à ses oreilles,
Toujours le même et toujours sur un *ton*. (VI, 117.)

TONDRE :

Je vous rends, leur dit-il, mille grâces, les belles,
Qui m'*avez* si bien *tondu*. (I, 111.)

Je *tondis* de ce pré la largeur de ma langue. (II, 99.)

.... Mais pour si peu vous ne vous feriez *tondre*. (IV, 140.)

Même expression figurée chez Marot, tome II, p. 152 :
.... Dont ne puis croire, ou l'on me tonde,
Que ton cueur à m'aymer se fonde.

Comparez aussi la *Satyre menippée*, tome I, p. 97 : « Si la loy salique est entretenuë, je crains que monsieur le Legat s'en fasche et que l'Inquisition soit en danger d'estre tonduë. »

TONNELLE, ELLES :

Il nous prend avec des *tonnelles*. (III, 41 et note 10.)

Chez Marot, tome II, p. 123 :
C'est la perdrix qu'on veult en la tonnelle
Faire tomber.

TONNER, au propre et au figuré :

Ne vivez-vous pas ici heureux et tranquille, dormant les trois quarts du temps, laissant aller les choses du monde comme elles peuvent, *tonnant* et grêlant lorsque la fantaisie vous en vient? (VIII, 230.)

Sur lui *tonne* du ciel, la grande et vaste porte. (VIII, 494.)

Bon gentilhomme, et qui, dans son courroux
N'*avoit* encor *tonné* que sur les choux. (V, 360 et note 5.)

Il fit parler les morts, *tonna*, dit ce qu'il put. (II, 232.)

TONNERRE :

Il sera dieu : même je veux
Qu'il ait en sa main un *tonnerre*. (II, 386.)

.... Le maître du *tonnerre*
Eut à peine achevé, que chacun applaudit. (III, 105.)
.... Son maître en l'art de lancer le *tonnerre*. (IX, 28; voyez IX, 31.)
Ainsi que lui [que Jupiter] prenez votre *tonnerre*. (IX, 35.)

TOPE, elliptiquement :
    Allons, sire Oudinet,
A Jeanne, *tope*. (V, 327 et note 4.)

TORDRE :
    Le pauvre amant, en ce besoin extrême,
    Voit son faucon, sans raisonner le prend,
    Lui *tord* le cou, le plume, le fricasse. (V, 170.)

TORRENT, au figuré :
.... C'est un *torrent* : qu'y faire? il faut qu'il ait son cours. (II, 179.)
Les *torrents* de larmes firent ce que ceux de paroles n'auroient su faire. (VIII, 223.)

TORT; À TORT; FAIRE TORT À :
    .... Et, pour comble de rage,
Ne sait sur qui venger le *tort* qu'elle a souffert. (I, 150.)
S'il eut *tort* ou raison, c'est un point que je passe. (V, 104.)
Nos amis ont grand *tort*, et *tort* qui se repose
Sur de tels paresseux, à servir ainsi lents. (I, 357 et note 15.)
.... Balancer le droit et le *tort* que ces conquérants ont eu. (VIII, 323.)
Dis-moi, me plains-je *à tort?* (VII, 620.)
Le juge prétendoit qu'*à tort* et à travers
On ne sauroit manquer condamnant un pervers. (I, 138.)
A tort, à droit, me demanda.... (IX, 174.)
Je leur ai dit qu'ils *me faisoient tort*. (VIII, 175.)
Mon fils *vous fait tort*. (VIII, 207.)
.... J'eusse autrement *fait tort à* cette belle. (VII, 163.)
Je n'ai donc pas cru que ce fût un crime de passer par-dessus les anciennes coutumes lorsque je ne pouvois les mettre en usage sans *leur faire tort*. (I, 19; voyez IV, 14, 36.)

TORTU :
Le regard de travers, nez *tortu*, grosse lèvre. (III, 145.)
.... Veut-on que j'aille droit quand on y va *tortu?* (III, 240 et note 10.)

TOSCAN, ordre d'architecture :
.... Par des degrés et par des perrons qui n'avoient point eu d'autre architecte que la nature : aussi tenoient-ils un peu du *toscan*. (VIII, 140 et note 1.)

TÔT, PLUS TÔT :
Mauvaise graine est *tôt* venue. (I, 83.)
Leurs desseins *tôt* conçus se sont *tôt* avortés. (VIII, 399.)
Mais *tôt* après il tourna tant la belle.... (IV, 303.)
Dès l'abord, leur doyen, personne fort prudente,
Opina qu'il falloit, et *plus tôt* que plus tard,
Attacher un grelot au cou de Rodilard. (I, 134.)

TOUCHANT, préposition :
Nous n'avons rien d'assuré *touchant* la naissance d'Homère et d'Ésope. (I, 28.)

TOUCHE :
.... Depuis que d'un soufflet il m'a donné la *touche*. (VII, 374 et note 1.)

TOUCHER, TOUCHER À ; ÊTRE TOUCHÉ, ÊTRE TOUCHÉ DE ; TOUCHANT :
Touchez là. (VII, 103.)
Dans huit jours d'hui, je suis à vous, Phlipot ;
Et *touchez* là, ceci [les griffes] sera mon arme. (V, 372.)
Troc pour troc, *touche* là. (V, 323 ; voyez V, 36 ; 278.)
Aux monts idaliens un bois délicieux
De ses arbres chenus semble *toucher* les cieux. (VI, 228.)
Il faut du piquant et de l'agréable, si l'on veut *toucher*. (IV, 147.)
Enfin, quand ces raisons ne vous pourroient *toucher*,
Songez au long repos qu'on peut vous reprocher. (VII, 618 ; voyez VII, 620.)
Tes jours *touchent* encor d'autres cœurs que le mien. (VII, 622.)
Je m'y connois, l'Amour la *touche*. (VII, 220.)
Votre beauté jusqu'au vif m'a *touché*. (V, 567 et note 6.)
Je pourrois dire qu'elle [la comédie] *touche* moins les esprits. (VIII, 110.)
Le diamant est plus commun que certaines pierres ; donc le diamant *touche* moins les yeux. (VIII, 110.)
Qu'elle plaît, qu'elle *touche!* (VIII, 368.)
Sa personne ne *touchoit* point. (VIII, 182.)
Les coquettes les plus belles
Ne *touchent* que foiblement. (VII, 520.)
.... Que Melpomène
Sur un ton qui nous *touche* introduise Clymène. (VII, 151.)
.... Là, nulle humaine créature
Ne *touche* aux animaux pour leur sang épancher. (III, 255.)
Ni roi, ni roc, ne feront qu'autre *touche*
Que Nicia, jamais onc à ma peau.
« Vrayement, fait elle, ainsi Dieu me veille aider, que ma bouche ne atouche oncques à homme fors à la vostre. »
(*Les Quinze Joies de mariage*, p. 58.)
Il ne *lui touche* point, vivant dans l'abstinence. (IV, 389 et note 2.)
Il ne se voulut charger de l'habit qu'à condition de n'y point *toucher*. (VIII, 163.)
.... Voyez un peu ! diroit-on qu'elle *y touche?* (IV, 306 et note 5.)
Si vous, maître et fermier, à qui *touche* le fait,
Dormez sans avoir soin que la porte soit close.... (III, 114 et note 27.)
J'aime, je *suis touché*, je fais gloire de l'être. (VII, 606.)
.... Ces atomes font tout ; par les uns nous croissons ;
Les autres, *des* objets *touchés*
Vont porter au cerveau les traits dont ils s'empreignent. (VI, 328.)
.... Encore un point *étoit touché de* lui. (V, 485.)

J'*étois touché des* fleurs, *des* doux sons, *des* beaux jours. (VIII, 367; voyez VIII, 107.)

.... Un âge où à peine les autres princes *sont*-ils *touchés de* ce qui les environne avec le plus d'éclat. (III, 173; voyez II, 288.)

Les Delphiens, peu *touchés de* tous ces exemples, le précipitèrent [Ésope]. (I, 53; voyez III, 339; VI, 259.)

Ils connoissent le vrai mérite, et *en sont touchés*. (IX, 393.)

Je viens pourtant de voir, au bord de l'Hippocrène,
Acanthe fort *touché de* certaine Clymène. (VII, 147.)

.... Mais je n'omettrai point
Qu'elle étoit jeune, agréable, et *touchante*. (IV, 261 et note 5.)

.... Acante avoit quelque chose de plus *touchant*. (VIII, 27.)

Est-il quelqu'un que votre voix n'enchante?
S'en trouve-t-il une autre aussi *touchante?* (VI, 91 et note 1.)

Toucher, substantivement :

.... Ni d'un *toucher* si rude et si sauvage
Qu'à votre femme un supplice ce soit. (V, 41.)

Au *toucher* et au son de la voix il ne m'a semblé nullement que ce fût un monstre. (VIII, 59; voyez VIII, 99.)

Le compagnon, vous la tenant seulette,
La conduisit de fleurette en fleurette
Jusqu'au *toucher*, et puis un peu plus loin. (V, 76.)

TOUFFU, ue :

.... Le lieu, si *touffu* que la vue
N'y peut passer. (IV, 500.)

Le blé, riche présent de la blonde Cérès,
Trop *touffu* bien souvent, épuise les guérets. (II, 413.)

Son menton nourrissoit une barbe *touffue*. (III, 144.)

TOUPET :

Un *toupet* de cheveux
Lui fut coupé, droit vers le front du sire. (IV, 232.)

TOUPIE, toupies :

On ne considéroit donc pas qu'il [l'Amour] terrassoit les Hercules, et qu'il n'avoit jamais eu d'autres *toupies* que leurs cœurs. (VIII, 200.)

TOUR, masculin, sens divers; tour à tour :

Les merveilles d'un pied, sans mentir, fait au *tour*. (VII, 179.)

.... Sous ce mouchoir ne sais quoi fait au *tour*. (IV, 261 et note 3; voyez V, 587.)

Il entend tout, il parle, il danse, il fait cent *tours*. (V, 259.)

Il fit autour force grimaceries,
Tours de souplesse, et mille singeries. (II, 20; voyez V, 359 et note 1.)

.... En moins d'un *tour* de main cela s'accomplissoit. (V, 552 et note 1.)

Montez jusqu'à Marot, et point par delà lui;
Même son *tour* suffit. (VII, 163.)

Que fit le harangueur? Il prit un autre *tour*. (II, 232; voyez I, 13.)

TOU] DE LA FONTAINE. 403

Je ne prends que l'idée, et les *tours*, et les lois,
Que nos maîtres suivoient eux-mêmes autrefois. (IX, 202.)
.... Et la France
Estimoit dans ses vers le *tour* et la cadence. (IX, 203.)
Le beau *tour* de vers, le beau langage. (IV, 147.)
C'est à cause qu'elle a perdu : le *tour* est drôle. (VII, 322.)
Coquin, dit-il, tu m'as joué d'un *tour*. (V, 366 et note 3.)
.... C'est *tour* de vieille guerre. (I, 257 et note 9.)
Par des *tours* de chicane un voisin l'intimide. (VII, 94.)
Faisons *tour* de Normand. (V, 333.)
 Il crut qu'en prévenant
  Son parrain en cocuage,
 Il feroit *tour* d'homme sage. (V, 455.)
.... Si tu me fais un *tour* si généreux. (IX, 41.)
 Aux plus grossiers, par un chemin bien court,
 Il sait montrer les *tours* et les paroles. (IV, 224 et note 1.)
 Soyez amant, vous serez inventif;
 Tour ni détour, ruse ni stratagème,
 Ne vous faudront. (V, 540; voyez VI, 26.)
 Il avoit fait un fort ample recueil
 De tous les *tours* que le sexe sait faire. (IV, 369.)
 Me croyez-vous de sens si dépourvue
 Que devant vous je commisse un tel *tour* ? (IV, 316.)
  Trois commères un jour
S'entretenoient de leurs *tours* et prouesses. (IV, 297; voyez IV, 308, 317, 325.)
Le roi fut sage et se douta du *tour*. (IV, 231; voyez V, 394.)
  Pardon, dit-il, Madame;
Ne vous fâchez du *tour* qu'on vous a fait. (V, 53 et note 4.)
 Garçon novice dans les *tours*
 Qui se pratiquent en amours. (V, 208.)
Assurément sa maîtresse lui avoit joué quelque mauvais *tour*. (IX, 270.)
L'année est fertile en bons *tours*. (VII, 121.)
 Censurez, tant qu'il vous plaira,
 Méchants vers et phrases méchantes :
 Mais pour bons *tours* laissez-les là. (V, 12; voyez I, 230; V, 9, 67, 335, 410; VIII, 298; et passim.)
.... C'est qui des deux y sait de meilleurs *tours*. (V, 327 et note 2.)
Faire un joli *tour*. (VII, 427.)
 Je veux que les nonnains
Fassent les *tours* en amour les plus fins. (V, 522.)
Ce *tour* fripon du couple augmentoit l'aise. (V, 546.)
Venez, venez, Constance; c'est mon *tour*. (V, 202; voyez V, 589.)
Deux ânes qui, prenant *tour à tour* l'encensoir,
Se louoient *tour à tour*, comme c'est la manière.... (III, 126.)

Tour, à la porte d'un couvent :
 Les murs sont hauts, antique la tourière,
 Double la grille, et le *tour* très petit. (V, 524.)

TOUR, féminin :
.... Ni les fameuses *tours* qu'Hector ne put défendre. (VI, 224.)
Veut-on monter sur les célestes *tours*? (IX, 20.)

TOURBE :
.... Confondu chez les morts, suivre la *tourbe* vile. (VII, 622.)
Princes et rois, et la *tourbe* menue. (VI, 92.)

TOURET, TOURETS :
Tourets entroient en jeu. (I, 382 et note 6.)

TOURET DE NEZ, espèce de masque :
Je mettrai mon *touret de nez*. (V, 148 et note 1.)

TOURIÈRE :
Les murs sont hauts, antique la *tourière*. (V, 524.)

TOURMENT, TOURMENTS :
.... Sûr et fidèle indice
Des degrés du fiévreux *tourment*. (VI, 329.)
Du tourment de la fièvre.

Les *tourments* infinis que pour vous j'ai soufferts. (VI, 226.)
Quelles sont ces faveurs, soit grandes ou petites,
Dont le fils de Vénus a payé vos *tourments*? (VII, 177.)
Belle, dit-il, toute chose est permise
Pour se tirer de l'amoureux *tourment*. (VI, 11 ; voyez V, 430 ;
VI, 271 ; VII, 151, 152, 257, 258, 265 ; etc.)

TOURMENTE :
Tu m'as donné pour aide au fort de la *tourmente*
Une compagne sainte. (VI, 290 et note 1.)

TOURMENTER ; SE TOURMENTER ; SE TOURMENTER DE :
Vous vouliez jusqu'au bout *tourmenter* ce tendron. (IV, 56.)
Or le voilà qui *tourmente* sa vie. (V, 563 et note 6.)
Eh! pourquoi, malheureux, sous de bizarres lois,
Tourmenter cette vie?...
(André Chénier, Élégies, I, VIII.)
Monsieur s'en va chopiner, cependant
Qu'on se *tourmente* ici le corps et l'âme. (V, 544 et note 2 ; voyez
VIII, 423.)
Le vent perdit son temps :
Plus il *se tourmentoit*, plus l'autre tenoit ferme. (II, 10 ; voyez III, 280.)
On voit Beaux-Yeux *se tourmenter*. (VIII, 427.)
Que vous vous *tourmentez*, mortels ambitieux! (VII, 192 ; voyez I,
414 ; III, 50 ; VIII, 206.)
.... Acanthe
S'abandonne aux soupirs, se plaint, et *se tourmente*. (VII, 162 ; voyez
I, 346 ; III, 253 ; V, 168.)
.... Psyché *se tourmenta* fort pour en tirer quelque sens. (VIII, 178.)

.... Et vous dirois de cet ardent desir
Tout le menu ; mais que je brûle, meure,
Et *m'en tourmente*.... (V, 567.)

TOURNANT, substantivement :
Tous deux, par un cas surprenant,
Se rencontrent en un *tournant*. (II, 261.)

TOURNEBROCHE :
Tournebroches par lui rendus communs en France
Y font un corps à part. (II, 334 et note 8.)

TOURNEMAIN :
Tant qu'en un *tournemain* tous les plats étant vides.... (VII, 282 et note 3.)
En aussi peu de temps qu'il en faut pour tourner la main.

TOURNER, neutre et actif; SE TOURNER :
Hippocrate ne fait
Choix de ses mots, et tant *tourner* ne sait. (V, 309.)
.... Puis je tiens inutile
De tant *tourner*. (V, 567 ; voyez II, 12 ; V, 259 ; VI, 108.)
Fille aimable autant qu'on peut l'être,
Et ne *tournant* autour du pot. (V, 210 et note 2.)
Quelle maison pour lui ! l'on y *tournoit* à peine. (I, 334.)
On ne peut quasi faire un pas,
Ni *tourner* le pied qu'on en rie. (VII, 121.)
Elle eût à Job fait *tourner* la cervelle. (VI, 118.)
Il mâchoit de dépit quelque mot dans sa bouche,
Et me *tournant* les yeux.... (VII, 56 et note 2.)
.... Dans ces lieux
Mille gens bien *tournés* s'offrirent à mes yeux. (VII, 421.)
Elle fait tant, *tourne* tant son amie,
Que celle-ci lui déclare le tout. (V, 298 ; voyez IV, 195, 303 et note 1.)
Bien résolu de la *tourner* de tant de côtés, etc. (IX, 286 ; voyez VIII, 95.)
.... Il m'a promis
Que selon mes desirs il *tournera* son âme. (VII, 414.)
Et tous les avocats,
Après *avoir tourné* le cas
En cent et cent mille manières,
Y jettent leur bonnet. (I, 193.)
Le magister, *se tournant* à ses cris,
D'un ton fort grave à contre-temps s'avise
De le tancer. (I, 116.)
La chose *se seroit tournée* autrement. (VIII, 325.)
La chance *se tourne*. (V, 114.)

TOURNEUR :
.... Ce *tourneur* de prunelle. (VII, 562 et note 4.)

TOURNOI :

Joutes, *tournois*, devises, sérénades. (V, 569.)
Des *tournois* et des joutes de poissons. (VIII, 75.)
   Quand ce seroit pour des jours de *tournois*,
On ne le verroit pas vêtu d'autre manière. (VIII, 296.)

TOURTERELLE, TOURTERELLES :

.... Quelques *tourterelles* s'y rencontroient ; on en comptoit jusqu'à trois espèces : *tourterelles* oiseaux, *tourterelles* nymphes, et *tourterelles* bergères. (VIII, 180.)

TOUSELLE :

Je crois qu'il faut les couvrir [ces champs] de *touselle*. (V, 361 et note 9; voyez V, 362, 364, 365.)

TOUT, TOUTE ; TOUT, neutralement :

Tous temps, *toutes* maximes. (VI, 22 et note 3.)
Le mensonge et les vers de *tout* temps sont amis. (I, 129 ; voyez III, 260 ; IX, 161 ; et passim.)
   Nous la faisons de *tous* écots [la Fortune],
Elle est prise à garant de *toutes* aventures. (I, 401.)
La vieille, à *tous* moments, de sa part emportoit
   Un peu du poil noir qui restoit. (I, 110 ; voyez III, 226.)
.... Ce qu'elle y fait ? *Tout* bien. (V, 401 et note 4.)
Sans leur aide [des dieux], il ne peut entrer dans les esprits
   Que *tout* mal et *toute* injustice. (III, 146.)
Je me suis regardée *tout* ce matin. (VIII, 201.)
Je n'ai bougé *toute* nuit d'auprès d'elle. (IV, 218 ; voyez IV, 54 et note 3.)
      Toute nuict ie pers le repos,
      Tant et si fort en vous ie pense.
            (Marot, tome I, p. 266.)
Le conte en parut par *tout* Rome. (V, 457.)
Voyez le Lexique de Corneille, tome II, p. 391.
Tous gens sont ainsi faits. (II, 37.)
Toutes gens d'esprit scélérat. (II, 324.)
.... Et ce sont *toute* sorte de gens. (IX, 177.)
Les bœufs, à *toutes* fins, promirent le secret. (I, 349 et note 6.)
A *toute* peine il regagna les bords. (II, 57.)
      Je tiens, quant à moi,
   Que *tous* tels sorts sont recettes frivoles. (IV, 240.)
Au delà de *toute* l'imagination. (VIII, 326.)
.... Cette âme pareille en *tous* tant que nous sommes. (II, 478.)
      Car *tout* ce que nous sommes,
Lynx envers nos pareils, et taupes envers nous,
Nous nous pardonnons *tout*, et rien aux autres hommes. (I, 79.)
Femmes, moine, vieillards, *tout* étoit descendu. (II, 141.)
      Petits et grands, *tout* approuva
Le partage et le choix. (I, 194.)

Tout se mit à brouter les bois du voisinage. (III, 218 et note 6 ; voyez III, 335.)

   Valeur, adresse, et ruses, et surprises,
   Tout s'employa. (II, 137 ; voyez III, 103.)
   Cette fille vouloit aussi
   Qu'il eût du bien, de la naissance,
De l'esprit, enfin *tout*. Mais qui peut *tout* avoir? (II, 115.)
Il n'avoit pas quinze ans que *tout* ne fût. (V, 523 et note 2.)
.... Car ce n'est pas là *tout*. (V, 568 ; voyez V, 573.)
   C'étoit ceci, c'étoit cela ;
   C'étoit *tout*. (II, 115.)
Ce n'est pas *tout* de boire. (I, 217.)
       Tout considéré,
Mieux vaut goujat debout qu'empereur enterré. (VI, 86 ; voyez IV, 173.)
   .... Il en grince des dents,
   Se courbe *tout*. (IV, 138.)
Tout à fait, entièrement.

TOUT, substantivement ; EN TOUT :
  .... Le *tout* au sujet d'un manteau. (II, 10.)
La moitié? les trois quarts, et bien souvent le *tout*. (III, 340.)
   .... Vous êtes mon desir,
Mon seul objet, mon *tout*. (VII, 13.)
Même locution chez Ronsard, tome II, p. 81, 169, 173, 191, 195 ; chez Jodelle, tome I, p. 23.

Elle, qui n'étoit pas grosse *en tout* comme un œuf.... (I, 66.)

TOUT, adverbe invariable ; TOUT, variable au sens adverbial, dans les cas où aujourd'hui il s'accorde, et dans d'autres où il ne s'accorde pas :
   Et sur l'état d'un charbonnier
   Il fut couché *tout* le dernier. (II, 36.)
  .... Joignez-y quelque bœuf ; choisissez, pour ce don,
  Tout le plus gras du pâturage. (III, 98 et note 21.)
Tout beau. (V, 293, 536, 593.)
Tout doux. (V, 469.)
Dieu *tout* bon. (VI, 289.)
Oui-dà ! c'est bien *tout* un. (VII, 471.)
Ce m'est *tout* un. (VIII, 67.)
      Car il eût été mal
Qu'on n'eût pu du jardin sortir *tout* à cheval. (I, 279.)
Et *tout* d'un pas s'en va trouver Janot. (IV, 71 et note 1.)
Il vient *tout* à l'instant. (VI, 31.)
.... *Tout* aujourd'hui je le veux observer. (VII, 335 ; VII, 377.)
   Je te plains fort que le ciel ne t'envoie
   Tout maintenant même bonheur qu'à moi. (IV, 213 et note 4.)
Tout joignant cette pierre. (I, 346.)
Tout couverts de poussière. (I, 287.)
   L'aigle lui dit *tout* en colère :
   « Ne quittez point votre séjour. » III, 244.

.... Et je crois que Jupiter même,
Tout Jupiter qu'il se dit,
N'en auroit pas le crédit. (IX, 418.)
L'oût arrivé, la touselle est sciée,
Et tout d'un temps sa racine arrachée. (V, 365 et note 1; voyez I, 170.)
Tout en entrant l'époux dit : « J'ai vendu
Notre cuvier. » (V, 543.)
Tout sur-le-champ. (IV, 76.)
D'un logis près, un homme en faisoit tout de même. (VII, 423.)
Mais la raison d'un si beau lot
Ne se dit pas tout en un mot. (IX, 451.)
.... Là luit un soleil tout nouveau. (VIII, 257.)
.... Se trouvant à la fin tout aise et tout heureuse
De rencontrer un malotru. (II, 118.)
Un époux beau, bien fait, jeune, et tout autre chose
Que le défunt. (II, 75.)
O peuple trop heureux! quand la paix viendra-t-elle
Nous rendre, comme vous, tout entiers aux beaux-arts? (II, 203.)
Il a des gens tout prêts pour le venger. (II, 304.)
Sévigné, de qui les attraits
Servent aux Grâces de modèle,
Et qui naquîtes toute belle..... (I, 263; voyez V, 24.)
.... Soit qu'il le jugeât [Ésope] incapable de toute autre chose. (I, 30; VIII, 333.)
Pour vous, vous méritez toute une autre fortune. (VI, 202.)
Il m'a perdue, il m'a toute affolée. (V, 374.)
.... Vous en avez la vue encor toute éblouie. (VII, 44.)
Toute échevelée. (VIII, 52.)
Xantus soutint ce qu'il avoit dit, gagea sa maison qu'il boiroit la mer toute entière. (I, 40 et note 4; voyez IV, 57; VI, 92; VII, 333; VIII, 123, 286, 488; IX, 34, 185, 340.)
Elle fut toute étonnée. (VIII, 88.)
Ayant l'âme en Dieu toute occupée. (V, 469.)
Toute en larmes. (VII, 240; VIII, 282.)
.... Chez son père elle fut toute en pleurs
Signaler son devoir par de fausses clameurs. (VII, 561.)

TOUT À L'HEURE; TOUT AU PLUS; TOUT DE BON; DU TOUT :
La raison du plus fort est toujours la meilleure :
Nous l'allons montrer tout à l'heure. (I, 89 et note 2; voyez II, 74, 105, 209, 409; IV, 346; V, 475; IX, 245; et passim.)
Eh quoi! cette musique,
Pour ne chanter qu'aux animaux,
Tout au plus à quelque rustique? (I, 245.)
Mais c'est demain qu'il faut tout de bon écouter. (I, 356.)
Il est vrai que ces deux pièces n'ont ni le sujet ni le caractère du tout semblables au reste du livre. (IV, 11; voyez IV, 68 et note 2; IX, 208.)

TRACAS, embarras, affaires :
.... Dans un fromage de Hollande
Se retira loin du tracas. (II, 108.)

TRA]   DE LA FONTAINE.   409

 .... Parfois se trouvant dégoûté
Du *tracas* importun qui suit la royauté. (VII, 55.)
 Riche manant, ayant soin du *tracas*,
 Dîmes, et cens, revenus, et ménage,
 D'un abbé blanc. (V, 390 et note 2; voyez V, 492.)

TRACASSER :

  Goutte bien *tracassée*
  Est, dit-on, à demi pansée. (I, 227.)

TRACE, TRACES, sens divers :

  L'autre jour, suivant à la *trace*
  Deux ânes.... (III, 126.)
Je pense qu'il suivoit quelque nymphe à la *trace*. (VII, 177.)
Aux *traces* de son sang, un vieux hôte des bois....
Autrefois attira ce parasite ailé
Que nous avons mouche appelé. (III, 263.)
[Un chien] vint sur l'herbe éventer les *traces* de ses pas. (III, 280.)
Diroit-on pas que l'air s'embellit à ses *traces* ? (VII, 198.)
Prétendre ainsi changer est une illusion :
  L'on reprend sa première *trace*
  A la première occasion. (III, 236.)
  Les deux nonnains n'oublièrent la *trace*
  Du cabinet. (IV, 502 et note 9.)
Le pâle Désespoir, la sanglante Fureur,
L'inhumaine Clothon qui marche sur leurs *traces*. (VIII, 255.)
  Il n'est beauté dans nos écrits
Dont vous ne connoissiez jusques aux moindres *traces*. (II, 86.)

TRACER :

Son char [de Vénus], qui *trace* en l'air de longs traits de lumière,
A bientôt achevé l'amoureuse carrière. (VI, 231.)
Girardon, dîmes-nous, se saura surpasser,
Exprimant ce héros qu'il commence à *tracer*. (IX, 368.)

TRADUIRE :

C'est ainsi que ma Muse, aux bords d'une onde pure,
  Traduisoit en langue des dieux
  Tout ce que disent sous les cieux, etc. (III, 167.)
Devant certaine guêpe on *traduisit* la cause. (I, 121.)

TRAFIC, commerce, au propre et au figuré :

  Un marchand grec en certaine contrée
  Faisoit *trafic*. (II, 303.)
 .... Ville pour lors de luxe et de dépense :
  Même il la crut propre pour le *trafic*. (VI, 95 et note 5; voyez
VI, 106.)
 .... Il en avint un fort plaisant *trafic*. (V, 406 et note 5.)

TRAFIQUANT :

Un *trafiquant* sur mer, par bonheur, s'enrichit. (II, 174; voyez II, 304, 355; III, 88; VI, 103.)

TRAFIQUER; TRAFIQUER DE :
 .... Vont *trafiquer* au loin, et font bourse commune. (III, 220.)
 Il vendit son troupeau,
Trafiqua de l'argent, le mit entier sur l'eau. (I, 267 et note 2.)
 Entre autres denrées, ce marchand *trafiquoit d'*esclaves. (I, 33.)
 Ils ne *trafiquent* point *des* dons de la nature. (VI, 325.)
     Melpomène
Souvent, sans déroger, *trafique de* sa peine. (I, 102.)

TRAGÉDIE :
Aussi voyons-nous qu'on se sert indifféremment de ce mot de comédie pour qualifier tous les divertissements du théâtre : on n'a jamais dit : « Les tragédiens », ni « Allons à la *tragédie*. » (VIII, 110 et note 2.)

TRAGÉDIEN, acteur ou auteur tragique. (VIII, 110.)

TRAHIR :
 .... C'étoit *trahir* par trop sa conscience. (VI, 32.)
 Princes, je ne sais point *trahir* mes sentiments. (VII, 609.)
 Nous voici lâchement *trahis*. (IV, 39.)

TRAIN, emplois divers; EN TRAIN :
 Il se logea, meubla, comme un riche homme,
 Grosse maison, grand *train*, nombre de gens. (VI, 96.)
 .... En ce *train* de dépense effroyable. (V, 159.)
 Son habit? — Fort usé. — Leur *train?* — Je n'ai vu qu'eux. (VII, 48.)
 Le ministre cruel des vengeances du juge
 Envoie un peu devant le *train* qui les suivoit. (V, 270 ; voyez IV, 40 et note 2, 443 ; VIII, 94, 166.)
 .... Son *train* de vivre et son honnêteté. (V, 560.)
 .... [Remettre] le malade en son *train* ordinaire. (VI, 322; voyez VIII, 148.)
    Il laisse la tortue
 Aller son *train* de sénateur. (II, 33.)
 Les droits d'hymen allant toujours leur *train*,
 Besoin n'étoit qu'elle fît la jalouse. (V, 66; voyez V, 401.)
 L'époux, voyant quel *train* prenoit l'affaire,
 Voulut sortir. (V, 83.)
 .... Dans l'ordinaire *train* des communs sentiments. (VI, 73.)
 Voilà le *train* du monde et de ses sectateurs. (III, 290; voyez I, 186.)
 .... Mais Rome d'aujourd'hui, séjour charmant et beau,
 Où l'on suit un *train* plus nouveau. (V, 437 et note 1.)
 Qu'on quitte aussi tout mauvais *train*. (IX, 208.)
 Ce sont propos d'amour trop fins pour ma boutique,
 Et je n'en sus jamais le *train* ni la pratique. (VII, 88.)
  Froid est l'amant qui ne va jusqu'au bout,
  Et par sottise en si beau *train* demeure. (V, 568 et note 4.)
  Mais quelqu'un troubla la fête
  Pendant qu'ils étoient *en train*. (I, 86; voyez V, 81, 585.)

TRAÎNE-MALHEUR. (V, 501 et note 2.)

TRAÎNER, au propre et au figuré :
.... La bique, allant remplir sa *traînante* mamelle. (I, 326.)
Traînant l'aile. (II, 365.)
Elle fait la blessée, et va *traînant* de l'aile. (II, 465.)
Il voulut faire voir son triomphe à Florence,
　M'y *traînant* avec lui, malgré moi. (VII, 421; voyez VII, 438.)
Un mari qui *traînoit* à sa suite tous les plaisirs. (VIII, 99.)
Ah! j'ai perdu mon fils! il me faudra *traîner*
　Une vieillesse douloureuse! (III, 71.)

TRAIT, TRAITS, au propre et au figuré, sens divers :
Il partit comme un *trait*. (II, 34.)
　.... Car ils donnent toujours
Quelque *trait* aux fripons, aux sots, aux ridicules. (II, 399 et fin de la note 5.)
Emploirai-je des *traits* moins sûrs de vous toucher? (VII, 605.)
Il m'a joué ce *trait*. (V, 568.)
Mais que dire du troc que la Fortune fit?
Ce sont là de ses *traits*. (II, 439.)
Et sont-ce là des *traits* de véritable épouse? (VIII, 378.)
　Votre prince vous dit un jour
　Qu'il aimoit mieux un *trait* d'amour
　Que quatre pages de louanges. (III, 324.)
L'amitié modéra leurs feux sans les détruire,
Et par des *traits* d'amour sut encor se produire. (VI, 150.)
Elle tombe, et, tombant, range ses vêtements,
Dernier *trait* de pudeur. (VI, 184.)
Entre amis il ne faut jamais qu'on s'abandonne
　Aux *traits* d'un courroux sérieux. (III, 197.)
　Les vrais interprètes du cœur
　Ne sont pas les *traits* du langage. (VII, 522.)
.... Un *trait* de fable en cut l'honneur. (II, 233; voyez I, 37.)
.... Heureux ceux de qui l'art a ces *traits* inventés! (VIII, 124.)
.... Elles demandèrent qu'il fût défendu de se servir des *traits* de la rhétorique. (VIII, 265.)
　Maintenant il faut que j'appuie
Ce que j'avançai lors de quelque *trait* encor. (II, 408.)
Elle avoit souhaité d'apprendre quelque *trait*,
　Qui lui fît voir, entre autre chose,
L'amour-propre donnant du ridicule aux gens. (III, 131.)
.... J'en crois voir quelques *traits*; mais leur ombre m'abuse. (III, 198; voyez II, 382, 395; et passim.)
　Je reviens à vous, non pour dire
　D'autres *traits* sur votre sujet. (III, 323.)
Vous vous reconnoissez à ces *traits* différents. (IX, 191.)
Les *traits* familiers que j'ai semés avec assez d'abondance. (II, 80.)
Demain, dit-il, il faut sortir avant l'aurore;
N'attendez point les *traits* que son char fait éclore. (VI, 179; voyez VI, 231.)

Les derniers *traits* de l'ombre empêchent qu'il ne voie
Le filet. (II, 324.)

TRAITS, figure, mine :
Les *traits* de visage agréables. (VIII, 91.)
Je devois cacher ces *traits*..., je devois les défigurer. (VIII, 192.)
Vos *traits* n'ont plus besoin de me solliciter. (VII, 603.)
Je... sens bien que vous avez une bouche, un nez, des yeux, un visage, tout cela proportionné comme il faut, et, selon que je m'imagine, assorti de *traits* qui n'ont pas leurs pareils au monde. (VIII, 74.)
 Atis, il t'est plus doux encor
 De la voir ingrate et cruelle
 Que d'être privé de ses *traits*. (V, 254; voyez V, 481; VI, 33; VII, 606.)
La beauté, dont les *traits* même aux dieux sont si doux,
Est quelque chose encor de plus divin que nous. (VI, 234; voyez VII, 604.)
 .... Et tel que d'une fable
Il a l'air et les *traits*. (III, 162.)
Quelques moments après, leur corps et leur visage
Prennent l'air et les *traits* d'animaux différents. (III, 186.)

TRAITS, écriture :
Voici pourtant ses *traits*, peux-tu les méconnoître? (VII, 519 et note 2.)

TRAIT, lampée, rasade :
 Pour prendre cœur, le vassal en sa panse
 Loge un long *trait*. (IV, 137 et note 6.)
« Lors que Gargantua beut le grand traict, cuydèrent noyer en sa bouche. » (Rabelais, tome I, p. 142.)

TRAITABLE :
Aminte croit rendre Cléon *traitable*. (VI, 28.)
Douce, *traitable*, à se prendre facile. (V, 189.)
.... Mouton doux et *traitable*. (V, 130.)
Tout est galant, *traitable*, et gracieux. (IX, 41.)

TRAITANT, TRAITANTS :
Tous les traités, tous les *traitants*. (IX, 113.)

TRAITE, au propre et au figuré :
Notre première *traite* s'acheva plus tard que les autres. (IX, 231; voyez IV, 242; VIII, 54.)
.... Ce qui me fit faire une partie de la *traite* à pied. (IX, 240.)
[Hispal] prit terre à la dixième *traite*. (IV, 407.)
Après huit jours de *traite*, un vaisseau de corsaires...
Les attaqua. (IV, 400 et note 3.)
Le soleil... n'étoit pas encore au bout de sa *traite*. (IX, 235.)
.... Ronfle toujours, fait la nuit d'une *traite*. (IV, 389.)
Notre amoureux fournit plus d'une *traite*. (IV, 227 et note 3.)

TRAITÉ, acceptions diverses :
Laissons là leur débat. Quel *traité* m'as-tu fait? (VII, 58.)

Il faut que chaque sœur se charge par *traité*
Du tiers, payable à volonté. (I, 193.)

TRAITEMENT, TRAITEMENTS :
Les Égyptiens, qui adorent cet animal [le chat], se trouvèrent extrêmement scandalisés du *traitement* que l'on lui faisoit. (I, 49.)
Jamais mon zèle et ma persévérance
N'ont eu de vous que mauvais *traitement*. (IV, 80 ; voyez V, 195.)
Rappelez dans vos cœurs ses mauvais *traitements*. (VII, 609 ; voyez VIII, 147.)

TRAITER, TRAITER DE, emplois divers :
Je veux vous *traiter* cependant :
Venez souper chez moi. (I, 100 ; voyez V, 73.)
.... A cela près, il *traitoit* bien sa femme. (IV, 338.)
Aimez-vous mieux souffrir contre mon propre gré,
Que si, m'obéissant, vous *étiez* bien *traité ?* (VII, 154.)
D'un pareil nom de guerre on *traitoit* les neuf preux. (IX, 42.)
Toute profession s'estime dans son cœur,
Traite les autres d'ignorantes. (III, 125 ; voyez III, 127, 163, 191 ; etc.)
On *traite* avec lui *de* son chien. (V, 266.)

TRAITEUR, au figuré :
Cette dépositaire, ayant grand appétit,
Faisoit sa portion des talents de ce rustre,
Tenu, dans tels repas, pour un *traiteur* illustre. (V, 589.)

TRAÎTRE, TRAÎTRESSE ; EN TRAÎTRE :
Un vivier que Nature y creusa de ses mains,
Inconnu des *traîtres* humains,
Sauvera votre république. (III, 20.)
.... Ce valet à l'âme *traîtresse*. (V, 270 et note 2.)
Que ne sait point ourdir une langue *traîtresse ?* (I, 222 et note 9.)
Une *traîtresse* voix bien souvent nous appelle. (II, 318.)
Il sut se défier de la liqueur *traîtresse*. (III, 187.)
.... Il m'a suivie *en traître*. (VII, 409.)

TRAJET :
Il rencontra sur son passage
Une rivière dont le cours,
Image d'un sommeil doux, paisible, et tranquille,
Lui fit croire d'abord ce *trajet* fort facile. (II, 330 ; voyez III, 221.)
.... Le point est de l'avoir ; car le *trajet* est grand. (II, 338.)

TRAME, TRAMES, au propre et au figuré :
La navette en courant entrelace la *trame*. (VIII, 483.)
Tu vois qu'ils n'ont pu même en prolonger les jours :
Je ne demandois pas que la Parque cruelle
Prît à filer leur *trame* une peine éternelle. (VI, 270.)
.... L'on dit au Sort qu'il prolongeât la *trame*. (IX, 167.)

Je viens d'abandonner la *trame* d'un monarque
   Aux oiseaux de la Parque. (VII, 269.)
Il dit, et d'un poignard coupe aussitôt sa *trame*. (VI, 182 et note 5; voyez VI, 293.)
Combien voit-on sous lui de *trames* étouffées!
Combien en coupe-t-il? (VI, 259.)
Même accident finit leurs précieuses *trames*. (VI, 205.)

TRAMER, au figuré :
Fortune, qui ne dort que lorsque nous veillons,
   Et veille quand nous sommeillons,
   Lui *trame* en secret cet esclandre. (IV, 423.)

TRAMONTANE :
Thérèse en ce malheur perdit la *tramontane*. (V, 594 et note 1.)
« Dans ces ténèbres Monsieur le cardinal a-t-il vu moins clair, a-t-il perdu la tramontane? » (Voiture, lettre 74.)

TRANCHER, au propre et au figuré; TRANCHER COURT; TRANCHER DE :
Il vous prend sa cognée, il vous *tranche* la bête. (II, 4 .)
Mes jours sont en tes mains, *tranche*-les. (III, 5.)
   Le peuple vautour,
Au bec retors, à la *tranchante* serre. (II, 136.)
Il *trancheroit* sur tout. (IX, 369.)
Laissez un peu de temps agir la maladie :
Cela fait, *tranchez court*. (VI, 346.)
Pour vous *trancher court*.... (IX, 23.)
   Notre homme
Tranche du roi des airs. (II, 13.)
Vraiment je suis d'avis qu'un esclave me joue,
Qu'il *tranche du* railleur. (VII, 32; voyez VII, 82.)

TRANQUILLE :
Tâchez au moins d'être *tranquille*. (VII, 604.)
Il goûte sa vengeance en lieu sûr et *tranquille*. (III, 66.)

TRANQUILLITÉ :
Jouir des vrais biens avec *tranquillité*. (IX, 187.)

TRANSE; EN TRANSE :
.... Elle [Psyché] attendit avec des *transes* mortelles sa destinée. (VIII, 127.)
Se blottissant, l'une et l'autre est *en transe*. (IV, 466.)
A ce discours la fille toute *en transe*.... (VI, 11.)
.... Les autres sont toujours *en transe*, soit pour le caprice de la fortune, soit pour celui des saisons. (VIII, 225.)
Ainsy, toujours en transe en ce nouveau soucy,
Je disois à part moy : « Las! mon Dieu, qu'est cecy? »
   (Regnier, Dialogue entre Cloris et Philis, vers 127.)

TRANSIR, TRANSI :
Or me voici d'un mal chu dans un autre :
Je *transissois*, je brûle maintenant. (IV, 264 et note 1.)

Transi, gelé, perclus, immobile rendu. (II, 41.)

.... M'approcher d'elle,
Non pas en amoureux *transi*. (VII, 207.)

.... Elles ont à leur suite une troupe béante
De langoureux transis.
(Regnier, satire III, vers 139.)

TRANSPARENT, ENTE :
L'onde étoit *transparente* ainsi qu'aux plus beaux jours. (II, 111.)

TRANSPORT, TRANSPORTS :

Jupiter ne tarda guère
A modérer son *transport*. (II, 314.)

Plein de *transport*. (IV, 229.)

Dissimuler un tel *transport*,
Cela sent son humeur bourgeoise. (V, 447.)

Daignez donc approuver les *transports* de mon zèle. (VIII, 365.)

Ce ne fut pas à elle peu de retenue de ne point jeter et lampe et poignard pour s'abandonner à son *transport*. (VIII, 104.)

Il est des larmes de *transport*. (VIII, 428.)

Son maître à surmonter les vices,
A dompter les *transports*, monstres empoisonneurs. (III, 107 et note 17.)

Je ne dis pas que tout à l'heure
Une condition meilleure
Change en des noces ces *transports*. (II, 74.)

Vos *transports* les pourroient contre nous animer. (VII, 547; voyez VI, 284; VII, 608; 621.)

TRANSPORTER ; SE TRANSPORTER :

Craignez, Romains, craignez que le Ciel quelque jour
Ne *transporte* chez vous les pleurs et la misère. (III, 146.)

Je *transporte* les yeux aux confins de la terre. (VIII, 255.)

Perrette là-dessus saute aussi, *transportée*. (II, 152.)

Grand bruit, grande cohue : en cave on *se transporte*. (V, 351 et note 3.)

TRAVAIL, TRAVAUX :

Il avoit envie
De leur offrir son *travail* et ses mains. (IV, 493.)

Le *travail* est un trésor. (I, 395.)

Après bien du *travail*, le coche arrive au haut. (II, 143; voyez I, 288.)

Après six jours de *travail*, elle arriva. (VIII, 166.)

Au moins, que les *travaux*,
Les dangers, les soins du voyage,
Changent un peu votre courage. (II, 361.)

... Nous lui devons Condé, prince dont les *travaux*,
L'esprit, le profond sens, la valeur, les conquêtes,
Serviroient de matière à former cent héros. (VI, 350; voyez VI, 351.)

Quelle est de nos *travaux* l'espérance et le fruit? (VI, 299.)

.... Pour fruit de mes *travaux*,
Me ferme son logis, et l'ouvre à mes rivaux. (VII, 11.)

Le Gascon, après ces *travaux*,
Se fût bien levé sans chandelle. (IV, 391 et note 7; voyez IV, 433; VI, 248, 290, 319; VII, 19, 92, 111, 619; VIII, 173, 247, 382, 411, 481; et passim.)

André vaquoit de grande affection
A son *travail*, faisant ore un tendon,
Ore un repli, puis quelque cartilage. (IV, 161 et note 2; voyez V, 66.)

A son travail amoureux.

TRAVAILLER, TRAVAILLER À; SE TRAVAILLER, SE TRAVAILLER À :

La belle en ses traverses,
Accidents, fortunes diverses,
Eut beaucoup à souffrir, beaucoup à *travailler*. (IV, 398 et note 1.)

.... C'est à quoi les fables *travaillent*. (I, 18.)

Tout vainqueur insolent à sa perte *travaille*. (II, 172.)

.... Envieuse, s'étend, et s'enfle, et *se travaille*,
Pour égaler l'animal en grosseur. (I, 66.)

Je vais, je viens, je *me travaille*. (III, 109 et note 5.)

On va, on cherche, on se trauaille.
(Coquillart, tome II, p. 186.)

Voyez aussi Saint-Gelais, tome I, p. 112; du Bellay, tome II, p. 202; et André Chénier, p. 121 :

Le voilà qui *se travaille* et sue.

Plus son esprit à songer *se travaille*,
Moins il espère échapper d'un tel pas. (V, 525 et note 4.)

TRAVERS; DE TRAVERS; À TRAVERS; AU TRAVERS DE :

Vous savez quel *travers* il s'est mis dans l'esprit. (VII, 378.)

Le regard *de travers*, nez tortu, grosse lèvre. (III, 145 et note 12.)

Les trois filles de l'Achéron ne lui répondirent rien [à Psyché], et se contentèrent de la regarder *de travers*. (VIII, 191.)

D'un certain magister le rat tenoit ces choses,
Et les disoit *à travers* champs. (II, 254 et note 12.)

L'homme d'Horace,
Disant le bien, le mal, *à travers* champs. (III, 244.)

Le juge prétendoit qu'à tort et *à travers*
On ne sauroit manquer, condamnant un pervers. (I, 138.)

Le grison se rue
Au travers de l'herbe menue. (II, 25.)

TRAVERSER :

L'amour, je le confesse, *a traversé* ma vie. (VII, 152.)

.... Tant de maux qui *traversent* la vie. (IX, 39.)

Les vents...
Ont *traversé* nos voyages. (VIII, 270.)

Cette lettre pourra *traverser* ses desseins. (VII, 406.)

Il voit, depuis quelques jours,
Que sa flamme *est traversée*. (VII, 520.)

Dans leurs plaisirs rien ne les *traversa*. (IV, 322.)

TRAVERSES :
 Quoi qu'il en soit, la belle en ses *traverses*,
 Accidents, fortunes diverses,
Eut beaucoup à souffrir. (IV, 398; voyez III, 339.)

TRAVESTIR, TRAVESTI :
Nos deux *travesties* se trouvèrent en leurs nouveaux accoutrements, etc. (VIII, 162.)
Le *travesti* changea de personnage. (V, 49.)

TRÉBUCHER, au propre et au figuré :
 Cette personne enfin sur l'herbe tendre
 Est *trébuchée*. (IV, 289 et note 1.)
Les pauvres gens à tout coup *trébuchoient*. (IX, 152.)
Il [le dragon] le faisoit *trébucher* [l'animal]. (VIII, 196.)
 .... J'en vais donner pour preuve une personne
 Dont la beauté fit *trébucher* Rustic. (V, 466 et note 3; voyez VI, 14.)

TRÉBUCHET, balance, pèse-monnaie :
 Le malheureux, n'osant presque répondre,
 Court au magot, et dit : « C'est tout mon fait. »
 On examine; on prend un *trébuchet*. (IV, 140 et note 5.)

TRÉBUCHET, piège :
Faisons un *trébuchet* au pauvre petit homme. (VII, 382 et note 1; voyez VII, 436, 577.)
 Je poserois tantôt un si bon guet
 Qu'il seroit pris ainsi qu'au *trébuchet*. (VI, 35.)

TREILLE :
Les buffets dressés sous la *treille*. (I, 193.)
Au haut d'une *treille*. (I, 234.)
Un jour que celui-ci, plein du jus de la *treille*.... (I, 224.)
Consultez, comme moi, le démon de la *treille*. (VII, 224.)

TREILLIS :
Il [le chien] dit au loup par un *treillis*.... (II, 409.)

TREMBLEMENT :
Quand Psyché se vit dans les airs, en si mauvaise compagnie que celle-là, un *tremblement* la saisit.... (VIII, 190.)

TREMBLER DE :
 L'onde rapide et le ruisseau profond
Devoient faire *trembler de* peur ces amazones. (III, 209.)

TRÉMOUSSER (SE) :
Mes jambes et mes pieds *se trémoussent* assez. (VII, 299.)

TREMPE :
 Pour le poignard, il est des bons,
 Bien affilé, de bonne *trempe*. (VIII, 100.)

.... Car il faut, selon son système,
Que l'homme, la souris, le ver, enfin chacun,
Aille puiser son âme en un trésor commun :
Toutes sont donc de même *trempe*. (II, 395.)

TRÉPAS :
L'aveugle *trépas*
Parcourt tous les endroits où régnoient tant d'appas. (VI, 266.)
Genre de mort qui ne duit pas
A gens peu curieux de goûter le *trépas*. (II, 436.)

TRÉPIGNER :
Il s'inquiète, il *trépigne*, il remue
Oreille et queue. (V, 489.)

TRÉSOR, TRÉSORS, au propre et au figuré :
C'est pour vous le *trésor*
Que Lucifer me garde en sa grotte profonde. (V, 257.)
Un passant lui demande [à l'avare] à quel sujet ses cris :
« C'est mon *trésor* que l'on m'a pris. » (I, 346.)
Le travail est un *trésor*. (I, 395.)
Une nuit de Madame aussi c'est un *trésor*. (V, 261.)
Le *trésor* de la vie est bientôt épuisé. (VI, 324.)
L'ingrate, pour le jour de sa nativité,
Joignoit aux fleurs de sa beauté
Les *trésors* des jardins et des vertes campagnes. (III, 333.)
Deux parterres ensuite entretiennent la vue :
Tous deux ont un bassin qui lance ses *trésors*,
Dans le centre en aigrette, en arcs le long des bords. (VIII, 122.)
Pour qui ménagez-vous les *trésors* de l'amour? (V, 264.)
J'entends nonnains ayant tous les *trésors*
De ces trois sœurs dont la fille de l'onde
Se fait servir. (V, 528 ; voyez VI, 17.)
Apollon, vrai *trésor* de doctrine. (VIII, 273.)
Ni vous ni moi n'aurions de notre vie
Un tel valet : c'est sans doute un *trésor*. (IV, 97; voyez V, 590; VI, 271.)

TRESSE :
Un long tissu de fleurs, ornant sa *tresse* blonde. (VI, 232.)
.... Une aimable et vive princesse
A pied blanc et mignon, à brune et longue *tresse*. (IX, 360 et note 4.)

TRETOUS, tous avec sens renforcé, tous ensemble :
Nous sommes attroupés *tretous* dessous l'ourmeau. (VII, 586 et note 2.)

TREUVER, SE TREUVER, trouver, se trouver :
Voici, leur dirent-ils, ce que le conseil *treuve*. (I, 193.)
Au moindre hoquet qu'ils *treuvent*. (I, 371.)
.... Dans les citrouilles je la *treuve* [cette preuve]. (II, 376 et note 5.)

Le pauvre état où sa dame le *treuve*
Le rend confus. (V, 169 et note 3.)
   À son réveil il *treuve*
L'attirail de la mort à l'entour de son corps. (I, 224.)
   .... Surtout quand on *treuve*
   Un bon amant, un amant à l'épreuve. (VII, 173.)
.... Un peu plus que ce n'est quand un cœur est sans feux,
Moins aussi que l'état où le vôtre *se treuve*. (VII, 155.)

TRÊVE ; TRÊVE DE :
Trêve se fit; mais elle dura peu. (IV, 209.)
Trêve d'encens. (VII, 354.)

TRIAGE :
   Faire un heureux *triage*
Du beau, du laid, du bon, du mauvais d'un ouvrage. (VII, 353.)

TRIBUNAL, TRIBUNAUX :
Au pied d'un *tribunal* que nous nommons foyer. (II, 320.)
.... Et près des *tribunaux* que la Garonne arrose. (IX, 214.)
Ce dieu des moites *tribunaux* [Neptune]. (IX, 351.)

TRIBUNE :
Sur le théâtre et dans la *tribune*. (VIII, 308.)
Xantus approuva la chose, et le fit monter à la *tribune* aux harangues. (I, 44.)

TRIBUT, TRIBUTS :
Les *tributs*, les impôts, les fatigues de guerre. (I, 209.)
Leur malade paya le *tribut* à nature. (I, 402 ; voyez II, 207 ; VI, 339.)
[Le Ciel], gardant leurs toisons exemptes de rapines,
Ne leur laissoit payer nul *tribut* aux épines. (VI, 287.)
Le Ciel n'exigeoit lors nuls *tributs* de la terre. (VII, 353.)
L'humble toit est exempt d'un *tribut* si funeste. (VI, 148.)
N'appelez point foiblesse un *tribut* légitime. (VII, 606.)
.... Il s'acquitta de ce premier *tribut*. (VI, 27 et note 7.)
[Qu'elle] augmentât les *tributs* de l'empire amoureux. (VIII, 424.)
L'ordinaire *tribut* des soupirs et des larmes. (VIII, 365.)

TRIBUTAIRE, TRIBUTAIRES :
Chez nous cette déesse a plus d'un *tributaire*. (III, 225.)
Votre mérite [du Roi] est tel que tout lui fait la cour :
   La déesse aux ailes légères
   Lui fait partout des *tributaires*;
   Il en vient des portes du jour. (IX, 193.)
Tributaire des lis. (VIII, 498.)
La faim même, qui rend les saints ses *tributaires*. (VI, 304.)

TRICHERIE :
   Je vois, je vois ; c'est une *tricherie*
   De votre époux. (V, 568 et note 7.)
Point de *tricherie* au moins. (VII, 479.)

TRICOTER :
.... Le bruit d'une araignée alors qu'elle *tricote*. (VII, 405.)

TRINQUER :
Et de prendre la tasse,
Et de *trinquer*. (V, 327.)
.... Puis de *trinquer* à la commère. (IV, 188; voyez V, 75.)

TRIO :
Beau *trio* de baudets! (I, 204.)
.... D'abord notre *trio* s'en tire avec succès. (I, 339; voyez III, 223; IV, 270.)

TRIOMPHE; EN TRIOMPHE :
Il voulut faire voir son *triomphe* à Florence. (VII, 421.)
J'espère qu'il [Racine] me parlera de vos *triomphes* [de Mlle de Champmeslé]. (IX, 362.)
Quelle est cette beauté qu'*en triomphe* tu mènes? (VII, 39.)
.... Par qui sont les héros *en triomphe* menés. (VIII, 61.)
Zoon suit *en triomphe*. (VI, 208.)

TRIOMPHER; TRIOMPHER DE, SUR, LÀ-DESSUS :
[Apollon] *triompha*.... (IX, 333.)
C'étoit alors que Richard *triomphoit*. (IV, 335.)
Vous *triomphez*, Acanthe. (VII, 183; voyez VII, 182.)
Celui de ses disciples [des disciples de Xantus] qui avoit gagé contre lui *triomphoit* déjà. (I, 41.)
Elle [Psyché] emplit sa cruche, et s'en retourna *triomphante*. (VIII, 198.)
.... Souffrir qu'un enfant
Des lacs d'un vieux routier se sauve en *triomphant*. (VII, 52.)
Elle s'en alla à Cythère en équipage de *triomphante*. (VIII, 46.)
Il *triompha des* vents pendant plus d'un voyage. (II, 174.)
.... Les personnes qui ont *triomphé de* nos rois. (IX, 269; voyez VIII, 366.)
Et d'autre part aussi sa charmante moitié
Triomphoit d'être inconsolable. (IV, 23 ; voyez IV, 299 et note 9 V, 324 et note 5.)
Ils *triomphoient* encor *sur* cette maladie. (I, 403.)
Sur ce sujet, sans être préparé,
Il *triomphoit*. (V, 485.)
Vous ririez de l'ouïr *triompher là-dessus*. (VII, 54.)

TRIPLE :
Il mangeoit plus que trois; mais on ne disoit pas
Qu'il avoit aussi *triple* gueule. (II, 305.)
Il a *triple* gosier. (IX, 172.)
Il nous faudroit chercher un mont dans l'univers,
Non pas double, mais *triple*. (VII, 174.)

TRIPOTAGE :
Mères et nourrissons faisoient leur *tripotage*. (I, 220)

De tout ce *tripotage*
Qu'arrivoit-il? (V, 388 et note 3.)
Rapprochez aussi Molière, *le Médecin malgré lui*, acte I, scène v :
« Tout ce tripotage ne sart de rian : je savons çen que je savons. »

Malgré votre *tripotage*
Et votre patelinage, etc. (VIII, 435.)

TRISTE, TRISTES :
Les Orestes et les OEdipes, *tristes* fantômes qu'a évoqués le poète magicien.... (VIII, 117.)

TRISTE-OISEAU le hibou (II, 324 et fin de la note 1.)

TRISTESSE :
Sur les ailes du Temps la *tristesse* s'envole. (II, 73 et fin de la note 4.)
Tout le couvent se trouvoit en *tristesse*. (V, 311.)

TRIVELINADE, TRIVELINADES :
J'ai huit ou dix *trivelinades*
Que je sais sur mon doigt.... (IX, 173 et note 6.)

TRIVIAL, ALE :
Les bons mots des courtauds, les pointes *triviales*. (VII, 355.)
Raisons *triviales*. (VIII, 111.)

TROC :
Mais que dire du *troc* que la Fortune fit? (II, 439.)
Disons un *troc* où réciproquement
Pour la soubrette on employa la femme. (VI, 124.)
Troc pour *troc*, touche là. (V, 323.)
De son *troc* bien fâchée et honteuse. (V, 421.)

TROMPER :
De deux peintres fameux qui ne sait l'imposture?
Pour preuve du savoir dont se vantoient leurs mains,
L'un *trompa* les oiseaux, et l'autre les humains. (VIII, 254.)
.... Un homme qui savoit faire autre chose que de *tromper* les poissons. (VIII, 139.)
Vouloir *tromper* le ciel, c'est folie à la terre. (I, 341.)
.... Eux discourant pour *tromper* le chemin. (IV, 243.)

TROMPERIE :
.... L'autre étoit passé maître en fait de *tromperie*. (I, 217.)
Adresse, force, et ruse, et *tromperie*,
Tout est permis en matière d'amour. (IV, 78)
.... Nous y bûmes du vin à teindre les nappes, et qu'on appelle communément la *tromperie* de Bellac. Ce proverbe a cela de bon que Louis XIII en est l'auteur. (IX, 292.)

TROMPETER, faire une annonce à son de trompe :
Faire *trompeter* sa rivale. (VIII, 165.)

TROMPETTE, féminin; SANS TROMPETTE :
La voix veut le téorbe, et non pas la *trompette*. (IX, 156.)

De la chanter sur la musette,
C'est mon talent; mais je m'attends
Que mon héros, dans peu de temps,
Me fera prendre la *trompette*. (III, 233.)

.... Voletants, se culebutants,
Délogèrent tous *sans trompette*. (I, 359; voyez II, 186 et note 10.)

Il faut d'ici déloger sans trompette.
(Molière, *le Misanthrope*, acte IV, scène IV.)

TROMPETTE, masculin :

A peine il achevoit ces mots
Que lui-même il sonna la charge,
Fut le *trompette* et le héros. (I, 156.)

TROMPEUR, TROMPEUSE :

Car c'est double plaisir de tromper le *trompeur*. (I, 177.)
Il n'est pas malaisé de tromper un *trompeur*. (III, 25.)
Certain *trompeur* et certaine innocente. (VI, 14.)

Car c'étoit bien la plus *trompeuse* femme
Qu'en ce point-là l'on eût su rencontrer. (V, 67.)

TRONC :

.... Avec ce *tronc* j'en ferois un plus fin. (IV, 297.)
Ce tronc d'arbre, cette souche, cette bûche.

Le héros d'un revers coupe en deux l'animal :
Part du *tronc* tombe en l'eau, disant sa patenôtre. (IV, 402.)

TRONC aux aumônes :
Le *tronc* vous perd. (IX, 5.)

Que le *tronc* serve à l'autel de soutien,
Ou qu'on le vide afin d'emplir le verre. (IX, 6.)

TRONÇON :

Il fait trois serpents de deux coups,
Un *tronçon*, la queue, et la tête. (II, 42.)

TRÔNE, au figuré :

Je vous veux mettre aujourd'hui sur le *trône*. (II, 220.)

Thérèse, pire qu'un démon,
Tâche à la retirer, et se remettre au *trône*. (V, 594.)

.... Là les lis lui servoient [à la blancheur] de *trône* et d'oreillers. (VIII, 193.)

TRONQUER :

Quel ressort lui pouvoit donner
Le conseil de *tronquer* un peuple mis en mue ? (III, 164 et note 14.)
Il *tronque* son verger contre toute raison. (III, 307 et note 16.)

TROP ; TROP BIEN ; PAR TROP :

Ah ! c'est *trop*, lui dit-il ; je voulois bien mourir,
Mais c'est mourir deux fois que souffrir tes atteintes. (I, 243.)

Il en prend *trop;* et, sur ma foi,
C'est bien fait s'il devient malade. (IV, 55.)
Pour Dieu, Monsieur, je vous prie, avisez
Que ne soit *trop;* votre santé m'est chère. (IV, 231.)
Rien de *trop* est un point
Dont on parle sans cesse et qu'on n'observe point. (II, 414 et note 13.)
Un mari vivant *trop* au gré de son épouse. (II, 179.)
Trop longtemps.

Ils trouvoient aux champs *trop* de quoi. (I, 83.)
Trop ni *trop* peu de chair et d'embonpoint. (IV, 262.)
Dieu me garde....
De maitresse ayant *trop* d'esprit. (IX, 440.)
Le *trop* d'esprit ne l'incommodoit point. (IV, 157; voyez VIII, 86.)
Le *trop* d'expédients peut gâter une affaire. (II, 429.)
L'homme lettré se tut, il avoit *trop* à dire. (II, 311.)
Trop bien croyoit, ces sœurs étant peu sages,
Qu'il en pourroit croquer une en passant. (IV, 493 et note 9.)
On disait aussi « trop mieux », « trop plus ».
.... Là les mains ne sont closes
Pour recevoir, mais pour rendre, *trop bien.* (IV, 270 et note 10.)
Trop bien ferez tout ce qu'il vous plaira. (IV, 70 et note 3.)
Trop bien alors dans son lit elle avoit
Messire Jean. (V, 414.)
Ou ne baise pas
Un beau pied quand on veut, *trop bien* d'autres appas. (VII, 181
voyez IV, 187 et note 3; V, 324, 337; IX, 13, 286 et note 1; et passim.
.... Comme un chien qui fait fête
Aux os qu'il voit n'être *par trop* chétifs. (V, 488; voyez VI, 32.)

TROPHÉE :

Ces champs sont pleins de vos *trophées.* (VII, 621.)
Le parti victorieux dressoit un *trophée.* (VIII, 75.)
Les champs où Télamon
Venoit de consacrer un *trophée* à son nom. (VI, 200.)
Tharsis, nous érigeons ce *trophée* à ta gloire. (VII, 227.)
Cette fière beauté, qui s'érige un *trophée*
Du cruel souvenir de mes vœux impuissants. (VIII, 245.)

TROQUER :

Il me prit de *troquer* une tentation. (VII, 394.)
Permission de *troquer* en hymen. (V, 319.)
Ne peut-on point en faire un [contrat] où les gens
Troquent de femme ainsi que de monture?
Notre pasteur a bien *troqué* de cure. (V, 321.)
Bon fait *troquer*, commère; à ton avis,
Si nous *troquions* de valet? (V, 330.)
Je ne voudrois contre aucune de vous,
Qui vous vantez d'être si bien loties,
Avoir troqué de galant ni d'époux. (IV, 299.)

Ce que tu vois d'animaux et d'humains
Troque sans cesse, et devient autre chose. (VIII, 273.)
Si vous n'avez trouvé à *troquer* vos terres de Clignon.... (IX, 313.)

TROTTE-MENU :
La gent *trotte-menu* s'en vient chercher sa perte. (I, 258.)

TROTTER, au propre et au figuré :
Après qu'il eut brouté, *trotté*, fait tous ses tours,
Janot Lapin retourne aux souterrains séjours. (II, 185.)
J'avois franchi les monts qui bornent cet État,
  Et *trottois* comme un jeune rat
  Qui cherche à se donner carrière. (II, 16.)
Le temps coule : on n'est pas sitôt à la bavette
Qu'on *trotte*, qu'on raisonne. (I, 105.)
 Garçon bien fait, beau parleur et de mise,
 Et qui faisoit les servantes *trotter*. (IV, 309 et fin de la note 4.)
  Ie ne demande que seruir (d'amour),
  Car c'est ce qui me fait trotter.
   (*Anciennes poésies françoises*, tome VII, p. 215.)
Le billet *trotte*. (V, 312 et note 4.)
Voilà l'exploit qui *trotte*. (V, 333.)
Soupirs *trottoient*. (V, 412 et note 2.)
.... Tandis que coups de poing *trottoient*. (I, 96.)

TROU :
   Il s'enfuit par un *trou*,
Non pas *trou*, mais trouée, horrible et large plaie
  Que l'on fit à la pauvre haie. (I, 279.)

TROUBLER :
Troublez l'eau : vous y voyez-vous? (III, 343; voyez I, 90.)
Il dit : et les autans *troublent* déjà la plaine. (VI, 158.)
.... Lorsque quelques souris qui rongeoient de la natte
Troublèrent le plaisir des nouveaux mariés. (I, 186; voyez I, 86.)

TROUÉE. (I, 279.)

TROUPE :
Légère de brochet la *troupe* enfin se lève. (V, 353.)

TROUPEAU :
Tout un *troupeau* de nonnes. (V, 302; voyez V, 420.)
.... Car trop d'éclat eût pu nuire au *troupeau*. (V, 421.)

TROUSSE (En) :
.... Un guide, qu'il nous fallut mener *en trousse*. (IX, 254.)

TROUSSER BAGAGE :
Il a *troussé* bagage. (VIII, 78.)
« En ceste occasion de trousser mes bribes et de plier bagage.... » (Montaigne, tome III, p. 500.)

Elle lui fit soudain
Trousser bagage. (IV, 480 et note 2.)

TROUSSÉ, ÉE :

.... Cotillon simple et souliers plats :
Notre laitière ainsi *troussée*.... (II, 150 et note 14.)

« Jamais elle [Mme de Soubise] ne fut troussée comme les autres femmes, de peur de s'échauffer les reins. » (Saint-Simon, tome VI, p. 249.)

Toque au lieu de chapeau, haut-de-chausses *troussé.* (V, 274 et note 6.)
Nez *troussé.* (IX, 360 et note 5.)

Nez à la Roxelane.

Madrigaux...
Courts et *troussés.* (IX, 108.)

TROUSSES DE (AUX) :

Dom Pourceau crioit en chemin
Comme s'il avoit eu cent bouchers *à ses trousses.* (II, 271 ; voyez VI, 30.)

TROUVER ; TROUVER BON, MAUVAIS, QUE ; SE TROUVER :

Dans le jardin attrapez-le vous-même :
Vous le pourrez *trouver* fort aisément. (IV, 91.)
Mais *trouve bon qu*'avec franchise
En mourant au moins je te dise, etc. (III, 5.)
.... L'homme *trouvant mauvais que* l'on l'eût convaincu. (III, 10.)
La rage alors *se trouve* à son faîte montée. (I, 156.)
Plusieurs *se sont trouvés* qui, d'écharpe changeants,
Aux dangers, ainsi qu'elle, ont souvent fait la figue. (I, 143.)
.... [Xantus] promit qu'il *s'y trouveroit.* (I, 42.)
.... Le maître du logis ne *s'en trouva* que mieux. (III, 229.)

Voyez TREUVER.

TRUCHEMAN ; TRUCHEMENT, ENTS :

Trucheman de peuples divers. (III, 167 et note 5.)
Un de ces poissons... me parle par *truchement.* (VIII, 268.)
Où sont tes *truchements ?* (VII, 229.)
Les fleurettes... ont cela de commode qu'elles portent avec elles leur *truchement.* (VIII, 292.)
Ses regards, *truchements* de l'ardeur qui la touche. (VI, 235.)
Ce *truchement* pour nous dit assez notre mal. (VI, 330.)

TU, TOI, TE, VOUS :

« C'est bien fait, dit le loup en soi-même fort triste...
Tu veux faire ici l'arboriste,
Et ne fus jamais que boucher. » (I, 393.)
Il dit en soi : « Rustic, que sais-*tu* faire? » (V, 471.)
Aide-*toi*, le ciel *t*'aidera. (II, 61.)
« Bonne chasse, dit-il, qui l'auroit à son croc!
Eh! que n'es-*tu* mouton! car *tu* me serois hoc. » (I, 390.)
Scrupule, *toi* qui n'es qu'un pauvre hère! (V, 535.)
Si ce n'est *toi*, c'est donc ton frère. (I, 90.)

L'argent t'est-il plus cher qu'une union si belle? (V, 131.)
Toi-même tu te fais ton procès. (III, 5.)
.... J'en goûterai désormais, attends-t'y. (V, 544.)
Mieux te vaudroit laisser cette sornette. (IV, 312.)
Mais m'oserai-je à toi présenter chez les ombres? (VI, 182.)
Tourets entroient en jeu, fuseaux étoient tirés;
 Deçà, delà, vous en aurez :
 Point de cesse, point de relâche. (I, 382.)
  Le rustre en paix chez soi
Vous fait argent de tout. (III, 110.)
Il vous prend sa cognée, il vous tranche la bête. (II, 42.)
Tout vous est aquilon. (I, 126.)
Le reste vous sera suffisante pâture. (III, 136.)
Le pèlerin vous lui froisse une épaule. (IV, 96.)

TU AUTEM :

Ce fils est le *Tu autem* du sujet pourquoi on reçoit ici les femmes comme un chien dans un jeu de quilles. (VII, 447 et note 6.)

TUERIE :

Au bout de quelque temps que messieurs les louvats
Se virent loups parfaits et friands de *tuerie*.... (I, 240.)
Grande est la gloire, ainsi que la *tuerie*. (IX, 146.)

TURBAN :

 Quel nombre de *turbans* fendu !
 Tête et *turban*, bien entendu. (IX, 132.)

TURBULENT :

L'un doux, bénin, et gracieux,
Et l'autre *turbulent*, et plein d'inquiétude. (II, 16 ; voyez III, 39.)

TURQUET, TURQUETS :

.... Non sans écureuils et *turquets*. (IX, 252 et note 3.)

TUTÉLAIRE :

Mazarin, des amours déesse *tutélaire*. (III, 325.)

TUTELLE :

Hommes et dieux, tout est sous sa *tutelle*. (VI, 13.)

TUTEUR :

Je leur laisserai le Ciel pour *tuteur*. (VIII, 162.)

TUYAU, tige du blé :

 .... Et que l'épi, non plus que le *tuyau*,
 N'étoit qu'une herbe inutile et séchée. (V, 365 et note 4.)

TYMPAN, terme d'architecture :

Le *tympan* du fronton. (VIII, 185.)

TYMPANISER :

 Sur le fait de son hyménée
 On vient de la *tympaniser*. (IX, 428 et note 2.)

TYRAN :

Aux noces d'un *tyran* tout le peuple en liesse
   Noyoit son souci dans les pots. (II, 38.)
.... Je connois trop qu'Amour n'est qu'un *tyran*. (VIII, 153; voyez VII, 213.)
   .... J'ai servi deux *tyrans* :
Un vain bruit et l'amour ont partagé mes ans. (IX, 187.)
Ce *tyran* des forêts porte partout l'effroi. (VI, 249.)
.... Qui rend sourd à nos cris le noir *tyran* des morts. (IX, 198.)

TYRANNIQUE :

.... Courut à la tribune, et d'un art *tyrannique*
Voulant forcer les cœurs.... (II, 231 et note 13.)

U

ULTRAMONTAIN, ULTRAMONTAINS :
      Qu'il donne pour modèle
A des *ultramontains* un auteur sans brillants. (IX, 204.)

UN, UNE ; TOUT UN ; L'UN ET L'AUTRE, L'UNE ET L'AUTRE :
En passant par *un* certain pré. (I, 265.)
Voyez CERTAIN.
.... *Un* tel jour, en tel lieu ; ses prévôts y seroient. (II, 280.)
.... En me traitant comme *un* je ne sais qui. (VII, 486.)
Heureux de ne devoir à pas *un* domestique
Le plaisir ou le gré des soins qu'ils se rendoient. (VI, 150 et note 4.)
Pour *un* long temps. (IX, 82 ; voyez IX, 101.)
On leur fit *un* présent d'une fille inconnue. (VII, 20.)
      Nous avons des coquettes,
Non pas pour *une*. (V, 440.)
Comparez Scarron, *le Virgile travesti*, livre III :
   Je fis planter des espaliers,
   Non pas pour un, mais par milliers.
Les autres n'ont pour *un* seul adversaire. (IV, 487 et note 2.)
Un seul vit des voleurs. (II, 329 et note 2.)
Un du peuple étant mort.... (VI, 297.)
Un pour *quelqu'un*.
      .... Bref d'*un* qui n'a
   Vu de longtemps plat ni marmite. (IX, 207.)
   Lettres, billets pleins de paroles douces,
   Me sont donnés par *une* dont le nom
   Vous est connu. (VI, 30.)
Chez vous vaincre et combattre est *un*. (VII, 608.)
Ce n'étoit qu'*un* jadis de son père et du mien. (VII, 100.)
Promettre est *un*, et tenir est un autre. (IX, 12.)
Cet homme et la raison, à mon sens, ne sont qu'*un*. (VIII, 349.)

Mars ou Condé, car c'est *tout un*,
Comme *tout un* vous et Cyprine. (IX, 103-104.)
.... Quand il en auroit eu, ç'auroit été *tout un*. (III, 253.)
Se sentir pris, parler, être écouté,
Ce fut *tout un*. (IV, 205.)

Notre mort,
Au moins de nos enfants, car c'est *tout un* aux mères.... (I, 220.)
Tantôt *l'une*, et puis *l'autre*. (I, 140.)
Aujourd'hui *l'une*, et demain *l'autre*. (III, 163.)
.... Vous les prenoit sans peine, un jour *l'un*, un jour *l'autre*. (III, 21.)

L'un et l'autre vaisseau
Malmené du combat, et privé de pilote,
Au gré d'Éole et de Neptune flotte. (IV, 403.)
L'un et l'autre approcha, ne craignant nulle chose. (II, 190.)
Il n'est pas besoin que j'étale
Tout ce que *l'un et l'autre* dit. (II, 345.)
L'un et l'autre a fait un livre. (II, 354.)
L'un et l'autre quitta sa ville. (II, 311.)
L'une et l'autre trouva de la sorte son conte. (I, 227.)
.... *L'un et l'autre* y savoit plus d'un tour. (IV, 266.)
L'un et l'autre les remporta.... (IV, 59; voyez IV, 61, 264, 466; V, 432, 538; VI, 134; etc.)

UNION :

La nature, ou la médecine,
Ou l'*union* des deux, sur le mal agissoit. (VI, 322.)
L'argent t'est-il plus cher qu'une *union* si belle? (V, 131.)

UNIQUE :

L'*unique* nécessaire. (IX, 215 et note 3.)

UNIR :

Fille de l'Harmonie, ô Paix douce et charmante !
Comme j'*unis* les voix, reviens *unir* les cœurs. (VII, 510.)
Il ne tiendra qu'à vous d'*unir* vos deux familles. (VII, 613.)
Toute puissance est foible, à moins que d'être *unie*. (I, 336.)

UNIVERS :

Du reste, en quoi répond au sort toujours divers
Ce train toujours égal dont marche l'*univers* ? (I, 170.)
Il connoît l'*univers* et ne se connoît pas. (III, 343.)
En ce bas *univers*. (II, 70 ; III, 195, IX, 170.)

UNIVERSAUX :

.... De là sont venus nos *universaux*, et ce que nous appelons Idées de Platon. (VIII, 338.)
Terme de scolastique : le genre, la différence, l'espèce, le propre, et l'accident.

UNIVERSEL :

.... Ce sont les biens, c'est l'or, mérite *universel*. (VI, 199.)

UNIVERSITÉ, UNIVERSITÉS :

Colin, venant des *universités*.... (IX, 13.)

UST] DE LA FONTAINE. 429

URINEUR :

Ah! maudit *urineur!* (VII, 338 et note 1.)

US :

Selon les *us* de l'île de Cythère. (VI, 44.)

USAGE, sens divers; METTRE EN USAGE :

Jean Lapin allégua la coutume et l'*usage*. (II, 186.)
Les connoissances que l'*usage* leur a données [aux personnes âgées].
(I, 18.)
Je vois trop quel est votre *usage*. (I, 321.)
L'*usage* seulement fait la possession. (I, 344 et note 1.)
Il peut dans la famille être d'un bon *usage*. (VII, 585.)
Je sers pour conserver des jours de peu d'*usage*. (VI, 298 et note 3.)

    André me dit, quand il parfit l'enfant,
    Qu'en trouveriez plus que pour votre *usage*. (IV, 166.)
    Sœur Isabeau seule pour son *usage*
    Eut le galant. (V, 412.)

Mais d'où vient que je perds l'*usage* de mes sens? (VII, 544.)
Vous ne m'avez laissé que l'*usage* des larmes. (VIII, 367.)
Les yeux n'étoient point faits à l'usage des larmes. (Racan, tome I, p. 82.)
Ses peuples ignoroient l'*usage* de la joie. (IX, 338.)
Tout par ce couple heureux *fut* lors *mis en usage*. (VI, 239.)

USER; USER DE; S'USER :

.... Si dans un genre seul j'*avois usé* mes jours. (IX, 186.)
Un homme *usé*. (VI, 323.)
    L'amant, à force de rêver...,
    Vit bientôt sa cervelle *usée*. (V, 552 et note 4.)
.... Comme tout dévot chat *en use* les matins. (II, 325.)
La colombe aussitôt *usa de* charité. (I, 164.)
    Ne cherchez point cette déesse [la Fortune],
    Elle vous cherchera : son sexe *en use* ainsi. (II, 162.)
Nous *en usons* [du luxe], Dieu sait! (II, 310 et note 12.)
.... C'est peut-être la coutume d'*en user* ainsi. (I, 39.)
.... Couvert à demi d'un voile de gaze, ainsi que sa mère *en use*.
(VIII, 103.)
.... Il *en usa* selon sa passion. (V, 55.)
    .... L'un dira que l'abbesse
    En usa bien, l'autre au contraire mal. (V, 302.)
.... A force d'y rêver, mon esprit *s'est usé*. (VII, 78.)

USER (À L') :

.... Seulement *à l'user* chacun la croyoit bonne. (IV, 387 et note 2.)
Comparez aussi cette phrase d'une lettre de Bussy Rabutin à Charles de Sévigné
(22 juin 1690) : « Il y a dix ans que vous étiez bon à voir quelquefois; vous êtes
aujourd'hui bon à l'user, c'est-à-dire à tous les jours. »

USTENSILE :

    .... Son louchet, dont, pour toute *ustensile*,
    Pierre faisoit subsister sa famille. (V, 487 et note 2.)

Ses heures et son chapelet, et autres menues *ustensiles*, sa main de justice, son sceptre, etc. (IX, 239.)

USURE :
.... Ni d'autres points bien plus charmants,
Comme baisers à grosse *usure*. (V, 213.)
Des dégâts qu'il [le sanglier] a faits il va payer l'*usure*. (VI, 250.)

USURPATEUR :
Lazare après trois jours sort de terre et revit,
L'*usurpateur* Guillaume est trois mois immobile. (IX, 54.)

UTILE :
Nous faisons cas du beau, nous méprisons l'*utile*. (II, 29.)

UTILITÉ :
Auroit-il imprimé sur le front des étoiles
Ce que la nuit des temps enferme dans ses voiles?
A quelle *utilité*? (I, 169.)
          Ta justice,
C'est ton *utilité*, ton plaisir, ton caprice. (III, 5.)
          Mais la publique *utilité*
Défendoit que l'on fît au garde aucune grâce. (VI, 76 et note 1.)

V

VACARME, VACARMES :
.... Celle-ci faisoit un *vacarme*,
Un bruit et des regrets à percer tous les cœurs. (VI, 70.)
Cette honte, qu'auroit le silence enterrée,
Court le pays, et vit du *vacarme* qu'il fait. (V, 136.)
[Le vent] fait un *vacarme* de démon. (II, 10.)
Le villageois, étourdi du *vacarme*.... (V, 372.)
Dans le logis est un *vacarme* étrange. (IV, 324.)
          La nuit, ni son obscurité,
          Son silence et ses autres charmes,
De la reine des bois n'arrêtoit les *vacarmes*. (III, 70 et note 4.)
Voyez aussi les Lexiques de Corneille et de Racine.

VADE RETRO :
Tout le clergé chante autour, à voix haute,
Vade retro. (V, 374 et note 3.)

VAGABOND, ONDE :
Vous me voyez *vagabonde*. (VIII, 143.)
Vous ne seriez pas *vagabonde* comme vous êtes. (VIII, 169.)
.... Tandis que cent cailloux, luttant à chaque bond,
Suivoient les longs replis du cristal *vagabond*. (VI, 241.)
Comparez les « flots vagabonds » (André Chénier, p. 205).

VAILLANCE :
 .... Un équipage cavalier
 Fait les trois quarts de leur *vaillance*. (I, 434.)

VAILLANT, substantivement :
Car vous savez que c'est tout mon *vaillant*. (V, 491 et note 2.)

VAIN, VAINE ; EN VAIN :
L'âme encor dans les airs, faute de sépulture...,
Attend qu'un *vain* tombeau la vienne soulager. (VII, 538.)
Elle [l'Architecture] loge les dieux, et moi [la Poésie] je les ai faits :
Ce mot est un peu *vain*, et pourtant véritable. (VIII, 263.)
.... C'est tantôt un clin d'œil, un mot, un *vain* sourire. (VIII, 373.)
Thétis d'un *vain* danger laissoit passer le cours. (VII, 607.)
 Dans ce récit je prétends faire voir
 D'un certain sot la remontrance *vaine*. (I, 115.)
Tantôt courir sur l'onde, et tantôt se plonger,
Sans pouvoir satisfaire à leurs *vaines* envies. (I, 235 et note 3.)
Il partit comme un trait ; mais les élans qu'il fit
Furent *vains*. (II, 34.)
Comment l'auroit-il cru, puisqu'*en vain* ses amours
L'avoient sollicité d'avoir soin de ses jours ? (VI, 251.)

VAINCRE ; SE VAINCRE :
 Seroit-il dit que vous m'eussiez *vaincu*
 D'honnêteté ? (IV, 346.)
Fille damée, et le vainqueur *vaincu*. (IX, 89.)
  Tous les avocats,
 Après avoir tourné le cas
 En cent et cent mille manières,
Y jettent leur bonnet, se confessent *vaincus*. (I, 193.)
Qui si vous ne pouvez *vous vaincre* là-dessus.... (VII, 604.)

VAINQUEUR ; VAINQUEUR DE :
Tout *vainqueur* insolent à sa perte travaille. (II, 172.)
Plus d'une passion a depuis dans mon cœur
Exercé tous les droits d'un superbe *vainqueur*. (IX, 187.)
Son cœur est soupçonné d'avoir plus d'un *vainqueur*. (VIII, 360.)
Favoris des neuf Sœurs, ce sont là des sujets
 Vainqueurs du temps, *et de* la Parque. (III, 170.)

VAISSEAU, VAISSEAUX, acceptions diverses :
.... Tout le peuple [des esprits] mutin, léger, et téméraire,
Des *vaisseaux* mal fermés en tumulte sortant. (VI, 332.)
  Bacchus vous envoie
De pleins *vaisseaux* d'un jus délicieux. (VI, 347.)
  L'un et l'autre *vaisseau*,
Malmené du combat, et privé de pilote,
 Au gré d'Éole et de Neptune flotte. (IV, 403.)
Des *vaisseaux* de haut bord. (II, 253.)

VAL, vaux :
    Nos gaillards pèlerins
  Par monts, par *vaux*, et par chemins,
Au gué d'une rivière à la fin arrivèrent. (I, 159.)
    Je n'irai, par monts ni par *vaux*,
  M'exposer au vent, à la pluie. (I, 275.)

VALET, valets, emplois divers :
Comme *valets* souvent ne valent guères.... (IV, 249 et note 7.)
Leur grand *valet* près d'eux étoit debout. (IV, 309 et note 2.)
Je te trouve honnête homme, et suis fort ton *valet*. (VII, 39 ; voyez VII, 492.)

Valet de pied :
    Quant à ses *valets de pied*,
    C'étoient messieurs les Borées. (V, 116.)
.... Là se doit trouver un *valet de pied* du Roi (un exempt), qui a ordre de nous accompagner jusques à Limoges. (IX, 224 ; voyez IX, 226, 284 et note 1.)

VALLON, vallons :
              Déjà les *vallons*
Voyoient l'ombre en croissant tomber du haut des monts. (VI, 157.)
Gens du sacré *vallon*. (V, 158 et note 6.)
Tout est trop fort déchu dans le sacré *vallon*. (VII, 167 ; voyez VII, 177, 353, 509 ; IX, 365.)

VALOIR ; faire valoir ; se faire valoir :
Pour Thaïs, tu peux dire, autant *vaut*, qu'elle est morte. (VII, 105.)
Chacune *vaut* en ce monde son prix. (V, 322 et note 4.)
    .... Elle l'eut donc, notre peintre y pourvut
    Tout de son mieux : aussi le *valoit*-elle. (V, 84 et note 4.)
Vaux-je cela? (V, 292.)
.... Moins n'en *valoit* si gentille femelle. (V, 575 et note 1.)
         Leur engeance
Valoit la nôtre en ce temps-là. (I, 264 ; voyez II, 265 ; IV, 306 ; V, 509.)
Jupiter vous *vaut* bien. (VII, 215.)
Autant me *vaut* celui-ci que cet autre. (IV, 260.)
    Servons-nous de ce maître sot :
    Il *vaut* bien l'autre. (V, 590 et note 9.)
Mieux *vaut* goujat debout qu'empereur enterré. (VI, 86.)
    Mettez une pierre à la place :
    Elle vous *vaudra* tout autant. (I, 347.)
    Or la ballade a cela, ce dit-on,
    Qu'elle fait rire ou ne *vaut* un bouton. (IX, 109.)
On ne vaut rien.
.... Qui ne *vaut* rien à rien. (V, 536.)
Mais quant au fouet, je n'y *vaux* rien du tout. (V, 536.)
.... Elle n'en *vaut* que mieux. (V, 101.)

Les dieux ne gâtent rien : puis, quand ils seroient cause
Qu'une fille en *valût* un peu moins, dotez-la. (VI, 23.)

.... Et ce sexe *vaut* bien
Que nous le regrettions, puisqu'il fait notre joie. (I, 248.)

.... J'en sais qui sous ce nom font *valoir* leurs appas. (VII, 148.)
Elle *faisoit valoir* en cent lieux son empire. (III, 348.)

Il lui falloit, pour *se faire valoir*,
Chose qui fût plus rare et moins facile. (IV, 320 et note 4.)

VAILLE (RIEN QUI); COÛTE ET VAILLE; VAILLE QUE VAILLE :
Ce bloc enfariné ne me dit *rien qui vaille*. (I, 258 ; voyez I, 373 ;
IV, 13.)

Notre ami, *coûte et vaille*,
Vendez m'en un [mouton] pour or ou pour argent. (V, 305 et note 1.)

Je le répète, et dis, *vaille que vaille*,
Le monde n'est que franche moutonnaille. (V, 303 et note 4.)

VALVULE :
Deux portes sont au cœur; chacune a sa *valvule*. (VI, 326 et note 3 ;
voyez VI, 333.)

VANITÉ :
Imprudence, babil, et sotte *vanité*,
Ont ensemble étroit parentage. (III, 16.)

.... La sotte *vanité* de ce jargon frivole [le blason]. (III, 90.)
.... Je m'y connois un peu, soit dit sans *vanité*. (IV, 21.)

VANTER DE, QUE (SE) :
Quant à Ésope, il me semble qu'on le devoit mettre au nombre des
sages *dont* la Grèce *s'est* tant *vantée*. (I, 29.)

La Mégère punit les langues indiscrètes,
Surtout ceux qui, tachés du plus noir des forfaits,
Se sont vantés d'un bien qu'on ne leur fit jamais. (VIII, 212.)

Xantus s'en donna jusqu'à perdre la raison, et à *se vanter qu'il* boiroit
la mer. (I, 40; voyez I, 41.)

VAPEUR, VAPEURS, emplois divers :
Toi, Mercure, appelle les *vapeurs*. (VI, 157 et note 4.)

.... Comme on voit au printemps les beautés du soleil
Cacher sous des *vapeurs* leur éclat sans pareil. (VI, 268.)

Notre souffleur à gage
Se gorge de *vapeurs*. (II, 10.)

Il se fait un foyer qui pousse ses *vapeurs*
Jusqu'au cœur. (VI, 320.)

.... Là les *vapeurs* du vin nouveau
Cuvèrent à loisir. (I, 224; voyez I, 40.)

On ne parle non plus chez elle ni de *vapeurs* ni de toux que si ces
ennemies du genre humain s'en étoient allées dans un autre monde.
(IX, 379.)

.... Il vaut mieux qu'en courant il aille dissiper ces *vapeurs* qui lui
troublent l'imagination. (VII, 482.)

VAQUER À :

Les tiens et toi pouvez *vaquer*,
Sans nulle crainte, à vos affaires. (I, 176; voyez II, 261.)

Vilain, dit-il, *vaquer* à nul ouvrage
N'est mon talent. (V, 361.)

[Madame] résolut de *vaquer* nuit et jour au service
D'un dieu qui chez ces gens a beaucoup de crédit. (IV, 446; voyez IV, 190; VI, 137.)

Pour mieux *vaquer* à leurs pieux desseins.... (V, 467.)

VARIÉTÉ :

Pour remplir de plus de *variété* mon ouvrage.... (II, 79.)

VASSAL :

Il fit pour Gygès son *vassal*
Une galanterie imprudente et peu sage. (V, 426 et note 4.)

Je suis d'avis qu'elle aime
Notre *vassal*. (VII, 173.)

VASSELAGE, réprimande, correction :

.... Lui faire un *vasselage*
Dont il fût à jamais parlé. (V, 453 et note 7.)

VASTE :

O belles, évitez
Le fond des bois et leur *vaste* silence. (VI, 11.)

C'est une expression de Tacite : .... *per vastum silentium* (*Annales*, IV, 50); et de Lucain : .... *per vasta silentia* (*Pharsale*, V, vers 508.)

Quittez le long espoir et les *vastes* pensées. (III, 156 et note 7.)

VAU-L'EAU (À) :

Il perdit un vaisseau,
Et vit aller le commerce à *vau-l'eau*. (VI, 106 et note 9.)

Est-ce que nos plaisirs s'en iront à *vau-l'eau*? (VII, 586.)

VAUTOUR, au figuré :

.... Des soucis dévorants c'est l'éternel asile;
Véritables *vautours*, que le fils de Japet
Représente, enchaîné sur son triste sommet. (VI, 148 et note 1.)

Les *vautours* de la mélancolie. (VIII, 376.)

VAUTRER (SE) :

Le grison se rue
Au travers de l'herbe menue,
Se vautrant, grattant, et frottant. (II, 25.)

VEAU, VEAUX; FAIRE LE VEAU :

Il n'est, dit le meunier, plus de *veaux* à mon âge. (I, 202; voyez V, 502 et note 2.)

.... Tandis que ce nigaud, comme un évêque assis,
Fait le veau sur son âne. (I, 202.)

VEN] DE LA FONTAINE. 435

« Au dessus de sa teste comme en une nüe y auoit une nymphe qui auoit un escriteau portant ces mots : « Gardez vous de faire le veau. » Et par la bouche du dict sieur Lieutenant en sortoit un autre où estoient escrits ces mots : « Ie le « feray. »
(*Satyre menippée*, tome I, p. 26.)

VEDETTE, VEDETTES :
.... Corps de garde avancé, *vedettes*, espions,
Embuscades, partis, et mille inventions, etc. (II, 470.)

VÉHÉMENT, ENTE :
Le bois vert, plein d'humeurs, est long à s'allumer ;
Quand il brûle, l'ardeur en est plus *véhémente*. (VI, 331.)
Votre amour étoit pure, encor que *véhémente*. (VI, 179 et note 8.)

VÉHICULE :
Le sang, *véhicule* fluide. (VI, 320.)

VEILLE, VEILLES :
.... C'est l'état de la *veille* ; et, réciproquement,
Sitôt que moins nombreux en force ils diminuent,
Les fils des nerfs lâchés font l'assoupissement. (VI, 329.)
Je ne suis qu'écoutant parmi tant de merveilles :
Me sera-t-il permis d'y joindre aussi mes *veilles*? (VIII, 281.)
Ce n'est pas assez, Monseigneur, de vous dédier en vers les derniers fruits de nos *veilles*. (VIII, 350.)

VEILLER :
Veillé-je? (III, 49.)
Dans l'original, *veillai-ja*.

VEINE, VEINES, acceptions diverses :
Il aime, il sent couler un brasier dans ses *veines*. (VI, 235.)
.... Peut-être ma *veine*
En sa faveur s'échauffera. (II, 78.)
J'eusse, en cas de besoin, disposé de leurs *veines*. (IX, 174.)

VELOURS :
Escobar sait un chemin de *velours*. (IX, 20 et note 2.)

VELOUTÉ :
Il est *velouté* comme nous. (II, 17.)

VELU, UE :
Toute sa personne *velue*
Représentoit un ours, mais un ours mal léché. (III, 144.)

VENANT, substantivement :
Nuit et jour à tout *venant*
Je chantois, ne vous déplaise. (I, 60.)

VENDANGE, au propre et au figuré :
Messire Jean, c'étoit certain curé
Qui prêchoit peu, sinon sur la *vendange*. (V, 485 et note 2.)
Vieux proverbe : qui avait toujours le verre en main.

Notre héros, si le beau temps ne change,
De menus vers aura pleine *vendange*. (IX, 108.)

VENDIQUER :

Un promoteur intervient pour le siège
Épiscopal, et *vendique* le cas. (V, 334 et note 1.)
[Le valet] *vendiqua* son bien de couchette. (V, 5o3.)

VENDITION :

.... L'argent de ladite *vendition*. (IX, 299.)
La garantie et entretènement de la *vendition*. (IX, 298 et note 4.)
S'il intervenoit à ladite *vendition*.... (IX, 298.)

VENDRE ; SE VENDRE :

.... Il ne faut jamais
Vendre la peau de l'ours qu'on ne l'ait mis par terre. (I, 43o et note 15.)
.... Ce que Cérès nous donne, et *vend* aux animaux. (III, 8.)
.... Peut-être il a voulu la *vendre* [cette écorce] à nos travaux. (VI, 319.)
Voyez CHER.

Qui prend *se vend*. (VIII, 425.)
.... Leur demandant où *se vendoit* l'esprit. (V, 292 ; voyez V, 493.)

VENELLE :

.... Assez peu curieux de semblables amis,
Fut presque sur le point d'enfiler la *venelle*. (III, 294 et note 6 ; voyez VI, 117.)
Comparez l'*Ancien Théâtre françois*, tome VIII, p. 257 ; et G. Bouchet, xiv° serée : « Il n'y auoit si petite ruette et venelle qu'on ne les pourmenast. »

VÉNÉRABLE, ABLES :

.... Toujours peuvent-ils [les arbres] passer pour les plus anciens du village, et je ne crois pas qu'il y en ait de plus *vénérables* sur la terre. (IX, 223.)

VÉNÉRER :

.... Loin du tumulte de la cour
C'est ainsi que nos cœurs *vénèrent* le monarque. (VIII, 498.)

VENEURS, VENEURS :

Les *veneurs*, pour ce coup, croyoient leurs chiens en faute. (I, 410.)
Le *veneur* l'échappa belle. (III, 255.)

VENGEANCE, VENGEANCES :

La dame prit le tout en patience ;
Bénit le Ciel de ce que la *vengeance*
Tomboit sur elle. (IV, 173.)
.... Roulant en son cœur ces *vengeances*. (III, 111.)
Le ministre cruel des *vengeances* du juge. (V, 270 et note 4.)

VENGEUR, VENGEURS :

.... Hausse le bras *vengeur*, et d'un glaive tranchant
S'efforce de punir le monstre de ses crimes. (VI, 262.)

VEN] DE LA FONTAINE. 437

Il est un dieu *vengeur*. (VII, 519.)
Dieux *vengeurs* des forfaits, je vous atteste tous. (VII, 524.)
VENIN, au propre et au figuré :
Morte est la bête, et mort est le *venin*. (VII, 414.)
   Que si le *venin* dominant
   Se puise en la mélancolie,
J'ai deux jours de repos. (VI, 321.)
Si vous ne voulez que l'envie s'en mêle et qu'elle corrompe de son *venin* toute votre béatitude.... (VIII, 158.)

VENIR; VENIR À; EN VENIR LÀ; VENIR BIEN À; VENIR À BOUT DE, À CHEF DE, AU-DESSUS DE :
  La mer promet monts et merveilles :
Fiez-vous-y; les vents et les voleurs *viendront*. (I, 269.)
Une dispute *vint*. (III, 270.)
Jean s'en alla comme il *étoit venu*. (IX, 80.)
Celui-ci, fort surpris d'entendre ce langage,
Comme il *étoit venu* s'en retourna chez soi. (I, 328.)
Je l'envoyrois ainsi qu'elle *est venue*. (IV, 286 et note 2.)
Cet inconnu, dit-il, nous la *vient* donner belle,
D'insulter ainsi notre ami! (III, 198.)
  .... Et bien souvent faisoit *venir* en jeu
Saint qui ne fut jamais dans la Légende. (IV, 334.)
Des pièces suivantes, les trois premières sont des fragments de la description de Vaux, laquelle j'ai fait *venir* en un songe, etc. (VIII, 244.)
On voit bien où je veux *venir*. (I, 93.)
« Il *y viendra*, le drôle! » Il *y vint*, à son dam. (III, 322.)
.... Mais *venons* à la fable. (I, 338.)
Venons à notre histoire. (V, 103.)
C'est une fort plaisante chose que de voir accoucher un terme, et danser l'enfant en *venant au* monde. (IX, 348.)
   Quand *vint* à la chemise,
La pauvre épouse eut en quelque façon
De la pudeur. (V, 495.)
  .... Mais quand ce *vint* à la troisième,
La seule odeur le dégoûta. (V, 511.)
Quand ce *vient* à la continue.... (I, 303.)
.... Alors qu'on *en vient là*, toutes ont leur défaite. (VII, 64.)
Pour épouse, jamais il n'en *vint jusque-là*. (V, 104.)
Jamais, à ce qu'il [Horace] prétend, un homme qui veut réussir n'*en vient jusque-là*. (I, 20.)
  Ce galetas qui de rien ne nous sert
Lui viendra bien. (IV, 255 et note 5.)
    Un peu de son esprit
Nous viendroit bien pour polir chaque écrit. (IX, 109.)
D'un certain jeu je *viendrai bien à bout*. (V, 536.)
   De quoi ne *vient à bout*
L'esprit joint au desir de plaire? (III, 108.)
Amour même, dit-on, fut de l'intelligence :
  De quoi ne *vient*-il point *à bout*? (V, 433.)
Voyez BOUT.

Le pis de leur méchef
Fut qu'aucun d'eux ne put *venir à chef*
De son dessein. (V, 86 et note 1.)
Par ce moyen la seconde commère
Vint au-dessus de ce qu'elle entreprit. (IV, 317 et note 2.)

VENIR, parvenir :
Mais le moyen? Je n'y *vins* nullement,
Trouvant ici beaucoup plus que le compte. (VII, 164.)

VENU; BIEN, MIEUX, VENU :
.... Son temps *venu*, ne fait longue demeure. (IV, 209.)
Le temps *venu* d'attraper le galant,
Messire Bon se couvrit d'une jupe. (IV, 92.)
Le *temps venu* de recueillir encore.... (V, 367 et note 4.)
Mais ce champ ne se peut tellement moissonner
Que les derniers *venus* n'y trouvent à glaner. (I, 299.)
Figurez-vous un fou chez qui tous les soupçons
Sont *bien venus*, quoi qu'on lui die. (V, 91.)
Parmi les gens de lui les *mieux venus*.... (V, 486.)

VENT, VENTS, au propre :
Le nageur poussé du *vent*,
De roc en roc portant la belle. (IV, 406.)
Il s'embarque, il fait voile, il vogue, il a bon *vent*. (IV, 417.)
.... Vous naissez le plus souvent
Sur les humides bords des royaumes du *vent*. (I, 126.)
Le *vent* redouble ses efforts. (I, 127.)
Un roc toujours battu des *vents*. (VIII, 488.)
Après huit jours de traite, un vaisseau de corsaires
Ayant pris le dessus du *vent*, etc. (IV, 400 et note 4.)
.... Comme un jour les *vents*, retenant leur haleine,
Laissoient paisiblement aborder les vaisseaux. (I, 268.)
Doux *vents*, s'écrioit-il, prêtez-moi des soupirs. (VI, 192; voyez VI, 267.)
Ses paroles miellées
S'en étant aux *vents* envolées.... (III, 57.)
Les *vents* emportent ma plainte. (VII, 238.)
Elle gémit en vain : sa plainte au *vent* se perd. (I, 151.)
.... L'un, sur un roc assis,
Chantoit aux *vents* ses amoureux soucis. (V, 182 et note 3.)
.... Conte aux *vents*, conte aux bois, ses déplaisirs secrets. (VI, 191 et note 4.)
Hélas! ce fut aux *vents* qu'il raconta sa peine. (III, 332 et note 22.)
Je parle aux *vents*. (VII, 266 et note 2.)
Tout ce bruit, quoique juste, au *vent* est répandu. (VI, 268.)
Vous envoyez aux *vents* ce fâcheux souvenir. (IX, 392 et note 3.)
Ceux qui jettent leur âme au *vent*. (VIII, 146.)
Ayant, dis-je, du temps de reste pour brouter,
Pour dormir, et pour écouter
D'où vient le *vent*.... (II, 33.)

Vent, au figuré :
Je les repais de *vent*, que je mets à haut prix. (VII, 36 et note 5.)
.... C'est promettre beaucoup : mais qu'en sort-il souvent?
Du *vent*. (I, 398.)
Un parent, un tuteur, un ami, bien souvent,
Font que de tels projets il ne sort que du *vent*. (VII, 72.)

Vent, souffle, respiration :
Se couche sur le nez, fait le mort, tient son *vent*. (I, 428 et note 9 ; voyez V, 226 et note 2.)

Vent, terme de vénerie :
Ayant eu le *vent* des beautés,
Perfections, commodités,
Qu'en sa voisine on disoit être.... (IV, 423 et note 5.)
Nérie en a bientôt le *vent*. (V, 124.)
.... Même il en vint au curé quelque *vent*. (V, 329 et note 1.)
.... Nous n'en avons ici ni *vent* ni voie. (V, 70 et note 2.)

Vent, terme d'escrime :
En cet état il va trouver sa femme,
Met la fleurette au *vent*. (V, 126 et note 1.)

VENTES, terme d'eaux et forêts. (IX, 357 et note 2.)

VENTER :
                         Notre homme
Tranche du roi des airs, pleut, *vente*, et fait en somme
Un climat pour lui seul. (II, 13 et note 8.)

VENTRE :
Demeurez donc : vous serez bien traité,
Et jusqu'au *ventre* en la litière. (I, 321 et note 11.)
Comparez des Périers, tome I, p. 172 : « Ilz ont eu foin et aueine; ilz ont esté en la paille iusques au ventre. »
Ventre affamé n'a point d'oreilles. (II, 450 et note 11.)
Elle a *ventre* de loup, et finit en dauphin. (VIII, 481.)

VENTREDIÉ. (VII, 447.)

VENTREGUÉ. (VII, 449.)

VENTREGUIENNE. (VII, 446.)

VÉNUS, grâce, charme, esprit, agrément :
Il n'y avoit si petit endroit sur elle qui n'eût sa *Vénus*, et plutôt deux qu'une, outre celle qui animoit tout le corps en général. (VIII, 182.)
....De tout cela il résultoit une *Vénus* que je ne saurois vous dépeindre. (VIII, 185.)
.... Avec cela son esprit, sa beauté, sa taille, sa personne, ne touchoit point, faute de *Vénus* qui donnât le sel à ces choses. (VIII, 182 et note 2.)
.... Là quelques auteurs avoient envoyé des offrandes pour reconnoissance de la *Vénus* que leur avoit départie le Ciel. (VIII, 187.)
« L'Eunuque ».... passoit alors pour une des plus belles productions

de cette *Vénus* africaine dont tous les gens d'esprit sont amoureux. (VII, 8.)

VERD; PRENDRE SANS VERD :

Je leur viens d'inspirer exprès le jeu du *verd*. (VII, 575.)
Jouons ensemble au *verd*. (VII, 571; voyez VII, 588.)
Ce mai nous avertit qu'il faut songer au *verd*. (VII, 576; voyez VII, 580.)
[Isabelle] sortira sans son *verd*. (VII, 305.)
[La] boëte au *verd*. (VII, 575.)
À *prendre sans verd* nous jouons elle et moi. (VII, 304.)
Catin *fut prise sans verd*. (VII, 577.)

   L'amour les *prend*...
   L'un sans mitaine,
   L'autre *sans verd*. (VII, 579.)

Plus vous viendrez, et moins vous nous *prendrez sans verd*. (VII, 589.)
Je vous *prends sans verd*. (VII, 322, 559 et note 1, 582.)

Voyez aussi du Fail, tomes I, p. 95, II, p. 190; Saint-Gelais, tome I, p. 38, 161, 199; Regnier, p. 146; Montaigne, tome IV, p. 24; Scarron, *le Virgile travesti*, livres II et VII; etc.

VERDURE :

Toujours sautant aux prés, dansant sur la *verdure*. (III, 331.)
Un cotillon a paré la *verdure*. (IV, 289 et note 2.)

VERGER, VERGERS :

.... Voilà le *verger* plein de gens. (II, 382.)
Il tronque son *verger* contre toute raison. (III, 307.)
L'un craint pour ses *vergers*, l'autre pour ses guérets. (VI, 249.)

VERGER, VERGERS, au figuré :

   .... Je ne sais quoi, qu'elle tira
Du *verger* de Cypris. (V, 554 et note 1.)
.... Les plus beaux *vergers* du Parnasse en produisent peu [de fruits] qui méritent de vous être offerts. (VI, 219.)

VERGETÉ :

   Il veut avoir
Un manchon de ma peau : tant elle est bigarrée,
   Pleine de taches, marquetée,
   Et *vergetée*, et mouchetée. (II, 370 et note 4.)

VERGOGNE :

   Magdeleine aimoit mieux
Demeurer femme, et juroit ses grands dieux
De ne souffrir une telle *vergogne*. (V, 496 et note 3.)

VÉRITABLE :

.... Lui qui fait profession d'être *véritable* partout ailleurs.... (I, 20.)
Qu'un ami *véritable* est une douce chose! (II, 267.)

   .... Et tel que d'une fable
Il a l'air et les traits, encor que *véritable*. (III, 162.)

VÉRITABLEMENT :

[Voiture] s'est *véritablement* engagé dans une carrière toute nouvelle. (IV, 148.)

On a *véritablement* recueilli la vie de ces deux grands hommes; mais, etc. (I, 29.)

.... Vous y trouveriez une éloquence, non pas *véritablement* d'orateur, ni aussi d'une personne qui n'auroit fait toute sa vie qu'écouter. (VIII, 84; voyez VIII, 145, 161, 177 et note 1; IX, 259.)

VÉRITÉ, vérités :

L'homme est de glace aux *vérités*,
Il est de feu pour les mensonges. (II, 388.)

.... Mais il mérite, en bonne *vérité*,
D'y retourner. (V, 476.)

En bonne *vérité*, dites-moi ce que c'est que ces choses-là. (VII, 467.)

VERMEIL, eille :

.... Des raisins mûrs apparemment,
Et couverts d'une peau *vermeille*. (I, 234 et note 4.)

Ayant face riante,
Couleur *vermeille* et visage replet. (V, 357.)

Ces lèvres où les cieux ont mis tant de merveilles
Auroient pu m'excuser;
Et tout autre que moi, les voyant si *vermeilles*,
Eût voulu les baiser. (VIII, 288.)

Vermeil, substantivement :

.... Une lampe de *vermeil* doré. (VIII, 187.)

VERMILLON :

Le *vermillon* leur vient [aux courtisanes] d'autre manière. (V, 192 et note 2.)

Ce vermillon nouveau qui colore ta joue
M'invite expressément à me licencier.
(Corneille, *Clitandre*, acte V, scène III, variante.)

VERMILLONNER :

Venez *vermillonner* ce visage de plâtre. (VII, 357.)

« .... Ces visages blanchis, vermillonnez, et qui ont une crouste de fard plus espesse que les masques de Venise. » (Odet de Turnebu, *les Contans*, comédie, Paris, 1584, in-8°, acte II, scène II.)

VERMISSEAU :

Pas un seul petit morceau
De mouche ou de *vermisseau*. (I, 59 et note 3.)

VERRE :

Que le tronc serve à l'autel de soutien,
Ou qu'on le vide afin d'emplir le *verre*.... (IX, 6 et note 6.)

Ce *verre* cassé pour elle est mon ouvrage. (VII, 320 et fin de la note 1.)

[Ton courroux] frappa leur appareil d'orages redoublés,
Le brisa comme *verre*. (VIII, 397.)

VERROU, verrous :
Huit ou dix cadenas, et quinze ou vingt *verrous*. (VII, 404; voyez VII, 411 et note 5, 416.)

VERS, préposition :
Son maître étoit logé à l'écart, et apparemment *vers* un lieu couvert de grands arbres. (I, 41.)

Vers le Levant, le Vieil de la Montagne
Se rendit craint par un moyen nouveau. (V, 382 et note 1.)

Ésope voulut toutefois aller *vers* Crésus. (I, 45.)

[Les chèvres] vont en voyage
Vers les endroits du pâturage
Les moins fréquentés des humains. (III, 207.)

Vers ses associés aussitôt elle envoie. (I, 76.)

Vers, envers :
Le don ne vous tient pas *vers* mon maître engagée. (VII, 62.)

VERSER, absolument ; verser, retourner, labourer, un champ :
Plus le vase *versoit*, moins il s'alloit vidant. (VI, 155.)

Un de ces beaux messieurs
Vit un manant...
Verser un champ dans l'île dessus dite. (V, 359 et note 5.)

VERSIFICATEUR :
Avec un peu de rime, on va vous fabriquer
Cent *versificateurs* en un jour, sans manquer. (VII, 175.)

VERT, verte, emplois et sens divers :
Une jeune ingénue en ces lieux se vient rendre,
Et goûter la fraîcheur sur ces bords toujours *verts*. (VI, 16 ; voyez VI, 286 ; VIII, 29.)

.... D'arbrisseaux toujours *verts* les bords en sont ornés. (VIII, 121.)

Le mail et les autres arbres qu'on a plantés en beaucoup d'endroits le long du rempart font qu'elle [la ville] paroît à demi fermée de murailles *vertes*. (IX, 237.)

Ils [ces raisins] sont trop *verts*, dit-il, et bons pour des goujats. (I, 234.)

.... Pour courir à tout n'étant plus assez *vert*,
Il se veut désormais tenir clos et couvert. (VII, 96.)

Deux veuves sur son cœur eurent le plus de part :
L'une encor *verte*, et l'autre un peu bien mûre. (I, 110.)

Vert (Mettre au) :
Un loup, dis-je, au sortir des rigueurs de l'hiver,
Aperçut un cheval qu'on *avoit mis au vert*. (I, 390.)
Voyez Verd.

VERT GALANT :
Belle servante, et mari *vert galant*,
C'étoit matière à feindre du scrupule. (IV, 302 et note 9 ; voyez V, 33 et note 1.)

VÊT]   DE LA FONTAINE.   443

VERTU, vertus, acceptions diverses; en vertu de; par la vertu :
    Ce n'est pas que je mette en doute ta *vertu*. (VII, 623.)
    En *vertus* accomplie. (IX, 23.)
        Les *vertus* devroient être sœurs,
        Ainsi que les vices sont frères. (II, 337.)
    Cette femme aussitôt, fine, adroite et hautaine,
    Saura mettre à profit votre peu de *vertu*. (VII, 13.)
       .... Et bien qu'animal sans *vertu*,
       Il faisoit trembler tout le monde. (I, 433 et note 5.)
    Une autre *vertu* sort de vous, ne sais quelle. (V, 465.)
    Les noms et les *vertus* de ces clartés errantes
    Par qui sont nos destins et nos mœurs différentes. (III, 122.)
        Ils tombèrent enfin
       Sur ce qu'on dit de la *vertu* secrète
       De certains mots, etc. (IV, 243.)
    Paroles ont des *vertus* non pareilles. (IV, 240.)
    .... Ce jus doué de *vertu* tant insigne. (V, 38 et note 5.)
        La *vertu*
    De tout exemple domestique
    Est universelle. (III, 240.)
    Je ne la tiens pas [cette rime] légitime,
    Ni d'une assez grande *vertu*. (I, 132.)
    A la fin le prévôt de ville le menaça [Xantus] de le faire [d'affranchir Ésope] de son office, et *en vertu du* pouvoir qu'il en avoit comme magistrat. (I, 44.)
    L'autre manant jura : *Par la vertu*.... (V, 326 et note 4.)
    Comparez Rabelais, tome II, p. 341 : « Par la vertu du sang, de la chair, du ventre, de la teste, etc. »

VESTIGE :
    Il la retrouveroit, au retour, toute telle
        Qu'il la laissoit en s'en allant,
       Sans nul *vestige* de galant. (V, 249 et note 7.)
    Sans *vestige* de bourg, tout disparut sur l'heure. (VI, 159.)

VÊTEMENT :
    Il n'en avale rien, et répand le breuvage
    Sur son sein, sur sa barbe, et sur son *vêtement*. (V, 132.)
    Tant de beauté en sa personne, et de richesses en son *vêtement*, tenteroient le premier venu. (VIII, 161.)
       T'ai-je jamais refusé nulle chose
       Soit pour ton jeu, soit pour tes *vêtements?* (IV, 348.)

VÊTIR; se vêtir de :
    Légère et court *vêtue*, elle alloit à grands pas. (II, 150.)
    Allons, mes propres mains te *vêtiront* les armes. (VII, 628.)
    Une autre [Grâce] tenoit des habits tout prêts pour les lui *vêtir* [Vénus]. (VIII, 186.)
    De part et d'autre, coteaux les plus agréablement *vêtus* qui soient dans le monde. (IX, 245.)

Les champs *se vêtiront de* roses. (IX, 392.)
L'âme....
D'un roi *se vêt* en sortant d'un berger. (VIII, 273.)

VEUVE :
 Entre la *veuve* d'une année
 Et la *veuve* d'une journée
 La différence est grande. (II, 73.)

VIANDE, sens divers :
Il se réjouissoit à l'odeur de la *viande*
Mise en menus morceaux, et qu'il croyoit friande. (I, 113 et note 5.)

« En la cour il semble qu'on ait restreint le mot viande à la chair qui est servie à table, car on n'y appelle pas viande le dessert, et, si à un jour de poisson quelqu'un mange de la chair, on dit qu'il mange de la viande. » (Nicot, 1573.)

 Il voulut sur une autre *viande*
 Mettre la main. (V, 511 et note 2 ; voyez VIII, 142 et note 2.)

VICE-GÉRANT :
De son *vice-gérant* il apprend tous les soins. (V, 268.)

VICTOIRE :
Vous n'êtes pas de ceux qui n'ont qu'un sort commun :
Contents pour le remplir d'une seule *victoire*. (VII, 608.)
La *victoire* balança. (I, 287.)
Comme il sonna la charge, il sonne la *victoire*. (I, 157.)
Mais d'être seul auprès de quelque belle
Sans la toucher, il n'est *victoire* telle. (V, 471.)

VICTUAILLE :
Qu'aperçois-je ? dit-il, c'est quelque *victuaille*. (II, 255.)

VICTUS :
Je suis *victus*, je le confesse. (V, 556 et note 5.)

VIDE DE ; À VIDE :
Que ces castors ne soient qu'un corps *vide d*'esprit,
Jamais on ne pourra m'obliger à le croire. (II, 468.)
.... Au bout de deux jours il [Ésope] marchoit *à vide*. (I, 34.)

VIDE, substantivement :
Percer Mars, le Soleil, et des *vides* sans fin. (II, 296.)
Partout *vide* est écrit *vuide* dans nos anciennes éditions.

VIDER (vuider), au propre et au figuré; SE VIDER :
On continua de *vider* les pots. (I, 40.)
 Que le tronc serve à l'autel de soutien,
 Ou qu'on le *vide* afin d'emplir le verre. (IX, 6.)
Petits princes, *videz* vos débats entre vous. (I, 279.)
Plus le vase versoit, moins il s'alloit *vidant*. (VI, 155.)

VIE, emplois divers :
Eh bien! ne mangeons plus de chose ayant eu *vie*. (III, 31.)

Toute notre *vie*
Est le curé Chouart, qui sur son mort comptoit,
Et la fable du Pot au lait. (II, 159.)
Petit poisson deviendra grand,
Pourvu que Dieu lui prête *vie*. (I, 372; voyez IV, 441.)
Toujours mieux lui valoit,
Auparavant que sortir de la *vie*,
Éprouver tout, et tenter le hasard. (IV, 225.)
Il ne resta personne
De la gent marcassine et de la gent aiglonne
Qui n'allât de *vie* à trépas. (I, 222.)
Comment vous va, Chremès? — Mieux qu'en jour de ma *vie*. (VII, 101.)
C'est le plus vilain endroit de ma *vie*. (VII, 485.)
J'aimois un fils plus que ma *vie*. (II, 356; voyez IV, 398.)
Mon amour m'est plus cher mille fois que la *vie*. (VII, 152.)
En ce cas-là volontiers gagerai,
Reprit Renaud, et j'y mettrois ma *vie*. (IV, 247 et note 2.)
C'est un mortel qui sait mettre sa *vie*
Pour son ami. (III, 279 et note 24.)
[Ces Troyens] aux yeux de leurs parents immolèrent leur *vie*. (VIII, 480.)
Chercher le soutien d'une mourante *vie*. (II, 95.)
Rapprochez Marot, tome II, p. 21 : « sa dolente vie. »

Et je l'ai vue avant vous, sur ma *vie*. (II, 404.)
Je vous en déferai [du lièvre], bon homme, sur ma *vie*. (II, 278.)
Gardez-vous, sur votre *vie*,
D'ouvrir que l'on ne vous die, etc. (II, 327.)
Mort de ma *vie!* (VII, 450, 470.)
Depuis qu'elles y sont, Monsieur, Dieu sait la *vie!* (VII, 562.)
Dieu sait la *vie*,
Et le lard qui périt en cette occasion! (I, 251 ; voyez VI, 10.)
Si l'évêque de Bethléem
Nous entendoit, Dieu sait la *vie!* (IX, 143.)
Venez souper chez moi : nous ferons bonne *vie*. (I, 100.)
Vous avez fait tantôt une terrible *vie*... (IV, 56.)
.... Pleure et mène une *vie*
A faire gens de bon cœur détester. (V, 166 et note 2.)
Dansant, sautant, menant joyeuse *vie*. (IV, 102 ; voyez VII, 587.)
.... Mène une triste *vie*. (V, 136.)
Tu menois une honnête *vie*. (III, 191 ; voyez IV, 447.)
.... Aller mener une semblable *vie*. (V, 468.)
Un philosophe austère, et né dans la Scythie,
Se proposant de suivre une plus douce *vie*.... (III, 304.)
.... Un renard, son voisin, d'assez mauvaise *vie*. (I, 136.)
Une chienne coquette et de mauvaise *vie*. (VII, 317.)

VIEIL :

Il lui racle à l'oreille un air *vieil* et bizarre. (VII, 405 et note 5.)

VIEIL, substantivement :
Vers le Levant, le *Vieil* de la Montagne, etc. (V, 382.)

VIEILLARD :
Un sage assez semblable au *vieillard* de Virgile. (III, 304 et note 4.)
.... Et le *vieillard* Capys, chasseur infatigable. (VI, 251.)
Le bon *vieillard* jardinier dessus dit. (IV, 491 et note 6.)

VIEILLESSE :
La jeunesse se flatte et croit tout obtenir,
    La *vieillesse* est impitoyable. (III, 216.)
La triste *vieillesse*. (VIII, 479, 494.)
La mourante langueur et la froide *vieillesse*. (VIII, 493.)
Regardez la *vieillesse* et la magistrature. (V, 273 et note 2.)
.... Celui-là qui devint serpent sur sa *vieillesse*. (V, 253.)

VIEILLIR :
Tout *vieillit* : sur leur front les rides s'étendoient. (VI, 150.)

VIERGE, adjectivement et substantivement :
Un petit pré, dont l'herbe étoit encore aussi *vierge* que le jour qu'elle naquit.... (VIII, 137.)
.... Si la qualité de *vierge* est souhaitable,
Je la suis. (VI, 295.)
Frère Rustic peu de *vierges* faisoit. (V, 476 et note 5.)

VIEUX, VIEILLE (voyez VIEIL) :
    Au contraire des autres dieux
    Qu'on ne sert que quand on est *vieux*,
    La jeunesse lui sacrifie [à l'Amour]. (IV, 447 et note 3.)
    Un *vieux* hôte des bois,
Renard fin, subtil et matois. (III, 263 et note 1.)
C'étoit un *vieux* routier.... (I, 258.)
Je suis *vieux* sans être beau. (IX, 417.)
Le monde est *vieux*, dit-on : je le crois; cependant
Il le faut amuser encor comme un enfant. (II, 234.)
Lui déjà *vieux* barbon; elle jeune et jolie. (V, 245; voyez IV, 387.)
Vieux ans. (IV, 377.) — *Vieux* jours. (IX, 410.)
C'est tour de *vieille* guerre. (I, 257 et note 9.)

VIEILLE, substantivement :
Il étoit une *vieille* ayant deux chambrières. (I, 381.)
Mais, aussitôt après, la *vieille* du message
M'a conduit en des lieux où loge, en bonne foi,
    Tout ce qu'amour a de délices. (V, 453.)
Une *vieille* viendra, qui, faite au badinage,
Vous saura ménager un secret entretien. (V, 443 et note 4.)
    La fausse *vieille* sut tant dire
    Que, etc. (V, 264.)
    Une sultane de renom,

Son chien, son chat et sa guenon,
Son perroquet, sa *vieille*, et toute sa maison. (II, 287.)
Sa duègne ou sa nourrice.

VIF, vive, emplois divers :
Il avoit de plant *vif* fermé cette étendue. (I, 277.)
D'une haie vive.

Je passe... d'une princesse extrêmement *vive* à un pape qui va mourir. (IX, 435.)
Vivante.

Étant pris *vif* par un chasseur. (III, 253.)
D'un loup écorché *vif* appliquez-vous la peau
    Toute chaude et toute fumante. (II, 225.)
Le Destin va tout *vif* enrager comme un diable. (VII, 313.)
.... Ce cœur *vif* et tendre infiniment
    Pour ses amis. (III, 277.)

VIF (Au) :
Jusques *au vif* il voulut la blesser. (V, 188; voyez V, 467, 567; VI, 79.)
Les habiles poëtes qui nous dépeignent ces choses *au vif*. (VIII, 117.)

VIGILANT :
Jupin pour chaque état mit deux tables au monde :
L'adroit, le *vigilant*, et le fort, sont assis
    A la première. (III, 38.)

VIGNE du seigneur, de l'abbé :
    .... Dans la *vigne du Seigneur*
    Travaillent ainsi qu'on peut croire. (IV, 177 et note 7.)
        Ce couple si charmant
    Toujours d'accord, de plus en plus s'aimant...,
    Se promettoit la *vigne de l'abbé*. (VI, 52 et note 6.)

VILAIN, vilaine :
.... Moins envieux, moins loup, moins *vilain*, moins avare. (VII, 406.)
Tout *vilain* cas, dit-elle, est reniable. (VI, 31 et note 1.)
Un More très lippu, très hideux, très *vilain*. (V, 271.)
    .... N'allez pas vous entêter
De ce petit *vilain*-là. (VII, 477.)
    La pauvre créature,
Toute *vilaine*, entra dans le logis. (IV, 370 et note 5.)
Salie.

Vilain, manant, paysan :
Vilain, dit-il, vaquer à nul ouvrage
N'est mon talent. (V, 361.)
Le *vilain* retourne la tête. (I, 165.)

VILAINEMENT :
Et vite à moi, je suis *vilainement* blessé. (VII, 359 et note 1; voyez VII, 386.)
    Comparez Rabelais, tome I, p. 292 : « L'on a blessé ceste bonne femme icy entre les iambes bien vilainement. »

VILLACE :
Poitiers est proprement ce qu'on appelle une *villace*. (IX, 287 et note 5.)

VILLAGE :
.... Devant que j'aie perdu de vue les clochers du grand *village*. (IX, 362.)
Les clochers de Paris.

Le cœur trop haut, le goût trop délicat,
Pour s'en tenir aux amours de *village*. (IV, 206.)

VILLAGEOISE :
Tu ne connois Jeanne ma *villageoise*. (V, 326.)

VILLE; VILLE GAGNÉE :
Messieurs de *Ville* [les officiers municipaux] eurent en vérité
Bonne part de l'honneur en cette illustre fête. (IX, 326.)
.... Eux introduits, croyant *ville gagnée*. (V, 72 et note 5.)
Voyez aussi les *Anciennes poésies françoises*, tome VI, p. 173; et Scarron, *l'Héritier ridicule*, acte III, scène III.

VIN :
Après bon *vin*, trois commères un jour
S'entretenoient de leurs tours et prouesses. (IV, 296 et note 1.)

Alaciel..., de sa vie,
Selon sa loi n'avoit bu *vin*. (IV, 428.)

Vous boirez de nos *vins*. (V, 71.)

J'aime mieux les Turcs en campagne
Que de voir nos *vins* de Champagne
Profanés par les Allemands. (IX, 443.)

En cave on se transporte :
Aucuns des *vins* sont approuvés. (V, 351.)

Force lui fut d'abandonner la place;
Ce ne fut pas sans le *vin* de l'adieu. (IV, 93 et note 9.)

Bains et parfums; matelas blancs et mous;
Vin du coucher. (IV, 253 et note 5.)

VINS (ENTRE DEUX) :
L'heure du berger brusquée par un petit-maître *entre deux vins*. (VII, 570.)

VINÉE :
Ils eurent bonne année,
Pleine moisson, pleine *vinée*. (II, 14 et note 10.)

VIOLE :
Et la *viole*, propre aux plus tendres amours.... (IX, 156.)

VIOLEMMENT :
Ils embrassoient *violemment*
Les intérêts de leur chimère. (II, 388.)

Il s'en faut bien qu'on aime les dieux aussi *violemment* que les hommes. (VIII, 74.)

VIS]   DE LA FONTAINE.   449

VIOLENCE :

    Tous les traits qu'on lui lance,
  Étant poussés de loin, perdent leur *violence*. (VI, 264.)
Il défendit au Zéphyre de la quitter [Psyché]... tant que cette première *violence* eût jeté son feu. (VIII, 131.)
.... C'est un temps où le somme est dans sa *violence*. (IV, 426.)
Forêts, s'écrioit-il, retraites du silence,
Lieux dont j'ai combattu la douce *violence!* (VI, 285.)
.... Ici les oiseaux nuit et jour
Célèbrent de ses traits la douce *violence*. (VII, 219.)
.... Et, s'il n'alloit parfois régler la *violence*
Dont la chaste recluse embrasse l'oraison,
Sa retraite pourroit s'appeler sa prison. (VI, 304 et note 7.)

VIOLENT, ENTE :

Le roi est *violent* contre lui. (IX, 353.)
Que n'ose et que ne peut l'amitié *violente!* (III, 285, variante et note *a*.)

VIOLENTER :

  Non, non, reprit alors l'infante ;
Il ne sera pas dit que l'on *ait*, moi présente,
  Violenté cette innocente. (IV, 436.)
  .... Sans rien forcer et sans qu'on *violente*
Un incident qui ne s'attendoit pas. (VI, 125 et note 3.)

VIOLIER, giroflée :

L'herbe tendre, le thym, les humbles *violiers*. (VI, 287.)

VISAGE :

 .... Sans oser de longtemps regarder au *visage*
Celui qu'elles croyoient être un géant nouveau. (I, 214.)
Les traits de *visage*. (VIII, 91.) — Et l'air, et le *visage*. (V, 125.)
Ton port, ta voix, et ton *visage*. (VIII, 481.)

VISER à :

Malicieusement ces petits obstinés
Ne *visoient* plus qu'à lui. (VII, 426.)
Le compagnon ne *visoit à* l'argent. (IV, 493.)

VISIÈRE, vue :

Seulement ses habits ont frappé ma *visière*. (VII, 331 et note 1.)

VISITER ; ÊTRE VISITÉ DE :

  Seroit-ce en qualité d'amant,
  Reprit Damon, qu'Éraste nous *visite?* (V, 122 ; voyez V, 175.)
Nul animal n'*étoit* du sommeil *visité*. (III, 70.)

VISON-VISU, vis-à-vis, au figuré, à pareille enseigne :

Comme ils sont logés *vison-visu*, ils se tarabustent toujours sur le chapitre de leurs femmes. (VII, 462 et note 1.)

J. DE LA FONTAINE. XI   29

VITE, rapide; AU PLUS VITE :

Tu te vantois d'être si *vite!*
Qu'as-tu fait de tes pieds? (I, 418; voyez VI, 257.)

« Monsieur le Grand et le maréchal de Bellefonds courent lundi dans le bois de Boulogne sur des chevaux vites comme des éclairs. » (Mme de Sévigné, tome II, p. 17.) « Lorsque David déplora la mort de deux fameux capitaines, il leur donna cet éloge : plus vites que les aigles, plus courageux que les lions. » (Bossuet, Oraison funèbre du prince de Condé.) Voyez aussi les Lexiques de Malherbe, de Corneille, de Racine.

Un curé s'en alloit gaiement
Enterrer ce mort *au plus vite.* (II, 157.)

VITESSE :

Or un cheval eut alors différend
Avec un cerf plein de *vitesse.* (I, 320.)
De quoi vous sert votre *vitesse?* (II, 34.)

VIVIER :

Un *vivier* que Nature y creusa de ses mains. (III, 20; voyez III, 57.)

VIVRE :

Qu'est-ce que *vivre*, Iris? (IX, 187.)
Car est-ce *vivre*, à votre avis,
Que de, etc.? (IX, 208.)
Un jour l'univers
Cherchera sous vos ruines
Ceux qui *vivront* dans mes vers. (VIII, 262.)
.... Nous y *vivons* pour *vivre;* est-ce assez, dites-moi? (VI, 299 et note 2.)
Je sais que la vengeance
Est un morceau de roi; car vous *vivez* en dieux. (III, 67.)
.... Son train de *vivre* et son honnêteté. (V, 560.)
Quatre animaux *vivants* de compagnie.... (III, 279.)
Apaisez le lion : seul il passe en puissance
Ce monde d'alliés *vivants* sur notre bien. (III, 98.)
Que ne *vis*-tu sur le commun? (III, 264.)

VIVRE, substantivement :

Le *vivre* et le mourir. (VIII, 232.)
Il fit tant, de pieds et de dents,
Qu'en peu de jours il eut au fond de l'ermitage
Le *vivre* et le couvert. (II, 108.)
Le vieillard, tout cassé, ne pouvoit plus qu'à peine
Aller querir son *vivre.* (V, 17 et note 3.)

VIZIR :

Le sultan fit venir son *vizir* le renard. (III, 96.)

VŒU, vœux :

.... J'en fis *vœu* toute petite encor. (VI, 295.)
Ne songeons qu'à nos *vœux.* (VII, 599.)
Sans contrevenir aux *vœux* d'un solitaire. (VI, 298.)

O combien le péril enrichiroit les dieux
Si nous nous souvenions des *vœux* qu'il nous fait faire! (II, 422.)
Par des *vœux* importuns nous fatiguons les dieux. (II, 236.)

VOGUE :

  La *vogue* étoit passée
 Au galetas ; il avoit le crédit. (II, 182.)
C'est souvent du hasard que naît l'opinion,
Et c'est l'opinion qui fait toujours la *vogue*. (II, 178.)

VOGUER :

Sur les flots irrités *voguer* contre les vents.... (VII, 409.)
Lorsque sur cette mer on *vogue* à pleines voiles.... (VIII, 357.)

VOICI :

.... Nous *voici* retombés dans le platonisme. (VIII, 115.)
Mais *voici* bien une autre fête.... (I, 257.)
Vraiment, nous *voici* bien, lorsque je suis à jeun,
 Tu me viens parler de musique. (II, 450.)
Voici comme.... (IX, 66.)

VOIE, emplois divers :

Qui pourroit toutefois choisir une autre *voie*.... (VII, 65.)
 L'ambitieux, ou, si l'on veut, l'avare,
 S'en va par *voie* et par chemin. (II, 164.)
 .... En vain elle a mis ses efforts
 A confondre et brouiller la *voie*. (II, 464 et note 36.)
Nos galants se mettent en *voie*. (IV, 42 et note 3.)
 Un pauvre malheureux
Qui vous précède au combat amoureux,
Tente la *voie*. (V, 40 et note 3.)
L'auteur a donc tenté ces deux *voies*. (IV, 5.)
Reprenez la douceur ; c'est la plus belle *voie*. (VII, 586.)

VOILÀ ; VOILÀ DE :

Me *voilà* bien surprise. (I, 252.)
Voilà mon homme aux pleurs. (I, 346.)
Et puis *voilà de* ma dévotion! (V, 474 et note 6.)

VOILE, masculin :

 Le *voile* n'est le rempart le plus sûr
 Contre l'amour. (IV, 485.)
Le voile des religieuses.

.... Ce que la nuit des temps enferme dans ses *voiles*. (I, 168.)
Voile de cristal. (VIII, 34.)

VOILE, féminin :

A pleines *voiles*. (VIII, 357.)

VOILER :

 Même ceux-là [les astres] qui brillent dans les cieux
 Étoient *voilés* par une épaisse nue. (VI, 37.)]

Qui fit cela? Deux beaux yeux seulement :
Pour les avoir aperçus un moment
Encore à peine, et *voilés* par le somme.... (V, 185.)
.... Tout y *sera voilé*, mais de gaze. (V, 580.)

VOIR; SE VOIR :
La Parque avoit écrit de tout temps en son livre
Que l'un de nos enfants devoit cesser de vivre,
L'autre de *voir*. (III, 67.)
    Le phaéton d'une voiture à foin
Vit son char embourbé. (II, 58.)
Le desir de *voir*. (II, 363; IX, 230.)
    Quiconque *a* beaucoup *vu*
  Peut avoir beaucoup retenu. (I, 81.)
    Quiconque ne *voit* guère
N'a guère à dire aussi. (II, 363.)
    Tandis qu'à peine à tes pieds tu peux *voir*,
  Penses-tu lire au-dessus de ta tête? (I, 167.)
Est-ce être fou que de *voir* ce qu'on *voit?* (IV, 313.)
Mais enfin je l'*ai vu*, *vu* de mes yeux, vous dis-je. (II, 356 et note 25.)
Hisce oculis egomet vidi. (Térence, *les Adelphes*, vers 330.)

Voyez un peu la belle affaire! (V, 12; voyez IV, 364; V, 416.)
Votre mari *voit* madame Simonne. (IV, 67.)
Troublez l'eau : *vous y voyez*-vous? (III, 343.)
On *se voit* d'un autre œil qu'on ne voit son prochain. (I, 79.)
.... Quand le besoin *s'est vu* pressant. (VIII, 393.)

VOIR BEAU JEU, VOIR CLAIR, VOIR GOUTTE. Voyez JEU, CLAIR,
GOUTTE.

VOIRE :
Voire! écoutez le reste de la fête. (IV, 288 et note 2 ; voyez IV, 313;
VIII, 445; IX, 44.)
Chapitres, non de rats, mais chapitres de moines,
    Voire chapitres de chanoines. (I, 135 et note 8.)

VOIRIE :
Chaussée et pont s'en vont à la *voirie*. (IX, 18.)
    Toi que l'orgueil poussa dans la *voirie*...,
  Lucifer, etc. (IX, 21.)
    Qui nous a fait recevoir parmi nous
  Cette *voirie?* (V, 417 et note 5.)

VOISIN; VOISIN À, DE :
Je les vais de mes dards enfiler par centaines,
Voisin renard, dit-il, et terminer tes peines. (III, 264.)
Celui de qui la tête *au* ciel étoit *voisine*. (I, 127.)
Un *voisin* d'Amphitrite. (I, 267.)
[Rocher] *voisin du* ciel. (VIII, 501.)
Rendez les fondements *voisins des* sombres lieux. (VII, 410.)

VOISINAGE :

.... Le bruit s'en répandit par tout le *voisinage*. (II, 170.)
.... C'étoit pour l'horloger un mauvais *voisinage*. (I, 413.)

VOITURE :

Du baudet, en cette aventure,
On lui fit porter la *voiture*. (II, 54 et note 5.)

VOITURER :

Nous vous *voiturerons*, par l'air, en Amérique. (III, 14.)

VOIX, emplois divers :

.... Il n'y fut pas qu'en abaissant sa *voix*....
« Ami, dit-il.... » (IV, 213.)
Son épouse le plaint d'une *voix* de grenouille. (VIII, 122.)
Sans ce secours les Grecs vous parlent par ma *voix*. (VII, 617.)
En quel sens est donc véritable
Ce que j'ai lu dans certain lieu,
Que sa *voix* est la *voix* de Dieu? (II, 345 et note 27.)
.... Tout lui manque à la fois,
Les sens et les esprits, aussi bien que la *voix*. (VI, 183.)
A qui dois-je adresser ma *voix*? (VII, 239; voyez VIII, 214.)
Adressant donc à Pinuce sa *voix*.... (IV, 217.)
Ces sujets sont trop hauts, et je manque de *voix*. (VI, 225.)
Ô vous de qui les *voix* jusqu'aux astres montèrent.... (VI, 237.)
Voyons pourtant ; car chacun, d'une *voix*,
En fait d'appas, prend Vénus pour modèle. (VII, 163.)
.... L'assemblée à l'instant
Cria tout d'une *voix* : « Et Cérès, que fit-elle? » (II, 233 ; voyez VI, 94.)
.... Et selon la commune *voix*,
Ayant su raffiner sur l'amour conjugale. (VI, 68.)
Ces soupirs à la *voix* du sommeil ennemie. (VII, 158.)
Apulée fait servir Psyché par des *voix*..., c'est-à-dire... sans que personne paroisse. (VIII, 21 et note 4.)
Devant qu'on eût tant de *voix* ramassées,
Il seroit tard. (V, 421 et note 4.)
Ils emportent les *voix*. (V, 410.)

VOLAGE :

Fidèles courtisans d'un *volage* fantôme.... (II, 161.)
Mais quoi! je suis *volage* en vers comme en amours. (IX, 186.)

VOLAILLE :

.... Honneur dont la *volaille*
Se seroit passée aisément. (II, 321.)
Il n'avoit pu donner d'atteinte à la *volaille*. (III, 109.)

VOLATILE, VOLATILLE :

[Un fripon d'enfant] tua plus d'à moitié
La *volatile* malheureuse. (II, 365 et note 20; voyez I, 235; VIII, 28.)

.... Tantôt humains, puis *volatilles*
Ayant dans les airs leurs familles. (III, 256 et note 48; voyez VI, 157 et note 1.)

VOLÉE :
Une sorte de bras dont il [le cochet] s'élève en l'air
Comme pour prendre sa *volée*.... (II, 16; voyez II, 466.)

VOLER, neutre, au propre et au figuré :
Le corbeau donc *vole* et revole. (III, 281.)
.... Le plomb *volant* siffle autour sans l'atteindre. (IX, 152.)
Muses, qu'avez-vous fait de ces jupes *volantes* ? (VIII, 278.)
Il les auroit fait tous *voler* jusqu'au dernier [les ducats]
Dans le gouffre, etc. (III, 205.)
Il ne va pas au monstre, il y court, il y *vole*. (VI, 262.)
.... Des qualités qui font *voler*
Son nom jusqu'aux peuples étranges. (IX, 179.)
Je suis chose légère, et *vole* à tout sujet. (IX, 186.)

VOLER, actif :
Quoi ? jouir, c'est se *voler* soi-même ? (III, 23.)

VOLEREAU :
Mal prend aux *volereaux* de faire les voleurs. (I, 180 et note 8.)

VOLETER :
Et les petits [de l'alouette]...,
Voletants, se culebutants,
Délogèrent tous sans trompette. (I, 358.)

VOLEUR, voleurs :
La mer promet monts et merveilles :
Fiez-vous-y; les vents et les *voleurs* viendront. (I, 269.)
Ils étoient en chemin, près d'un bois qui servoit
Souvent aux *voleurs* de refuge. (V, 270; voyez IX, 230.)

VOLONTÉ :
Lucrèce avoit jusque-là résisté,
Non par défaut de bonne *volonté*.... (V, 54.)
Elle entre dans sa tombe, en ferme *volonté*
D'accompagner cette ombre aux Enfers descendue. (VI, 73.)

VOLONTIERS :
.... Le galand en eût fait *volontiers* un repas. (I, 234.)
L'attaquer, le mettre en quartiers,
Sire loup l'eût fait *volontiers*. (I, 71.)
Volontiers on fait cas d'une terre étrangère,
Volontiers gens boiteux haïssent le logis. (III, 13.)

VOLTIGER :
.... *Voltigeant* de propos en autre. (VIII, 25.)

VOLUME, emplois divers :

.... Jérôme en est témoin, ce grand saint dont la plume
Des faits du Dieu vivant expliqua le *volume*. (VI, 3o5 et note 5.)
Promener en spectacle un deuil en grand *volume*. (VII, 572 et note 4.)
Comparez Regnard, *Arlequin, homme à bonnes fortunes*, acte I, scène V : « .... Vous moquez-vous? Les gens du grand volume ont-ils d'autres occupations ? » — L'expression « faire du volume », faire des embarras, est encore usitée.

VOLUPTÉ, VOLUPTÉS :

La débauche de vin, leur dit-il, a trois degrés : le premier d
volupté.... (I, 40.)
.... Là, d'une *volupté* selon moi fort petite,
Et selon lui fort grande, il entassoit toujours. (III, 202.)
Ce qu'une personne faite à plaisir peut causer aux yeux de *volupté*....
(VIII, 1o3.)
La *volupté* sans cause il a bannie. (IX, 20.)
Les larmes, les soupirs, et les austérités,
Quand ils se trouvoient seuls, faisoient leurs *voluptés*. (VI, 296.

VOMIR :

Apollon ne lit point le tien [ton placet] qu'il ne *vomisse*. (IX, 5)
Il *vomit* des injures. (IX, 99.)

VÔTRE, adjectif pronominal possessif :

Faites-moi voir seulement qu'elle est *vôtre*. (IV, 345.)
Messire Damon, je suis *vôtre*. (V, 143.)
Je suis plus *vôtre* que je n'étois. (VIII, 79.)
Avouez-moi pour *vôtre*. (VIII, 365.)
Je serai *vôtre* auparavant. (V, 215.)

VOUER À ; SE VOUER :

Un passager, pendant l'orage,
Avoit *voué* cent bœufs *au* vainqueur des Titans. (II, 422.)
.... Je *lui voue* au désert de nouveaux sacrifices. (III, 123.)
.... Encore bien que léans
On *se voudt* pour obtenir enfants. (V, 405.)

VOULOIR, acceptions diverses; EN VOULOIR À :

.... Car, *veuille* ou non son maître, il faut qu'il le lui vende. (V, 259 ;
voyez V, 84.)
Je le *veux*, dit le loup. (III, 234.)
En échange du chien, l'on me *vouloit* moi-même. (V, 277.)
Mais, grâce à Dieu, je ne *veux* rien de vous. (IV, 67.)
Je *veux* qu'Agamemnon nous ait tous offensés. (VII, 6o9.)
Puis-je jamais *vouloir* du bien
A leur cabale trop heureuse? (IX, 179.)
Cythérée se plaint de ce que son fils m'a *voulu* du bien. (VIII, 174.)
.... Bien *voulu* de chacun. (V, 27 et note 5.)
L'Amour... se *vouloit* quelque mal de, etc. (VIII, 221.)
Il se plaint, il jappe, il soupire,
Il *en veut à* chacun. (V, 270.)

Je suis un homme de Champagne
Qui n'*en veux* point *au* roi d'Espagne. (IX, 103.)
Il faut dire le vrai : j'*en voulois à* Pamphile. (VII, 52 et note 1.)
.... Qui t'oblige aujourd'hui,
Parmi tant de guerriers, de n'*en vouloir* qu'à lui? (VII, 622.)
Comme il *en vouloit à* l'argent.... (I, 68; voyez III, 228.)

VOULOIR, substantivement :
Le plus beau des mortels, l'amour de tous les yeux,
Par le *vouloir* du Sort ensanglante ces lieux. (VI, 265.)
Le *vouloir* de son cher époux. (VIII, 99.)
De ton *vouloir* ne me rendois-je esclave? (IV, 348.)
Laisse-nous résister à ton *vouloir* impur. (VI, 292.)
     [Ce chat] contre toute ta parenté
D'un malin *vouloir* est porté. (II, 18 et note 13.)
De vos malins *vouloirs* voilà la digne issue. (VII, 436.)

VOUS. Voyez Tu.

VOÛTE :
Cérès lui cria [à Psyché] de la *voûte* de sa chapelle.... (VIII, 175.)
Il n'est arbre mangé qui sous ses *voûtes* creuses
Souffre que de ce peuple [des fourmis] il reste un seul essaim. (VIII, 205.)
Qui de nous des clartés de la *voûte* azurée
Doit jouir le dernier? (III, 157.)
La *voûte* éthérée. (VIII, 454.)
.... Élevez son sommet [le sommet de cette tour] jusqu'aux *voûtes* des cieux. (VII, 410.)

VOÛTER, voûté :
          Les échos se confondent,
De leurs palais *voûtés* tous ensemble ils répondent. (VI, 254.)

VOYAGE :
     .... Elles sont en *voyage*
     Vers les endroits du pâturage
     Les moins fréquentés des humains. (III, 207.)
Cérès, commença-t-il, faisoit *voyage* un jour
     Avec l'anguille et l'hirondelle. (II, 232.)
Vous me semblez tous deux fatigués du *voyage* :
Reposez-vous. (VI, 151.)

VOYAGER :
Amants, heureux amants, voulez-vous *voyager*?
     Que ce soit aux rives prochaines. (II, 365.)

VRAI adjectivement et substantivement; DE, AU, VRAI :
Sa prédiction [la prédiction d'Ésope] se trouva *vraie*. (I, 43.)
     La *vraie* épreuve du courage
N'est que dans le danger que l'on touche du doigt.... (II, 7.)

L'épouse de léans,
A dire *vrai*, recevoit bien les gens. (V, 30.)
Il disoit *vrai* : j'en ai vu les effets. (V, 33.)
Ils prophétisoit *vrai*. (I, 257.)
    Bien est *vrai*, car il faut tout dire,
    Qu'il étoit très bien fait de corps. (V, 211 et note 7.)
Bien est-il *vrai* que, etc. (IX, 147.)
Avouez le *vrai*, Monseigneur, vous soupirez pour la gloire.... (I, 6.)
Pour te dire le *vrai*, j'ai peine à la quitter. (VII, 30; voyez VII, 31, 52.)
    Mon âme, en toute occasion,
Développe le *vrai* caché sous l'apparence. (II, 201; voyez VI, 40.)
Peu d'hommes ont, *de vrai*, l'esprit aussi joli. (VII, 56.)
Je ne contois *au vrai* l'histoire. (IX, 112.)
Je n'en sais rien *au vrai*, toutefois je m'en doute. (VII, 76.)
Mais tous lui répondoient qu'ils n'étoient pas d'un âge
    A savoir *au vrai* son destin. (II, 250; voyez IV, 300 et note 2.

VRAIMENT :
Dialogue de deux fiancés..., dédié aux *vraiment* filles. (VII, 568.)

VRAISEMBLANCE :
Il y a [dans les contes] des absurdités, et pas la moindre teinture de *vraisemblance*. (IV, 14.)

VU, attendu, eu égard à; VU QUE :
.... *Vu* la confiance qu'ils avoient [les Samiens] au bon sens du personnage. (I, 45.)
Vu la manière d'écrire qu'il a choisie. (VIII, 106.)
.... *Vu que* l'histoire ne rejette pas des choses moins agréables. (I, 28.)

VUE; À VUE; EN VUE; DANS LA VUE QUE; PERDRE DE VUE :
Que, par exemple, deux corneilles se présentassent à sa *vue*.... (I, 41.)
Les services d'Hispal en ce même moment
    Lui reviennent devant la *vue*. (IV, 412.)
L'ennemi les lassoit en leur tenant la *vue*
    Sur même objet toujours tendue. (III, 299.)
Je te déchire et te saute à la *vue*. (IV, 74 et note 1; voyez IV, 90; V, 418; VI, 18, 267.)
    Je crois avoir de quoi
Donner encore à quelqu'un dans la *vue*. (IV, 306 et note 4.)
Psyché baissa aussitôt la *vue*. (VIII, 208.)
.... J'ai réservé ces deux pour la première *vue*. (VII, 181 et note 1.)
    On lui donna mainte et mainte remise,
    Toutes *à vue*. (VI, 94.)
Toutes payables à vue.
.... Pour n'avoir pas le soleil *en vue*. (IX, 280 et note 6.)
L'Arabe ayant ainsi double profit *en vue*.... (VI, 291.)
    .... C'est *dans la vue* et dans l'intention
Qu'on se méfie en telle occasion.... (VI, 14.)
.... Devant que j'aie *perdu de vue* les clochers du grand village. (IX, 361.)

VUIDE, VUIDER. Voyez VIDE, VIDER.

VULGAIRE, substantivement :
Que j'ai toujours haï les pensers du *vulgaire!* (II, 341 et note 3.)

W

WATERGAN, fossé :
Rompre digue et *watergan*. (VIII, 433 et note 5.)

Y

Y, adverbe pronominal, équivalent à un pronom précédé d'une préposition (*à, dans, en,* etc.), et tenant la place d'un nom de chose, ou parfois se rapportant à l'idée plutôt qu'à un des mots précédents :

.... Il seroit véritablement à souhaiter que d'autres mains que les miennes *y* eussent ajouté les ornemens de la poésie [à la morale d'Ésope], puisque le plus sage des anciens a jugé qu'ils n'*y* étoient pas inutiles. (I, 2.)

Quelque vraisemblable que je le rende [le tissu de mes conjectures], on ne s'*y* assurera pas. (I, 21.)

Il n'*y* pouvoit atteindre [aux raisins]. (I, 234.)

.... Je m'*y* connois un peu. (IV, 21.)

.... Cette science de bien juger des ouvrages de l'esprit, à quoi vous joignez déjà celle de connoître toutes les règles qui *y* conviennent. (III, 174.)

Il répondit : « Je n'*y* demande rien. » (I, 365.)

Vous *y* viendrez cuire dans notre four! (IX, 13.)

.... Cela faisoit que le bon sire
Ne savoit tantôt plus qu'*y* dire. (IV, 380.)

Je ne sais plus ce qu'il faut que j'*y* die. (IV, 316.)

Il se peut se faire que quelqu'un *y* en trouvera moins [de beauté] que moi [dans cette inscription]. (VIII, 470.)

Est-ce assez? dites-moi; n'*y* suis-je point encore? (I, 66.)

.... Peut-être moins; car le hasard *y* fait. (VI, 129.)

Tout *y* fit. (VI, 80.)

.... Ce qu'elle *y* fait [dans le couvent]? (V, 401.)

.... Il *y* fait bon, l'heure du berger sonne. (V, 123.)

.... Il *y* faut une autre manière. (III, 58; voyez III, 131.)

La mer promet monts et merveilles :
.... Fiez-vous-*y*; les vents et les voleurs viendront. (I, 269.)

.... Sans que les raisons ni les prières *y* gagnassent rien. (I, 37.)

.... Que le cerf ne fût pris, et n'*y* laissât la vie. (I, 320.)

.... Fin celui-là qui n'*y* laisse du sien. (IV, 271.)

D'abord il s'y prit mal [à répéter les leçons], puis un peu mieux, puis
.... Puis enfin il n'y manqua rien. (III, 234.) [bien;
.... Mouflar y croyoit perdre [en perdant ses oreilles]. Il vit avec le [temps
Qu'il y gagnoit beaucoup. (III, 43.)
Moi, pour telle passer! Vous n'y regardez pas. (I, 142.)
.... Ma fille y répondra mieux [à vos caresses],
 Étant sans ces inquiétudes. (I, 266.)
Un noyau vint frapper Harpajème au visage :
Il leur dit de n'y plus retourner davantage. (VII, 425.)
 Qui l'a fait si se taise :
 Au demeurant qu'il n'y retourne plus. (IV, 234 et note 5.)
.... Il ne sera besoin d'y retourner. (IV, 501.)
.... L'on n'y revient guères. (IV, 308.)
Chacun se dit ami; mais fol qui s'y repose. (I, 334.)
.... Si tu peux y savoir quelque secret nouveau,
Il n'est point d'industrie à l'égal de la tienne. (VII, 39.)
.... Il n'y savoit que ce moyen. (I, 135; voyez III, 20; IV, 157; V, 568, 573; et passim.)
....Nous vous y servirons en frères. (I, 176.)
.... Fuir n'y sert de rien. (V, 430.)
J'avois du plaisir à me regarder...; je n'y en ai plus. (VIII, 155.)
.... Mais de garder Hortense; et j'ai, pour y suffire,
De bons murs, des verrous, et des yeux : c'est tout dire. (VII, 410.)
.... S'ils ne le firent pas, du moins ils y tâchèrent. (II, 413.)
.... Il faut y tâcher. (VIII, 118.)
Je suis, pour tels galants, trop simple et trop novice :
Une autre fois, Monsieur, vous ne m'y tiendrez pas. (VII, 87.)
Quant au principal but qu'Ésope se propose,
 J'y tombe au moins mal que je puis. (I, 362.)
 C'étoit Rustic, jeune saint très fervent :
 Ces jeunes-là s'y trompent bien souvent. (V, 470 et note 2.)
.... Il y viendra, le drôle!-Il y vint, à son dam. (III, 322.)
.... Ah! vraiment nous y voici. (III, 189.)
Troublez l'eau : vous y voyez-vous? (III, 343.)

Y équivalent à un pronom précédé d'une préposition, et tenant la place d'un nom de personne :
Votre moitié n'ayant lieu de s'y plaire [à ce pitaud]. (V, 42.)

Y AVOIR :
Ô vent donc, puisque vent y a. (II, 393.)
Savez-vous ce qu'il y a? (VIII, 202.)
Il n'y eut parent ni ami par qui Xantus ne lui fît parler [à sa femme]. (I, 37.)

Y ALLER DE :
 Quand je ferai, disoit-elle, ce tour,
 Qui l'ira dire? Il n'y va rien *du nôtre*. (IV, 259 et note 6.)
Vous savez bien qu'il y va de ma vie. (V, 57.)

YEUX. Voyez ŒIL.

Z

ZAGUE, onomatopée :
    Je la vis l'autre jour aiguiser une dague :
    Elle a pu dans son sein, en faisant *zague*, *zague*.... (VIII, 369 et note 1;
voyez VII, 413.)

ZÈLE, acceptions diverses :
    Qui croyez-vous le plus rempli de *zèle*
    De tous vos gens? (IV, 89.)
    De horions laidement l'accoutra....
    Messire Bon eût voulu que le *zèle*
    De son valet n'eût été jusque-là. (IV, 97.)
    Il faut que tout prince préfère
    Le *zèle* de l'État à certain mouvement.... (III, 124.)
    .... Comme il voit que son *zèle*
    Ne produit rien, il feint d'être guéri. (IV, 65.)
    Ne blâmez point l'excès où mon *zèle* est tombé. (VII, 74.)
    Puisqu'il n'étoit qu'ami, je le surpasse en *zèle*. (VIII, 372.)
    Mon *zèle* est toutefois plus que tout à priser. (VII, 70.)
    .... Celle-ci prend bien l'assurance
    De venir à vos pieds s'offrir,
    Par *zèle* et par reconnoissance. (I, 264.)
    Plein de *zèle*, échauffé, s'il le fut de sa vie.... (III, 257.)
    Certes, Monsieur, je sais bien, lui dit-elle,
    Que vous avez pour moi beaucoup de *zèle*. (IV, 230 et note 8;
voyez IV, 65, 80, 182; V, 194, 225, 233, 316; VI, 38 et note 2, 43
et note 8, 204; VII, 62, 80, 154, 157, 158, 384, 603; VIII, 365, 376;
et passim.)

ZÉLÉ, ÉE :
    Il s'en trouva de si *zélées*
    Que par avance elles payoient. (IV, 191.)
    Le plus *zélé* de tous se contenta,
    Comme chacun, de dire : « C'est dommage. » (V, 157.)

ZÉPHYR, ZÉPHYRE :
    Tout vous est aquilon, tout me semble *zéphyr*. (I, 126.)
    Un certain loup dans la saison
    Que les tièdes *zéphyrs* ont l'herbe rajeunie.... (I, 390.)
    [Vénus] avoit abandonné ses cheveux aux *zéphyrs*. (VI, 232.)
    .... Hélas! c'est un tribut qu'elle envoie aux *zéphyrs*. (VIII, 38 et note 1.)
    .... Jamais on n'a trouvé ses rives sans *zéphyrs*. (VIII, 124.)
    Le plus sage s'endort sur la foi des *zéphyrs*. (VIII, 357.)
    Toujours les *zéphyrs*,
    En volant vers Paphos, sont chargés de soupirs. (VI, 248.)
    Point d'aquilons, un éternel *zéphyre*. (IX, 28.)
    Psyché se laissa flatter à ce que lui dit le *Zéphyre*; car c'est un dieu
des plus agréables. (VIII, 56.)

CORRECTIONS.

La littérature des fables et des contes est trop touffue, elle jette trop de rameaux dans tous les sens, pour que nous ayons songé à joindre des additions à ces errata, bien que nous en ayons déjà rassemblé un grand nombre : peut-être serviront-elles dans l'avenir. Mais nous avons suffisamment parcouru cette fois ce champ d'explorations sans limites, notre moisson a été assez abondante ; aussi nous bornons-nous à ce petit nombre de corrections :

TOME I.

Page LIX, ligne 14, lisez : *Si les gros*, au lieu de *Si les gens*.

Page CXVII, note 4. Cette note est rectifiée à la page CXXXIX du même tome, et au tome IX, p. 176, note 3.

Page CXXII, ligne 20, lisez : « deux actes d'un opéra inachevé de *Galatée*, et *Daphné* » ; et, à la ligne suivante : « cet opéra de *Daphné* ».

Page 183, note 11, remplacez le vers de Virgile, qui est d'authenticité douteuse, par le 15e de la IXe églogue :

Ante sinistra cava monuisset ab ilice cornix.

Page 186, note 5, ligne 11, ajoutez : « et M. Marty-Laveaux, 1863 ».

Page 217, lignes 14-17. Ces vers sont de Senecé dans le conte : *Qui a temps a vie*.

Page 335, ligne 21, corrigez *Galand* en *Galland*.

Voyez aussi deux autres corrections au tome I dans le tome VII, p. 275, note 1, et p. 276, note 3.

TOME II.

Page 100, note 30. Cette note est rectifiée à la note *a* de la page 115 du tome III.

Page 110, ligne 15, lisez : « la fable de l'oiseleur ».

Page 200, note 11, lignes 15-16. Ces vers sont de Ronsard (*Remontrance au peuple de France*, page 56 du tome VII de l'édition Prosper Blanchemain).

Page 412, note 4, ligne 1, lisez : « tome III, *M.-L.*, p. 153 ».

Page 417, note 5, ligne 6, lisez : « ambroisie ».

Page 480, ligne 6, lisez : « du livre XI ».

TOME III.

Page 313, ligne 16, lisez : « chapitre I ».

TOME IV.

Page 443, note 4, ligne avant-dernière, lisez : *Se refraîchirent.*

TOME VI.

Page 51, note 1. Cette note est rectifiée ci-dessus, p. 132.

TOME IX.

Page 444, note 2, ligne 1, lisez : « Le duc de Lorraine », et non « Le vieux duc de Lorraine ». Charles IV (ou V[1]), duc de Lorraine, n'avait en effet en 1689 que quarante-six ans. Il mourut le 18 avril de l'année suivante.

1. Suivant que l'on compte comme premier duc de Lorraine, Charles, fils de Louis d'Outremer, ou Frédéric Ier, qui régnait en 959.

TABLE DES MATIÈRES

CONTENUES

DANS LES DIXIÈME ET ONZIÈME VOLUMES.

TOME X.

LEXIQUE DE LA LANGUE DE LA FONTAINE.

Préface. *De la langue de la Fontaine*.	I
Introduction grammaticale	LXIII
Orthographe.	CLXIII
Prononciation	CLXVI
Lexique (A-K)	I

TOME XI.

Lexique (L-Z)	I
Corrections	461

FIN DE LA TABLE DES MATIÈRES.

25567. — Imprimerie Lahure, 9, rue de Fleurus, à Paris.

PARIS. — IMPRIMERIE LAHURE
Rue de Fleurus, 9

www.ingramcontent.com/pod-product-compliance
Lightning Source LLC
Chambersburg PA
CBHW072127220426
43664CB00013B/2161